中国营商环境报告

2020

国家发展和改革委员会 编 著

林念修 主 编

中国地图出版社

图书在版编目（CIP）数据

中国营商环境报告. 2020 / 国家发展和改革委员会编著；林念修主编. — 北京：中国地图出版社, 2020.9

ISBN 978-7-5204-1903-1

Ⅰ. ①中… Ⅱ. ①国… ②林… Ⅲ. ①投资环境－研究报告－中国－2020 Ⅳ. ①F832.48

中国版本图书馆CIP数据核字(2020)第178665号

中国营商环境报告2020

出版发行	中国地图出版社		
社　　址	北京市白纸坊西街3号	邮政编码	100054
电　　话	010-83543926	网　　址	www.sinomaps.com
印　　刷	北京时尚印佳彩色印刷有限公司	经　　销	新华书店
成品规格	210mm × 285mm	印　　张	36.75
字　　数	810千字		
版　　次	2020年9月第1版	印　　次	2020年9月第1次印刷
定　　价	268.00元		

书　　号　ISBN 978-7-5204-1903-1

《中国营商环境报告2020》编委及编写组成员

主　　编：林念修

副 主 编：辛国斌　许宏才　王广华　翟　青

黄　艳　王受文　刘国强　黄冠胜

唐　军　任志武　何志敏　王　红

陈　寅　陈志英　艾学峰　郭兰峰

伍　浩

编　　委：杨　洁　张要波　陈洪宛　岳修虎

曹　松　曹元猛　杜尊亚　关继荣

编写组组长：杨　洁

编写组成员：何瑞琦　刘端端　杜德瑞　郑　义

钟泽铭　冯晓翔　洪寒月　姜文雨

代　峰　陈泽华　吴　伟　鲁鹏程

龚　岩　路煦子　甄　石　楼　今

涂丹丹　陈建男　郑松哲　廉哲龙

吴璟桉　黄瑞欣　陈珂帆　夏晓丰

序

优化营商环境，是党中央、国务院根据新形势新发展新要求作出的重大决策部署，是增强微观主体活力、释放全社会创新创业创造动能的重要举措，是健全政府管理体系、推进国家治理体系和治理能力现代化的重要内容，也是进一步扩大对外开放、发展更高层次开放型经济的重要保障。习近平总书记强调，营商环境是企业生存发展的土壤。中国将继续针对制约经济发展的突出矛盾，在关键环节和重要领域加快改革步伐，以国家治理体系和治理能力现代化为高水平开放、高质量发展提供制度保障。

近年来，各地区、各部门以习近平新时代中国特色社会主义思想为指导，认真贯彻落实党中央、国务院决策部署，主动作为、探索创新，深入推进“放管服”改革，深刻转变政府职能，持续优化营商环境，取得明显成效。“十三五”期间，全国营商环境持续改善，制度体系更加完善，简政放权更加深入，监管执法更加公正，政务服务更加优质，企业和群众的满意度和获得感不断增强，有力促进了经济社会持续健康发展。但与此同时，我国营商环境在市场化、法治化、国际化、便利化等方面与国际一流水平相比，仍存在一定差距，对标对表党中央、国务院的决策部署要求，对标对表企业和群众的热切期盼，目前取得的成效还只是初步的，营商环境仍有很大提升空间，需要继续付出艰苦努力。

当今世界正面临百年未有之大变局。从国际看，经济全球化、贸易自由化趋势不可阻挡，全球科技创新进入空前密集活跃的时期，国际格局深刻变化，国际秩序深度调整，国际体系启动重组，贸易投资保护主义等不稳定不确定因素持续上升。突如其来的新冠肺炎疫情对全球经济造成重创，负面影响仍在持续。在世界发展面临大变革大调整的新形势下，各国抢抓数字化机遇，优化政府服务，增强创新能力，对软环境建设倾注全力，国际间营商环境竞争比拼日趋激烈。从国内看，我国正处于实现“两个一百年”奋斗目标、实现中华民族伟大复兴的关键时期，第一个百年目标即将实现，并将开启全面建设社会主义现代化国家新征程，向第二个百年目标进军，经济社会发展取得举世瞩目的辉煌成就。同时，长期积累的深层次矛盾和问题也日渐凸显，疫情冲击导致经济发展面临前所未有的挑战，我国正在推动构建以国内大循环为主体、国内国际双循环相互促进的新发展格局，以更好营商环境稳住经济基本盘、推动高质量发展、促进加快形成新发展格局的要求更加迫切。

实践表明，营商环境评价已经成为准确把握营商环境状况、推动营商环境持续改善的重要抓手。20世纪70年代以来，以世界经济论坛、世界银行等为代表的国际组织相继创立了多元化的营商环境评价方法，对全球相关经济体营商环境开展评价并发布报告及排名，为各类市场主体作出投资决策、各类研究机构开展学术研究、各经济体推进自身改革提供了重要参考。法国、印度、俄罗斯等多国政府部门或有关机构也结合本国实际，开展了多种形式的国内营商环境评价，为推动改革政策落实、改善本国营商环境提供了有力支撑。

面对错综复杂的国际形势和艰巨繁重的国内改革发展稳定任务，加快建立符合中国实际、具有中国特色的营商环境评价制度，充分调动各地区、各部门优化营商环境积极性，推动“放管服”改革向纵深推进、全国范围营商环境持续改善，是《优化营商环境条例》作出的一项重要制度安排，是对标国际前沿，打造市场化、法治化、国际化、便利化一流营商环境的具体举措，彰显了党中央、国务院对持续优化营商环境的坚定决心。

2018年1月3日召开的国务院常务会议明确要求，借鉴国际经验，抓紧建立营商环境评价机制，逐步在全国推行，并明确由国家发展改革委牵头，加快构建具有中国特色的营商环境评价体系。国家发展改革委按照国务院部署，立足中国国情，在学习借鉴国际营商环境评价方法的基础上，本着国际可比、对标世行、中国特色原则，研究建立并不断完善中国营商环境评价体系。2018年，国家发展改革委牵头组织在东、中、西部和东北地区22个城市开展了两批次营商环境试评价。2019年，经国务院批准，国家发展改革委牵头组织直辖市、计划单列市、省会城市和部分地县级市等41个城市开展了营商环境评价，并在东北地区21个城市开展了营商环境试评价。通过评价实践，以市场主体和社会公众满意度为导向的中国营商环境评价体系不断健全，形成了更加符合中国实际的评价方法论。

2019年是硕果累累的一年，大事多、好事多、喜事多，满载着收获和希望。这一年，我们迎来了中华人民共和国成立70周年华诞，一系列庆祝活动取得圆满成功，在国内外产生重大而深远的影响，极大地提振了我们的民族自信心，我们的民族自豪感更加昂扬。这一年，党的十九届四中全会胜利召开，对坚持和完善中国特色社会主义制度、推进国家治理体系和治理能力现代化作出了一系列重大战略部署，助推制度的成熟定型、治理的协同高效，我们的制度自信更加坚定。对于优化营商环境工作而言，2019年同样意义非凡。这一年，我国颁布优化营商环境领域的第一部基础性行政法规《优化营商环境条例》，以政府立法为各类市场主体投资兴业提供制度保障，优化营商环境的法治基础更加坚实。

这一年，在各地区、各部门以及社会各界的共同努力和大力支持下，中国营商环境评价工作有序推进、评价指标不断完善、评价机制日趋成熟、评价成果逐渐显现，评价范围进一步拓展，实现对31个省、自治区、直辖市的全覆盖，有力地推动了我国营商环境持续改善、国际竞争力不断提升。这一年，我国在世界银行等国际组织发布的营商环境报告中全球排名再次实现高位提升，连续两年成为全球营商环境改善幅度最大的十个经济体之一，营商环境改革成就举世瞩目。

优化营商环境是一项系统性工程，事关国家综合竞争力和长远发展，既管当前、又利长远，任务艰巨、使命光荣、责任重大。在扎实推进中国营商环境评价工作的基础上，为系统介绍中国营商环境评价方法，全方位展现我国优化营商环境工作取得的积极成效，更好总结宣传推广各地区、各部门优化营商环境的典型经验做法，切实发挥中国营商环境评价以评促改、以评促优的积极作用，大力推动全国范围营商环境持续改善，国家发展改革委组织编写并公开出版《中国营商环境报告》。

作为我国营商环境评价领域首部国家权威报告，《中国营商环境报告2020》全面介绍了中国营商环境评价制度和评价方法，系统梳理了2019年我国优化营商环境的成效与亮点和2020年前景展望，客观反映了参评城市深化“放管服”改革、优化营商环境工作的改进提升过程，全面汇聚了参评城市一大批实践证明行之有效、人民群众满意、市场主体支持的改革举措和典型经验，集中呈现了各重点领域的最佳实践、改革方案和路线图，向社会多角度、多方位展示了全国31个省、自治区、直辖市及新疆生产建设兵团优化营商环境的原创性、差异化探索，有利于充分发挥标杆城市的示范引领作用，促进各地相互学习借鉴，推动改革举措落地生根并复制推广，全面提升我国的营商便利度。

我们希望，《中国营商环境报告》能够成为对标对表党中央、国务院决策部署的“政策库”，全面展示我国优化营商环境成果的“白皮书”，学习复制推广典型经验做法的“经验集”，鼓励各地区、各部门勇于探索创新以评促优的“光荣榜”，狠抓政策落实、以评促改的“推进器”，促进各方交流互鉴，广泛凝聚社会共识，不断增强工作合力，进一步推动形成各地区、各部门竞相优化营商环境的生动局面，加快打造市场化、法治化、国际化、便利化的一流营商环境！

林念修

国家发展和改革委员会副主任

2020年9月

目录
Contents

以评促改

最佳实践篇

03

04

一省一案例

改革集萃篇

总论篇

积极打造一流营商环境，是习近平总书记在新时代提出的重大命题。

市场主体是经济的力量载体。营商环境是企业生存发展的土壤。深化“放管服”改革、优化营商环境，是激发市场主体活力和发展动力的关键之举。

土沃则稻香。要千方百计把市场主体保护好，为经济发展积蓄基本力量，关键在于优化营商环境，对标国际一流水平，为各类市场主体投资兴业营造稳定公平透明、可预期的营商环境，增强企业投资经营、生存发展的信心，保护和激发市场主体活力，使广大市场主体不仅能够正常生存，而且能够实现更大发展。

以评促改、以评促优，推动全国范围营商环境持续改善。

营商环境评价是准确把握营商环境状况，推动营商环境持续改善的重要抓手。2018年，国家发展改革委按照国务院部署，本着国际可比、对标世行、中国特色原则，牵头构建了中国营商环境评价体系，并在东、中、西部和东北地区22个城市组织开展了两批次营商环境试评价。2019年，经国务院批准，国家发展改革委牵头组织在直辖市、计划单列市、省会城市和部分地县级市等41个城市开展了营商环境评价，并在东北地区21个城市开展了营商环境试评价。在各地区、各部门以及社会各界的共同努力和大力支持下，中国营商环境评价工作有序推进、指标体系不断完善、评价机制日趋成熟、评价成效逐步显现，有效发挥了营商环境评价对优化营商环境的引领和督促作用。

本篇主要介绍中国营商环境评价制度及评价实践。

党中央、国务院高度重视优化营商环境。习近平总书记多次作出重要指示，强调要改善投资和市场环境，加快对外开放步伐，降低市场运行成本，营造稳定公平透明、可预期的营商环境。李克强总理明确要求，对标国际国内先进水平，因地制宜积极推进市场化法治化国际化营商环境建设。根据国务院部署，按照关于借鉴国际经验，抓紧建立营商环境评价机制，逐步在全国推行的要求，2018 年以来，国家发展改革委牵头，会同有关部门、有关方面，聚焦增强市场主体活力、聚焦投资贸易便利、聚焦高质量发展，围绕与市场主体密切相关的开办企业、办理建筑许可、获得信贷、纳税、办理破产、知识产权保护等高频事项，构建了以市场主体和社会公众满意度为导向的中国营商环境评价体系。

中国营商环境评价以市场主体和社会公众满意度为导向，以科学严谨的研究方法为基础，围绕对中小企业和城市高质量发展至关重要的 18 个投资及商业监管领域，评价参评城市在各个指标领域的表现，量化考察参评城市鼓励支持或者影响限制中小企业投资及商业活动的监管规则、政务服务，精准查找参评城市行政过程中存在的突出问题并加以改进，及时发现典型经验做法并加以推广，推动全国各地深入推进重点领域和关键环节改革，持续改善和优化营商环境，为市场主体营造更为广阔的空间，不断释放全社会创新创业创造动能。

中国营商环境评价概述

建立具有中国特色的营商环境评价制度，是《优化营商环境条例》作出的一项重要制度安排，是深入推进“放管服”改革、优化营商环境的重要举措，彰显了党中央、国务院对加快打造市场化、法治化、国际化一流营商环境的坚定决心。

（一）建立中国特色营商环境评价制度的重要意义

中小企业是市场经济中最具活力的微观主体，是经济增长的重要支撑、创新创造的重要源泉、创业就业的积极要素。当前，新一轮科技革命和产业变革方兴未艾，全社会蕴藏着巨大的创新创业创造动能，潜在的微观市场主体活力有待释放。帮助潜在投资人和创业者转化为市场主体，将投资创业热情转化为经济社会发展动能，有赖于各级政府为企业和市场主体提供便利简捷的办事方式、公平公正的监管措施、优质高效的政务服务。面对错综复杂的国际形势和艰巨繁重的国内改革发展稳定任务，加快建立基于中国国情、符合中国实际的中国营商环境评价制度，有助于衡量“放管服”改革、优化营商环境成效，检验各地营商环境是否有所优化、群众办事是否更加便利、发展环境是否不断改善；有助于充分调动各地区、各部门优化营商环境的积极性主动性创造性，推动全国范围加快营造市场化、法治化、国际化、便利化一流营商环境。

1. 开展营商环境评价，是落实“放管服”改革举措的重要抓手

党的十八大以来，党中央、国务院对优化营商环境工作作出重要决策部署，聚焦市场主体关心、人民群众关切的重点领域不断加大改革力度，一大批法规政策文件相继出台。随着各项政策措施的落地实施，简政减税减费成效明显，市场监管规范化透明度大幅提升，政务服务不断优化，各地营商环境明显改善。但也要看到，有的地方落实党中央、国务院决策部署存在“最后一公里”问题。一分部署，九分落实。各地区、各部门对改革政策文件的落实情况直接关系企业和群众的满意度和获得感，直接关系改革能否收到实效、营商环境能否最终改善。

建立中国特色营商环境评价制度，把党中央、国务院关于深化“放管服”改革、优化营商环境的决策部署作为开展营商环境评价的重要依据，全面检验“放管服”改革举措、便民惠企政策在各地方的落实情况，有利于督促推动党中央、国务院重要决策部署落地见效。

2. 开展营商环境评价，是反映企业和群众获得感的重要途径

人民对美好生活的向往就是我们的奋斗目标。各地营商环境是否有所优化、企业和群众办

事创业是否更加便利，最终是由企业和群众说了算。近年来，“放管服”改革持续深入推进，一大批惠企便民利民举措落地实施。比如，“证照分离”改革在全国推广，“双随机、一公开”监管全面推行，审批服务“马上办、网上办、就近办、一次办”在多领域推进，全国一体化在线政务服务平台建设取得突破进展，企业开办、用水用电报装、不动产登记等事项的办理时间大幅度压缩，企业和群众获得感明显增强。但是，企业和群众反映强烈的一些痛点、堵点、难点问题还没有得到很好解决，部分事项办理时间长、申报材料多、办事成本高，以及政务服务等候时间长、跑办次数偏多的问题依然存在。

建立中国特色营商环境评价制度，以市场主体和社会公众满意度为导向，对营商环境进行评价，有助于客观反映各地方企业和群众办事创业的便利情况，为各地提供指向清晰、标准明确的路径指引和工作抓手，促进地方更加主动换位思考，深入推进重点领域和关键环节改革，推动优化营商环境持续走深走实。

3. 开展营商环境评价，是增强城市竞争力的重要载体

从国际来看，各国各经济体前所未有地重视营商环境建设，无论是发达国家还是金砖国家，都主动对标国际先进做法，深化相关领域改革，下功夫强化投资贸易便利化等软环境建设。从国内来看，各地方积极对标先进，把优化营商环境作为政府工作重点，持续提升政府服务水平和办事效率，从主要依靠基础设施条件和优惠政策等“硬实力”吸引投资，转向更多依靠营商环境“软实力”招商引资，各地方竞相优化营商环境的氛围日趋浓厚。

建立中国特色营商环境评价制度，开展中国营商环境评价，帮助各地方更加准确地了解自身的营商环境现状，有利于地方更加准确地查找影响办事创业的政策难点、执行堵点、监管盲点和服务痛点，对标国际国内先进水平，因地制宜、因城施策，出台更有针对性的改革举措，不断优化改善营商环境，增强城市竞争力、激发社会创造力。

4. 开展营商环境评价，是树典型立标杆的重要方法

营商环境是城市吸引投资能力和综合竞争力的重要体现，各级地方政府高度重视。近年来，各地区、各部门主动作为、开拓创新，推出了一大批实践证明行之有效、人民群众满意、市场主体支持的改革举措，有力地推动了全国范围内营商环境持续改善。营商环境评价体系不是考核体系，而是树典型、立标杆，引导各地区各部门主动作为，对标对表标杆和示范、对标对表领跑者和领先者努力跟进，带动全国各地营商环境持续改善提升。2018 年国家发展改革委牵头组织开展中国营商环境评价以来，各参评城市以试评价为契机，针对长期困扰企业和群众办事创业的突出问题，结合当地实际，提出破题思路，探索出不少惠企便民利民的经验和做法，推动出台了一系列针对性的改革举措。

建立中国特色营商环境评价制度，在评价中及时发现并梳理总结各地优化营商环境的好经验、好做法、好案例，提炼形成更多可供复制推广借鉴的改革举措，不断推出最佳实践，积极推广改革亮点，有利于更好发挥评价的标杆引领、示范带动作用，引导地方形成优化营商环境的良性竞争，形成竞相推进改革的生动局面。

（二）营商环境评价的国际实践

从国际实践经验来看，开展营商环境评价已经成为准确把握营商环境状况、推动营商环境持续改善的重要抓手。

国际组织方面，20 世纪 70 年代以来，以世界经济论坛（World Economic Forum）、世界银行（World Bank）等为代表的国际组织基于相关研究成果，相继创立了多元化的营商环境调查和评价方法，对全球相关经济体营商环境开展评价并发布报告及排名，为各类市场主体作出投资决策、各类研究机构开展学术研究、各国政府推进国内改革提供参考。

世界经济论坛从 1979 年开始，每年在对各主要经济体生产力和长期经济增长驱动力进行综合考评基础上，发布年度《全球竞争力报告》（The Global Competitiveness Report），为全球的政策制定者、商业人士及其他利益相关者提供决策辅助，截至 2019 年评价范围已覆盖全球 141 个经济体。《全球竞争力报告》在发展和完善的过程中，不断调整修订其评价指标体系。2018 年《全球竞争力报告》从基础环境、人力资本、市场、创新生态系统等 4 个维度构建了包括社会制度、基础设施、信息通信技术应用、宏观经济稳定性、健康、技能、产品市场、劳动力市场、金融系统、市场规模、商业活力、创新能力等 12 个一级指标的最新指标体系——全球竞争力指数 4.0，以更好地适应新的全球经济形势和第四次工业革命的发展态势。

世界银行于 2002 年启动营商环境评价项目，由世界银行全球指标局下属的营商环境项目组负责数据搜集、研究和报告发布事宜，从 2003 年起每年开展评价，对参评经济体营商环境便利度进行评分和排名，并发布《营商环境报告》（Doing Business），截至 2019 年评价范围已覆盖全球 190 个经济体。《营商环境报告》主要从微观法治环境的视角开展营商环境评价，评价体系包含开办企业、办理建筑许可、获得电力、登记财产、获得信贷、保护中小投资者、纳税、跨境贸易、执行合同、办理破产、劳动力市场监管、政府采购等 12 项一级指标，收录“法律得分指标”“时间和运行指标”两类数据。各国政府可以通过评价结果，发现制度改革的着手点，并对照世界银行所提供的标杆案例，制定可行方案。根据世界银行的统计，截至 2019 年，《营商环境报告》已促成各参评经济体的近 4000 项改革举措。

各国政府方面，法国、俄罗斯、印度等多国政府部门、国内机构也结合本国实际，开展了多种形式的国内营商环境评价，为推动改革政策落实、改善本国营商环境提供了有力的支撑。

法国在对标世界银行《营商环境报告》、推动本国营商环境优化的同时，从 2009 年开始，基于自身国情，由法国商务投资署（Business France）推出了本土化的《法国吸引力报告》（France Attractiveness Scoreboard），从更加符合法国社会价值观与国家利益的角度构建指标体系，对法国营商环境进行评价。《法国吸引力报告》主要通过国际比较的方式，对法国营商环境相关领域的情况进行对比和说明，各年度报告包含的具体指标根据实际情况进行动态调整，主要以柱状图、曲线图、饼状图、地图标识等图表方式直观呈现每个指标情况，并配以文字说明，以更好地反映吸引力变化的趋势和关键点。

俄罗斯战略倡议署（Agency for Strategic Initiatives）从 2014 年开始，对各联邦主体开展投资环境评价，并发布《地区投资环境国家排名》（National Regional Investment Climate Ranking），评估各联邦主体的政府为创造良好商业环境所做的努力，并确定最佳实践，促进区域间投资环境的竞争。《地区投资环境国家排名》采用的评价指标体系，充分借鉴了俄罗斯国内和全球各类投资环境评估实践，并结合俄罗斯实际国情，重点考察管制环境、商事制度、基础设施与资源、中小企业支持力度等 4 个领域。《地区投资环境国家排名》的推出，对俄罗斯国内投资环境的改善发挥了积极的推动作用。根据排名结果，2017 年有 51 个联邦主体的综合得分相比 2016 年有所提升，2018 年有 78 个联邦主体的综合得分相比 2017 年有所提升。

印度工业政策与促进局（Department of Promotion of Industry and Internal Trade）从 2015 年开始，参照世界银行营商环境评价项目，推出了针对印度国内的《印度营商便利度排名》（Ease of Doing Business Ranking of States of India），对各邦及中央直辖区开展营商便利度排名，评价地方政府对于国家"营商环境改革行动计划"的推进和落实情况及吸引投资的意愿。2015 年 10 月，印度工业政策与促进局专门推出了"营商环境改革行动计划"的门户网站，对各邦及中央直辖区的排名进行实时跟踪显示，并公布评价结果、推广最佳经验。《印度营商便利度排名》的评价内容，根据各年度的"营商环境改革行动计划"涉及的关键领域进行动态调整，2019"营商环境改革行动计划"，共包含信息公开、一窗受理、不动产登记、土地分配、环境注册、办理建筑许可、劳动力市场监管、公用事业许可、纳税、监管、执行合同、特殊领域等 12 个领域 80 项针对监管程序、政策、实践和流程的改革建议。

（三）中国营商环境评价制度的建立与完善

营商环境是地方招商引资、筑巢引凤重要的基础条件，是企业生产经营的发展空间，是企业生存发展的土壤。国内国际实践经验充分表明，开展营商环境评价，是推动落实优化营商环境政策、鼓励积极探索创新的有效抓手。评价引导、助力改革，有助于推动各级政府部门持之以恒优化营商环境，为建设现代化经济体系、推动高质量发展提供重要支撑。

2018 年，国家发展改革委按照国务院部署，学习借鉴国际营商环境评价方法，本着国际可比、对标世行、中国特色原则，以市场主体和社会公众满意度为导向，以充分发挥市场在资源配置中的决定性作用，更好发挥政府作用为遵循，以深刻转变政府职能、创新行政方式、提高行政效能、激发各类市场主体活力为评价重点，构建了中国营商环境评价体系，并在东、中、西部和东北地区 22 个城市组织开展了两批次营商环境试评价，不断调试修改评价指标体系，评价体系的科学性、合理性、可操作性逐步提高，营商环境评价工作机制逐步完善，为在全国范围逐步推开营商环境评价积累了实践经验。

2019 年，经国务院批准，国家发展改革委牵头组织在直辖市、计划单列市、省会城市和部分地县级市等 41 个城市开展了营商环境评价，并在东北地区 21 个城市开展了营商环境试评价，发挥营商环境评价对优化营商环境的引领和督促作用，以评促改、以评促优，推动各地方出台了更多优化营商环境的针对性改革举措，以更好营商环境积极应对当前经济发展面临的风险挑战，推动高质量发展。

1. 工作启动

1月

3日 国务院常务会议明确，国家发展改革委牵头，借鉴国际经验，抓紧建立营商环境评价机制，逐步在全国推行。这是国家层面首次提出建立中国营商环境评价机制。

18日 国家发展改革委启动中国营商环境评价相关工作，牵头开展中国营商环境评价指标体系研究和构建工作。

3月 在学习借鉴国际机构营商环境评价做法，梳理总结全国31个省（区、市）优化营商环境典型经验的基础上，国家发展改革委初步构建了中国特色营商环境评价指标体系。

2. 实践探索

中旬 国家发展改革委组织对东、中、西部和东北地区22个城市开展两批次营商环境试评价。

7月 国务院办公厅印发《关于成立国务院推进政府职能转变和“放管服”改革协调小组的通知》（国办发〔2018〕65号），明确协调小组下设优化营商环境组等5个专题组和综合组等4个保障组。优化营商环境组负责牵头优化营商环境，建立健全营商环境评价机制等工作，组长由发展改革委负责同志担任，副组长由工业和信息化部、财政部、自然资源部、生态环境部、住房城乡建设部、商务部、人民银行、海关总署、市场监管总局、能源局、知识产权局负责同志担任。

18日 国务院常务会议提出，在全国逐步推开营商环境评价，强化地方政府责任，加大正向激励。

8月 国务院办公厅印发《全国深化“放管服”改革转变政府职能电视电话会议重点任务分工方案》（国办发〔2018〕79号），明确由发展改革委牵头，加快构建具有中国特色的营商环境评价体系。

10月 国务院办公厅印发《关于聚焦企业关切进一步推动优化营商环境政策落实的通知》（国办发〔2018〕104号），明确发展改革委要牵头在2018年底前构建营商环境评价机制，通过引入第三方等方式在22个城市开展试评价；2019年在各省（区、市）以及计划单列市、副省级城市、省会城市、若干地级市开展营商环境评价，编制发布《中国营商环境报告》；2020年在全国地级及以上城市开展营商环境评价。

11月

28日 国务院常务会议决定，按照国际可比、对标世行、中国特色原则，围绕与市场主体密切相关的开办企业、办理建筑许可、获得信贷、纳税、办理破产等方面和知识产权保护等，开展中国营商环境评价，逐步在全国推开，推动出台更多优化营商环境的硬举措，让企业有切身感受，使中国继续成为中外投资发展的热土。

2018

2019

5月

国家发展改革委组织对直辖市、计划单列市、省会城市和部分地县级市等41个城市开展2019年全国营商环境评价。

6月

6日 李克强总理主持召开国务院振兴东北地区等老工业基地领导小组会议，要求切实转变观念，加大力度刀刃向内转变政府职能，努力在推进“放管服”改革、优化营商环境上走在前列，国家将在东北地区率先开展营商环境试评价。

8月

根据国务院推进政府职能转变和“放管服”改革协调小组部署，在国务院办公厅政府职能转变办公室的具体指导下，国家发展改革委组织对东北地区21个城市开展东北地区营商环境试评价。

9月

国家发展改革委牵头，会同京沪两地和有关部门，系统梳理了北京、上海两地优化营商环境的一批改革举措，报请国务院办公厅印发了《关于做好优化营商环境改革举措复制推广借鉴工作的通知》（国办函〔2019〕89号），供全国复制推广借鉴，取得了良好效果。

10月 3. 确立完善

国务院颁布《优化营商环境条例》（国务院令第722号），于2020年1月1日起正式施行。条例第八条明确，“国家建立和完善以市场主体和社会公众满意度为导向的营商环境评价体系，发挥营商环境评价对优化营商环境的引领和督促作用”，中国特色营商环境评价制度以行政法规形式予以明确。

11月

27日 国务院常务会议要求，为发挥好营商环境评价的引导和督促作用，在2018年以来全国部分城市开展的国内营商环境试评价基础上，以市场主体感受为依据，改进指标体系和评价方法，既查找解决共性问题，又不增加地方和企业负担。

12月

国务院办公厅印发《关于支持国家级新区深化改革创新加快推动高质量发展的指导意见》（国办发〔2019〕58号），要求开展体现新区特点的营商环境评价，下硬功夫打造好发展软环境。

2020

5月

中共中央、国务院印发《关于新时代加快完善社会主义市场经济体制的意见》。意见明确，落实《优化营商环境条例》，完善营商环境评价体系，适时在全国范围开展营商环境评价，加快打造市场化、法治化、国际化营商环境。

9月

国家发展改革委组织编写《学习贯彻习近平新时代中国特色社会主义经济思想　做好“十四五”规划编制和发展改革工作》系列丛书之一《打造国际一流营商环境》，深入学习贯彻习近平新时代中国特色社会主义经济思想，不断提高运用党的创新理论指导实践的能力，持续发挥中国营商环境评价以评促改、以评促优的积极作用，进一步提升优化营商环境工作质量和水平。

中国营商环境评价体系

中国营商环境评价坚持问题导向、目标导向，以评促改、以评促优，推动政府职能深刻转变，优化政府职责体系，为各类市场主体投资兴业营造稳定公平透明、可预期的良好环境。

中国营商环境评价关注中小企业在市场准入、生产经营乃至退出市场过程中的办事便利度，重点考察企业创业发展所需涉及的政府审批和外部办事流程，包括办理环节、办理时间、成本费用，以及办事便利化水平等情况，评价企业和群众的满意度和获得感。与此同时，中国营商环境评价重点考察城市高质量发展的基本面，关注充满活力、宜业宜居、精细化高品质的现代城市建设对中小企业的吸引力。

（一）中国营商环境评价的总体要求

坚持以习近平新时代中国特色社会主义思想为指导，全面贯彻党的十九大和十九届二中、三中、四中全会精神，坚持稳中求进工作总基调，坚持新发展理念，坚持以供给侧结构性改革为主线，坚持以改革开放为动力推动高质量发展，加快建设现代化经济体系，以市场主体和社会公众满意度为导向，以深化“放管服”改革为抓手，聚焦企业和群众办事创业的痛点、难点、堵点，采用符合国情的中国营商环境评价体系和评价机制，查找短板不足，精准提出改进优化的对策措施，持续发挥营商环境评价对优化营商环境的引领和督促作用，推动出台相关系列改革举措，打造国际一流、公平竞争的营商环境，切实为企业和群众办事增便利，着力激发市场活力和社会创造力，推动经济持续健康发展。

1．中国营商环境评价的基本原则

问题导向，以评促改。重点围绕各领域存在的准入门槛高、办理事项多、流程复杂、耗时过长等企业和群众反映集中的突出问题，深度分析各地方营商环境状况和惠企便民举措落实情况，找出找准企业和群众办事创业的痛点、淤点、堵点、难点，更加精准地出台更多硬招实招，督促相关领域改革任务尽快落地落实，有效提高政府服务质量和效率，缓“痛点”、清“淤点”、通“堵点”、解“难点”，增强企业和群众的获得感和满意度。

目标导向，以评促优。充分发挥营商环境评价对优化营商环境的引领和督促作用，把破除体制机制障碍、激发市场活力和社会创造力作为营商环境评价的关键，鼓励各地区、各部门在法治框架内积极开展原创性、差异化探索，创造更多的先进经验和创新举措，为推动全国层面改革积累经验。

标杆引领，典型示范。在营商环境评价中及时梳理总结地方优化营商环境的改革政策和便民服务举措，不断挖掘在解决体制性障碍、机制性梗阻、政策性创新方面的首创经验和典型做法，总结提炼形成标杆示范，复制推广更多创新举措，鼓励带动全国范围对标先进持续优化营商环境。

对标世行，国际可比。从企业视角出发，学习借鉴世界银行《营商环境报告》和世界经济论坛《全球竞争力报告》等国际营商环境评价指标，将评价问卷落实到可量化可比较的各类事项办理环节、办理时间和成本费用上，采用国际通用的前沿距离得分法计算营商便利度，评价对象、指标设置、分值计算与国际营商环境评价指标基本一致，增强评价标准、评价方法、评价结论的国际可比性。

2．中国营商环境评价的主要目标

评价引导、深化改革，推动各地全面深化“放管服”改革，深刻转变政府职能，优化政府职责体系，全国范围营商环境持续优化。进一步压缩开办企业、办理建筑许可、获得电力、获得用水用气、不动产登记、进出口整体通关等领域高频事项的办理环节、办理时间和成本。推进“互联网 + 监管”，健全“双随机、一公开”监管机制，加大产权保护力度，建立诚信政府、法治政府，切实落实减税降费政策，降低企业税费负担、生产经营成本。全面推行政务服务事项“马上办、网上办、就近办、一次办”，实现政务服务事项一网通办、就近能办、异地可办。

通过中国营商环境评价工作，以评促改、以评促优，加快形成一批引领改革创新的开放高地、一批发挥示范效应的标杆城市，促进越来越多的城市持续不断以更高标准打造出更优更好的一流营商环境，吸引一批高质量发展的重大项目、培育一批具有竞争力的市场主体，更大力度激发市场活力，增强内生动力，释放内需潜力。

（二）中国营商环境评价指标体系

中国营商环境评价指标体系，落实新发展理念，立足中国国情，拓展国际视野，按照国际可比、对标世行、中国特色原则，以充分发挥市场在资源配置中的决定性作用，更好发挥政府作用为遵循，以市场主体和社会公众满意度为导向，以深刻转变政府职能、创新行政方式、提高行政效能、激发各类市场主体活力为评价重点，对标对表党中央、国务院出台的改革开放政策文件，从企业全生命周期链条视角和城市高质量发展视角，从衡量企业全生命周期、反映投资吸引力、体现监管与服务三个维度，构建包含 18 个一级指标和 87 个二级指标的营商环境评价指标体系，综合反映各地营商环境建设成效。

1. 在企业全生命周期链条视角设置 15 个指标，完整反映企业从开办到注销的全生命周期链条，衡量中小企业获得感和办事便利度

着眼中小企业办事便利情况，聚焦企业生产经营活动中的高频事项，从市场准入、投资建设、融资信贷、生产运营、退出市场五阶段全过程，设置开办企业，劳动力市场监管，办理建筑许可，政府采购，招标投标，获得电力，获得用水用气，登记财产，获得信贷，保护中小投资者，知识

产权创造、保护和运用，跨境贸易，纳税，执行合同，办理破产等 15 个指标，重点衡量“放管服”改革等举措落实情况，评估中小企业办理单个事项所需要经历的政府审批与外部流程情况。通过对相关指标领域的评价，综合评估市场主体的满意度和获得感，推动地方政府更好地为企业和群众办事增便利、优服务。

2. 在城市高质量发展视角设置 3 个指标，综合评价各地投资贸易便利度和长期投资吸引力，衡量中小企业赖以生存发展的城市高质量基本面

着眼企业和群众对美好生活的向往，聚焦与企业营商便利密切相关的政府监管、政务服务、城市品质，设置市场监管、政务服务、包容普惠创新等 3 个指标，综合评估市场主体对各地实行公正监管、加强社会信用体系建设、推行“互联网 + 政务服务”、鼓励要素自由流动、增强创新创业创造活力、扩大市场开放、创建宜业宜居宜新环境等方面的满意度和获得感。通过对相关指标领域的评价，推动地方政府更好地提升监管效能和政务服务水平，加快推动城市高质量发展，着力营造稳定公平透明、可预期的营商环境。

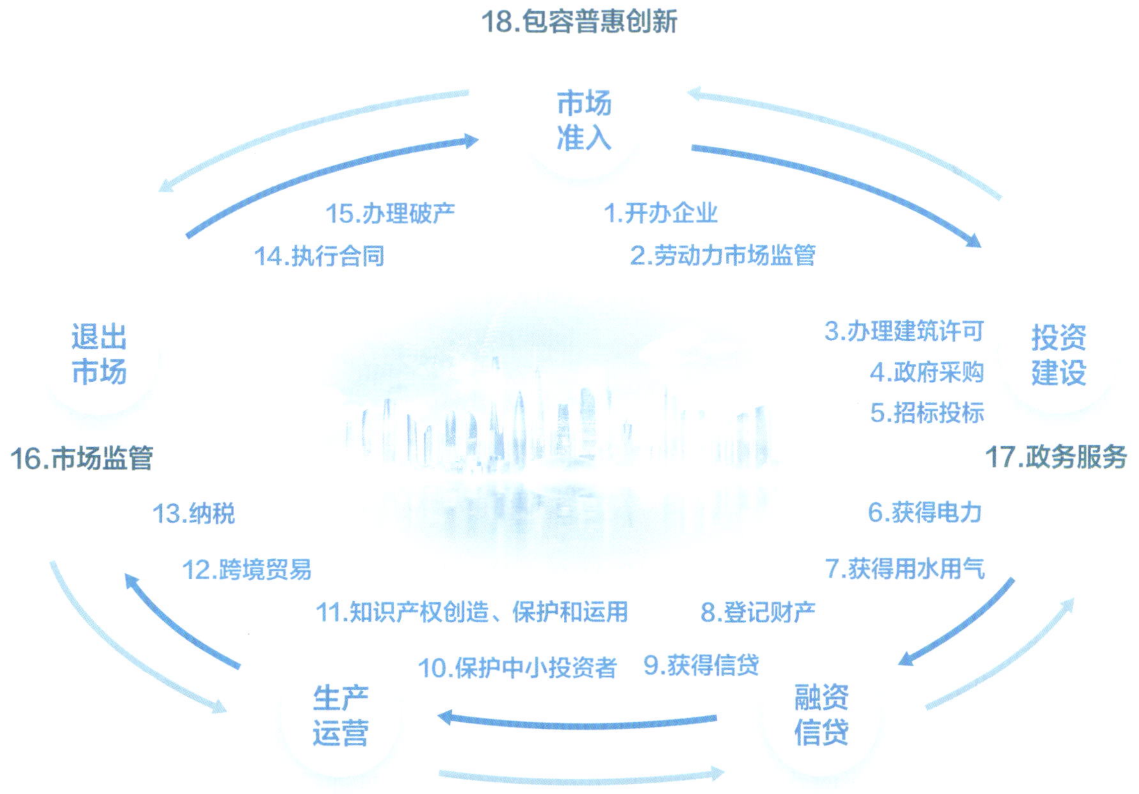

中国营商环境评价指标体系

（三）中国营商环境评价机制

在开展多批次营商环境评价的基础上，中国营商环境评价机制不断发展完善，逐步建立起由国家发展改革委牵头、第三方评价团队具体实施的工作推进机制，通过部门深度参评与企业满意度测评相结合及问卷填报与实地调研、数据抽查核实相结合的方式，建立健全数据收集采信机制，获取更全面的营商环境数据信息，多角度、多层次、全方位分析审视各指标领域的营商环境状况。

1. 国家发展改革委牵头，建立健全营商环境评价长效机制

按照国务院关于开展中国营商环境评价的工作部署，国家发展改革委牵头组织开展中国营商环境评价，调动部门、地方、第三方机构的积极性，建立并不断完善中国特色营商环境评价体系和评价机制。围绕营造稳定公平透明、可预期的营商环境，坚持对标对表党中央、国务院要求，坚持对照国际最高标准，坚持顺应企业和群众期盼，不断完善中国营商环境评价指标体系和评价问卷。按年度编写发布《中国营商环境报告》，及时梳理总结各地区、各领域优化营商环境的典型经验、成功做法和鲜活案例，提炼形成在全国复制推广的改革举措，鼓励带动更多地方对标先进推进重点领域改革，推动全国范围营商环境实现大幅度提升。

2. 引入第三方，由中国营商环境评价团队具体实施

组建由评价机构、律师事务所、会计师事务所等第三方联合参与的中国营商环境评价团队，负责评价工作的具体组织实施，包括问卷填报、企业调查、数据分析、结果核验、实地调研等评价具体工作的实施。

3. 部门深度参评与企业满意度测评相结合，确保调查数据全面完整、结果客观公正

通过问卷填报，获取各参评城市政府部门、市场主体等相关方的数据信息。由参评城市地方政府从事“放管服”改革、优化营商环境的工作人员填报部门问卷；第三方评价团队随机抽取参评城市部分企业开展问卷调查，获取企业视角的问卷数据。通过部门填报问卷与企业填报问卷相互印证、相互补充，客观反映环节、时间、成本等方面的实际情况。

4. 问卷填报与实地调研、数据抽查核实相结合，注重评价的真实性、科学性和客观性

中国营商环境评价以实际案例为支撑，获取数据采用问卷填报与实地调研相结合、交叉验证与第三方核验相印证，由第三方评价团队采用区块链技术，通过自动数据比对与溯源复核、逻辑关系智慧诊断，对评价数据进行收集和核验比对。在此基础上，通过实地调研、抽查访谈，对企业填报问卷、政府部门填报问卷及提供的数据等营商环境相关信息进行交叉比对、复核校对，深度了解参评城市营商环境领域的改革进展情况及存在问题，确保数据客观真实可用，帮助找准深化改革的目标方向及改革措施。

（四）中国营商环境评价成果运用

1．反馈评价结果

评价结果由国家发展改革委反馈各参评城市地方政府，指导和帮助参评城市及时掌握本地营商环境总体水平、存在的短板弱项、下一步改进方向、可供学习借鉴的改革亮点，为各地持续优化营商环境提供决策参考。

2．分享最佳实践

围绕优化营商环境，通过召开经验交流会、工作推进会、评价培训会，刊发典型经验做法工作简报等多种形式，分享交流改革经验和做法，为推动全国层面改革积累经验，更好发挥标杆引领、示范带动作用。

3．推广典型经验

鼓励各地在法治框架内积极探索原创性、差异化的优化营商环境具体措施，会同各省（区、市）、参评城市地方政府和有关部门，及时总结梳理优化营商环境的创新做法和鲜活经验，成熟一批、推出一批，供全国学习借鉴、复制推广。

中国营商环境评价实践

2018 年以来，按照国务院工作部署，国家发展改革委已连续组织开展了多批次的中国营商环境评价，通过评价促进改革、激发市场活力，同时也为验证评价指标体系、探索评价方法、积累评价经验打下了坚实的基础。全国已有超过 60 个城市成为中国营商环境评价的参评城市，实现对 31 个省、自治区、直辖市的全覆盖，以评促改、以评促优的积极成效正在持续显现。

（一）以试评价促进指标体系不断完善

2018 年，按照“放管服”改革成效明显、市场化程度较高的原则，国家发展改革委在东、中、西部和东北地区 22 个城市分两批组织开展试评价。首批试评价在北京、上海、广东深圳、福建厦门、湖北武汉、辽宁沈阳、四川成都、浙江杭州、甘肃兰州、辽宁葫芦岛、浙江衢州、陕西延安等 12 个城市开展。

根据第一批试评价实时进展情况和参评城市意见建议，不断调试修改评价指标体系，剔除了与国情明显不符、各城市间差异不大的指标，进一步增加落实“放管服”改革要求、体现高质量发展导向的评价指标。在此基础上，在天津、重庆、山东青岛、广东广州、江苏南京、安徽合肥、贵州贵阳、湖北襄阳、海南三亚、浙江义乌等 10 个城市开展了第二批试评价。

表 1-1　中国营商环境评价城市（2018 年，22 个城市）

城市类别	参评城市
直辖市（4 个）	北京市、天津市、上海市、重庆市
计划单列市（3 个）	厦门市、青岛市、深圳市
副省级省会城市（6 个）	沈阳市、南京市、杭州市、武汉市、广州市、成都市
省会城市（3 个）	合肥市、贵阳市、兰州市
地（县）级市（6 个）	辽宁省葫芦岛市、浙江省衢州市、湖北省襄阳市、海南省三亚市、陕西省延安市，浙江省义乌市

2018 年两批次试评价的开展，检验了指标体系及评价方式，在不断修改完善中提升了营商环境评价体系的适用性、公平性和有效性，营商环境评价工作机制逐步完善，为在全国推开营商环境评价探索了路子、积累了经验。

为总结推广试评价期间发现的典型经验做法，推动下一阶段优化营商环境、建立健全评价指标体系、在全国开展营商环境评价等工作，2018 年 8 月 27 日—28 日，国家发展改革委组织召开了全国营商环境评价现场会暨优化营商环境工作推进会，国务院推进政府职能转变和“放管服”改革协调小组优化营商环境组成员单位有关负责同志、全国 31 个省（区、市）优化营商环境负责同志和特邀城市代表、专家、境内外媒体记者等共 300 余人参加会议。

专栏

2018 年全国营商环境评价现场会暨优化营商环境工作推进会

2018 年 8 月 27 日—28 日，全国营商环境评价现场会暨优化营商环境工作推进会在京举行。8 月 27 日下午，国家发展改革委副主任林念修出席会议，并以“对标先进水平 聚焦突出问题 着力深化改革 加快打造法治化、国际化、便利化的国际一流营商环境”为题发表主旨讲话，国家发展改革委副秘书长周晓飞主持会议。北京市市长陈吉宁出席会议并致辞。北京市副市长王红、天津市副市长孙文魁、重庆市副市长陆克华、优化营商环境组成员单位有关负责同志、全国 31 个省（区、市）优化营商环境负责同志和特邀城市代表、专家、境内外媒体记者等共 300 余人参加会议。

会议指出，党的十八大以来，我们坚持以深化“放管服”改革优化营商环境，有效激发了市场活力，带动了创业创新热潮。但与人民群众的期盼相比，还存在差距。优化营商环境还需持续推进、久久为功，深化认识、凝聚共识，从打造全球竞争新优势、培育壮大发展新动能、增强企业和群众获得感三个方面深化认识，切实提升优化营商环境的责任感和使命感。

国务院成立了推进政府职能转变和“放管服”改革协调小组，下设优化营商环境组，要在“三个持续”上下功夫，推进优化营商环境工作。一是持续提升营商环境法治化水平，大力营造全社会依法依规营商办事的浓厚氛围。加大产权保护力度，清理规范涉企收费，健全以“双随机、一公开”监管为基本手段、以重点监管为补充、以信用为基础的新型监管机制。二是持续提升营商环境国际化水平，进一步激发市场活力、优化发展环境。建立国际化知识产权保护体系，加快全国通关一体化改革进程，落实外商投资企业公平待遇。三是持续提升营商环境便利化水平，强化服务意识、创新服务方式、提高行政办事效率。大幅压缩企业开办、工程建设项目全流程审批、进出口通关、不动产登记、用电报装等办理时间，深化“互联网 + 政务服务”。

按照党中央和国务院决策部署，今年上半年，发展改革委会同有关部门和地区，借鉴国际经验，从衡量企业全生命周期、反映城市投资吸引力、体现城市高质量发展水平三个维度，初步构建了中国特色、国际可比的指标体系，并在东、中、西部和东北地区选取 22 个城市进行了试评价。从试评价结果看，北京市精准制定“9+N”系列政策措施，聚力营商环境示范工程建设，开办企业、用电报装、办理建筑许可等方面的改革取得突破性进展。北京市在试评价城市中总排名第一，衡量企业全生命周期、反映城市投资吸引力两个维度也都排名首位，体现城市高质量发展水平居前列。其他城市也都以试评价为契机，推动出台了一系列有针对性的改革举措，成效明显。

下一步，营商环境评价将在全国推开，请各地区支持配合发展改革委开展好这项工作，做到“三个强化，三个进一步”。一是强化统筹协调，进一步完善工作机制。要落实主体责任，做好人、财、物及制度保障，逐项分解细化任务、进度安排和工作目标，采用信息化、大数据等手段，动员企业、政府部门、中介机构等力量开展评价。二是强化问题导向，进一步找准问题症结。对于长期积累的深层次问题，要深挖体制机制原因，找准改革突破口和关键点。对于普遍存在的共性问题，各地要开拓思路、勇于破题，中央部门要注重梳理提炼，推动形成全国层面改革举措。对于地方层面的个性问题，各地要因城施策、因地制宜，加快推动出台一批针对性强的改革举措。三是强化探索实践，进一步深化改革创新。对照营商环境评价各指标的最优值，参考借鉴相关做法，结合实际推进改革，广泛听取企业和群众关于优化营商环境的意见建议。优化营商环境组要发挥统筹协调作用，会同有关地方和部门，研究新情况、总结新经验、出台新举措、解决新问题，从全国层面加快推进重点领域改革。落实好党中央和国务院关于优化营商环境的决策部署，做好营商环境评价工作。

（信息来源：中国政府网，2018 年 8 月 29 日）

（二）以中国营商环境评价引领参评城市改革创新

根据营商环境评价工作安排，国家发展改革委在总结 2018 年营商环境试评价工作的基础上，进一步完善中国营商环境评价指标体系和评价机制，经报请国务院批准，组织开展了 2019 年中国营商环境评价。参评城市范围覆盖全国 31 个省、自治区、直辖市，具体包括 4 个直辖市、5 个计划单列市、27 个省会城市和 5 个地（县）级市等 41 个城市。

表 1–2　中国营商环境评价城市（2019 年，41 个城市）

城市类别	参评城市
直辖市（4 个）	北京市、天津市、上海市、重庆市
计划单列市（5 个）	大连市、宁波市、厦门市、青岛市、深圳市
副省级省会城市（10 个）	沈阳市、长春市、哈尔滨市、南京市、杭州市、济南市、武汉市、广州市、成都市、西安市

续表

城市类别	参评城市
省会城市（17 个）	石家庄市、太原市、呼和浩特市、合肥市、福州市、南昌市、郑州市、长沙市、南宁市、海口市、贵阳市、昆明市、拉萨市、兰州市、西宁市、银川市、乌鲁木齐市
地（县）级市（5 个）	河北省廊坊市、山西省晋中市、浙江省衢州市、海南省三亚市，浙江省义乌市

2019 年 5 月，国家发展改革委在深圳组织召开全国营商环境评价培训班，系统介绍评价指标体系及评价要求，邀请最高人民法院、海关总署、税务总局、证监会等部门对专业问题进行讲解，并现场解答疑难问题。5 月—7 月，组织地方政府部门在京集中填报问卷，通过线上平台收集整理企业填报的问卷。8 月—11 月，第三方评价团队对政府部门、企业问卷填报内容进行整理和核验。

在评价工作中，国家发展改革委坚持以市场主体期待和诉求为导向，以深化“放管服”改革为抓手，遵循“市场化、法治化、国际化、便利化”的目标导向，突出评价体系和评价机制的公平性、客观性、创新性，精准衡量地方政府实施利企便民惠民改革举措成效，客观评价各地改革实际效果，准确查找办事创业痛点、难点、堵点，推动地方流程再造、效能提高，出台精准管用、针对性强的改革举措，提升企业和群众获得感。

2019 年中国营商环境评价工作的开展，充分发挥了营商环境评价对优化营商环境的引领和督促作用，有力地促进了参评城市营商环境领域的改革创新，各参评城市聚焦市场主体反映的突出问题，对标国际国内先进水平，开展了大量卓有成效的实践探索，形成了一批典型经验做法，涌现了一批示范引领的标杆。

表 1-3　中国营商环境评价各领域标杆城市（2019 年）

重点领域	标杆城市
1. 开办企业	北京市、银川市、衢州市、杭州市、上海市、厦门市、南京市、广州市、武汉市、深圳市
2. 劳动力市场监管	北京市、深圳市、广州市、上海市、天津市、厦门市、南京市、武汉市、合肥市、青岛市
3. 办理建筑许可	北京市、上海市、广州市、厦门市、沈阳市、成都市、天津市、深圳市、杭州市、武汉市
4. 政府采购	北京市、广州市、深圳市、成都市、厦门市、上海市、武汉市、南京市、杭州市、宁波市

续表

重点领域	标杆城市
5. 招标投标	广州市、北京市、南京市、上海市、杭州市、贵阳市、昆明市、成都市、武汉市、衢州市
6. 获得电力	深圳市、广州市、北京市、南京市、杭州市、上海市、济南市、武汉市、天津市、银川市
7. 获得用水用气	北京市、深圳市、上海市、广州市、杭州市、厦门市、衢州市、福州市、武汉市、海口市
8. 登记财产	北京市、银川市、南京市、衢州市、杭州市、深圳市、天津市、上海市、福州市、广州市
9. 获得信贷	杭州市、广州市、厦门市、上海市、深圳市、北京市、衢州市、武汉市、南京市、合肥市
10. 保护中小投资者	北京市、石家庄市、大连市、上海市、南京市、杭州市、宁波市、衢州市、济南市、青岛市、广州市、深圳市、重庆市、成都市
11. 知识产权创造、保护和运用	北京市、深圳市、广州市、武汉市、杭州市、衢州市、厦门市、上海市、义乌市、青岛市
12. 跨境贸易	上海市、北京市、天津市、广州市、深圳市、厦门市、福州市、三亚市、南京市、大连市
13. 纳税	厦门市、义乌市、深圳市、北京市、上海市、杭州市、广州市、宁波市、衢州市、武汉市
14. 执行合同	北京市、深圳市、杭州市、南京市、广州市、天津市、成都市、上海市、厦门市、沈阳市
15. 办理破产	广州市、北京市、深圳市、上海市、南京市、成都市、杭州市、武汉市、衢州市、重庆市
16. 市场监管	北京市、广州市、上海市、厦门市、深圳市、天津市、武汉市、福州市、杭州市、成都市
17. 政务服务	广州市、北京市、上海市、杭州市、天津市、深圳市、银川市、西安市、宁波市、武汉市
18. 包容普惠创新	北京市、上海市、广州市、深圳市、成都市、武汉市、厦门市、长沙市、杭州市、南京市

10 月 28 日—29 日，国家发展改革委组织召开 2019 年全国优化营商环境经验交流现场会，梳理总结优化营商环境工作进展、取得成效、典型经验做法，推动贯彻落实《优化营商环境条例》。

专栏

2019 年全国优化营商环境经验交流现场会

为贯彻落实党中央、国务院关于深化“放管服”改革、优化营商环境的决策部署，梳理总结优化营商环境工作进展、取得成效、典型经验做法，结合贯彻落实《优化营商环境条例》，研究加快形成一流营商环境的改革举措，2019 年 10 月 28 日—29 日，国家发展改革委组织召开 2019 年全国优化营商环境经验交流现场会。国家发展改革委党组成员、副主任林念修出席会议，并以“聚焦重点 聚力改革 以更好营商环境推动高质量发展”为题发表主旨讲话。国家发展改革委副秘书长任志武主持会议。北京市副市长王红、天津市副市长康义、重庆市副市长潘毅琴等 41 个全国营商环境评价参评城市和东北地区 21 个营商环境试评价参评城市的分管市领导，各省（区、市）优化营商环境工作牵头部门负责同志，国务院有关部门负责同志，特邀专家、媒体记者等近 300 人参加会议。

市场化、法治化、国际化一流营商环境，对于增强微观主体活力、提升政府治理能力、促进更高水平对外开放，作用显著、意义重大。要站位全局，深刻认识优化营商环境的重要意义，准确把握优化营商环境是增强微观主体活力、释放全社会创新创业创造动能的重要举措，是健全政府管理体系、推进国家治理能力和治理体系现代化的重要内容，是进一步扩大对外开放、发展更高层次开放型经济的重要保障。优化营商环境要运用法治思维和法治方式，强化制度建设和制度执行，用法治来规范政府和市场的边界，打通制约营商便利化的堵点，努力为市场主体投资兴业营造更加稳定公平透明、可预期的良好环境。

近年来，各地区、各部门认真贯彻落实党中央、国务院关于深化“放管服”改革、优化营商环境的决策部署，主动作为、探索创新，涌现出了一大批创新做法和鲜活经验，市场规则更加透明、市场竞争更加公平、监管执法更加规范、办事创业更加便利，企业和群众的获得感、满意度不断提升。也要看到，对标对表党中央、国务院决策部署要求，对标对表企业和群众期待，当前优化营商环境工作取得的成效还只是初步的。

各地区、各部门要以滚石上山不松劲、爬坡过坎不避难的韧劲，进一步深化改革、对标一流、勇于创新，以新气象新担当新作为，抓实抓好深化“放管服”改革、优化营商环境改革各项工作，以营造一流营商环境的新成绩，为完成全年经济社会发展主要目标任务、决胜全面建成小康社会打下更加坚实的基础。一是坚持统筹协调，加强组织领导、部门协同、社会共治，着力构建协同高效共治的体制机制。二是坚持问题导向，建立健全公平开放透明的市场规则，推进有效监管、公平公正监管，提供普惠均等、便捷高效、智能精准的公共服务，着力提升企业和群众获得感和满意度。三是坚持深化改革，主动探索创新，强化法治保障，做好经验推广，着力推动全国范围营商环境持续改善。

（信息来源：中国政府网，2019 年 11 月 2 日）

（三）以东北地区试评价助力东北全面振兴

2018 年 9 月，习近平总书记在主持召开深入推进东北振兴座谈会时提出要求，以优化营商环境为基础，全面深化改革。要多方面采取措施，创造拴心留人的条件，让各类人才安心、安身、安业。

优化营商环境是提升东北地区投资吸引力、增强发展动力的重要抓手，是从根本上解决制约高质量发展的体制机制问题，促进全面振兴、全方位振兴的迫切需要。为贯彻落实国务院关于优化东北地区营商环境、在东北地区开展营商环境试评价的部署，2019 年 8 月—10 月，国家发展改革委组织对东北地区黑龙江、吉林、辽宁、内蒙古东部的 21 个城市开展营商环境试评价。在全国推行的中国营商环境评价指标体系的基础上，结合东北地区简化办事流程、压缩办理时限、减少办事成本的实际需要，选取 12 个指标进行评价。通过试评价工作，深刻检视东北营商环境现状和问题，因地制宜、因城施策，精准制定改革措施，推动东北地区在简政放权上迈出更大步伐、营商环境不断优化改善。

表 1-4　东北地区营商环境试评价城市（2019 年，21 个城市）

城市类别	参评城市
计划单列市（1 个）	大连市
省会城市（3 个）	沈阳市、长春市、哈尔滨市
地级市（17 个）	辽宁省：营口市、辽阳市、朝阳市、盘锦市、葫芦岛市
	吉林省：吉林市、四平市、通化市、白山市、延边州
	黑龙江省：齐齐哈尔市、牡丹江市、佳木斯市、大庆市、绥化市
	内蒙古自治区：赤峰市、通辽市

东北地区营商环境试评价的开展，有力推动了东北地区各级政府加快转变观念，从企业和群众最不满意的地方改起，自我加压、对标先进，以更大力度深化“放管服”改革，全力营造稳定公平透明、可预期的营商环境，为东北地区实现全面振兴、全方位振兴提供了重要支撑。

专栏

东北地区营商环境试评价现场会暨优化营商环境工作推进会

为贯彻落实党中央、国务院关于深化“放管服”改革、优化营商环境的决策部署，研究安排在东北地区21个城市开展营商环境试评价，学习借鉴先进城市经验做法进一步优化东北地区营商环境，2019年8月20日—21日，国家发展改革委在黑龙江省大庆市组织召开东北地区营商环境试评价现场会暨优化营商环境工作推进会。国家发展改革委党组成员、副主任林念修出席会议，并以“评价引导 深化改革 以新气象新担当新作为营造一流营商环境”为题发表主旨讲话。国家发展改革委副秘书长任志武主持会议，委法规司、地区司、产业司、高技术司有关负责同志参加会议。黑龙江省政府、发展改革委、营商环境建设监督局、大庆市委市政府有关负责同志，东北地区21个营商环境试评价城市分管市领导和有关部门同志，北京、上海、厦门、深圳、南京、银川、衢州7个城市优化营商环境工作负责同志等参加会议。

近几年来，新一轮东北振兴战略深入实施，在各方面的共同努力下，东北振兴顺利推进。但促进全面振兴、全方位振兴还面临一些突出问题，迫切需要加快改革创新。要着眼于从企业和群众最不满意的地方改起，自我加压、对标先进，以更大力度深化“放管服”改革，下决心在优化营商环境方面走在全国前列，为东北地区实现全面振兴、全方位振兴提供重要支撑。

在东北地区开展营商环境试评价，要在深刻检视东北营商环境现状和问题上下功夫，因地制宜、因城施策，精准制定改革措施，推动东北在简政放权上迈出更大步伐，推动营商环境不断优化改善。各参评城市要充分认识开展营商环境试评价的重要性，以新气象新担当新作为抓好深化“放管服”改革、优化营商环境工作，以评促改、以评促优，努力推动东北地区经济社会高质量发展，奋力实现东北全面振兴、全方位振兴，以营造一流营商环境的新成绩，迎接新中国成立70周年。

（信息来源：中国政府网，2019年8月27日）

（四）中国营商环境评价推动各地方营商环境持续改善

近年来的探索和实践表明，中国营商环境评价顺应时代要求、尊重人民意愿、反映地方加快发展的愿望，紧扣营商环境重点领域和“放管服”改革要求，紧扣市场主体和社会公众满意度，紧扣投资吸引力和城市高质量发展，营商环境评价体系和评价机制的不断完善，充分发挥了评价对优化营商环境的引领和督促作用，有力推动了各地区、各部门优化营商环境工作进一步走深走实。

1. 凝聚共识，地方各级政府对优化营商环境工作更加重视

中国营商环境评价坚持以人民为中心的发展思想，坚持以市场主体和社会公众满意度为导向，评价体系聚焦企业和群众生产生活中的高频事项，聚焦企业和群众办事创业的堵点、难点、痛点，评价内容落实到可量化可比较的环节、时间和成本上。中国营商环境评价工作的开展，切实增强

了各级政府及工作人员为人民服务的宗旨意识，推动各地千方百计为企业和群众谋福利、增便利。

随着中国营商环境评价稳步推进，各地对优化营商环境工作的重视程度不断提升，各级领导干部和工作人员学习领会、主动落实"放管服"改革政策文件精神的自觉性和主动性明显加强。不少参评城市把优化营商环境作为"一号工程"，成立由党委、政府主要负责同志牵头的优化营商环境工作组。有的参评城市根据评价内容设立跨部门专项小组，由分管市领导负责推进工作，具体工作情况纳入党委、政府专项督查范围。有的参评城市常态化设立营商环境问题反映平台、线索举报热线等，及时收集整理企业和群众意见，限期反馈、定期回访，通过电视问政、新闻报道、新媒体推送等方式，强化营商环境舆论监督。从全国范围来看，上下联动、部门协同、公众参与、媒体监督、统筹推进的工作格局加速形成，有力地推动了更多惠企便民的政策措施加快出台落地，全国范围营商环境持续改善。

2. 系统谋划，优化营商环境法规政策体系更加健全

中国营商环境评价注重在评价过程中系统总结提炼各地优化营商环境的经验和做法，特别是解决体制性障碍、机制性梗阻、政策性创新取得的改革成果，集成实践经验，形成全国层面改革举措，为《优化营商环境条例》的制定出台提供了扎实的实践支撑。

围绕评价发现的问题，各地区特别是参评城市主动对标中国营商环境评价体系，结合当地实际，分解细化有关改革任务，制定出台了一大批优化营商环境的地方性法规或政府规章，持续发布新一轮深化"放管服"改革、优化营商环境政策文件。天津、河北、辽宁、吉林、黑龙江、陕西等省（市），在《优化营商环境条例》出台前，已先行先试制定出台了本省（市）的优化营商环境地方性法规；《优化营商环境条例》出台后，积极主动对标、开展修订工作。北京、上海、山西、安徽、湖北、广西、云南，以及广东广州、广东深圳、湖南长沙、宁夏银川、山西晋中等地，对照《优化营商环境条例》各项规定，相继研究制定了优化营商环境的地方性法规或政府规章。山东、广东、河南、江苏等地正在抓紧推进营商环境立法工作。与此同时，北京发布《2020 年新一轮深化"放管服"改革优化营商环境重点任务》，围绕企业创新创业、投资贸易、市场竞争、法治保障等重点领域明确了 12 个方面主要任务。深圳发布《2020 年优化营商环境改革重点任务清单》，坚持改革先行、法治先行、智慧先行、信用先行，明确了 14 个重点领域 210 项具体改革任务，加力提升地方政府服务企业的能力。可以看到，以国家《优化营商环境条例》为基础、地方和部门法规政策为补充的优化营商环境"1+N"法规政策体系正在加快完善，为优化营商环境工作提供了更加强有力的法治保障和制度支撑。

3. 迭代升级，优化营商环境改革举措更加精准有力

中国营商环境评价鼓励各地认真贯彻落实党中央、国务院关于深化"放管服"改革、优化营商环境的决策部署，做好"规定动作"；同时，支持各地结合实际，聚焦制约发展和企业和群众反映强烈的突出问题，主动作为、探索创新，推出改革创新的"自选动作"，打造"放管服"改革的地方"升级版"，争当改革的"先行者"。

不少参评城市对标中国营商环境评价体系，主动作为、自我加压，推出的改革举措从最初关注审批流程优化、实施流程再造，逐步转向一揽子优化提升贸易投资、产业发展环境，涌现出了

一大批创新做法和鲜活经验，企业和群众的获得感、满意度不断提升。2018 年至 2019 年，有的参评城市连续推出 1.0、2.0、3.0 版的系列改革政策，全方位打造一流营商环境。有的地方将改革举措逐步向民生服务领域延伸，更加重视降低制度性交易成本，构建高效优质的政务服务体系。浙江省推动“最多跑一次”向基本公共服务领域不断延伸，坚持以群众需求为导向，深化教育、医疗、民政、科技、文化等领域“最多跑一次”改革。广东省拓展“秒批”服务应用场景，目前已涵盖开办企业、人才引进、投资项目备案等多个量大高频领域。

还有不少参评城市对标先进，持续加大营商环境领域改革力度，在法治框架内积极探索，推出了许多原创性、差异化的优化营商环境具体措施。北京市构建“多规合一”协同平台，推出低压电力接入“零上门、零审批、零投资”三零服务。上海市推动“双减半”（审批办理时限、申请材料较上年平均减少一半）和“双 100”（推进 100 件事业务流程优化再造、新增 100 项个人事项全市通办）改革。

这些结合地方实际，不断优化办事创业和营商环境的创新做法及鲜活事例，既为本地区企业和群众办事创业提供了便利，也为推动全国层面改革积累了经验。

4. 示范引领，对标先进持续优化营商环境更加主动

各参评城市聚焦市场主体反映的突出问题，对标国际国内先进水平，做了大量卓有成效的实践探索，形成了一批好经验好做法，也树立了一批标杆。中国营商环境评价注重及时总结推广先进城市典型经验和创新举措，推出各领域的标杆示范，宣传推广各地创新举措和改革亮点，鼓励各地方相互学习借鉴、比学赶帮超、良性竞争，为地方政府竞相营造更好营商环境提供“路线图”。

中国营商环境评价的开展，为全国优化营商环境工作提供了重要的经验推广和学习交流平台，促进区域间、城市间优化营商环境的交流合作更加密切。2018 年、2019 年，国家发展改革委召开全国优化营商环境工作会议，组织各地开展经验交流。标杆城市主动分享经验，不少地方通过复制推广借鉴先进城市的改革举措，推动了本地区营商环境的持续优化。

北京市、上海市以参与中国营商环境评价、世界银行营商环境评价为契机，聚焦市场主体反映的突出问题，对标国际先进，推出大量改革举措，形成了一批典型经验做法。2019 年 9 月，国家发展改革委会同京沪两市和有关部门，对标国际先进，系统梳理了京沪两市推出的系列经验做法，形成 13 项在全国复制推广的改革举措、23 项供全国借鉴的改革举措，报请国务院办公厅以《关于做好优化营商环境改革举措复制推广借鉴工作的通知》（国办函［2019］89 号）文件印发实施。

各地方主动对标先进城市，对标最佳改革实践，将学习借鉴、复制推广优化营商环境改革举措纳入重点工作，结合当地实际，积极推动制度创新，推动营商环境不断改善。东北地区营商环境试评价显示，黑龙江哈尔滨参考复制广东深圳做法，推进强区放权，持续下放政务服务权责事项。吉林长春借鉴开办企业“套餐式服务”，推行企业开办经营联办机制，餐饮店等 20 多个行业类型实行涉企证照跨部门、跨层级联审联办。辽宁沈阳学习借鉴北京经验，实行企业投资项目告知承诺制，建立工程建设项目联合审批平台交互运行机制，施工图联合审查、联合验收线上运行，并对标学习上海经验做法，推进“双随机、一公开”监管改革。黑龙江大庆学习借鉴“一网通办”经验，开通政务服务“一张网”，搭建数据共享交换平台。从全国范围来看，各地方相互学习借鉴、共同优化提升营商环境的氛围日益浓厚，形成了各地竞相推进改革的生动局面。

2019年优化营商环境成效与亮点

2019 年，各地区、各部门坚持问题导向，把深化“放管服”改革、优化营商环境作为“六稳”的关键性举措和重要抓手，以市场主体需求为导向，推动政府职能深刻转变，围绕放宽市场准入，加强公正监管，优化政务服务，创新体制机制，强化协同联动，完善法治保障，着力为各类市场主体投资兴业营造稳定公平透明、可预期的良好环境，优化营商环境各项工作取得积极成效。

（一）聚焦减审批减材料，市场准入门槛不断放宽

各地区、各部门持续推进市场化改革，不断放宽市场准入，健全市场准入负面清单制度，加大审批制度改革力度，推进行政审批事项取消下放，围绕减审批、降成本、宽准入持续向市场主体放权让利。

1. 市场准入持续放宽

6 月，国家发展改革委、商务部连续 3 年修订全国和自由贸易试验区外商投资准入负面清单，发布《外商投资准入特别管理措施（负面清单）（2019 年版）》和《自由贸易试验区外商投资准入特别管理措施（负面清单）（2019 年版）》。其中，全国外资准入负面清单条目由 48 条减至 40 条，压减比例 16.7%；自由贸易试验区外资准入负面清单条目由 45 条减至 37 条，压减比例 17.8%。同时，在服务业、制造业、采矿业等领域共推出 11 项开放措施。

11 月，国家发展改革委、商务部印发实施《市场准入负面清单（2019 年版）》，在保持稳定性和连续性的基础上，进一步缩短了清单长度、减少了管理措施、优化了清单结构，事项数量由《市场准入负面清单（2018 年版）》的 151 项减少至 131 项，压减比例 13.2%。推行“全国一张清单”管理模式，取消各地区自行编制发布的市场准入类负面清单 23 个。

国务院持续推进“证照分离”改革，先后在上海等地对部分涉企经营许可事项开展改革试点并逐步复制推广，在自由贸易试验区对所有涉企经营许可事项开展改革试点，推动“照后减证”和简化审批，有效降低了企业制度性交易成本，优化了营商环境，激发了市场活力和社会创造力，取得显著成效。

2. 减税降费持续推进

深化增值税改革、小微企业普惠性税收减免、实施个人所得税 6 项专项附加扣除、降低社会保险费率等新一轮减税降费政策红利不断释放，2019 年全年全国减税降费达到 2.36 万亿元。

国家发展改革委会同有关部门持续清理规范各类涉企收费，深化电力、石油天然气、铁路等行业改革，推动降低用能、物流、通信成本。分两批印发降低一般工商业电价政策文件，提前完成全国一般工商业电价平均再降低10%的任务。制定电信降费相关方案，移动网络流量平均资费和中小企业宽带平均资费同比下降41%和36.7%。

在地方层面，各地区认真实施中小企业普惠性优惠政策，有效清理涉企收费，减税降费政策效应持续显现。比如，江苏认真落实个税专项附加扣除、增值税税率下调、社会保险费率降低等减税降费政策，2019年全年新增减税降费超过2200亿元，惠及全省超过350万家企业和2700万人。

3.“减证便民”改革行动深入实施

司法部牵头会同各地区、各部门全面清理证明事项，开通“群众批评——证明事项清理投诉监督平台”，推动取消企业和群众反映强烈的“奇葩证明”、循环证明、重复证明等。截至2019年12月，已取消证明事项超过13000项。

在地方层面，上海建立电子证照库，对居民身份证、企业营业执照、户口簿、不动产权证等17类高频使用的电子证照进行归集，替代原件和复印件提交，实现“证明免交”。浙江衢州推行“减证便民”“一证通办”，群众凭居民身份证、企业凭统一社会信用代码，可办理民生事项或企业投资项目相关事项，无须提供其他证明材料。四川成都推动“首证通”改革，不再收取重复性资料。

（二）聚焦规则公开透明，公平公正监管不断强化

各地区、各部门围绕健全制度化监管规则，增加政策规则的透明度，基本构建起以信用为基础的新型监管制度，“双随机、一公开”和“互联网＋监管”逐步成为市场监管的基本方式和手段，包容审慎监管探索取得成效。

1.“双随机、一公开”监管全面推行

1月，国务院印发《关于在市场监管领域全面推行部门联合“双随机、一公开”监管的意见》，部署推行部门联合“双随机、一公开”监管，探索将双随机抽查与信用风险分类管理相结合，合理确定、动态调整抽查比例和检查对象被抽查概率，优化监管资源配置，实现市场监管领域“双随机、一公开”监管全覆盖。各地区、各部门大力推行“双随机、一公开”监管，对有不良信用记录、风险高的检查对象加大抽查力度，对信用较好、风险较低的适当减少抽查，切实提高监管公正性、精准性和有效性。

在地方层面，贵州建立全省统一、资源共享的“双随机、一公开”行政执法信息化平台，将省、市、县三级行政执法机关、行政执法事项以及行政执法人员一网纳入。浙江杭州针对有严重违法失信记录的市场主体，适当提高随机抽查的比例。广东广州制订跨部门联合抽查工作计划，推进跨部门抽查检查结果互认和应用。

2. 信用监管加快推进

7 月，国务院办公厅印发《关于加快推进社会信用体系建设 构建以信用为基础的新型监管机制的指导意见》，强调以加强信用监管为着力点，创新监管理念、监管制度和监管方式，建立健全贯穿市场主体全生命周期，衔接事前、事中、事后全监管环节的新型监管机制，不断提升监管能力和水平，进一步规范市场秩序。国家发展改革委等部门持续推进信用分级分类监管，以企业信用为基础实施差别化监管措施，全国信用信息共享平台已联通 46 个部门、所有省（区、市），归集各类信用信息超过 500 亿条。市场监管总局优化升级国家企业信用信息公示系统，依法公示各类市场主体登记备案、行政许可、行政处罚、抽查检查结果等信息，系统上线以来至 2019 年底，访问量累计达 1050.14 亿次、日均访问 9503.55 万次，查询量累计达 88.53 亿次、日均查询 801.13 万次。

国家发展改革委会同有关部门持续推进政务失信问题专项治理，纠正一些地方政府不守信用承诺、新官不理旧账等现象。经过专项治理，失信政府机构履行率达 99.68%。工业和信息化部会同有关部门开展清理拖欠民营企业中小企业账款专项行动，截至 2019 年底，已累计清偿政府部门和大型国有企业拖欠民营企业中小企业账款超过 6600 亿元，清偿进度接近 75%。

在地方层面，北京将信用信息查询使用嵌入行政审批和日常监管流程，推动应归尽归、应查必查、奖惩到位。浙江杭州探索为失信行为主体提供重塑自身信用的合法途径。广东广州建成市公共信用信息管理系统，建立涉及 300 万法人主体和 3000 万自然人主体的信用信息数据库，实现全市常住人口和企业信用档案全覆盖。

3. “互联网 + 监管”扎实推进

国务院各部门“互联网 + 监管”事项清单加快制定，对梳理出的监管事项逐项明确监管对象、设定依据、监管流程、监管结果、监管层级等。依托国家“互联网 + 监管”系统、全国信用信息共享平台、国家企业信用信息公示系统，加强监管信息归集共享，将政府履职过程中形成的行政检查、行政处罚、行政强制等信息以及司法判决、违法失信、抽查抽检等信息进行关联整合，并归集到相关市场主体名下。利用大数据、“互联网 +”、人工智能等新技术，加强对风险的跟踪预警，整合分析投诉举报、转办交办、网络舆情、违法违规记录等信息，科学确定抽查行业、抽查区域及抽查比例。

在地方层面，北京利用市场监管“风险洞察”系统，集合注册登记、商标、行政执法案件等市场监管系统数据，并整合交通、环保、公安等部门数据，梳理成企业“全景画像”。广东深圳建设智慧市场监管平台，实现巡查、检测、执法三网联动。贵州贵阳、云南昆明大力推进招投标全流程电子化，强化招标投标智慧监管。

4. 包容审慎监管探索取得成效

实行弹性监管，完善包容审慎监管机制，建立健全有利于各类新产业、新业态、新技术、新模式创新发展的监管规则，促进新动能发展壮大，持续促进网上购物、移动支付、共享经济等新兴产业健康发展。8月，国务院办公厅印发《关于促进平台经济规范健康发展的指导意见》，围绕创新监管理念和方式、实行包容审慎监管等方面，推动建立健全适应平台经济发展特点的新型监管机制。

在地方层面，上海实行轻微违法免罚，对违法行为进行更精细的划分，形成3份免罚清单，覆盖市场监管、文化旅游、安全消防、生态环境等4个执法领域，涉及20余个类别，共计61项免罚事项。

（三）聚焦减环节压时限，便民服务水平不断提升

深入推进政务服务“一网、一门、一次”改革，全面推行审批服务“马上办、网上办、就近办、一次办”，推动更多政务服务事项“只进一扇门”“最多跑一次”，极大方便了企业和群众办事创业。

1. 简化优化审批办理环节

各部门围绕大幅减少企业的办事环节、申报材料、耗费时间、办理成本等，进一步推进电子营业执照应用推广、取消企业银行账户许可、投资审批制度改革、工程建设项目审批制度改革、便民办税春风行动、跨境贸易便利化、不动产登记“一窗受理、并行办理”、规范民商事案件延长审限和延期开庭等工作，企业开办、用水用电报装、不动产登记等事项的办理时间压缩一半以上。

各地区在梳理公布政府权责清单和公共服务事项清单基础上，对于涉及多个部门办理的事项，通过信息化手段整合再造审批流程，将串联审批改为并联审批，在政务服务大厅设立综合受理窗口，统一受理办理事项，一次性收取所需全部材料，一次性录入、自动分发各相关部门，推进信息化技术支撑的“一窗受理、并行办理”。浙江杭州整合房屋交易、税收和登记发证“三件事”为“一件事”，不动产登记“一窗受理、一个平台、一套资料、一小时办结”。广东深圳实行水、电、气业务一站式办理，水、电、气三方通过窗口互驻，融合办理业务。

2. 加强跨部门数据共享

国务院办公厅电子政务办、国家发展改革委等部门统筹推进政务信息系统整合共享工作，国家数据共享交换平台体系基本建成，分两批印发实施数据共享责任清单，发布人口、法人等领域1293个数据共享服务接口，提供在线数据查询核验超过7.19亿次，支撑跨部门跨地区数据交换量达512亿条次。深入推进电子营业执照在全国一体化在线政务服务平台的跨地区、跨部门、跨层级应用，方便市场主体办事。税务总局等部门通过调用公安部人口信息核验和人像比对数据，开展实名办税，纳税人可以便捷办理个人收入及纳税记录查询、完税证明开具等业务，享受税务机关提供的申报数据“免填单”等服务。

3. 推进电子政务“一网通办”

4月，国务院出台《关于在线政务服务的若干规定》，明确推进各地区、各部门政务服务平台规范化、标准化、集约化建设和互联互通，推动实现政务服务事项全国标准统一、全流程网上办理，促进政务服务跨地区、跨部门、跨层级数据共享和业务协同，并依托一体化在线平台推进政务服务线上线下深度融合，全面提升政务服务规范化、便利化水平。

11月，全国一体化在线政务服务平台上线试运行，连通31个省（区、市）及新疆生产建设兵团、40余个国务院部门政务服务平台，接入地方部门300余万项政务服务事项和一批高频热点公共服务。各地区、各部门加快构建全流程一体化在线服务平台，通过政府部门间信息共享、相关职能部门业务网上整合衔接，减少审核、备案、确认、告知等各种环节和手续，更好解决企业和群众反映强烈的办事难、办事慢、办事繁，多头跑、来回跑等问题，切实提升企业和群众获得感。

在地方层面，上海实行“一人一档、一企一档”，线上办事在“一网通办”系统注册后即生成自己专属页面，线下办理通过“一窗通”服务平台一表填报信息、一次提交数据。福建厦门推出“掌上办税厅”，增值税专用发票可全程网上办理、线下配送。

（四）聚焦完善法规制度，合法权益保护不断加力

加快营商环境综合立法，深化法规性文件“立改废释”，构建以《优化营商环境条例》为基础性立法、以地方性法规规章为支撑的“1+N”法律制度体系，为优化营商环境提供重要制度保障和支撑，全面加强对市场主体合法权益的保护。

1. 颁布出台《优化营商环境条例》

按照国务院工作部署，国家发展改革委会同司法部、国务院办公厅政府职能转变办公室等单位组成工作专班，科学总结我国优化营商环境领域的实践经验，将其中实践证明行之有效、人民群众满意、市场主体支持的改革举措用法规制度固化下来，围绕贯彻新发展理念、正确处理政府和市场关系、完善社会主义市场经济体制等进行有针对性的制度设计，起草形成《优化营商环境条例》，经国务院常务会议审议通过，于10月22日正式颁布。这是我国优化营商环境领域的第一部基础性行政法规，对“放管服”改革的关键环节确立了基本制度规范，标志着以政府立法为各类市场主体投资兴业提供制度保障迈出了实质性步伐。

11月，国家发展改革委会同各地区、各部门认真贯彻落实李克强总理关于“要按照全面实施《优化营商环境条例》的要求，推动‘放管服’改革取得更大突破”的指示，扎实有序推进《优化营商环境条例》宣传解读和贯彻落实有关工作。国家发展改革委印发《关于做好〈优化营商环境条例〉贯彻实施工作的通知》，组织专家赴相关地区开展《优化营商环境条例》贯彻落实巡回解读40余场，组织地方和部门加快清理与优化营商环境相关的部门规章、地方政府规章、规范性文件。截至2019年底，已基本完成对相关法规政策文件的系统梳理并形成清理意见，按程序推进修订或废止工作。

在地方层面，各地区结合地方实际推出“地方版”“升级版”的优化营商环境法规政策，进一步分解细化《优化营商环境条例》有关规定。北京、上海、山西、广东深圳等省市加快研究制定优化营商环境地方性法规，河北、陕西、安徽等省出台本省贯彻实施条例的工作方案。

2. 组织开展百项诉求处理行动

9 月以来，国家发展改革委会同有关部门，扎实推进营商环境百项诉求处理行动。各部门采取网上公开征求意见、召开企业座谈会、实地调研、梳理企业和群众来访来信等多种方式，广泛收集一批企业和群众反映强烈的营商环境问题，形成 100 项营商环境诉求清单。各部门主动查找差距、查摆问题，聚焦企业和群众反映集中的营商环境领域和环节，逐项推动解决，形成一批针对性改革举措，显著提升监管效能，大力优化政务服务，便利群众办事创业。同时，及时总结各部门推动解决营商环境诉求的创新模式和典型经验，形成“百佳案例”，通过多种渠道进行宣传报道。

依托营商环境百项诉求处理行动，一批涉及开办企业、办理建筑许可、获得电力、登记财产、纳税、跨境贸易等优化营商环境重点领域的共性问题得到妥善处理，一批独具特色、深受企业和群众欢迎的经验做法陆续推出，为优化营商环境提供了有力支撑。

3. 全面加强市场主体权益保护

加强产权保护。各地区、各部门清理出有违产权保护原则要求的规章、规范性文件 5847 件。5 月，国家发展改革委等 9 部门联合印发《关于开展涉政府产权纠纷问题专项治理行动的通知》，重点查找和解决社会反映强烈、久拖不决的涉嫌政府机构失信或政府政策调整所导致的政府机构与企业、企业家之间的产权纠纷问题，开展重点案件集中攻坚，推动涉产权冤错案件甄别纠正工作取得重要突破。

加大知识产权保护力度。中共中央办公厅、国务院办公厅印发《关于强化知识产权保护的意见》，国家发展改革委会同国家知识产权局等 37 个部门签署《关于对知识产权（专利）领域严重失信主体开展联合惩戒的合作备忘录》。修订后的《商标法》正式施行，提高了恶意侵犯商标专用权的赔偿数额，加快推进《专利法》修改工作，推动建立侵权惩罚性赔偿制度。持续严厉打击商标抢注和恶意注册、非正常专利申请等行为，2019 年，知识产权保护社会满意度达到 78.98 分，整体步入良好阶段。加快推进商标注册、专利申请便利化改革，缩减商标、专利审查周期，大幅提升知识产权审查效率，截至 2019 年底，高价值专利审查周期压缩至 17.3 个月，商标注册平均审查周期压缩至 4.5 个月。

完善涉企政策制定实施机制。国家发展改革委印发《关于建立健全企业家参与涉企政策制定机制的实施意见》，对企业家参与涉企政策制定提出了机制性规范性要求，指导各地出台具体实施办法，做好对涉及除国家秘密外的政策文件向社会公开征求意见工作，全面落实对行业政策设定合理过渡期的有关规定，提高政策透明度和可预期性。

4. 推进工程项目招投标领域营商环境专项整治

国家发展改革委等 8 部门联合印发《工程项目招投标领域营商环境专项整治工作方案》，

部署在全国开展工程项目招投标领域营商环境专项整治，对现行有效招投标相关法规、规章、文件进行全面清理，对违反竞争中性原则、限制或者排斥不同所有制企业招投标、妨碍建立统一开放竞争有序现代市场体系的制度规定一律按照权限予以修订、废止并向社会公布。各地区、各有关部门共修订、废止法规、规章、文件 2032 件，共抽查项目 125941 个，抽查发现问题 14007 个，重点核查项目 12319 个，发现问题 2554 个。

在地方层面，各地区加快构建长效机制，持续深化标本兼治。浙江、江西、陕西等地加快推进电子招投标，压缩违法违规空间。福建等地建立招投标法规文件制定会商机制，加强部门协调和审核把关。云南等地积极探索招投标智慧监管，运用大数据开展分析预警。上海、安徽、河南、贵州等地加强信用管理，引导市场主体强化自我约束。

2020年优化营商环境前景与展望

2020年是全面建成小康社会和“十三五”规划圆满收官之年。2020年上半年极不寻常，新冠肺炎疫情突如其来，给我国经济社会发展带来了前所未有的巨大冲击。习近平总书记亲自部署、亲自指挥，带领全国上下迅速打响疫情防控的人民战争、总体战、阻击战。各地区、各部门统筹疫情防控和经济社会发展工作取得重大成果，经济稳步恢复，复工复产逐月好转，经济发展呈现稳定转好态势，充分展现出中国经济强大韧性和巨大回旋余地。面对严峻复杂的国际疫情，面对国内外风险挑战明显增多的复杂局面，国内经济面临的困难挑战特别是就业压力仍然十分突出，中小企业面临不同程度的生存发展困境，优化营商环境还有很大提升空间，依然任重道远。我们要坚持以习近平新时代中国特色社会主义思想为指导，全面贯彻党的十九大和十九届二中、三中、四中全会精神，结合贯彻落实《优化营商环境条例》，进一步深化“放管服”改革、优化营商环境，充分激发市场主体活力，增强发展韧性，扎实做好“六稳”工作、全面落实“六保”任务，为实现全年经济社会发展目标任务提供支撑。

（一）深化简政放权，进一步精简准入审批手续

修订《市场准入负面清单（2020年版）》，推动“非禁即入”普遍落实。健全市场准入制度体系，加快形成与市场准入负面清单制度相适应的准入机制、审批机制、事中事后监管机制、社会信用体系和激励惩戒机制、商事登记制度。落实《外商投资准入特别管理措施（负面清单）（2020年版）》和《自由贸易试验区外商投资准入特别管理措施（负面清单）（2020年版）》，确保新开放措施及时落地，进一步扩大服务业等领域对外开放。

固化疫情期间行之有效的取消、下放行政审批事项的经验做法，将工业产品生产许可证审批权限全部下放到省级部门实施，压减企业资质资格认定事项。严格控制新设行政许可，整治各类变相审批，清理以备案、登记、注册、年检、认定等形式变相设定和实施行政许可的违法违规行为。

继续深化“证照分离”改革，在全国范围内实行涉企经营许可事项清单管理制度，推行分类改革，在自由贸易试验区持续加大改革力度。持续减少和规范证明事项，精简审批环节，提高审批效率。推广“容缺受理”、告知承诺制等审批模式，对风险总体可控、通过事中事后监管能够有效规范的审批事项，推行告知承诺制。

（二）优化监管方式，进一步减少监管执法干扰

分领域制定全国统一、简明易行的监管规则和标准，修订完善边界宽泛、执行弹性大的监管规则和标准。健全行政执法自由裁量基准制度，规范行政执法自由裁量权。

加快推进“互联网 + 监管”。健全跨部门、跨区域行政执法联动和响应机制，在相关领域推行综合执法。推动相关部门开展信用分级分类监管，根据监管对象信用等级高低采取差异化的监管措施。深入推进“双随机、一公开”监管，实现市场监管领域相关部门“双随机、一公开”监管全覆盖，地方各级人民政府相关部门在市场监管领域联合“双随机、一公开”监管常态化。建立健全有利于各类新产业、新业态、新技术、新模式创新发展的监管规则。

完善和细化知识产权创造、运用、交易、保护制度规则，建立健全知识产权侵权惩罚性赔偿制度，加强企业商业秘密保护。健全完善知识产权纠纷多元化解决机制和知识产权维权援助机制。持续拓展“互联网 +”、大数据等新兴领域和业态的知识产权综合保护途径。

（三）强化精准服务，进一步提升服务企业效能

加快推进服务标准化和信息整合共享，推动政务服务事项名称、编码、依据、类型等基本要素和办事指南要素在国家、省、市、县四级统一。加快整合再造政务服务流程，更大力度推动中央和地方政务服务数据共享。

依托全国一体化在线政务服务平台，加快打造全国政务服务“一张网”，在更大范围实现“一网通办”、异地可办、“掌上可办”。提升政务服务大厅“一站式”功能，实现政务服务事项“应进必进”。畅通政企沟通机制，完善企业诉求处理平台，持续开展营商环境百项诉求处理行动，打通政策落地“最后一公里”，确保助企纾困政策红利及时传导到目标企业和终端用户。

对标国际先进水平，加快解决企业开办、工程建设项目审批、纳税、获得信贷、跨境贸易等重点领域的堵点问题。

（四）着力降低成本，进一步加大减税降费力度

纠正违规开征、多征、预征非税收入的行为。严格执行涉企收费清单制度，清理整治乱收费和第三方截留减税降费红利行为。

完善金融支持机制，支持扩大民营、小微企业融资规模，更大范围推广“信易贷”，支持符合条件的优质民营企业发行债券融资。清理规范金融服务收费，减少融资过程中的附加费用。

督促各地做好口岸收费目录清单公示，清理铁路、水路的货运杂费。深化电力市场化改革，降低制造业用电成本。建立保障中小企业账款支付长效机制，限期完成清偿政府机构、国有企业拖欠民营和中小企业款项的任务。

（五）强化标杆引领，进一步以评促改、以评促优

继续在部分地级及以上城市和国家级新区开展中国营商环境评价，充分发挥营商环境评价对优化营商环境的引领和督促作用，推动地方结合中国营商环境参评工作，加快转变政府管理理念和方式，出台更多新招实招硬招，有效提高政府服务质量和效率，增强企业和群众的获得感。

及时梳理总结地方优化营商环境改革政策和便民服务举措，不断挖掘在解决体制性障碍、机制性梗阻、政策性创新方面的成熟经验和典型做法，搭建更多经验交流平台，复制推广更多创新举措，更好发挥标杆引领、示范带动作用，鼓励带动全国范围对标先进持续优化营商环境。

示范引领

标杆城市篇

营商环境只有更好，没有最好。

2018 年以来，国家发展改革委在相关城市组织开展了多批次的营商环境试评价，通过评价促进改革、激发市场活力。2019 年，在直辖市、计划单列市、省会城市和部分地县级市等 41 个城市和东北地区 21 个城市开展试评价，各参评城市聚焦市场主体反映的突出问题，对标国内国际先进水平，开展了大量富有成效的实践探索，营商环境的市场化、法治化、国际化、便利化水平不断提升，涌现出了一批改革步伐快、力度大、亮点多、成效好的标杆城市。

示范引领，改革导向，树立优化提升新标杆。

通过中国营商环境评价，总结提炼并复制推广地方探索形成的经验做法和典型案例，让各地优化营商环境学有目标、赶有榜样，有助于推动全国范围营商环境实现大幅度提升。从中国营商环境评价情况看，各地结合实际，“八仙过海、各显神通”，探索出许多独具特色、深受企业和群众欢迎的好经验好做法。为充分发挥标杆城市的示范引领作用，鼓励带动更多地方对标先进、推进重点领域改革，本篇选取优化营商环境综合表现突出的 15 个标杆城市作为典型案例，系统介绍各标杆城市优化营商环境 2018—2019 年主要工作、创新做法及改革成效、未来工作展望等方面内容，重点展示工作思路、推进步骤、具体安排、改革亮点，并附各地优化营商环境工作大事记，供有关城市学习参考借鉴。

这些典型案例，是各地方以评促改、以评促优的一个缩影，同时也是各地方为优化营商环境汇聚磅礴力量的生动写照。

❶ 北京市
BEIJING

（一）2018—2019 年主要工作

北京市委、市政府把优化营商环境作为“一把手”工程，坚持“转观念”“转作风”“转方式”，从“政府端菜”向“企业点菜”转变，从政府部门“各自为战”向“协同作战”转变。

1. 统一思想、转变观念，全方位构建联动工作机制

建立市级改革协调推进机制、工作专班和京津联合联动工作机制，形成跨地区、跨部门齐抓共促的改革格局。建立市级常态化调度机制，协调解决跨部门问题矛盾，推进改革政策落地。2019 年召开市级专题调度会 60 余次、部门间协调会 200 余次，联动工作机制成为推进改革不断深化和政策落地见效的重要保障。

2. 政策先行、层层深入，持续深化营商环境改革

推出一批创新性强、影响力大的突破性改革措施。2017 年出台《关于率先行动改革优化营商环境实施方案》，2018 年出台《北京市进一步优化营商环境行动计划（2018 年—2020 年）》，提出打造北京效率、北京服务、北京标准和北京诚信“四大示范工程”和建设国际一流营商环境高地目标。2018 年、2019 年连续推出优化营商环境 1.0、2.0 版系列改革政策 149 个、改革措施 191 项，不断破解关键难点问题。2019 年 11 月推出优化营商环境 3.0 版改革政策，包括 12 方面 204 项任务，推进营商环境各领域改革。

3. 一抓到底、密集调度，打通政策落地“最后一米”

建立“问题清单 + 高位调度 + 宣传培训”常态化改革推进模式。梳理汇总国家任务、社会问题、督查整改三类清单，形成问题台账 1125 项。面向窗口工作人员、企业、中介机构开展政策宣讲培训，2019 年累计宣讲 1900 余场、培训近 30 万人次。

（二）创新做法及改革成效

开办企业

企业开办进入“1”时代

（1）搭建“e窗通”平台，实现全程网上办。（2）简化审批流程，合并营业执照申请、公章刻制和发放、税务登记和发票领取、“五险一金”登记、银行预约开户等环节。（3）推广应用电子营业执照，提供企业档案“容e查”服务。办理环节由7个精简为1个，办理时间由24天压缩至1天。

办理建筑许可

针对手续多、时间长问题，全面再造流程

（1）整合提供事前服务。构建“多规合一”协同平台，统筹14个审批部门和各类规划形成“一张蓝图”，为企业明确建设条件提供“全程线上、一站式、集成式”预沟通预协调服务。（2）精简审批事项。构建“多图联审”“多测合一”“多验合一”高效审批模式。将审批服务事项由224项精简至107项，将一般社会投资项目办理环节由23个减至18个，办理时限由208天压缩至93天。（3）实行项目分类管理。建立基于风险矩阵的分级管控体系，对项目实行差异化监督管理。对于社会投资简易低风险项目进一步简化审批流程，建立审批、监管、验收、登记全封闭、一站式网上办理系统，将办理环节压缩至5个，办理时限压缩至20天。

市政设施接入

2018年率先在电力领域实施改革，2019年扩展到水、气、热、通信等全部市政领域

（1）在全国率先推出低压电力接入“零上门、零审批、零投资”的“三零”服务，开发“掌上电力”App实现线上申请报装，由电力公司办理市政审批手续并承担设备设施投资。（2）应用电子签名、电子合同，实现客户在用电申请的同时在线签订供用电合同，取消内部工程图纸审核及中间检查。低压电力接入实现办理环节由6个缩减为2个，平均用时由141天缩减到15天，接入成本由19.2万元降为0元。（3）推出高压临时用电“省力、省时、省钱”“三省”服务，高压临时接电环节由6个压缩到3个，时长由60个工作日左右压减至20个工作日以内。（4）将电力改革措施延伸到水、气、热、通信等市政公用设施，实行市政接入“234”模式，即2个环节、3份材料、4天办结。

登记财产

针对不动产登记连夜排队、现场取号、多次跑路现象，多措并举实施改革

（1）推行“一网通办”，建立“北京市不动产登记领域网上服务平台”，“一张表单、一次申请”可完成网签、缴税和登记申请。（2）推行“一窗通办”，委托不动产登记机构代征不动产交易相关税种，登记人员统一代征相关税费，登记申请人到综合窗口一次完成登记、缴税、领证等事项，不动产登记办理环节由4个精简为1个、办理时间由9天减至1天，企业间不动产登记最快45分钟办完。

获得信贷

从保护借贷双方权利角度，通过制度创新为融资提供便利

将市场监管部门负责的生产设备、原材料、产品抵押登记职能委托人民银行征信中心履行，实现企业抵押在一个系统登记、一个框架监管，提供基于互联网的“7×24”小时不间断服务，提高动产担保登记效率。

知识产权创造、保护和运用

创新开展知识产权运用探索

（1）建立快速协同保护机制，设立中国（北京）、中国（中关村）知识产权保护中心和中国北京朝阳（设计服务业）知识产权快速维权中心，开展专利快速预审、快速维权、保护协作。（2）引导企业优化专利申请结构，支持企业海外专利布局，为企业提供专利信息分析、预警和法律服务。（3）开展专利权质押融资保险工作。

跨境贸易

京津两地密切合作、协同推出系列改革举措

（1）压缩通关成本。连续两年推出“一站式阳光价格”清单，每年为企业节省3.7亿元。将出口退税申报、企业注册备案等6类业务整合到国际贸易“单一窗口”，截至2019年底，累计退税92.8亿元。（2）压缩通关时间。建立进口“提前申报”“先放行后改单”“先放行后缴税”“先验放后检测”“岸边直提”等模式。

纳税

围绕减少纳税时间、纳税次数、增加纳税政策透明度等方面持续推进改革

（1）建立电子税务局，推出“财税一体化”辅助申报系统，企业可将本单位财务报表转化为符合税务机关格式要求的税务申报数据，实现即时申报、一键申报。（2）实行“网上办、就近办”，发布纳税事项“最多跑一次”和“全程网上办”清单，实现5类162项办税业务“最多跑一次”、152个纳税事项“全程网上办”、7类300余项涉税业务“全市通办”，将纳税时间由207小时压缩到138小时以内。（3）落实国家各项减税降费政策，2019年减税降费规模超1800亿元。

执行合同和办理破产

搭平台、建机构，多管齐下破解时间长、成本高、执行难问题

（1）提高电子化办案能力，实行5类商事纠纷网上立案、智能繁简分流、在线调解纠纷、在线委托鉴定、诉讼文书电子送达、处置财产网上拍卖，实现执行合同平均时间由510天压缩为240天。（2）设立北京互联网法院，集中管辖11类涉互联网案件，为当事人提供一站式服务，实现互联网案件立案、审判、执行全流程在线办理。2019年在线申请立案率达100%，在线开庭率达99.7%。（3）在全国首批成立专门破产法庭，集中优势资源实行专业化审判，提高办理破产重整效率，平均审理天数由620天压缩至300天。优先采用破产网络拍卖，破产成本由22%降到17%。

市场监管

围绕提高监管效能，减少对市场主体干扰，创新监管方式

（1）搭建市场监管风险洞察平台，全市164万户企业全部纳入监测范围，通过大数据技术跟踪市场主体经营活动特征，在不增加检查数量的前提下，问题发现率提高12个百分点。（2）建立企业信用风险分类指数，探索开展分级分类监管，筛选出高风险指数主体500余家，检查问题发现率达45%。（3）推行包容审慎监管，12000多家高新技术企业纳入包容库，降低抽查比例。

政务服务

为企业和群众提供态度暖心、渠道集成、方式便利、技术智能的优质政务服务

（1）推行“只进一门”，市级54个部门996项政务服务事项进驻服务大厅办理，市级进驻率达到90%。（2）推行“一网通办”，实行“指尖行动”，打造触手可及的移动端政务服务，市区两级政务服务事项网上可办率达到90%。（3）推行“一窗通办”，建立综合窗口，实行“前台综合受理、后台分类审批、窗口统一出件”综合受理模式，85%以上市级政务服务事项可在综合窗口办理。（4）全面推行“最多跑一次”，推行“网上办、就近办、自助办、掌上办”，638个市区两级高频政务服务事项实现“最多跑一次”或“一次不用跑”。

包容普惠创新

围绕创新创业、人才流动、扩大市场开放等方面持续加大改革力度，助力企业高质量发展

（1）持续激发企业创新创业动能。设立存续期最长的北京科技创新基金，加强企业原始创新支持力度。每日新设科技型企业数量连续三年攀升，从2017年的98家增长至2019年的250家，国家级高新技术企业达2.5万家，实现翻番。拥有独角兽企业接近全国半数。全市研发投入强度6%左右。（2）畅通渠道引进人才落户，两年来共有12000余人通过积分落户成为“新北京人”。（3）推进新一轮服务业扩大开放综合试点，全市利用外资稳定增长。

（三）2020年工作展望

把优化营商环境改革作为推进政府治理体系和治理能力现代化的重要内容，坚持锐意改革、务求实效，以增加企业和群众更多获得感为目标，以制度建设为主线，推进改革取得更大成效。

1. 重点推进以告知承诺为基础的审批制度改革

在直接涉及国家安全、公共安全和人民群众生命健康以外的行业、领域，推行政务服务事项办理告知承诺制，给予市场主体更大经营自主权。在工程建设等领域探索基于风险的分级分类审批模式，试点推行无风险事项“非禁免批”、低风险事项“简化审批”、一般风险事项“告知承诺”、高风险事项“严格审批”。

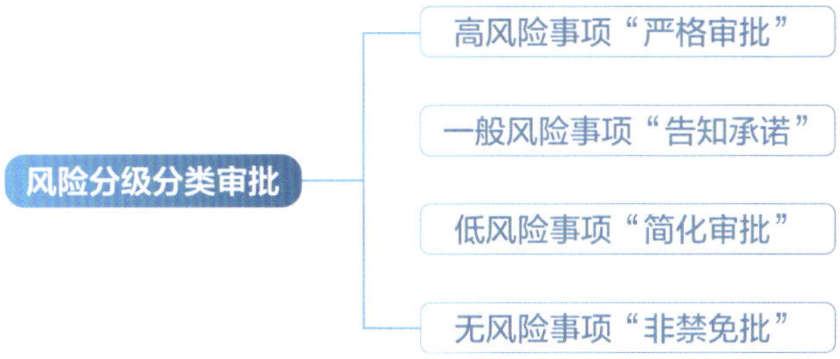

2. 加快推进以信用为基础的监管制度改革

完善信用分级分类监管标准，出台信用信息评价实施细则，完善全市统一的信用联合奖惩制度。以信用信息评价结果为依据，对市场主体采取差异化监管措施，进一步提高监管精准性和监管效能，减少对市场主体正常经营的干扰。

开展失信企业信用修复工作，引导企业诚信自律，鼓励企业重塑信用。在直接涉及国家安全、公共安全和人民群众生命健康以外的行业、领域，实行“双随机、一公开”监管，搭建全市统一的部门联合双随机抽查工作平台，提高监管效能，减轻企业负担。

3. 深入推进以标准化为基础的政务服务制度改革

全面推进办事指南、服务流程、平台建设、监督评价四方面标准化建设，对政务服务事项咨询、预约、申请、受理、审查、决定、结果送达等全流程实施标准化管理，明确事项办理条件、流程、所需材料、容缺受理、环节、时限、收费标准、联系方式、投诉渠道等内容，进一步提升政务服务效率。

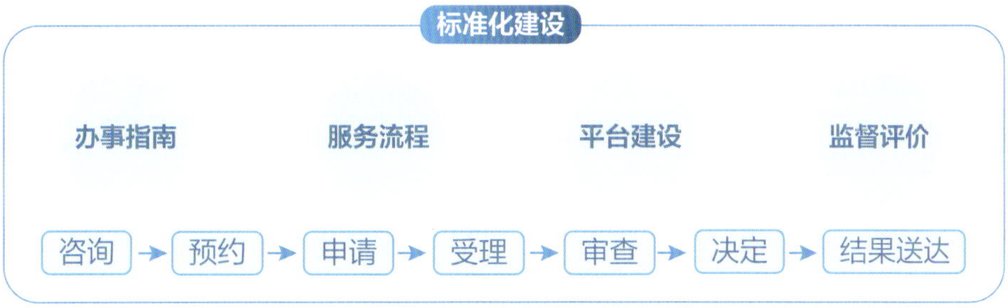

4. 大力推进以区块链为基础的信息共享制度改革

充分利用区块链、人工智能、大数据、5G通信等新技术，增强跨地区、跨部门、跨层级业务协同和数据共享能力。

全力深化政务服务"一网通办"改革，推动政务服务全程电子化、全程信息共享、全程交互服务，实现可在线咨询、在线受理、在线查询、在线支付、在线评价等全流程网上办事服务，为企业和群众办事创业提供更加便捷高效的政务服务环境。

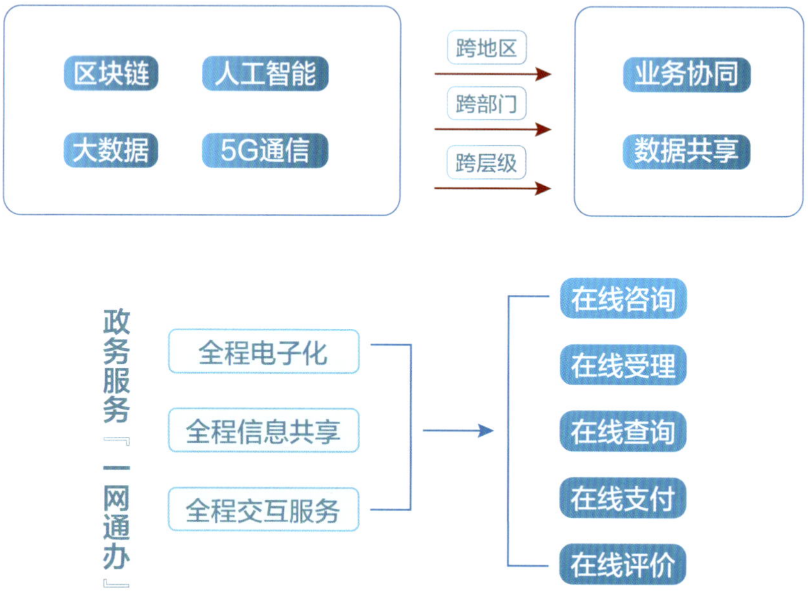

5. 持续推进以法治为基础的政策保障制度改革

进一步完善政策制定、实施和异议解决机制，建立常态化市场主体意见征集机制，搭建政企沟通网上平台，发挥行业协会商会、人民团体作用，多种方式多种渠道及时听取市场主体反映和诉求，了解市场主体生产经营中遇到的困难和问题，研究提出针对性政策措施和解决方案。

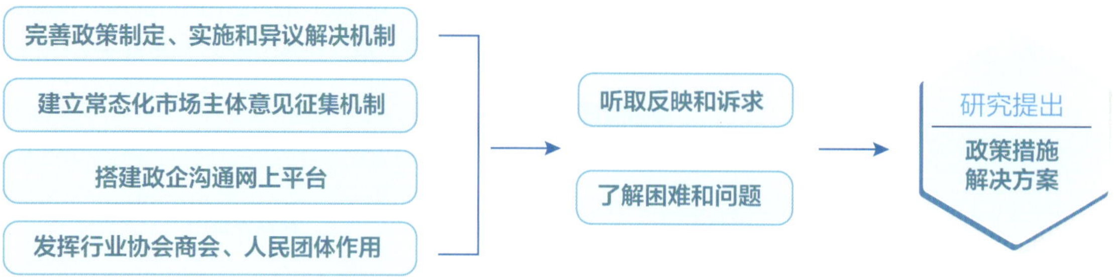

（四）优化营商环境大事记

2018

3月 北京市出台优化营商环境“9+N”政策1.0版。

- 2日，北京市成立优化营商环境专班。
- 15日，北京市人民政府印发《关于扩大对外开放提高利用外资水平的意见》。

6月

- 23日，北京市聚焦优化营商环境展开拉练式检查。

7月

- 18日，中共北京市委、北京市人民政府出台《北京市进一步优化营商环境行动计划（2018年—2020年）》。

8月

- 14日，北京市人民政府办公厅印发《北京市深化“互联网+政务服务”推进政务服务“一网、一门、一次”改革任务清单》。

2019

2月 北京市出台优化营商环境“9+N”政策2.0版。

- 3日 中共北京市委办公厅、北京市人民政府办公厅印发《北京市深入推进审批服务便民化工作方案》。

5月

- 8日 北京市人民政府办公厅印发《关于在市场监管领域全面推行部门联合“双随机、一公开”监管的实施方案》。

10月

- 22日 在国家《优化营商环境条例》公布当日，北京市政府批准研究起草《北京市优化营商环境条例》。

11月

- 5日 北京市成立《北京市优化营商环境条例》立法工作专班，启动立法调研工作。
- 6日 北京市人民政府办公厅印发《北京市新一轮深化“放管服”改革优化营商环境重点任务》，即“优化营商环境”3.0版，明确204项任务。

12月

- 15日 北京市召开《优化营商环境条例》培训会。
- 31日 立法工作专班（市人大、市政府）审议《北京市优化营商环境条例（征求意见稿）》。

② 深圳市
SHENZHEN

（一）2018—2019 年主要工作

深圳市将优化营商环境作为“一号改革工程”，紧抓粤港澳大湾区和先行示范区建设的重大机遇，坚持市场化、法治化、国际化方向，推出一系列改革举措，以评促改、以评促优，努力创造一流营商环境，增强广大企业应对风险挑战的信心和能力，为保持经济社会平稳运行提供重要保障和支撑。

1. 强化组织领导和统筹协调，建立高效协调推进机制

深圳市委、市政府高度重视优化营商环境工作，成立由市委书记任组长、市长任常务副组长的市优化营商环境改革工作领导小组，领导小组办公室设在市发展改革委，负责统筹协调全市营商环境改革工作。加大优化营商环境改革工作统筹协调力度，设立 16 个跨部门专项小组，分管

市领导牵头负责专项领域营商环境改革推进工作，专项小组下设工作专班，负责具体落实各项工作。在市级层面形成“领导小组全面统筹、专项小组协调推进、工作专班坚决落实、相关单位全力配合”工作机制，进一步压实责任、推动改革。

2. 对标国际一流，构建科学的政策框架体系

2018 年 1 月，印发《深圳市关于加大营商环境改革力度的若干措施》，从贸易投资环境、产业发展环境等方面提出 20 条改革措施 126 个政策点。2019 年 3 月，印发《深圳市 2019 年优化营商环境改革工作要点》，聚焦堵点、难点、痛点，梳理年度重点工作。2019 年 5 月，印发《深圳市建设国际一流营商环境改革创新实验区行动方案》，明确到 2025 年建成法治化、国际化、便利化营商环境，接近全球前沿城市水平的总目标，提出 28 项改革举措、124 条具体工作任务。各专项指标领域结合自身情况，量身制定系列专项改革实施方案。

（二）创新做法及改革成效

1. 打造智慧高效政务服务

持续加大“放管服”改革力度，提升政务服务智慧化水平，在商事登记、工程建设项目审批等领域，推出一系列改革措施，全面优化流程环节，办事效率和便利度明显提升。

深化商事制度改革，提升企业开办便利度

实施商事主体“多证合一、一照一码”登记新模式，推行“证照分离”“先照后证”改革，前置审批由69项削减为12项。搭建深圳市“开办企业一窗通”平台，实现设立登记、申领发票、刻制印章、员工社保登记、银行开户预约等事项并联办理，办理时间压缩至1天，为新开办企业免费刻制公章。

在推行个体工商户设立、注销“秒批”基础上，试点推出内资自然人有限责任公司“秒批”，将深圳企业设立审批时限由1天压缩至几十秒，全程无人工干预。开展企业简易注销改革，对于符合条件的企业放宽注销登记材料、程序、申请方式等，实现全流程网上办理，办理时限压缩至1个工作日内。

推进建筑许可改革，加快工程项目落地

印发《深圳市进一步深化工程建设项目审批制度改革工作实施方案》，政府投资建设项目从立项到产权登记审批时间压缩至97个工作日以内，社会投资建设项目审批时间压缩至45个工作日以内，政府投资房建类项目审批时限压缩至41个工作日，小型低风险社会投资工程审批时限压缩至16个工作日。取消施工图审查制度，制定勘察设计质量管理办法，建立设计质量终身负责制等系列制度，加强对勘察设计质量事中事后监管。对政府投资项目，由建设单位负责组织工程竣工验收，各部门不再联合验收。

实施水电气接入改革，提升企业报装体验

印发实施《关于优化水电气报装流程改革实施方案的通知》和《关于我市水电气小型接入工程试行行政审批简易程序的通知》。实现低压接电零成本接入、办理时间不超过3天，高压接电办理时间不超过15天；符合条件的小微企业可实现“今天提申请，明天用上电”；供电可靠性达到世界一流水平，福田中心区年平均停电时间仅为1.93分钟。推行用水报装“四免四化”服务和用气报装“两简两增”服务，用水接入办理时间压缩至4—7个工作日，用气接入办理时限压缩至4—6个工作日。

全面优化纳税服务，促进税务惠企便民

出台进一步优化税收营商环境108项措施，促进服务效率提升。优化升级电子税务局，提供274项网上业务功能，覆盖95%以上涉税业务。实现全税种网上申报，网上申报率超过96%，实现228项税收优惠即报即享。率先推出区块链电子发票，打通交易、开票、报销各环节的信息流通壁垒，为纳税人提供“零成本、零开发、零难度”用票体验，开启区块链税收管理时代。

减材料压环节，推动不动产登记全面提速

将不动产登记办理环节整合压缩为申请和发证两个环节，除未公证的继承、受遗赠的转移登记外，一般登记办理时间压缩至5个工作日以内，抵押登记办理时间压缩至3个工作日以内，预告登记、抵押权注销登记等12项业务实行受理后“1小时内”办结。企业之间因买卖存量非住宅类房地产申请转移登记，办理时限调整为“即来即办”。通过与税务部门信息共享、并联审批，为企业提供缴税、登记一站式服务，进一步压缩办理时限、提高办事效率、降低企业成本。

优化口岸营商环境，持续提升通关效率

出台促进跨境贸易便利化细化措施33条、进一步促进跨境贸易便利化工作措施13条等通关便利化举措，进出口环节需验核的监管证件从86种精简至46种。深圳国际贸易“单一窗口”上线货物申报、舱单申报、运输工具申报等20类业务领域73个应用系统，平台注册企业超过5万家，累计完成主要业务申报8261万单，申报单量约占全国的13.7%，占全省的57.7%。货物申报、海陆空运输工具、空运舱单覆盖率均达到100%。

从“小切口”入手，全面提升政务服务水平

从解决一张免费复印件等“小切口”着手，推动政务服务“大提升”。推出200多项“秒批”、470多项“不见面审批”、300项“全城通办”政务服务事项，推出“午间延时服务”“容缺收件模式”等一批标志性改革举措。推行政务服务事项一门办理，已实现政务服务事项100%进驻网上办事平台，实际业务网上办理率达93.62%，全市90%以上政务服务事项使用统一申办受理平台，99.92%的政务服务事项实现最多跑一次，94.05%的行政许可事项实现零跑动办理。

全面推广“i深圳”App，95%以上个人事项和60%以上法人事项实现移动办理，力争让深圳市民“一屏智享生活、一号走遍深圳”。强化电子证照和电子材料共享复用，推进办事信息自动填充、材料自动推送，让申请人办事零要素填报、零材料提交，打造“无感申办”审批服务模式。

2. 完善公平竞争的市场环境

紧扣企业诉求，从实际出发，多措并举、综合施策，努力解决企业反映集中的突出问题，营造良好市场环境。

聚焦产业用地，保障企业发展空间需求

划定不少于270平方公里的工业区块线，推出30平方公里土地面向全球进行产业招商，吸引更多优质企业参与深圳发展。搭建全市统一公开、常设的产业空间资源供需服务平台，上线122个创新型产业用房项目，用房面积约为755万平方米，拓展产业空间资源供需服务。

出台《深圳市扶持实体经济发展促进产业用地节约集约利用的暂行规定》，对产业用地调整容积率、调整规则、调整程序等进行规定，在原有用地不增加的前提下，增加1.6亿平方米产业空间。加大“工改工”支持力度，出台《关于深入推进城市更新工作促进城市高质量发展的若干措施》，在加大政府统筹力度、促进工业区升级改造、强化产业空间管理等方面提出多项举措，促进产业创新引领，引导产业平稳转型和有序升级。

聚焦生产经营成本，促进企业稳定发展

出台促进上市公司稳健发展、降低工商业用电成本、支持中小企业金融服务等政策，多措并举降低企业经营负担。落实更大规模减税降费政策，持续执行工伤、失业等险种降费政策和企业养老保险调整基数上限政策，社保五险参保总缴费最低比例为23.07%（企业14.67%、个人8.4%）。

出台《关于深化住房制度改革加快建立多主体供给多渠道保障租购并举的住房供应与保障体系的意见》，缓解高房价对实体经济和人才的影响。

聚焦“融资难、融资贵”问题，帮助企业多渠道融资

出台《关于强化中小微企业金融服务的若干措施》，设立金融担保基金和风险补偿资金池，建立中小企业政银合作贴息和担保信贷风险分担机制。引导定向降准资金用于小微企业金融服务，增加小微企业考核权重，引导金融机构信贷资源向小微企业倾斜，设立30亿元担保基金、300亿元优质上市企业共济基金和50亿元贷款风险补偿资金池。

构建创业投资、风险投资、股权投资多元服务体系，设立1000亿元市政府投资引导基金、150亿元中小微企业发展基金和50亿元天使投资引导基金等一批创新创业型发展基金，重点培育一批专注投资中小创的优质创投机构。

聚焦企业服务，全方位提升企业感受

出台《深圳市企业服务体系（平台）建设方案》，成立市企业服务工作领导小组，构建企业服务体系，研究设立市级企业服务中心，重点打造全市“云服务”和“群服务”工作体系。完善市领导挂点服务机制，推动协调解决一批制约重点行业、企业发展的共性问题和具体困难。加强政企沟通，以“12345”热线为基础，开设“营商环境”专席，专门受理企业个性投诉。截至2019年底，累计受理企业用户服务诉求近3万单，满意率超过99%。

推广“双随机、一公开”，不断优化市场监管

完善市“双随机、一公开”联席会议制度，参与范围由国务院层面规定的16个部门扩展至27个部门，将具有行政检查事项的行政监管部门全部纳入，加快全市“双随机、一公开”监管平台建设。

完成全市市场监管领域随机抽查事项清单和检查对象名录库、执法检查人员名录库初步梳理。全市各区、各部门基本建立全覆盖的随机抽查事项清单。

3. 营造公正透明的法治环境

围绕打造法治化营商环境，构建更加严密的规则体系、程序体系，更加便捷的纠纷解决机制，降低制度性交易成本，用法治为民营企业发展保驾护航。

开展营商环境有关立法工作

出台实施全国首部涵盖知识产权全类别、以保护为主题的地方性法规《深圳经济特区知识产权保护条例》。开展《深圳经济特区营商环境条例（草案）》《深圳经济特区数据条例（征求意见稿）》《深圳经济特区商事登记若干规定》等地方法规的起草或修订。

持续推动法规文件等立改废工作

对全市现有法规、规章和其他规范性文件开展全面清理，消除对不同所有制企业的歧视性规定，依法平等保护各类市场主体。出台《深圳市中级人民法院关于为优化营商环境提供司法保障的意见》《关于加强产权司法保护的实施意见》等综合性文件，进一步提升营商环境法治化水平。

加大知识产权保护力度，激发创新创业创造活力

率先实施惩罚性赔偿制度，强化知识产权司法保护主导作用。

2019年出台《深圳市科技计划项目管理办法》，明确规定申请科技研发资金扶持，应提交知识产权合规性声明，对有知识产权侵权行为的主体限制其申报市科技计划项目。

2019年，全市有效发明专利五年以上维持率居全国第一。

聚焦规范基层执法行为，充分保障企业合法权益

针对企业反映强烈的基层执法问题，发布《深圳市司法局关于优化营商环境规范涉企行政检查行政处罚行政强制的指导意见》，在依法履职、规范执法、保障企业合法权益、开展创新监管等方面，对各级各类行政执法单位提供具体行为指引。

召开全市优化营商环境规范行政执法培训动员大会，引导规范执法行为，充分保障企业合法权益。推广运用说服教育、劝导示范、行政指导、行政奖励等非强制性执法，实现执法人文关怀。推进行政执法监督智能化，实现执法监督系统与市场监管、交通运输、卫生健康、城管和综合执法、应急管理等单位的数据对接。

（三）2020 年工作展望

落实《优化营商环境条例》，以打造全球标杆城市的决心，以更高的目标和要求，对标国际领先，刀刃向内、自我加压，瞄准企业所想所需，进一步深化“放管服”改革，加快推动深圳市新一轮优化营商环境改革，全方位提升服务企业能力，打造国际一流营商环境，为建设中国特色社会主义先行示范区、推动粤港澳大湾区建设提供更有力支撑。

1. 充分落实竞争中性原则

在要素获取、准入许可、经营运营、政府采购和招标投标等方面平等对待各类所有制企业，依法保护各类市场主体享有平等待遇。全面实施公平竞争审查工作，清理、排除限制竞争的政策措施，修改、废止不利于公平竞争的政策措施。

2. 加快社会信用体系建设

推动制定《深圳经济特区社会信用条例》，完善信用体系立法。依托公共信用信息管理系统，建立个人公共信用信息数据库，加强个人信用信息数据库建设和安全防护。研究扩大信用信息的应用场景，完善守法诚信褒奖激励机制和违法失信行为惩戒机制，提高全社会诚信意识。制定市失信记录信用修复政策流程指引，完善信用修复机制。

3. 营造公正透明法治环境

制定《深圳经济特区营商环境条例（草案）》，在个人破产立法等方面先行先试，加快完善营商环境司法保障体系。建立市场主体法治体检自测系统，指导市场主体全面加强合规管理，切实防范合规风险。加快推进跨域立案诉讼服务改革，探索建立环大湾区司法服务圈，提升区域社会治理一体化水平。

4. 持续扩大对外开放新格局

进一步完善“单一窗口”系统功能，优化通关流程，提升跨境贸易便利化水平。聚焦深港澳三地在人流、物流、资金流等方面的体制机制障碍，加快建立与国际投资贸易相适应的制度规则，推进大湾区间要素自由流通，促进大湾区人员来往和贸易便利化。加强粤港澳大湾区商事调解平台建设，建立健全涉外商事调解机制，创新涉外、涉港澳台纠纷审判工作机制。

5. 完善公平竞争市场环境

全面落实国家《市场准入负面清单》和《外商投资准入特别管理措施（负面清单）》。深化商事登记制度改革，探索将“深港通注册易”“深澳通注册易”推广至全市，按照内外资一致原则，支持外商投资企业全流程线上办理。加快推进“证照分离”，破解“准入不准营”难题。

6. 打造智慧监管执法新模式

推进信用分级分类监管，针对不同风险等级、信用水平的市场主体采取差异化分类监管措施。建立以信用为基础、以智慧监管为统领、以“双随机、一公开”为基本手段，衔接事前、事中、事后环节的新型监管机制。对新技术、新产业、新业态、新模式实行包容审慎监管。进一步规范基层执法行为和行政处罚裁量权。

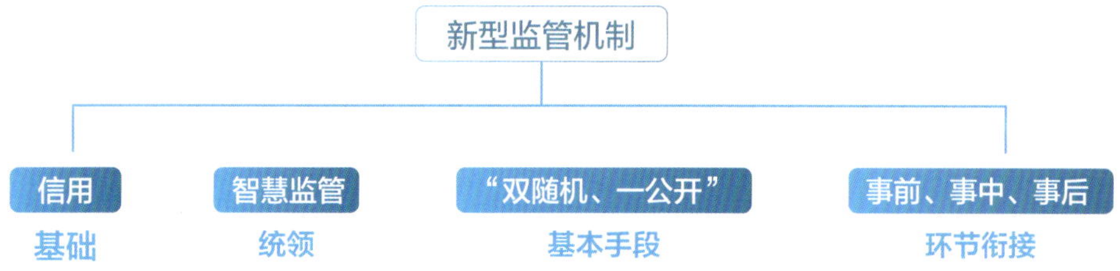

7. 构建全市企业服务生态体系

构建全市统一企业服务平台，完善市、区、街道、社区以及各行业协会、各类公共服务示范平台的多层级服务协同机制。进一步优化政策制定和宣传机制，实施涉企政策统一平台发布制度，加强政策宣传和同步解读。设立深圳市优化营商环境咨询监督委员会，为优化营商环境出谋划策，并加强监督。建立健全企业服务考核评价优化机制，强化考核结果运用。

8. 进一步降低企业经营性成本

进一步扩大减税降费，加大产业空间保障力度，加强市区工业园统筹和利用，整治工业园内水、电乱加价现象和“二房东”哄抬房租行为。

9. 持续优化中小企业融资环境

搭建统一的企业公用信息平台，实现企业信息综合查询与共享应用，着力破解中小微企业金融服务信息不对称难题。构建多元化中小企业融资体系，持续加强信贷融资支持。建立政银企信息共享平台，实现政府、银行、企业间项目信息、融资需求信息等共享。建立健全金融机构考评制度，提升金融机构对小微企业“敢贷、愿贷”积极性。

10. 构建更高效的政务服务体系

推进实施“一网通办、智慧秒批、精准服务”，进一步加强部门间数据共享，强化电子证照共享应用，以科技化手段不断精简办事环节、压缩办事时间。推行容缺办理、邮寄服务等，全面提升政务服务效率。进一步提升开办企业、办理建筑许可、获得电力、水电气接入、不动产登记、纳税等事项办理效率。

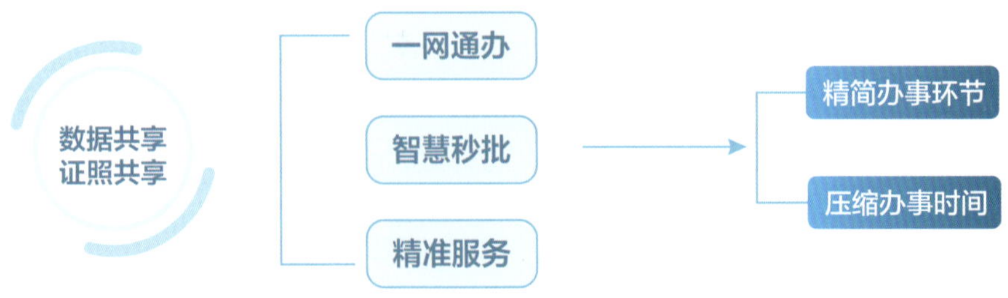

（四）优化营商环境大事记

2018

2月

17日 深圳市人民政府印发《深圳市关于加大营商环境改革力度的若干措施》（深圳“营商环境20条”）。

8月

10日，全国首张区块链电子发票在深圳落地。

2019

3月

1日 《深圳经济特区知识产权保护条例》正式施行。

30日 深圳市优化营商环境改革工作领导小组第一次全体会议召开，审议通过《深圳市2019年优化营商环境改革工作要点》《深圳市优化营商环境改革协调推进机制》等。

4月

10日 深圳开通“深港通注册易”商事服务，实现香港投资者“足不出港，一站式注册深圳企业”。

5月

16日 广东省委全面深化改革委员会印发《深圳市建设国际一流营商环境改革创新实验区行动方案》。

7月

8日 “湾区法治营商环境三地谈”活动启动，促进深港澳三地交流合作。

8月

8日 《深圳市中级人民法院关于为优化营商环境提供司法保障的意见》印发执行。

9月

19日 深圳市企业“秒批”系统正式上线启用，向深圳市瀚威生物科技有限公司颁发国内首张“秒批”营业执照。

27日 《深圳市企业服务体系（平台）建设方案》印发实施，构建全市企业服务体系。

11月

26日 深圳市组织召开全市优化营商环境规范行政执法培训动员大会。

③ 广州市
GUANGZHOU

（一）2018—2019 年主要工作

广州市委、市政府深入贯彻落实党中央、国务院的部署要求，大力推动营商环境改革持续升级。

1. 强化统筹协调，完善工作机制

广州市委、市政府把营商环境改革作为“头号”改革工程，加强协调联动，建立市级统筹协调机制，设立营商环境改革专项小组及工作专班，推动各项工作落实。细化目标任务，2018 年、2019 年先后印发《广州市营商环境综合改革试点实施方案》《广州市进一步优化营商环境的若干措施》，启动实施 1.0 改革、2.0 改革。2019 年 7 月，制定《广州市推动现代化国际化营商环境出新出彩行动方案》，清单化提出 43 条改革举措，着力推动“四减一优”（减流程、减成本、减材料、减时间、优服务）。

2. 对标国际先进，促进规则衔接

充分发挥粤港澳大湾区区域发展核心引擎作用，借鉴港澳先进营商规则，推动大湾区内体制机制“软联通”。在商事制度、要素流动、行业监管等方面研究制定两批与港澳规则衔接清单（共72项）。完成科技计划项目管理办法修订，开放科技设施和资金，实现首笔3800万元财政科研资金跨境拨付。率先试点商事登记确认制、落地商事登记“跨境通”，成功办理全国首例不动产跨境抵押登记，实现港澳机构在内地独立办展等。

3. 支持先行先试，突出引领示范

支持各区推进政务服务标准化规范化，因地制宜出台优化营商环境系列政策举措。越秀区构建全方位多层次信用修复机制；海珠区推出政务服务可信链；南沙区启动深化营商环境改革三年行动计划，建设粤港澳规则相互衔接示范基地，推动生产要素和人员往来便利化；广州高新区（黄埔区）推进全省首个营商环境改革创新实验区建设，在探索“双创”政策落地、促进创业带动就业、加强融通创新、构建“双创”发展生态等方面取得明显成效。

4. 持续简政放权，激发市场活力

深化“放管服”改革，清理规范行政审批中介服务 200 项，2019 年取消市级证明事项 351 项。建设“智慧政务”平台，实现市区两级累计 3000 多个事项互联互通，98% 的依申请审批和服务事项“最多跑一次”。多措并举为企业降本增效，每年降低用气成本 6 亿元、用电成本 20 亿元，持续性减免行政事业性收费和政府性基金分别达 54.7 亿元、37.5 亿元。实施税务便民利企促发展 33 条、优化科技创新环境 10 条、民营经济 20 条等惠企政策，进一步激发市场活力。

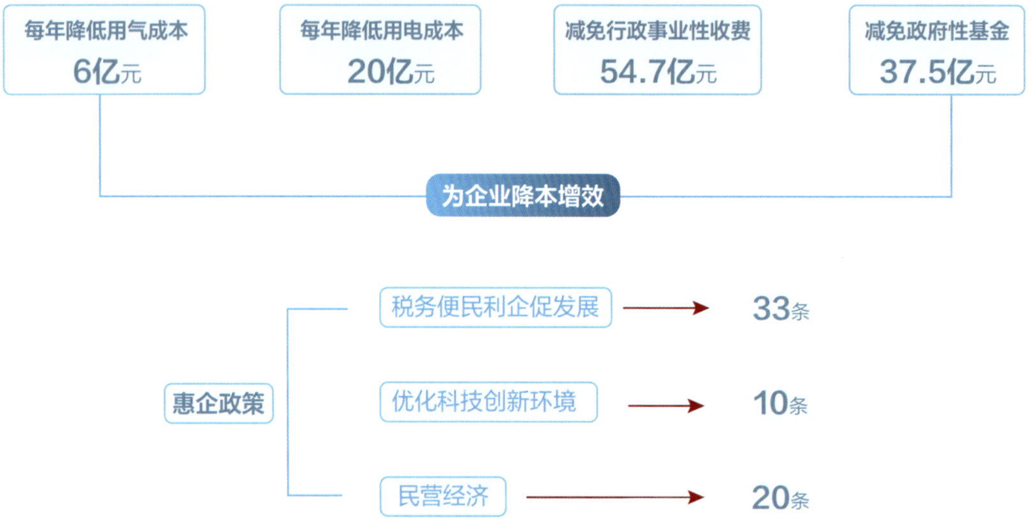

5. 坚持问题导向，实施集中攻坚

实施“制度创新 + 技术创新”双轮驱动战略，按照“即来即办、网上审批、上门服务、联合审批、容缺受理”原则，运用大数据、区块链等先进技术，重构业务流程、提升服务效能，打造“穗好办”政务服务品牌。推进政务服务事项实施清单“十统一”标准化，进一步规范事项名称、办理流程、申办材料等办事要件，实现同一事项无差别受理、同标准办理。

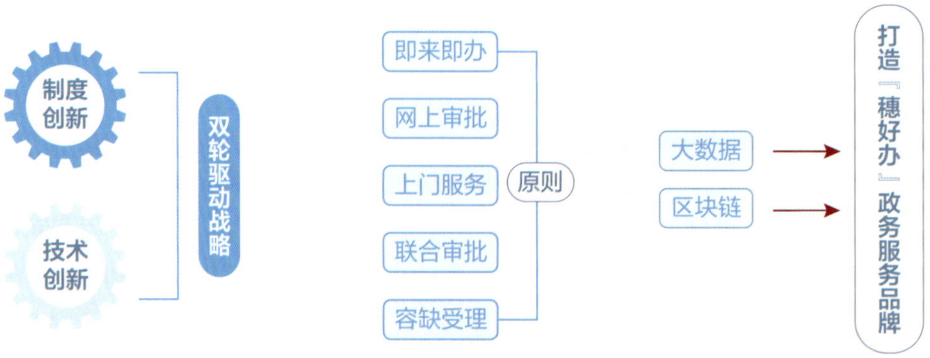

（二）创新做法及改革成效

1. 开办企业

推行“线上一网一界面，线下一窗一表单”模式，将商事登记、刻制印章、申领发票、就业参保整合为一个环节同步办理、数据统一采集、后台并联审批、结果实时反馈，开启“全天候、零见面、一键办”服务新模式，全流程“1天办结”。

服务新模式：全天候、零见面、一键办 —— 全流程“1天办结”

2. 办理建筑许可

建成“五个一”审批体系，即一张蓝图、一个系统、一个窗口、一张表单、一套机制，提升工程建设项目审批效率。政府投资项目审批时间压缩至90个工作日内，社会投资项目不超过50个工作日。针对社会投资简易低风险工程建设项目推出14条专项优化政策，实行联办联审新模式。

3. 获得电力和获得用水用气

- 5个工作日　电水气外线工程审批时间
- 3个环节、15天　高压电办理环节及用时
- 2个环节、3天　低压电办理环节及用时

全面实施网上并联审批，将电水气外线工程审批时间压缩至5个工作日内。在获得电力方面，高压电办理环节3个、用时15天，低压电办理环节2个、用时3天；电网公司投资至企业红线，企业接电零成本，近5年累计降低企业接电成本52亿元；城区平均停电时间小于1小时，其中8个高可靠性示范区年平均停电时间不超过2分钟。

4. 登记财产

实现“3个1”，即企业间不动产转移登记1小时办结、企业不动产抵押贷款1天办结、不动产转移登记与电水气过户一窗联办。

5. 知识产权创造、保护和运用

广州知识产权法院实现全国范围跨域立案，成立5年来共受理专利、商标、著作权纠纷等各类案件4.15万件，办结3.45万件，为同期全国审理专利民事案件总量最大的审批机关。

广州互联网法院建设“E法亭”，为当事人提供自助存证、自助立案、查询案件信息、批量打印文书、参与在线庭审与调节等多项司法服务。

发行纯专利知识产权证券化产品（以民营中小科技企业专利权许可费用作为基础资产，发行规模3.01亿元），形成“质押融资—投资基金—融资租赁—资产证券化—保险”全生命周期知识产权金融支持供应链。

6. 跨境贸易

推出“线上海关”样板间、全球报关系统等一批改革举措。国际贸易“单一窗口”100%覆盖主要业务，口岸整体通关时间压缩三分之一。

国际贸易“单一窗口” ↓覆盖 100%主要业务

口岸整体通关时间 ↓压缩 三分之一

7. 纳税

开展“互联网+税务”行动

- 网上申报率 ● 98%
- 整体退税时间加快 ● 2—3天
- 退税时间平均节省 ● 50%

开展“互联网+税务”行动，压缩纳税时间、压减纳税次数，所有税费实现全流程电子化申报，网上申报率达98%。率先实现国库（退税）业务全流程无纸化，整体退税时间加快2—3天，“一键申报”出口退税，退税时间平均节省50%。

8. 办理破产

市法院创设司法处置“僵尸企业”快速通道，优化管理人选定机制，建成破产案件资金管理系统，被最高法院指定为破产案件审理方式改革试点法院，近3年共审理各类破产和强制清算案件2449件，累计化解债务317.29亿元，盘活中心城区土地资源约130万平方米。

建成破产案件资金管理系统

近3年

- 审理各类破产和强制清算案件 ● 2449件
- 累计化解债务 ● 317.29亿元
- 盘活中心城区土地资源 ● 约130万平方米

9. 市场监管

“双随机、一公开” 计划、任务、结果 100%公示

全市所有部门“双随机、一公开”计划、任务、结果实现100%公示。市场监管信息平台与信用系统统一建设，实现企业信用信息关联比对、集中展示和统计分析。将信用信息查询、联合奖惩措施嵌入行政审批、事中事后监管业务流程，形成全市信用联合奖惩“一张单”，实现“信用奖惩、一键搞定”。推广应用“公共资源交易信用指数”，实现公共资源交易全过程信用闭环监管，广州公共资源交易中心2018年完成交易金额约8000亿元，居全国同类平台之首。

（三）2020年工作展望

落实《优化营商环境条例》，坚持以市场主体获得感和满意度为改革导向，对标最高最好最优，学习借鉴先进地区经验做法，攻坚克难、解决问题，启动实施营商环境3.0改革，加快构建适宜开放创新的国际一流营商环境。

1. 坚持以市场主体获得感和满意度为导向，着力推动解决市场主体生产经营中面临的堵点、难点、痛点

坚持科技赋能改革，聚焦关注度高、受众面广的政务服务领域，充分运用人工智能、大数据、区块链等新技术，推进政务服务“数字化”建设，重构服务流程，转变政府职能，提升服务效能。

深化“互联网+政务服务”建设

实现政务服务标准化规范化

建设完善一体化在线政务服务平台，2020年实现依申请类事项可网办率100%、政务服务大厅办理事项网上可预约率100%。梳理社会受众面广、关注度高的不少于50个“一件事”目录清单，提供主题式、套餐式集成服务，推进“一件事”主题套餐服务。逐步实现同一事项无差别受理、同标准办理，持续推动政务服务智能化、便民化。

设立营商环境成果展示专窗，汇集展示优化营商环境政策。建立企业建议、咨询、投诉平台。在全市政务服务大厅（站点）100%建立政务服务“好差评”机制。推广政策兑现“一门式”办理，分批整合各部门政策兑现事项，实现政策兑现集成服务。推动粤港澳大湾区个人所得税优惠政策财政补贴、优秀创业项目资助等一批政策事项落地兑现。

建立健全服务企业长效机制

2. 聚焦企业全生命周期，着力减流程、减成本、减材料、减时间、优服务

流程再造减环节

从企业视角，通过取消、合并、重组等方式进行业务流程再造，政府投资项目审批时限从立项到竣工验收不超过85个工作日，社会投资项目审批时限从签订土地使用权出让合同到竣工验收不超过35个工作日，其中社会投资简易低风险工程建设项目审批环节不超过6个、审批时限不超过28天、审批“零成本”。供电、供水、燃气、排水、通信等接入服务进驻政务服务大厅市政公用服务窗口，统一提供“一站式”服务。

全面实行开办企业“线上一网一界面、线下一窗一表单”，探索解决企业“注销难”问题。2020年实现商事登记、刻制印章、申领发票0.5天办结，一般企业注销“一事一网一窗”办理。设立不动产登记“企业专窗”，将企业间不动产交易、登记、税务事项整合为“一窗、一人、一套资料、一个环节”，实现企业间不动产登记1小时办结。

全程网办减时间

政策普惠减成本

通过政府购买服务减成本，实行“开办企业”免费刻章，“办理建筑许可”涉及费用全额由政府购买服务，实现办事“零成本”。通过优化工程方案、降低工程造价，主动投资企业红线外供电设施，实现低压接电“零投资”。试行取消财政投资交通项目向投标人收取招标文件印刷费、交易服务费，实现投标“零成本”。研究支持广州港等国有企业率先示范减成本，主动公示收费目录清单，率先降低国有船代公司收费，引导市场降低收费水平。

3. 紧紧围绕粤港澳大湾区建设，着力推动打造创新创业创造、国际营商规则衔接、法治化营商环境三个高地

支持创新创业创造载体建设，打造更多新技术应用场景，深化5G、区块链、人工智能、大数据场景应用，聚焦“人工智能+”，形成不少于60个技术领先的应用场景示范项目。建立支持中小企业能办大事机制，改善融资和税收环境，探索实施“人才投”“人才贷”“人才保”，提供“上管老下管小”组合式暖心服务。

打造创新创业创造高地

打造国际营商规则衔接高地

以服务业为突破口，先行先试扩大开放举措，创新外资项目落地机制，全面推行商事主体登记确认制。争取“两步申报”“两段准入”改革先行先试，提升跨境贸易便利化水平。实行“包容期”管理，建立容错机制，构建适应“四新”经济发展的包容审慎监管模式。建设粤港澳规则相互衔接示范基地，推动生产要素流动和人员往来便利化。高水平建设省营商环境改革创新实验区，加大对外开放力度，建设中新国际科技创新合作示范区。

深化智慧法院建设，完善广州微法院、律师通、法官通、移动执行等掌上融合移动服务体系。推广繁简分流机制，深化破产审判领域改革创新，提高破产重整成功率。深化知识产权运用和保护，构建支撑经济高质量发展的知识产权金融体系，建立完善专业、高效、便捷、低成本的知识产权司法保护机制。强化涉企执法规范性，强化市场主体保护，构建市级信用监管系统，推进信用分级分类监管，推进“信易+”建设，建设信用示范城市。总结近年来优化营商环境实践案例，推进现有规章制度“立改废释”，将市场认可、行之有效的营商环境改革措施予以固化，争取2021年实施《广州市优化营商环境条例》。

打造法治化营商环境高地

（四）优化营商环境大事记

2018

3月

7日 广州市“双随机、一公开”综合监管平台上线试运行，市、区、街三级互动互通、信息共享。

6月

10日 广州高新区（黄埔区）获批广东省营商环境改革创新实验区。

10月

10日 《广州市营商环境综合改革试点实施方案》印发实施，启动营商环境1.0改革。

12月

5日 广州市召开优化营商环境大会。

2019

3月

19日，广州市召开优化营商环境暨招商引资工作会议。

22日，《广州市进一步优化营商环境的若干措施》印发实施，启动营商环境2.0改革。

5月

市政府门户网站统一公示全市行政执法部门1308项随机抽查事项，全市“双随机、一公开”监管实现全覆盖。

6月

21日，《广州市“数字政府”改革建设工作推进方案》印发实施。

10月

8日，《广州市推动现代化国际化营商环境出新出彩行动方案》印发实施。

11月

1日，《广州市政务服务“好差评”实施细则（试行）》印发实施，实现全市3227个政务服务大厅100%全覆盖。

4 上海市
SHANGHAI

（一）2018—2019 年主要工作

上海市委、市政府按照瞄准最高标准、最高水平，打造国际一流营商环境的要求，系统实施 100 多项营商环境改革任务，连续三年召开全市营商环境工作推进大会，把优化营商环境作为提升城市能级水平和核心竞争力的内在需要，既打出一系列“短平快”的优化营商环境改革组合拳，又立足长远发展及时总结完善并固化改革的制度机制成果。

1. 支持浦东新区改革开放再出发，实现新时代高质量发展

市委、市政府出台《关于支持浦东新区改革开放再出发实现新时代高质量发展的若干意见》，在深化改革、扩大开放、创新发展、产业升级、城市功能等 5 个重点领域，提出 20 条任务 50 项改革举措，向浦东新区下放一批市级经济管理权限。市人大出台《上海市人民代表大会常务委员会关于促进和保障浦东新区改革开放再出发实现新时代高质量发展的决定》，为浦东新区大胆试、

大胆闯提供法治保障。支持在浦东新区探索开展“一业一证”改革，将一个行业经营涉及的多张许可证，整合为一张“行业综合许可证”，并试点人工智能辅助系统进行材料审核。在便利店、体育健身场馆等 14 个行业核发行业综合许可证 49 张，总体实现审批事项压减 76%，审批时限压减 88%，申请材料压减 67%，填表要素压减 60%。

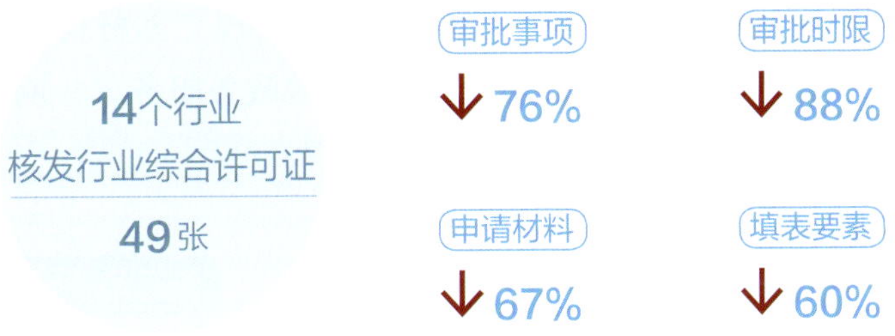

2. 对照世界银行营商环境报告推进改革

依托信息化手段，加强信息共享和办事流程再造，大幅压减企业办事时间、费用、材料、环节，提升办事便利度。推进相关领域法律法规和政策完善，提升营商环境法治化水平。2019 年，研究制定营商环境改革 2.0 版方案，提出 108 项进一步对标改革举措和建议，包括 66 项地方事权事项、9 项争取先行试点事项、33 项修法修规建议。所有改革事项在 2019 年 4 月底全部完成，共出台 34 项政策。加强改革政策精准培训和宣传解读，《上海市优化营商环境 2.0 版改革文件汇编》及英文版在“中国 · 上海”门户网站和各部门官网集中发布。面向律师事务所、会计师事务所、报关、建筑设计等中介机构及行业协会开展培训近 100 场，覆盖 15200 多人次。在开办企业、获得电力、办理建筑许可、跨境贸易、登记财产等以地方事权为主的指标中，上海办事环节平均压缩 41%，办事时间平均压缩 59%。

上海市优化营商环境2.0版改革

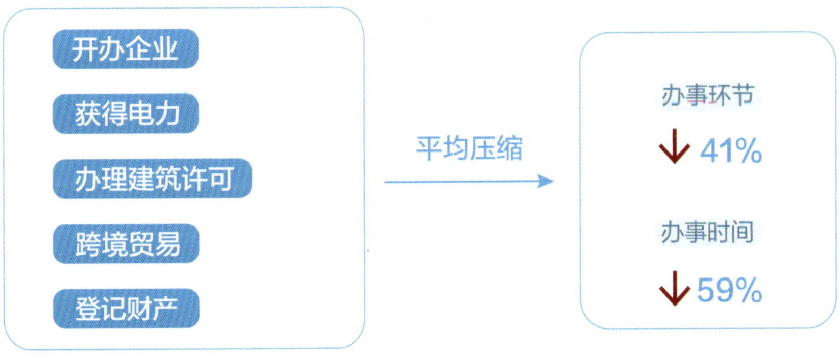

3. 深入推进“一网通办”

加快政务服务流程再造，让办事企业和群众感受到一个“整体政府”。“一网通办”平台已接入 2035 项政务服务事项，“随申办”App 接入 637 项高频、适合在移动端办理事项，全市各区已推行“一窗受理、分类审批、一口发证”综合服务窗口。加快推动“双减半”（审批办理时限、申请材料较上年平均减少一半）和“双 100”（推进 100 件事业务流程优化再造、新增 100 项个人事项全市通办）改革，最大程度利企便民。截至 2019 年 9 月 30 日，全市所有审批事项实现材料减少 50.5%、办理时限减少 59.8%，其中 100 个事项实现“零材料提交”，个人全市通办事项新增 177 项。打造长三角“一网通办”专栏，上线区域政务服务“一网通办”旗舰店，开通 18 个城市 164 个线下专窗办理点，实现 51 个事项跨省办理。

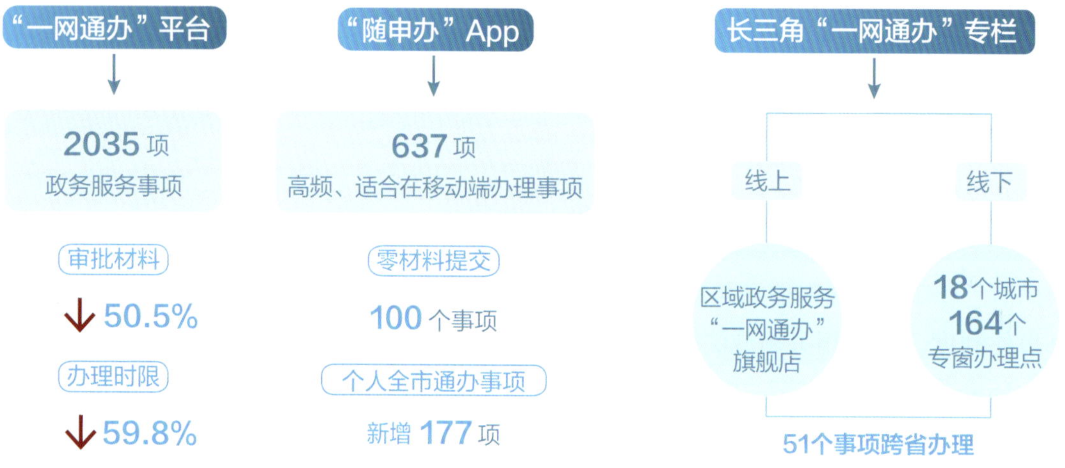

4. 实施新一轮减税降费改革

贯彻简政减税减费要求，聚焦企业反映的堵点、难点、痛点，推进新一轮降本减负举措，已实施包括降低税收、人工成本、政府性基金和经营服务性收费及用能、融资、用地和制度性交易成本等的 7 方面 15 项措施，2019 年新增减负超过 1800 亿元。

5. 加快构建形成开放型经济新体制

落实《外商投资法》，发布《关于本市进一步促进外商投资的若干意见》，出台符合上海实际的配套政策措施。推动稳外贸政策措施落地，进一步加大出口信用保险、通关便利化等政策支持力度，搭建全国“CCC”免办自我承诺便捷通道，在 16 家企业先试先行，实施机电类自动进口许可证无纸化申领。推进《上海市贯彻落实国家进一步扩大开放重大举措加快建立开放型经济新体制行动方案》落地，对其中“扩大开放 100 条”政策措施的落地情况进行持续跟踪评估，查找问题，提出进一步推进落实的意见建议。“扩大开放 100 条”政策措施中，有 95 条具备实施条件，在金融、现代服务业和先进制造业领域落地标志性项目超过 60 个。利用外资持续保持“三升”态势，2019 年，上海新设外资项目数量、合同外资金额、实到外资金额分别增长 21.5%、7.1% 和 10.1%，跨国公司地区总部、外资研发中心分别新增 50 家和 20 家。

6. 系统深化科技体制机制建设

出台《关于进一步深化科技体制机制改革 增强科技创新中心策源能力的意见》，推进科技体制机制改革先行先试，进一步为科研机构和科研人员放权赋能。出台《关于进一步扩大高校、科研院所、医疗卫生机构等科研事业单位科研活动自主权的实施办法（试行）》，明确科研事业单位在内部机构设置、科技成果转化等方面的自主权。激发科技成果转化动力，开展高校、科研院所单位科技成果转化体制机制改革试点，引导全市高校科研院所建立完善科技成果转化制度，近 30 家高校院所制定科技成果转化管理办法。促进科技金融业务模式创新，建立覆盖全市的科技银行网络，引导建立差异化信贷制度。

7. 规范工程建设领域中介服务事项

印发《关于推进本市工程建设项目行政审批中介服务事项改革工作的若干意见》，对中介事项进行分类清理及管理，按照“清理取代、整合归并、精简规范”原则，对不同中介事项提出具体改革要求。对列入本市工程建设项目行政审批中介服务事项清单内的所有事项公布服务指南，明确办理流程、服务条件、办理时限、收费标准等内容，具备条件的优先接入“一网通办”。将行政许可、备案、涉及安全的强制性评估、市政公用服务，以及依法由审批部门组织、委托或购买服务的技术审查、中介服务等事项，纳入相关“一站式”审批中心办理或与相关阶段并行推进。

8. 多渠道提升企业服务水平

正式上线电子政商综合服务平台“上海市企业服务云”，面向全规模、全所有制、全生命周期企业，实现包括一站式政策服务、一门式诉求服务、一网式专业服务、发展环境评估决策支撑系统在内的“三服务一评估支撑”功能。截至 2019 年底，网站总访问量近 1500 万人次，注册用户超 52 万，完成各类服务订单超 26 万件。“上海市企业服务云”作为上海市“一网通办”企业服务重要组成部分，与“12345”服务热线建立“分口并线、兜底处理”机制，协调解决企业诉求。实现全覆盖政策服务，归集全市所有企业扶持政策，编撰发布《上海市惠企政策清单》《上海市涉企公共服务清单》，把 1950 多项涉企扶持政策分为创业扶持、科技创新等 9 大类，方便企业一键查询。

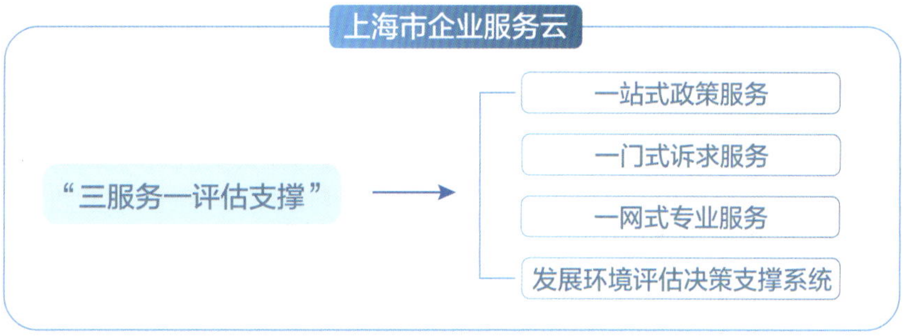

（二）创新做法及改革成效

1 开办企业

搭建“一窗通”企业开办全流程平台，聚焦业务协同、环节融合，线上搭建“一窗通”企业开办全流程平台，申请人使用“一窗通”可一次性提交办理执照、刻制印章、申领发票、员工就业参保申请，并提供银行开户预约和单位公积金办理服务，覆盖开办企业全部办事环节。线下在每个区行政服务中心建立开办企业“一窗通”服务专区。通过两轮改革，与2017年相比，开办企业基本实现“一次申请、一窗发放、零成本”，环节从7个缩减为4个；办理时间从22天缩减为9天（办理营业执照5天，申领发票2天，刻制公章1天，办理社保和用工登记1天）。

2 办理建筑许可

成立全流程一站式服务监管机构，搭建以工程建设项目联审平台为核心的一体化办事系统，围绕减环节、减时间、减费用和提升质量控制指数进行系统改革，建立基于不同风险的差别化工程质量监管检查体系，减免项目申报所需各类涉企行政费用，提升办理建筑许可便利化水平。通过两轮改革，与2017年相比，环节由23个缩减至18个；办理时间由279天缩减至125.5天；办理费用由近20万元降至7.3万元。

	办理环节	办理时间	办理费用
2017年	23个	279天	近20万元
	↓缩减至	↓缩减至	↓降至
2019年	18个	125.5天	7.3万元

3 获得电力

建立以电网公司为主体的一站式服务新模式，由以往用电企业自己跑办，转变为由电网公司一口受理用户申请，为用户全程办理各项手续并施工。政府部门采用告知承诺、并联办理、限时办结等举措，压缩办理时间。与2017年相比，办理环节从5个缩减为2个；平均用时由145天缩减到32天；低压用户接电成本由19.2万元降为0；供电可靠性指数由6分增加到7分（满分8分）。

4 登记财产

建立“全网通”办事系统，开通企业不动产转移登记专窗，在一个窗口一次性完成受理、缴税、缴纳登记费和发证，实现一口受理、网上办理。进一步优化流程，由税务部门委托不动产登记部门代收不动产有关税费，实现在同一窗口一次办妥税收支付并领取权证。取消企业之间存量非居住房屋买卖合同网上签约，开通不动产登记资料自助查询服务。通过两轮改革，与2017年相比，办理时间由28天压缩至9天。

办理时间 28天 —压缩至→ 9天

5 跨境贸易

建立具备“通关+物流+支付”功能的国际贸易“单一窗口”，推行通关放行、港口作业、物流运输各环节并联改革。梳理跨境贸易全流程收费事项，清理随附单证，全面实施港口收费清单公示，降低跨境贸易总费用水平。实施货物提前申报，实行预约查验，关检融合一次申报，扩大“关税保证保险”应用范围，取消一批进出口单证，建立申报容错机制。调降港务费、港口设施保安费、港口建设费、港口作业搬移费等一批费用。通过两轮改革，与2017年相比，进口货物从抵港到提离全流程时间从72小时压缩到37小时，费用从940美元下降至305美元；出口货物全程耗时从23小时压缩到18小时，费用从623美元下降至319美元。

	进口货物全流程 耗时	进口货物全流程 费用	出口货物全流程 耗时	出口货物全流程 费用
2017年	72小时	940美元	23小时	623美元
	↓压缩到	↓下降至	↓压缩到	↓下降至
2019年	37小时	305美元	18小时	319美元

6 纳税

打造便捷办税智能化系统和标准，推出电子税务局、办税服务智能化转型、全方位智能咨询等60项改革举措，发布318个涉税事项“最多跑一次清单”，不断优化纳税服务、改进征管方式。降低公积金和社保缴存比例，落实增值税留抵退税。通过两轮改革，与2017年相比，纳税时间由207小时缩减至138小时，纳税次数由9次下降为7次，总税费率由67.6%降低到62.6%。

	纳税时间	纳税次数	总税费率
2017年	207小时	9次	67.6%
	↓缩减至	↓下降为	↓降低到
2019年	138小时	7次	62.6%

7 执行合同

在全市推广诉讼档案电子化，完善随机自动分案、电子送达等工作机制。推出司法数据公开平台，进一步加强司法数据向全社会公开。推动完善和规范延长审限和延期开庭等相关法律制度。上海法院位居全球“司法程序质量指数”前沿，获得16.5分（满分18分），连续两年排名全球第一。

此外，围绕获得信贷、保护少数投资者、办理破产等指标，组织梳理法律法规事项，研究提出修法修规建议。成立破产法庭、破产管理人协会，推动建立统一动产抵押担保平台。

（三）2020 年工作展望

以钉钉子精神抓整改、抓推进，久久为功、驰而不息，实现营商环境全面提升、全面进步。

1. 不折不扣落实好党中央、国务院决策部署

准确把握中央交办上海“三大任务一大平台”重大战略机遇，从建设现代化市场经济体系实际需要出发，在营商环境改革中接续努力，形成优化营商环境3.0版改革方案，进一步探索实施一批突破性、引领性改革举措。

2. 深化对标改革，助推我国在世界银行营商环境评价排名稳中有升

对标新加坡、中国香港等在世界银行营商环境评价中排名领先经济体，借鉴国内外其他地区先进政务服务理念和经验，进一步整合跨部门办事流程，最大限度压减企业办事环节、材料、时间、费用，着力提升企业办事便利度。

3. 加快政务服务“一网通办”、城市运行“一网统管”两张网建设

紧扣政务服务“一网通办”、城市运行“一网统管”目标方向，在数据汇集、系统集成、联勤联动、共享开放上下更大功夫，优化完善政务服务平台功能，加快建设城市运行管理平台系统，为推动高质量发展、创造高品质生活提供有力支撑。

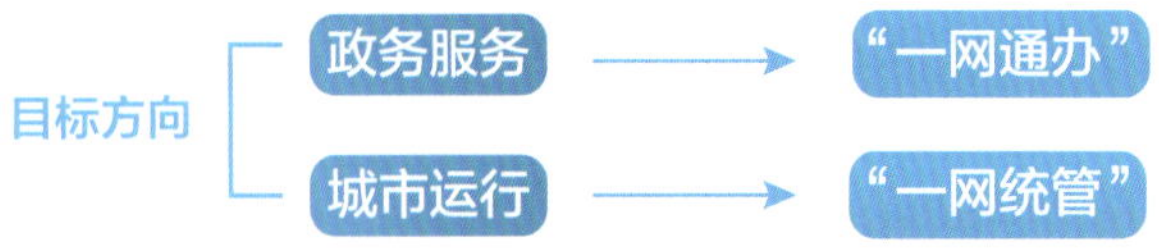

4. 开展落实《优化营商环境条例》专项行动

开展上海优化营商环境立法前期调研，聚焦企业反映集中的堵点、难点、痛点问题，在更多领域、更广范围、更深层面持续推动优化营商环境改革。

5. 强化“四大功能”建设

从中央对上海进一步强化全球资源配置功能、科技创新策源功能、高端产业引领功能和开放枢纽门户功能的新要求出发，把疏通影响各类要素资源市场化配置效率的体制机制管制问题，作为进一步深化营商环境改革着力点，更好激发市场创新创造活力。

6. 打造长三角一体化高质量发展营商环境

进一步提升长三角“一网通办”网上办理能力，推动更多跨省（域）事项“全程网办”。试点建立统一市场准入和监管规则。加强长三角科技资源共享服务平台等一批公共服务平台建设。加强长三角优化营商环境经验复制推广。

（四）优化营商环境大事记

2017

12月

- 18日，中共上海市委、上海市人民政府印发《着力优化营商环境加快构建开放型经济新体制行动方案》（1.0版方案）。
- 23日，上海市委、市政府召开全市优化营商环境推进大会。

2018

1月

- 1日 “上海市企业服务云”网站版上线，企业服务云是针对企业除审批以外的其他政策服务及专业服务的窗口。

4月

- 12日 上海市大数据中心正式揭牌。中心构建全市数据资源共享体系，实现跨层级、跨部门、跨系统、跨业务的数据共享和交换。

7月

- 10日 上海市人民政府发布《上海市贯彻落实国家进一步扩大开放重大举措加快建立开放型经济新体制行动方案》。

10月

- 17日 上海政务“一网通办”总门户正式上线。

2019

1月

- 7日，特斯拉项目正式开工建设（2018年7月10日正式签约落地，签约后仅6个月开工建设）。

2月

- 11日，春节后第一个工作日，上海市委、市政府召开进一步优化营商环境工作大会。
- 16日，中共上海市委办公厅 上海市人民政府办公厅印发《上海市进一步优化营商环境实施计划》（2.0版方案）。

8月

- 16日，《上海市公共数据开放暂行办法》经市政府第61次常务会议通过，自2019年10月1日起施行。

12月

- 17日，上海市委中心组举行学习会，专题学习《优化营商环境条例》。

5 杭州市
HANGZHOU

（一）2018—2019 年主要工作

杭州市围绕打造“全国数字经济第一城”目标，以“最多跑一次”改革为抓手，深入推进“放管服”改革，全面优化营商环境，为高质量发展提供有力支撑。

1. 坚持“一件事”标准

按照“同城同标”“同城同质”原则，形成“一件事”联办标准，优化业务和数据流程，推进“一件事”联办。对标国际国内领先水平，围绕企业和个人两个全生命周期，压缩时间、精简环节、减少材料。

2. 发挥“互联网 +”优势

发挥大数据、互联网、云计算等优势，建设业务协同、全市共享的大数据资源中心，推进“掌上办事”“掌上办公”。加快建设“城市大脑”，将其功能从交通治堵升级到市场监管、城市管理、住房保障、教育医疗等多个领域。全市“网上办”“掌上办”“跑零次”实现率分别达 99.65%、98.53%、96.11%。

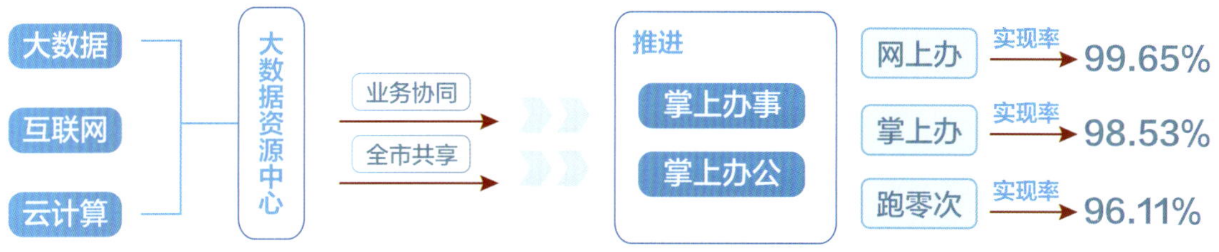

3. 注重企业和群众“获得感”

实行各级行政服务中心双休日开放便民为企服务，推出“午间晚间值班岗”“特殊群体预约上门服务”等新举措。针对企业和群众反映的高频、刚需、周期性热点事项，拓展“杭州办事服务”App 功能，实行“淘宝式”政务服务绩效实时评价。

4. 实施“系统化”联动改革

实施“1+N”+X 多证合一、证照联办改革，实现全市企业开办全流程 1 日办结。在公安、医疗、教育、社保等领域实施“最多跑一次”改革。推动“一窗受理、四端协同”向基层延伸，企业开办、不动产登记、车驾管业务等事项实现全市通办。设立长三角一体化“一网通办”综合服务窗口，已有 30 项企业事项、21 项个人事项在长三角城市群线上“全网通办”、线下“异地可办”。

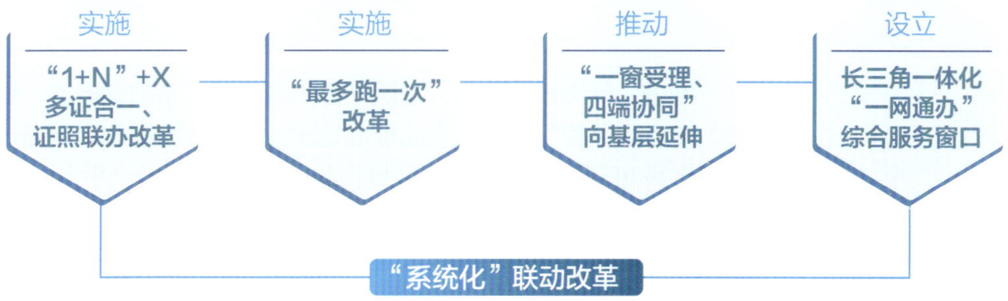

5. 突出“全方位”优化营商环境

注重优化投资环境、政务环境、法治环境，将系列改革创新举措延伸到公共服务、创新创业、生态人文环境。在减税降费、降低制度交易成本、扶持实体经济发展的同时，推进城市交通基础设施建设，优化高水平教育医疗资源配置，建设最美人居环境，营造鼓励创新宽容失败的社会氛围。

（二）创新做法及改革成效

1. 聚焦商事登记，激发市场主体活力

以“最多跑一次”改革为牵引，实现企业开办“5210”目标，具体表现在“4个减”：

减材料，企业开办材料从23份压缩至5份以内。

减环节，企业开办环节从7个压缩到2个。

减时间，推行“一窗通办、一网通办、同城通办”模式，企业开办时间从5个工作日压缩到1个工作日以内，基本实现半日办结，最快可实现小时制办理。“一窗通办”，即“前台统一收件、后台分类审批、统一窗口出件”；“一网通办”，即“一网通”3.0系统，做到商事登记事项、流程全覆盖；“同城通办”，即全市范围内新开办企业全环节业务的跨管辖机关、跨行政区划办理。

减费用，公章刻制政府买单，赠送“一套四枚”零费用，免费赠送增值税防伪税控设备，开办企业“零成本”。

2. 聚焦建筑许可，加快工程项目落地

通过流程集成、审批再造，加快项目审批进度，推动工程项目落地。深化工程建设项目审批制度改革，出台“1+9”配套政策体系，进一步简化立项手续，改革聚焦工业项目，对事项、环节、材料、时间进一步精简。以企业投资工业项目为例，至开工前审批时间最长不超过9个工作日，审批事项由改革前的13项精简至6项，申报材料由46项精简至9项，一般企业投资项目开工前审批“最多50天”实现率达到100%。

推进“标准地”改革，按照“事先做评价、事前定标准、事中作承诺、事后强监管”要求，完成标准地出让，企业取得地块后通过“一窗受理”即可开工。全面推行区域评估，推进全市45个平台10项区域评估全覆盖，加强对区域评估成果的应用和指导。

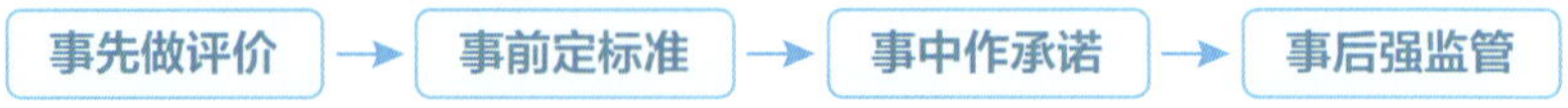

深化施工图审查制度改革，推行施工图审查“自审承诺制”，对实行取消施工图审查环节或施工图事后审查制的建设项目，设计单位上传设计文件并填报施工图自审承诺书，即可作为施工许可证所需材料。实行分组联合验收，明确规划核实、绿化验收列入第一阶段组，消防验收、人防验收、竣工备案等7项事项列入第二阶段组，其余无法律法规明确规定“未完成不得交付使用”的事项列为服务组，提高验收工作效率。

优化新建企业投资简易低风险工程建设项目审批服务，通过进一步精简审批事项、合并审批阶段、压缩审批时限，从立项至不动产登记环节压缩至5个阶段13个审批事项，审批时限压缩至15天。

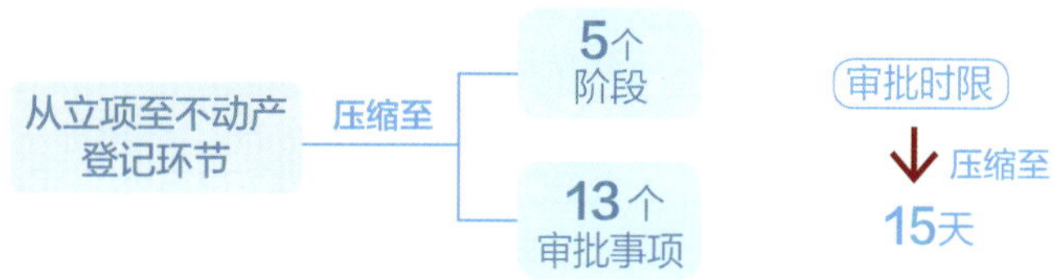

3. 聚焦水电气报装，提高办理效率

完善市政公用配套，明确在做地阶段将供水、供电、供气等市政公用管线配套至地块红线边界，企业市政公用服务报装实现“一窗受理”。

用电报装，小微企业由4个环节压缩到2个，平均接电时长压缩68%，供电企业全额承担表箱及以上供配电设施、土建工程等费用，实现小微企业零投资；大中型企业由6个压减为3个，供电企业平均办电时长压缩62.8%，大中型企业由政府和供电公司共同出资并延伸投资到红线。

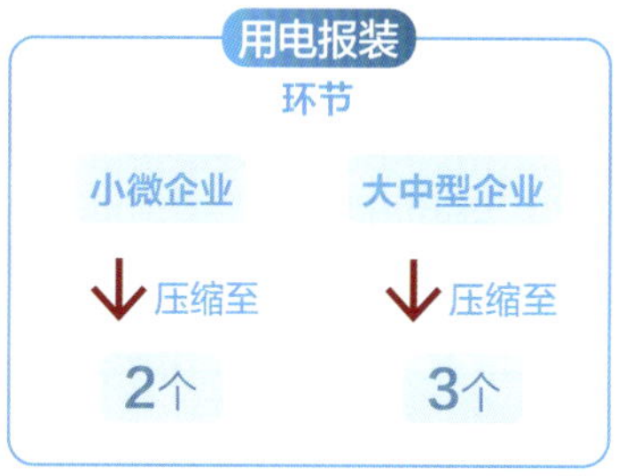

用水报装，办理环节由11个精简至2个，申请材料由11份降至0份，报装接通时间压缩至1天。

用气报装，办理环节由9个减少至2个，申请材料实现系统共享，无须用户提供额外材料，办理时限压缩至1天。

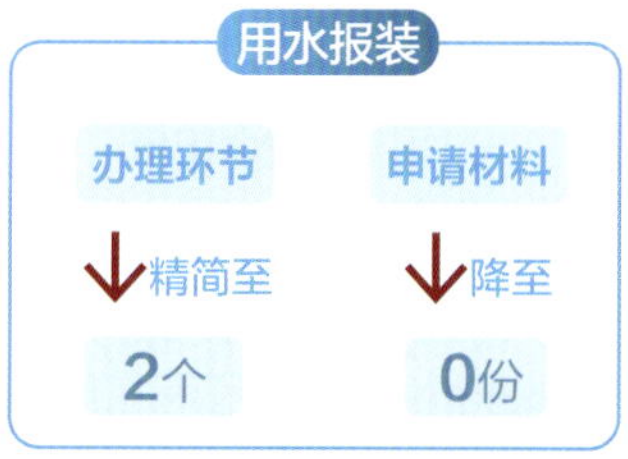

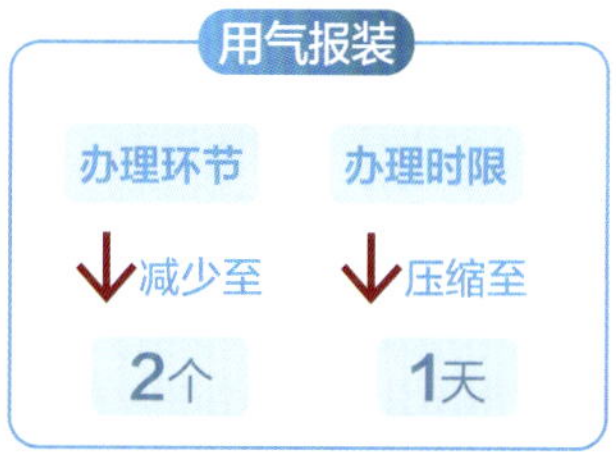

4. 聚焦不动产登记，增进用户感受

响应企业和公众需求，依托“大数据+”“互联网+”等手段，打破职能壁垒，整合房屋交易、税收和登记发证等环节，全面推行“一窗受理、一个平台、一套资料、一小时办结”。

速度快，实现不动产业务“最多跑一次”，城镇单套商品住宅1小时领证市域全覆盖。

材料少，不动产权属查询等10余个事项实现“全程网办”“一证通办”，资料零提交、窗口跑零次。

网点多，主城区设置11个不动产登记网点，同城通办、就近申请；全市政银战略合作联办点超过400个，服务点遍布城区、半径1公里以内。

渠道广，全面实现“网上办”“自助办”“移动办”功能。

费用省，2019年1月1日起实行全市域不动产登记“零收费”。

5. 聚焦便民办事，提升服务质效

全力打造“移动办事之城”，让群众办事更便利。

推行“一证通办”，公民个人事项93%实现“一证通办”，市民凭身份证可办理公积金存缴等585项个人事项。

加快“掌上可办”，推出“杭州办事服务”App，覆盖政务服务和便民服务事项310项。

全天“自助可办”，推广24小时综合自助服务机，全市已部署1660台，累计办件163万件、服务441万人次。

实现“就近可办”，深化市、区、街道、社区四级便民服务站点建设，在15分钟生活圈内即可办理个人事项。

事项

“一证通办”
585项，达93%
个人事项

“杭州办事服务”App
覆盖310项
政务服务+便民服务事项

建设

1660台
24小时综合自助服务机

15分钟生活圈内“就近可办”
便民服务站点

6. 聚焦痛点、难点，降低商务成本

落实国家和省减税降费政策，在2018年减免各项税费1566.3亿元的基础上，2019年累计新增减税降费575.8亿元。

着力缓解企业融资难担保难。上线杭州金融综合服务平台（杭州e融），解决银行与中小微企业信息不对称问题。将民营企业、小微企业信贷支持情况设置为评价指标，鼓励各银行加大对全市中小微企业金融支持力度。支持民间资本参与全市重大PPP项目。

2018年
减免各项税费
↓1566.3亿元

2019年
累计新增减税降费
↓575.8亿元

7. 聚焦改革协同，全面提升跨境贸易便利度

推动落实全国通关一体化改革和关检机构融合，整合在杭海关、检验检疫机构，成立钱江海关负责杭州属地业务。全面启用“一次申报、分步处置”通关模式，推广“提前申报”“两步申报”，改革税收征管模式，实施“汇总征税”，引入“关税保证保险”，2019年杭州企业进出口货物通关时间分别为32.43小时和0.56小时。

简化跨部门办事流程，实施对外贸易经营者备案和原产地企业备案“两证合一”，对免予办理“CCC”认证的进口汽车零部件实施“先声明后验证”。

全面推广应用国际贸易“单一窗口”，主要申报功能应用率达到100%；抓好清费减负和收费公示，减免国际标准集装箱运输车辆高速公路通行费，免征内河集装箱运输船舶过闸费；对接宁波、萧山国际机场等主要口岸，实行口岸收费在“单一窗口”（浙江版）公示制度。

8. 聚焦创新创业，加快培育新动能

坚持“企业主体+平台支撑+人才引领”，着力构建创新创业生态系统。

推出创投引导基金、天使引导基金等政府引导基金，参股子基金规模近200亿元，累计培育上市企业36家。

打造5公里创新圈，聚合高校、龙头企业、特色小镇、孵化器、科创重器等创新载体，集中打造未来科技城、梦想小镇、云栖小镇等核心创新圈。出台“人才生态37条”等政策，鼓励各类高层次人才创新创业，形成高素质创新创业团队。

9. 聚焦法治保障，营造公平竞争秩序

加强信用和法治建设，杭州互联网法院成立以来，推动起诉、立案、举证、开庭、裁判、执行全流程在线化。凡是当事人同意在线审理的案件，100%在线开庭审理。案件平均审理周期较传统模式节约57.32%，通过“异步审理”的模式每案节约当事人在途时间约36小时。

成立杭州破产法庭，提升破产专业化审判能力。运用破产重整，帮扶有市场前景的涉困企业转型升级，对产能落后、资不抵债的企业，依法进行破产清算，2019年20家企业重获新生，164家企业有序退出市场。

杭州市被纳入全国首批中小企业知识产权战略推进试点城市和国家知识产权运营服务体系建设重点城市，成立知识产权法庭和浙江（杭州）知识产权诉调中心，构建知识产权纠纷多元化解机制，实现在线调解。加强电子商务领域知识产权保护，建立知识产权保护平台和打假联盟，全体权利人开启维权快速通道。

加强资本市场司法保障，与浙江省证监局联合打造证券期货纠纷在线化解平台，为投资者提供“一站式”、低成本、多渠道维权救济服务。杭州市上城区人民法院基金小镇人民法庭创设“凤凰金融智审”新模式，实现人机共融、智审速判。

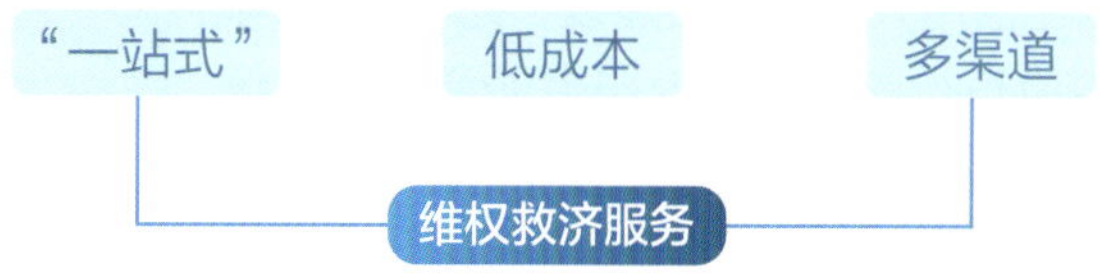

加强信用建设，用好芝麻信用、市民卡公司“钱江分”、杭州公共信用信息平台三个载体，全力打造“信易住”“信易租”“信易行”“信易游”四个品牌，成为全国首批“社会信用体系建设示范城市”。

（三）2020 年工作展望

落实《优化营商环境条例》，加快制定完善配套制度、细化有关措施，努力打造以“互联网 +”为特色的国际一流营商环境，为全国发展提供“杭州样本”。

① 在优化政务服务环境上发力，加快政府数字化转型

依托“城市大脑”，深化全市统一信息资源共享平台建设，推动基础数据资源全归集、全打通、全共享，推进开办企业、办理建筑许可、招标投标、获得电力、获得用水用气、登记财产、获得信贷、执行合同等领域政府数字化转型。持续推进“简化办、网上办、就近办、移动办”，逐步实现到政府办事“无证明”是常态、“要证明”是例外，并通过“亲清在线”平台，构建新型政商关系。力争到2022年，全面建成“移动办公之城”“移动办事之城”，成为全国政府数字化转型示范区。

② 在优化投资贸易环境上发力，推进高水平对外开放

建立规则公开透明、监管公平公正、依法保护企业合法权益的制度体系，切实保障各类企业在资质许可、政府采购、科技项目、标准制定等方面的平等待遇，让各类企业公平享受财税、金融、土地、人才等政策。对标国际先进水平，先行先试监管流程再造，不断压缩货物通关时间，实现国际贸易进出口业务全部通过“单一窗口”办理。推进电子商务仲裁平台建设，研究完善网络贸易国际仲裁机制。

③ 在优化企业发展环境上发力，持续降低成本负担

继续做好降低企业用地成本、税费负担、运营成本、融资成本四方面工作。划设工业用地控制线，重点保障工业用地供给，不断提高土地集约利用效率。继续清理和规范政府性基金和行政事业性收费，降低税费整体水平。继续推行“亩产效益”综合评价，加快完善5G等基础设施，推动企业上市和并购重组，完善杭州金融综合服务平台功能，加大对中小微企业信贷投放。

④ 在优化创新创业环境上发力，打造全国双创示范城

推进“名校名院名所”建设工程，重点支持西湖大学、之江实验室等一批示范性、引领性科研院所建设。面向全球招引人才，加大对高端人才税收优惠支持力度。加大来杭创新创业人才及家属在教育、医疗、住房等领域的保障力度。突出“双创”要素资源整合，完善“双创”服务体系，探索市域范围内创新成果产业化转移机制，全面打响“数字杭州 · 双创天堂”城市品牌。

⑤ 在优化法治环境上发力，进一步加强信用建设

全面深化信用大数据平台建设，力争2020年市域范围内所有行政监管、处罚事项全部纳入信用数据平台，所有信用数据事项按条件可公开查询。加大知识产权保护，研究推动建立知识产权法院，开展产权民事、刑事、行政案件“三合一”审判试点。深化杭州互联网法院建设，创新互联网领域司法保护方式。加强政企合作，结合区块链、大数据等技术，建立并公开标识电子化管理机制，探索互联网知识产权保护新机制，加大知识产权海外维权力度。

（四）优化营商环境大事记

2018

3月

- 14日，《杭州市打造移动办事之城实施方案》正式施行。
- 15日，杭州“市民之家”24小时自助服务厅正式对外开放。

5月

- 31日，“杭州办事服务”App投入试运行。

11月

- 6日，中共杭州市委、杭州市人民政府出台《关于深化“最多跑一次”改革建设国际一流营商环境的实施意见》。
- 9日，杭州市召开建设国际一流营商环境暨争创民营经济高质量发展示范区动员大会。

12月

- 13日，《关于迅速推进以电子证照代替居民身份证等材料复印件的通知》正式施行。
- 31日，杭州市数据开放平台建设上线。

2019

3月

- 27日 《2019年杭州市建设国际一流营商环境攻坚计划》正式出台。

4月

- 16日 杭州市成立建设国际一流营商环境工作领导小组，市委书记任组长。领导小组下设办公室在市发改委。
- 22日 《2019年杭州市深化推进“最多跑一次”改革打造一流营商环境工作要点》正式施行。

9月

- 11日 《杭州市推进“无证明化”改革实施方案》正式施行。

12月

- 25日 数据高铁5号线（杭州）方案开始实施。

6 厦门市
XIAMEN

（一）2018—2019 年主要工作

厦门市委、市政府将打造一流营商环境作为改革创新的重点任务和提升城市竞争力的重要抓手，市委书记、市长亲力亲为抓改革的重点事项。

1. 统筹谋划，凝聚合力

市委、市政府高度重视。2017—2019 年连续三年印发实施 20 项、18 项、99 项具体改进任务。不定期召开全市营商环境工作联席会，靠前协调推进，牵头研究制定创新举措，推动各项任务落实。

条块结合协同联动。建立第一责任单位牵头、相关部门协同的工作机制，系统梳理改革事项。

多区叠加优势共享。充分发挥经济特区、自由贸易试验区、国家自主创新示范区、海上丝绸之路核心区、国家综合配套改革试验区等多区叠加优势，先试点再推广。

2. 对标一流，找准支点

动态清单精准发力。对标先进经济体及国内先进地区，逐项查找差距和短板，提出具体改革目标。

以评促改持续推进。通过营商环境评估，形成“评估发现问题—汇总任务清单—落实整改提升—再次评估跟踪”工作闭环，确保改进措施与企业感受同频共振。

3. 创新机制，提升效能

用好“互联网＋”，推进服务智能化。推进流程标准化和规范化，推动“一趟不用跑”和“最多跑一趟”改革，51.75% 的事项实现“一趟不用跑”，97% 的审批服务事项实现全程网办，9 个部门高频便民事项整合到“e 政务”，20 个便民服务站点实现自助快办，推行“24 小时自助服务”和“15 分钟便民服务圈”。

实行“单一窗口”，推进一站式服务。推动税务一窗联办、关检一站查验、建设项目一口收件等，各部门办事窗口整合为综合窗口，由多头受理、多部门审批变为一口受理、一次审批。70.5% 的审批服务事项实现“一窗”分类受理，除涉密事项外，其他全部入驻省网上政务大厅。

建设“信用厦门”，推进治理现代化。出台《厦门经济特区社会信用条例》，创新推出公益性信用评价、“信用三公示”、信用承诺等。建立“一办法两清单”动态联合奖惩机制，推进跨部门信用监管及联合奖惩平台运行。开展“信易批”“信易贷”，实施诚信典型“绿色通道”和“容缺受理”，解决中小企业融资难、融资贵问题。

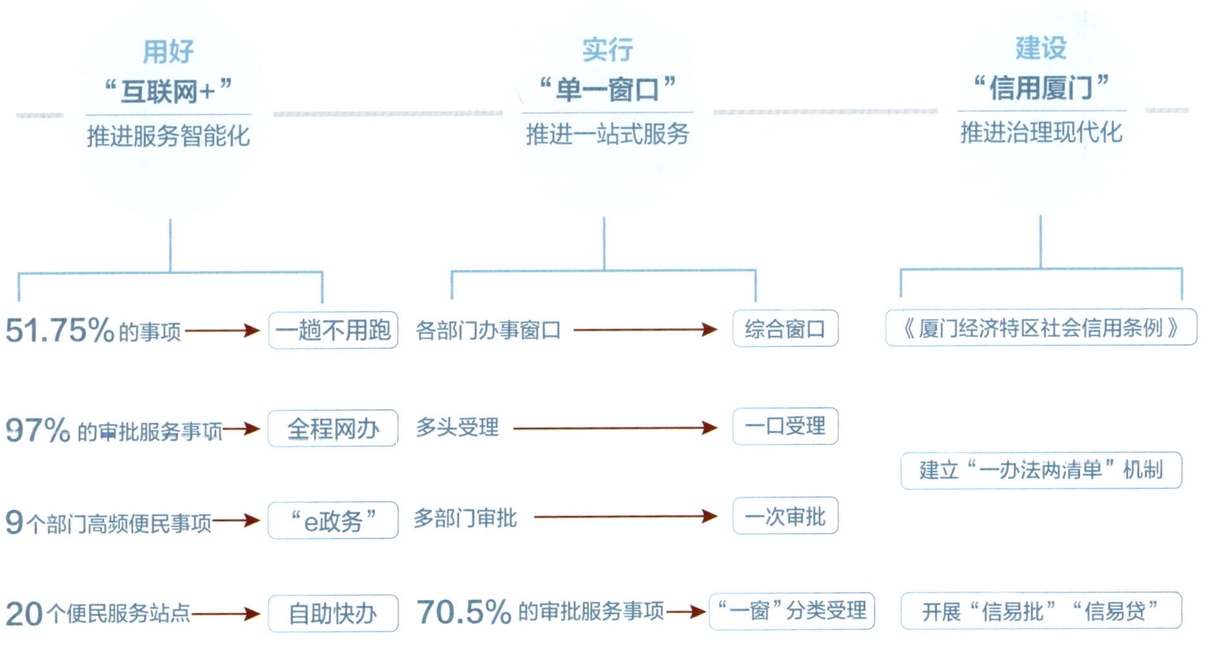

（二）创新做法及改革成效

1. 开办企业

强化协同，统筹推进开办企业提速增效

建立顺畅良好的部门沟通协调机制，提升企业开办整体便利化水平。2019年6月，印发《关于深入推进企业开办便利化改革的意见》，明确企业开办时间压缩至2.5天以内等具体任务和工作目标。

升级上线“商事主体开办‘一网通’平台”2.0版，实现一次性线上完成设立登记、电子发票申领、印章刻制及邮寄领取等全部开办手续。

全程网办，持续提升登记服务便利化水平

实现全流程电子化无纸化设立登记，企业在设立登记申请、受理、核准、发照、公示等环节均可通过网上电子数据交换实现，无须提交纸质材料，足不出户即可办理营业执照。

修订完善登记文书规范，商事登记提交材料清单由109份减少至89份，申请表格由38份减少至29份。开通“EMS+政务”服务，免费向办事企业提供营业执照等文件邮寄服务，办事企业可通过一键扫描二维码，免费下单邮寄证照。

简政放权，落实公章刻制公平节约

打破行业垄断，将公章刻制特种行业许可证审批权限下放至各公安分局，截至2019年底，共有137家企业取得公章刻制特种行业许可证。相关名单向全社会公示，便于新设企业自主选择公章刻制企业。

推广“网上办”，推广运用“网上自助刻章”便民服务系统（“闽政通”App），用章单位通过手机下载App，可在线自主选择公章刻制企业、印章类型、印章材料，并网上支付。

试点公章免费刻制，集美区率先试点政府出资为新开办企业免费刻制单位公章、法人章、财务专用章和发票章。

移动办税，推动发票领用打破时空局限

推出新办纳税“套餐式”服务，经实名认证且符合条件的新办纳税人，可通过网上税务局，实现法定义务事项和首次领用发票相关办税事项（共10项）一并办理，税务机关受理后1个工作日内办结。部分区局设立发票审核审批岗，由专人集中负责新办纳税人首次申领发票的审核审批，并将岗位前移到办税服务厅后台。

推广移动办税，纳税人通过登录国家税务总局厦门市电子税务局网站、厦门税务App，经由无纸化系统办理发票申领业务；24小时自助服务厅提供全天候自助办税服务。

实现企业开办有关税收事项全程电子化办理，办理税务事项无须再到税务机关，通过电子税务局即可全程网办；开办企业套餐涉税事项已实现0.5个工作日完成企业开办税务事项；税务部门与市场监管部门实现实名身份验证信息共享，经市场监督部门采集的实名验证信息，税务部门不再进行重复验证。

先行先试，实现银行开户预约网办、取消许可

中国人民银行厦门市中心支行提供商业银行网点信息嵌入企业开办“一网通”平台，企业在申请设立登记时可同时自主选择银行网点、预约开户；通过“一照一码”审批信息共享平台推送企业信息至相应商业银行，提前介入、主动联系服务企业，提高开户效率。自2019年4月28日起取消企业银行账户许可，由核准制改为备案制。

2. 劳动力市场监管

提升劳动力市场监管质量

加快劳动保障监察“互联网+监管”与智能化建设，建立劳动保障监察智能书审执法系统。

加快劳动保障多元化纠纷化解网络平台建设，推广网上劳动保障违法举报投诉和纠纷行政调解、网上调解仲裁等新模式。

建立仲裁办案指导制度，及时发布有关劳动纠纷调解仲裁典型性和多发性案件。

建立以调解为主，仲裁保障、执法强制、信访解难、行政调解与劳动争议调解仲裁相衔接的多元化解矛盾纠纷案件制度，实现劳资纠纷监察、调解、仲裁和信访“四位一体”无缝对接。

提高劳动纠纷调处效率

开展“和谐同行”企业培育共同行动，实现80%以上培育企业达到用工管理依法规范、民主协商机制健全、和谐共赢理念融入企业文化的标准要求。

开展柔性执法，推行劳动纠纷行政调解模式。

推进驻镇街派出庭调解点建设。截至2019年底，全市38个街镇已建成11个派出庭和16个调解点。

建立新型信用监管机制

出台7个信用体系建设相关制度，完善《厦门市人力资源和社会保障局推行信用承诺制度实施办法》。

健全“双随机、一公开”执法监督制度与劳动保障用工管理诚信体系，对用人单位开展诚信评价。

开展人力资源诚信服务示范机构认定工作，主动约谈失信企业，开展信用修复培训。

加大社会信用联合奖惩力度，完善劳动保障、生产经营性困难企业、人力资源服务机构的信用信息基础数据库。

推进调解规范化

印发《关于进一步推进企业劳动争议调解工作的通知》，宣传企业调解组织在解决争议中的作用，在劳动力密集型和新业态行业组建调解组织。

推进企业行业商会调解组织工作，组织会员单位参加培训班、座谈会，了解关于企业劳动争议调解的法律规定和实务操作。

制定《驻镇街派驻庭调解点建设标准评估表》，指导各区对照实施并确定6个示范点，实现街镇调解点从无到有、从有到优。

编写企业调解组织组建和调解争议常用法律文书样本、《企业劳动争议调解委员会设立指南》宣传漫画、规范设立程序和文书样本。

3. 办理建筑许可

从“部门规划”向“多规合一”迭代，跑出改革“最先一公里”

汇聚四大板块22个专题249个图层空间规划数据，形成全域空间“一张蓝图”，建设“信息共享、业务共商、空间共管”多规合一业务协同平台，349家单位线上协同策划，推行项目策划生成“问题清单”与“审批服务清单”双清单机制，累计策划成熟项目3858个。

从“审批孤岛”向“整体服务”升级，精准打造项目审批“快速道”

以并联为脉络进行流程再造，形成“17+4+4”审批新模式，量身定制审批流程。以共享为主线打造全市统一运行的“横向到边，纵向到底”工程建设项目审批管理系统，将109家部门、911个事项全部纳入统一监管。建成全流程、全覆盖、时限短、流程优的工程建设项目审批管理体系，一般工程建设项目审批时限从308个工作日压减到50—90个工作日，小型社会投资工业项目压减到15个工作日以内。

从“问题清单”向“改革清单”升级，破解建筑许可流程“中梗阻”

推行负面清单、豁免清单、告知承诺制、区域综合评估、联合技术指导、多图联审、多测合一、联合验收等新机制。在工程建设领域公布6份审批负面清单、3份豁免清单，34个事项执行审批告知承诺制，45%的事项实现“一趟不用跑”，100%的事项实行容缺受理，6大功能片区开展区域综合评估，1900个项目实行多图联审，近1200个项目施工图审查由政府买单。以“一张表单”整合申报材料，“一个窗口”提供综合服务，从立项用地许可阶段到竣工验收阶段，申报材料从373份精简到57份。

从“重审批”向“严监管”转变，跑好改革“最后一公里”

2019年6月1日正式施行《厦门经济特区社会信用条例》，出台守信联合激励与失信联合惩戒暂行办法，建立“一个办法+两个清单”联合奖惩机制，梳理联合奖惩行为清单205项，联合奖惩措施367项；信息化系统实现基于信用智慧监管，将工程建设项目审批信息纳入信用厦门平台，目前全市信用信息综合平台归集71个单位、5.4亿条信用信息数据；搭建工程建设项目中介网上服务大厅，创新“一网管中介”，已有70项中介服务事项、783家中介机构、10543个建设项目纳入管理。

4. 政府采购

从政府采购信息公开制度建设、信息发布平台建设、办事公开、监督管理等多方面持续提升政府采购透明度。

持续提升政府采购透明度

优化政府采购信息系统建设

统一全市政府采购信息公开渠道，完成政府采购新旧网站合并。开通线上转线下功能，解决固定价格、资格标等特殊采购项目在福建省政府采购网上信息公开系统无法操作问题。

编制厦门市大宗货物政府采购、进口产品申请备案、进口产品申请核准、非公开招标方式申请等办事指南、表格模板，在政府采购网站公布，供采购主体下载查阅、方便办事。进一步压缩审核时限，进口产品申请核准、非公开招标方式申请审核时限由10个工作日缩减至6个工作日。

提高对外服务水平

5. 获得用水用气

提速用水用气报装

缩减办理环节，工程建设给水申报项目办理环节从5个减至3个，用气报装从用户签署用气意向书到通气减至3个环节。取消用气申请环节，项目建设方将用气需求在办理工程建设许可时同步提交，主动对接后给予燃气技术指导意见回复。

简化报装材料，用水申请材料从5份减至2份，用气申请材料从7份减至2份，项目其他相关文件采取“并联调阅”。

压缩申请时限，一般项目用水申请接水时限不超过9个工作日，小型项目用水申请接水时限不超过4个工作日，用气申请不超过10个工作日。

引入“容缺受理”机制，客户提交申请用水材料不符合要求，工作人员一次性告知所需完善材料，实行“容缺受理”。

降低用水报装成本

优化客户接水设计与施工方案，“精计算、抢时间”每一个“节点”、每一道“工序”。全面取消水表过户费用、工程建设项目现场勘察费用。接水办理服务全程“零费用”，通过市场化方案选择，实现客户接入用水“费用、时间”最优化。

提升用水服务质量

提供个性化用水服务。走访所有产业园区内重点用户，汇总个性化需求，定制“一点一方案”，提供“幸福用水”专属服务。

提升应急供水服务保障。增加异常用水量提醒服务，通过对客户用水量监控和比对，提供漏水检测及维修服务；建立各类应急供水技术方案，优化管网维护管理，“7×24”小时不间断4000公里自来水输配水管网巡护；供水抢修“110”联动第一时间到场处理各类供水问题，提高管道施工和维抢修施工工艺，优化停水作业流程，缩短停水时间、减少停水范围，全力保障客户用水。

规范水费收取制度。通过阳光公示牌、印发宣传单、社区服务宣传等多种方式，公开透明各类用水价格；多渠道告知客户用水量及用水价变动信息；推行水费电子增值税普通发票，实现客户“足不出户”打发票。

建设智慧水务

加强微信、官网等用水服务平台建设。推进网站与“i厦门”统一政务服务平台对接，实现网上用水申报及其他涉水业务办理。

完善“基于大数据、空间地理及行为感知的**水务供水协同决策支持平台**”。提供从申请报装到停用注销全生命周期服务，通过平台将抢修工单“一键派发”给一线抢修作业人员，提高抢修效率和质量。

打造**“全城通办、就近办理”**。2019年12月，实现新装单位用户给水工程项目在6个水务营业厅窗口跨区申报，为企业提供“就近办、全城办”便捷服务。

实现二手房**“水电气广电”联动过户**。

6. 获得信贷

建立健全金融政策，正向激励金融机构

制定**《关于进一步加大金融支持民营企业发展的若干意见》《厦门市银行机构服务民营企业发展激励评价暂行办法》**等政策，正向激励各银行机构发挥信贷主渠道作用，持续加大民营企业融资支持力度。

创新金融产品与服务，扩大普惠金融覆盖面

进一步推动无还本续贷、银税互动产品落地，按季度监测无还本续贷和银税合作贷款业务情况，督促机构合理提高续贷业务在小微企业贷款中的比重。

金融科技赋能，拓宽线上线下融资对接渠道

承建全国中小企业融资综合信用服务示范平台（全国“信易贷”平台）。加大普惠金融工作宣传力度，开展银企对接会、产品推介会等普惠金融宣传活动。

建立政策性资金，完善信贷风险分担机制

建立应急还贷服务机制，为临时资金周转困难的企业提供“无偿、短期”应急还贷。推进政策性融资担保体系建设，服务小微企业发展。截至2019年底，全市政策性担保业务总额超过50亿元。

金融司法联动，优化金融法治环境

成立厦门金融司法协同中心，深化案件“当场立、自助立、网上立、就近立”改革，线上线下功能有机结合、互补联动，为当事人提供更多立案、诉讼服务渠道。出台《厦门市失信被执行人联合惩戒与执行联动机制建设行动方案及考评办法（2019—2021）》，明确各执行联动单位工作任务，解决涉金融类案件执行中找人难、调查难、控财产慢等问题，提升金融财产案件执行工作查人控物工作效率。

7. 知识产权创造、保护和运用

精心谋划顶层制度设计

开展《厦门经济特区知识产权促进与保护条例》立法准备工作。对照《优化营商环境条例》，制定出台知识产权保护与运用领域营商环境优化措施4条。出台《厦门市知识产权违法行为举报奖励办法》，对举报违法行为给予最高不超过50万元奖励。出台《厦门市知识产权发展专项资金管理办法》《厦门市知识产权运营服务体系建设专项资金管理办法》，为知识产权保护和运营服务体系建设配套资金支持。

促进知识产权运用

针对“高价值组合培育”“运营主体培育”等关键领域，为知识产权运营服务体系提供20万元至300万元建设配套资金支持。拓展知识产权质押融资补贴领域，提高补贴标准。推进光电显示、智能电网、厨卫等重点产业专利导航项目。强化高价值专利组合培育，推动企业、高校、研发机构和知识产权服务机构共建高价值专利组合和专利池。

推动设立厦门知识产权法庭、自贸区知识产权司法协作中心、知识产权案件仲裁处理中心，批准设立首批8家知识产权维权工作站，健全知识产权大保护工作体系。加大行政执法专项行动力度。充分利用全国知识产权宣传周等时机，宣传知识产权政策法规。

完善知识产权保护机制

8. 跨境贸易

降低口岸收费

免除或降低集装箱查验费、港口设施保安费、货物港务费、引航费、锚地停泊费等5项政府性规费，每年为航商和进出口企业节约2亿元。

建立厦门口岸服务企业收费公示平台，实施口岸收费清单目录管理。推出“全流程阳光服务产品”，压缩合并相关市场性收费项目，对外收费项目减少9项，降低收费30%。上线码头费用“结算直通车”，提供货主及其代理直接结算码头费用新通道，每年为进出口企业降低市场性收费超过20亿元。

引导港口、货代、船代、堆场、集装箱运输等行业协会加强行业自律和约束，多渠道提高行业协会口岸降费政策知晓率。2019年底，厦门口岸集装箱进出口合规收费分别为229美元/标箱、207美元/标箱。

升级国际贸易“单一窗口”，打造跨境贸易、政务、金融等一站式公共服务平台；创设“单一窗口+空运物流”模式，实现空运进出口数据境内外双向联通。

建设“厦门集装箱智慧物流平台”，实现全港物流信息无缝连接、便捷共享、动态跟踪和无纸化交接。

全面推广设备交接单无纸化，实现港口与堆场全覆盖。

推进厦门口岸物流公共服务平台建设，提供海运、空运、多式联运下货物物流信息全流程跟踪、查询、展示等多种快捷服务。

创新码头作业远程操控技术、远程装卸、远程理货等，建设集装箱船舶智能装卸平台。

智慧服务提效

监管创新便利

推行国际航行船舶供水检验检疫“开放式申报+验证式监管”模式，船舶备案即可加水，缩短滞港时间。

推行“先放行、后改单”模式，解决货物延误船期问题。

推行入境大宗工业品联动检验检疫模式，将检验检疫从口岸后置至使用地，缩短流程30%。

推行海运国际转运货物“散进集出”监管模式，解决散杂货多次报关转运成本高、时效低问题。

推行进口分拨集装箱便捷监管模式，由人工审批改为系统自动审批、即到即提。

推行进口货物“水路提货”模式，将仅能陆路提货增加至也可驳船提货，提高港口集疏运效能。

上线港航企业社会信用管理平台，启动水路运输企业信用评级试点工作，加快建立完善联合激励和失信联合惩戒机制，发布首批厦门港“守信红名单”。根据信用等级取消集装箱拖车押金，允许部分拖车公司享有一段合理账期，降低集装箱拖车公司经营负担。

简化进出口环节监管证件，持续推进关税保证保险等新型税费申缴便利化举措，启动“两步申报”通关模式改革试点。

实施集装箱船舶服务承诺，惠及进出厦门港的数千艘集装箱班轮。

信用红利护航

9. 纳税

便利办税“加”快速度

打造“非接触式”办税新体系。加快以电子税务局、掌上办税厅为主体的便捷办税渠道建设，2019年底，95%的业务全程网上无纸化办理，网上申报率和缴费率均超过99%，代开发票和发票申领实现80%“非接触式”办理。

打通税费缴纳新通道。办税厅窗口、电子税务局、手机办税小程序、自助办税终端等场景全面支持第三方支付，纳税人可随时随地缴纳税费；推出申报、缴纳分离功能，纳税人申报后可自主选择扣款时间。

推进业务办理新聚合。除日常业务外，集中审批前移至办税服务厅，74%的涉税审批事项“即来即办”，实现跨部门聚合，住房公积金业务在电子税务局“一次登录、一网通办”。

落实减税降费。落实兑现中央减税降费政策，2019年累计新增减税降费180.89亿元。

服务经济发展。成立“双千亿税收服务工作室”，拓展税收政策空间；从问需求、减负担、优服务等方面入手，出台16条措施支持民营经济健康发展；编印《招商引资涉税事项工作指引》，探索新经济新业态新模式税收政策适用规则；推出22条硬举措，引导资金、技术、人才等生产要素向“三高”企业聚集。

助力企业融资。建立手机微信端“全线上银税互动”平台，助力融资“秒批秒贷”。2019年以来，“银税互动”项目为4.05万户次小微企业授信112.15亿元。

减税降费“减”出活力

智慧税务“乘”出数效

数据“税（费）联通”申报更智能。打通系统、税种间数据通道，支持更大范围数据自动采集，增值税申报表90%的项目已帮助纳税人预填，90%的纳税人可以零录入。企业所得税提供一键零申报、简易申报功能，45%的项目自动计算、自动带入。社会保险费税务局全责征缴，企业人员如无变化可一键申报。

数据“内外共享”流程更精简。运用“区块链”等新技术推进跨部门数据共享，更多事项实现从“串联办理”到“并联办理”。开发“跨境金融区块链服务平台”，实现对外支付税务备案电子化，纳税人不再需要往返多部门办理。建设国际贸易单一窗口区块链平台，政府信息、银行服务和产业链深度融合，实现海运费境内外支付全程线上办理。

数据“开发运用”服务更精准。完善“知识库”，“智能咨询”机器人为纳税人提供24小时咨询服务，常见高频问题全部实现自动解答。利用“大数据+算法”对纳税人进行画像，实现税收政策精准推送。

优化执法“除”去阻滞

“一项”清单约束权力。编制《权力和责任清单》，保留6项税务行政许可事项，进一步放宽真实经营、风险可控发票需求供应，有效降低企业制度性交易成本。

“双信”管税规避风险。实施信息管税、信用管税“双信”税收风险防控模式，关口前移、预防在先，利用税收大数据帮助规避化解税收风险。

“三项”制度公正文明执法。全面推行执法公示、过程记录及法制审核等三项制度，健全行政处罚裁量权基准制度。推出微信端税务执法信息公示平台，实现执法信息网站和手机端全公开。

10. 执行合同

构建“一统筹、三保障、五协同”工作机制

成立全市法院法治化营商环境工作领导小组，制定《全市法院助力国际一流营商环境再提升的实施意见》，建立信息收集反馈、评估检查、创新提升三项保障机制，每月一汇总、每季一通报，总结交流经验、反映问题建议、通报督促工作进展，推动“两个一站式”建设、执行合同、办理破产、保护中小投资者、依法保护产权服务民营经济发展五个专项组协同抓好任务落实。

诉讼与公证协同创新机制在全国推广

厦门法院与厦门鹭江公证处深度合作，推出诉讼与公证全流程协同创新机制，在立案、调解、保全、送达、调查、评估、拍卖等环节开展审判执行辅助事务协作，全面提升审判执行效率。

对被执行人主要财产形态网络执行查控全覆盖

实现对被执行人银行存款网络查、冻、扣一体化、自动化；实现不动产查询、查封、续封、解封全流程网络办理；实现外地法院事项委托纳入查控系统；地方不动产司法查控平台接入全国总对总系统；实现机动车辆全流程网络查控、公积金账户网络查询。

11. 市场监管

全面推行“双随机、一公开”监管

出台《厦门市在市场监管领域全面推行“双随机、一公开”跨部门联合监管实施方案》，建立厦门市“双随机、一公开”跨部门联合监管工作联席会议制度，组织推进全市市场监管领域跨部门联合监管。建立统一的市双随机事中事后监管综合执法平台，实现抽查全过程电子化留痕、抽查检查结果集中统一公示和综合运用。平台汇集市区两级随机抽查事项1140项，建立涵盖全市登记在册商事主体的基础主体库，并对检查对象进行分级分类管理、建立570个专业子库，同时建立涵盖各监管层级4522名执法检查人员的检查人员库。2019年，依托平台共发起抽查计划271次，检查企业超2.2万家。

推进信息共享和联动监管

优化完善市商事主体登记及信用信息公示平台，截至2019年底，平台已收录全市65万商事主体信息，对每家商事主体均形成独立信用档案，涵盖登记备案、资质许可、监管、行政处罚、司法、自主公示六大类信息。依托平台，全市64个部门对列入厦门市失信联合惩戒清单的经营异常、失信被执行人、重大税收违法等510个行为事项，在办理工商登记、许可审批、双随机抽查监管、政府招投标、评奖评优、办理银行业务中进行分类限制惩戒。

创新智能监管方式

以“厦门市食品药品监测预警中心”为数据汇聚和展示中心，汇总整合“厦门市食品安全信息系统”等31个信息化应用系统，通过构建大数据监管模型、进行关联分析，及时掌握市场主体经营行为、规律与特征，主动发现违法违规现象，基本实现市场监管“一张图”管理。

12. 包容普惠创新

提升创新创业活跃度

创新集成电路产业链平台式保税监管模式。探索开展集成电路保税监管创新，解决集成电路中小微研发设计企业的税费及通关问题。依托“芯火”双创基地（平台），由平台运营企业（厦门科技产业化集团）统一向海关申请办理电子化手册或电子账册，在规定业务范围内进口的货物、物品、设备及软件、技术等无形产品予以保税、设备共享，先实现平台服务范围内企业的保税研发，再分阶段扩大到全产业链保税监管。

创新科技与金融结合，缓解企业融资难题。通过开展科技信贷增信，促进政银企对接，不断创新科技金融产品和服务，累计为厦门市科技型中小微企业提供近95亿元融资。利用金融科技手段，推出全流程线上自助办理“小微快贷”产品，2017年3月发布以来累计投放167亿元。

创新生物材料特殊物品出入境监管模式。在海沧生物医药港产业园区内，建设生物材料特殊物品出入境公共服务平台，为生物医药企业和科研机构提供报关查验、研发保税、仓储物流和增值服务，建立全流程、可追溯监管体系。

完善综合立体交通网络

强化交通服务保障。完善交通基础设施，基本建成“两环八射”城市快速路网，拓展福厦高铁等重要对外通道，提升闽西南协同区交通设施互联互通。同时，形成以城市轨道交通、BRT为骨干，常规公交为主体，出租车、轮渡为补充，多层次、一体化城市公共交通体系。

优化交通服务。实现部标一卡通等非接触式卡片及移动支付在地铁、公交、出租车的全覆盖应用。在“厦门e政务”“i厦门”App和交通微信公众号上提供公共交通一站式出行服务，推动公共交通与其他交通方式无缝衔接，推出微循环公交、定制公交等个性化公交，在全省率先实现所有行政村“村村通公交”。

构建绿色生态交通，建设一批高品质绿色生态公路，推动运输装备低碳化和清洁化。提高运输管理水平，建设“一库一图一平台”大交通信息共享平台、“两客一危”重点车辆动态监管系统，推进交通执法更加规范化。

（三）2020 年工作展望

以市场主体感受为导向，加快转变政府职能，激发全社会创新创业创造活力，着力打造投资贸易更便利、行政效率更高效、政府服务更优质、市场环境更公平、法治体系更健全的营商环境新高地。

1. 打造国际接轨的市场环境

保障各类市场主体依法平等使用资金、技术、人力资源、土地等生产要素和公共服务资源。简化市场主体注册登记手续，优化企业注销登记和办理破产流程。依法采取取消审批、审批改为备案、实行告知承诺、优化审批服务等措施。供水、供电、供气、供热等公用企事业单位全面实施网上办理业务，推行接入和服务标准化。

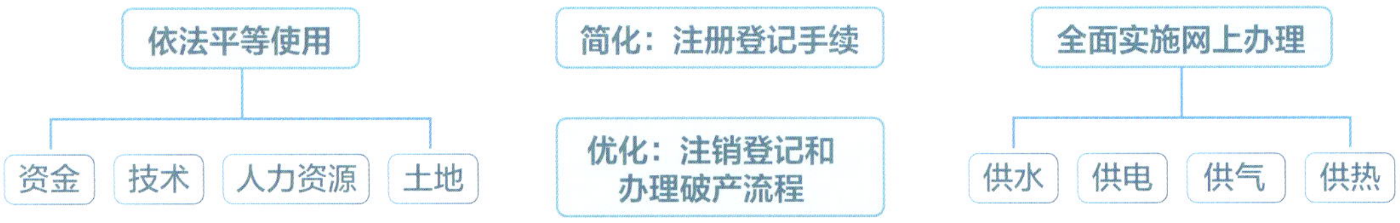

2. 打造高效便利透明的政务环境

推进政务服务标准化，按照减环节、减材料、减时限要求，推行当场办结、一次办结、限时办结等制度。推动政务服务数字化，促进政务服务跨地区、跨部门、跨层级数据共享和业务协同，加强电子证照、电子印章、电子档案推广应用。规范办理行政审批中介服务事项。落实国家各项减税降费政策。

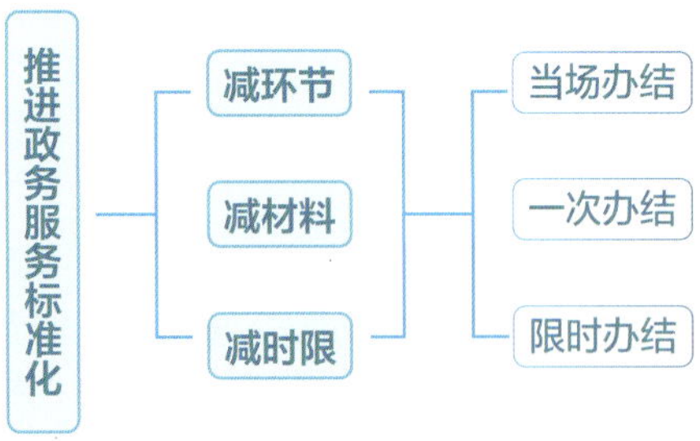

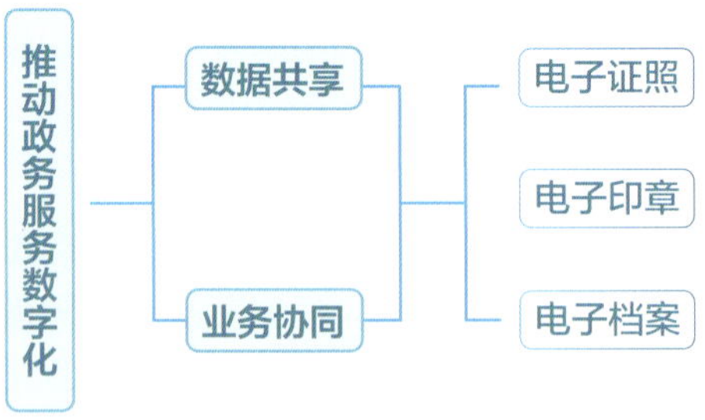

3. 打造公平公正规范的法治环境

推进案件源头治理，完善合同执行促进机制。发挥厦门金融司法协同中心作用，通过“示范性判决+调解”开展金融纠纷化解工作。全面推行“双随机、一公开”监管，形成部门合力，避免多头重复检查。对新技术、新产业、新业态、新模式实行包容审慎监管和服务。

（四）优化营商环境大事记

2018

5月

18日 厦门市“五个一”审批管理体系、“减、放、并、转、调”等改革措施在全国15+1个试点地区开展试点运行。

6月

6日 《厦门市人民政府办公厅关于2018年营商环境改进目标的通知》正式施行。

8月

厦门市上线运行商事主体开办“一网通”平台，打破市场监管、公安、税务等部门间业务闭环，实现在线一次性完成企业开办申报所有手续。

2019

5月

22日，《厦门市人民政府办公厅关于2019年营商环境提升任务清单的通知》正式施行。

9月

5日，厦门知识产权法庭在厦门自贸区挂牌成立。

11月

21日，厦门市举办《优化营商环境条例》专题培训。

12月

13日，《厦门市人民政府办公厅关于2019年第二批营商环境提升任务清单的通知》正式施行。

⑦ 衢州市
QUZHOU

（一）2018—2019 年主要工作

衢州市把打造最优营商环境作为助推城市高质量发展的先手棋，发挥“最多跑一次”改革的先发优势，围绕企业反映突出的痛点、堵点、难点问题，全方位推动营商环境持续优化，最大限度降低企业制度性交易成本，为企业提供公平宽松环境。

1. 建立制度体系

把优化营商环境作为“一号工程”，成立市委书记、市长牵头的优化营商环境工作领导小组，分指标明确一位副市长牵头推进营商环境改革。围绕打造最优营商环境，出台《关于纵深推进“最多跑一次”改革　着力打造中国营商环境最优城市的实施意见》。研究制定《衢州市打造中国营商环境最优城市三年行动计划（2018—2020 年）》，每年确定 20 多项改革举措和 110 多项改革任务。强化舆论监督，向社会公布营商环境“十条宣言”“三个绝不能”，开展《请人民阅卷》营商环境电视问政。

2. 创新组织体系

建立“一办一专班”组织体系，整合集成部门职能，在浙江省率先成立营商环境建设办公室，负责全市营商环境建设的牵头抓总、统筹协调，形成一个部门抓总、多个部门协同的工作机制。成立营商环境工作专班，按照“攻坚专班化、工作项目化、项目清单化、督查定期化”模式，推进营商环境建设。

3. 完善服务体系

上线衢州市“政企通”平台，按照“系统集成、服务集成、政策集成”的理念，开发政策在线、服务在线、互动在线、招商在线、监管在线等服务模块，解决企业服务碎片化问题。线下抽调党员干部组成 220 个驻企服务网格，开展一对一驻企服务。建立市政府领导挂联区块服务发展机制，每周至少一次督导服务、一次专题会商。建立营商服务专班，组建营商环境观察员队伍，全方位受理企业咨询、求助、投诉，一个窗口交办督办，实现“分类交办、跟踪督查、分析研判、问题反馈”闭环工作机制。

4. 深化数字政府建设

在全省率先开发应用“一窗受理”平台，依托“一窗受理”云平台，打通 72 个国家级、省级系统和所有市级系统，全市域共用一个平台，共享企业信息、人口信息、不动产信息等 65 类信息数据，847 项业务实现“全市通办”，900 余个事项实现乡镇受理、市县审批。开发衢州市可信电子证照管理系统，归集 403 类 300 多万本电子证照和批文，特别是将与投资项目相关的 33 类电子批文启用入库，为投资项目全流程审批提供数据支撑。推进无差别受理改革，采取“一次取号、一窗受理、一套标准、一网通办、一次办结”模式，推进事项无差别、窗口无差别、系统无差别、人员无差别和地域无差别的“无差别受理”。有 968 项纳入“无差别受理”事项。推进“掌上办”，实现 18 个部门 2560 个事项和企业服务事项“掌上办”，交通出行、社会保险、医疗卫生、教育职考、惠企政策等 14 类 60 余项事项移动端可查询。

（二）创新做法及改革成效

以“最多跑一次”改革为牵引，依托政府数字化转型，推进部门协同、数据共享、流程再造，围绕企业、项目、服务全生命周期，努力做好简政放权的“减法”，做强监管的“加法”和优化服务的“乘法”，全面优化营商环境。

1. 围绕企业全生命周期，深化政务审批便利化改革

借鉴国际国内先进经验，实施承诺制改革和容缺受理改革，更大力度推进营商环境“10+N”便利化改革，迭代优化营商环境。

全面实施企业开办“110”计划

设立开办专窗，线上线下一体操作，实行“一表申请、一套材料、一次采集、多方复用”；推出住所申报承诺制，推行新设企业首套印章政府买单，社保参保登记自动推送，推广税务Ukey免费申领及电子发票与营业执照、印章同步发放或免费寄递，银行开户（增值服务）预约“免跑腿”“免填单”，将办理环节压缩为企业设立登记（公章刻制、社保参保）、发票申领2个，实现企业开办全流程“一件事、一日结、零成本”。

依托“涉企通办”平台，实现企业登记档案自助查询“零跑腿”、企业（市内）自由迁移“秒办”；放宽市场准营条件，落实“证照分离”改革“全覆盖、零许可、数字化、强监管”要求，实现61个事项审批改承诺，60余项经营许可审批事项实现证照联办，通过数据共享减材料60%以上，承诺事项100%纳入企业信用监管。

推进不动产登记“一件事”改革

在全省率先推出“一窗综合受理、后台并联办理、信息互通共享、统一窗口出件、证书快递送达”集成服务模式。推进不动产交易登记“一件事”改革，通过调整办理模式，优化办理流程和材料，水、电、气过户由分窗办理变为综合受理，实现水电气联动过户。将住建部门交易职能委托授权自然资源规划部门不动产登记中心，推行网上预审、远程办理，实现不动产交易登记60分钟出证和“一网通办”“不见面审批”。

深化企业办税智能化改革

企业纳税方面，引导纳税人利用电子税务局、手机App、自助办税终端等“非接触式”渠道办理涉税（费）业务，纳税人实现“最多跑一次”事项100%网上办理。通过整合同类涉税业务，优化办税流程，推广“套餐”服务、实名办税和“容缺服务”，纳税人同类业务办理时长缩短30%以上。

依托信息共享平台，实现企业登记、企业注销、社保参保等信息实时共享。出口退税方面，实现出口退税无纸化管理全覆盖，平均出口退税办理时间缩短至5天。

推进司法领域“最多跑一次”改革

制定诉讼服务“最多跑一次”清单，优化诉讼服务体系，实现诉讼环节一站式办结。推行网上立案、跨域立案、延伸立案，网上立案率80%以上，立案时间从7天压缩至30分钟。推行“二八分流”机制，根据案件繁简程度简案速裁、繁案精审，实现80%的一审民商事案件简案速裁。推广在线矛盾纠纷多元化解平台，诉前纠纷化解率从3.6%提升至32%。推行执行程序与破产程序衔接机制，引入破产企业重整竞争机制，探索“出售式重整”“无产可破”案件费用纾解等机制，提高破产回收率。

2. 围绕项目全生命周期，深化投资项目审批全流程改革

聚焦市场主体反映强烈的项目“审批难、审批慢、审批烦”问题，迭代推出以“减流程、减材料、减环节、减成本”为主要内容的投资项目全流程改革。

深入推进工程建设项目审批制度改革

推出“多审合一”“测验合一”和施工许可电子化改革，全面实施工程建设项目全流程审批，系统上线运行以来，已有3000余个项目运行。企业办理施工许可证，原先需提交30多项材料。改革后，申请材料更加简单，只需提供承诺书和施工（监理）合同协议书2项材料，其余材料均可通过共享获取，实现施工许可“网上办”“马上办”。

迭代推出投资在线平台3.0

为解决投资项目事项多、层级多、部门多带来的审批碎片化问题，2019年推行投资在线审批监管平台3.0试点，在全省率先上线试运行，实现项目立项许可、规划许可、施工许可、竣工验收四个阶段全生命周期覆盖。

过去项目业主需要到10多个部门跑20余次，全流程至少半年；改革后，网上申报、联合审批，一次不用跑，减少涉批事项55.6%，减少材料超过60%，实现一般投资项目从立项赋码到竣工验收全流程“最多90天”。

实施企业获得水电气网“一件事”改革

企业水、电、气、网报装，过去需要到各家公司分头申请，各部门分头审批。改革后，建设“网上申请、同步受理、并联审批、限时办结”的企业供水供电供气接入工程电子化并联审批系统，实施水电气网联合报装“一件事”联办。用户用水用气接入建设工程办理行政审批许可时限压缩至9个工作日，150米内实行告知承诺，无须审批。推出“套餐式”服务，整合各部门所需申请信息，形成综合申请单、施工图、申请材料等全程电子化流转共享，实现“一次上传、多方复用”，企业只需网上填写一张申请表，报装时间提速80%以上，实现全流程“零跑腿”。水电气报装每年可节省费用3000万元以上。

3. 围绕服务全生命周期，推进企业服务集成化改革

针对政策获取难、服务分散化和诉求难解决问题，按照服务企业集成理念，构建“一个平台、一个窗口、一条专线”，整合“浙里办”“浙政钉”系统，开发上线“政企通”掌上服务平台，共享市场监管、人力社保、不动产、电力、税务等20多个部门涉企数据，设立政策在线、办事在线、互动在线、招商在线模块，汇集全市各类惠企资讯查询、政策兑现、企业融资贷款、网上招工用工、健康码申请、涉企事项办理、政企互动专区、招商项目引荐等40多个涉企服务应用场景。

政策在线

全面梳理各项惠企政策“口袋本”，企业可在线申报惠企政策补助，通过信息自动获取、表单自动生成、材料数据共享，实现政策申请“一次填报”“联合审批”“一键到账”。“政企通”平台上线惠企政策936个，网上兑现惠企资金5.2亿元，受惠企业1868家。

融资在线

搭建“衢融通”平台，融合担保机构和各类保险公司，归结企业、自然人、社会组织、事业单位和政府机构5大主体信用信息2000多万条，支持企业在线便捷办理贷款、股权、担保等金融服务，为金融机构提供信用信息查询，缓解银企信息不对称问题。入驻金融机构273家，上线金融产品203个，累计为1639家企业提供80亿元融资贷款。

办事在线

在浙江省政府数字化转型“四横三纵”总体框架下，平台可实时调用市场监管、人力社保、不动产、电力、税务等多个部门数据，所有涉企数据和企业信用代码实现全覆盖。企业登录浙江政务服务网法人账号，可自动提取法人信息、信用信息等基础数据，直接办理掌上可办事项。

互动在线

集成服务企业功能，推进政策公开，整合问题反映渠道，对应线上“政企通”平台，线下成立工作专班收集汇总、分析研判、交办落实企业诉求，实现一站投诉。办理结果直接通过平台反馈，并接受企业网上“好差评”，“线上+线下”形成闭环，实现企业服务“一网通办”、企业诉求“一窗交办”。

招商在线

建立“招商在线”主题区，动态展示招商政策、招商项目、地块信息。打造“标准地云图”，项目业主可随时随地查看全市产业园区可供招商土地信息，VR全景看图，智能选地，提供360度身临其境交互体验，打破传统线下看地模式，实现线上招商、“不见面考察”。结合数字营商平台，全面启动“一仓两空间”建设，开发科技服务、产业链分析和企业自治“一码通”等应用系统，实现科技服务成果网上交易、企业用工网上对接、产业补链网上推介、企业治理四色管理，为企业提供更全面、更便捷服务。

（三）2020 年工作展望

坚持“最多跑一次”改革理念，树立用户思维，注重用户体验，聚焦系统集成，推进政府数字化转型，努力在智慧政务、资源配置、法治诚信、企业服务、合作共赢等方面取得更大突破，打造办事最快、投资最省、创业最顺、发展最好、服务最优的营商环境，更好激发市场主体活力和创造力。

1. 持续巩固“最多跑一次”改革成果

持续优化办事系统。围绕“网上办”“掌上办”“一证通办”“全市通办”“企业投资项目审批”等企业高频事项，进一步优化和拓展应用功能，精简办事流程，提升网办的体验感和便捷度。

“五零”审批

申请零材料　填报零字段

审批零人工　领证零上门

存档零纸件

全面推进政务服务高效集成。推进市县两级依申请政务服务事项接入政务服务2.0平台，各类政务服务事项线上受理率达到80%以上，推动更多政务服务事项基层可办。探索“多卡合一”“主动推送”，加快推出一批与群众、企业密切相关的高频政务服务事项实现“五零”审批（申请零材料、填报零字段、审批零人工、领证零上门、存档零纸件），加强政务服务标准化建设。

2. 持续优化营商环境便利化改革

推进商事登记更优化。设立企业开办服务专窗，推行营业执照与税务发票一并领取的服务模式，实现1个环节办结。推进“证照分离”改革全覆盖，出台告知承诺及事中事后监管规定。探索“以码代证”“证照联变”改革，全面梳理涉企证照事项，实现简易证照信息自动更新、许可事项“一件事”办理，企业档案一键查询。

推进企业投资项目全流程审批更快捷。进一步完善投资项目在线审批平台3.0系统，实现一般企业投资项目审批全流程无纸化、零窗口、一网办、最多80天，进一步优化低风险小型项目审批流程，审批时间压缩至20个工作日内，推进数据共享，优化水电气外线施工联合报装办理流程，进一步降低接入时间和成本。进一步精简电力接入办理流程和外线施工审批程序，试行告知承诺制。

推进不动产登记更便利。推出企业不动产登记、商品房首次交易登记等六个“一件事”改革，优化申请、核税、缴费和发证流程，实现“网上预受理”、申请人“最多跑一次”和不动产抵押登记“不见面”办理，打造网上登记中心。推广不动产登记信息“即时自助”查询新模式。全面取消企业间不动产登记费。

推进企业纳税更智能。持续深化企业纳税“最多跑一次”改革，确保纳税人年纳税次数不超过6次，年平均纳税时间缩短至80小时。落实疫情期间企业税收减免政策，推进税收减免“无感”“快办”。

纳税人

年纳税次数	年平均纳税时间
不超过6次	缩短至80小时

3. 努力提升城市高质量发展和城市创新活力

推进产业高质量发展。开展招商引资攻坚年和重大项目推进年活动，优化招商政策，完善产业平台功能，打造产业招商服务平台，推进产业链招商。

激发创新创业活力。全面实施“5459”大产业创新体系，推进小微创业园区建设，打造一批省级、国家级高新技术企业和创新服务平台。高标准推进市外“创新飞地”和市内“创新高地”建设，加强高层次人才项目引进力度。加强与科研院所合作，推进创新成果与产业发展的对接融合，推进科技成果转化。引进各类紧缺急需人才和实用型人才，建立企业招工“个性化”服务机制。

持续推进直接融资。发挥政府产业基金在产业发展、招商引资中的引导作用。鼓励企业通过挂牌上市、发行企业债等方式直接融资。深入实施融资畅通工程，推进企业“无还本”续贷，普惠型小微企业贷款利率在2019年基础上再下降15%。

优化跨境贸易。严格落实行政审批“一个窗口、一次告知”，推广关税保证保险制度，简化检验检疫方法，进一步压缩口岸整体通关时间。探索与口岸海关沟通合作，压缩进口一体化报关口岸查验作业时间。强化公铁水空运力调配，提高“仓储—运输—港口”运输效率，降低企业物流时间和成本。

提升公共服务水平。推进新零售业标杆城市建设，加快智慧城市建设，开发一批特色小镇、特色街区。推进公共交通、医疗卫生、公共文化、养老服务等重大项目建设，提高公共服务基础设施人均拥有量。引进教育、医疗等专业人才，提高城市人才教育和医疗服务水平。

强化事中事后监管。在“双随机、一公开”监管全覆盖基础上，全面推进跨部门联合监管，减少对企业检查执法频次。加强重点领域、特殊行业监管，规范监管程序，对新技术、新产业、新业态、新模式实行包容审慎监管和柔性执法。创新建设衢州特色“互联网+监管”平台，结合“一仓两空间”建设，搭建企业自治“一码通”，探索非现场监管和信用监管。

4. 努力营造公平透明的法治环境

全面清理妨碍市场公平竞争的制度规定。落实《优化营商环境条例》，全面清理妨碍统一市场和公平竞争政策措施，对与市场主体生产经营活动密切相关的法规、规章、行政规范性文件，严格实施公平竞争审查和合法性审查，开展“立改废释”工作。

提升司法服务便利度。深化司法领域“最多跑一次”改革，推进随机自动分案、替代性纠纷解决机制，提升商事案件审理效率，降低解决商事纠纷时间和成本。推进破产重组企业隐性债务豁免和信用修复机制，探索司法信用信息共享，破解破产执行文书送达难问题，进一步压缩执行合同时长和费用，提高债务回收率。建立中小投资者诉讼案件优先解决机制，推进上市公司和股份公司的信息公开。

持续深化信用体系建设。开展政府履约、欠款清理、企业减负“回头看”等专项行动，全面落实政务公开和市场准入负面清单制度。推进“信用示范之城”建设，开展政府诚信第三方评价，提高政务公信力。推进社会诚信建设，推广“信安分”和信用码应用场景，实现信用跨区域互认。

5. 全面优化企业服务

建立健全线上服务企业平台。以搭建“数字营商”平台为基础，以推广应用“政企通”平台为抓手，开发和完善政策兑现、企业融资、科技服务、招商服务、产业分析等多场景应用功能，实现涉企服务一站办理、惠企政策一键兑现、招商信息全流程服务。

畅通线下服务企业机制。完善市领导挂联区块、联系重点企业和重点项目制度，推进“组团联企”服务和金融服务专员常态化制度化，发挥营商环境建设专班“管道”作用，畅通企业诉求受理、分类、交办、反馈、分析的闭环管理机制。构建线上线下互联互通服务企业体系，打造亲清政商关系。

减轻企业运营负担。落实各项惠企政策，争取政策资金，帮助企业渡过难关。推进惠企政策网上兑现，推出一批“秒到账”政策。

（四）优化营商环境大事记

2018

4月

23日 衢州市行政服务中心“无差别受理”大厅试运行，35个部门968个事项实现“无差别受理”。

5月

28日 中共衢州市委、衢州市人民政府印发《关于纵深推进“最多跑一次”改革 着力打造中国营商环境最优城市的实施意见》。

6月

27日 衢州市印发《衢州市营商环境服务专班工作方案（试行）》。

7月

6日 衢州首期电视问政节目《请人民阅卷》播出。

9月

1日 衢州市正式上线运行“涉企通办”平台，打造企业全生命周期“一件事”政务模式。

12日 衢州市召开“打造中国营商环境最优城市”企业家座谈会。

20日 衢州市举办全市营商环境建设培训会。

12月

28日 中共衢州市委、衢州市人民政府印发《关于打造最优营商环境促进民营经济高质量发展的实施意见》。

2019

1月

15日，衢州市营商环境建设办公室（衢州市最多跑一次改革办公室）正式挂牌成立。

2月

12日，衢州市召开营商环境建设工作推进会。

6月

10日，《2019年衢州市深化“最多跑一次”改革打造“中国营商环境最优城市”实施方案》印发实施。

12月

13日，衢州市人民政府印发《关于在市场监管领域全面推行部门联合“双随机、一公开”监管优化营商环境的实施意见》。

8 南京市
NANJING

（一）2018—2019 年主要工作

南京市始终把优化营商环境摆在突出位置，突出“用户思维、客户体验”理念，把完善营商环境政策作为推动高质量发展的先手棋，聚焦市场主体反映强烈的突出问题，通过推动政策持续升级，不断增强企业和群众的获得感和满意度，持续激发市场活力和社会创造力。

1. 注重制度设计，创新政策举措

2018 年 9 月，出台《南京市优化营商环境 100 条》，形成“10+1”政策体系。2019 年 12 月，出台《南京市优化营商环境政策新 100 条》，在优化提升政务效能、商务环境、市场监管、法治建设、社会服务和保障机制上寻求新突破。

2. 注重执行落实，兑现服务承诺

市委、市政府高位推动。成立由市长担任组长的领导小组，建立市级部门联席会议制度，成立工作专班，健全工作机制，强化统筹协调，持续高效统筹推进各项重点任务。

督查推进抓落实。市委将营商环境工作纳入专项巡察，市政府按季度开展营商环境问题线索督查工作，通过 12345 政务热线、现场暗访、企业座谈等方式，访查挖并通报政策不落实典型案例，督促被通报单位做好问题整改落实。

总结经验抓提升。深挖基层改革成果，总结提炼、复制推广正面典型案例。形成各区各部门按月报送优化营商环境经验做法的工作机制，择优刊发。

3. 注重群众评判，提升用户体验

坚持用户评判是第一评价和企业感受是第一感受，聚焦服务企业全生命周期，站在企业角度发现问题，把解决企业问题诉求放在重中之重。结合主题教育，在全市开展“走流程、找差距”专题调研活动，29 个涉及审批职能部门的主要领导以办事群众角色，全流程体验相关事项办理环节，查找存在问题，制定优化举措。针对企业、协会商会、媒体、社会团体等反映的营商环境方面问题，由市发改委牵头协调各主管部门进行整改，举一反三推进政策和体制机制完善。

（二）创新做法及改革成效

1. 企业开办全程网上办（全链通）

以“全链通”综合服务平台为依托、以电子营业执照为载体、以信息推送共享为手段，实现工商登记、刻制公章、银行开户、涉税事项办理等企业开办事项的全链条通办，提供企业开办套餐服务。

减环节压时间。市场监管部门取消名称预先核准，全面实施市场主体名称自主申报。公安部门推动公章刻制单位现场完成公章刻制，并通过公章刻制备案系统完成网上备案。税务部门通过“电子税务局”变信息多次采集为一次采集，多表填报为一表填报，多次重复报送资料为一次报送共享。人民银行取消银行开户许可，启动“江苏政银易企通”服务，压缩商业银行开户时间。

优化办理流程。企业开办流程从“名称预先核准→营业执照→刻制公章→银行开户→领取税票”，变为“设立登记核准→营业执照、刻制公章、银行开户、领取税票”。

延伸服务方式。通过“政银合作”实行银行网点“代办制”，由合作银行网点代办企业工商登记、印章预约刻制和送达、涉税事项申报服务等，方便申请人就近办事。

南京市被纳入全国首批“企业开办全程网上办”改革试点城市，印发《关于落实〈南京市优化营商环境100条〉服务开办企业的实施意见》，申请人使用“全链通”综合服务平台开办企业逐步增加，2019年全市企业开办抽样平均用时压缩至1.56天。

2. 南京市公共资源交易中心实现远程不见面开标

2017年11月，南京市公共资源交易中心“远程不见面开标大厅”上线运行，将传统实体开标场所搬到网上，招标人、投标人登录网上开标大厅即可进行投标文件在线解密、投标人在线质疑、招标人在线回复等操作，开标场景全程可视化呈现，做到“线下不见面，线上面对面”。实现监理、货物、施工资格预审、施工资格后审类项目的不见面开标。2019年使用远程不见面开标大厅进行开标的建设工程项目2400个，多个项目投标单位数量超过500家。

3. 开展工程建设项目审批制度改革试点

成立以市长为组长、各部门主要负责人为组员的工程建设项目审批制度改革工作领导小组，下设办公室负责改革总牵头和日常工作。2018年底，已全面完成工程建设项目审批制度改革试点工作任务。2019年工程建设项目审批管理系统在全市范围内上线运行，实现工程建设项目审批各阶段“一家牵头，并联审批”。确立“864”总体改革目标，建成覆盖工程建设项目审批全流程的“五个一”审批体系，即“一张蓝图”统筹项目规划、“一个系统”开展统一审批、“一个窗口”提供综合服务、“一张表单”精简申报材料、“一套机制”规范审批运行。

4. 全面推广“开门接电”

延伸投资界面至客户规划红线。对10（20）千伏及以下永久性用电客户（不含居配工程）由供电企业投资建设至客户规划红线，节省客户外线投资同比增加50%以上。

提前加强主（配）网规划建设。依据全市重大项目建设计划，将项目用电需求提前动态纳入电网规划，并提前开展电网骨干网架建设，实现直供到户开门接电。

双向承诺保障客户按时接电。印发实施《国网江苏省电力有限公司南京供电分公司印发关于进一步加强业扩接入服务的工作要求的通知》，多渠道提前获取客户用电需求，双向约定契约式服务，在客户项目建设之初，提前主动对接，约定供电电源建成及用电时间，客户接电时间同比缩减1/2。

5. 基于手机移动端的水电气有线电视业务与不动产登记线上联动办理

依托房产交易与不动产登记一体化办理平台和“我的南京”App，构建基于手机移动端的水电气有线电视与不动产登记在线联动办理集成服务平台，购买存量房的市民在办结房屋过户转移登记后，即可通过“我的南京”App在线办理水电气过户、有线电视开户或过户，领取电子卡。

印发实施《关于推行水电气有线电视业务与不动产登记线上联动办理的告示》《水电气有线电视业务与不动产登记联动办理用户操作指南》，构建“随时随地办、材料零提交、办事零跑腿”的不动产登记集成服务新模式。

6. 建立破产涉税机制

针对破产涉税突出问题，南京中院与税务局建立破产涉税联席会议机制，联合制定《破产清算程序中税收债权申报与税收征收管理实施办法》，破产管理人对于主管税务机关不明确的，只需将债权申报通知统一寄送税务局，由税务局查明主管税务机关后，直接通知主管税务机关申报；破产管理人持法院的受理裁定书到税务局即可办理解除非正常户状态，并领用增值税专用发票以及办理其他纳税申报事宜；对于企业破产财产清算分配以后，确实无法偿付的税款、滞纳金和罚款等，税务机关根据法院的终结破产裁定出具清税证明办理注销，未清偿的税款由税务机关按照相关规定进行处理，方便企业办理商事注销，解决市场主体退出问题。

7. 实行破产案件繁简分流

建立破产案件繁简分流机制，制定《关于进一步推进案件繁简分流工作的实施意见》，按照“简案快审、繁案精审”的思路，完善繁简分流标准，在金融、破产等涉产权商事领域出台繁简分流工作意见，从案件类型、难易程度、审理环节等方面对案件进行多层次分流。

上线智能繁简分案系统，实现繁简案件智能识别、自动标识、自动分案和自动统计。开发“宁法通”法律文书送达自助机，让当事人异地也可自行打印司法文书，整合电话、短信、传真、邮箱、微信等送达方式，着力解决“送达难”问题。

全市法院初步建立起系统化分流、标准化速裁工作模式，实现立案环节难易分类、审理环节繁简分流、执行环节快慢分道。2019年，适用简易、小额诉讼、速裁等程序快速审结各类简单案件占诉讼案件结案数的65%。2019年12月28日，全国人大常委会通过《关于授权最高人民法院在部分地区开展民事诉讼程序繁简分流改革试点工作的决定》，授权最高人民法院在包括南京在内的全国部分地区开展为期二年的民事诉讼程序繁简分流改革试点工作。

8. 扎实推进知识产权保护体系建设

建设中国（南京）知识产权保护中心，加快形成知识产权保护合力。构建优势产业专利申请快速预审通道，为企业提供快速审查、快速确权、快速维权服务。设置国家知识产权局专利复审委员会巡回审理庭，已完成4件专利无效宣告案件口头审理，实现专利复审和无效宣告案件本地化审理，提升创新主体确权效率、降低确权成本。

整合知识产权保护资源。在中国（南京）知识产权保护中心挂牌设立南京知识产权法庭（江北新区）巡回审判点、南京市人民检察院派驻知识产权保护中心检察工作站、金陵海关知识产权案件证据开示室、南京知识产权仲裁院服务站、江苏（南京）知识产权仲裁调解中心南京工作站、南京铁路运输检察院派驻江北新区知识产权检察室、国家知识产权局南京代办处第二工作站和南京市公共法律服务中心知识产权纠纷律师调解工作室。

建立知识产权专家库。从全国高等院校、科研院所、企事业单位、其他社会团体、行业协会等遴选专家组建专家库，建立线上专家数据库平台，为行政、司法、仲裁等相关部门提供案件审理技术支撑，为企业提供侵权判定、纠纷调解、展会保护、专利布局、海外维权等一站式专家咨询服务。截至2019年10月底，中国（南京）知识产权保护中心备案企事业单位717家，基本实现“即报即备”快速预审服务。

（三）2020 年工作展望

把推进治理体系和治理能力现代化与优化营商环境结合起来，学习借鉴先进经验，围绕打造全国营商环境最优城市目标不松劲，找准差距、狠抓落实，努力推动营商环境建设再上新台阶。

① **高质量落实政策举措**

制定政策推进落实计划，推动优化营商环境政策新 100 条全面落实。坚持常态化自查和集中督查，通过多种渠道广泛收集问题线索，对政策不落实典型案例予以通报。强化监督机制，出台损害营商环境监督管理办法，建立营商环境特约监督员机制。

② **强化法治化营商环境建设**

根据《优化营商环境条例》，推动制定《南京市优化营商环境办法》，将实践证明行之有效的改革举措用地方政府规章固化下来，通过法治化手段解决营商环境的堵点、难点、痛点。

③ **以创新名城建设引领营商环境的优化**

将构建一流创新创业生态体系作为南京优化营商环境的重点方向，以创新驱动打造最优营商环境，吸引人才、资本、技术、项目等创新要素的集聚。

④ **推动南京都市圈营商环境一体化建设**

对标长三角一体化行动计划，联动推进都市圈“放管服”改革，探索构建“互联网＋政务服务”体系的跨区域、跨部门共享机制，推进建设区域一体化市场，整体优化提升区域营商环境。

⑤ **全力打造自贸区南京片区营商环境新高地**

用好自贸区改革探索政策空间，结合实际推出一批具有南京特点的自主改革事项，并纳入自贸区制度创新范畴进行先行先试，提升投资和贸易便利化水平。

⑥ **全面推进政务服务“宁满意”工程**

深入推进政务系统互联互通、数据共享应用，推动审批结果电子化，以“十个一”项目为抓手，推动一批高频事项实现深度“一网通办”。

（四）优化营商环境大事记

2018

9 月

4 日，南京市委市政府召开全市优化营商环境工作部署大会，发布《南京市优化营商环境 100 条》。

11 月

22 日，“防风险促转型护发展——首届优化营商环境，法律护航发展论坛”在江宁会展中心举办。

2019

5 月

8 日 《完善一体化在线平台深化“互联网 + 政务服务”打造“宁满意”工程实施方案》正式实施。

7 月

25 日 《深化“放管服”改革转变政府职能重点任务分工方案》正式实施。

8 月

15 日 南京市政府成立推进政府职能转变和“放管服”改革协调小组，办公室设在市政务办。

12 月

30 日 《南京市优化营商环境政策新 100 条》正式印发。

9 武汉市

WUHAN

（一）2018—2019 年主要工作

武汉市深化“放管服”改革，积极对标国内先进城市，着力优化营商环境，为推进高质量发展营造良好氛围。

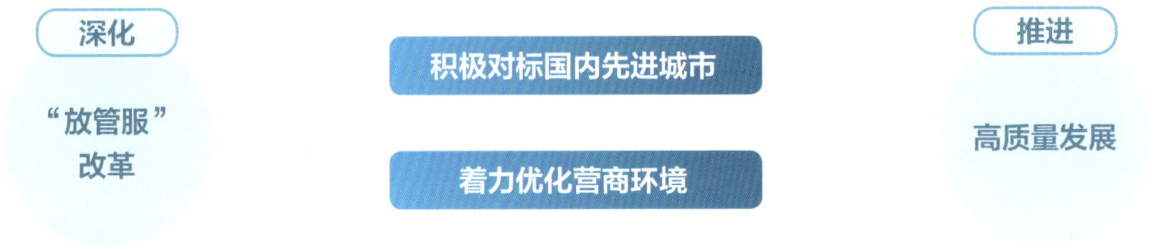

1. 提高政治站位

成立市委书记、市长任组长的领导小组，定期召开优化营商环境工作会议，对标先进城市先进做法，加快建设市场化、法治化、国际化营商环境。

2. 强化推进落实

出台优化营商环境年度工作意见和重点指标任务清单，明确时间表、路线图。建立“市领导分领域包片、各单位分指标负责、各区分区域把守”工作责任制，确保各项工作有序推进。

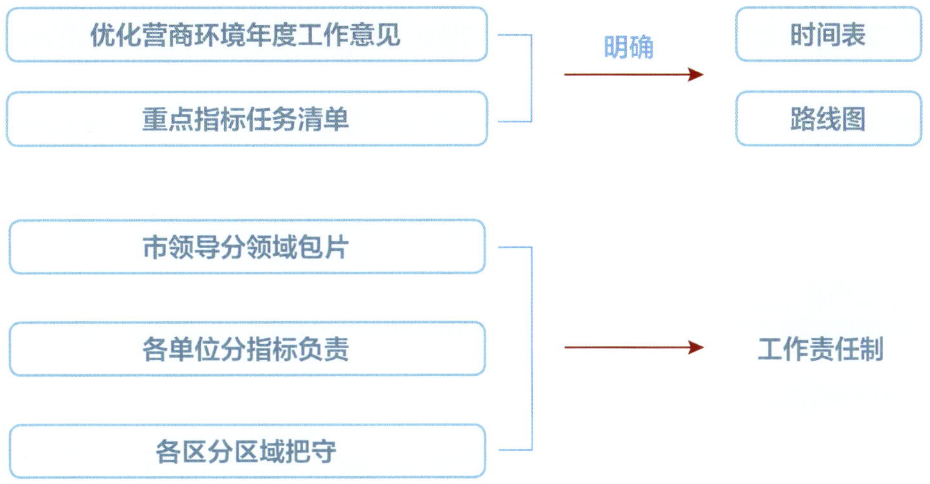

3. 畅通政企通道

坚持网上群众工作部、城市留言板等为民服务创新做法，整合市长热线、社区微邻里等平台，建立“民呼我应”工作机制，及时解决企业反映的问题。对企业历史遗留问题逐项登记、限期整改。

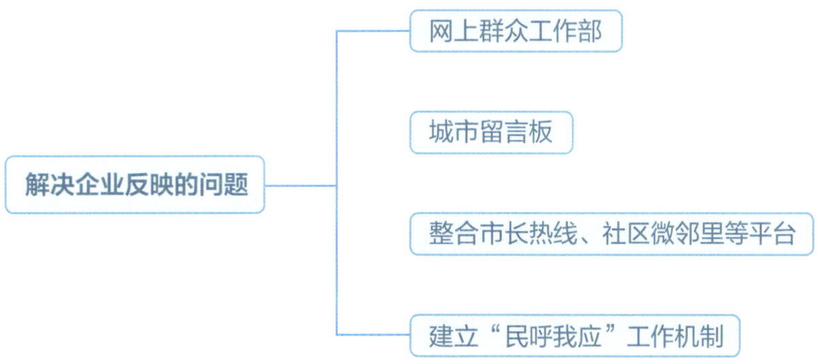

4. 加强作风巡查

重拳整治损害营商环境突出问题，增强主动服务意识，提升政务服务能力和服务水平，推动减税降费惠企政策全面落实，构建亲清政商关系。

（二）创新做法及改革成效

1. 深化简政放权，打造便捷高效政务环境

构建多层次审批服务体系

推进“一张网”建设，形成“前台一口受理、后台分类审批、限时办结出件、全程电子监察”审批服务模式。各区、开发区组建行政审批局，审批事项实现集中统一管理，完善街道政务中心、社区（村）便民服务中心功能，推动审批服务全覆盖、就近办、零距离。建成电子证照库，归集213类电子证照，归集率达90%以上。推行综合窗口改革，设立工程建设项目、不动产登记、企业开办、交通运输、公积金、国际人才港、法律援助中心、公共服务事项综合专窗。市、区两级政务服务事项“马上办”占比达72.7%、“网上办”占比达98.6%、“一次办”占比达98%、“就近办”占比达89.6%。

深化商事制度改革

持续推进“45证合一”和“证照分离”改革，最大限度破解“准入不准营”问题。取消企业名称预先核准制度，出台《武汉市企业名称争议处理程序规定》，解决企业“起名难、效率低”问题。试行企业登记“容缺受理”机制，将企业开办事项所需材料整合为一套申请书，实现企业开办申请“一表式”填报。

压减工程项目审批时间

编制全市工程建设领域涉审全流程事项清单，对已审定总平面、用地权属无争议的工业园区项目，试行极简程序，助推项目快速落地。推进联合测绘、联合图审、联合验收和区域评估，推行电子证照共享应用，实行告知承诺制度，全流程简化办事程序。从立项到办理施工许可，办理环节精简合并到19个，办理时间压减至19—41个工作日。联合图审费用由政府支付，每年可为企业节约1.6亿元。

推进不动产登记信息化

推行不动产交易、税务、登记“一网受理、并联办理、一窗办结”，证书通过EMS邮政快递，办证“最多跑一次”。推动“互联网+不动产登记”，所有不动产登记业务实现网上申报、预约和查询，登记信息和不动产权利证书“刷脸”全市通查和自助打印。推进数据互通共享和信息整合集成，探索“同城通办”有效途径，方便企业和群众“就近办”，不动产登记事项1日内办结率达86%。

推进纳税办理便捷高效

通过合并申报，减少纳税次数，纳税人在网上申报增值税或消费税的同时，可同步自动计算完成城市维护建设税、教育费附加、地方教育附加的申报。整合网上办税系统，160项涉税事项可网上办理，网上可办税项目占常见业务类型的98%。建设“网格化”自助办税体系，在银行自助服务区、邮政网点和街道办事处等地配置24小时自助办税设备，开启“就近办税、便捷办税、一站办税”新模式。取消70个证明事项，报送资料由5615项次减至2926项次。纸质“表证单书”由1324份减至986份。

2. 增强服务观念，打造有效配置要素环境

提升金融信贷服务水平

推进投贷联动试点，设立100亿元风险专项补偿基金，投贷联动贷款余额11.7亿元。在银行设立小微企业融资应急资金，为企业续贷提供便利。搭建应收账款融资服务平台，推出“保贷联动”金融产品，创新知识产权（专利权）质押贷款，满足企业多样化需要。

增强获得用电便利度

针对用电个性化需求，分门别类、以需定制，构建“菜单式、制度化、常态化”服务框架，对部分小微企业实行“零费用”接入，通过业务协同、容缺受理，争取一次办好。探索多种组网模式，满足新兴产业对供电标准和质量超常规要求。办理环节，高压用户由5个减至3个，低压用户由3个减至2个。办理时限，高压用户由80天减至70天以内，低压用户由2—17天减至2—11天。申请材料，高压用户由7项减为3项，低压用户由4项减为2项。对100千瓦以下普通用户和160千瓦以下小微企业用户实行“零费用”接入，惠及1.4万户。推进电力市场化交易，减少客户电费支出2.91亿元。

打造获得用水用气新优势

打造智慧水务，推行线上线下服务全覆盖，实现用水报装“网上办”“零跑路”。理顺水价形成机制，对信息技术、生命健康、智能制造等战略新兴产业企业。对中小微企业申请接入供水管线直径100毫米以下项目实施“零费用”。简化燃气工程建设管理程序，公开设备管材要求和技术标准，放宽质监登记和施工许可条件，工商业用气基准销售价格四连降。

3. 创新监管方式，打造竞争有序市场环境

完善政府采购体制机制

建成市级集中采购电子交易平台，实现政府采购招标、投标、评标等工作全流程电子化。取消政府采购领域投标保证金。建立政府采购合同信用融资制度，缓解中小企业参与政府采购的资金难题，中小微企业获得政府采购合同份额达到85%。畅通供应商网上投诉渠道，试行政府采购投诉线上线下并行机制。

提高招标投标透明度

推行事前信用承诺制，把签署事前信用承诺书作为参与公共资源交易活动的前置条件，打造阳光交易。实施保证金网上自动退还，因特殊情况不能退还的，投标人可在网上申请办理，提高退还效率。推进电子化交易，实现电子化资格预审，扩大电子标覆盖范围，降低企业交易成本，提升电子监督智能化管理水平。

完善市场监管体系

推进“双随机、一公开”监管制度化、规范化和精准化，探索跨市场监管领域部门联合抽查有效途径，减少企业受检频次。实施经营异常名录人性化管理，对企业主动补报公示年报的，监管部门主动将其移出异常名录，避免企业因失信而受到联合惩戒。市信用平台归集信用信息近5亿条，“信用武汉”网公示信用信息500万条，市场主体出具信用承诺书22万份。加强劳动力市场监管，探索行业协商拟定统一集体合同，设立农民工意外伤害险，保障基本劳动权益。

4. 强化制度创新，打造互利共赢开放环境

激发创新创业活力

实施“招才引智”工程，统筹整合现有人才计划和政策，统一授予“武汉黄鹤英才”荣誉称号。实施“百万大学生留汉工程”，放开大学生落户限制，近三年吸引大学生 108 万人。深化外籍人才便利服务改革，打造外籍人才申办永久居留“直通车”。创新产业链招商、校友招商、以商引商等方式，连续两年招商引资签约突破 2 万亿元，实际到位资金突破 8000 亿元，294 家世界 500 强企业在武汉投资。新增国家地方联合工程研究中心 3 家、国家企业技术中心 2 家、省级工程技术研究中心 110 家。

增强口岸服务功能

探索便捷通关新模式，跨境电商产品在天河机场清关后可直接配送，降低企业物流环节、时间和成本。推行多式联运一单制，提升港区精细化管理水平，作业效率从 10 箱 / 小时提升至 28 箱 / 小时，进出闸口能力从 46.7 万标箱提升至 85 万标箱。深化通关一体化改革，将进出口环节验核的 86 种监管证件精简至 46 种，除保密事项外，全部实行网上办理、自动比对核查。通关进出口时间分别为 1.36 小时、78.27 小时，物流仓储、港口服务等服务性收费降低 10% 以上。

作业效率	10 箱 / 小时	提升至 →	28 箱 / 小时
进出闸口能力	46.7 万标箱	提升至 →	85 万标箱
进出口环节验核的监管证件种类	86 种	精简至 →	46 种

创新知识产权保护体制机制

构建知识产权管理、执法、服务“三合一”新体制，同时获批建设知识产权保护中心和知识产权快速维权中心。保护企业海外知识产权，设立维权胜诉专项补贴资金，引导和鼓励企业参与国际竞争。成立武汉知识产权法庭，建立跨区知识产权民事、刑事、行政案件“三审合一”审判机制，及时解决知识产权纠纷问题。全市万人有效发明专利拥有量达 41 件以上。

5. 加强府院联动，打造公平正义法治环境

降低执行合同成本

探索多元化纠纷解决机制，引入智能调解室、律师调解室等平台，运用车载法庭、旅游巡回审判等方式，及时就地化解纷争。推行“分段集约、繁简分流、类案集中”执行模式，建成具备网络查控、远程指挥、异地调度、决策分析等功能的执行指挥体系。出台《武汉市多元化解纠纷促进条例》，解决有案不立、立案时限过长、案卷移送不明等问题。修订《执行实施案件办案指引》，规范办理流程，完善网络查控系统，力争对被执行人主要财产“一网打尽”。

构建合法高效破产审理工作机制

出台《破产案件审理工作指引》等指导性文件，设立清算与破产审判庭，加强破产审判专业化建设。成立武汉破产管理人协会，出台破产管理考评办法和分级办法，推动管理人执业素养和技能不断提升。设立破产援助专项资金，解决“无产可破”案件启动难问题。

平等保护各类市场主体合法权益

出台《关于在商事审判中依法加强对中小投资者保护的意见》，坚持同股同权、同股同利基本原则，破解股东诉讼难问题。探索审判事务信息全流程主动推送与动态反馈机制，推进执行信息公开和庭审直播，主动接受社会监督。

6. 完善公共服务，打造宜居创业城市环境

强化教育服务水平

支持市属高校“双一流”建设，结合武汉市经济和社会发展需要，确定儿科医学、全科医学、环境工程、智能制造等 10 个重点发展专业。加强校企合作，完善专业对接产业的预警、联动、培养、评价机制，为企业输送技术技能型人才。

提升医疗服务质量

实施医疗机构设置审批与执业登记“二合一”制度，启动医疗机构、医师、护士电子证照改革试点。建立医疗系统高层次专家信息库，设立国医专项资金，创建专科诊疗中心。引导社会资本兴办资源紧缺型、服务高端型、技术优质型医疗机构。推进国家医疗卫生服务中心建设。

增强城市文化内涵

推进“博物馆之城”建设，中国共产党纪律建设历史陈列馆建成开放，全市拥有博物馆、纪念馆 120 家。加快推进盘龙城国家考古遗址公园和遗址博物馆建设，不断丰富优质文化资源供给。

（三）2020 年工作展望

武汉市坚持问题导向、聚焦难点、痛点，坚持对标一流、补齐短板弱项，落实“店小二”服务理念，以深化“放管服”改革为抓手，以提高企业获得感为落脚点，全面落实《优化营商环境条例》，在优流程、破壁垒、强服务、立诚信、严监督上下功夫，全面提升政务服务能力和效率，努力打造全国审批服务最优和营商环境最好城市，为加快建设国家中心城市、夺取疫情防控和经济社会发展双胜利提供重要保障。

① 对标全国一流，打造规范便捷的审批环境

围绕提高行政效能，精简行政审批事项，打造政务服务一体化平台，推进一事联办集约服务，深化电子证照归集应用和数据共享，提升政务服务事项标准化和便利化水平。

② 紧盯企业需求，打造优质高效的政务服务环境

围绕提高政务服务针对性，全面推进开办企业一表申请、一窗发放，推进办理建筑许可提速增效，推进不动产登记全程网上办，继续优化获得电力和获得用水用气便利度，降低企业纳税办理时间。

③ 规范执法行为，打造公平公正的法治环境

围绕打造法治化营商环境，平等保护市场主体合法权益，加强规范包容执法，加强信用体系建设，加强劳动力市场监管，加强知识产权保护和运用。

④ 创新体制机制，打造竞争有序的市场环境

围绕发挥市场和政府双重作用，持续放宽市场准入，畅通市场循环，着力纾解企业融资担保难，增强招标投标透明度。

⑤ 提升功能品质，打造宜居宜业的城市环境

围绕增强城市吸引力，提高口岸通关效率，提升交通高效便捷度，完善基本公共服务，加强生态环境保护。

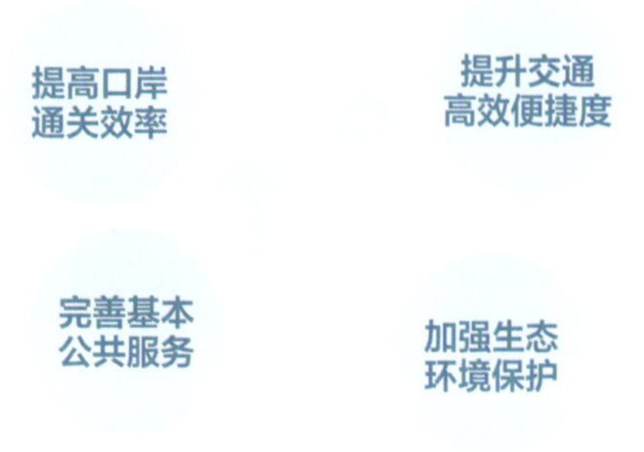

⑥ 构建亲清政商关系，打造亲商重商的人文环境

围绕倡导良好社会氛围，推动企业全面参与营商环境建设，树立主动服务鲜明导向，营造良好舆论氛围。

（四）优化营商环境大事记

2018

9月

5日，《武汉市人民政府关于进一步优化营商环境的意见》正式出台。

2019

1月

15日 国务院批准湖北武汉港口岸扩大开放汉南港区、花山港区、金口港区等港区。

3月

4日 《武汉市进一步扩大利用外资促进经济高质量发展的若干措施》正式施行。

15日 武汉市召开市委理论学习中心组（扩大）专题学习会，研讨持续深化“放管服”改革打造市场化、法治化、国际化一流营商环境。

4月

4日 《武汉市深化政务服务“马上办网上办就近办一次办”实施方案》正式实施。

10日 《武汉市优化营商环境工作推进方案》正式实施。

6月

25日 《关于在政务服务中推行电子证照共享应用的通知（第二批）》正式实施，98类电子证照在行政审批中实现应用共享。

9月

1日 武汉市双随机抽查监管系统（2.0版）正式上线。

10月

11日 武汉市全面推行政务服务“好差评”工作制度。

⑩ 天津市

TIANJIN

（一）2018—2019 年主要工作

天津市以承诺制、标准化、智能化、便利化“一制三化”审批制度改革为牵引，全力打造办事方便、法治良好、成本竞争力强、生态宜居的一流营商环境。

1. 营造高效透明的政务环境，方便市场主体和群众办事

深化承诺制、标准化、智能化、便利化“一制三化”审批制度改革。不断深化减事项、减材料、减环节、减证照、减时限“五减”改革，审批服务马上办、就近办、网上办、一次办“四办”效率持续提高，实行信用承诺办理的政务服务事项达到852项，涉及申请材料2853件，51件申请材料实行“以函代证”。

推行政务服务标准化。逐一梳理事项名称、依据、条件、材料等96个要素，编制实施1565个标准化操作规程，其中22个上升为地方标准，115个实行“一表式”申报，推行办事标准化。

建设智能化政务服务平台。建成“政务一网通”平台，与全国一体化在线政务服务平台实现对接；建成50个“智能政务自助服务区”、258个智能终端并投入使用。截至2019年底，累计网上办事121.9万件。

放权赋能滨海新区及各开发区。按照“在新区具备承接条件的基础上，凡是国家法律法规没有明文禁止、除涉及国家安全和生态环境安全的事权外一律下放”原则，一次性向新区下放622项市级权力事项，实现“滨海事、滨海办”。

做好政策宣传解读。通过“政策一点通”平台上传2019年政策措施463条，开展“营商环境大讲堂”活动共86期，帮助企业和群众用足用好各项优惠政策。

营造高效透明的政务环境

- 852项　实行信用承诺办理的政务服务事项
- 2853件　实行信用承诺办理政务服务事项涉及申请材料
- 51件　申请材料实行“以函代证”
- 1565个　标准化操作规程
- 258个　建成并投入使用的智能终端
- 50个　建成“智能政务自助服务区”
- 622项　一次性向新区下放的市级权力事项
- 121.9万件　截至2019年底累计网上办事
- 86期　“营商环境大讲堂”活动
- 463条　通过“政策一点通”平台上传的2019年政策措施

2. 营造竞争有序的市场环境，形成成本洼地和创新创业高地

落实减税降费政策。落实国务院出台的降低增值税税率、实施小微企业所得税优惠等政策措施，2019 年累计减免税费 454.5 亿元。

清理和减免涉企收费。除涉及公共安全和生态资源项目，对涉企收费实行三个“一律免征”，即授权地方制定标准的行政事业性收费一律免征；地方有权确定标准的政府性基金一律免征；中央和地方共享的政府性基金，地方留成部分一律免征。落实天津市民营经济“19 条”等政策措施，累计减税降费 25.5 亿元，其中减税 4.5 亿元，降费 21 亿元。全面取消基础设施建设配套费，减少非税收入 149 亿元。

推进港口降费提效。开展天津港口岸降费提效治乱出清优化环境专项行动，推出“上限封顶、总额控制”“明码标价、公开透明”“一次缴费、全港通行”等三方面降低口岸收费举措。优化港口统一收费管理服务平台功能，公布实施“一站式阳光价格”，配套实施高速公路差异化收费政策。依托天津港口统一收费管理服务平台，落实减免港口建设费地方留成部分政策。

清理拖欠民营企业中小企业账款。2019 年全市累计清偿欠款 86.8 亿元，清偿进度达 85%，超额完成国家“全年清偿一半以上”目标和天津市全年清偿 80% 以上任务。

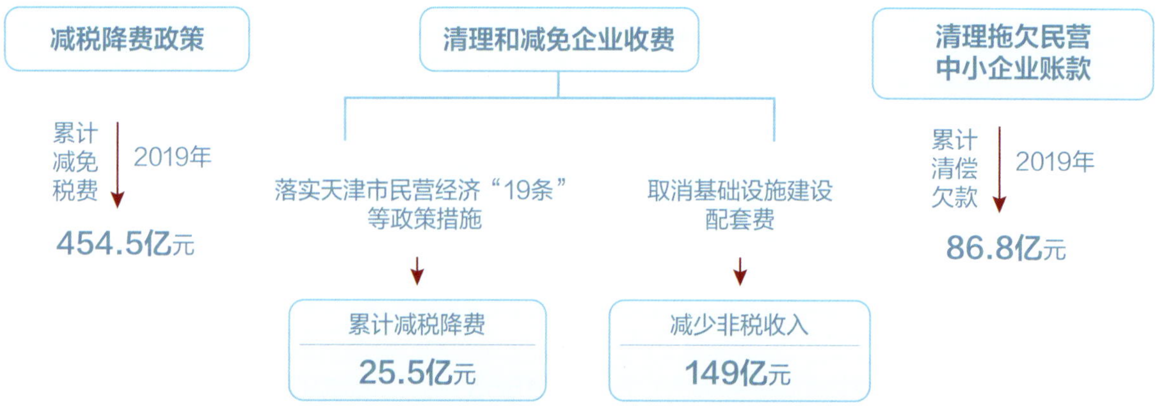

3. 营造公平公正的法治环境，加强对政府和企业双向约束

以地方法规固化经验做法。《天津市优化营商环境条例》《天津市知识产权保护条例》《天津市政府投资管理条例》等法规文件印发实施。出台《加强全市法治化营商环境建设的 15 条措施》《天津市加快推进诚信建设行动方案》《天津市建立健全企业家参与涉企政策制定机制的实施办法》《天津市营商环境投诉查处回应办法》等政策文件，建设公开、透明、可预期的法治化营商环境。

畅通政企沟通渠道。加强对优化营商环境工作的组织领导，建立优化营商环境联席会工作机制，构建优化营商环境专家智库和监督员队伍，在市政府办公厅设立企业家服务处，在市便民专线服务中心设立企业服务专线。将 76 条政府热线整合为一个号码受理，由市便民专线服务中心统一受理，2019 年共受理企业和群众诉求 847.99 万件，专线电话总体接通率 98.51%，总办结率 96.29%，座席评价满意率 99.32%。

2019 年市便民专线服务

受理企业和群众诉求
- 847.99 万件

专线电话总体接通率
- 98.51%

总办结率
- 96.29%

座席评价满意率
- 99.32%

4. 营造宜业宜居人文环境，广纳英才来津发展

促进人与自然和谐共生。落实湿地自然保护区“1+4”规划，对 875 平方公里湿地自然保护区全面升级改造，加快中心城区与滨海新区中间 736 平方公里绿色生态屏障建设，保护修复 153 公里海岸线，修复完成 400 公顷滨海湿地。

实施“海河英才”行动计划。加大人才引进力度，特别是对战略性新兴产业领军企业急需人才，采取“企业提名单、政府接单办”方式予以引进。落实《天津市“项目 + 团队”支持服务实施办法（试行）》，推行“项目 + 团队”引才工作模式，通过引进一个高科技项目，带来一个高层次人才团队，培育一个战略性新兴产业领军企业。截至 2019 年底，通过“海河英才”行动计划，为来津人才提供“一站式”服务，对来津创新创业顶尖领军人物给予科研经费、成果转化及生活补贴等资助，累计引进人才 24.8 万人。

实施“海河工匠”建设和职业技能提升行动。大规模开展普惠性职业技能培训，鼓励企业建设企业培训中心和职业技能公共实训基地，利用企业优势资源开展职工技能培训。支持企业对急需紧缺人才、技术骨干、后备人才分别开展项目定制、师带徒和新型学徒培训，促进技能人才队伍梯次培养。支持具备自主认定条件的企业自主开展职业技能等级认定。

（二）创新做法及改革成效

1. 持续提高企业开办便利化水平

实施“企业名称自主申报”登记制度改革，推出首批新标准电子营业执照，开通“企业一窗办”微服务，企业全程电子化设立登记比例达90%以上，办理时间压缩至1个工作日内。

2. 再造建设项目联合审批流程

通过取消、下放、合并办理建筑施工许可审批事项和要件，重构“一口进件、并联审批、一口出件”审批流程，一般社会投资项目从获得土地到取得施工许可证平均时间由192天压缩至75天以内。

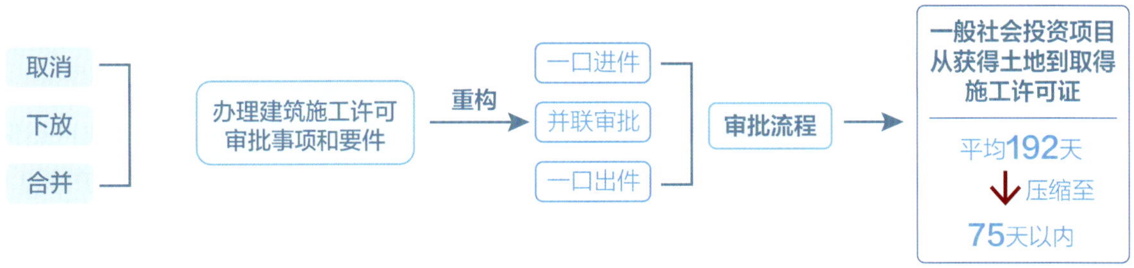

3. 实行“三零”“三省”办电服务

推出“零上门、零审批、零投资，更省时、更省力、更省钱”服务举措，取消低压工程破路、破绿审批，办电环节由4个减至2个，实际平均接电时间缩短至3天，持续降低用电成本，2019年为市级及以上园区高压客户投资到红线5亿元。

4. 持续优化信贷服务

推进“银税互动”贷款业务发展，建立部门信息共享机制，鼓励银行对已有纳税记录、无不良信用记录、纳税信用级别不低于B级的小微企业发放“银税互动”贷款。鼓励经办银行发放信用贷款，对符合条件的企业给予利率优惠。鼓励符合条件的金融机构向人民银行天津分行提出再贷款、再贴现申请，对使用效果较好的金融机构，适当加大再贷款和再贴现支持力度，加大对实体经济资金支持。建立激励约束机制，引导金融机构扶持重点企业，优先办理再贴现。

优化信贷服务

5. 提升跨境贸易便利度

持续巩固国际贸易“单一窗口”主要功能覆盖率，开展国际贸易“单一窗口”宣传培训，扩大“单一窗口”企业和社会影响力，出台《国际贸易“单一窗口”运行管理办法（暂行）》，实现国际贸易六类业务“单一窗口”办理。优化相关业务流程，提升口岸通关效率。推广先放后税便捷通关措施，扩大无纸化报关覆盖范围。

6. 推行智能化办税

推动税务行政许可和涉税事项网上办理，提升网上办理事项占比，实现事项咨询、申报、预审、受理、审查、办结、反馈等环节全程网上办理。通过天津税务App移动终端，全面普及预约办税、申报缴税、发票领用、办税提醒、纳税人学堂等移动办税应用，实现与“政务一网通”App对接。推进网上银行、手机银行缴税，方便纳税人足不出户便捷缴纳税费。对接互联网多渠道缴纳方式，实现网上开具税收完税证明。

7. 提高商事案件办理效率

推进智慧法院建设，开展互联网缴费等创新实践，利用信息化手段压缩办案时限，全市基层法院买卖合同纠纷案件平均审理时间降至42天，平均执行时间降至75天，服判息诉率达到91.2%。细化“执转破”工作操作规程，对依法进入破产程序的企业，实行破产案件繁简分流。

8. 建立“双随机、一公开”联合检查机制

“双随机、一公开”联席会议制度

制定实施《天津市市场监管领域部门联合“双随机、一公开”监管实施办法》，建立“双随机、一公开”联席会议制度。制定实施新版全市行政机关随机抽查事项清单，建立“逢查必抽”“双随机、一公开”监管机制，覆盖全部市场监管领域。建设全市统一的“双随机、一公开”信息化平台，实现双随机抽查全流程整合。建立市、区两级部门联合“双随机、一公开”监管制度，实现一次多查，整体减少行政检查频率。

（三）2020年工作展望

对标国际先进标准，学习借鉴先进经验做法，突出问题导向，完善体制机制，实施精准务实举措，持之以恒优化营商环境，助推经济社会高质量发展。

1. 动员各方力量参与营商环境建设

动员包括行业协会商会、企业家等各方面力量，发挥市、区两级优化营商环境监督员制度优势，广泛收集社会各界对营商环境改革的意见和建议，对各项改革举措落实情况进行常态化监督指导。

2. 深化“互联网＋政务服务”改革

继续推进天津市“一制三化”审批制度改革，梳理各项审批许可事项，推动审批方式改革。以方便企业和群众办事为目标，推进“互联网＋”政务服务模式，在法律法规允许范围内，继续扩大项目审批承诺制许可范围，提高政务服务智能化水平。

3. 持续优化融资生态环境

加大金融创新力度，优化金融服务，落实金融政策，努力降低企业融资成本。继续加大 PPP 项目推介力度，引导社会资本支持创新创业投资。支持鼓励民营资本依法设立民营银行等中小金融机构以及小额贷款公司、融资担保公司。强化商业银行专营机构、专业团队、专属产品、专有流程、专享政策的“五专”科技金融服务，加强对科技型企业和民营企业支持力度。

4. 规范中介服务

推进中介服务标准化建设。按照“减事项、减材料、减环节、减证照、减时限”要求，大幅缩减中介服务事项办理时间，进一步规范中介服务收费标准，建立健全中介服务信用评价、惩戒和淘汰机制。

5. 加快社会信用体系建设

加快《天津市社会信用条例》立法进程。完善信用信息共享平台功能，实现全市各个部门之间信用信息共享互通。推动构建以信用为基础的新型监管机制，逐步完善以奖惩制度为重点的社会信用体系运行机制，强化行政监管性约束惩戒，建立健全市场退出机制。

6. 营造创新创业氛围

落实《关于营造企业家创业发展良好环境的规定》《关于进一步促进民营经济发展的若干意见》《关于营造更好发展环境支持民营企业改革发展的措施》等文件要求，落实落细弘扬企业家精神和支持民营企业发展壮大的 19 条政策举措，健全完善政企沟通机制，及时听取市场主体反映和诉求，主动帮助企业协调解决生产经营中遇到的困难和问题。

7. 贯彻落实《优化营商环境条例》

全面做好《优化营商环境条例》学习宣传和贯彻落实，组织起草编制解读材料，在全市全面组织开展宣传和培训，重点围绕任务目标、主要内容和具体改革措施等逐条逐项解读，帮助广大干部群众熟知、领会和运用。

8. 强化政策宣传和培训

推动普法前移、宣传前移、政策前移，帮助基层企业单位第一时间了解掌握用好惠企惠民政策。深化营商环境大讲堂活动，扩大宣传效果，营造良好氛围。持续加强对各项改革举措宣传培训和辅导，提高针对性，打通服务企业和群众“最后一公里”。

（四）优化营商环境大事记

2018

8月

31日，中共天津市委办公厅、天津市人民政府办公厅印发《天津市承诺制标准化智能化便利化审批制度改革实施方案》。

9月

7日，天津市人民政府办公厅印发《天津市承诺制标准化智能化便利化审批制度改革五个配套办法》。

11月

14日，天津市人民政府政务服务办公室（天津市营商环境办公室）挂牌成立。

2019

4月

1日 天津市人民政府政务服务办公室（天津市营商环境办公室）举办第一期“营商环境大讲堂”，宣讲天津市优化营商环境政策措施和经验做法。全年共举办86期。

7月

25日 天津市召开全市区级政务服务暨营商环境建设推动会。

8月

15日 天津市召开深入贯彻全国深化“放管服”改革优化营商环境电视电话会议精神现场推动会。

9月

1日 《天津市优化营商环境条例》颁布施行。

12月

5日 天津市人民政府政务服务办公室（天津市营商环境办公室）召开“优化营商环境政企座谈会”，市相关商会协会负责人、企业家和营商环境监督员代表参会。

11 银川市
YINCHUAN

（一）2018—2019 年主要工作

银川市紧扣打造稳定公平透明可预期一流营商环境总体目标，始终把优化营商环境作为提升城市竞争力、吸引力和推动高质量发展的关键一招，坚持对标国内外领先理念、最高标准和最佳实践，持续打造政策更优、成本更低、审批更少、办事更快、服务更好的“五好”一流营商环境。

1. 改革框架初步建立

制定印发《银川市优化营商环境 2019—2020 年行动计划》《构建“一体式集成审批服务模式”专项行动工作方案》等九大专项行动方案，提出 150 条具体改革任务，配套出台政务便民化、容缺承诺制等 40 多项配套政策。

2. 高位推动持续发力

市委书记、市长统筹谋划，召开全市优化营商环境大会、营商环境评价动员部署会、6 次工作推进会、3 次企业家座谈会，十余次调研优化营商环境工作，对改革措施逐项调查研究。

3. 工作机制逐步完善

成立以市长为指挥长的优化营商环境指挥部，下设 3 个保障机构和 9 个专项工作组，设立优化营商环境建设服务中心，确保协调联动、高效统一。发布“政策更优、成本更低、审批更少、办事更快、服务更好”银川“五好”营商环境品牌。固定 50 名优化营商环境评测员、联络员队伍，在市政府官方网站开设优化营商环境专栏，准确传递权威信息，提供政策服务，发布工作动态。建立每周一报信息报送，每月一次联席会商、培训学习，每季度一次交流研讨，常态化督查督办、评价评测、宣传发布等制度，确保明晰责权、强化奖惩。开通“12345”营商环境投诉举报热线，拓宽政企沟通渠道，协调解决企业最关心、最现实、最紧迫的问题。构筑“一套机构、一块品牌、一支队伍、一个阵地、一套机制、一部热线”的优化营商环境“六个一”工作机制。

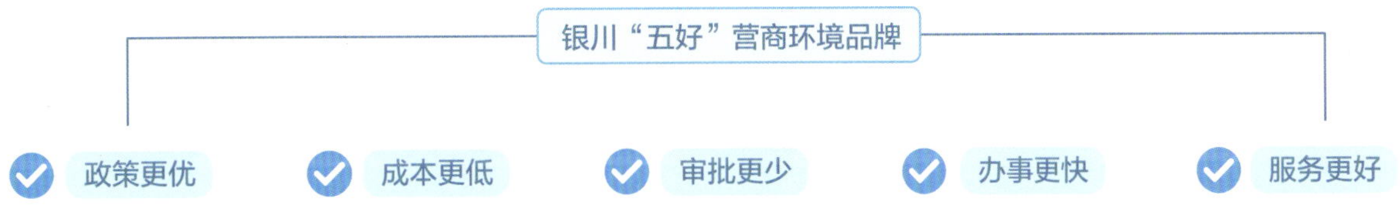

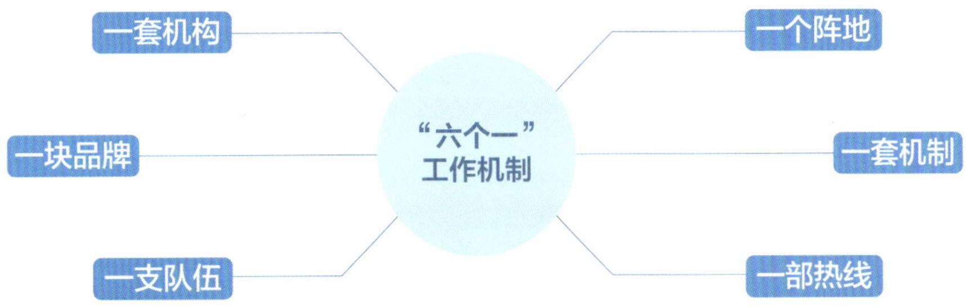

4. 宣传氛围不断加强

召开全市《优化营商环境条例》宣讲会、优化营商环境政策解读会，运用网站、报刊及新媒体广泛宣传政策法规、改革举措、典型经验和创新做法。以问卷、走访、座谈、“开门问需、你问我帮”等方式广泛收集意见，梳理各类营商环境问题 100 余项，下发督查通报、督办单 20 余期，拉条挂账，以督促改。落实市级领导包抓项目、企业首席服务官及项目全程代办服务制。

（二）创新做法及改革成效

1. 标杆引领，重点突破，开启“1230”审批制度改革模式

聚焦“准入门槛高”“项目审批周期长”“不动产登记难”“来回跑、反复跑”等问题，发挥“一枚印章管审批”优势，开启“1230”审批制度改革模式。通过先照后证、全程电子化、多证联办等措施，实现开办企业1日办结；通过税务交易登记综合窗口、“信易登”改革、登记保险等措施，实现不动产登记平均2日办结；通过多评合一、多图联审、多验合一、联合验收及容缺办理等措施实现项目报批从立项到施工许可30个工作日办结；依托“一网两端”（银川政务服务网、“i银川”和“银E通”App手机客户端、自助服务终端），实现银川政务掌上办。

2. 打造规范有序市场环境，激发市场主体发展活力

聚焦电力接入慢，提升报装速度

推行“低压三零高压三省”（零上门、零审批、零投资，省时、省力、省钱）和“四个一”（一证件、一电话、一地址、一承诺）接电改革，开展“阳光业扩”服务提升行动，实现高压接入供电企业责任环节办电平均时长9.73天、低压接入全流程平均1.49天。

聚焦公用事业服务效率低，压减报装时限

推行“一站式”“一表通”改革和简易低风险社会投资项目附属小型市政公用设施接入“三零”服务，实现供水报装工程2—9天，燃气接入时限根据不同业务类型控制在4—10个工作日。

聚焦“融资难融资贵”，提升信贷服务质量

开展金融服务创新，推进银政企合作，创新推出“政采贷”“信用贷”“银税贷”“科技担保贷”“财保贷”“研发贷”等金融产品，为实体经济拓宽融资渠道，降低融资成本。

聚焦公平公正，规范公共资源交易行为

严格执行政府采购负面清单，将信用机制引入政府采购领域，确保中小微、民营企业享有平等竞争机会，减免履约好、信用佳的中小企业履约保证金，取消招标文件收费，降低供应商成本。推进失信被执行人联合惩戒，依法限制失信被执行人参与招投标活动。取消由银行出具的企业资金证明等，鼓励企业以保证保险方式替代保证金，非政府投资建设项目直接发包备案立等可取。在房屋建设、市政工程领域实施全流程电子化招标投标。

3. 营造高效便捷政务环境，着力提升企业满意度和获得感

聚焦企业开办“一件事”，破解准入不准营

推进综合窗口改革，全面推行“网上办、掌上办、邮寄办、一次办、就近办”，免费送章，压缩办理时间，准入准营189个事项实行即来即办，落实证照同办、联办，多证联办；实现劳务派遣经营注册资本变更、房地产开发企业资质变更等39个事项一窗受理、证照同办、即来即办、立等可取；药品零售企业经营许可证核发、医疗机构执业登记等32个事项证照联办，一次受理、一次免费邮寄送达，25个事项实现多证联办，比改革前减少申请材料243件。

聚焦纳税满意度，打通“最后一公里”

贯彻减税降费政策，取消60项涉税证明材料，合并土地使用税、房产税申报表单，减少纳税次数，实现纳税事项70%以上“最多跑一次”，85项全区通办，户均单次纳税申报时间由40分钟压缩至10分钟以内。

聚焦便民利企，提升政务服务便利化

树立“掌上办、真好办”银川政务服务品牌，实施“四减一优”（减材料、减流程、减时限、减费用、优服务）行动计划，推进“一门一窗一网一次”改革，推行“五办五化”改革，实现市、县两级60%以上审批事项“即来即办”，70%以上“就近办”，95%以上网上办。市本级80%的政务服务事项实现全程网上、掌上办理，市、县两级80%的审批事项“最多跑一次”。

- 60%以上 “即来即办”
- 95%以上 网上办
- 70%以上 “就近办”
- 80% “最多跑一次”

聚焦整体通关效率，提升跨境贸易便利化

推进关检融合，优化进出口“提前申报”，全面取消进出口环节经营服务性收费，减轻3400余家注册备案企业负担5.1亿元。进出口整体通关平均时间比全国分别快6.95小时和1.34小时。

4. 营造公平透明法治环境，铸就企业发展好氛围

聚焦“新陈代谢”慢，方便市场主体退出

设立企业注销专区，推行企业注销联办服务，实施企业注销“套餐式服务”，为纳税人提供清税证明免办、即办和“承诺制”容缺办等服务。健全“执转破”工作机制，设立破产费用专项基金，为“无产可破”案件提供费用支持。

聚焦“赢了官司输了钱”，强化合同执行

推行团队化审理和随机分案，开展审判辅助事务集约化和社会化外包试点改革，合同案件审结时限压减 10.7%，执结率同比上升 4.3 个百分点。

聚焦依法办事，强化中小投资者保护

依法正确处理公司决议效力、股东知情权、利润分配权、优先购买权和股东代表诉讼等纠纷案件，建立健全证券期货纠纷案件风险预警机制、调解保障机制和联席会议机制。

依法正确处理

公司决议效力　股东知情权

利润分配权　优先购买权

股东代表诉讼　等纠纷案件

5. 营造公开公正监管环境，激发市场主体发展活力

聚焦规范劳动力市场监管，提升服务企业能力

引导企业建立现代化人力资源管理机制和运行机制，提升就业监管灵活性，推进雇佣、工时、裁员、工作质量改革，落实社会保险税率调整政策，累计为全市近 1.8 万家企业减轻负担 7.12 亿元。

重点推进“双随机、一公开”监管全覆盖，常态化开展“互联网＋监管”“信用＋监管”，探索开展跨领域联合抽查，努力向“无事不扰、有求必应，进一次门、查多项事”转变。

重点推进

“双随机、一公开”监管全覆盖

常态化开展

“互联网＋监管”“信用＋监管”

探索开展

跨领域联合抽查

“无事不扰、有求必应，进一次门、查多项事”

聚焦“双随机、一公开”，破解任性监管和多头重复监管

6. 营造宽松有序创新环境，推动高质量发展

聚焦知识产权创造保护，激发企业创新创造活力

实施知识产权质量提升工程，2019 年万人有效发明专利拥有量 9.41 件。实施知识产权保护工程，成立侵犯知识产权犯罪侦查支队，建立跨网融合知识产权大数据平台，整合 300 余种、630 亿条数据，为权利人提供快捷报案、案件查询、知识产权申报方式和指南。

出台“1+2+7”人才新政，强化人才吸引政策保障。建立以中科院银川科技创新与产业育成中心为龙头，以银川新材料研究院、产业研究院、中国葡萄酒产业技术研究院等为支撑的“1+6 科技创新平台”，建成飞地科研成果育成基地 4 个、离岸孵化器 6 个，提升企业创新能力。

- 1+2+7 人才新政
- 4 个 飞地科研成果育成基地
- 1+6 科技创新平台
- 6 个 离岸孵化器

聚焦提升人才吸引力，提升企业核心竞争力

（三）2020 年工作展望

坚持问题导向、目标导向，以提升企业和群众获得感和便利度为目标，聚焦企业和群众办事创业的堵点、难点、痛点，持续打造政策更优、成本更低、审批更少、办事更快、服务更好的“五好”一流营商环境。

① 持续健全长效机制，凝聚强大工作合力

加快推进优化营商环境联席会商、评价评测、交流研讨、督查督办、信息发布、投诉举报、培训学习等 7 项制度落细落实落到位。开展多形式宣传、多角度报道、多频次推送，宣传各级各部门优化营商环境的决策部署、进展成效和经验做法。开展专题“电视问政”，促进学有榜样、赶有目标。

② 聚焦解决堵点、难点、痛点问题，增强企业的获得感、满意度

持续推进招商引资项目首席服务官、领导干部包抓重点项目重点企业和项目全程代办工作机制，帮助企业解决生产经营中的实际困难和问题。加快制定“亲”“清”政商关系正负面清单，鼓励干部主动与企业交往，真心实意为企业服务。畅通企业投诉渠道，探索在各级政务服务大厅建立营商环境投诉平台，构建“统一接件、按责转办、限时办结、统一督办、评价反馈”的闭环工作机制。

③ “拉条挂账”清单管理，狠抓改革任务落实落地

健全完善清单管理工作机制，督促各成员单位细化问题清单、责任清单和整改清单，明确各项具体改革任务时间表、路线图，分类、分层、分责挂账推进。强化督查督办机制，加快建立全过程督查问责工作机制，定期开展全市范围内营商环境专项督查，发现问题，限期整改，对破坏营商环境的行为公开曝光、启动问责。对创新举措落实到位、成效明显的典型做法经验，复制推广、通报表扬。

④ 对标对表先进城市，着力实现齐头并进、共同提高

按照“走出去、请进来、强学习、重转化、本地化、再创新”思路，紧扣中国营商环境评价，落实《国务院办公厅关于做好优化营商环境改革举措复制推广借鉴工作的通知》要求，持续关注各指标领域国内外最高标准、最好水平，吸收借鉴一流标杆经验做法和最佳实践。持续开展对标找差、经验交流活动，推动部门之间、县区之间、企事业单位之间互观互检、互学互鉴，推动流程再造、服务再优、时间再缩、成本再降。

● “拉条挂账”清单管理

（四）优化营商环境大事记

2018

1月

- 3日，《银川市进一步深化相对集中行政审批权改革方案》正式施行。

4月 银川市政务服务“一张网”建设正式启动实施。

5月 银川市数据共享开放平台启动建设。

7月 银川市推出“信易登”信用惠民便企举措。

- 9日，《银川市市设公共服务事项目录》正式施行。

8月

- 20日，宁夏政务服务网（银川网上市民大厅）正式上线运行。
- 24日，《银川市推进审批服务便民化实施意见》正式施行。

9月

- 7日，《银川市政务服务标准化建设实施方案》正式施行。

12月

- 17日，银川市政府召开政务服务事项进驻市民大厅“集中办”工作推进会。

2019

3月

- 22日 《银川市优化营商环境2019—2020年行动计划》正式施行。
- 26日 银川市优化营商环境行动指挥部成立。

4月

- 29日 《银川市降低企业经营成本优化营商环境2019至2020年专项行动实施方案》正式施行。

5月

- 31日 银川市在市辖区投放政务服务自助终端机70台。“i银川”App上线运行。

11月

- 6日 银川市设立优化营商环境投诉举报热线。

12月

- 27日 银川市召开优化营商环境工作推进会，提出2020年持续推进一流营商环境建设的工作举措。

⑫ 宁波市
NINGBO

（一）2018—2019 年主要工作

宁波市以“最多跑一次”改革为引领，着眼以评促改、以评促优，着力推进“减事项、减环节、减材料、减时间、减费用”，对标对表加强改革创新，全力打造市场化、法治化、国际化的一流营商环境。

1. 加强组织领导

制定出台《关于建立健全营商环境评价与优化工作推进机制的通知》。建立市长亲自抓、常务副市长具体抓、分管市长牵头抓工作推进机制。

2. 健全工作机制

建立“市放管服协调小组—营商环境工作专班—指标牵头部门”三级协调机制，构建“评估发现问题—提出任务清单—落实整改举措—跟踪评估成效”工作闭环。组建工作专班，协调推进全市优化营商环境工作。建立营商环境建设目标管理考核制度及例会、监测、通报等制度。

3. 完善政策体系

2018 年出台《关于打造一流营商环境的若干意见》，推动开展“10+N”营商环境便利化专项行动。2019 年出台不动产登记、企业注销、办理建筑许可、纳税、办理破产等 24 个营商环境便利化专项行动方案，打造宁波市优化营商环境政策 2.0 版。

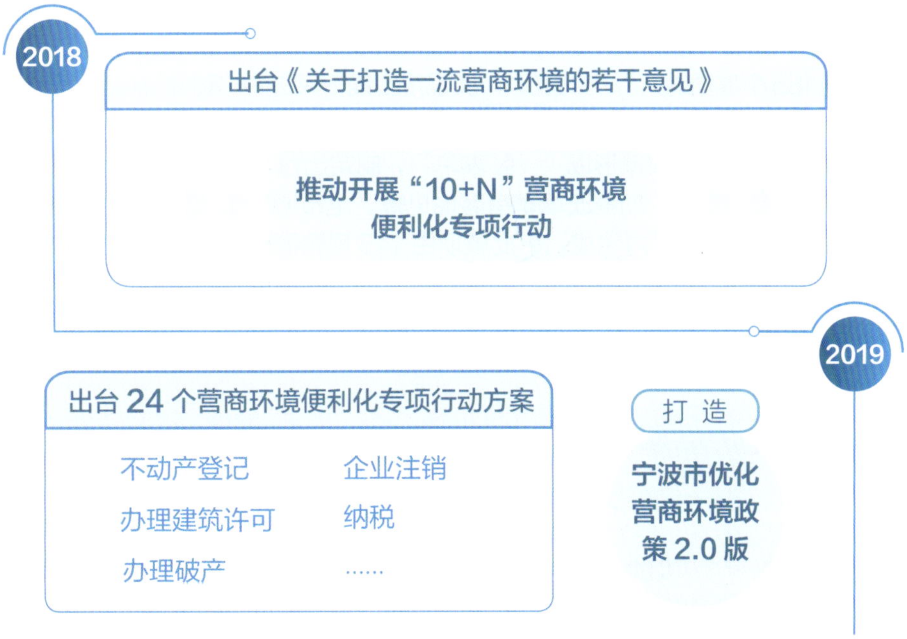

4. 打造服务平台

打造宁波市 8718 中小企业公共服务平台，强化政策收集、解读、推送，建立企业困难（需求）流转制度并形成工作闭环。建立“政策全、查找易、高效问、便捷传”的“智慧政策云”，全面采集涉企政策文件并加以解构，入库政策信息 3044 条，解构单元政策卡 2854 项。通过“手推机器人”推送政策信息，实现企业网端自助查询。

（二）创新做法及改革成效

1. 全力提升优质高效政务服务环境

政务服务

基本实现政务服务“最多跑一次”。

持续精简事项，梳理确定全市依申请办事事项 28665 项，其中市级 2566 项，100% 完成事项名称、申报材料、办事流程等“八统一”标准化。除不宜“最多跑一次”事项外，市级依申请办事事项从 2017 年的 38%“最多跑一次”，提升到 2019 年的 98.97%“跑零次”。

建设“无证件（证明）办事之城”，累计取消各类证明、盖章事项 158 项，3973 项法定证明事项通过信息共享、网上核实、其他材料替代、申请人承诺等方式实现“无证明办事”。

推进 41 个公民个人和企业全生命周期“一件事”上线应用。推进“互联网 + 政务服务”，政务服务事项全部纳入“浙江政务服务网”和“浙里办”App 统一办事平台，数据交换平台覆盖 34 个部门 90 个业务系统。

办理建筑许可

建立“五个一”工程建设项目审批管理体系。

统筹“一张蓝图”，制定“3+6+N”管控体系、消除 4 万余个图斑差异、搭建“多规合一”业务协同平台。

整合“一个系统”，建成“横向到边，纵向到底”工程建设项目审批管理系统。

整合 19 个部门 155 个事项纳入“一个窗口”，实现线上线下只进“一家门”，办理“多家事”。

梳理多部门审批事项和材料清单形成“一张表单”，制定出台 170 多个改革配套制度，实现“一套机制”，助推改革举措落地见效。全市所有工程建设项目审批时间实现在 70 个工作日内完成，审批事项由 145 项精简至 119 项，企业投资项目办理时间由 172 天压缩至 47 个工作日内。施工图审查通过政府购买服务方式开展。

不动产登记

以办好“一件事情”为导向，以“一窗平台”为基础，做好“系统集成、流程优化、一证通办、智能办理、网点便捷、数据扎实、人员整合、管理强化”八篇文章。

绝大部分登记类型实现 60 分钟办结，交易、税务、登记三部门化学融合，不动产登记服务进入法院、银行、中介、公证等部门，建立“网上（掌上）登记中心”，实现不动产登记与水电气部门互通联办。

跨境贸易

聚焦“减单证、优流程、提时效、降成本”，开展促进跨境贸易便利化专项行动，推动“阳光口岸”“效能口岸”“智慧口岸”“服务口岸”建设。

推动通关流程再造。试点关检融合和“两步申报”，实现查验指令“一次下达、一次作业”，企业进口货物申报项目由105项压缩到9项，无须查验货物实现即到即提离。进、出口“提前申报”比例均超50%，实现正常货物“到港即提、货到即放”。关税保证保险等多元化税收担保实现货物“先放行后缴税”。铁矿砂等大宗资源性进口商品实现“先放后验”监管。

推动口岸科技应用。国际贸易“单一窗口”标准版货物、运输工具、舱单申报等主要业务应用率达到100%，海关进出口通关无纸化率达到99%以上，宁波港域全面上线集装箱出口业务全程无纸化服务功能，成为集装箱进出口“全程无纸化”港口。

推动简政放权。“日清”工作机制在口岸各部门普遍推广应用。船舶联合登临检查召集时间压缩到2小时以内。进出口环节监管证件由86种减少到46种，除有保密等特殊需要外全部实施联网核查。边检《上下外国船舶许可》《船舶搭靠外轮许可》实现“一站签发，全域通用”。

推动通关成本规范有序。货物港务费、港口设施保安费收费标准分别降低15%、20%；稳步推进免除海关查验没有问题外贸企业配套费用试点，累计退还和免除企业费用1.6亿元；各大船公司陆续下调出口集装箱THC收费标准，20英尺集装箱下调幅度从5元到232元不等。2019年12月，宁波口岸进、出口整体通关时间分别降至37.1小时、4.31小时。

纳税

推出系列特色办税便利化改革举措。

聚焦全流程减负。创新小规模纳税人智能“引导式”申报，通过要素申报和记录复用，全市30余万小规模纳税人平均申报时间从15分钟压缩至2分钟以内。推行“一表集成”申报，将增值税一般纳税人申报表由10张简化成1张。全面推广“税邮合作”，打造发票业务全程网办，形成“物流配送一日达、窗口领取零等待、自助终端随时取”全覆盖模式。上线推广宁波征纳沟通平台“甬税钉”，实现“7×24”小时实时智能解答，问题解答率90%以上。

聚焦智能化开发。全面推进税务事项网上办、掌上办，实现综合网上办税率90%以上。打造全市半小时“自助办税圈”，全方位网格化布局自助办税服务厅，推广综合自助服务机、大容量发票领用机、便利化发票代开机，满足24小时办税需求。优化退税流程，将实施小微企业普惠性减免政策的纳税人多缴税款自动退库划到纳税人银行账户，实现纳税人享受优惠“一次都不跑”。

聚焦纳税人关切。清理取消44项涉及减税降费政策落地证明事项，通过事后核查、企业留存备查等方式跟进后续管理。制定“容缺办理”事项和材料清单，实行清单内事项“先办后补”。推广税务“好差评”系统，实行网办、厅办、自助办全覆盖评价，及时响应纳税人需求。

2. 着力构建公正优越市场环境

获得电力和获得用水用气

针对电力接入环节存在的堵点、难点、痛点，进一步压缩时限、降低成本，减少环节、简化审批，不断提升电力接入效率和服务水平。

全面压减客户办电环节及申请资料。验收合格当天送电，高压办电环节压减至 3—4 个；压减申请资料，实行“一证受理”。

加大电网配套建设，降低客户办电成本。2019 年延伸电网投资界面，为用户接入电网配套投资 2.06 亿元，小微企业办电实现“零投资”；“零利润”推出施工临时变压器（含配电设施）租赁服务，为 212 户企业减少设备购置成本约 600 万元。

开展公共服务事项联办。协同水、气、网等单位，在供电营业厅开展公共服务事项联办，一站式办理水电气网报装、过户等 43 项业务，避免居民及企业跑多次。

企业注销

宁波市先后成为全国企业简易注销改革和全省企业注销便利化改革的“双试点”市级地区。2019 年以来，全面推进实施简易注销改革试点，打造企业注销“一件事”，推出普通注销简化办、简易注销当场办、特殊注销灵活办、“死户”注销强制办的宁波企业注销经验。简易注销范围扩大至 7 类，覆盖近八成市场主体，公告时间从 45 天压缩至 20 天，简化申请材料至 2 份以内。明确救济途径，建立企业注销容错机制，在全省率先上线开通企业注销“一网服务”平台，市场监管、税务、商务、人社、海关、人民银行宁波市分行等六个部门业务在平台实现“一次申报、信息共享、共同审核、一网通办”，实现注销“掌上办”。

获得信贷

推进宁波市普惠金融信用信息平台建设，实现与政府相关部门数据交换，共采集 17 个政府部门 64 家金融机构 121 类 9.5 亿条信息，解决融资服务信息不对称问题。全面开展“银税互动”，银税合作贷款余额 76.1 亿元，其中银税信用贷款余额 68.9 亿元，涉及授信户数 2 万余户。

创新金融产品和服务模式，推出关税保证保险、商标专用权保险、小额贷款保证保险等产品，知识产权、应收账款等“轻型”质押贷款余额达到 2108.1 亿元，全市应用范围较广的小微金融创新产品达 200 余个，2019 年累计受益小微企业达 13 万余户。加大金融支持实体经济力度，3 次下调存款准备金率，释放资金 288 亿元；发放再贷款、再贴现 172 亿元，增长 89.6%。

深化民营和小微金融服务，出台深化民营和小微企业金融服务“20 条”。促进利率市场化改革稳步落地，2019 年企业贷款加权平均利率比上年下降 11 个基点，其中普惠小微贷款利率同比下降 24 个基点。

信用体系

全面推进信用数据融合互通、信用协同监管、信用联合奖惩、信用修复等工作，打出信用监管“组合拳”。

打造失信被执行人联合惩戒“宁波样板”，实现全国失信被执行人名单实时落地共享。优化升级信用平台联合奖惩系统，在行政事项办理及日常监管中实现联合惩戒自动识别、自动拦截和自动惩戒。

创新推出信用修复激励机制，建立修复激励评分标准，并实行动态监测跟踪，目前已有 68 名失信被执行人修复信用。

全面开展整治虚假诉讼专项行动，构建严密防范虚假诉讼网络。

创业创新

完善创新载体，创业大街、特色小镇、专业化众创空间、留学生创业园等新型双创载体累计超过 400 家。推进国家自主创新示范区和国家科技成果转移转化示范区建设，实施“科技创新 2025”专项，在新材料、关键基础零部件、高档数控机床与机器人等领域启动 8 个重大科技专项。实施推进“3315 计划”“泛 3315 计划”“3315 资本引才计划”三大引才计划，出台“1+X”人才政策，实施“零门槛”人才落户新政，形成覆盖更全面、指向更精准、支持更有力的人才政策体系。

完善创新载体 → 创业大街 / 特色小镇 / 专业化众创空间 / 留学生创业园 / …… → 累计超过 400 家

3. 致力完善市场主体保护和监管机制

政府采购

全力打造高效便捷、诚信交易、规范有序的政府采购营商环境。

严格执行公平竞争审查制度。对拟出台的涉及市场主体制度办法，充分听取市场主体和相关行业协会商会意见。清理取消部分地区采购代理机构入围制等妨碍公平竞争的做法，及时向社会公开清理纠正结果。

实施“互联网 + 政府采购”行动。全面应用政采云平台，涵盖政府采购交易全流程，各种采购方式流程更加规范统一，供应商参与政府采购更加便捷，监管手段更加丰富。

降低市场交易成本。停止收取所有项目供应商投标保证金，协议供货和定点采购项目停止收取履约保证金，实现集中采购项目“零收费”。

提高政府采购透明度。完善政府采购信息发布平台服务功能，向市场主体无偿提供所有依法公开的各类政府采购信息，接受社会监督。推进财政内网、政采云、宁波政府采购网三网融合。编制《政府集中采购服务一本通》办事指南。2019 年，宁波市授予中小微企业合同金额比例达 74%，授予小微企业采购合同金额比例超过 30%。

招标投标

推进公共资源交易管理体制机制改革，深化公共资源交易平台整合共享，推进监管服务制度化、规范化、标准化、公开化和信息化。

推动公共资源交易立法。完成《宁波市公共资源交易管理条例》（草案送审稿），推动进一步完善监管体制和监管方式，探索集中监管与共同监管相结合机制，形成监管合力。

开展招投标领域违法行为专项整治。建立招投标领域扫黑除恶防控长效机制，提升现有电子招投标系统对串标线索的甄别能力，实现交易信息动态记录和追溯留痕。强化对专家评标行为监督。

推进招标实施“评定分离”。出台《宁波市工程建设项目招标实施“评定分离”办法指导规则》，支持和鼓励招标人在部分招标项目中试行“评定分离”方式确定中标人，减少评标委员会自由裁量权，遏制恶意竞标、串标围标等招投标领域顽疾。

推进公共资源全流程网上交易。优化市公共资源网上交易系统功能，实现项目进场交易受理、交易主体信息登记、招标文件备案审查、招标信息发布、招标文件下载、投标保证金收退、投标文件递交和中标通知书发放等环节网上操作，探索推行远程在线电子开标和评标，实现交易办理“零跑腿”。

推进全市公共资源交易平台网站和电子交易系统整合共享。对全市 14 个区县（市）和功能园区公共资源交易分中心网站进行整合，形成全市公共资源交易“一张网”，实现交易信息访问入口、交易登录入口和服务咨询入口的统一。建立电子招投标系统统一身份认证平台，实现全市 CA 数字证书统一互认。

市场监管

建立由市场监管部门牵头，34 个执法部门共同参与的联合抽查工作机制，全面应用平台推进双随机监管。

全市各级各部门全面应用全省统一标准、统一内容的双随机监管事项检查表单。指定省行政执法监管平台为全市各级各部门开展双随机监管的唯一平台。

合并监管事项。各部门通过平台发起相应部门间联合双随机监管任务，实现“进一次门、查多项事”，全年各级各部门设置和参与的部门联合双随机抽查任务达 230 个。

贯通信用监管。监管部门在制定双随机任务时，应用平台自带的信用风险抽取规则，加大对低信用、高风险企业抽取比例。把执法监管中产生的数据纳入公共信用指标与评价体系，数据共享实时反馈。

提升监管及时性。全面应用省“浙政钉 · 掌上执法”系统，执法人员手机接收任务，现场检查中直接录入检查信息上传平台，并完成问题后续处置，实现监管数据可保留，监管痕迹可查询，掌上执法系统应用率 96.2%。

推进阳光监管。平台产生的执法监管结果自动共享交换到国家企业信用信息公示系统（浙江）和浙江政务服务网，自动向社会公示被检查对象情况，接受社会公众监督。

执行合同

立足审判执行，提升审判质效，延伸司法职能，推进司法领域“最多跑一次”改革。

优化诉讼服务中心，畅通立案渠道。严格执行立案登记制，改革立案服务，实现100%的立案当事人及其代理人“最多跑一次”、50%以上立案当事人及其代理人“一次不用跑”即完成案件登记立案。2019年宁波法院当场立案率达到95%以上，网上立案率超过65%。

完善财产保全机制。引导市场主体灵活选择现金担保、信用担保、物的担保或保险公司保险等形式。合理确定财产保全担保金比例，保障申请主体资金活力。

建立健全重大涉企案件全程报告、集中管辖、内外联动协同处理机制。对重大涉企案件各个审判流程节点进行全程报告，对受理的因企业资金链断裂、关停或企业主逃匿等引发的重大群体性纠纷案件，法院均在受理后及时向当地党委和上级法院对口业务部门报告，并向政府通报。

公正高效审理港航、物流、外贸等产业发展中产生的各类涉外刑事、民商事案件，实现对中外当事人合法权益平等保护、全面保护、依法保护。探索完善国际司法协助，优化相关工作机制，及时化解争议纠纷，为“一带一路”建设营造良好法治环境。

完善商事纠纷多元化解机制。构建政法综治牵头（司法行政主导）、各方积极参与、法院全力支持的大调解工作格局。

创新司法服务举措。以“移动微法院”为载体，增加微信立案，将立案、查询、调解、调查、送达、执行信息采集、终结本次执行程序的约谈等事项有效延伸到手机移动终端。

办理破产

开展办理破产便利化专项行动，推进破产案件简易审理，加强执行与破产程序衔接，实现无产可破等适用简易程序审理的破产案件一般在6个月内办结。破产清算案件全面推行破产财产网拍，2019年以来破产财产专用通道共计网络拍卖成交1239次，拍卖成交破产财产46.31亿元，财产溢价率为117%。

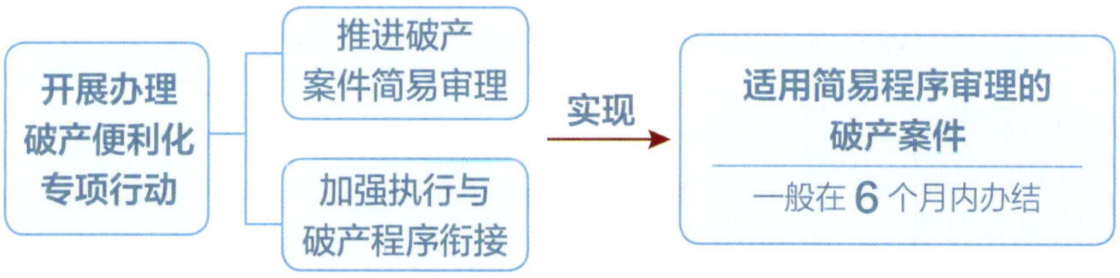

（三）2020 年工作展望

落实《优化营商环境条例》，推进实施全市建设国际一流营商环境攻坚战，围绕服务企业全生命周期，着眼短板，对标先进，强化改革突破和创新引领，持续深化“放管服”和“最多跑一次”改革，全力打造市场化、法治化、国际化的一流营商环境，当好浙江建设“重要窗口”模范生。

① 深入推进数字政府建设

依托政府数字化深入推进“最多跑一次”改革，在浙江政务服务网、浙政钉一网通办基础上，推动网办、掌办由“可办”向“好办、愿办、实际办”转变。促进数据归集和共享，推广电子证照、电子印章、电子档案应用。加快建设“无证件（证明）办事之城”。

② 加速推进法治政府建设

锚定 2020 年在全省乃至全国率先基本建成法治政府目标任务，全力争创全国法治政府建设示范市。通过法治宁波、法治政府、法治社会一体建设，探索一条“先发”地区法治先行之路，打造一张建设“重要窗口”的法治“金名片”。

③ 不断完善市场经济制度

推进实施市场准入负面清单制度，在健全权力责任清单管理制度的基础上，启动不符合清单精神的规章制度和规范性文件“立改废”工作，进一步健全完善准入机制、审批机制、事中事后监管机制和激励惩戒、商事登记等制度。加快社会信用体系建设，提升信用大数据支撑力、信用应用渗透力和“信用宁波”影响力，加快推动地方信用立法，完善信用监管机制，加快推进守信激励社会化应用场景创新。加大知识产权创造、保护和运用力度，加快建设中国（宁波）知识产权保护中心和知识产权公共服务平台，建立国家海外知识产权纠纷应对指导中心宁波分中心。加快培育知识产权示范企业、运营机构和高价值专利组合。强化专项执法，加大刑事犯罪打击力度，实施惩罚性赔偿制度，不断完善侵权维权受理审判机制。

④ 加速打造区域一体化营商环境

提升跨区域、跨部门协同响应能力，突破全域通办事项中的制约因素，提升通办事项数量和办理质量。参与长三角重点领域营商环境合作。在国际贸易“单一窗口”建设、市场准入和监管规则制定、长三角科技资源共享服务平台建设等方面，开展多领域合作。

主动对接上海，着力抓好高频事项长三角区域通办，在完善 51 个接入长三角“一网通办”高频政务服务事项运作基础上，做好先进经验复制推广。

提升跨区域、跨部门协同响应能力

（四）优化营商环境大事记

2018

5月

28日，《宁波市人民政府办公厅关于深化“最多跑一次”改革全面推进“服务争效”的实施意见》施行，进一步深化“最多跑一次”改革，撬动优化营商环境各领域改革。

10月

30日，《中共宁波市委　宁波市人民政府关于打造一流营商环境的若干意见》施行。

2019

11月

1日 《宁波市优化营商环境若干专项行动实施方案》正式施行，企业注销、纳税、用水、用气、用电、获得信贷、执行合同、办理破产、知识产权等9个营商环境便利化专项行动实施方案出台实施。

20日 《中共宁波市委办公厅　宁波市人民政府办公厅关于建立健全营商环境评价与优化工作机制的通知》印发实施。

30日 宁波市实现电、水、气、网报装、过户等43项公共服务事项联办。

13 成都市
CHENGDU

（一）2018—2019 年主要工作

成都市把打造一流营商环境作为推进经济高质量发展的“头号工程”，将 2019 年确立为“国际化营商环境建设年”，着力打造市场化、法治化、国际化营商环境，以优越的营商环境招引高层级项目、聚集高质量要素、引育高能级企业，为新时代成都“三步走”战略目标厚植战略竞争优势和永续发展动力。

1. 以综合改革理念持续完善营商环境推进体系

持续完善领导机制。市委、市政府把国际化营商环境建设工作作为“一把手”工程，成立以市长为组长的市国际化营商环境建设工作领导小组，形成“市领导 + 牵头部门 + 责任单位”的“1+1+N”工作推进机制，对营商环境工作实行周调度、月通报。

持续完善政策体系。出台《深化营商环境综合改革打造国际化营商环境先进城市的行动方案》等文件，分别形成营商环境“1+10”政策体系和2.0政策体系。2.0政策体系249项举措中除长期任务外已基本完成，3.0政策正在加速推进出台。

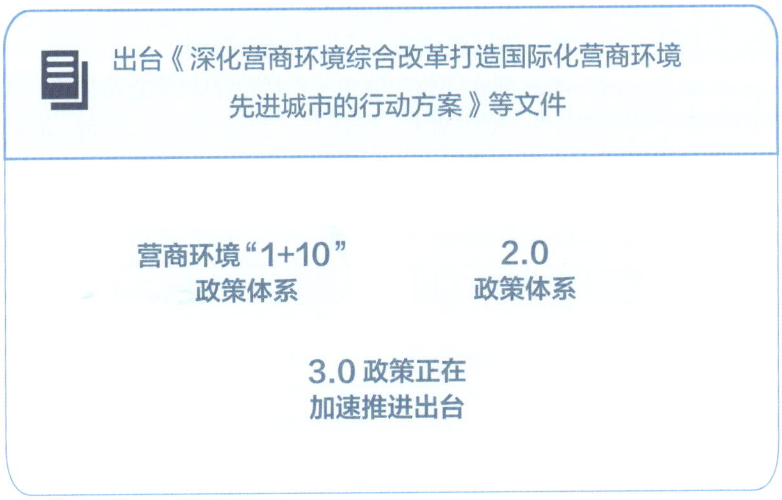

持续完善推进机制。明确营商环境各领域牵头部门、责任单位和工作联络员，实行联络员会商会议制度，形成“营商环境办统筹、牵头部门主建、责任单位支撑”的协同推进机制。探索建立观察员制度，全方位、多角度跟踪指导营商环境建设各项工作。

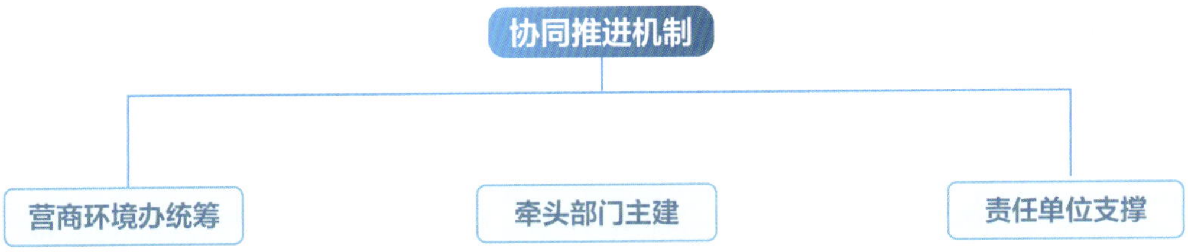

2. 以营商环境评价持续推进营商环境优化

主动作为、以评促优。持续做好流程优化、办事指南修改完善，强化窗口人员特别是政务服务窗口一线人员的规范管理，做到问答咨询清楚精准、审批办件高质高效。在全市广泛开展优化营商环境宣传活动，精准推送营商环境政策。科学盘点营商环境改革成效和存在的短板，摸清现状、发现问题，对照整改、弥补短板、以评促改。

专项整治、以督促改。贯彻落实《优化营商环境条例》，针对营商环境建设工作中的重点领域和关键环节，以市长热线、12345网络理政平台、信访投诉等渠道中企业反映频次较高的问题为重点，采用访谈调查、实地观察等方式，开展国际化营商环境建设工作专项整治和基层营商环境建设工作第三方独立暗访调查，形成问题清单和整改清单，实现以督促改。

（二）创新做法及改革成效

1. 着力深化市场化改革

市场准入“非禁即入”，全面实施市场准入负面清单制度，推进自由贸易试验区“证照分离”全覆盖，实施连锁企业食品经营许可申请人承诺制，降低市场准入门槛和经营限制。

实施“创业天府”行动计划，建立覆盖创新创业企业全生命周期的政策支持体系；发布 4 批“城市机会清单”，为民间资本和民营企业创造条件、提供机会。搭建交子金融“5+2”平台，即科创通、盈创动力、农贷通、天府融通、创富天府等五大中小微企业融资服务平台，以及成都地方金融监管平台和成都信用信息共享平台等两大金融生态保障平台，构建中小微企业全生命周期投融资服务体系，着力解决企业融资难、融资贵问题。

实施“人才新政十二条”，累计吸引超过 33 万本科及以上学历青年人才落户。构建科技成果转移服务体系，试运行区块链知识产权融资服务平台，20 个在蓉项目获国家科学技术奖，万人有效发明专利拥有量 25.8 件。开展触及所有权改革的科技成果制度创新。

2. 着力加强法治化保障

以成都市营商环境各项政策措施为指导，出台 100 余个水电气获得、法治护航等重点领域营商环境配套文件。

建立知识产权行政保护与司法保护诉调对接机制、“成德绵”“成资眉泸”协同保护机制以及知识产权类型化案件快审机制。推进智慧法院建设，构建线上线下融合交互异步的办案网络体系，推行办案电子送达、电子查档、在线缴费，实现涉网案件全程线上审理。统筹“执转破”案件办理机制，推行破产财产网络化处置，实现破产案件变价成本“零费用”。设立国际知识产权法庭，全面推行知识产权民事、刑事、行政案件“三审合一”审批模式改革。

建立以包容创新、审慎执法为理念的市场监管制度，推出柔性执法和行政处罚“三张清单”，试点推行市场监管领域跨部门“双随机、一公开”监管，出台联席会议工作制度、联合抽查工作细则、事项清单、任务分解表等配套文件。打造市场主体智慧监管平台，实施信用积分评价、动态风险管理、分级分类监管、双随机监管、联合惩戒、大数据分析“六维”联动精准靶向式监管。

3. 着力提升国际化水平

推进大平台、大数据、大通道、大资本等跨境电商服务资源集聚共享，打造全球经贸合作新动能。建设内陆“国际铁路第一港”和自由贸易港，国际货运班列开行数、中欧货运班列开行数位居全国前列，“多式联运一单制”“中欧班列集拼集运”经验全国推广。实施中欧班列“一单到底、两段结算”运费机制改革，区分国际、国内段运费，实现国内段运费不计入进口货物完税价格。

推进国际交流便利化，开通国际（地区）航线 126 条，建成外国签证中心平台，中国公民在蓉可办 31 国签证，实现外国人 144 小时过境免签。建立国际友城和国际友好合作关系城市 103 个，世界 500 强企业落户成都 296 家。

4. 着力提高便利化服务水平

持续深化审批服务便民化，打造成都营商环境“蓉易办”品牌，搭建“一网通办”平台，全市审批服务事项 100%“网上可申请”和“最多跑一次”。

企业开办 1 个工作日办结，印章刻制免费。一般不动产登记业务办理时限压缩至 4 个工作日，抵押登记办理时限压缩至 2 个工作日。企业接入水电气（占用挖掘道路）审批时限压缩至 5 个工作日。

实施企业投资项目承诺制改革，承诺时限由 200 个工作日压缩至 60 个工作日。通过“减、放、并、转、调”等举措，将工程建设项目从立项到竣工验收涉及到的审批部门从 24 个减少至 19 个，审批事项从 71 项精简至 52 项，审批要件从 248 个减少至 115 个，全流程审批总用时从平均 219 个工作日压减至 90 个工作日以内。推进全市公共资源交易平台整合发展，推动“互联网 + 政府采购”“互联网 + 招标投标”深度融合，实现全流程电子化。

推出“蓉票儿”在线电子开票系统、电子缴费等智慧办税服务举措，实现 10 秒钟开具电子发票、2 分钟完成税费缴纳。纳税人网上申领邮寄发票，主城区 50% 以上纳税人实现足不出户领取发票。公积金推出“就近办”服务，缴存职工可就近在 700 余个银行网点办理。优化社保经办流程，业务办结时间平均缩短 67%。

实施减证便民行动，全市行政机关、村（社区）仅保留证明事项 12 项、15 项，实现证明事项“两张清单”全覆盖。建成“政策蓉易享”系统，实现市、区县两级 800 余项政策集中汇聚、精准查询，通过政策和企业双画像，推动政策和企业精准匹配、在线申报。

（三）2020 年工作展望

坚持市场化法治化国际化原则，以增强市场主体获得感为基本评价标尺，努力提高投资贸易便利度、获得行政许可便利度、要素匹配便利度、政策支持便利度、司法保护便利度，加速集聚更多高质量要素、引入更多高层级项目、培育更多高能级企业，进一步增强国际竞争力和区域发展带动力，努力打造利企便民新高地、全国发展新亮点，建设国际化营商环境先进城市。

① 强化改革赋能，以制度创新提升政府服务国际化水平

建立贸易便利化、投资自由化、金融国际化、创新创业创造的体制机制，为中小微企业提供更实在的政策支持，为高新技术企业成长建立加速机制。

加快建立统一开放、竞争有序的现代市场体系，依法促进各类生产要素自由流动，保障各类市场主体公平参与市场竞争。

鼓励、支持、引导非公有制经济发展，激发非公有制经济活力和创造力。

进一步扩大对外开放，促进外商投资，平等对待内资企业、外商投资企业等各类市场主体。

加强政府诚信建设，开展公平竞争审查制度执行情况自查，向全社会公示，接受社会监督。

② 强化数字赋能，以技术创新提升企业办事便利化水平

推进“蓉易办”平台建设，创新运用信息技术，打通部门间数据共享路径，建立部门间密切协同的信息化机制。推动政务信息系统整合，优化政务流程，促进政务服务跨区域、跨部门、跨层级数据共享和业务协同。

运用互联网、大数据等技术手段，依托国家统一建立的在线监管系统，加强监管信息归集共享和关联整合，推行以远程监管、移动监管、预警防控为特征的非现场监管。

强化创新服务，鼓励和支持市场主体拓展创新空间，以政府优质服务改善企业推进产品、技术、商业模式、管理的创新环境。

推进“蓉易办”平台建设

运用互联网、大数据等技术手段

强化创新服务

③ 强化政策赋能，以法治化为牵引提升营商环境建设科学化水平

通过订立规章制度奖勤罚懒，以法律法规保障营商环境各项措施落实到位，及时总结创新做法并固化为法规。

创新和完善信用监管，强化信用监管支撑保障，提升信用监管效能。

加快完善法规制度，创新行政执法方式，健全司法保护体系，切实加强保护、强化监管、完善调解、规范执法，建设平等的法治化营商环境，为民营企业创造公平竞争环境。

（四）优化营商环境大事记

2月

11日 成都市召开国际化营商环境建设年动员大会，确定2019年为成都市国际化营商环境建设主题年。

21日 成都市成立国际化营商环境建设工作领导小组。

3月

1日 成都市印发深化营商环境综合改革“1+10”文件，提出打造国际化营商环境先进城市。

4月

“蓉票儿”电子发票开票服务平台正式上线，实现移动端电子发票开具、生活服务开票等功能。

10月

成都市开展为期3个月的国际化营商环境专项督查。

12月

9日 《成都市进一步优化提升国际化营商环境工作方案》印发，开启成都国际化营商环境建设2.0版。

10日 成都市“一窗受理综合平台”在后子门、城东、城南3个点位共设置5个窗口，按照“前台综合受理、后台分类审批模式”开展试运行。2020年1月在全市范围实施。

12日 设立成都国际化营商环境建设先进集体和先进个人评选表彰工作组，启动成都国际化营商环境建设先进集体和先进个人评选表彰工作。

2019

14 沈阳市
SHENYANG

（一）2018—2019 年主要工作

沈阳市委、市政府以落实《优化营商环境条例》为着力点，深化“放管服”改革，转变政府职能，持续优化营商环境，不断增强市场主体活力。

1. 加强组织领导

整合市营商环境建设领导小组办公室与市营商环境建设局机构和职能，调整市营商环境建设领导小组及成员分工，明确市委书记、市长任组长，副市级领导牵头负责政务、市场、开放、要素、法治、社会、设施、创新八大环境专项工作，13 个区县（市）和 72 个部门主要领导为成员的工作架构。

2. 健全工作机制

建立“1+8+18”综合协同运转工作机制，即设立 1 个领导小组、8 个环境“组长”、18 个营商环境评价“指标长”，并将营商环境工作纳入市委市政府专项督查。建立以“企业评、群众议”为载体，人大、政协等多方参与的监督体系，强化营商环境专项考核，构成“监督 + 绩考”狠抓落实的工作闭环。

3. 强化制度设计

出台《沈阳市优化营商环境 85 条政策措施》《沈阳市以评促改优化营商环境提升计划》，指导相关部门不断推出创新举措。制定《沈阳市市场监督管理局优化营商环境支持企业发展政策措施》《沈阳市继续深入推进工程建设项目审批制度改革实施方案》等 30 余项配套措施，精准量化推进实施。

4. 开展专项整治

建立市区两级优化营商环境专项整治领导小组，持续在政府失信、办事难、跨区拉税源、企业配套不健全、市场准入门槛高、乱收费乱罚款乱检查、政策落实难、营商环境投诉办结率低等八个方面开展专项整治，制定 130 余个专项整治方案，采取督查、检查、暗访、约谈等方式推进落实。固化形成《沈阳市企业跨区迁移管理细则（试行）》《沈阳市营商环境投诉处理实施细则（试行）》等 160 余个长效机制，受理企业投诉问题。

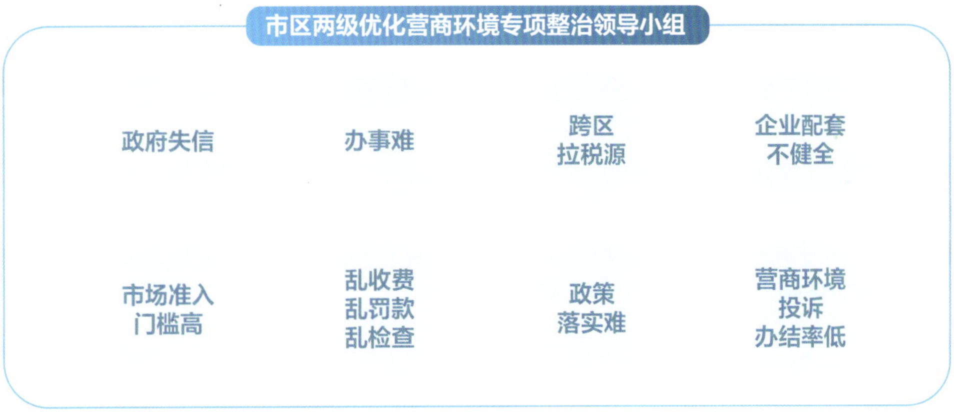

5. 强化政企沟通

开展机关干部对接服务企业“万人进万企”活动，当好企业服务员、联络员、信息员、协调员，成立政府诚信、涉法涉诉、税费、融资、城市建设等五个工作专班，集中解决企业疑难问题。开展营商投诉案件“清底行动”，创建“营商下午茶”政企融合互动平台，开展“企业服务日”“走进商协会”等活动，开设“营商新政讲堂”，为企业送政策、解难题、察实情、促发展。

6. 加强载体建设

创建“@沈阳营商”移动微服务平台，设立“我要投诉”“我要评价”“服务名片”“政策汇聚”等 13 个服务板块，为企业和群众提供 24 小时不打烊服务，让“有事找我”实现“指尖触达”。利用广播电视台、日报等传统媒体开设“聚焦营商”“助力营商”“营商观察”等专栏，创建《营商报》、沈阳营商微信公众号等新媒体，多渠道、全方位宣传营商环境建设政策、措施和成果。

（二）创新做法及改革成效

1. 在政务环境方面

推进商事登记制度改革

设立企业开办和注销专区，将申请营业执照、刻制公章、领用发票及“五险一金”用工信息采集等5个环节整合为1个环节。

简化企业注销登记程序，减少要件5份，办结时限压缩至2个工作日。

出台《沈阳市全面推进“证照分离”改革加强事中事后监管实施方案》，清理各类变相审批和许可，对以备案、登记、注册、目录、年检、监制、认定、认证、专项计划等形式变相设置审批的违规行为进行整治。

落实《沈阳市市场监督管理局优化营商环境支持企业发展政策措施》，推行审批事项并联审批。

深化工程建设审批制度改革

出台《沈阳市开展工程建设项目审批制度改革试点工作方案》《沈阳市继续深入推进工程建设项目审批制度改革实施方案》，取消调整91项审批事项，削减826个申请要件，精简比例35%，将工程建设项目审批纵向划分4个阶段，横向细分12类流程差别运行，提出交互运行评价机制，总体审批时限控制在57个工作日以内，压缩50%以上。

《沈阳市多规合一条例》正式实施，上线312个各类图层，消除6万块差异化图斑。

印发《沈阳市工程建设项目考古勘探管理办法（试行）》，将考古勘探纳入区域评估。

商品房预售许可证办结时限由25个工作日压缩至4个工作日，企业可以凭银行出具的现金保函，部分抵顶商品房预售监管资金。

深入推进“一网一门一次”改革

建立政务服务标准化体系，统一规范市区两级政务服务事项，取消下放调整238项行政职权，审批时限缩减26.7%，审批要件减少60.2%。

公布政务服务“马上办、就近办、网上办、一次办”事项清单，全市108项便民事项实现“全市通办”，136个高频事项实现“最多跑一次”，形成“开医院”“开饭店”“开药房”等102个市级、50个区级“一件事”办理流程和300余个办事情形。

建设运行一体化在线政务服务平台，对接完成34个部门系统，整合9095个事项网上入口，推行电子证照、电子印章应用，政务服务网上办理率达93.3%。

出台首批“全市通办”事项清单，通过综合便民服务平台联通相关业务系统，实现跨区域、跨层级业务流转和受办分离，群众办事不受户籍所在地限制，可在全市任一社区服务中心就近办理，构建“15分钟便民服务圈”。

推行“互联网+财产登记”

前置不动产登记审核程序，对经过规划验收、完成建设工程竣工验收备案的房地产项目，在房屋交付使用的同时，向购房者交付不动产权证书，一般不动产登记事项压缩至3个工作日内办结，试点推行“交房即交证”服务模式。

实行“房屋交易、税收、登记发证”一窗受理模式，新建商品房登记由10个工作日缩减至1小时即时办结。

涉企不动产登记业务进驻市级政务服务中心，设立企业专窗，企业办事时间缩短一半以上。

支持企业在线办理动产抵押登记，实现在线申报、线上传送申请材料和在线查询办理进度。

2. 在市场环境方面

推行“双随机、一公开”监管

实行涉企一般检查事项“双随机、一公开”监管全覆盖，联合抽查常态化，制定市级层面随机抽查事项清单360项、区县534项，全市3003名执法人员纳入执法检查人员名录库，95.04万户市场主体进入检查对象名录库。

实行包容审慎监管，建立风险行业库132个、风险等级库36个、专项风险库24个。除投诉举报外，原则上3年内新登记的一般风险市场主体被抽查次数不超过1次。

建立市场监管系统免罚清单，对符合清单事项的首次轻微违法行为免于行政处罚。

建立事中事后监管平台，全市52个市直部门、710个区县执法部门纳入平台管理，推行企业信用“画像”。

实现公平竞争审查制度市、县两级政府全覆盖，清理文件25573份，其中涉及市场主体经济活动79份，发现具有排除限制竞争内容4份，通过主动约谈纠正19种不规范经营行为。

完成“红中介”“灰中介”整改，累计检查市级部门23家，区、县（市）级部门136家，发现问题16个，均督促整改到位。

做好严重违法失信企业信用修复，依托辽宁省“互联网+监管”系统，通过线下受理、线上运行模式为企业修复信用。

强化政府采购对中小企业支持作用

落实预留采购份额、价格评审优惠、依法鼓励联合体投标和分包等措施，强化对中小企业支持，中小微企业合同金额在全市采购总额中占比71%。

完善公平有效投诉机制，政府采购监督管理部门收到投诉后，10个工作日内完成调查。

开通政府采购合同融资平台，市本级政府采购中标（成交）供应商，可凭借政府采购合同向金融机构申请办理融资业务。

推进招标投标全程电子化

实施《沈阳市招标投标管理办法》，健全和完善全市招标投标活动运行体系，提升全市招标投标活动综合管理水平。

推行合并招标，采用捆绑、打包等方式对能够共同实施的项目进行合并招标，进一步降低交易成本。

上线全市公共资源交易平台信息系统，实现交通、水务、卫生系统电子招标功能，90%以上项目全流程电子化交易。

3. 在要素环境方面

降低获得水电气成本

业扩配套电网工程“先实施、后立项”，延伸小微企业投资界面至客户计量点，累计节省成本5953万元。

给水工程设计费费率由4.5%降至4.05%，给水工程监理费费率由3.3%降至2.97%。

实行燃气预付费动态调整，对连续6个月未发生拖欠缴费的企业，下调燃气预付费额度50%，对连续12个月未发生拖欠缴费的企业，取消燃气预付费，为用户冲抵燃气预付费388万元。

推出“预付款+气量按揭”付款方式，小型商业用户的燃气配套工程费只需先期支付工程安装费的40%，即可用气。

拓宽企业融资渠道

出台《沈阳市促进金融业发展若干政策措施》《沈阳市创业担保贷款工作实施细则》，加大对民营企业融资贷款力度，实行担保、放款一体化操作，按照“政+银”模式搭建市级个贷和小微企业操作平台。

建立综合金融服务平台，设立信保基金，凡是符合政府产业扶持方向、在平台成功注册登录的企业，在无任何抵押物的情况下，最高可获得500万元授信额度，切实解决初创期科技型企业融资难题；企业征信平台完成线下采集和线上实时对接，累计采集数据超过2.5亿条。

建设多层次资本市场，稳步推进企业股份制改造、规范培育、挂牌转板、上市辅导，分层进入“四板—新三板—创业板—主板（中小板）”市场，形成一大批经济结构优、带动能力强、对经济增长贡献度大的上市龙头企业。

提升纳税服务质量

取消税收管理员和相关部门办理环节，22项涉税事项实现“一站式”办理，涉税业务即时办结率达到93.4%，190个涉税事项实现“最多跑一次”，全部事项“一窗办”，户均办税时间节省60%以上。

优化出口退税流程，实现二类以上出口企业无纸化退税申报比例达到90%以上，推进电子退库全联，办理退税平均时间缩短至6个工作日以内。

落实各项减税降费政策，开展“线下线上”辅导和“点对点”“面对面”送政策上门活动，网络纳税人学堂辅导小微企业2.1万人次，实体纳税人课堂辅导减税降费对象4万多人次。

完善企业破产退出机制

建立独立的清算与破产审判庭，辖区各法院成立单独的破产审判庭或专业审判团队。

健全破产审判府院联动机制，设立破产重整工作“绿色通道”，促进有价值的危困企业再生，债权回收率平均达到30%左右。

采用破产网络拍卖，减少破产成本。

推行85%的小股东一审案件6个月内审结，二审案件3个月内结案；首次执行案件结案率不低于70%，平均用时不超过180天；超长期未结案件压缩10%等10余项改革措施。

完善纠纷解决机制，建立委托调解、特约调解等切实可行的对接模式，实行24小时网上咨询和视频调解。

加强中小投资者保护

畅通涉民营企业案件“立审执”快速通道，构建多元纠纷解决体系，加强公司、合同、担保类案件、P2P等涉众案件以及破产重整、知识产权等案件审理工作，开通跨域立案诉讼服务，提供预约立案、网上立案、上门立案、假日立案等多种立案方式。

实行涉民营企业案件繁简分流，扩大简易程序适用范围，截至2019年底，全市法院涉民营企业案件结案率高出整体结案率2.3个百分点。

发挥仲裁作用，重新规范办案流程和仲裁员选定程序，将立案时间从5日缩短到3日内。设立专门为台商台企服务的专业性仲裁庭“涉台经济贸易合同纠纷仲裁庭”。2019年受理民商事仲裁案件审限内结案率100%。

推进公共法律服务体系建设，建成公共法律服务工作站185个、工作室1078个。组织500人律师服务团队通过宣讲培训、法治宣传、咨询问答，走访调研等形式，开展为民营企业“法治体检”活动。

提升合同执行效能

4. 在开放环境方面

实施“互联网+预约通关”、进口货物提前申报、查验后货物“先放行、后改单”等作业模式。2019年1—8月，进口整体通关时间为63.91小时，出口为0.8小时；关区进口24小时通关率93%，出口24小时通关率99.8%。

建立口岸收费目录清单和公示制度，普货操作费收费标准下调10%，特货操作费收费标准下调11%，免收拍照、改标签、复尺、复磅等9种费用。

进一步提升通关效率

提升市场开放水平

发展服务外包产业，举办中国（沈阳）跨境电商发展论坛，24个跨境电商项目签约落地，2个海关查验仓、3个海关监管作业场所陆续建成，100多家企业入驻创业孵化基地，“1210”“9610”跨境电商业务模式清关功能总体实现。

5. 在设施环境方面

优化城市基础设施配置

新建开通5G基站2135个，在制造业、新媒体等重点领域开发典型应用场景106个。

推进重大交通设施建设，基本形成以一、二、三、四环以及一横一纵为骨架的332公里快速路系统。

改善城市生态环境，新增湿地面积13083亩，公园绿地服务半径覆盖率达到75.5%。

提升产业配套设施水平

形成公共服务平台体系，打造沈阳市企业服务平台、工业设计平台等125个公共服务平台，累计服务企业4万余户、10万余次。

对接全市12个千亿级产业集群发展规划，形成以高职为主导的“5+15+35”职业院校结构布局，沈阳本地就业率达85%，累计为260余家企业配租公租房职工宿舍。

强化供应链体系建设，推进供应链体系建设试点工作，试点企业的标准化托盘和标准化建设设备使用率分别达到98.2%和96.2%。

6. 在社会环境方面

提升公共服务品质

印发《沈阳市进一步推进城乡义务教育一体化优质均衡发展行动计划（2019—2022年）》《关于学前教育深化改革规范发展的实施意见》，全市学前三年适龄儿童毛入园率达97%。

出台《沈阳市居家养老服务条例》《沈阳市民办养老机构补贴资金管理办法》，新建区域性养老服务中心100个，改造社区养老服务站300个，给予民办养老机构单体床位建设和运营补贴。

围绕清文化、民国文化、抗战文化、工业文化“四条主线”，整合旅游项目，培育建博、农博、家博、汽博、文博等10个自有品牌展。

印发《关于加快发展夜经济的实施意见》《沈阳市关于促进扩大消费的实施意见》，打造示范街区。

强化人才服务保障

推出“24+9”人才新政和59项实施细则，加强国家级双创基地建设，打造双创升级版。

发展人力资源产业园，加大创业担保贷款政策落实力度。

开展大学生“留沈倍增”工程，实施购房补贴、租房补贴、人才驿站等政策，吸引高校毕业生来沈发展。建立沈阳“人才驿站”，为来沈应聘的普通高校毕业生提供最多10天免费入住、常态化就业指导、信息发布、人才交流等服务。

上线沈阳市智慧劳动关系信息服务系统，注册企业2.4万家，线上备案人数18.6万人。

7. 在创新环境方面

优化创新创业生态

培育创新主体，实施科技企业梯度培育工程。创立市长与大学校长、科研院所长联席会议制度，培育技术转化机构，完善科技成果转化服务体系，提升科技成果本地转化率，2019年本地转化占比提高到30%左右。

完善知识产权管理服务体系

对申请、获得PCT专利的，分别资助5千元、3万元，全市有效发明专利17219件，万人有效发明专利20.71件。

在原有商标注册受理业务基础上，增加商标变更、续展、转让等23项业务范围，全面开展受理业务。

强化知识产权质押融资风险补偿基金运用，采取“风险补偿基金+担保+银行”运作模式，建立知识产权评估、确认、登记、转让全流程制度体系。

“中国（沈阳）知识产权保护中心”投入运营，为高端装备制造业知识产权保护工作提供快速审查、快速确权、快速维权服务。

推进落实知识产权刑事、民事、行政案件“三审合一”，引入技术调查官制度，建立知识产权信用监管和失信联合惩戒机制、行政司法协同保护机制，开通公证云电子数据保管平台，提升公证服务知识产权保护效能。

（三）2020 年工作展望

按照以优化营商环境为基础全面深化改革要求，落实《优化营商环境条例》，对标国际国内先进城市实践，补短板强弱项，在减时间、减成本、减要件、减环节和提升便利化、智慧化水平上接续发力，激发市场主体活力，努力打造市场化、法治化、国际化营商环境。

1 加强智慧政务服务建设

推进“人工审批”向“智能审批”转变，推进“多规合一”平台、工程建设项目审批管理系统和 BIM 系统、CIM 平台融合，建成统筹协同、标准一致、自动审查的高度集成化智能平台；确定智能化审批改革试点项目，形成案例，从审批时效、客户体验、社会反馈以及技术难度等方面综合评价，总结试点经验、发现重点问题、完善数据平台。深入推进统一政务服务平台建设，打造“海量微服务 + 综合移动入口”，建立一体化在线政务服务平台 AI 应用服务中台，探索“无人工干预”审批，实现政务服务智能化、集成化、一体化。

推动政务服务链条拓展延伸，以“一件事”思维为引领，横向延伸服务链条，推进全部审批上线、全部流程上线、全部监管上线、全部高效运行，让企业和群众“一次性办好一件事”。

推进跨区域、跨层级、跨部门的同城通办、异地可办模式，审批服务向一线充分授权，实现政务服务、民生服务触角全面延伸至区县（市）、乡镇（街道）、村（社区）。

2 建立法治保障体系

加快《优化营商环境条例》配套制度“立改废释”，对条例中提出的改革要求和任务，抓紧制定具体细化落实方案。依法进一步厘清政府与各方决策权力的边界，健全各主体参与行政决策的平台和机制，推进重大行政决策程序体系建设。

推动各部门开展政策优化创新，探索具体可行的优化营商环境新经验、新做法，并复制推广成为行之有效的改革措施，上升为制度建设机制，增加政策储备。

推行政策兑现事项集成服务模式，全面梳理需要使用财政资金支付的行政奖励、资助、补贴等各项优惠政策和产业促进政策，编制政策兑现事项清单，纳入营商环境事项管理，定期对政策兑现效果进行第三方评估。

3 构建新型市场监管体系

打造标准一致、互联互通的政府监管信息系统、平台和技术体系，做好监管业务数据等信息采集共享和关联整合运用，为推行远程监管、移动监管、预警防控等非现场监管，推动监管事项全覆盖、监管过程全记录和监管数据可共享、可分析、可预警等提供支撑。

深入开展相对集中处罚权工作，清理规范自由裁量权，推动执法更加严格规范公正文明、执法监管更加有效、社会满意度显著提高。切实健全以“双随机、一公开”监管为基本手段、以重点监管为补充、以信用监管为基础的新型监管机制。

进一步完善行政执法与行政检查协作机制，深入探索行政执法、行政复议与行政检查信息共享平台等工作机制，探索对涉及人身、财产权益的行政强制措施的检查监督，有效运用诉前程序和提起公益诉讼等方式推动行政机关依法履职。

4 优化惠企公共服务

建立“一站式”中小微企业公共服务体系，整合中小微企业服务中心、中小微企业服务站、中小微企业公共服务示范平台等服务资源，为中小微企业提供政策咨询、人才培训、技术支持等服务。

帮助中小微企业对接投资融资、知识产权、财会税务、法律咨询等专业服务，通过购买服务等方式为符合条件的创业创新类中小微企业提供股权结构设计、员工持股计划等专业服务。建立企业法治体检中心，对企业的基础管理、股东与股权、购并投资、合同协议、产品质量、融资贷款、知识产权、刑事法律等风险进行测评，帮助企业完善治理架构、健全管理制度。

建立健全应急供应链智慧分级响应和联防联控机制，建设应急用工、物流与供应链协同调度平台，根据应急响应级别、国内国际市场动态和区域主导优势产业运行需要，为市场主体提供人力资源、设施设备、供给需求、知识产权保护和政策信息等服务。

5 完善商事纠纷解决机制

推进诉讼服务迭代更新，建立一站式诉讼服务模式，加快“智慧法院”建设步伐，努力实现诉讼“一次办好”，打造“一网通办”智慧诉讼服务新模式。完善多元化纠纷解决机制，健全人民调解、行政调解、行业性专业性调解、司法调解联动工作体系，建立健全调解与公证、仲裁、行政裁决、行政复议、诉讼等衔接联动机制。

建立商事纠纷多元化解在线平台，推进商事纠纷在线咨询、在线评估、在线分流、在线调解和在线确认，化解市场主体在金融、知识产权、劳动用工和其他商事领域纠纷。深度应用裁判文书公开、审判流程信息公开、执行信息公开和庭审直播四大平台，满足社会公众对司法公开的新期待和新要求。

6 打造对外开放新格局

围绕《外商投资法》开展配套法规规章清理调整，将原则性规定细化成具体操作规则。全面落实准入前国民待遇加负面清单管理制度，扩大金融等行业开放。围绕企业开办、税务管理、合规监管等基本商业制度，加强与“一带一路”沿线国家政策合作，充分实现优势互补和治理经验共享。

强化与沿海沿边通关协作和制度创新，推进跨境物流便捷通关，切实提高通关效率、降低物流成本。强化自由贸易试验区引领，重点抓好制度创新和项目落地两项根本任务，彰显沈阳文化领域的独特优势，提升国际知名度、吸引力，搭建对外交流的桥梁纽带。

（四）优化营商环境大事记

2018

1 月

1 日，《沈阳市优化营商环境办法》正式实施。

6 月

25 日，沈阳市举行营商环境建设特约监督员聘任仪式，聘请特约监督员 108 名。

11 月

27 日，《沈阳市促进民营经济发展若干政策措施》印发实施，有效期 3 年。

12 月

25 日，中共沈阳市委办公厅、沈阳市人民政府办公厅印发《沈阳市开展“万人进万企”主题活动实施方案》。

2019

4 月

1 日 《沈阳市优化营商环境 85 条政策措施》《沈阳市 2019 年优化营商环境专项整治行动方案》审议通过。

7 月

26 日 沈阳市人民政府印发《沈阳市加快推进“一事一网一窗一次”改革实现“沈阳通办”实施方案》。

9 月

19 日 沈阳市营商移动微服务平台——“@ 沈阳营商”上线运行。

11 月

2 日 《沈阳市关于以优化营商环境为基础全面深化改革的实施意见》审议通过。

12 月

26 日 “沈阳市打造国际化营商环境工作领导小组”更名为“沈阳市营商环境建设领导小组”。

⑮ 西安市
XI’AN

（一）2018—2019 年主要工作

西安市委、市政府坚持把优化营商环境作为提升城市竞争力的“一号工程”和“关键一招”，从打破思想桎梏、创新体制机制、转变干部作风、营造亲商氛围入手，坚持深化“放管服”改革、优化提升营商环境、“互联网 + 政务服务”三位一体协同推进，着力破解企业和群众办事的痛点、难点、堵点，聚力打造国际一流营商环境。

1. 系统谋划，科学部署

坚持以科学制度设计引领优化营商环境。2018 年，出台《西安市加强和改善营商环境“1+21+5+1”系列文件》，建立全市优化营商环境工作制度体系。2019 年，出台实施“123”系列举措，明确全市优化营商环境工作的主要任务和主攻方向。“1”，贯彻《西安市推进“互联网 + 政务服务”深度融合打造一流营商环境的实施意见》；“2”，做强“一网通办”和“15 分钟政务服务圈”，打造“一网通办”“移动办事之城”新样板；“3”，开展“涉企政策措施大排查大落实”“争创国家营商环境评价标杆城市”“营商环境公众满意度大提升”等专项行动，解决企业和群众关切的营商环境堵点、难点、痛点。

2. 强化领导，健全机制

坚持以强有力组织领导推动工作有力有序开展。在市级层面成立由市长任组长、常务副市长任副组长的市优化营商环境推进重大项目建设工作领导小组，下设 18 个专项组、6 个功能组，分别制定配套方案，办公室设在市政府办公厅，与市职转办、“一网通办”专班合并办公，形成分工明确、职责清晰的推进机制。明确各级政府主要负责同志是本辖区营商环境建设“第一责任人”，在全市建立营商环境联席会议制度，进一步强化统筹组织、沟通协调。

3. 持续用力，扎实推进

坚持紧抓不放、聚力推进。2018 年，开展全市“营商环境提升年”活动，深入推进烟头革命、厕所革命、行政效能革命“三大革命”和户籍新政、人才新政、创新创业新政“三大新政”。

市委、市政府将 2019 年确定为全市“营商环境提升年”，倡导全市党员干部进一步牢固树立“五星级服务员”“金牌店小二”服务意识，凝聚全市“一盘棋”、各界“一条心”共建营商环境的思想共识和强大合力。

4. 紧盯重点，全面提升

聚焦“一网通办”，提升“互联网 + 政务服务”水平。促进政务数据整合共享，搭建完成政府数字化转型“133N”体系框架，即 1 个政务云平台、3 大支撑体系、3 大保障体系和 N 个应用系统，建成人口、法人、电子证照等 7 大基础数据库归集数据信息，开发数据服务接口、电子证照。建成全市“一网通办”总门户，已有超过 600 个高频事项上线运行，市级政务服务事项网上可办率达 90% 以上、群众办事材料精简 60% 以上。开发“i 西安”政务服务 App，与企业和群众密切相关服务事项实现“掌上办”。

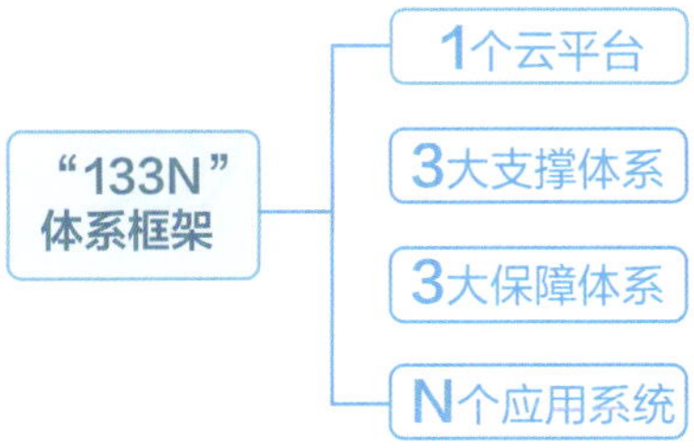

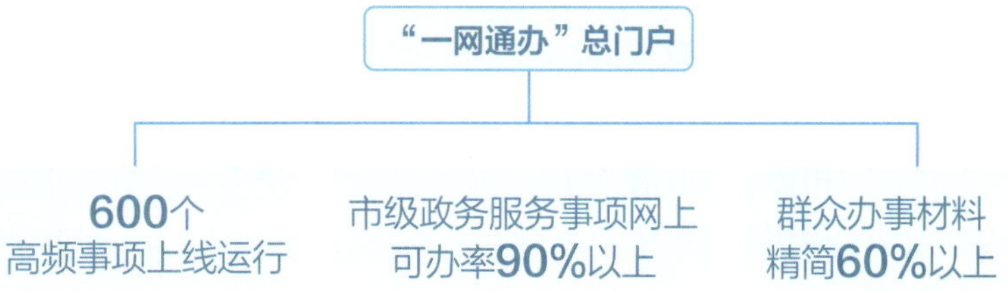

围绕“只进一扇门”，提升企业和群众办事便利度。建立完善市、区县（开发区）、镇（街）、村（社区）四级政务服务体系，建成各级政务服务机构 3615 个，新增市区两级政务服务大厅面积 10.36 万平方米。建设“15 分钟政务服务圈”，推动行政审批事项向市区集中、公共服务事项向镇街延伸、便民服务事项向社区下沉。

深化“最多跑一次”改革，提升办事效率。针对企业开办、工程建设项目审批、获得水电气等重点环节，持续减环节、减材料、减时限、减成本。按照“一件事跑一次”思路，出台全市《公民个人办事事项清单》，梳理完成自然人和法人政务服务“生命树”模型（企业从注册到注销、个人从出生到终老），政务服务事项实现“最多跑一次”占比 90% 以上。

强化执法监管，提升法治化水平。严厉打击破坏营商环境违法犯罪行为，整治市场秩序。查办制假造假以及涉及广告、商标、专利、网络交易等各类违法案件，建立知识产权法院。

聚焦制度创新，积极探索先行先试。探索“无差别全科受理”模式，试点开展“全市通办”，让群众和企业在全市任何一个政务服务窗口都能办成事。规范涉审中介服务，建成中介服务网上超市，375 家中介机构注册上线。推进企业员工安居服务，落实人才安居房，为新毕业大学生提供人才安居公租房。成立专业化破产法庭，改革涉及企业破产、清算和重整程序的相关制度和流程，缩短破产案件审理周期。

5. 多管齐下，狠抓落实

专项督查保落实。市委、市政府定期组织会议，以月调度会、现场观摩会、先进经验现场会等不同形式，组织各级各部门互学互鉴、比学赶超。以定期与不定期督查相结合的方式，深入企业一线，发现堵点、难点，督促工作落实。

全面监督促改进。在 12345 市民综合服务热线开设营商环境问题专线，强化受理、转办、回复等全过程监督，确保问题及时解决。运用《电视问政》《党风政风热线》等媒体监督手段，曝光堵点顽疾，让问题单位及“一把手”公开亮相接受质询，限期整改落实。

考核问责传压力。对考核排名靠后的单位进行追责问责，对损害营商环境的单位和个人严肃追责问责。

广泛宣传造氛围。通过各种渠道宣传提升营商环境的政策和成效，开展营商环境大讨论、大调研、知识竞赛和“我为营商环境建言献策”等系列活动。

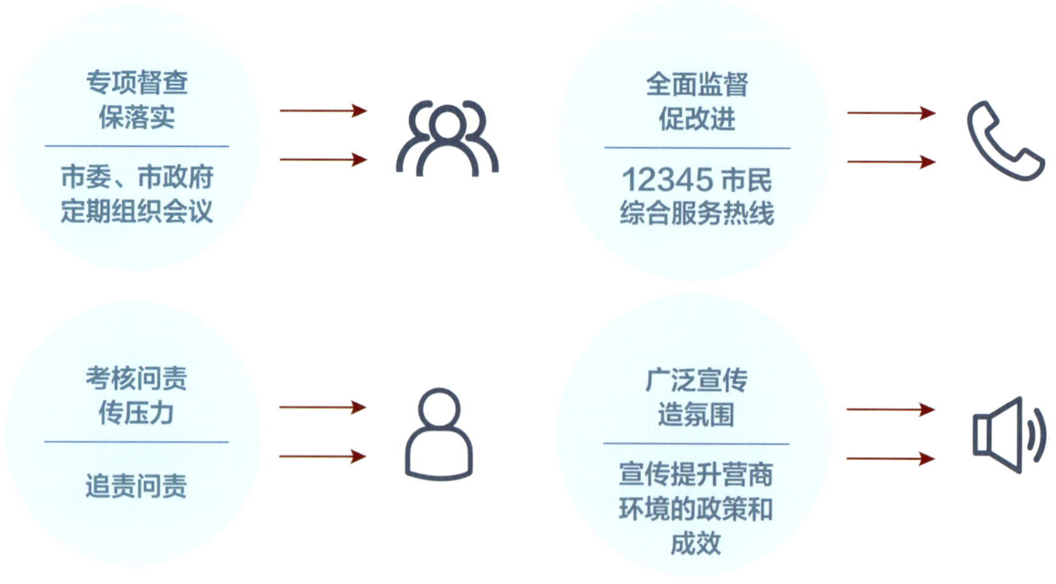

（二）创新做法及改革成效

1. 推动“五位一体”政务服务体系建设

持续推进相对集中行政许可权改革，在市级和各区县、开发区设立行政审批局，实行区县、开发区行政审批权统一向行政审批局集中，全市共划转事项 2322 个，初步实现“一枚印章管审批”。

2. 建成“24 小时全智能办照系统”

实现人工审批向系统智能审批转变，办理营业执照最快仅需 15 分钟，相关业务办理实现“365×24”小时全天候服务。同时，在全市实行公章免费刻制。

3. 推行“铁路运输方式舱单归并”模式

在陕西自由贸易试验区西安国际港务区片区推行“铁路运输方式舱单归并”模式，将大宗进口货物舱单从“一柜一单”改为“一宗一单”，降低报关量和通关费用 90% 以上。探索形成“楼小二”“24 小时信报箱”等一批便民利企改革举措，政务服务延伸到企业集中的商务楼宇，实现“7×24”小时不打烊服务。

4. 推进“一网一门一次”改革

在莲湖区建成运行功能齐全、配套完备的区级市民中心，实现“只进一扇门、办结所有事”，各类审批事项办理时限大幅压缩，96.6% 的政务服务事项实现“最多跑一次”，227 个事项实现“不见面审批”。

（三）2020 年工作展望

按照市场化、法治化、国际化原则，坚持深化“放管服”改革、优化营商环境、“互联网＋政务服务”三位一体协同推进，将推进重大项目建设作为优化营商环境的突破口，全面加快“一网、一门、一次”改革，主动对标一流、持续深化改革、不断强化措施，实现以评促改、以评促优，努力打造“审批项目最少、收费标准最低、办事效率最高、服务水平最优”营商环境西安品牌和“效率高、成本低、服务优”国际化一流营商环境。

①

以深化行政审批制度改革为抓手，推动实现“审批项目最少”

对现有行政审批事项进行全面梳理和优化，能下放的下放，能委托的委托，没有法律法规依据的一律取消。深化政务服务事项标准化建设，建立健全涵盖政务服务“全事项、全过程、各环节”相互配套协调的标准体系。稳步推进相对集中行政许可权改革，着力做实“三集中三到位”、做优重大项目审批服务。在全市自由贸易试验区各片区开展“证照分离”改革全覆盖试点，推动照后减证和简化审批。

②

以落实“减税降费”政策为重点，推动实现“收费标准最低”

全面贯彻国家各项减税降费政策，对已经取消、停征、免征的收费项目不再征收，已经降低收费标准的项目严格执行到位。持续开展收费清理改革，彻底清理规范收费项目，严格执行收费清单制度、公示制度，研究停收、降低一批收费项目。加强对各级各部门收费清理改革政策执行情况的监督检查。持续推进办税缴费便利化改革，实施优化税收营商环境、提升纳税人满意度、落实全国纳税服务规范“三大行动”，进一步减少纳税次数、压缩纳税时间、减轻税费负担、优化办税流程。

③

以全面深化“一网、一门、一次”改革为基础，推动实现“办事效率最高”

持续优化“一网通办”总门户、“i 西安”App 系统功能，不断提升“一网通办”办理质量、优化办事体验。开展高频事项“一件事一次办”集成审批试点，进一步压缩办事时间。深化各级政务大厅“综合窗口”改革，全面推行“前台综合受理、后台分类审批、统一窗口出件”，推动更多政务审批服务事项实现“一窗受理、集成服务”。加快“15 分钟政务服务圈”建设，抢抓老旧小区改造的工作机遇，建成一批群众身边的政务服务便利店，织密基层政务服务网格。

“一网通办”“一件事一次办”
“一窗受理、集成服务”

④

以提升企业和群众获得感、满意度为出发点，推动实现“服务水平最优”

开展“金牌服务”品牌创建活动，组织全市各部门聚焦企业需求和群众期盼，进一步优化服务意识、提高服务标准、完善服务规范。深入开展“减证便民”专项行动，最大限度精简各类证件、证明、盖章环节和申请材料，让群众办事创业过程更简洁、更顺畅、更方便。加强营商环境政策宣传，及时准确推出形式直观、易看易懂的文件解读和政策宣传，加快开发智能化政策推送平台和手机 App，进一步提高知晓率和覆盖面。

5

以深入贯彻落实《优化营商环境条例》为着力点，不断提升营商环境法治化水平

制定出台西安市落实《优化营商环境条例》具体措施，有效保护投资者合法权益，提升涉企诉讼便利度，开展知识产权违法行为专项整治，严厉打击破坏营商环境犯罪行为。

开展知识产权违法行为专项整治，严厉打击破坏营商环境犯罪行为

6

以全面深化工程建设项目审批制度改革为突破口，着力保障重大项目建设

加快建立支撑和保障重大项目建设全生命周期的服务体系，着力补齐制约重大项目建设的问题短板，推动各类资源要素向重大项目倾斜。持续优化工程建设审批管理系统，实现一个页面登录，一个平台办理。加快整合打通各类规划，实现“一张蓝图、多规合一”，为工程建设项目审批提供统一清晰的规划依据和全面准确的辅助支撑。2020 年底前将工程建设项目全流程审批时间压缩至 50—90 个工作日。

加快建立支撑和保障重大项目建设全生命周期的服务体系

7

以在更多指标领域争创全国标杆为目标，叫响西安营商环境品牌

对照中国营商环境评价，逐一查找短板不足、制定优化提升措施，推动各指标领域工作不断优化、加快补齐短板，力争更多指标领域成为全国标杆。

8

以扎实开展对标对表为引领，推动营商环境建设实现“追赶超越”

学习借鉴国内先进城市改革经验，结合自身实际深化改革创新，确保复制推广借鉴工作取得实效。全面梳理营商环境改革创新实践，总结形成一批营商环境“西安经验”。

9

以打造“内陆改革开放高地”为目标，着力提升营商环境国际化水平

加快建立与国际统一标准接轨的营商规则，引导企业按照国际标准发展经营。健全以负面清单制度为基础的投资管理制度、以贸易便利化为重点的贸易监管制度，为外商投资提供优质政务服务。结合发展“三个经济”、打造中欧班列（西安）集结中心等重点工作，进一步提升通关效率和跨境贸易便利度，构筑内陆地区效率高、成本低、服务优的国际贸易通道。完善外商企业投诉、调解机制，加快国家级“一带一路”国际商事法律服务示范区建设。

10

以健全完善优化营商环境机制为保障，不断完善营商环境建设制度体系

推行政务服务“好差评”制度，坚持服务绩效由企业和群众评判。建立企业参与政策制定机制，在制定与企业切身利益或者权利义务有重大影响的规章、规范性文件时，充分听取市场主体、行业协会商会的意见。完善营商环境问题收集和投诉处置机制，实现投诉 24 小时受理和多部门联动处置。

（四）优化营商环境大事记

2018

2 月

28 日，西安市人民政府办公厅印发《关于成立西安市加强和改善营商环境工作领导小组的通知》。

4 月

27 日，中共西安市委、西安市人民政府印发《关于加强和改善营商环境的决定》，为全市优化营商环境工作提供顶层设计。

28 日，西安市印发《西安市损害营商环境问责办法（试行）》。

5 月

3 日，西安市人民政府办公厅印发《加强和改善营商环境五个工作方案和二十一个行动方案的通知》。

6 月

22 日，西安政务服务网建成并上线运行。

9 月

14 日，西安市人民政府印发《关于成立西安市“最多跑一次”改革（数字化转型）工作专班领导小组的通知》，政府数字化转型工作正式启动。

12 月

14 日，西安市启动“一网通办”工作 60 天集中攻坚行动。

28 日，西安市组织开展优化营商环境宣传周。

2019

1 月

11 日　西安市累计登记各类市场主体总数突破 150 万户。

22 日　西安市人民政府印发《西安市全面推进“一网通办”加快数字化转型行动方案》，政府数字化转型工作全面加速。

2 月

1 日　西安市行政审批服务局正式挂牌成立。

11 日　西安市举行“2019 营商环境提升年”动员大会暨“一网通办”启动仪式。

2019

3月

1日 中共西安市委办公厅、西安市人民政府办公厅印发《西安市推进“互联网＋政务服务”深度融合打造一流营商环境的实施意见》。

4月

3日 中共西安市委办公厅、西安市人民政府办公厅印发《西安市打造城市社区“15分钟便民服务圈”总体方案》。

28日 西安市召开“政府数字化转型”启动仪式暨优化提升营商环境推进会。

5月

10日 西安市人大常委会印发《关于进一步优化提升营商环境的决议》。

6月

4日 西安市聘任首批政务服务改革体验官。

8月

19日 “i西安”政务服务App上线。

9月

30日 西安市委市政府将优化营商环境推进重大项目建设确定为“全市十项重点工作”之一。

11月

5日 西安市召开全市推进相对集中行政许可权改革工作会议。

26日 西安市组织全市2019年优化营商环境专题培训。

12月

4日 西安市发布审批服务工作“全生命周期树”模型。

以评促改

最佳实践篇

要依靠改革优化营商环境，深化简政放权、放管结合、优化服务。

优化营商环境就是解放生产力、提升竞争力，是增强市场活力、稳定社会预期、应对经济下行压力、促进发展和就业的有效举措。

2018 年以来，参评城市对标对表党中央、国务院关于深化“放管服”改革、优化营商环境决策部署，以打造市场化、法治化、国际化一流营商环境为目标，围绕优化营商环境重点领域，聚焦市场主体反映集中的流程繁、时间长、材料多、收费高等突出问题，开展了大量富有成效的实践探索，在相关领域形成了一批典型经验做法，为提升营商环境整体水平提供了有力支撑。

推广典型，复制经验，绘制优化提升路线图。

为发挥营商环境评价对优化营商环境的引领和督促作用，推动更多地方结合营商环境参评工作，以评促改、以评促优，加快转变政府管理理念和方式，有效提高政府服务质量和效率，加快营造稳定公平透明、可预期的营商环境，本篇围绕开办企业等 18 个优化营商环境重点领域，系统梳理了各领域的改革要求、最佳实践，总结提炼出各领域的创新做法及改革亮点，并选取部分城市在相关领域探索实施的差异化、针对性政策措施，供有关城市学习参考借鉴。

参评城市典型案例

开办企业

开办企业，主要衡量参评城市的企业从设立到具备一般性经营条件所需经历的政府审批和外部办事流程，包括办理环节、办理时间、成本费用，以及提升开办企业便利化水平等情况。

（一）改革要求

2018 年，《国务院办公厅关于进一步压缩企业开办时间的意见》（国办发〔2018〕32 号）、《中国人民银行关于试点取消企业银行账户开户许可证核发的通知》（银发〔2018〕125 号）印发，要求推行企业开办“一窗受理、并行办理”，将企业登记、公章刻制、申领发票的办理时间分别压缩至 5 个、1 个、2 个工作日以内，推动职工参保登记业务网上办理，明确各直辖市、计划单列市、副省级城市和省会城市在 2018 年底前将上述 4 个环节的办理时间压缩至 8.5 个工作日以内，其他城市在 2019 年上半年完成目标，在江苏省泰州市、浙江省台州市自 2018 年 6 月 11 日起，试行取消企业银行账户开户许可。

2019 年，《中国人民银行关于取消企业银行账户许可的通知》（银发〔2019〕41 号）、《市场监管总局等五部门关于持续深化压缩企业开办时间的意见》（国市监注〔2019〕79 号）印发，要求各省、自治区、直辖市在 2019 年底前取消企业银行账户许可，引导公章刻制价格趋于合理，将办理环节压减为 3 个、办理时间压缩至 5 个工作日以内，鼓励有条件的地方在确保工作质量的前提下将办理时间压缩至 3 个工作日以内。其中，企业登记、印章刻制、申领发票用时分别在 2 个、1 个、2 个工作日以内，社保登记申请合并到企业登记环节。

《国务院办公厅关于进一步压缩企业开办时间的意见》

《中国人民银行关于试点取消企业银行账户开户许可证核发的通知》

《中国人民银行关于取消企业银行账户许可的通知》

《市场监管总局等五部门关于持续深化压缩企业开办时间的意见》

（二）延伸链接

国务院文件

国务院关于在自由贸易试验区开展“证照分离”改革全覆盖试点的通知（国发〔2019〕25号）
2019年11月6日

国务院关于在全国推开“证照分离”改革的通知（国发〔2018〕35号）
2018年9月27日

国务院办公厅关于进一步压缩企业开办时间的意见（国办发〔2018〕32号）
2018年5月14日

2019年文件

国家税务总局关于进一步简化企业开办涉税事项办理程序压缩办理时间的通知（税总发〔2019〕126号）
2019年12月3日

自然资源部办公厅关于印发“证照分离”改革全覆盖试点工作实施方案的通知
2019年12月13日

住房和城乡建设部办公厅关于印发住房和城乡建设领域自由贸易试验区“证照分离”改革全覆盖试点实施方案的通知（建办法函〔2019〕684号）
2019年11月30日

交通运输部关于实施自由贸易试验区交通运输“证照分离”改革全覆盖试点工作方案的通知（交法规〔2019〕18号）
2019年11月30日

工业和信息化部关于自由贸易试验区“证照分离”改革试点工作的通告（工信部政函〔2019〕383号）
2019年11月30日

中国银保监会办公厅关于印发“证照分离”改革全覆盖试点工作实施方案（试行）的通知（银保监办便函〔2019〕1803号）
2019年11月29日

2019年文件

- 2019年11月29日 市场监管总局关于落实“证照分离”改革全覆盖试点的通知（国市监注〔2019〕225号）
- 2019年11月27日 关于开展“证照分离”改革全覆盖试点的公告（海关总署公告〔2019〕182号）
- 2019年11月26日 国家能源局综合司关于印发《国家能源局在自由贸易试验区开展“证照分离”改革全覆盖试点实施方案》的通知（国能综通资质〔2019〕81号）
- 2019年8月16日 关于依托全国一体化在线政务服务平台做好电子营业执照应用推广工作的通知（国办电政函〔2019〕175号）
- 2019年8月8日 市场监管总局关于修改《中华人民共和国企业法人登记管理条例施行细则》等四部规章的决定（国家市场监督管理总局令第14号）
- 2019年6月6日 市场监管总局关于电子营业执照亮照系统上线运行的公告（2019年第28号）
- 2019年4月28日 人力资源社会保障部关于废止《社会保险登记管理暂行办法》的决定（人力资源和社会保障部令第39号）
- 2019年4月10日 市场监管总局等五部门关于持续深化压缩企业开办时间的意见（国市监注〔2019〕79号）
- 2019年4月5日 人力资源和社会保障部办公厅关于推进企业社保登记便利化工作的通知（人社厅函〔2019〕78号）
- 2019年4月1日 市场监管总局关于做好取消企业名称预先核准行政许可事项衔接工作的通知（国市监注〔2019〕70号）
- 2019年2月2日 中国人民银行关于取消企业银行账户许可的通知（银发〔2019〕41号）

2018年文件

2018年12月17日
市场监管总局关于印发《电子营业执照管理办法（试行）》的通知（国市监注〔2018〕249号）

2018年10月16日
市场监管总局关于贯彻落实《国务院关于进一步压减工业产品生产许可证管理目录和简化审批程序的决定》有关事项的通知（国市监质监〔2018〕190号）

2018年8月17日
市场监管总局关于做好取消企业集团核准登记等4项行政许可等事项衔接工作的通知（国市监企注〔2018〕139号）

2018年6月11日
国家税务总局关于新办纳税人首次申领增值税发票有关事项的公告（国家税务总局公告2018年第29号）

2018年5月23日
中国人民银行关于试点取消企业银行账户开户许可证核发的通知（银发〔2018〕125号）

2018年2月11日
工商总局关于调整工商登记前置审批事项目录的通知（工商企注字〔2018〕24号）

2018年1月23日
工商总局办公厅关于清理规范外商投资企业授权登记工作的通知（工商办字〔2018〕18号）

2018年1月5日
工商总局办公厅关于进一步统一规范企业登记注册管理工作的通知（工商办字〔2018〕1号）

2017年文件

2017年12月21日
中国人民银行关于优化企业开户服务的指导意见（银发〔2017〕288号）

2017年9月30日
工商总局关于落实“证照分离”改革举措促进企业登记监管统一规范的指导意见（工商企注字〔2017〕175号）

2017年文件

- 2017年9月26日　工商总局关于贯彻落实《无证无照经营查处办法》的通知（工商个字〔2017〕169号）
- 2017年8月30日　工商总局关于调整工商登记前置审批事项目录的通知（工商企注字〔2017〕155号）
- 2017年8月29日　工商总局关于做好“多证合一”改革工作的指导意见（工商企注字〔2017〕153号）
- 2017年7月31日　工商总局关于做好新形势下企业登记注册工作有关问题的通知（工商企注字〔2017〕132号）
- 2017年5月16日　工商总局关于调整工商登记前置审批事项目录的通知（工商企注字〔2017〕77号）
- 2017年4月19日　工商总局关于提高登记效率积极推进企业名称登记管理改革的意见（工商企注字〔2017〕54号）
- 2017年4月11日　工商总局关于全面推进企业电子营业执照工作的意见（工商企注字〔2017〕47号）
- 2017年4月10日　工商总局关于推行企业登记全程电子化工作的意见（工商企注字〔2017〕43号）
- 2017年1月3日　中国人民银行　工商总局关于个体工商户“两证整合”登记制度改革涉及银行账户管理有关事项的通知（银发〔2017〕3号）

（三）最佳实践

参评城市持续深化“放管服”改革，结合实际探索创新，努力实现开办企业环节更简、时间更短、成本更低。

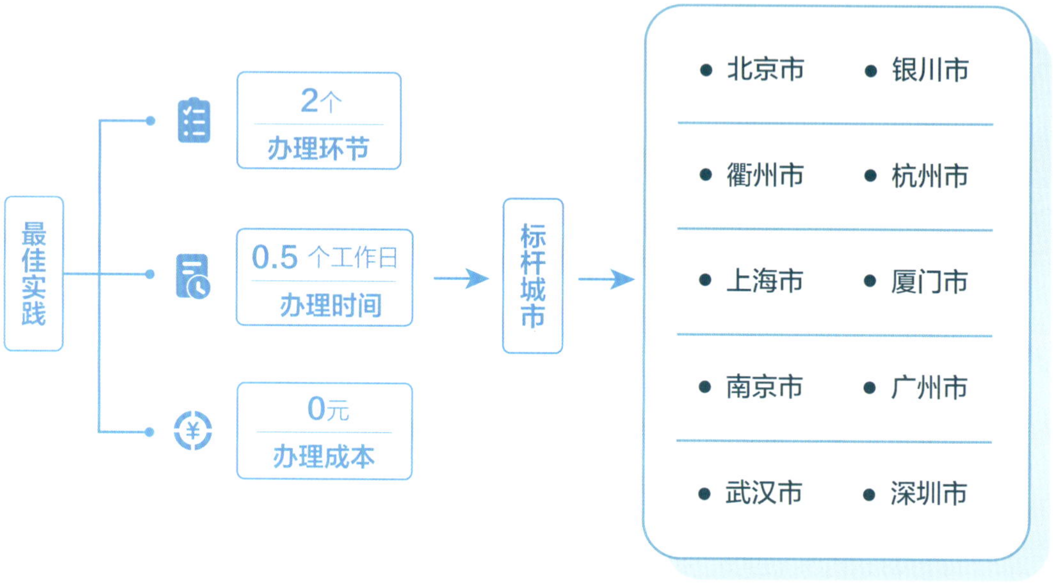

（四）创新做法及改革亮点

表 3-1　开办企业创新做法及改革亮点

创新做法	改革亮点
实现网上办理	✔“一网通办”平台 将企业登记、印章刻制、申领发票、社保登记等环节纳入平台，全流程网上办理。具备条件的城市实现住房公积金企业缴存登记与企业开办一窗办理、一网通办。 ✔标准化表格 整合开办企业所需的申报材料，形成一张申请表，申请人只需登录一个平台、填报一次信息。 ✔企业信息共享 企业信息在市场监管、公安、税务、人力资源社会保障等部门间共享。 ✔电子营业执照 审批通过后发放电子营业执照，申请人可凭电子营业执照办理后续税务、银行开户等事项。

续表

创新做法	改革亮点
线下“一窗受理”	✓ 窗口审查 申请人一次性提交所有材料，综合窗口人员经审查认为符合受理条件的，将申请材料流转至相关部门审批。 ✓ 部门审批 相关部门根据职责实施审批，多部门联合办理事项由最终环节审批部门负责归总核验并转交综合窗口。 ✓ 统一发证 向申请人一次性发放营业执照、公章、发票等。
再造办事流程	✓ 简化企业登记 取消企业名称预先核准，推行企业名称自主申报。 ✓ 推行新办纳税人“套餐式”服务 新设立的企业在网上一次性填写申请表、上传相应材料，经审核通过后，即可到税务局领取税控设备和发票。
政府购买服务	✓ 免费邮寄服务 根据申请人要求，免费邮寄营业执照、公章、发票等。 ✓ 免费刻制公章 免费为新设企业发放一套四枚印章（企业名称印章、财务章、发票专用章、法定代表人章）。 ✓ 免费提供税控设备 免费为新设企业提供增值税防伪税控设备，免收第一年服务费。

（五）实践案例及典型经验

根据 2019 年中国营商环境评价情况，参评城市围绕提升企业开办便利度，全力落实相关领域改革举措，对标国内国际最佳实践，结合当地实际，推出了一批典型经验和创新做法。《中国营商环境报告 2020》选取银川、杭州、深圳、西安 4 个城市典型做法，供各地方政府优化营商环境学习参考借鉴。

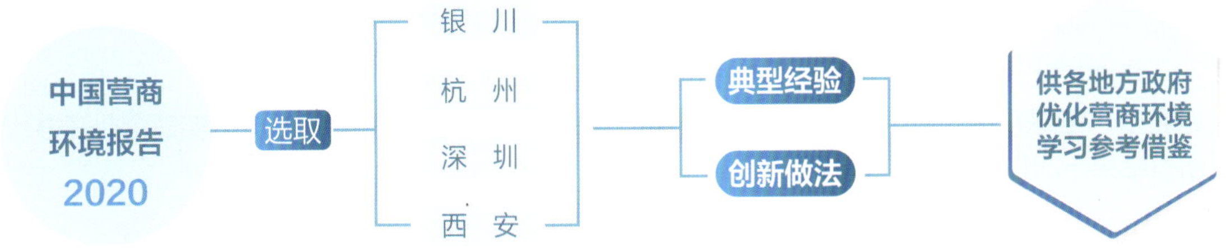

银川 五个“1”、五个“0”打造企业开办至简城市

● 五个“1”实现企业开办最快速度

“一枚印章”管审批

推进相对集中审批权改革，成立行政审批局，永久封存69枚公章，划转153个审批事项，实行一枚印章管审批。

“一门一窗”全办完

整合准入、准营事项，统一进驻商事服务大厅，推动企业开办“一门、一窗、一网、一次”办结。

“一个小时”领执照

线上由帮办员协助网上填报，线下实行审核合一，即来即办；实行营业执照1小时办理承诺制。

“一次联办”全准营

集合审批、税务、公安、人社等22家单位，整合注册、办税、食品、药品等256个审批事项，推出“1+N”（1个营业执照和多个准营证件）多证联办审批模式，实现准入、准营“一件事情、一次办好”。

“一天开办”全完成

精准审批、限时办结，实现注册1小时，办税1小时，刻章1小时，开户1小时；推行同城通办、“容缺承诺”、免费邮寄、帮办代办等“保姆式”一包到底服务，1天内实现企业开办，所有结果一次性送达办事群众。

●五个“0”打造掌上办事之城

零证明

打造“无证明城市”，取消没有法律法规依据的证明 50 余项，推进证明事项告知承诺制，实现商事登记零证明。

零表单

推进“智慧政务”升级工程，利用大数据、人工智能自动生成填报表单，注册登记、食品经营、医疗机构、药品药械等 38 类事项实现自动填写；公司章程、任职文件、人口信息、住所证明等 15 项资料实现自动生成、自动提取。

零费用

政府买单为企业和群众免费邮寄各类证照；开展新一轮政银企合作，为新开办企业免费送印章，各合作银行一律免收开户手续费、账户管理费、转账手续费等；引导行业协会参与优化营商环境，为新开办企业免费送税控设备；通过“网上办”“掌上办”“就近办”“上门办”“免费邮”，实现办事群众零花费。

零用时

建设银川“智慧政务”数据银行，通过数据共享实时比对核验，自动作出审批决定，部分注册登记事项实现“秒”批。

零跑路

升级“一网通办”，推进税务、刻章、开户、社保等数据互通共用；开展“政银商事登记合作”，构建“就近办”服务网络；设置网上办体验服务区，提高全程网办率；扩展“i 银川”智慧政务功能，实现企业登记“掌上办”。

案 例 启 迪

通过全程网办、流程再造、压缩时间、降低成本，优化企业开办程序，实现企业开办一天全完成。围绕政府数字化转型，以市场准入、市场准营为重点，以政务服务 App 为支撑，扩展“智慧政务”功能，推动企业开办从“最多跑一次”向“群众零跑路”转变。持续减材料、减流程、减时限、减费用、优服务，综合运用承诺制、批后核实、视频勘验等举措，设立“一件事一次办好”综合窗口，实现一套资料办成一揽子事。

杭州 开办企业"一件事"常态化"一日办结"

● 线上线下场景普惠

线下"一窗通办"

在各级行政服务中心建设"开办企业服务专区"，设置"开办企业服务专窗"，推行"前台综合受理、后台集成服务"，实现"一窗进出、一套材料、一次采集、一日办结"，执行全市统一标准化服务规范。

线上"一网通办"

建设并优化升级"开办企业全程网上办平台"，各业务环节实现"一网提交、一次交互、数据共享、信息互认、零跑审批"。运用实名验证、电子签名技术，核发电子营业执照，实现全流程网上办、"零见面"无纸化审批。

线上线下融合办

适应不同企业需求，对暂时不能实现电子签名的相关投资人或者其他企业，提供线上审批、线下取件融合办理模式。对全流程申领电子营业执照的新开办企业，提供窗口自助打照、免费同城 24 小时快递送达服务。截至 2019 年底，杭州市开办企业全程线上、线上线下融合办件合计占比超过 99.7%。

分时办理同质同效

新开办企业办理营业执照、免费领取公章后，间隔一定期限后办理"首次申领发票""首次员工参保登记"的，相关业务全面整合在"线上一网、线下一窗"办理，在"线上一网"提供分时办理路径，在"线下一窗"提供分时办理服务，各业务均实现即审即办，各环节办理时间合计不超过 1 个工作日，与"一网一窗全环节办理"确保同质同效。

● 流程再造落实“四减”

减材料

对相同材料、近似表单进行压缩整合、全程复用，申请材料从 23 份压缩至最多 5 份，仅需在企业登记环节进行业务数据采集即可。

减环节

从 7 个环节压缩到企业登记、申领发票和税控设备最多 2 个环节。线上“一网通办”，公章刻制、员工参保登记在企业登记时进行数据采集，由系统自动审核入库，无须申请人单独申请，实现仅需企业登记、申领发票和税控设备 2 个环节。“员工参保登记”分时办理，可通过电子营业执照等手段实现数据共享，无须提交其他申请材料，无须领取书面凭证。

减时间

企业登记、申领发票和税控设备实现一网（一窗）合并申请、数据共享、并联办理，公章刻制与员工参保登记数据自动入库，开办企业各环节整体压缩到 1 个工作日（8 小时）以内办结。实践中，杭州市线下“一窗通办”全环节平均办理时间控制在 3 小时以内，部分城区最快可实现 1 小时办结。

减费用

政府买单送章，免费赠送一套四枚“法定名称章、法定代表人名章、财务专用章、发票专用章”，制定全市统一政府送章的印章材质、规格、数量、质量标准，实现公章刻制“零费用”。新开办企业“首次申领发票”由政府买单免费赠送增值税防伪税控设备。

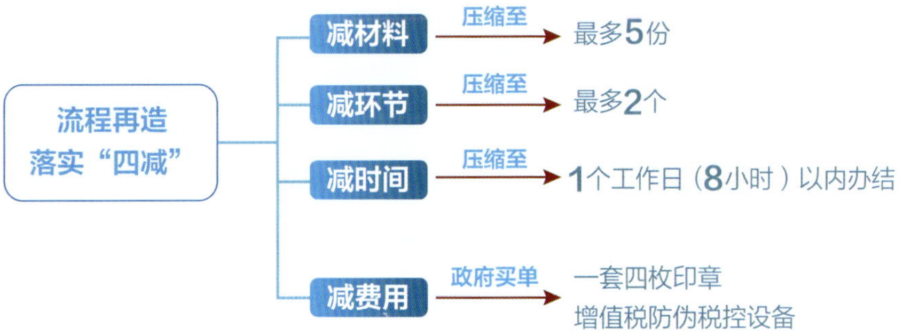

● 开办企业试点“零见面”审批

推行“一网通办”

通过实名认证、电子签名，实现企业登记全程无纸化“零见面”审批，核发电子营业执照，网上审批实现“半日事半日毕”“最多退一次”。

推行“同城通办”

通过跨部门、跨区域数据共享、协同协作，实现全市范围内新开办企业营业执照、公章、发票、参保登记的全环节跨管辖机关、跨行政区划办理。

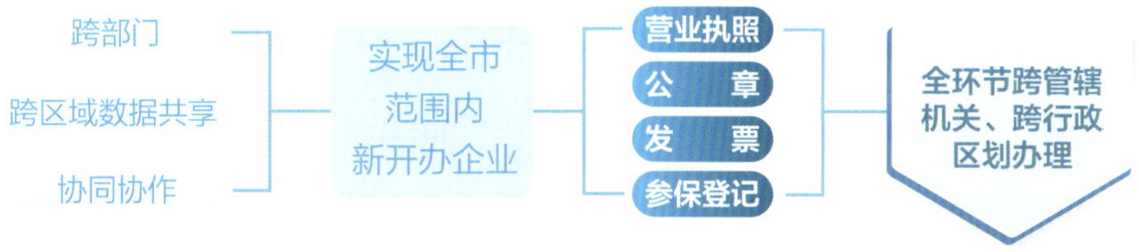

推广使用电子营业执照

各单位采信电子营业执照作为市场主体身份识别，公安、税务、人力资源社会保障等部门采信电子营业执照数据，开办企业数据实现一次采集、互信互认、全程复用，无须单独分次发起申请、重复提交材料，实现系统自动推送办理。

提供实体大厅端、政务服务 App 端、政务服务网 PC 端、自助服务机终端

延伸“四端”服务，多途径办理，提供免费快递送达服务，打通“零见面”审批“最后一公里”。

● 推行智能审批

完善企业名称自主申报规则

建立企业名称自主申报查重规则、禁限用字号负面清单库，放宽近似名称登记，企业名称系统自动对比、实时取得。

● 自动对比、实时取得

试点智能语音咨询系统

7×24 小时

在高新区（滨江）采用“机器人解答高频问题 + 人工兜底个性化服务”提供“7×24”小时无间断工作模式，自上线以来咨询电话呼入接通率达 99%，机器人服务完结率超过 50%。

提升发票首次申领智能化水平

开发“智能一网通”智慧办税平台，实现企业登记信息与发票申请信息全智能识别配对，将原需人工操作的多个办税环节实现系统自动审批，实现十分钟“一次办结”。

● 智能一网通

案 例 启 迪

以“一网、一窗、一次、一日”为目标，按照“线上保障、实体整合、流程再造、常态压缩”原则，将企业登记、公章刻制、申领发票和税控设备、员工参保登记各环节按“一件事”标准整合，强化各环节业务部门间政策协同，依托技术手段实现开办企业“一件事”“一日办结”。

深圳 推出“一网、一次、一日、一窗、秒批”服务新机制

●搭建“开办企业一窗通”服务平台

一个环节申报

将开办企业涉及的市场监管、税务、公安、社保、公积金 5 个环节整合为“企业开办”1 个环节（不包括银行开户环节）。

一天内办结

开办企业所有事项最长 1 天内办结，其中商事登记环节最长不超过 0.5 天，刻制公章、申领发票、员工参保登记、公积金开户登记并联办理最长不超过 0.5 天。

零费用

政府为新开办企业免费提供一套四枚公章和税控设备，免除税控设备首年服务费，每户新开办企业可节省费用 680 元以上。

零跑动

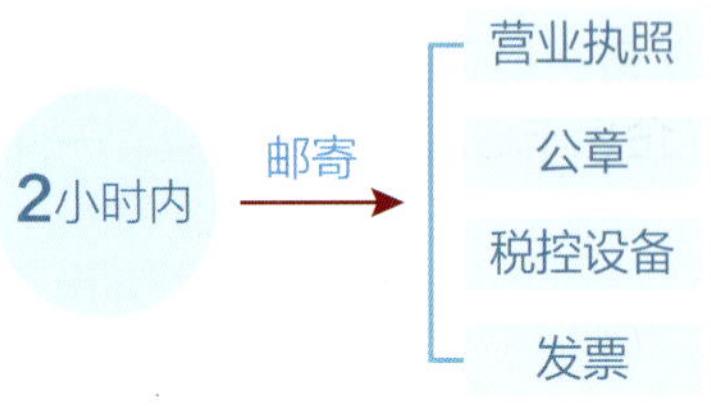

推行开办企业全程电子化，申请人无须提交纸质材料，鼓励企业下载使用电子营业执照，并可提供核准登记后 2 小时内一次性邮寄发放营业执照、公章、税控设备、发票等服务。

● 优化开办企业专区（专窗）服务

在各级行政服务大厅设立“开办企业专区（专窗）”

提供商事登记、印章、税务等业务的咨询申报、结果领取、社保开户、银行开户和资金扶持、政策解读等服务。

● 开办专区

提供 24 小时自助服务

24 小时自助服务

各区行政服务大厅设立 24 小时自助服务区，引入自助设备。在多个银行网点、街道和社区设置自助服务设备，采用微信平台线上申请、自助机线下“刷脸”领照方式，便利申请人随时随处自助领取营业执照。

提升开办企业体验感

配备专业帮办导办团，做好现场引导服务工作，指导、帮助申请人在现场申请开办企业相关业务。

● 体验感

推出开业大礼包

● “创业包”

各区结合区域特点，为新开办企业送出开业大礼包。如南山区设计了独具南山特色、文艺气息浓郁的南山“创业包”。

● 实施企业开办无人干预智能审批

商事登记“秒批”

申请人通过全流程网上商事登记系统提交“秒批”设立申请，系统依次调用国家、省、市企业名称库、市统一地址库、实名核身数据库、失信人员名单库，与多个政府部门的权威数据进行实时校验、多维度比对，符合条件的系统自动审批通过，不符合条件的转由人工审核。

员工参保登记“秒批”

将员工参保登记纳入“开办企业一窗通”平台，企业登录“开办企业一窗通”办理设立登记时，即可同时填报企业参保信息、员工参保信息等内容，无须另行登录社保业务系统或平台，员工参保信息推送至社会保险部门，无须人工核对，自动即时生效。

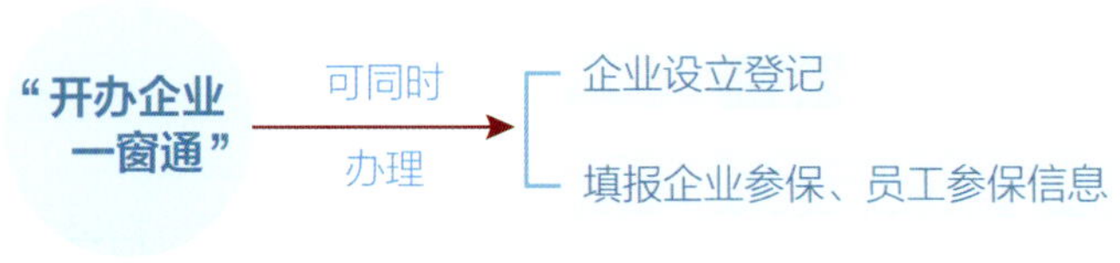

企业住房公积金登记“秒批”

将企业住房公积金开户登记纳入“开办企业一窗通”平台，企业在办理设立登记时，可同时填报公积金开户信息，无须另行登录其他系统或平台，开户登记信息推送至住房公积金部门。

● 构建“深港通、深澳通注册易”跨境商事登记服务模式

按照开办企业服务前移、离岸受理、远程办理的要求，利用银行深港澳业务联系通道和服务方式，将服务范围扩大至香港、澳门，香港、澳门投资者足不出港、澳即可办理深圳企业的登记。

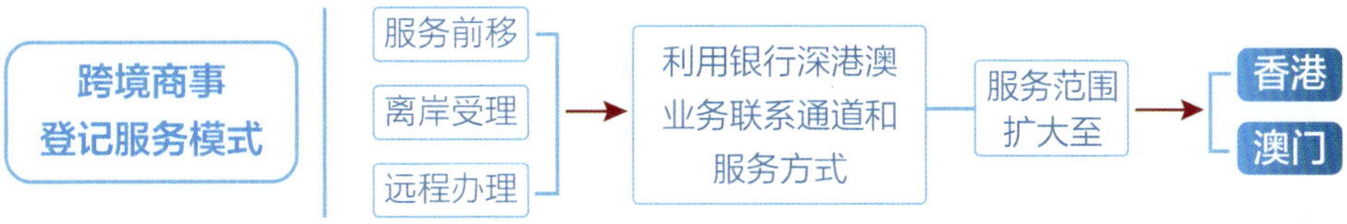

● 创新推出区块链电子发票

在全国率先推出区块链电子发票。借助区块链底层技术，结合新型支付及报销模式，通过打造区块链电子发票管理系统、打通第三方支付或开票服务平台，实现企业自动入链，税务机关自动审批，企业资源计划系统自动报销，完成链上流程全闭环，具有全流程完整追溯、信息不可篡改等特性。

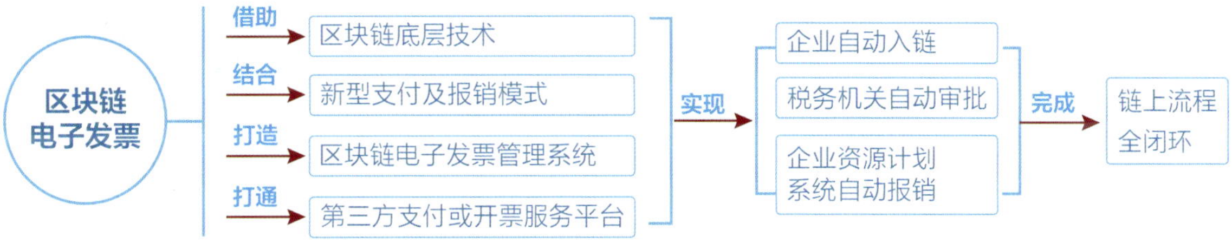

案 例 启 迪

秉承“让企业办事更便捷，让政府服务更高效”理念，推出“一网、一次、一日、一窗、秒批”服务，通过线上线下服务融合，实现企业开办“一站式”服务。充分运用信息技术手段，依托互联网、大数据和人工智能等技术，实现系统智能审批，对商事登记、员工社保登记、企业住房公积金登记等事项提供无人干预智能审批（“秒批”）服务，推出区块链电子发票。充分利用银行等第三方业务联系通道和服务方式，扩大服务范围。

西安 推行标准化建设 开启智慧化模式

● 企业“从生到退”全周期管理

推进企业名称登记便利化

放宽企业名称登记限制，全面下放冠省名、市名企业名称登记管理权限。从查重比对规则改进、限用字号承诺后申报、增加禁限用字词库维护等方面优化“名称自主申报系统”功能，实现企业网上核名“无纸化”，企业名称申报从历时 2 天变成实时通过。

推进开办环节精简化

实行住所申报承诺制、放宽企业名称变更登记限制、推行“审核合一”等措施，将企业登记信息、法定代表人身份信息等共享到公章刻制、发票申领、银行开户、参保登记等各环节，不再要求申请人重复提交，相关单位只采集企业开办时必需的个性化信息，开办材料压减到 5 件，实现企业开办“一套材料、一次采集、多方复用”。

优化公章刻制流程，企业可享受政府提供的免费刻制公章服务，也可通过窗口或网上自主选取公章刻制服务机构。

将税种认定、一般纳税人登记、发票等业务整合为一个环节办理。

落实企业银行账户开户许可改备案制度，通过企业开办平台提供在线预约服务。

将社会保险单位参保登记、员工信息采集在企业设立登记时同步提交、合并办理，企业开办环节从 7 个压缩至 2 个。

企业开办环节

7 个

压缩至

2 个

企业开办服务多样化

研发启用“24 小时全智能办照系统”，形成全程电子化登记，健全微信办照、支付宝办照、“移动注册服务车”办照等注册登记服务体系。

推进企业注销便利化

开通“企业注销便利化一网服务平台”，在西安市注册企业都可通过该平台办理注销登记。

● “一窗通办、一日办结”全覆盖

“一窗通办”再提速

在“企业开办服务专窗”实行“一窗进出、一套材料、一次采集、一日办结”制度，新开办企业在服务专窗一次性提交申请资料，一次性完成营业执照申领、发票申领、银行开户、刻制印章、参保登记等环节办理。所有资料采取“一窗通办、后台流转”即审即办方式，“一个窗口一管到底”，实现企业开办一天办结，单个项目办理 4 个小时之内完成。

“一网服务”再简化

简化企业开办“一网通办”平台发票申领、公章刻制、参保登记环节表单填写内容，对已收取并认可的申报材料，后续各环节可通过平台共享方式获取。将名称自主申报、企业设立登记合并办理，公章刻制、发票申领、银行开户、参保登记并联运行。

企业选择“更多样”

相关部门提供营业执照、发票申领、银行开户、刻制印章、参保登记等企业开办各环节自由组合服务。企业根据需求在“一网通办”平台自主选择全流程办理或分段组合办理，自由选择包括“二合一”（营业执照 + 公章）、“三合一”（营业执照 + 公章 + 发票或开户）、“四合一”（营业执照 + 公章 + 发票 + 开户）套餐服务。

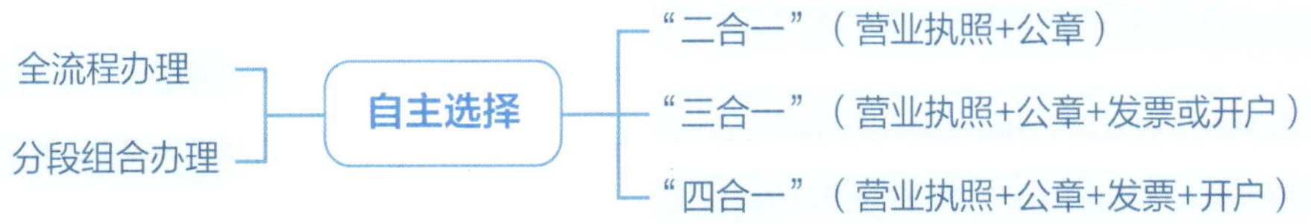

企业开办“零费用”

从 2019 年 7 月 1 日起，全市为新设立企业提供免费印章刻制、免费寄递、照证票自助打印服务，为新设立企业一次性发放含营业执照、铜质公章、税务发票等办理结果的“企业开办大礼包”。

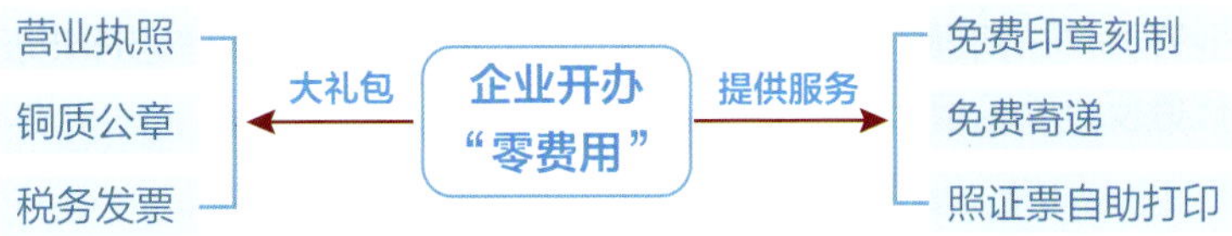

● 企业开办全方位服务

做好信息核验服务

实施企业登记身份信息实名验证管理，企业登记涉及相关自然人的，通过“登记注册身份验证”App 进行实名验证，验证通过后相关基础信息即上传有关部门；相关自然人无法通过系统进行身份验证的，再进行现场人工验证。结合部门业务需求，对填报字段进行归并，统一字段的数据格式，以信息共享代替反复的手工填报。

推动电子证照共享应用

编制电子证照信息采集、制证签发、共享应用等相关技术标准规范，相关部门和企业可通过“一网通办”总门户或者经管理单位认定的移动端，查询所持电子证照的持证列表、证照详情等信息，全市互认、一照通行，企业办事不再需要携带证照原件。

推行容缺受理服务

对申请人所提交的申请材料基本符合登记条件，但部分非实质性申请材料需要完善和补充的，由申请人承诺在约定时限内补齐，登记机关予以先行受理并在申请人补交材料后做出准予登记决定。

案 例 启 迪

通过“一网服务”平台实现市场监管、公安、税务等部门全面对接，通过“一窗受理、后台流转”方式，实行“一窗进出、一套材料、一次采集、一日办结”。推动电子证照共享应用，简化企业开办“一网通办”平台发票申领、公章刻制、参保登记环节表单填写内容，以信息共享，代替反复手工填报。

劳动力市场监管

劳动力市场监管，主要衡量参评城市实施就业监管的灵活性，涉及招聘、用工、解聘等过程，以及提供就业服务、做好重点群体就业工作、多渠道促进就业等情况。

（一）改革要求

2018 年,《人力资源市场暂行条例》（国务院令第 700 号）、《国务院关于做好当前和今后一个时期促进就业工作的若干意见》（国发〔2018〕39 号）印发，要求各级政府强化培育人力资源市场职责，提升公共人力资源服务水平，及时发布人力资源市场供求信息，加强信息监测和预警工作，推动人力资源自由有序流动和优化配置，各地政府性融资担保基金优先为符合条件的小微企业提供低费率的担保支持，支持各类职业院校、普通高等学校、职业培训机构和符合条件的企业承担失业人员职业技能培训或创业培训，对符合条件的下岗失业人员，及时落实失业保险待遇，纳入最低生活保障和临时救助范围，实行失业登记常住地服务，明确失业人员可在常住地公共就业服务机构办理失业登记，申请享受当地就业创业服务、就业扶持政策、重点群体创业就业税收优惠政策。

2019 年,《人力资源社会保障部关于进一步规范人力资源市场秩序的意见》（人社部发〔2019〕87 号）、《国务院关于进一步做好稳就业工作的意见》（国发〔2019〕28 号）印发，要求依法规范劳动者求职、用人单位招聘、人力资源服务机构提供服务等权利义务和行为，健全完善与市场监管部门的信息沟通机制，促进人力资源服务机构切实履行依法公开生产经营活动有关信息数据的法定义务，指导和督促网络招聘平台建立完善信息发布审查制度，延续实施阶段性降低失业保险和工伤保险费率、失业保险稳岗返还及职工在岗培训补贴政策，加强对民营企业和小微企业的金融支持，支持社区生活、家政、旅游、托育、养老等吸纳就业能力强的服务业发展，扩大技能人才培养培训规模，组织城乡未继续升学的初高中毕业生、20 岁以下有意愿的登记失业人员参加劳动预备制培训，开放线上失业登记入口，建立登记失业人员定期联系和分级分类服务制度，对生活困难的失业人员，按规定及时纳入临时生活补助、最低生活保障和临时救助等范围。

《人力资源市场暂行条例》

《国务院关于做好当前和今后一个时期促进就业工作的若干意见》

《人力资源社会保障部关于进一步规范人力资源市场秩序的意见》

《国务院关于进一步做好稳就业工作的意见》

（二）延伸链接

国务院文件

2019年12月30日

保障农民工工资支付条例（国务院令第724号）

（三）最佳实践

参评城市持续深化“放管服”改革，结合实际探索创新，努力完善人力资源服务体制机制，依法保护劳动者合法权益。

标杆城市

- 北京市
- 深圳市
- 广州市
- 上海市
- 天津市
- 厦门市
- 南京市
- 武汉市
- 合肥市
- 青岛市

（四）创新做法及改革亮点

表 3-2　劳动力市场监管创新做法及改革亮点

创新做法	改革亮点
及时处置争议	✓ 建立预警防控机制 建立部门沟通配合和信息互通机制，加强对重点产业、行业和企业裁员的劳动关系风险隐患监测，将媒介产生的涉及劳动用工方面的监督建议信息纳入监测范围。 ✓ 开展柔性执法 梳理易发、多发问题，提前对劳动密集型企业开展政策宣讲和隐患排查，对因暂时经营困难、非主观故意、首次违法违规的企业予以书面警示、避免直接处罚。

续表

创新做法	改革亮点
及时处置争议	✓ 网络纠纷化解平台 可通过网络平台在线举报、投诉用人单位的违法违规行为，推行网上行政调解、网上调解仲裁等纠纷化解模式。 ✓ 纠纷处置重心下移 在镇（街）设立派驻亭、调解点，构建司法、公安、工会、住建等部门参与的多部门联动机制，将纠纷化解在基层。 ✓ 建立多元纠纷化解机制 建立完善劳动人事争议预防协商机制、调解机制、仲裁机制、衔接机制等多元处理机制。
多渠道促进就业	✓ 在线提供就业服务 打造网上就业超市，为企业发布用工需求、开展招聘辅导，为劳动者提供就业信息、职业培训等。 ✓ 支持灵活就业 开通灵活就业网上登记窗口，为灵活就业者缴纳社保费提供委托银行签约缴费、自助终端缴费、微信清缴、办税大厅划扣等多种渠道。
开展和谐劳动关系创建	✓ 纳入考核体系 构建和谐劳动关系创建指标体系，把构建和谐劳动关系纳入当地经济社会发展规划和政府目标管理绩效考核。 ✓ 强化正向激励 开展用人单位劳动保障守法诚信等级评价，对守法诚信示范企业在信贷、政府采购等方面给予优先支持，不纳入主动监察、主动审计稽核范围。

（五）实践案例及典型经验

根据 2019 年中国营商环境评价情况，参评城市围绕优化劳动力市场监管，全力落实相关领域改革举措，对标国内国际最佳实践，结合当地实际，推出了一批典型经验和创新做法。《中国营商环境报告 2020》选取上海、合肥、青岛、廊坊 4 个城市典型做法，供各地方政府优化营商环境学习参考借鉴。

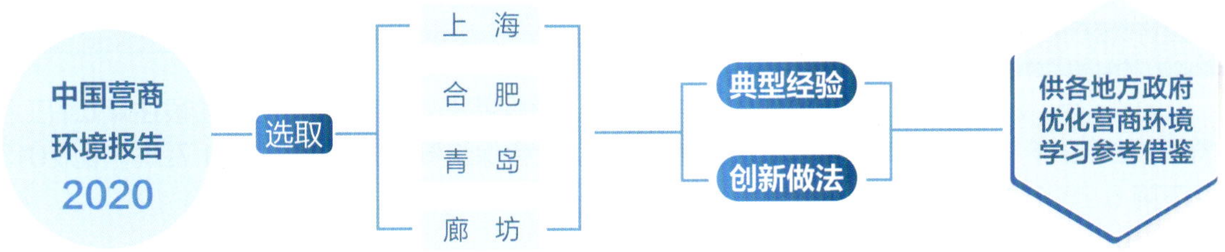

上海　优化劳动力市场监管

● 开展和谐劳动关系创建活动

和谐劳动关系创建

完善和谐劳动关系创建指标体系

结合企业诉求，将一票否决制改为分值制，增设发展性、感受性、减分、一票否决等指标，注重平衡各类不同指标反映企业实际的重要性。

丰富充实和谐劳动关系激励措施

对于达到创建活动达标标准，且符合相关情形的企业，可以享受不纳入劳动保障监察部门的主动监察范围、不纳入社会保险经办机构主动审计稽核范围等优惠政策。

推进和谐劳动关系创建工作

针对基层企业培训需求送服务上门，开展和谐劳动关系主题创建活动，针对性开展宣传与服务引导，鼓励更多劳动者和企业参与创建活动。

● 紧扣环节时间成本三要素

通过优化流程压缩办事环节

优化就业参保登记，合并就业登记和参保登记网上办理环节，企业登录上海人力资源和社会保障自助经办系统，可实现“一次登录、一步办结”职工就业参保登记手续。2019 年 4 月，将原先在办照后方可采集的员工就业参保信息，提前到与办照信息一并采集。

通过“一网通办”减少办事时间

推动数据信息共享共为，主动共享人社数据，基本覆盖“一网通办”涉及人社部门的 178 项数据需求，加快推进政务服务在“一网通办”应上尽上，实现 220 个社区事务受理中心全市通办。

通过降低费率减轻企业负担

2013 年、2016 年和 2017 年先后三次降低职工社保费率。2018 年，提出阶段性降低职工社保费率，2018 年 5 月至 2019 年 4 月上海市五项职工社会保险费率总水平约为 41.72%，比 2013 年初下降 6.28 个百分点。

● 提升企业和劳动者感受度

织密就业服务之网

开展“乐业上海”“海纳百创”等品牌塑造和宣传推广活动。推进失业保险援企稳岗“护航行动”，印发《关于本市用人单位申请享受援企稳岗“护航行动”补贴的操作意见》，制定补贴申请、发放等各环节具体操作细则。发布政策问答及线上、线下申请操作指南相关宣传资料。开发线上自助申请和线下现场申请系统，实现网上、网下同步申请。与苏、浙、皖等三省相关就业服务部门联络沟通，研发乐业上海微信公众号“微招聘”服务模块，推进长三角地区就业服务信息共享。

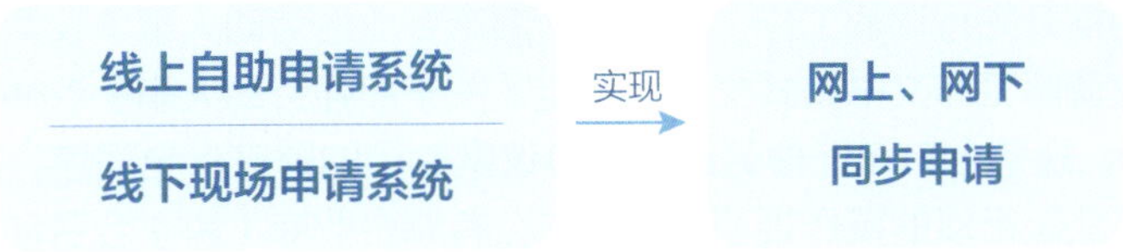

织密创业服务之网

组织实施各项创业专项服务计划，推进园区、校区创业服务载体建设，引导各区将创业服务功能进一步向社区延伸，鼓励有条件的镇（街）参与创业型社区创建。

织密职业培训之网

实施上海市技能提升计划，深化企业新型学徒制试点，做好新一批高技能人才培养基地的认定、评估和师资队伍建设资助。在全市范围内开展民办培训机构师资继续教育专题培训，推进职业培训教研组建设，建立职业培训机构和高技能人才培养基地教学教研联席活动机制。

织密人才服务之网

深化“中国上海人力资源服务产业园区”建设，建立统一、高效的市级人才公共服务平台。强化留学人员创新创业服务，为留学人才量身定制海内外高端人才招聘会，联动相关部门为留学人才提供人事人才、出入境服务、侨务等方面的政策咨询，成立“上海市创业指导专家志愿团—海归创业导师营”。

织密预警防控之网

建立部门沟通配合和信息互通机制，及时预警处置各类风险矛盾，加强对重点产业、行业和企业裁员的劳动关系风险隐患及舆情监测，正面引导、及时回应，减少劳动关系领域不和谐因素，确保不发生系统性区域性风险。

织密调解仲裁之网

在全市范围全面推开先行调解工作。印发《上海市专业性劳动人事争议调解工作规范》及专业性劳动人事争议调解工作文书格式文本。制定《关于加强劳动人事争议仲裁与诉讼衔接机制建设的实施意见》，规范全市在处理劳动人事争议案件中的财产保全程序，下发仲裁阶段当事人申请财产保全与法院衔接的操作规范。开展非公有制企业商（协）会劳动争议预防调解示范培训工作。

案例启迪

找准监管之“纲”，通过完善和谐劳动关系创建指标体系和激励措施，增强工作合力，扎实推进和谐劳动关系创建工作。抓牢监管之“目”，通过优化流程压缩办事环节、推行“一网通办”、降低社保费率等方式提升企业获得感。织密服务之“网”，优化提升就业、创业、职业培训、人才服务、调解仲裁等服务内容，满足企业和劳动者多元化需求。

合肥 以法治促规范 为市场添活力

● 加强政策引导，提升法治意识

引导企业遵守劳动法律法规

将劳动保障法律法规纳入法治宣传教育及年度工作计划，定期联动开展人力资源社会保障法律法规政策宣传月活动。

组织开展“进校园、进社区、进单位、进农村”专题宣传活动，面向社会公众开展知识竞赛等活动。

聚焦“四重一小”（重点园区、重点企业、重点工程、重点项目和具备基本条件的中小微企业），深化“四送一服”（送新发展理念、送支持政策、送创新项目、送生产要素，服务实体经济）专项行动，引导企业依法保护劳动者合法权益。

引导企业提高用工管理水平

发挥协调劳动关系三方委员会职能，组织“劳动关系服务进万企”活动。制定《合肥市劳动人事争议仲裁员服务企业联系点制度》，推进“百名仲裁员服务千家企业”活动，组织仲裁员与企业签订《合肥市劳动人事争议仲裁员服务企业用工协议书》。

引导企业全面落实劳动合同制度

以中小企业为重点，加强实行劳动合同制度的指导服务，规范劳动合同的订立、履行、变更、解除、终止等行为，提高劳动合同签订率和履行质量。制定集体合同审查制度，开展集体协商和集体合同制度“春季要约”行动，以非公有制企业为重点，推动企业与职工开展集体协商。

引导企业建立完善工资分配制度

制定《合肥市企业薪酬调查和信息发布制度》，开展企业薪酬调查和人工成本监测工作，每年定期发布合肥市人力资源市场工资指导价位，并纳入政府公共服务事项清单。引导企业建立能够反映劳动力市场供求关系和企业经济效益的工资决定及正常增长机制，以及基于岗位价值、能力素质、业绩贡献的工资分配机制。

●加强用工管理，提升监管实效

开展劳动用工网上备案

建设合肥市劳动用工网上备案系统，全面推行劳动用工网上备案，建立用人单位劳动用工台账，完善劳动用工信息数据库，实现对用人单位劳动用工及劳动合同制度实施情况的动态管理。定期对劳动用工备案信息进行综合分析，全面掌握用人单位劳动用工的存量、变量以及劳动合同签订等情况。

开展人力资源诚信服务

建立人力资源市场监管和信用体系，制定人力资源服务机构信用等级专项评定方案。制定《合肥市劳务派遣单位监督管理办法》和《合肥市劳务派遣单位诚信等级评价办法（试行）》，加强劳务派遣事中事后监管，建立劳务派遣单位社会信用体系。

开展劳动力市场清理整顿

开展以打击“黑职介”为重点的清理整顿人力资源市场秩序专项行动，加强就业权益保护，净化劳动中介市场。

开展农民工工资支付全方位监管

出台《关于对合肥市建设领域农民工工资保障金实行差异化交纳的通知》，保证金缴存实行差别化动态监管，避免拖欠农民工工资现象发生。建立农民工工资支付银行保函制，专项用于发生欠薪时支付农民工工资的应急保障。构建保障农民工工资支付监控网络，将保障农民工工资支付工作落实在平时、化解在基层。

● 加强体系建设，提升服务能力

“2+N”招聘服务常态化

推行“周三就业招聘”“周六人才对接”两大主题招聘活动，针对特殊群体和地方特色组织开展N项招聘活动。2019年，共举办1410场招聘会，为37.23万名求职者提供免费就业服务。

市场主体用工服务均等化

对处于初创阶段及灵活用工等用人主体的招聘，采取“经办人书面承诺+工作人员必要调查”的受理方式。面向规模以上企业和重点招引企业，开展代办、帮办制，选派工作人员作为代办帮办员。加强企业用工指导，帮助用工企业完善人力资源管理制度和做好人才储备。

重点群体就业服务精准化

广泛推广使用“高校毕业生精准服务平台”。2019年，全市共有2253家用人单位在精准平台上进行注册，发布招聘岗位3.26万个，建模招聘岗位2.07万个，精准匹配65844人次。

2253家 用人单位注册

3.26万个 发布招聘岗位

2.07万个 建模招聘岗位

65844人次 精准匹配

就业创业一站式服务规模化

印发《合肥市就业创业一站式服务中心建设管理实施细则》，明确全市就业创业一站式服务中心申请设立的条件、申报程序、职责、考核评估制度以及补助政策，建成就业创业一站式服务中心26家。

● 加强援企稳岗，提升用工保障

实施减负行动

自 2019 年 5 月 1 日起，全市城镇职工基本养老保险单位缴费比例降至 16%，社保缴费基数统计口径按照全省上年度全口径城镇单位就业人员平均工资的 60%—300% 核定缴费基数的上下限。

养老保险单位
缴费比例
↓ 降至
16%

实施“护航行动”

制定《合肥市开展失业保险稳岗返还工作方案》，向重点企业和面临暂时性生产经营困难且恢复有望的参保企业发放失业保险稳岗返还资金。

实施“展翅行动”

发挥失业保险稳就业作用，激励企业职工提升职业技能、提高职业转换能力、降低失业风险。进一步优化服务流程，简化办事程序，企业职工可登录支付宝申领失业保险技能提升补贴。

● 加强示范引领，提升构建和谐劳动关系工作水平

提高和谐劳动关系治理能力

制定《中共合肥市委 合肥市人民政府关于构建和谐劳动关系的实施意见》，把构建和谐劳动关系纳入当地经济社会发展规划和政府目标管理绩效考核体系、综治工作（平安建设）考评体系。

开展和谐劳动关系创建活动

开展构建和谐劳动关系综合试验区建设，制定《合肥市和谐劳动关系单位评价认定办法》，开展模范劳动关系“和谐企业”“和谐园区”“和谐社区（村）”“和谐街道（乡镇）”“和谐县（市、区）”评价工作。

- 和谐企业
- 和谐园区
- 和谐社区（村）
- 和谐街道（乡镇）
- 和谐县（市、区）

多元化解劳动关系矛盾纠纷

印发《关于进一步加强劳动人事争议调解仲裁完善多元处理机制的实施意见》，建立完善劳动人事争议预防协商、调解、仲裁、衔接等多元处理机制。

案　例　启　迪

注重加强法治保障，引导企业遵守劳动法律法规、提高用工管理水平、完善工资分配制度。注重加强服务体系建设，推进招聘服务常态化、用工服务均等化、就业服务精准化、一站式服务规模化。注重加强用工管理的监管，加大用工保障支持力度，不断提升构建和谐劳动关系工作水平。

青岛 聚焦市场需求优化管理服务

● 聚焦政策体系引领，优化制度环境

构建稳定和扩大就业政策体系

出台《青岛市关于进一步稳定和扩大就业的实施意见》和《关于进一步简化流程优化服务加快落实就业创业政策有关问题的通知》，将稳定和扩大就业纳入全市新旧动能转换重大工程，全面推行全程网办、全市通办，推出就业社保“政策一本通”“人才政策词典”。

完善劳动关系政策体系

出台《中共青岛市委 青岛市人民政府关于构建和谐劳动关系的意见》《青岛市劳动用工备案办法》《关于规范劳动关系有关问题的意见》等政策文件，涵盖电子劳动合同、新业态用工、工时、工资、休假等热点、难点问题。

健全监察执法政策体系

出台《青岛市人力资源社会保障局劳动保障监察举报投诉处理办法》《关于加强拒不支付劳动报酬案件移送衔接工作的意见》等系列规定。

● 聚焦创业工程升级，优化市场环境

升级创业政策

将创办小微企业补贴提高到最高 3 万元，将创业担保贷款提高到最高 45 万元，小微企业最高可贷 300 万元。全面降低补贴申领门槛，取消现场核实和扶持期限规定。

创办小微企业补贴	最高可补 →	3万元
创业担保贷款	最高可贷 →	45万元
小微企业	最高可贷 →	300万元

升级创业载体

构建梯次结构完整的创业孵化体系，对认定的市级创业孵化载体，最高给予 500 万元奖补资金。出台创业孵化补贴新政，根据创业孵化效果再给予最高 150 万元的补贴。

升级创业服务

连续举办两届优秀创业项目遴选活动，在全国范围遴选优质创业项目。

● 聚焦企业用工需求，优化用工环境

开展企业用工监测

在全市抽取 3000 户企业进行企业用工情况动态监测，深入分析研判企业用工、人才需求等实际情况。

开展职业技能培训

建立技能人才培养、评价、激励和使用全链条式政策扶持体系。发布《新旧动能转换技能人才紧缺急需 50 个专业目录》(试用)、《新旧动能转换技能人才紧缺急需 100 个职业（工种）目录》(试用)，根据专业和工种给予培训费补贴。开展企业技能人才自主评价。

开展人才引进专项活动

每年组织 600 余家企事业单位赴全国重点高校开展招聘活动。连续举办“百所高校千名博士青岛行”活动。

● 聚焦服务质效提升，优化服务环境

推行“智慧就业”

实现就业登记、社保登记、劳动用工备案“三口合一”，一体办理。全面推行一网通办、一窗通办、一证通办，33 项就业创业依申请服务事项实现全程网办，就业登记等 7 项业务实现“秒批”，31 项事项实现全市通办。失业保险金申领等 10 项业务实现仅凭一张身份证或不需任何材料即可办理。灵活就业人员社保补贴等 12 项业务实现一链办理。

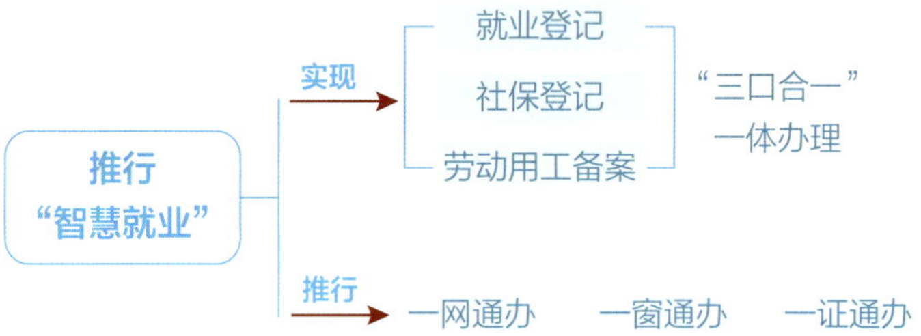

开展“政策找人”服务

依托大数据主动比对分析符合政策条件的企业和个人，主动发放补贴，精准落实政策。2019 年，通过“政策找人”服务，为 3235 户企业发放稳岗返还补贴 1.08 亿元。

开展政策法规宣讲活动

修订《青岛市人力资源和社会保障局服务民营企业政策摘编》《青岛市人力资源和社会保障局惠民政策百问（2019）》《政务服务事项服务指南》等宣传资料，开展民营企业万户行政策法规宣讲活动。

创建“社保—企业直连”嵌入式服务平台

试点向 300 余家小微企业开放社保信息经办系统端口，人员的新增、转入、转出、信息维护等通过企业人力资源系统操作后，政府社会保险信息系统即同步更新。

● 聚焦公平权益保障，优化劳资环境

建立企业“正面激励”“负面惩戒”机制

开展用人单位劳动保障守法诚信等级评价，实施 ABC 分类监管，对于信誉度良好的守法诚信示范企业在评先评优、信贷支持、政府采购等方面给予优先支持。对重大劳动保障违法行为，设置劳动保障违法行为曝光台予以公布。

构建全天候一链式舆情预防监测化解机制

将微信、微博、电视、报刊等媒介产生的涉及劳动用工、社保经办、人才服务等监督建议信息全部纳入舆情监测范围。

改革创新劳动监察书面审查方式

将用人单位劳动用工情况网上申报改为通过大数据风险评估，直接筛选审查风险较高单位，减少全市约 6 万户企业的申报审查负担。

建立劳动争议化解机制

成立劳动人事争议调解预防中心和人力资源服务机构、新业态、交通运输、商协会等 4 家行业性劳动争议预防调解联盟。

案 例 启 迪

聚焦完善政策体系，不断建立健全扩大就业、劳动关系、监察执法政策体系。聚焦提供优质服务，推出“智慧就业”“政策找人”“社保一企业直连”等服务模式。聚焦保障用工合法权益，开展用工监测，构建舆情预防监测化解机制，强化激励和惩戒措施。

廊坊 优化劳动市场监管

● 就业方面

落实稳就业政策

抓好吸纳就业补贴、社会保险补贴、岗位补贴、就业见习补贴等政策落实。扩大失业保险稳岗返还受益面。对不裁员或少裁员的中小微型企业，稳岗返还标准由 50% 提高至 100%。

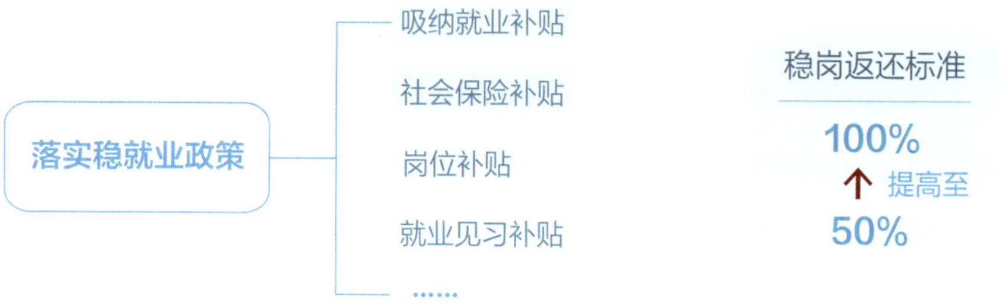

推动重点群体就业

实时跟进农民工返城务工情况，加强本地农民工外出务工监测。对本地生源未就业高校毕业生进行摸排，有针对性地加强培训和就业指导。扩大高校毕业生就业在线办理事项。

开展线上职业能力培训

推广“互联网 +”职业培训，充分调动企业、职业院校和社会培训机构等各类主体的积极性，加快推广新型学徒制等联合培养方式。

加强创业带动就业

制定廊坊市创业服务工作实施方案，降低小微企业创业担保贷款申请条件，加快创业就业孵化基地优化升级，完善全市政企直通服务平台功能。

● 劳动关系方面

开展和谐劳动关系创建活动，针对劳动者待岗、失业、收入减少、劳动关系不稳定性增加等风险，加强劳动用工指导。

开展清理整顿人力资源市场秩序专项检查，抓好农民工工资无拖欠证明报批审验管理、工资保证金、工资专用账户等治理欠薪制度落实。

推动仲裁实体化建设，完善基层调解组织建设，打造“互联网 + 调解仲裁”审理方式。

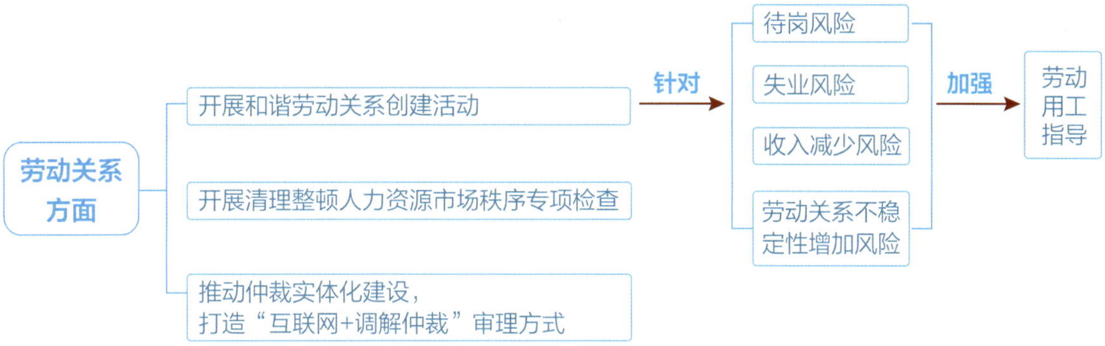

● 社保费减免方面

制定廊坊市阶段性减免企业社保费工作方案，从 2020 年 2 月起到年底对中小微企业免征企业养老保险、失业保险、工伤保险的单位缴费部分。

案 例 启 迪

充分发挥就业专项资金对落实就业扶持政策的支撑作用，制定地方减免社保费工作方案。做好农民工、高校毕业生等重点群体就业保障工作，完善创业支持措施和技能培训服务，通过优化服务带动就业创业。

办理建筑许可

办理建筑许可，主要衡量参评城市的企业投资建设一个小型建筑物（比如仓库）所需经历的政府审批和外部办事流程，包括办理环节、办理时间、成本费用，以及控制建筑工程质量和提升办理建筑许可便利化水平等情况。

（一）改革要求

2018 年，《国务院办公厅关于开展工程建设项目审批制度改革试点的通知》（国办发［2018］33 号）印发，决定在北京市、天津市、上海市、重庆市、沈阳市、大连市、南京市、厦门市、武汉市、广州市、深圳市、成都市、贵阳市、渭南市、延安市和浙江省开展试点，2018 年将试点地区审批时间压减至 120 个工作日，2019 年上半年将全国审批时间压减至 120 个工作日，将审批流程主要划分为立项用地规划许可、工程建设许可、施工许可、竣工验收等四个阶段，每个审批阶段确定一家牵头部门，实行并联审批、限时办结，精简审批事项和条件，下放审批权限，合并审批事项，推行联合勘验、联合测绘、联合审图、联合验收、区域评估，实现“一张蓝图”统筹项目实施、“一个系统”实施统一管理、“一个窗口”提供综合服务、“一张表单”整合申报材料、“一套机制”规范审批运行。

2019 年，《国务院办公厅关于全面开展工程建设项目审批制度改革的实施意见》（国办发［2019］11 号）、《国务院办公厅关于印发全国深化“放管服”改革优化营商环境电视电话会议重点任务分工方案的通知》（国办发［2019］39 号）印发，要求 2019 年上半年将全国审批时间压减至 120 个工作日以内，2019 年底前将项目环评审批时间压缩至法定时限的一半、压缩用地规划办理时限，制定国家、省（自治区）和地级及以上城市工程建设项目审批事项清单，明确各项审批事项的适用范围和前置条件，合理划分审批阶段，每个审批阶段实行“一家牵头、并联审批、限时办结”，制定全国统一的工程建设项目审批流程图示范文本，实行联合审图和联合验收，推行区域评估和告知承诺制，统筹整合各类规划，构建“多规合一”的“一张蓝图”，设立工程建设项目审批综合服务窗口，实现“一个窗口”提供综合服务，整合申报材料，实行“一份办事指南，一张申请表单，一套申报材料，完成多项审批”的运作模式，建立健全审批配套制度，“一套机制”规范审批运行，建立健全中介服务和市政公用服务管理制度，规范中介和市政公用服务。

（二）延伸链接

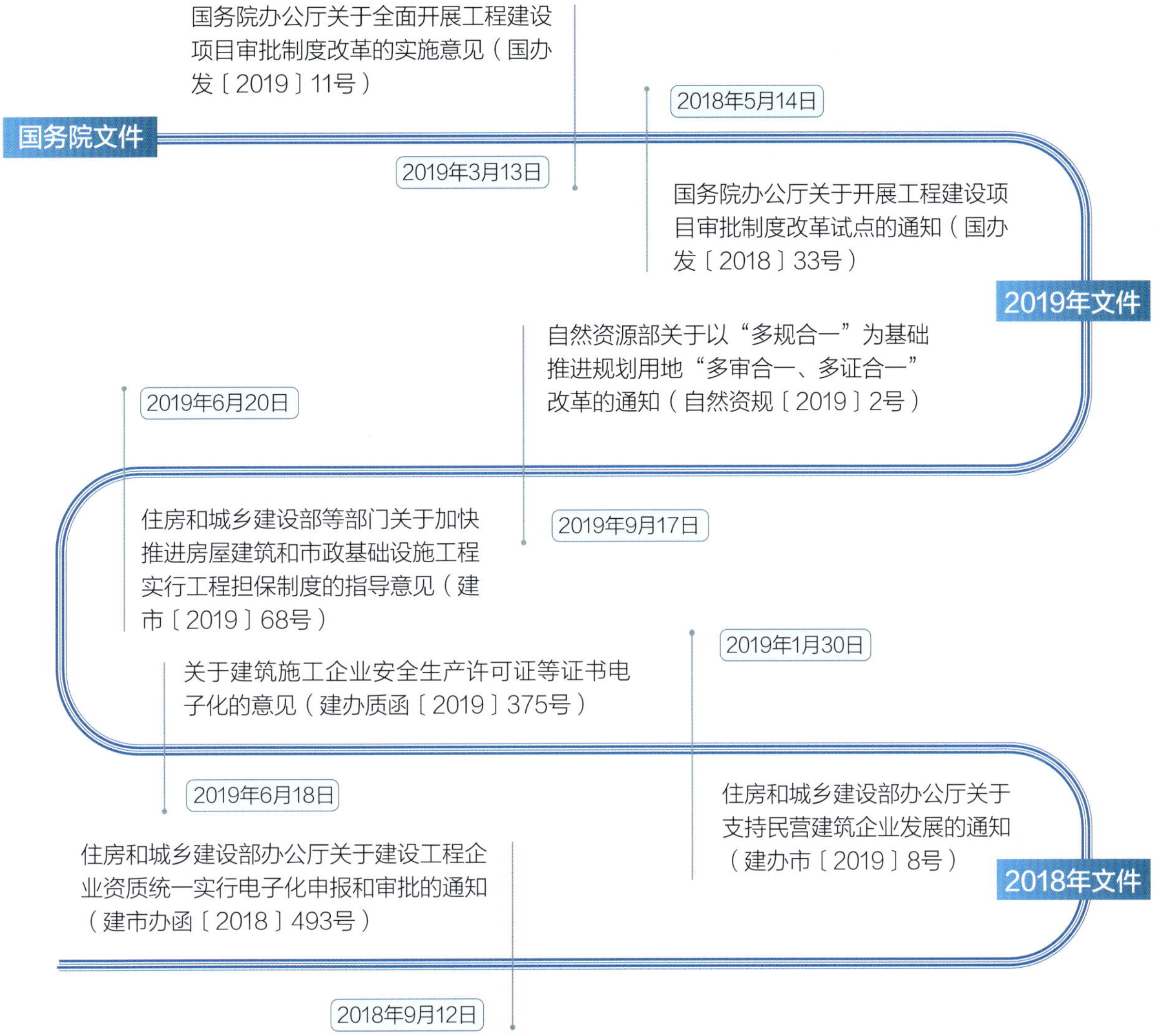

（三）最佳实践

参评城市持续深化“放管服”改革，结合实际探索创新，努力实现办理建筑许可环节更简、时间更短、成本更低。

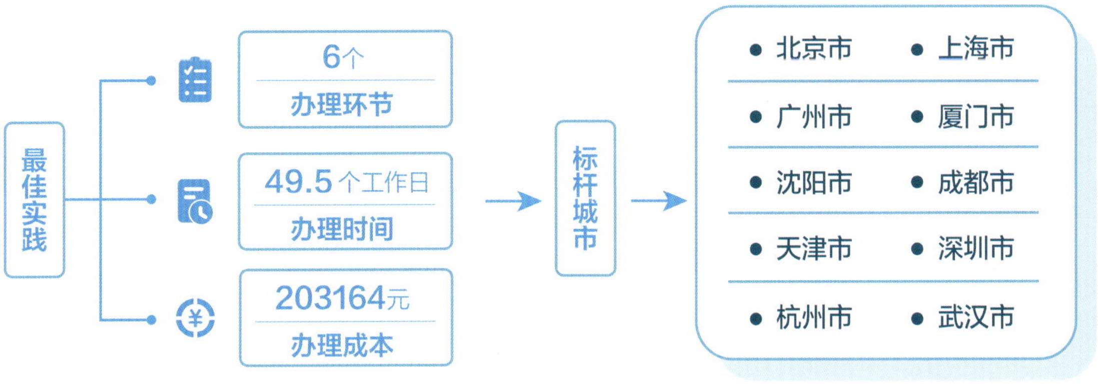

（四）创新做法及改革亮点

表 3-3　办理建筑许可创新做法及改革亮点

创新做法	改革亮点
流程标准化规范化	✔统一设立线上平台和线下窗口 建立“一站式”网上办理系统，在政务服务大厅设立综合服务窗口，全程“一口进件、并联审批、一口出件”，为申请人提供指导咨询服务。 ✔统一公布审批事项清单和流程图示范文本 明确所有审批事项的适用范围、前置条件、办理时限。 ✔统一划分审批阶段 将全流程划分为立项用地规划许可、工程建设许可、施工许可、竣工验收等 4 个阶段，各阶段明确一个牵头部门。 ✔统一制定申报表单 各审批阶段牵头部门负责制定一张申报表单、一份办事指南，部门间共享企业申报信息，申请人不再另行提交材料。 ✔统一项目代码 将项目代码作为项目全生命周期唯一身份标识，审批、监管、建设实施进展等信息均通过代码归集。
分类审批监管	✔实行分类审批 对低风险工程项目免于办理环境影响评价等环节，精简审批程序、压缩办理时间。 ✔实行分类监管 建立基于不同项目类型、不同风险等级的差异化现场质量监管体系，取消低风险项目首次监管会议、检查和竣工备案等环节。
优化前期评估	✔“多规合一”协同 组织规划自然资源、发展改革、住房城乡建设等部门集体研究确定项目建设条件、需要评估事项，为项目单位提供预沟通预协调服务。建设“多规合一”业务协同平台，接入相关单位线上协同策划，实现多部门在线会商决策，以“一张蓝图”统筹项目实施。

续表

创新做法	改革亮点
优化前期评估	✓ 区域评估 由政府负责对符合条件的特定区域内的雷电灾害风险评估、地震安全性评价、地质灾害危险性评估、环境影响评价、节能评价等事项实行区域评估。 ✓ 标准地 对已完成区域评估的建设用地，进一步明确投资强度、亩均税收、单位能耗、单位排放、容积率等指标。 ✓ 告知承诺制 对已经实施区域评估范围内的工程建设项目，相应的审批事项实行告知承诺制。
简化报建流程	✓ 探索取消施工图审查 建立设计质量终身负责制，不以施工图审查合格文件作为行政许可的前置条件。 ✓ 数字审图、多图联审 将消防、民防、卫生、水务、抗震等部门的技术审查事项并入施工图设计文件审查，施工图审查机构采用数字化系统在线一并审查。 ✓ 市政公用服务事项前置 供水、供电、燃气、热力、排水、通信等市政公用基础设施报装提前到开工前办理，相关服务事项入驻线上平台和政务服务大厅。
缩短验收时间	✓ “多测合一” 统一建筑工程建筑面积测绘、房产面积测算、土地勘测的技术标准，实行“一次委托、统一测绘、成果共享”。 ✓ “多验合一” 实行规划、土地、消防、人防、档案等事项限时联合验收，统一竣工验收图纸和验收标准，统一出具验收意见。

（五）实践案例及典型经验

根据 2019 年中国营商环境评价情况，参评城市围绕提升办理建筑许可便利度、强化建筑工程质量管理，全力落实相关领域改革举措，对标国内国际最佳实践，结合当地实际，推出了一批典型经验和创新做法。《中国营商环境报告 2020》选取北京、上海、厦门、沈阳、深圳、衢州 6 个城市典型做法，供各地方政府优化营商环境学习参考借鉴。

北京 依托投资项目在线审批监管平台打造投资项目“一张网”

● 构建工作体系和工作机制

印发《关于加快建设市投资项目在线审批监管平台的通知》《北京市投资项目在线审批监管平台运行管理实施办法》《关于深化投融资体制改革的实施意见》，成立“北京市投资项目在线审批监管平台领导协调小组”，构建北京市投资项目在线审批监管平台工作体系，建立覆盖市区两级所有投资审批部门和投资审批全流程的在线平台运行工作机制。

● 统一全市投资项目出入口

统一投资项目申报线下入口

从 2019 年 1 月起，市、区政务服务中心全面实施综合窗口管理模式，将所有投资审批部门整合纳入投资项目审批专区，打造大厅投资项目审批服务“一窗”，由综合窗口人员承担窗口值守，负责所有投资审批事项的接件、受理、出件工作。依托综合窗口，完成投资审批事项目录梳理及标准化、业务流程优化，所有固定资产投资事项通过“一窗”纳入在线平台。

统一投资项目申报线上入口

出台《北京市工程建设项目审批服务互联网办事规则》，明确全市所有固定资产投资审批事项均需通过在线平台互联网门户网站进行申报。将“多规合一”平台、施工图联审平台、联合竣工验收平台入口统一到在线平台上。在线平台门户网站提供项目进度查询、政策公告、在线咨询等服务。

完成在线平台与所有投资审批部门业务审批系统对接

在 14 个投资审批部门中，经济信息化、园林绿化等 6 个部门全程使用在线平台，发展改革、规划自然资源等 8 个部门以统一接件、统一受理、统一反馈、统一送达模式使用在线平台。

● 强化代码应用

实行国家项目编码和本市项目代码双码管理

将项目代码作为项目全生命周期唯一身份标识，项目单位通过在线平台首次办理相关审批事项时，由在线平台按照国家编码赋码规则赋予项目国家编码，在发展改革部门办理立项手续时，由发展改革部门赋予本市项目代码，并对国家编码和项目代码进行对应关联，审批、监管、建设实施进展等重要信息通过代码归集。

项目代码线上线下“应用必用”

线下，政务服务中心综合窗口人员在接收申报材料时对项目代码进行核验，在送达批准结果时，对项目代码进行检查，将各部门应用项目代码情况纳入对各部门年度绩效考评范围。

线上，项目单位在在线平台互联网端申报时，可在赋码环节自动甄别、筛查，提示项目单位使用项目代码。在线平台政务外网端对在线平台增加项目唯一性校验功能，提供完备的项目库，对不同类型项目设置条件查询功能，关联项目代码，并提供可视化监测检查功能。

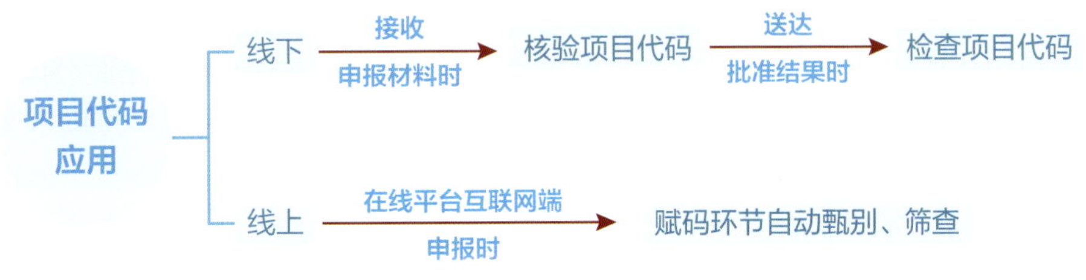

加强创新应用

优化完善简易低风险项目审批服务流程

分类别简化手续，出台《关于完善简易低风险工程建设项目审批服务的意见》等16个改革文件。对于地上建筑面积不大于1万平方米、建筑高度不大于24米的项目，纳入社会投资简易低风险项目范围，依托在线平台建设社会投资简易低风险“一站通”办理模块，推出包括审批、监管、验收、登记的全封闭式项目管理体系，将全部投资审批环节整合压缩为建设工程规划许可证办理、施工许可证办理、质量安全检查、联合竣工验收、不动产登记5个环节，办理时间由137.5天压缩为20天，其中项目备案、规划许可、伐移树木许可、市政报装申请4个事项实现“一表”申报、“一窗”受理、并联审批、一次办结。

社会投资简易低风险项目

办理时间

137.5天

压缩至

20天

优化试点项目审批流程

对公共服务类建设项目实施“一会三函”管理模式，项目单位经市政府集体决策纳入“一会三函”项目范围后，只需分别向发改、规划、住建部门申报前期工作函、规划意见函、施工登记函，即可开工建设，在项目竣工验收前完成正常审批手续即可，开工前审批手续时间压缩至45个工作日以内。依托在线平台开发“一会三函”管理模块，将“一会三函”项目全部纳入在线平台管理，并通过项目代码对试点项目和正常项目进行统筹管理，为试点项目牵头单位和“三函”办理部门、相关监管部门开展相关监管工作提供有力支撑。

优化完善工程建设审批制度改革项目审批流程

依托在线平台开发对工程建设项目“一个窗口”“一张表单”支撑功能，开发工程建设项目“一张表单”申报专栏，实现项目备案、规划许可、移伐树许可、施工许可线上线下并联申报和并联审批功能。将水电气热等市政报装事项纳入在线平台，市政公用事业服务企业将施工方案等材料通过在线审批监管平台推送至规划、住建、园林、交通、交管部门，实现同步推送、同步施工。

提升投资项目审批便利度

结合北京市政务服务中心投资项目审批专区窗口功能，依托在线平台开展电子签章、EMS双向寄递服务，由窗口人员对申报材料审核通过并作出受理决定的，可依托在线平台直接打印带有部门电子签章的受理通知书；项目单位在线上进行项目申报时，可自由选择项目材料申报或批准结果送达方式。

● 加强信息共享

部门间信息共享

强化数据应用，与企业信用网、综合执法平台及住房城乡建设、统计、安全监管、商务等部门实现数据共享，为投资领域项目监管和形势分析提供数据支撑，为企业信用监管和相关行业布局规划及行业调控提供数据参考。

投资审批申报用户账号互认

在线平台与北京市政务服务一体化平台完成统一身份认证，实现网站无感跳转。项目单位只需登录一次，即可在在线平台和北京市政务服务一体化平台中完成所有功能操作。

● 加强在线平台监管

建立投资项目事项审批“红黄绿”分级预警和催办功能，实时对各部门各审批环节办理时限进行监管和督促。通过平台月报形式，对各部门审批时限、项目代码规范应用、审批证照文件上传、数据错误等情况进行通报和排名。

将各部门在线平台规范应用情况纳入全市绩效考评和市政务服务中心监督检查范围。通过在线平台在线监控板块对事项审批和项目办理从网办率、用码率、审批用时等方面把关，强化对窗口规范服务和各相关审批部门行为监督检查。

案 例 启 迪

加强制度建设，构建覆盖所有投资审批部门的在线平台工作体系和工作机制。统一投资项目出入口，强化代码应用，加强在线平台监管，实现在线平台对投资项目审批全流程覆盖、全生命周期管理。加强创新应用和信息共享，为项目单位申报和审批部门开展监管工作提供便利条件。

上海 持续打造优化工程建设领域营商环境新高地

● 创新体制机制

把政府投资、国有企业投资项目纳入改革范围，针对供排水接入、项目竣工验收、全过程质量安全监管、地质勘查办理等薄弱环节，制定以《2019 年上海市优化施工许可营商环境工作总体安排》为基础的“1+17”的改革政策体系。

制定实施改革 3.0 版，根据项目风险等级的不同分类制定差异化的改革举措，提升办理建筑许可便利化水平，尤其是 1 万平方米以下的低风险产业类项目办理建筑许可的便利化水平。

创新体制机制

● 实现智慧型“一网通办”

依托市政府“一网通办”政务服务总门户，以“项目全覆盖、业务全流程、数据全归集”为标准，开发建设“上海市工程建设项目审批管理系统”，明确上海市工程建设领域审批管理服务的统一入口，完善一站式在线申请、在线审批、在线咨询、供排水接入服务等功能。

建设工程规划许可证、施工许可证、综合验收合格通知书等项目审批全流程各审批文件均采用电子证照在线发证。同步推出手机移动端审批功能。

“一网通办”

● 打造一站式服务机制

成立市、区两级审批审查中心，建立“在线综合受理、后台分类管理、统一系统发证”的一站式政务服务管理机制，在不改变各部门现行审批职能前提下，整合审批资源，强化内部协同联动，推动项目全过程各事项环节在线办理。

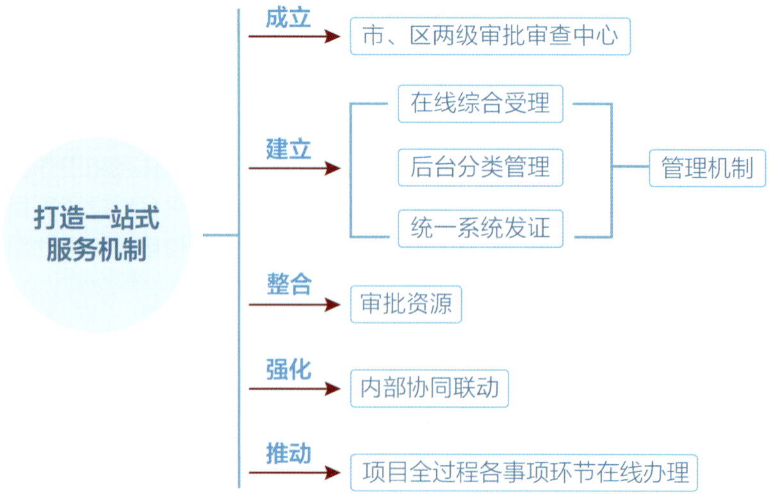

● 规范工程建设“隐形审批”

启动本市中介服务事项清单制管理，将原有的 72 项评估评审等中介服务事项减少到 40 项，精简率达 44%。对确需保留的中介服务事项逐项编制服务指南，明确其法律依据、服务范围、受理材料、服务时限、具备条件、收费依据和标准等，对于政府委托的中介服务事项，其受理委托行为和办理结果全部纳入系统管理。

● 完善仲裁咨询服务

成立上海建设工程仲裁院。支持社会第三方咨询服务机构提供市场化、专业化的咨询服务。鼓励有条件的建设单位开展建筑师负责制试点或委托符合要求的项目管理单位开展全过程工程咨询服务。

案 例 启 迪

针对工程建设项目瓶颈问题，不断升级完善改革政策体系，推动工作迭代更新。同步推进线上线下便利化改革，建立工程建设项目审批管理系统和一站式服务机制。厘清中介服务领域政府与市场的关系，实施中介服务事项清单制管理，精简中介服务事项，完善工程仲裁和工程咨询服务。

厦门 持续推进工程建设审批制度改革

● 从“部门规划”向“多规合一”迭代

2014 年 3 月，厦门市委、市政府启动“多规合一”改革，以厦门统一空间战略规划为指引，汇聚四大板块 72 个专题 322 个图层的空间规划数据。

建设“信息共享、业务共商、空间共管”多规合一业务协同平台，依托平台以“一张蓝图”统筹项目实施，接入 364 个单位线上协同策划，变“以项目定规划”为“以规划生项目”。

构建共享协同、便捷高效的线上线下一体化项目决策机制，“一本可研、共同论证、共同决策”，明确项目关键指标要素，将气象探测环境保护、涉及国家安全审查、地名标准化等核查关口前移至策划阶段。

推行项目策划生成“问题清单”与“审批服务清单”的双清单机制。

● 从“审批孤岛”向“整体服务”升级

实施分类管理

根据资金、类别及规模等项目要素精细划分项目类型，形成“17+4+4”审批模式（即 17 种项目类型分类申报、4 个审批阶段并联审批、4 条工作主线并行推进），梳理公布审批事项清单，构建“全流程”并联审批机制，重点提升小型建设项目快速审批机制。

“17+4+4”审批模式
- 17 种项目类型分类申报
- 4 个审批阶段并联审批
- 4 条工作主线并行推进

实施统一监管

全市统一运行工程建设项目审批管理系统，统一信息数据平台，将 109 个部门、911 个事项全部纳入统一监管，审批权限内非涉密建设项目 100% 在线运行，实现策划信息、项目信息、申报信息、审批信息、监管信息等实时共享，对手续办理合规性及时效性全程监督管理，批文证照无须申请人提供，由系统自动调取应用；部门间业务意见征询由部门通过系统自主发起。

提升服务质量

在政务中心专设协调管理机构，对改革全过程、审批全流程进行协调督办。推行“好差评”及第三方评估制度，实行自我评价与联合考评相结合、日常督查与年终考评相结合。

● 从“问题清单”向“改革清单”升级

精简环节

通过“减、放、并、转、调”，已累计取消 33 项审批服务事项、115 个审批前置条件，下放 65 项审批服务事项，将 32 个审批服务事项合并为 11 个事项办理，转变 47 个事项办理模式，调整优化 24 个事项办理顺序。

为企减负

以“一张表单”整合申报材料，立项用地许可阶段到竣工验收阶段的申报材料从 373 份精简到 57 份。

以“负面清单”体现法无禁止皆可为，公布景观艺术评审、日照分析、三维建模、修建性详细规划、水土保持方案审批等 5 份负面清单，清单之外无审批，禁止擅自设权扩权。

以“豁免清单”厘清边界模糊审批要求，公布工程规划许可及施工图审查豁免清单，清单之内无审批。

以“准入清单”发挥导向和约束作用，发布《厦门市生态环境准入清单（2019 版）》，明确相应准入要求和管控措施，实施禁止、限制、许可、审批告知承诺、豁免 5 大类差异化准入清单管理。

以告知承诺提升审批效率，工程规划许可、环评审批等 34 个事项实施告知承诺制，强化事中事后监管和信用监管。厦门市工程建设领域 45% 的事项实现“一趟不用跑”，100%的事项实行容缺受理。

申报材料
373 份
精简到
57 份

100%
事项实行
容缺受理

集成服务

实施“一个窗口”提供综合服务，设立跨部门工程建设项目综合窗口，一窗受理、后台流转、统一送达、集成服务。

在 6 大功能片区开展区域综合评估工作，区域内建设项目无须单独编报评估评审。

整合供地手续环节，推行“交地即交证”改革举措。

实行设计方案联合技术指导服务，在工程规划许可办理时协同提出专业设计方案审查意见。

将消防、人防等 6 个专业审查纳入施工图“多图联审”，推行施工图审查政府购买服务及电子审图。

实行“多测合一”“联合验收”，将各专项验收事项及竣工验收备案事项合并为一个综合验收事项办理。

● 从“重审批”向“严监管”转变

推进地方立法

《厦门经济特区社会信用条例》于 2019 年 6 月 1 日正式施行，规范守信行为和失信行为的认定标准和程序，对守信主体给予激励，对失信行为进行惩戒。

建立信用奖惩机制

工程建设领域相关部门出台 8 份联合奖惩实施细则，发布 14 份涉及建筑、港口、安监、施工等行业的信用信息管理制度。

分类审批分类监管

应用“信易批”对诚信典型或连续三年无不良信用记录的行政相对人实施“绿色通道”和“容缺受理”等便利服务措施，并在组织各种检查活动时采取少查、免查或委托自查方式，在市场准入、资质资格管理、招标投标、评先评优等方面给予重点支持，实行正向激励，最大程度提供便利服务。

基于信用智慧监管

将工程建设项目审批信息纳入信用厦门平台，将 19 类违法建设的 67 种失信行为纳入数据库，实现工程建设审批领域信用信息互联互通，项目申报审批业务时相关部门可实时获取申报企业信用报告。

搭建工程建设项目中介网上服务大厅，通过服务机构网上备案、服务合同网上签订、服务节点网上监督、服务质量网上评价、服务信用网上公示等信息化手段对工程建设涉及的中介服务进行全过程信用监督。

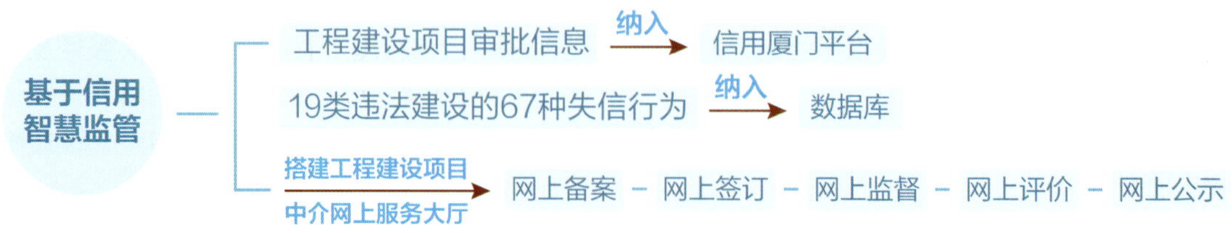

● 从“摸着石头过河”向“系统推进依法改革”提升

注重依法改革及建章立制

出台“多规合一”地方性法规，修订园林绿化条例等多部地方法规，修改多部政府规章，累计出台约 350 项规章制度。

● 350 项规章制度

引导市场主体参与改革制度建设过程

通过座谈会、新闻媒体、官微官网进行政策宣贯，通过企业座谈、问卷调查等多种形式掌握改革诉求，建立以微信工作群为核心的服务保障矩阵集群。

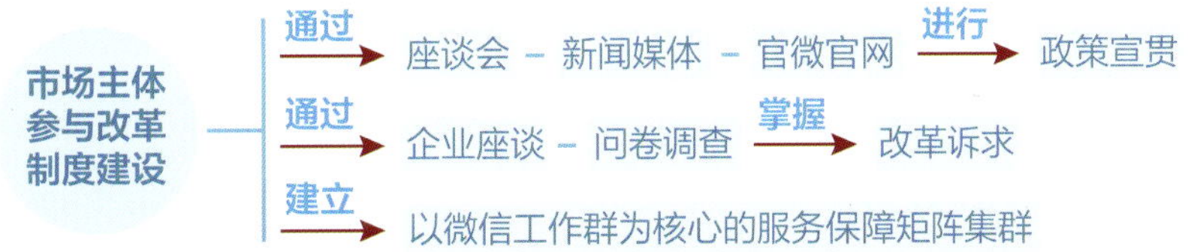

案 例 启 迪

推进“多规合一”改革，汇聚空间规划数据，形成全域空间“一张蓝图”。以并联为脉络进行流程再造、以共享为主线打造“一个系统”、以协调为抓手构建考评体系。通过精简审批环节、整合申报材料、提供集成服务，破解办理建筑许可流程“中梗阻”。完善法规政策体系建设，以信用为基础加强事中事后监管，保障改革行稳致远。

沈阳 扎实推动工程建设项目审批制度改革

● 优化再造审批流程

推动“减、放、并、转、调”改革措施，全面清理工程建设项目审批涉及的行政许可、技术审查、中介服务、市政公用服务等事项，累计取消调整 93 项，确认保留 77 项，并以清单形式公布。除涉及国家安全、涉密审批等 5 项外，其他 72 项均可实现网办。

按照投资方式、类别、土地供给方式、规模大小，将工程建设项目全类型划分为政府投资房屋建筑类、社会投资一般经营类等 15 类流程，通过线上线下工程建设审批专区实行“前台综合受理、后台分类审批、材料网上流转、窗口统一办结”并联审批模式。

● 实现项目全周期管理

依托全市一体化政务服务平台，上线运行覆盖 14 个区县、364 个政务服务部门的工程建设项目联合审批平台，将确认保留的事项和优化再造后的流程固化到平台，实施并联审批，实现“清单外无审批、流程外无审批、平台外无审批”。

联合审批平台与项目管理平台、空间协同平台共同构成“多规合一”平台运行体系，实现建设项目从包括招商储备、空间储备、空间协同、策划生成、联合审批、信用监管在内的全流程一体化服务，相关政府部门同步开展项目管理、空间规划和项目审批。

在全省率先开展“省市联办”试点，完成与省级系统对接，可通过联合审批平台直接受理省级立项权限，实现跨层级综合受理、并联审批。

● 提升政府行政效能

实行“设计方案联合审定”。以政府内部协作替代部门单独审查，线上征求相关部门意见，汇总形成设计方案联合审定意见。

推行“施工图联合审查”。采用政府购买服务方式，委托具有资质的中介机构提供数字化审图服务，相关审批部门依据审图机构意见，直接出具审批决定，不再重复审查。印发《沈阳市推进建筑师负责制试点工作管理暂行办法》，在试点地区取消施工图审查环节，由施工图设计单位开展自审备查。

实行“联合验收”。建立“企业发起、在线协同、综合组织、并行推进、信息共享、限时办结、全程监督”联合验收流程，根据项目单位意愿灵活采取分阶段验收与联合验收相结合工作形式。

推进“多测合一”。将工程建设项目涉及的多项测绘业务整合成综合性测绘，实行“一次委托、统一测绘、成果共享”。

推进“区域评估”。印发《工程建设项目区域评估工作实施方案》，全市 14 个功能园区由发改、生态环境、水务等 6 个部门分别牵头开展“节能评估”“环境影响评价”“水土保持评价”等 8 项区域评估。

● 实施承诺制审批

在建设工程规划和施工许可两个阶段实行“预许可”模式，自然资源和建设部门依据项目单位“承诺书”，提前发放“规划预许可证”和“施工预许可证”，为工程建设提早开工创造条件。

出台《沈阳市政务服务告知承诺制管理办法》，分类实施容缺补正、网上备案、豁免审批管理方式，94 项市级政务服务事项可实现承诺制办理，社会投资小型工业类、带方案出让土地、既有建筑改造工程 3 类项目可实现全流程承诺制办理。

● 规范审批实施运行

出台《沈阳市多规合一条例》，印发《沈阳市工程建设项目联合审批管理办法（试行）》，出台《建设工程规划设计方案联合审定操作细则》等 90 余个制度文件和技术规范。

建立审批前见面会、审批中协调会、审批后总结会“三会”服务模式，“审批前”召集相关审批部门现场指导项目单位，“审批中”跟踪项目审批进展，“审批后”进行电话回访。

● 实现全方位统筹管理

在项目审批前期，以策划生成平台“一张蓝图”统筹各类空间规划，促进发展目标、空间坐标、用地指标“三标衔接”，消除差异化图斑 6 万块，上线各类图层 360 个。

对策划生成意见实行标准化设置，杜绝“依法依规办理”“原则同意”等模糊语言，避免因前期协同意见模糊造成审批阶段部门打架现象。

案 例 启 迪

推动业务协同联动，清理工程建设项目审批涉及事项，通过线上线下工程建设审批专区实行并联审批模式。以平台建设为载体，实现建设项目全流程一体化服务。积极应对北方冬季施工周期短的不利因素，在建设工程规划和施工许可阶段实行“预许可”模式，探索推行承诺制办理，为工程建设提早开工创造条件。

深圳 在线审批再创新 打造国际一流营商环境

● 提升平台智慧化水平

实施“五个一”

“一库办理”。统一全市投资项目基础库，加强项目信息共享、复用，压缩申请表单，减少申请材料重复提交。

“一窗办理”。实现工程建设项目“前台综合受理、后台分类审批、窗口统一出证”。

“一网服务”。实现工程建设项目的网上申报、网上受理、网上审批、网上出证等全程网上服务。

“一码通行”。通过一个项目编码，串联项目始终（从项目立项到用地选址、工程规划许可、施工许可、竣工验收）。

“一图汇聚”。基于统一的地理信息库，实现项目申报、审批进度等项目信息所有图纸全部电子化。

一库办理 — 一窗办理 — 一网服务 — 一码通行 — 一图汇聚

市区全覆盖、平台全信息共享

平台实现市、区、街道三级覆盖，涉及投资项目报建相关 18 个部门，包括从项目立项到施工许可，再到竣工验收、不动产登记，全链条共计 105 个事项。

将投资项目的申办信息、受理信息和审批信息通过 API 接口实现与部门业务系统的实时交换，汇聚至深圳平台后上传到国家平台。

申办信息一表制共享、申请材料全流程共享

将表单信息分为项目信息、项目单位信息、报建单位 / 报建人信息、业务个性化信息等 4 部分，通过申办信息一表制共享所有信息、只需填一次。

将申请材料分为主体证明类材料、技术类材料、办理结果材料等 3 类。主体证明材料只需在单位账号注册时提交，后续系统自动共享；技术类材料只需提交一次，后续需要时自动提交；办理结果材料、后续事项办理材料在前置事项办理结果时，系统自动从办理结果库获取。

并联审批、业务自动受理、意见征询

申请人一次申报、系统分发多个部门协同审批，一个部门出证。如占用挖掘道路，申请人向交通部门提出申请，交通部门、交警部门分别审批，并由交通部门出证。

打破审批部门坐等审批的路径依赖，改被动审批为主动服务。项目立项后，平台会将相关信息自动推送至规划自然资源部门，报建单位无须申报，规划自然资源部门启动用地选址的审批办理。

将在用地规划许可和工程规划许可阶段，原由报建单位报建审批的事项，改由规划自然资源部门通过系统在内部征求意见。

● 精简审批事项

政府投资建设项目审批事项由 87 项压缩为 50 项，社会投资建设项目审批事项由 81 项压缩为 63 项。社会投资建设项目到获得施工许可的审批时间控制在 33 个工作日以内，到不动产登记完成的审批时间控制在 45 个工作日以内；政府投资建设项目从立项到施工许可办理完成，审批时间由 267 个工作日压缩至 90 个工作日以内，其中房建类项目为 85 个工作日以内。企业投资项目备案由 5 个工作日改为“秒批”。

政府投资建设项目审批事项	社会投资建设项目审批事项
87 项	81 项
↓ 压缩为	↓ 压缩为
50 项	63 项

● 实行“技审分离”

建立项目策划生成机制，实行“技术审查和行政审批分离”原则，把技术审查部分移至在线平台及子平台、多规合一平台等对项目建设的条件边界共同会诊，形成较为成熟的项目方案。进入审批阶段后，已参与前段审查会诊的部门，原则上不再组织类似技术评审和审查工作。根据投资性质、工程类别等增加细化 13 类审批流程图。

● 实施多项举措

坚持一事一管、审管职责一体

凡要求相同、作用相近的审批事项一律归并，涉水事项由多个环节多次审批改为同类业务只办理一次。强化行政机关审批责任，对政府部门之间征求意见的，明确主管部门统筹、决定职责，涉及国家、省事权的，主管部门负责对口协调。

实行流程驱动

依托信息化系统，建设项目一旦生成即自动配置批复、流转材料。通过打通整体流程各个环节，逐个梳理审批事项所包含的业务关系、逻辑关系；通过全要素强制共享，识别任一环节的下步业务，自动推送批复等共用信息，建构对应业务承接机制。

集成办理服务

强化“一站式”线下与线上、咨询与协助、统筹与实施、统一受理与现场办理集成作用，对不予受理、退件、预审以及体外循环等设置禁止性规定并细化运作规范。将全网信息查询与全事项数据共享结合，申请材料仅提交一次、结果材料完全复用，每一个建设项目建有独立数据库，实行编码管理，支持移动申报。

“秒批”“秒报”服务

2018 年 11 月实现“秒批”服务，应用大数据、人工智能等信息技术手段，再造办理流程，实现系统无人工干预自动审批，从事项申报至备案证自动生成仅需 6 秒。

以省电子证照库、市资源共享平台及政府数据为支撑，应用秒级分析自动匹配推送电子材料，让企业除延期或变更理由外，再无须填写其他任何数据，实现企业“无感申办”。

案 例 启 迪

持续完善在线审批监管平台建设，推行“一库、一窗、一网、一码、一图”集成审批服务，实现市、区、街道三级覆盖，申办信息一表制集成共享、申请材料全流程共享，有力支撑并联审批、业务自动受理、意见征询等功能实现。精简审批事项、实行“技审分离”、推出“秒批”“秒报”服务，不断压减审批事项办理时间。

衢州 依托投资在线平台 倾力优化施工许可

● 梳理整合事项

出台《衢州市推进投资在线平台 3.0 版省级试点建设实施方案》，通过取消、合并、调整和转变管理方式等形式，精简审批事项，原主项 84 个、子项 122 个，精简至主项 46 个、子项 84 个，事项数减少比例分别为 45% 和 31%。

按照“一个阶段一件事”标准梳理事项材料清单，完成对申报材料及其格式的规范统一，各阶段申请表单整合为“一张表单”，配套制定办事指南。

● 理清政务关系

整合中介服务

将建设、人防、消防、气象等具备施工图审查职能的中介机构，通过市场自由组合或合并、收购等方式整合成具备房屋建筑和市政基础设施、消防、人防和气象技术审查能力的综合性、非营利性的施工图审查机构，符合施工图审查服务条件的，纳入供应商库，通过计算机摇号方式在入选供应商中选择综合图审机构。

破除部门藩篱

实行施工图技术审查与行政审批相分离，明确住建部门负责联合审查牵头工作，消防部门按属地原则下放管辖权限，人防、气象部门不再保留单独的行业中介服务机构。

政府购买服务

明确政府购买图审服务项目，将施工图设计文件在线联合审查费用纳入政府财政预算，原则上公共财政承担首轮施工图审查费用和因规划调整等政府原因需重新审查的费用。

建立机制保障

出台《关于开展全市施工图电子化联合审查工作的通知》《关于印发衢州市施工图联合审查程序规定的通知》等文件，明确施工图电子化联合审查范围、程序和要求。将施工图审查机构服务质量、服务效率与服务费用相挂钩，财政按项目合同先行结算 90% 费用，剩余 10% 的图审费用实行年度考评后集中支付。

平台技术助力

研发并推广运用施工图审查系统、摇号系统、合同网签系统、资源部署系统等四大系统，实现建设单位、勘察设计单位、图审单位和审批部门信息互联互通。

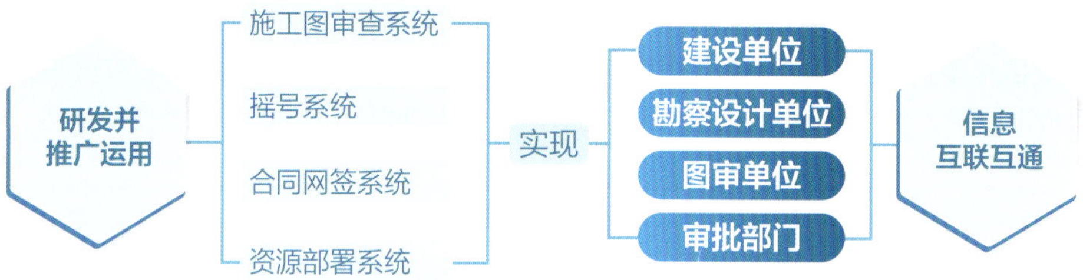

部门联合审查

建设、人防、消防、气象等具备施工图管理职能的部门运用在线平台开展联合审查，平台电子图审系统可提供图纸智能比对、图纸意见圈注、审查意见自动汇总等多项功能，各审批部门依据综合施工图审查机构出具的审查合格书直接办理相关行政许可（备案）。

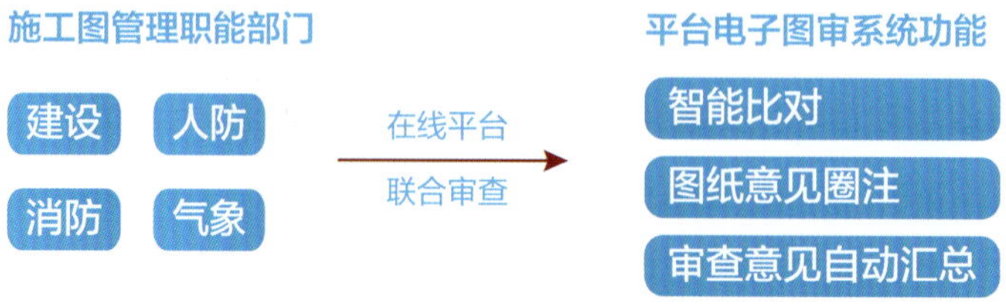

● 强化监管激励

信用奖惩助力

建立信用评价奖惩激励体系，遵循随机、效率、质量、公开公平的图审业务分配原则，对服务优、技术强、信誉好的中介机构，在公开摇号选择系统中逐步提高中签概率。

事中事后监管

建立“部门联合、随机抽查、按标监管”的“一次到位”机制，抽查监管结果与智慧信用评价体系相挂钩。

推行工程建设领域保险制度

引导支持从事建设工程勘察设计业务的中介机构参加工程勘察设计责任保险，推进住宅工程质量保险试点，实施建设工程综合保险试点，鼓励保险机构增设工程勘察设计商业险种。

建立健全“事前预防、事中管理、事后服务”保险工作机制，引导保险机构参与工程建设过程管理。

案 例 启 迪

精基础，理清投资项目全流程事项，整合施工图审查机构及施工许可办事环节事项。零跑腿，依托在线审批监管平台，在联合审查模式下统一受理，企业通过网上提交申请，无须跑到窗口办理。无纸化，推行电子证照、电子归档，将业主申报材料、政府批文归纳到证照包、材料包实行共享。强监管，完善事中事后监管机制，将抽查监管结果与信用评价挂钩。

政府采购

政府采购，主要衡量参评城市的政府采购平台建设水平、流程规范性，以及企业进入公共采购市场的难易程度。

（一）改革要求

2017 年,《财政部关于进一步做好政府采购信息公开工作有关事项的通知》（财库［2017］86 号）印发，要求集中采购机构推进协议供货和定点采购信息公开，自 2017 年 9 月 1 日开始，除按照规定在中国政府采购网及地方分网公开入围采购阶段的相关信息外，还应当公开具体成交记录，包括采购人和成交供应商的名称、成交金额以及成交标的的名称、规格型号、数量、单价等，以及电子卖场、电子商城、网上超市等的具体成交记录。

2018 年,《财政部关于印发〈政府采购代理机构管理暂行办法〉的通知》（财库［2018］2 号）印发，明确代理政府采购业务的代理机构应具备的条件，规定各级财政部门加强对代理机构的监管，建立健全定向抽查和不定向抽查相结合的随机抽查机制。监督检查内容包括代理机构网上登记信息的真实性，委托代理协议的签订和执行情况，采购文件的编制与发售，评审组织，信息公告发布，评审专家抽取及评价情况，保证金收取及退还情况，中标或者成交供应商的通知情况等八项内容。同年 11 月，中央全面深化改革委员会第五次会议审议通过《深化政府采购制度改革方案》，要求强化采购人主体责任，建立集中采购机构竞争机制，改进政府采购代理和评审机制，健全科学高效的采购交易机制，强化政府采购政策功能措施，健全政府采购监督管理机制，加快形成采购主体职责清晰、交易规则科学高效、监管机制健全、政策功能完备、法律制度完善、技术支撑先进的现代政府采购制度。

2019 年,《财政部关于促进政府采购公平竞争优化营商环境的通知》（财库［2019］38 号）印发，要求加强对各地区、各部门政府采购活动的指导和监督，组织各地区、各部门全面清理和纠正政府采购领域妨碍公平竞争的规定和做法，对标世界银行相关评价指标完善现行制度，主要包括优化办事程序、规范保证金收取和退还、要求及时支付采购资金、完善对供应商的利益损害赔偿和补偿机制、推进采购项目全流程电子化、提升政府采购透明度、完善质疑投诉和行政裁决机制等，进一步保障各类市场主体平等参与政府采购活动的权利。

（二）延伸链接

（三）最佳实践

参评城市持续深化“放管服”改革，结合实际探索创新，努力提升政府采购透明度，维护政府采购公平竞争市场秩序，降低政府采购交易成本，提升采购资金支付的及时性。

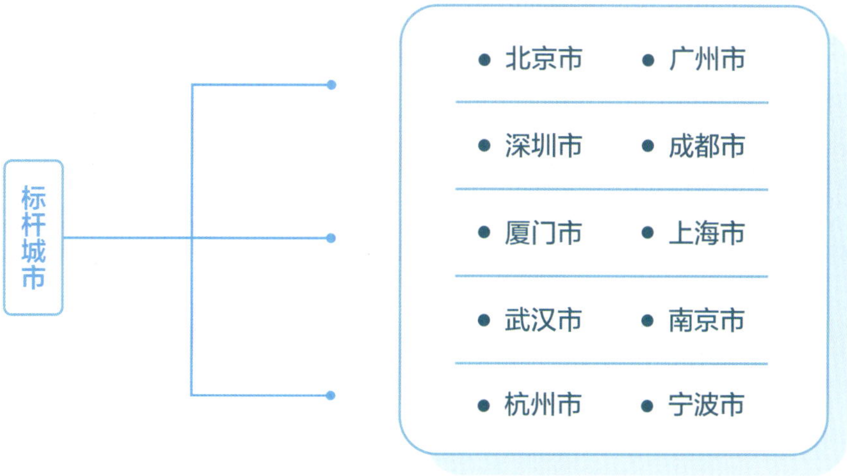

（四）创新做法及改革亮点

表 3-4　政府采购创新做法及改革亮点

创新做法	改革亮点
提高透明度	✔ **一口发布采购信息** 整合政府采购信息发布渠道，在中国政府采购网地方分网统一发布各级政府部门采购信息。 ✔ **免费提供采购文件** 采购人、采购代理机构免费向供应商提供电子或纸质采购文件。 ✔ **开标全程对外公开** 在保证正常开标秩序的前提下，允许除投标人及其代表之外的其他人员观摩开标活动。
“互联网＋政府采购”	✔ **平台建设** 平台具备在线发布采购公告、提供采购文件、提交投标（响应）文件、电子开标、电子评审等功能，涵盖合同签订、履约验收、信用评价、用户反馈、提交发票、资金支付等全部线上流程。 ✔ **标准统一** 建立统一的技术标准和数据规范，实现各级政府部门的采购数据信息互联互通。 ✔ **专家远程异地评审** 评审专家异地抽取、在线量化打分，评审结果和评审报告由系统自动生成，全程留痕、可查可溯。
降低交易成本	✔ **规范保证金收取和退还** 允许供应商自主选择以支票、汇票、本票、保函等非现金形式缴纳或提交保证金。投标（响应）保证金的约定到账截止时间与投标（响应）截止时间保持一致，并按照规定及时退还。在采购合同中约定履约保证金退还的方式、时间、条件和不予退还的情形，明确逾期退还履约保证金的违约责任。 ✔ **分类减免费用** 将信用机制引入政府采购领域，对履约好、信用佳的中小企业，减免履约保证金，取消招标文件收费。 ✔ **取消投标保证金** 停止收取所有项目供应商投标保证金，协议供货和定点采购项目停止收取履约保证金。

续表

创新做法	改革亮点
缓解资金压力	✔ 预付采购资金 中标（成交）供应商已提供保函的，采购人在合同履约前向中标（成交）供应商预付部分采购资金。 ✔ 支付跟踪管理 督促采购人按照政策规定、合同约定按时向中标（成交）供应商支付款项，将款项实际支付情况纳入政府采购绩效评价。 ✔ 合同信用融资 政府采购机构与金融机构合作，中标（成交）供应商可凭政府采购合同向金融机构申请办理融资业务。
保障公平竞争	✔ 充分听取意见 对拟出台的政府采购相关制度规定，采用座谈会、公开征求意见等方式听取市场主体和相关行业协会商会意见。 ✔ 网上中介超市 设立采购代理机构网上中介超市，在线公开入驻机构信息，为市场主体提供择优选取、竞价选取、随机抽取、直接选取等方式。 ✔ 及时回应质疑 建立快速裁决通道，提供标准统一、高效便捷的维权服务，依法及时答复和处理供应商提出的质疑、投诉、举报。

（五）实践案例及典型经验

根据2019年中国营商环境评价情况，参评城市围绕政府采购平台建设水平、流程规范性，以及企业进入公共采购市场的难易程度等，全力落实相关领域改革举措，对标国内国际最佳实践，结合当地实际，推出了一批典型经验和创新做法。《中国营商环境报告2020》选取成都、宁波、兰州3个城市典型做法，供各地方政府优化营商环境学习参考借鉴。

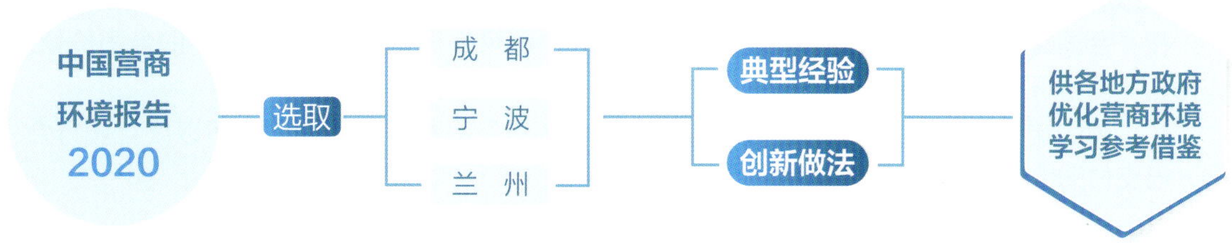

成都 政府采购领域做好“加减法”打好“组合拳”

在制度支撑上做加法

促进和保障政府采购公平竞争

在制定涉及市场主体的政府采购制度政策时，严格执行公平竞争审查制度，充分听取市场主体和相关行业协会商会意见，保障市场主体的参与权、知情权。

支持中小企业健康发展

加大价格评审优惠力度。明确对非专门面向中小企业采购的项目，对小型和微型企业产品的价格按照上限标准的 10% 给予扣除。

支持开展政府采购信用融资。出台《成都市中小企业政府采购信用融资暂行办法》及实施方案，中小企业无须提供任何抵押或担保，凭政府采购合同即可向银行融资；中小企业融资利率原则上按现行利率下浮 10% 执行；对手续完备的，银行于 5 个工作日内完成审批放款，将政府采购信用融资风险纳入财政补贴范围。

强化政策执行力度。加大对未执行政府采购政策行为的监督检查力度，对未执行政府采购支持中小企业发展政策的采购代理机构作出警告的行政处罚。

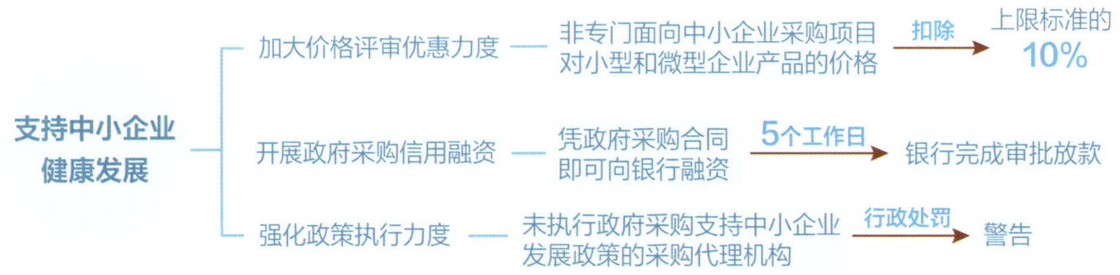

支持市场主体开展创新创造

出台《成都市创新产品与服务远期约定政府购买实施细则》。

在“需求端”，鼓励全市国家机关、事业单位、团体组织以及国有企业深度挖掘，向社会发布现有市场未能满足的创新产品与服务需求。

在“合同端”，提出购买人与供应商签订合同后，即可先行支付 5% 至 20% 的合同价款，作为企业创新研发启动资金。

在“履约端”，明确企业在约定时间内未能提供创新产品和服务的，双方可以终止履行合同，已支付的价款按合同约定处理。

在交易成本上做减法

合理精简供应商证明材料

对于可以通过互联网或者相关信息系统查询的信息，供应商无须提供证明材料。对于电子化采购中可在线提供的投标材料，除必要的原件核对外，供应商无须提供纸质材料。对于供应商依照规定提交各类声明函、承诺函的，不得要求再提供有关部门出具的证明文件。对于确需提供证明材料的，证明材料应当与采购项目的实际需要相适应。

减轻供应商资金压力

在投标保证金方面，明确采购人不得收取没有法律法规依据的保证金，鼓励采购人免收、少收投标保证金。

在履约保证金方面，鼓励采购人免收履约保证金、降低履约保证金比例或通过保函形式收取；推出电子保函应用系统，实现银行保函、保险保函、担保保函等多种形式兼容。

在采购资金支付方面，采购人收到发票后 30 日内将采购资金支付到供应商账户。

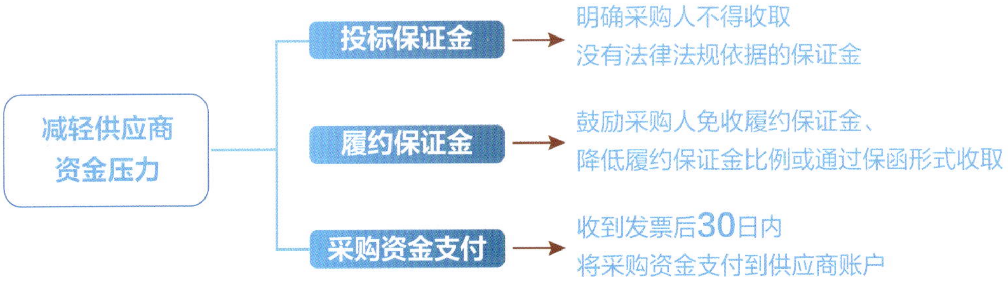

开展政府采购专项清理工作

对全市 4000 余家行政事业单位开展妨碍公平竞争规定和做法专项清理工作以及政府采购领域涉企保证金专项清退工作。

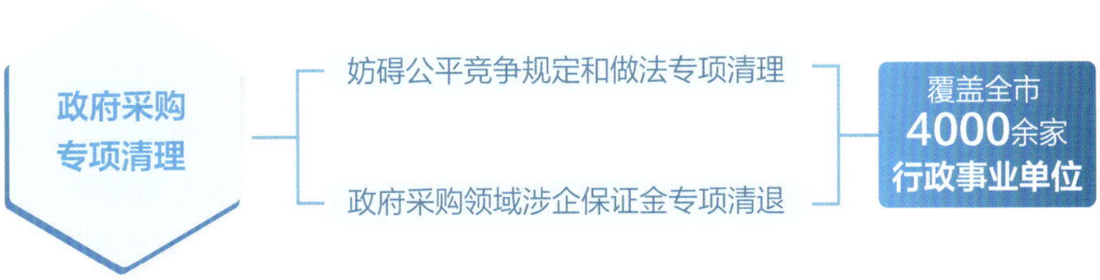

● 在管理服务上打“组合拳”

推行智慧政采

建设成都政府采购监管服务一体化平台，涵盖采购计划、项目执行、合同管理、统计分析、诚信评价、风险预警和学习培训七个版块，增加信用融资网上超市、创新产品远期约定需求展示、政府购买服务供需对接等功能，全覆盖预算单位、区（市）县财政部门，服务于代理机构、企业和社会组织等当事人以及信用融资机构。

政府采购监管服务一体化平台七个版块

采购计划　项目执行　合同管理　统计分析

诚信评价　风险预警　学习培训

构建全市通用、规则统一、技术规范的政府采购全流程电子化系统、网上竞价系统和电子商城系统，实现代理协议签订，采购项目委托，当事人沟通澄清，采购文件编制、确认及获取，保证金缴纳及退还，投标文件递交，项目开评标，采购结果确认，档案归集移交等政府采购各环节“全程网办”。

分类宣传培训

组织举办各类培训及会议，分层分类向各级各部门、各类市场主体、金融机构等解读成都市政府采购营商环境建设政策举措。

推进法治护企

做好政府采购投诉举报处理，印发《成都市政府采购询问、质疑和投诉指引》，推进政府采购专项检查常态化，加大对违法行为的行政处罚力度。

案 例 启 迪

围绕支持中小企业发展和产业创新发展加大政策支持力度。合理精简市场主体参与政府采购活动所需证明材料，从投标保证金、履约保证金、采购资金支付等方面减轻供应商资金压力。推进“互联网＋政府采购”融合发展，促进政府采购营商环境建设政策举措落地落实。

宁波 改善政府采购管理和服务

● 严格落实公平竞争审查制度

对拟出台的涉及市场主体的制度办法，严格执行公平竞争审查制度，充分听取市场主体和相关行业协会商会意见，评估对市场竞争的影响。清理取消涉及政府采购领域妨碍公平竞争的相关规定和做法。

● 优化提升四大服务举措

实施“互联网 + 政府采购”行动

推广应用全省统一的电子化采购平台——“政采云”平台，具备招投标信息和政策法规发布、网上采购、标书在线获取、在线投标开评标、合同签订、网上融资等功能。

提高政府采购透明度

实施财政内网、“政采云”、宁波政府采购网三网融合，实现信息互联互通。编制资格条件、评分办法、采购需求设置的禁止性条款，公布公开招标、竞争性磋商、竞争性谈判等各类采购文件模板，编发《政府集中采购服务一本通》办事指南。

降低市场交易成本

对 1000 万元以上的集中采购项目免收投标保证金，取消协议供货和定点采购项目履约保证金，实现集中采购项目“零收费”。印发《财政管理业务流程（试行）》，明确对直接支付申请，财政部门在 2 个工作日内审核支付，对预算实户拨款和财政专户拨款，在 4 个工作日内审核支付，最快当日即可完成。

完善投诉处理机制

出台《宁波市政府采购询问、质疑和投诉处理工作指引》，编制完善重要节点的 13 个法律执行文书。探索与投诉处理并行的非强制纠纷化解模式，以当事人双方自愿为基础，在法定职权范围内，通过约谈、调解、提供法律意见等方式化解前期矛盾和纠纷。

● 加强落实三类主体监管

加强专家监督和管理

对申请入库人员的资格条件进行规范，依托中国信用网、宁波信用网和宁波市社会信用工作平台“三网联查”的方式加强信用监管，确保对新入库专家信用核查 100%，对已入库专家是否存在不良信用记录开展信用核查。

加强供应商监督和管理

对参与政府采购活动的供应商信用信息进行核查，对列入失信被执行人名单、重大税收违法案件当事人名单、政府采购严重违法失信行为记录名单及其他不符合规定的供应商，拒绝其参与政府采购活动。

依托“政采云”对已入驻电子卖场的供应商进行诚信计分，按照企业在参与政府采购活动中的表现，进行适当的加分或扣分，将结果实时在“政采云”上公布。

加强和完善代理机构采购监督管理

发布《宁波市政府采购代理机构监督管理工作规范》，同步制订实施监督检查“双随机、一公开”工作细则，以每年不少于总数 30% 的比例抽查采购代理机构执业情况。

双随机、一公开

抽查比例：每年不少于总数的

30%

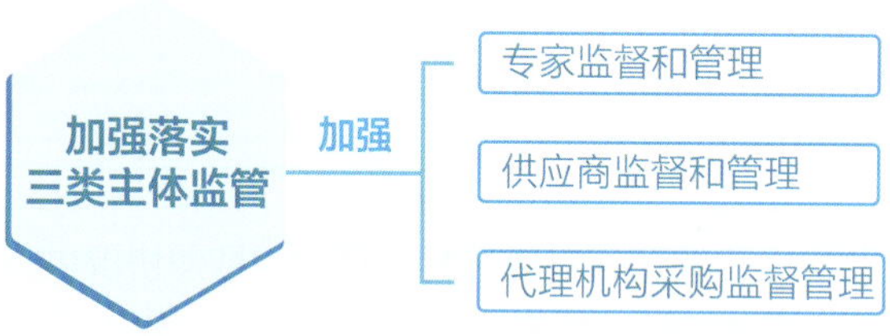

案 例 启 迪

推广应用统一的电子化采购平台，推进信息互联互通，提高政府采购便利度和透明度。通过免收投标保证金、取消协议供货和定点采购项目履约保证金、加快资金支付等方式，降低市场交易成本。完善投诉处理机制，加强对专家、供应商、代理机构的监督和管理，促进和保障公平竞争。

兰州 着力做到“五个聚焦” 不断优化营商环境

● 提高采购效率

审批环节再精简

精简优化市级政府采购审核流程，审批事项依法仅保留“超过公开招标限额的采购项目申请变更为非公开招标方式”，其他项目均改为备案制。

制定《关于完善兰州市属高校、科研院所科研仪器设备采购管理有关事项的通知》，允许高校、科研院所对科研设备自行采购。

服务保障再优化

加强工作衔接和咨询服务，对项目实行即时受理、限时办结、提醒办理、跟踪服务，做到交易进场“零门槛”、工作环节“零障碍”、服务保障“零距离”、资金支付“零拖延”。对于500万元以上项目，采取集体会商制度，由市级交易中心邀请专家、采购单位和项目经办人进行论证。

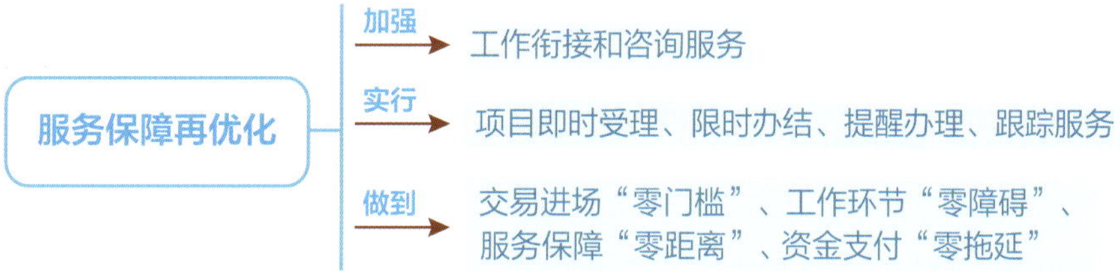

资金支付再提速

在项目履约验收后，由采购人直接通过授权支付额度支付或在支付系统网上申请直接支付后，由财政拨付资金给供应商。

人员培训再加力

健全采购人培训机制，通过集中培训、部门培训加强采购人对政府采购政策和相关法律法规的学习运用，印发政府采购政策文件汇编，对采购行为进行指导。

规范采购规则

严格实行清单管理

制定《兰州市政府采购负面清单》，从采购文件的资格条件、商务条款、采购需求、评分办法和标准等方面，明确 26 项禁止设置条款，强化采购人招标文件的制作，最大限度消除采购文件倾向性和人为设置投标“陷阱”。

切实规范交易进场

清理政府采购领域妨碍公平竞争的规定和做法，对所有预算单位的不规范做法及使用资质入围方式确定供应商的行为进行梳理，清理全市各部门各类供应商资质入围库 52 个。

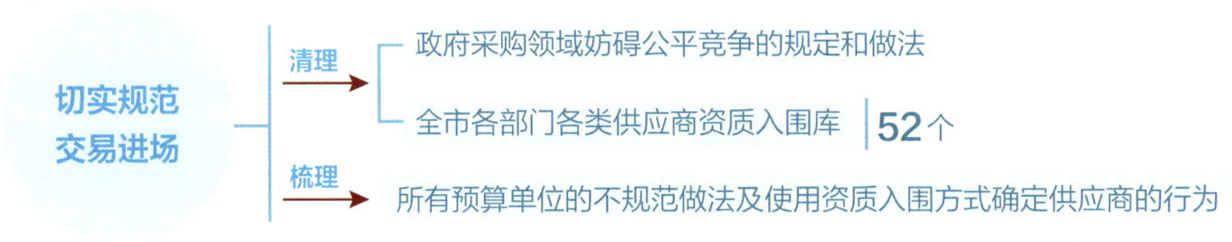

改进投标保证金收取制度

自 2020 年 1 月起，市交易中心不再代收履约保证金，明确代理机构一律不得代收履约保证金，鼓励采购人可视投标人信用情况免收或降低履约保证金的收取比例。

落实中小企业优惠政策

各部门在预算编制时，在采购预算中标明对中小企业采购比例；代理机构招标文件中必须突出对中小企业的政策优惠。在监督检查中，将对中小企业优惠政策的落实作为重点检查内容。

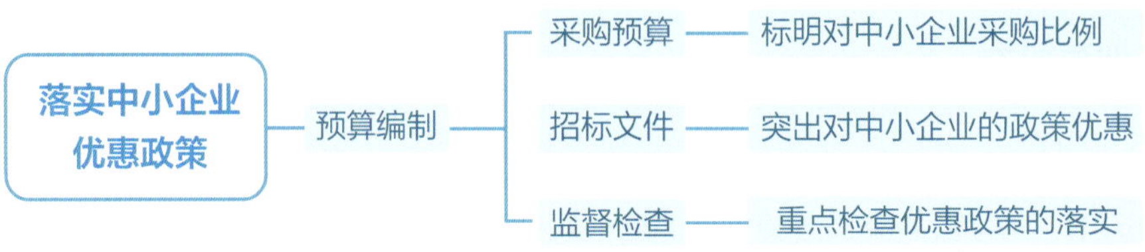

● 推进电子平台建设

搭建采购管理平台

政府采购管理平台全面运行，实现网上采购预算管理、采购计划备案及变更采购方式审批、采购信息发布、采购查询、采购统计等功能内容。所有采购单位、监管单位、供应商、代理机构的政府采购办事流程都可通过该平台实现电子化操作。与甘肃政府采购网、兰州市财政局门户网、兰州市公共资源交易平台实现信息对接。

网上商城已入驻

- 85 家 供应商
- 24 家 电商
- 61 家 本地实体类供应商

拓展建设网上采购商城

探索“互联网 + 政府采购”模式，拓展建设网上商城，已入驻供应商 85 家、电商 24 家、本地实体类供应商 61 家。

开展电子交易试点

开展电子开评标和远程异地评标试点，完善远程异地评标系统及技术规范，建设远程异地评标音视频交互系统，基本实现省内、市内各级交易平台远程异地评标功能。投标人可通过不见面开标系统在线进行投标开标。招标人和行政监管部门可利用监管系统实现在线实时监管；评标委员会成员可通过评标系统双向交流，利用电子签章技术，两地（或多地）评标专家可通过专家手写板共同进行结果确认。

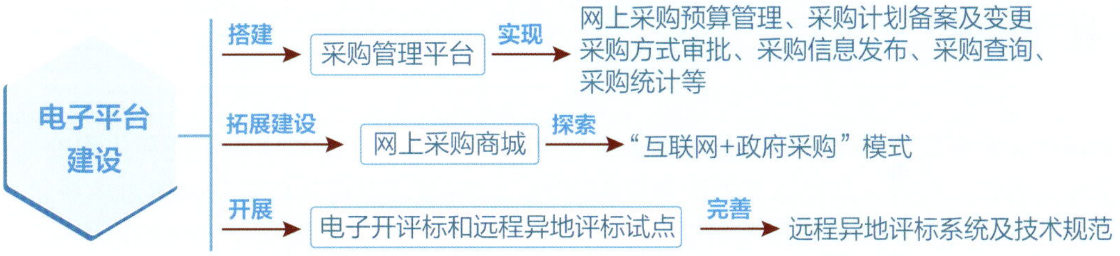

完善监管机制

加强采购预算和执行

各预算单位在编制部门预算时同步编制政府采购预算，严格按照批复的预算开展政府采购活动，“无预算不采购”；每年抽取部分采购项目进行监督检查。

加强采购动态监管

依托网站和管理平台加强政府采购信息分析，对项目采购预算和计划编报、单一来源采购审核前公示、采购公告、中标（成交）结果公告和采购合同公告等环节的数据信息进行核对校验，对本级政府采购项目执行情况实行动态监管并跟踪督导，对存在的违法违规行为依法及时进行处理。

加强采购内部制约

2019 年完成对 18 家预算单位检查，对查出的采购单位违规行为全面要求限期整改，对单位采购内控制度建设进行督促指导。

加强采购违法查处

畅通供应商投诉渠道，规范投诉处理机制，持续加大对政府采购违法行为查处力度。

加强信用建设

在政府采购活动中增加信用信息审核的环节，要求参与政府采购的主体对自身信用作出真实完整的承诺并做到政府采购领域信用记录可查询，对评审专家履行职责建立评分制。

建立政府采购诚信体系，通过监督检查等方式，对不诚信供应商依法处理并公示，营造重诚信讲公平的政府采购环境。

案 例 启 迪

优化畅通政府采购审批程序，拓展提升政务服务保障水平，促进政府采购便利化和安全性。健全完善政府引导、市场运作的政府采购规则，以制度建设提升政府采购能力水平。注重以信息化建设提升政府采购质量效益，搭建政府采购管理平台，创新电子化和网络化交易手段。完善事前事中事后管理，强化信用信息应用，鼓励引导诚实守信参与政府采购。

招标投标

招标投标，主要衡量参评城市招标投标流程的规范性、企业进入招标投标市场的难易程度、投诉机制的完备性以及推进电子化招标投标、提高采购效率和透明度、创新招标投标监管体制机制等情况。

（一）改革要求

2017 年，国家发展改革委、工业和信息化部、住房城乡建设部、交通运输部、水利部、商务部共同制定《“互联网 +” 招标采购行动方案（2017—2019 年）》（发改法规［2017］357 号），要求创新招标采购交易机制、公共服务和监督方式，培育招标采购市场发展新动能，更好发挥招标投标制度在现代市场体系中的作用，降低制度性交易成本，提高资源配置质量效率，推动政府职能转变和党风廉政建设，明确到 2019 年，覆盖全国、分类清晰、透明规范、互联互通的电子招标采购系统有序运行，以协同共享、动态监督和大数据监管为基础的公共服务体系和综合监督体系全面发挥作用，实现招标投标行业向信息化、智能化转型。

2018 年，国家发展改革委印发实施《必须招标的工程项目规定》（国家发展改革委令第 16 号）、《国家发展改革委关于印发〈必须招标的基础设施和公用事业项目范围规定〉的通知》（发改法规［2018］843 号），要求缩小依法必须招标项目范围，根据经济社会发展水平，将施工的招标限额提高到 400 万元人民币，将重要设备、材料等货物采购的招标限额提高到 200 万元人民币，将勘察、设计、监理等服务采购的招标限额提高到 100 万元人民币，明确全国执行统一的规模标准，落实市场主体特别是民营企业投资自主权，提高工程建设项目实施效率。

2019 年，《国务院办公厅转发国家发展改革委关于深化公共资源交易平台整合共享指导意见的通知》（国办函［2019］41 号）印发，明确到 2020 年，适合以市场化方式配置的公共资源基本纳入统一的公共资源交易平台体系，实行目录管理；各级公共资源交易平台纵向全面贯通、横向互联互通，实现制度规则统一、技术标准统一、信息资源共享；电子化交易全面实施，公共资源交易实现全过程在线实时监管。在此基础上，再经过一段时间努力，公共资源交易流程更加科学高效，交易活动更加规范有序，效率和效益进一步提升，违法违规行为发现和查处力度明显加大；统一开放、竞争有序的公共资源交易市场健康运行，市场主体获得感进一步增强。

（二）延伸链接

（三）最佳实践

参评城市持续深化“放管服”改革，结合实际探索创新，努力实现招标投标流程更简、成本更低、监管更严。

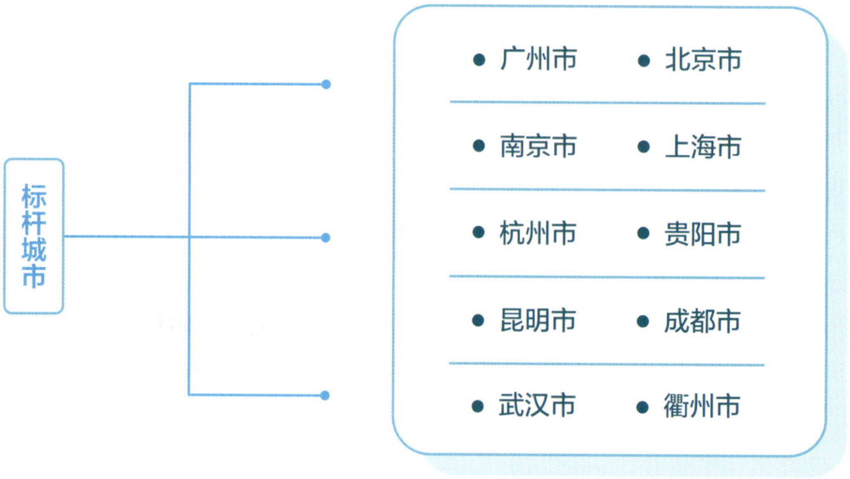

（四）创新做法及改革亮点

表 3-5　招标投标创新做法及改革亮点

创新做法	改革亮点
推进电子招标投标	✔ 市场主体信息共享 建立省级招标投标市场主体信息库，市场主体一次注册即可在全省共享工商登记、资质资格、业绩等信息。市场主体信息库与投资项目在线审批监管平台对接，直接获取工程项目信息和审批核准信息。 ✔ 数字证书（CA）互认 建立电子招标投标系统统一身份认证平台，联通不同交易平台数据信息，实现数字证书（CA）跨平台、跨部门、跨区域互认。利用移动物联网技术，通过手机移动终端扫码实现数字证书（CA）免介质互认。 ✔ 电子投标 全部采用电子投标文件，开标现场不再收取纸质文件。 ✔ 不见面开标 投标人通过电子招标投标交易平台在线参加开标，在线解密投标文件。 ✔ 专家远程异地评标 推动评标专家库互联互通，实现跨区域抽取评标专家。评标专家通过语音实时交互、画面同步直播、网上电子签名等方式，开展远程评标。
加强招标投标监管	✔ 综合监督执法 推进招标投标监管权相对集中，整合分散的招标投标活动监督、管理、执法等职责，由一个部门统一受理招标投标投诉举报、组织调查核实、作出处理决定。 ✔ 监管权责清单 理顺发展改革、住建、交通等部门的监管职责，明确职责分工、工作流程，形成监管权力和责任清单并向社会公开。 ✔ 随机抽查机制 采用“随机抽取检查对象、随机选派检查人员”的方式，对建设项目的勘察、设计、施工、监理以及重要设备、材料采购招标投标情况进行检查。

续表

创新做法	改革亮点
加强招标投标监管	✓ 推行智慧监管 在电子招标投标行政监督系统中部署风险预警、流程追溯、异常行为监测、音视频监测、投诉处理等功能模块，提升对围串标等违法违规行为的甄别和发现能力。 ✓ 执法协作机制 招标投标行政监督部门与纪检监察机关、公安机关协同执法，对监管执法中发现的涉嫌违纪或犯罪且证据充足的案件，及时移送纪检监察机关或公安机关；对监管执法中发现的涉嫌违纪或犯罪但证据不足的案件，商请纪检监察机关或公安机关协助，提供技术侦查等力量支持。
降低交易成本	✓ 非现金方式缴纳保证金 推广以银行保函、保险保函、担保公司保函等非现金方式缴纳投标保证金、履约保证金。 ✓ 保证金网上缴退 投标人网上缴纳投标保证金，在中标公示期满后无须提交申请，非中标候选人的投标保证金按原路径自动退还。 ✓ 电子保函 推荐投标人使用电子保函，实现保函在线开具、即时推送、全程留痕、方便查验。 ✓ 分类减免保证金 在法定标准内按照企业信用状况调整保证金缴纳额度。为民营企业、中小企业减免投标保证金。

（五）实践案例及典型经验

根据 2019 年中国营商环境评价情况，参评城市围绕推进电子化招标投标、提高采购效率和透明度、创新招标投标监管体制机制等，全力落实相关领域改革举措，对标国内国际最佳实践，结合当地实际，推出了一批典型经验和创新做法。《中国营商环境报告 2020》选取南京、贵阳、昆明、重庆 4 个城市典型做法，供各地方政府优化营商环境学习参考借鉴。

南京 突出需求导向 强化智慧监管

● 突出系统化运行

建立“一体化管理”模式

坚持政务服务与公共资源交易“一体化”管理，推进数据共享共用。深化行业监管与综合监管“一体化”整合，推进“一委一办一中心”管理体系建立。实施市区“一体化”运行，推进管理模式、电子系统、制度规则、服务标准“四个统一”。推进线上线下“一体化”发展，促进公共资源交易从依托有形场所向以信息化平台为主转变。

放宽市场准入

开展招标投标领域制度规则清理和公平竞争审查等工作，完善招标投标政策规定，对招标人主体责任、招标组织形式、资格审查方式、评标办法等作出明确和调整，放宽企业投标条件，保障民营和外地企业参与公平竞争。

搭建交易平台评价体系

建成“e路阳光”全流程电子化交易平台，初步构建公共资源交易评价体系“阳光指数”，涵盖电子化率、参与度、开放度、信息公开度、交易效能等指标，对各类平台及交易进行综合评定。

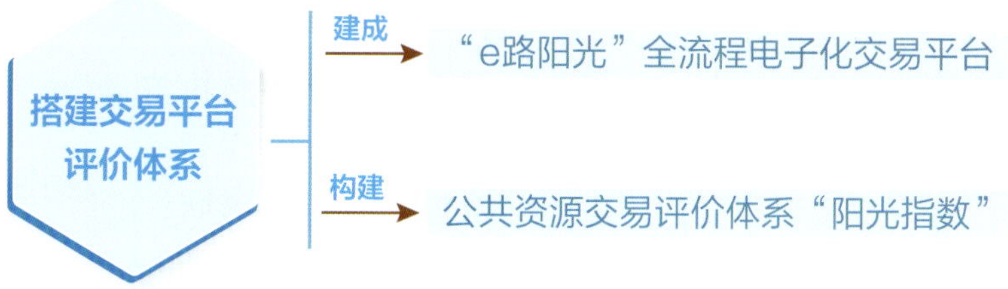

● 突出电子化交易

建设公共服务云平台

架构交易数据管理新体系，推动交易数据集中统一、互通共享、有效利用、安全可靠，实现工程建设项目、工程货物项目、水务工程项目、政府采购、国有产权交易等领域全过程电子化交易。

打造“不见面”交易体系

发布 5 大类 62 项“不见面”交易事项清单，对“不见面”开标活动实施全程动态展示，研发“不见面”开标 3.0 系统，引入 AI、远程多线同步解密、远程视频交互，实现多方主体同步在线开标。采用电子招标投标的项目全部采用“远程不见面”开标方式。对采用综合评估法的施工、合同估算价在 100 万元以上的监理项目，实行远程异地评标。

研发“晶项链”全景可视化服务平台

汇聚各类公共资源交易数据，具备实时监控预警功能，实现项目从进场到出具成果件全链条交易情况透明化展示，对单个招标项目交易全程可视化、可追溯、可关联、可分析。

推广电子营业执照运用

在电子招标投标中引入电子营业执照并进行功能拓展，实现企业身份认证、电子签章、标书加解密等功能。在 9 个项目中成功试点应用，证明替代 CA 锁的技术可行性。

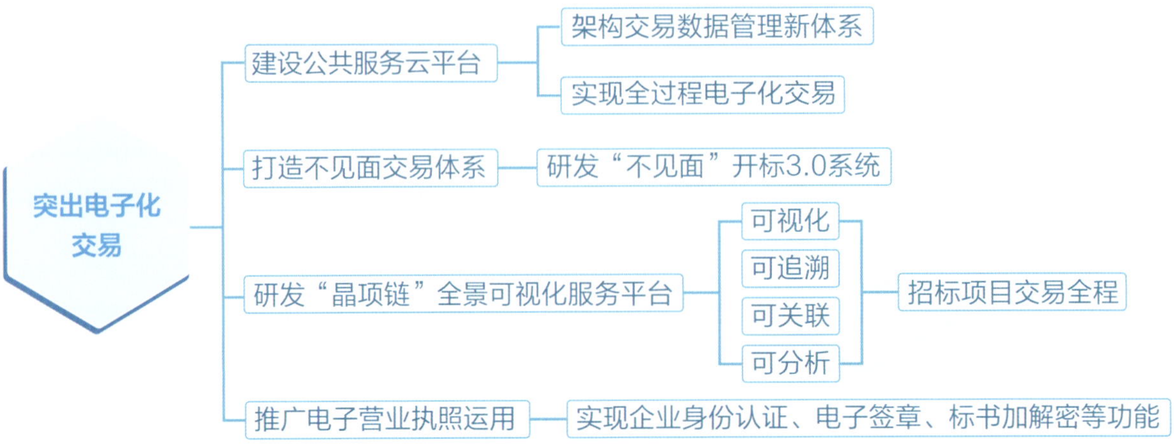

● 突出市场化监管

开展专项整治行动

对现行涉及工程项目招标投标相关地方性法规、政府规章、规范性文件及其他政策性文件进行全面清理，清理、排查、纠正招标投标活动中对不同所有制企业设置的各类不合理限制和壁垒。

设立“网上投诉”功能

依托公共资源交易中心网站设立“网上投诉”功能，完善招标投标投诉举报接收、转办、反馈工作机制，投标人或者其他利害关系人认为招标投标活动不符合法律、行政法规规定，可在法定时限内通过该渠道向相关行政监督部门提出投诉。

加大查处和公示力度

挖掘投诉举报和开评标环节发现的问题线索，对涉嫌串通投标、弄虚作假等违法违规行为予以查处，及时将行政处罚信息推送全国信用信息共享平台、江苏省市场监管信息平台、南京市公共资源交易平台公示。

强化招标代理机构管理

每季度、年度通过外网公布代理事项备案一次性通过率情况，每半年开展“双随机、一公开”检查活动。建立招标代理机构信用评价体系，完善对招标代理机构代理行为的事中事后监管措施。

“双随机、一公开”

规范投标担保服务

建设保证金电子化管理系统，拓展投标担保形式，允许投标企业以保函替代保证金。

● 突出便利化服务

推进“宁满意”工程

开展“易事通”服务，解决多头找、往返跑、重复问的问题。创立“交易微快递”超前服务，将交易活动中难点、痛点、堵点等问题的解决办法，通过微信公众号推送市场主体。探索“零提供”服务，按照“一次登记、全程通用”要求，解决市场主体重复提供证照、信用等信息的问题。

优化招标投标服务模式

试行全过程工程咨询服务模式，推广工程总承包模式。全部使用非国有资金或非国有资金占控股或主导地位的工程建设项目，建设单位可以自主决定采用招标发包或直接发包、是否进入有形市场进行交易。对水利项目采取“EPC+O”模式发包（设计、采购、施工及管养一体化）。

扩大招标自主权

实行招标人负责制，招标人可以自行决定开始招标活动，并自行承担因项目各种条件变化而导致招标失败的风险及责任。推广“评定分离”制度，建筑设计方案招标项目、采用工程总承包的招标项目、政府集中建设的大型及以上或技术复杂项目可采用“评定分离”。

简化招标投标流程

取消房屋建筑和市政基础设施工程“招标人自行办理施工招标事宜的备案”和“建设工程招标投标情况书面报告”2 个权力事项。取消投标报名和招标文件事前备案环节，招标人可以根据项目推进情况自行决定招标活动开始时间。

● 突出规范化操作

制定招标投标不良行为认定及处理办法

印发《南京市招标投标不良行为认定及处理办法》《南京市招标投标不良行为目录》，对存在投标文件机器码一致、不按照招标文件规定的标准和方法评标等违法违规行为实施不良行为认定和处理。

建立信用监管制度

在货物招标投标监管中，建立信用审查制度，推广应用第三方信用报告。

在交通项目监管中，建立信用监管机制，取消部分事前审核和证明事项，改为书面承诺等其他形式。

在履约考核工作中，推行信用分级分类监管。

完善投诉处理机制

交通监管部门制定投诉受理流程图和材料递交格式并在网站公示，方便招标投标各当事人准确及时递交质疑、投诉事项。货物监管部门制定《投诉处理及行政处罚工作手册》，规范投诉处理、行政处罚工作程序。发挥资深专家在投诉处理中的作用。在门户网站、监管平台、接待场所等醒目位置公示负责投诉处理的机构及其电话、传真、电子信箱、通讯地址和投诉指南。

案 例 启 迪

建立“一体化管理”模式，搭建交易平台评价体系，促进公平竞争。构建云平台，实现多个领域全过程电子化交易，打造“不见面”交易体系。简化招标投标流程、扩大招标自主权，优化招标投标服务模式，推出“易事通”等服务，促进服务便利化。健全规章制度，制定招标投标不良行为认定及处理办法和信用监管制度，完善投诉处理机制。

贵阳 运用“互联网 +”打造公共资源交易“五全”服务新平台

● 交易监管服务“全覆盖”

准确定位

坚持服务保障、阳光保障“双保障”定位，以项目顺利、高效、规范交易为目标，打造阳光交易平台。

精准发力

依托互联网技术，不断加大电子化业务系统建设力度，努力创造便捷高效、规范透明的交易环境。

统一标准

制定完善工程投标标准文本，优化完善场内交易规则和流程，制定《开评标工作规则》《评标专家信用考评制度（试行）》等制度，对所有项目执行一个交易流程、一个监管规则、一个服务标准。

● 服务时限“全天候”

入场登记网络化

招标人或招标代理机构自助在线填报入场登记相关资料，交易中心在线核验完毕后，招标公告自动发布在相关网站。

投标准备自助化

投标人通过互联网自助完成招标文件（含图件）下载、投标保证金缴纳以及投标文件制作。

数字证书“快递化”

取消投标人基本户原件核查，改为承诺制。引进多家 CA 公司开设数字证书超市，投标人可自行选择任意一家 CA 公司办理数字证书。建成数字证书网上申办平台，开通数字证书“在线申报办理，快递服务送到家”业务，投标人网上申请办理，CA 公司办好锁后直接邮寄给投标人。

信息渠道“全联通”

实现省市互联互通

在全省互联互通服务平台汇集发布各类交易信息，与全省各地交易中心注册的投标企业基本信息、交易业绩、交易诚信情况等实现共享。服务对象在贵阳市公共资源交易中心办理一张数字证书，即可在全省任何一个交易平台进行交易活动。

实现交易中心与行政监督部门互联互通

通过对交易各方关联度、企业抱团率、中标率、评标专家行为的分析，还原并监测市场交易各方行为，为行政主管部门提供监管依据。将招标投标系统与贵州信用联合奖惩平台对接，实现招标投标领域的联合惩戒功能。

服务提效“全方位”

简化入场登记流程

缩减入场登记资料，自 2019 年 5 月起，项目入场只需提供招标文件和交易代理委托证明即可。

压缩办事时限

公告发布、评标专家抽取、中标候选人公示及流标公示发布等事项均在 1 个工作日内即可办理，最大限度提高办事效率。

取消投标报名环节

自 2017 年 9 月起，投标人只需下载招标文件，即可参加项目投标。

自助在线办理交易证明书

招标人无须提交申请，即可在线自行打印交易证明书。

缩短投标保证金退还时限及拓宽保证金缴纳方式

投标保证金实行银行与交易中心系统对接，投标人通过银行转账后，自动关联相关项目，无须到贵阳市公共资源交易中心开具相关收据。

中标候选人公示结束后 4 个工作日内，非中标候选人的投标保证金由系统原路退还投标人，中标候选人投标保证金在招标人同意退还后 4 个工作日内由系统原路退还。

拓宽投标保证金缴纳渠道，进入贵阳市公共资源交易中心交易的项目除支持银行转账外，全面推行银行保函及保险公司投标保险。

取消招标文件备案

取消项目招标文件（资格预审文件）备案、招标投标情况书面报告备案、合同备案，行政监督主管部门只对招标文件进行合法性核验。

● 阳光交易“全过程”

全程化公开

采取门户网站、微信、微博等新媒体对交易规则、服务标准、招标文件等进行公开，对招标、投标、开评、评标、中标等所有交易项目进展情况进行全过程分环节分节点自动实时公开。

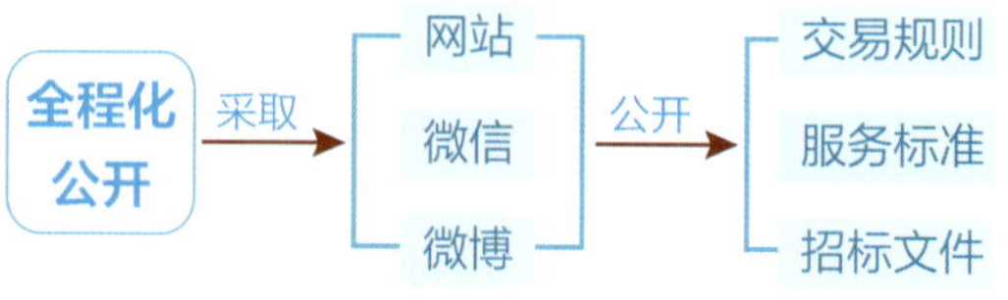

全程化监督

所有交易环节均在电子监察范围内进行，纪检监察机关对交易活动实行全程跟踪和有效监控。强化评标专家场内评标工作监督，将评标室监控视频投放至大厅公共屏幕，实现社会大众对评标过程的全程监督。

在开标系统中，对电子投标文件编制的计价加密锁和硬盘序列号进行识别，发现存在一致的情形，开标时系统显示红色预警；在清标过程中，发现规律性雷同的报价，进行预警提示。

在评标结束后，系统自动锁定出现异常情况的投标人，为行政监督部门查处围标串标行为提供依据。

- 电子监察
- 全程监督
- 预警提示
- 锁定异常

全程化留痕

利用信息化手段对交易文件数据、开评标现场音视频资料进行全过程留痕存档，交易各方主体的行为均有迹可循。

案 例 启 迪

运用“互联网 +”打造公共资源交易“五全”服务新平台，强化服务水平，减少人为因素干扰，加强事中事后监管，建成包括工程建设项目电子招标投标系统、政府采购系统在内的“一平台十三系统”，实现交易信息共享“全联通”、交易活动全天候 24 小时申报、异地化办理、“全天候”服务。

昆明 创新监管优化服务科技赋能

● “三监管”创新招标投标监管体制

实施招标投标综合监管

形成“三段式”管理格局：发展改革部门负责项目标前立项审批、核准备案；昆明市政务服务局（昆明市公共资源交易局）负责标中受理投诉、调查取证、处理违法违规行为等综合监管；行业主管部门负责标后工程质量、安全生产、合同进度等管理，三方权力职责边界清楚，既互相贯通配合，又互相制衡监督。

开展招标投标智慧监管

形成“4+1”智慧监管“技术工具箱”：“投标文件偏差度”分析功能，将监督平台智能分析结果和评委评审结果进行对比和提示；“评标时间偏差度”分析功能，防止评委不分析投标文件或在不合理的时间给出评审结果；“评委评分偏差度”分析功能，对打分偏差度较大的评委进行纠正和处理；“投标人得分偏差度”分析功能，自动查找、预警串通投标风险系数较大项目；设置“重点关注名单”，在监督平台添加关注主体，对有历史异常行为的评委、投标人、代理机构自动短信提示监管部门跟进关注。

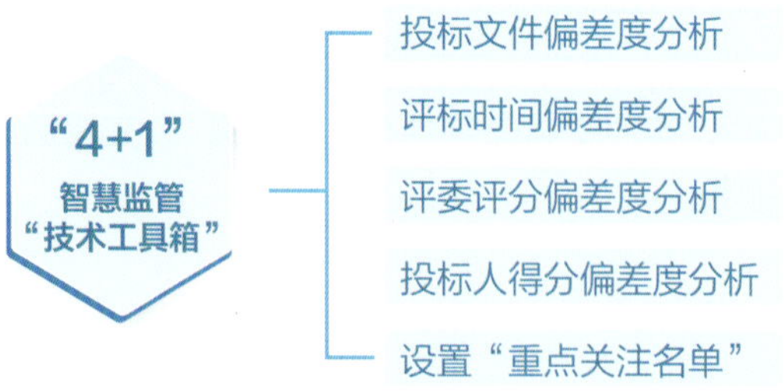

强化招标投标信用监管

制定昆明市失信主体联合惩戒细则、不良行为管理规则，完善信用信息管理、共享、运用制度。在昆明市政务服务中心和昆明市公共资源交易中心统一设立多个投诉举报信箱、电话、电子邮箱等，建立健全投诉举报接收、转办、反馈工作机制。

● “三加强”优化招标投标交易服务

加强交易平台整合

优化整合工程建设、政府采购、土地使用权出让等交易市场，吸引国有企业大宗采购事项进入中心。

加强交易电子化管理

发展完善行政监督平台和大数据管理系统，实现招标投标“全流程、全区域、全覆盖、全封闭”电子化。取消投标报名环节。数字证书互认，一本证书通用，投标人无须重复办理多套数字证书（CA）。招标文件全面公开，网上下载、上传文件投标实现“最多跑一次”。

加强专项整治

做好工程建设招标投标领域扫黑除恶专项斗争工作和工程项目招标投标领域营商环境专项整治工作，组织人民监督员对全市所有项目进行清查。对昆明市各级制定的相关管理文件进行全面自查，确保不存在不合理的限制条件和制度壁垒。

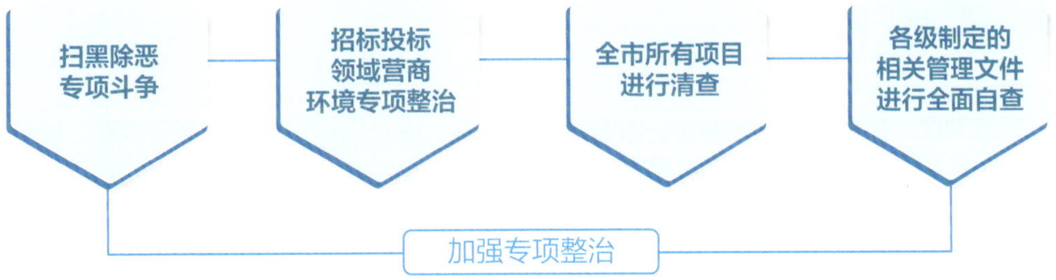

● “三创新”驱动招标投标模式新发展

“昆金服”探索数字经济模式创新

2018 年 6 月，昆明市试运行电子保函。2019 年，提供“投标贷”“中标贷”等金融产品和服务，上线“昆金服”，为企业提供良好的融资服务、多元的融资渠道。

“全方位”。覆盖昆明市公共资源交易中心和九个县（市）区分中心；覆盖房屋建筑、市政基础设施、交通水利工程等所有建设工程类型及综合交易类型；覆盖招标投标整个环节，包括投标担保和履约担保。

“多元化”。“昆金服”链接多家银行机构、保险公司、担保公司的业务平台，提供多种担保产品服务，供投标人或中标人对比、选择。保费缴存方式可采用银行转账，也可用微信或支付宝支付。除以现金缴存保证金或选择与“昆金服”直接链接的银行保函、保险保函、担保保函外，可选择入驻第三方平台的担保方提供的投标担保，第三方平台提供合法合规、方便快捷的保函核验渠道。

“昆易链”助推社会信用体系创新

建设公共资源交易区块链服务平台“昆易链”，对涵盖工程建设、政府采购、综合交易等全类型的全流程电子化交易业务数据进行及时存证并实时查验，记录所有主体交易行为事实与非法篡改痕迹，同时开放“主体库”“业绩库”“信用库”公开查询通道。

“交易通”实现交易场景应用创新

建设研发“CA 掌上证书”加“一部手机交易通”。“CA 掌上证书”在移动端进行系统身份认证，同时可对证书进行授权管理、电子签章、电子签名及文件加解密。“一部手机交易通”可完成交易信息查看及项目实时跟踪，进行移动投标（文件及资料下载、保证金缴纳、标书递交、回执打印）、移动监管、消息提醒等。

案 例 启 迪

促进制度、技术供给侧和监管、服务需求侧对接，提升招标投标综合监管效能。完善招标投标市场化配置机制，整合公共资源交易服务机构，完善职能职责配置，为交易提供优质高效服务。完善招标投标工作制度并推进技术创新，推出“昆金服”“昆易链”“交易通”等特色服务平台及产品，提高服务便利化水平。

重庆 深化监管体制改革 促进招标投标活动法治化、规范化、透明化

● 夯实招标投标领域营商环境法治化基础

集中统一监管

市级层面，新组建重庆市公共资源交易监管局，整合分散的招标投标活动监督、管理、执法等职责，对市级工程建设项目招标投标活动实施统一直接监管，并指导协调区县招标投标工作。区县级层面，成立公共资源交易监管局、在发展改革部门或其他部门加挂“公共资源交易监督管理局”牌子或设置内设机构，对区（县）级工程建设项目招标投标活动实施统一直接监管。

● 招标投标监管制度体系

统一制度规则

印发《关于深化公共资源交易监督管理改革的意见（试行）》。形成以《重庆市工程建设项目招标投标监督管理暂行办法》为主线，9 个暂行办法为重要支撑的招标投标监管制度体系。

统一平台交易

市政府及其项目投资主管部门审批、核准项目以及上报国家审批、核准的项目，两江新区、重庆高新区审批核准项目，其招标投标活动进入重庆市公共资源交易中心交易；区县、万盛经济技术开发区审批、核准、备案的项目，进入本地公共资源交易中心交易，招标人征求项目行政监督部门同意后，可进入市公共资源交易中心交易。

统一服务标准

明确公共资源交易中心应当提供的服务项目、范围、内容和方式，对原有服务流程、服务制度等进行全面清理和立改废，定期对标准规范进行应用评估和修订完善。

编制并推行覆盖不同交易对象、多种合同类型、不同项目规模的标准招标文件和合同示范文本。货物和服务类标准招标文件根据使用情况适时进行修改完善。编制完成《重庆市房屋建筑和市政基础设施工程标准施工招标文件（试行版）》。

统一信息管理

建立“一网”（重庆市公共资源交易监督网）、“一库”（重庆市公共资源交易综合专家库）、“一体系”（重庆市工程项目招标投标信用体系）。升级上线全市统一建设、终端覆盖区县的电子招标投标系统，同步上线电子投标保函系统。

建成规则统一、终端覆盖市和区县的公共资源交易信息系统，向市场主体、社会公众和行政监督部门提供信息服务，与投资项目在线服务监管平台和市公共信用信息平台的信息共享共用。

统一信息管理

- “一网”
- “一库”
- “一体系”

加强协同监管

强化统筹指导。重庆市公共资源交易监管局负责组织拟订招标投标地方性法规、规章草案以及全市招标投标交易政策，指导和协调全市招标投标活动，建立相关监督管理制度并对执行情况实施监督检查。

强化分工协作。招标投标行政监督部门按照法定职责对工程建设项目招标投标活动实施监管。行业主管部门分别负责本行业合同履约管理，依法查处违法违规行为。

强化执法联动。探索建立招标投标行政监督部门、行业主管部门与纪检监察机关、公安机关等单位的协作配合机制，全方位开展对招标投标活动中违法犯罪、违规、违纪行为的查处。

加强协同监管

- 强化统筹指导
- 强化分工协作
- 强化执法联动

● 营造接轨国际的招标投标领域营商环境

优化办事流程

梳理招标投标领域营商环境存在的不足和短板，形成改革后的办事全流程图。印发实施《关于全面实施招标采购项目网上办件的通知》，将市场主体现场提交纸质原件调整为全部网上办理。推行国际通行的经评审的最低投标价法，建立低价中标风险担保制度。

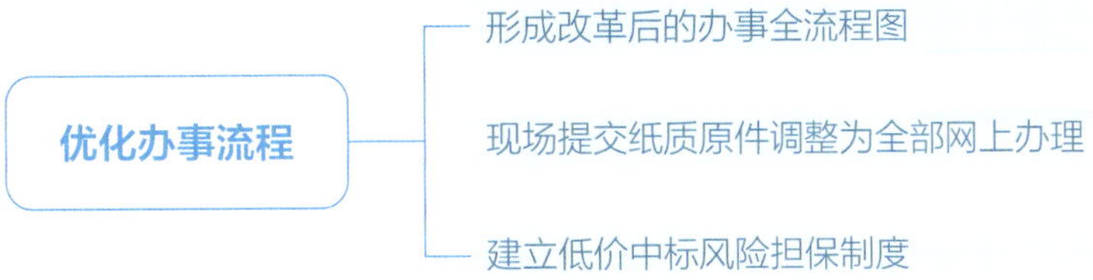

集中宣传培训

通过开设政策解读专栏、召开新闻发布会、开展集中培训等多种方式加大宣传培训力度，编发《重庆市深化公共资源交易监管改革政策措施150问》。

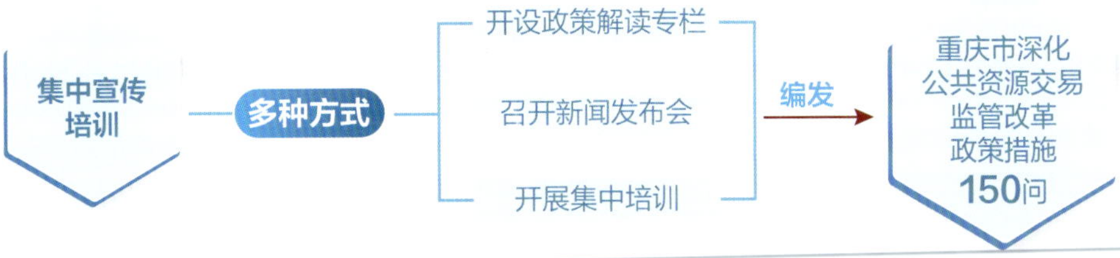

开展专项整治

对照国家发展改革委等八部委联合印发的《工程项目招投标领域营商环境专项整治工作方案》要求，对现行涉及工程项目招标投标的地方性法规、地方政府规章、规范性文件及其他政策文件进行全面自查，对纳入整治范围的招标投标项目进行随机抽查，对涉及整治内容的投诉举报进行重点核查。

● 提升招标投标领域营商环境便利化水平

提升服务质量

根据招标人需要提前介入服务，在招标文件备案前提供咨询指导。制定《市场主体信息登记操作手册》《CA 数字证书办理指南》《重庆市电子招投标系统操作指引》等系列操作指引并在公共资源交易网公开发布。在交易平台开展“减环节、减时间、减材料、减跑腿、减成本”和“强化服务、强化监督、强化保障”专项行动。实施电子化交易和网上办件，压缩保证金退还等环节办理时限。

实现交易现场管理智能化

重庆市公共资源交易中心开发场地智能综合管控平台，集成 13 套场地管理子系统，通过 3D 可视化控制实时远程管理 2000 多个智能化终端以及区域人流、业务进展。

建立全市统一的市场主体信息库

统一市场主体信息登记标准，汇集市场主体交易信息和信用信息等，实现市场主体“一处登记、全市共享”。

实现 CA 数字证书全市互认

统一 CA 数字证书技术标准，搭建 CA 互认平台，实现 CA 数字证书“一地办理、全市通用”。

案 例 启 迪

推进标准化、电子化建设，建立统一监管规则，推进招标投标统一平台交易和交易集中统一监管。以加强交易监管为重点，构建各司其职、各负其责、横向协调、纵向联通的监管格局。通过靠前服务、信息共享等方式不断提升招标投标领域营商环境便利化水平。

获得电力

获得电力，主要衡量参评城市的企业首次获得永久性电力所需经历的政府审批和外部办事流程，包括接入电网所需的办理环节、办理时间、成本费用，以及参评城市的供电可靠性、电费透明度、用电报装便利化水平等情况。

（一）改革要求

2018 年，《国家能源局关于印发〈用户“获得电力”优质服务情况重点综合监管工作方案〉的通知》（国能发监管〔2018〕41 号）、《国务院办公厅关于印发全国深化“放管服”改革转变政府职能电视电话会议重点任务分工方案的通知》（国办发〔2018〕79 号）印发，要求 2018 年将供电企业办理用户用电业务平均时间压减到 50 个工作日以内，2019 年底前压减到 45 个工作日以内，将北京、上海小微企业的低压接电容量由 100 千伏安提升至 160 千伏安、用户报装环节由 6 个压缩到 2 个、平均接电时长压缩到 25 个工作日、用户接入零投资，推进广州、深圳等地实现小微企业低压接入“零上门、零审批、零投资”，推动其他城市小微企业“获得电力”业务办理水平向北京、上海看齐，支持电网企业配合地方政府建立一窗受理、联合审批、限时办结制，加快解决电力规划路由、道路开挖等审批速度等难点重点问题。

2019 年，《国务院办公厅关于印发全国深化“放管服”改革优化营商环境电视电话会议重点任务分工方案的通知》（国办发〔2019〕39 号）、《用户“获得电力”优质服务情况重点专项监管工作方案》（国能综通监管〔2019〕38 号）印发，要求 2019 年底前在全国各直辖市、省会城市实现低压小微企业用电报装“三零”服务，将办电时间压缩至 30 个工作日以内，压缩电力接入工程审批时间，优化接电方案，延伸电网投资界面，降低接电成本，创新办电服务方式，提升办电服务水平，推行“一口对外、一证受理、一站服务”，合理安排检修计划，强化供电可靠性基础管理，提升配电网运行管理水平，切实提高供电质量，通过企业网站、营业厅、新闻媒体、手机 App 等渠道对外发布用电报装服务流程、时间要求、收费标准及有关政策等信息。

《国家能源局关于印发〈用户“获得电力”优质服务情况重点综合监管工作方案〉的通知》
《国务院办公厅关于印发全国深化“放管服”改革转变政府职能电视电话会议重点任务分工方案的通知》
《国务院办公厅关于印发全国深化“放管服”改革优化营商环境电视电话会议重点任务分工方案的通知》
《用户“获得电力”优质服务情况重点专项监管工作方案》

（二）延伸链接

2019年文件

- 2019年10月23日　国家能源局关于实施电力业务许可信用监管的通知（国能发资质〔2019〕79号）
- 2019年10月21日　国家发展和改革委员会关于深化燃煤发电上网电价形成机制改革的指导意见（发改价格规〔2019〕1658号）
- 2019年5月15日　国家发展改革委关于降低一般工商业电价的通知（发改价格〔2019〕842号）
- 2019年3月2日　电力供应与使用条例（国务院令第709号）
- 2019年1月25日　国家能源局综合司关于印发进一步推动优化营商环境政策落实实施方案的通知（国能综通法改〔2019〕9号）
- 2019年1月5日　国家发展改革委　国家能源局关于进一步推进增量配电业务改革的通知（发改经体〔2019〕27号）

2018年文件

- 2018年11月20日　国家发展改革委办公厅关于切实做好清理规范转供电环节加价工作有关事项的通知（发改办价格〔2018〕1491号）
- 2018年8月24日　国家能源局关于推行电力业务许可办理“最多跑一次”的实施意见（国能发资质〔2018〕66号）
- 2018年7月11日　国家能源局综合司关于简化优化许可条件、加快推进增量配电项目电力业务许可工作的通知（国能综通资质〔2018〕102号）
- 2018年5月3日　国家能源局关于印发《用户“获得电力”优质服务情况重点综合监管工作方案》的通知（国能发监管〔2018〕41号）

（三）最佳实践

参评城市持续深化“放管服”改革，结合实际探索创新，努力实现获得电力环节更简、时间更短、成本更低。

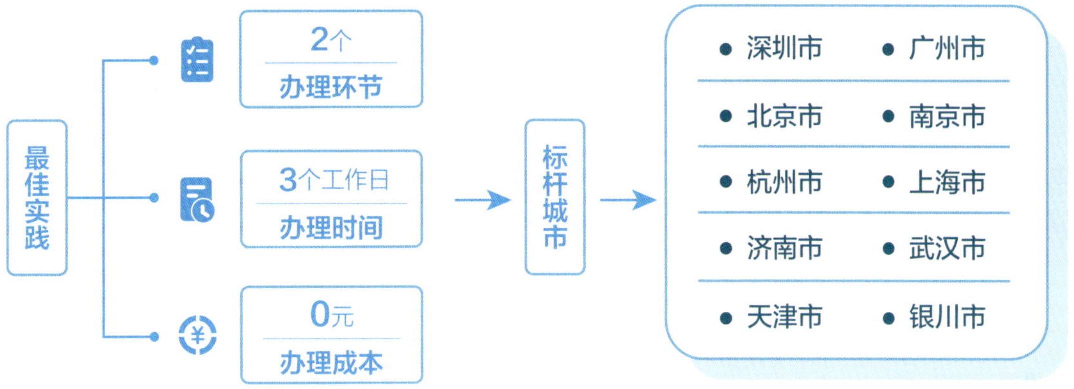

（四）创新做法及改革亮点

表 3-6　获得电力创新做法及改革亮点

创新做法	改革亮点
优化办电服务	✓ 提升办电便捷度 用户可通过互联网、手机 App 等渠道提出报装申请、签订合同、上传装表位置，实现网上预约、上门服务、移动作业、现场办结。 ✓ 减少办电审批 简易低风险工程建设项目附属电力外线接入工程免除行政审批。其他项目电力外线工程将行政许可从串联前置审批改为并联同步操作。 ✓ 降低办电成本 延伸投资界面至客户红线，表箱及以上工程由电力公司投资建设，电力接入外线投资全免费。 ✓ “双经理”负责制 客户经理负责协调项目整体推进，项目经理负责外线工程，实现“受理业务、施工准备、工程实施、计划排定”责任到人。

续表

创新做法	改革亮点
低压小微企业用电报装“三零”服务	✓ 零上门 实行线上用电报装服务，用户可以在线提出用电需求，签订电子合同，供电企业委派专人上门服务，用户无须往返营业厅，用电报装“一次都不跑”。 ✓ 零审批 供电企业精简办电资料，一次性收取所有材料，代替用户办理电力接入工程审批手续，地方政府有关部门优化审批服务，实现一窗受理、并行操作、限时办结。 ✓ 零投资 供电企业延伸投资界面至用户红线，报装容量在 160 千瓦及以下通过低压方式接入，计量装置及以上工程由供电企业投资建设。
高压用户用电报装“三省”服务	✓ 省力 推广“互联网 +”线上办电服务，推动政企办电信息互联互通，供电企业直接获取用户办电所需证照信息，用户在线提交用电申请、查询业务办理进程、评价服务质量，实现办电“最多跑一次”。 ✓ 省时 地方政府有关部门简化电力接入工程审批程序、压减审批时限；供电企业实行业务办理限时制，加快业务办理速度，确保用户及时接电。 ✓ 省钱 供电企业优化供电方案，实行就近就便接入电网，降低用户办电成本。
提升供电可靠性	✓ 加强电网建设 将电网规划纳入城市总体规划、区域控制性详细规划等市政规划。将重大项目用电需求纳入电网建设规划，提前开展电网骨干网架建设，确保重大项目稳定供电。加强配电网基础建设，提升配网转供电能力和自动化水平。 ✓ 提升智能化水平 应用现代信息技术，对电网进行灾前预测、灾害评估、故障诊断分析。应用机器人、无人机等智能设备，实现对供电设备的全时段巡视，及时发现和排除隐患问题。 ✓ 优化停电作业 推广不停电作业，减少客户“停电感知”。推出停电地图服务，对每一单故障停电提供类似物流包裹的实时查询服务。

续表

创新做法	改革亮点
加强与政府部门信息互联互通	✔ 系统互联互通 建立外线工程并联审批平台，打通供电业务系统与政务服务平台互联互通数据接口，实现规划、绿化、交通、占掘路等审批环节并联审批。 ✔ 数据共享交换 加强政务数据共享交换应用，实现身份证件、营业执照、不动产权证、建设工程规划许可证等用电业务办理信息实时获取。 ✔ 政企业务联办 在办理工程建设项目审批、企业开办、不动产产权变更等业务过程中，提前获取客户用电和电表过户需求，由政府直接推送至供电企业，实现业务联办。

（五）实践案例及典型经验

根据 2019 年中国营商环境评价情况，参评城市围绕提升用电报装便利度，全力落实相关领域改革举措，对标国内国际最佳实践，结合当地实际，推出了一批典型经验和创新做法。《中国营商环境报告 2020》选取深圳、广州、济南、郑州、乌鲁木齐 5 个城市典型做法，供各地方政府优化营商环境学习参考借鉴。

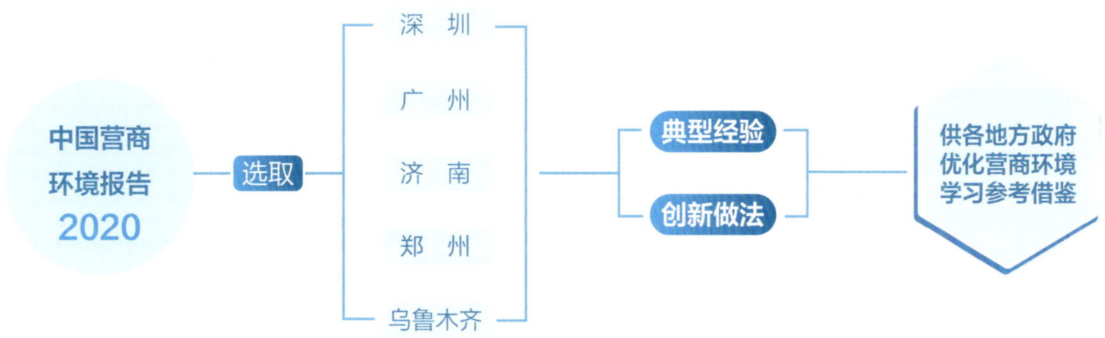

深圳 “深圳更来电”助力建设市场化、法治化、国际化营商环境

● 提升办电服务水平

推行移动互联双向服务渠道

全面打造“三厅一宝”（网上营业厅、掌上营业厅、微信营业厅、支付宝生活号）电子服务渠道体系，实现线上业务办理全覆盖。结合业扩“E 方案”和移动作业终端应用，形成“线上 + 线下”（“移动作业终端 + 电子渠道”）双向移动互联。

推行业扩报装“三免”和“三全”服务

“三免”服务即客户受理免填单，标准化供电方案免审批，标准化设计免审查；“三全”服务即网格化双客户经理（“专职客户经理 + 工程项目经理”）全过程跟进、监控中心全流程监控、95598 全业务回访。

设置办电绿色渠道

成立重点企业供电服务专项工作小组，对重点企业、重大项目和民生项目配置专属客户经理，开通用电报装绿色渠道。设置无障碍业务办理专门入口和电话预约服务，为特需客户提供便利服务，对确有困难的群众提供预约上门服务。

重构“业扩配套”项目流程

对业扩配套项目进行流程再造，明确日标准施工工程量。加快配套项目物资供应，按照“三个一”原则 3 天内完成物资供应。研发可按需随取的智能计量物资周转柜，不受人员和节假日因素制约，缩短装表接电时间。

政务信息互联互通

接入政务信息共享平台，实现身份证、房产信息、商事主体等信息的获取，推出“零资料”“零审核”的无感低压用电报装，市民仅需刷脸即可办理业务。

供电服务入驻市政服务大厅和保障性住房业务办理分厅，供电服务上载“i 深圳”政务 App，推行全市水电气一窗办理，实行“一口对外、一证受理、一站服务、限时办结”。

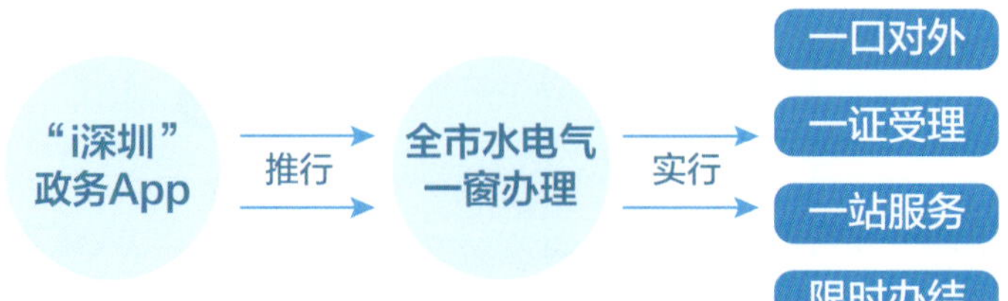

政府出台优化行政审批政策

印发《深圳市进一步优化营商环境深化用户电力接入改革实施方案（试行）》，实行“容缺受理”、并联审批的模式并限时 5 天办结。出台《关于我市水电气小型接入工程试行行政审批简易程序的通知》，对符合条件的工商业用户小型接入工程行政审批试行简易程序，实现“现场审批、现场办理、现场施工”1 天完成。

● 家门口零费用接电

全延伸高压业扩投资界面到用户红线内

10 千伏及以上高压业扩报装外线电力工程由供电局全额投资，电力接入外线投资全免费。持续高压业扩投资界面延伸至客户红线。

彻底延伸低压业扩投资界面

低压接电零费用延伸到所有客户，实行低压接入容量提升到 160 千伏安。推行 200 千伏安及以下客户低压供电模式，基本覆盖所有中小企业，电力接入外线投资全免费。

落实一般工商业电价降低 10% 和电费补贴政策

2019 年全年工商业用户用电成本共下降 14.57 亿元。根据《深圳市工商业用电降成本暂行办法》规定，2018 年至 2019 年底累计发放资助电费金额超过 50 亿元。

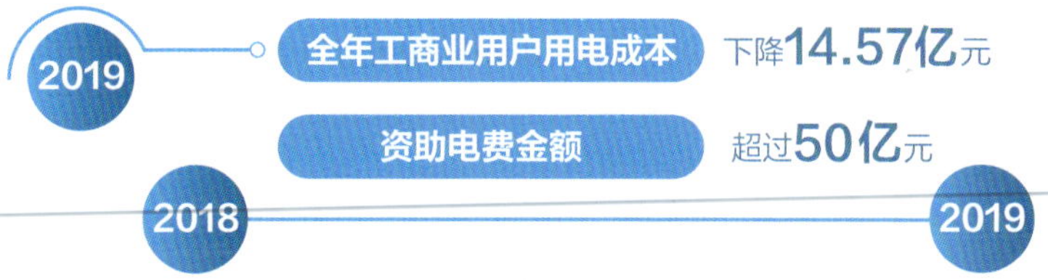

● 打造世界一流电网，供电更可靠

以“零停电”为目标

2019 年投资 52.96 亿元用于配电网基础建设，重点提升配网转供电能力和自动化水平，配网自动化覆盖率达 98%，配网可转供电率达 99.1%。

以“零感知”为目标

推广不停电作业，减少客户“停电感知”。优化项目管理体制机制，执行“一条线路一年最多计划停电一次”要求。

不停电作业 —减少→ 客户“停电感知”

优化项目管理体制机制 —执行→ 一条线路一年最多计划停电一次

以故障停电“趋零”为目标

依托配网自动化、发电车、无人机等技术与设备，降低故障停电影响。强化与水务、燃气等单位联动，建立市政管线互保机制，防范外力施工破坏。深化配网自动化应用，缩短故障查找时间，提升快速复电水平。

推动从“用上电”转向“用好电”

推进电能质量精益化管理，建设城市电能质量监测系统、电能质量综合实验与技术服务平台。

● 保障用户明白用电

搭建全渠道信息公开平台

宣传“获得电力”优质服务做法，从客户视角编制业务办理指引，公开相关政策文件、业务指引、服务承诺等关键信息。线上全业务公开办理流程节点信息，实时清晰了解业务流程状态和实行线上评价，无须再到营业厅或电话咨询。

做到电量使用更透明

推出日电量查询和邻里数据对比服务，方便用户精确掌控和分析每天的用电情况，做好电费预算与支出管理。

停电地图报障更直观

推出停电地图服务，对每一单故障停电提供类似物流包裹的实时查询服务，实现主动式服务和信息透明、及时、友好的传递。

“码上报障”服务更便捷

重整和优化社区基层管理服务，通过扫描房屋二维码快速获得地址信息，在家门口就可以扫码报告故障。

● 变革改进服务手段

推进服务渠道智慧化转型升级

建成集智能客户服务、智慧用电展示体验于一体的智慧营业厅，实行全业务自助办理，实现无人化、智能化、现代化服务。推出无感过户功能、刷脸缴费服务。

建设全渠道智能客服应用体系

完成智能 IVR（互动式语音应答）、实体机器人客服建设，实现智能 IVR 服务，提供人脸识别、故障报修、业务办理及电费查询等服务，迅速响应客户线上发起的服务需求。

推进电子化账务服务

2010 年推出电子账单服务，2017 年全面推广电子发票。非现金缴费率达到 100%。针对全量居民用户推出日电量电费“展示 + 测算 + 缴费”的智能缴费服务。

实现智慧用电场景

发布融合多种先进技术智慧能源网关，实现水电气多表采集、安全用电监测、故障主动识别等功能，为客户提供综合能源服务账单。

案 例 启 迪

打造“更便捷、更省钱、更可靠、更透明、更智能”的“五优办电服务”和“深圳更来电”的营商环境主题服务品牌。提供极速报装服务，推进与政府政务信息共享，实现“客户办电一次都不跑”。延伸业扩投资界面，降低用户接电成本。推广不停电作业，提升供电质量管理水平。加强用电信息公开，应用技术手段变革改进服务手段，打造智慧化供电服务体系。

广州 优化电力营商环境改革举措经验推广

● 推行“三好办”特色服务举措，打造广州获得电力“简 · 快 · 好 · 省”新体验

数智体验，报装更好办

办电客户，通过政务数据互联共享和升级线上办电功能，客户通过手机 App 授权实时调用电子证照，创新应用电子签章，实现“零证”办电、“刷脸”签约，着力提升客户办电体验。

数联政企，审批更好办

政府部门，协同推进电力外线工程行政审批改革，2019 年高压项目推行并联审批、5 个工作日办结，2020 年创新实施低压项目免审批，以上均在政府工程联合审批平台电水气模块全程网办。

数通流程，接电更好办

供电企业，通过强化内部协同和信息手段支撑，构建“业扩一张图”全过程监控，深化现场作业移动 App 应用，接电业务流程无缝衔接，实现供电方案在线制定、典型设计自动导出、作业表单现场生成等功能，持续提升作业效率。

● 深化数字电网与数字政府融合共享，推动营商环境跨指标协同提升

构建全感知、全场景、全联接数字电网

建设智能规划系统和智慧项目管控平台，实现科学规划、高效建设，供电能力提前储备。构建数字化智能调度和运维体系，实现电网实时感知、管控和预判。

以新一代高级量测系统为依托，实现配电网智能化运营、客户智慧化服务、能源多元化应用。打造运营监控平台，实现对电网全域、全业务的态势感知、协同支持，提升客户服务质量。

大数据助力复工复产精准施策

深化大数据信息平台应用，按日采集超 46 万非居民客户数据，动态绘制全市各行业复工复产晴雨表，细化对规上企业和年用电量 500 万千瓦时以上企业的监控跟踪，配合政府对未恢复至用电量正常值 50% 的企业重点帮扶，对用电量恢复至正常值 50% 至 100% 的企业持续帮扶。

采用日、周、月报形式，对接市区两级发改、工信等部门，协助政府精准施策，定期走访客户，主动为客户提供用能服务。开发转供电加价一码查询及上报功能，为电价惠企惠民政策精准传递至终端客户提供技术支持。

以技术支撑营商环境跨指标协同提升

与“开办企业”“办理建筑许可”指标联动，在办理建设用地规划许可证、建设工程规划许可证和建设工程施工许可证全过程各阶段，实现审批信息共享应用，供电企业获取潜在用电需求，提前电网规划建设准备，推动供电配套与项目开发有效衔接、同步投产。

深化与“财产登记”指标联动，实现不动产登记与供电过户线上联办。

与“政务服务”和“获得用水用气”指标联动，依托政府“四标四实”数据资源和水电气用量数据比对分析，合力推动城市治理能力提升。

● 坚持技术升级与管理创新并重，提供高可靠优质电力服务

打造停电可“转供”、故障可“自愈”的坚强电网

广州范围配电自动化覆盖率高达 98%，近 2000 条馈线实现主站集中式配网自愈。故障定位、隔离和非故障区域复电过程实现闭环控制，无须人工干预，故障复电时间降低至分钟级。中新知识城采用高可靠性的 20 千伏花瓣型配电网合环方式，故障时能够“零秒”内自动隔离，非故障段正常持续供电。

全面落实“停机不停电”原则

依托带电作业、旁路作业、发电车、低压转供等 36 种不停电作业方式，实现配网各项施工作业期间客户停电零感知，不停电作业覆盖率达到 92.23%。

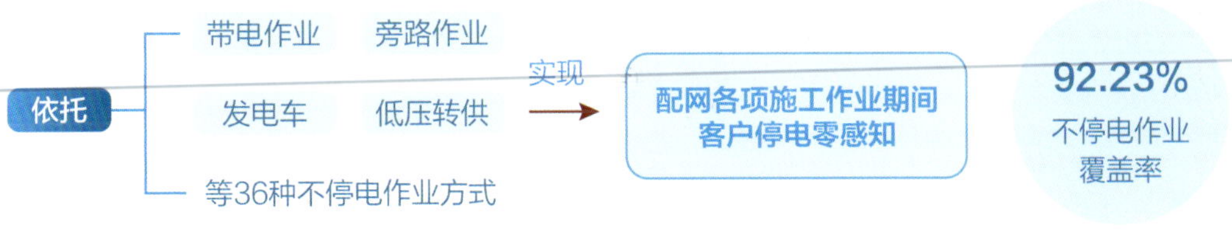

建立限制停电的财务遏制措施

对标国际先进，签署关于供电服务中断奖惩实施办法的协议，并配套印发相关管理办法，创新管理手段，保障客户可靠用电。

构建湾区用电全旅程多元化服务，发挥电网平台赋能作用

服务理念更超前

临电阶段，与南沙、黄埔区政府联合推出“拿地即开工、插电式服务”，解决客户快速启动建设需求。项目投资决策阶段，滚动调整电网规划、用地收储。

用地报批阶段，结合企业用电需求，提前落实电力管廊、电房设置要求。

企业开发阶段，推行临电租赁，节省企业设备费用与接电时间。南沙自由贸易试验区范围内实行“全口径低压供电”模式，实现报装便捷高效。

服务内容更多元

在企业用电阶段，提供电能质量治理服务，面向现代汽车制造、半导体、精密制造等高电能质量需求行业，自主研制客户侧优质供电装备，提供谐波治理、电压偏差整治、电压暂降治理等电能质量优化服务。提供充电桩和岸电等电能替代服务，共建绿色清洁湾区。提供多能互补和微网服务，让社会用能成本更低、能效更高。推出“电能保”保险产品，为客户用电设备抢修提供保障。

服务模式更高效

以前中后台协同作战模式推动多元化服务落地。一线客户经理跟进各类客户用能各阶段需求；借鉴互联网模式，由业务中台进行派单并高效调用资源，举多方之力合作建设；后端聚合内外部优质技术资源力量，带动产业链上下游齐发展，为客户提供可靠、便捷、高效、智慧定制化供电服务。

案例启迪

更加注重全生命周期综合用能体验，打通“表前”与“表后”的传统供电业务边界，变电网公司“端菜”为用电客户“点菜”，深化转型升级，构建现代供电服务体系。更加注重共享与协同，融通数字电网与数字政府，实现跨域跨界的互动效应。

济南 政企联动打造电力营商环境“济南样板”

深化“一次办成”

“一网通办”让客户少跑腿

通过融入政务服务，提前掌握各类项目用电需求，超前提供前期咨询等服务，同步推出“房产、用电”联合过户等便民措施。深化互联网技术应用，推动电力全业务线上办理，提供微信公众号、“网上国网”App、“爱山东”App等线上办电渠道，实现17类用电业务即时受理、“一网通办”。

推行办电资料电子化传递、收资、存档，依托移动作业终端实现现场勘查信息自动上传、供电方案线上审核确认，通过预约上门、免费寄递等服务方式，实现客户办电“一次都不跑”。

“一链办理”让数据多跑路

打通供电业务系统与政务服务平台互联互通数据接口，实现客户办电“一窗受理”、政务平台“同步推送”、行政审批“一链办理”，将“一事一流程”整合为“多事一流程”。

对客户电力接入工程，需办理行政许可的，由供电营业窗口或政务服务窗口“一窗受理”，通过供电业务系统与政务服务系统的互联互通，实现规划、绿化、交通、掘路、占路等环节“并联审批”，管线长度150米及以下的电力接入工程采用告知承诺备案制实现“零审批”。

“零证办电”让体验再升级

加强政务数据共享交换应用，以省、市两级大数据平台为纽带，实现营业执照、身份证、不动产权证、建设工程规划许可证等9类用电业务办理信息实时获取。

居民客户仅需提供身份证号，即可比对人脸信息进行身份验证，在线获取不动产信息，实现“刷脸办电”“零证办理”。企业客户只需提供营业执照，即可在线查询项目立项核准等资料进行办电。

● 推广“三省三零”

减环节压时限，实现快捷高效办电

全面推广小微企业“三零”（零上门、零审批、零投资）服务，实行客户经理、项目经理“1+1”联合作业模式，推行小微企业接电全过程专人负责制。

打造用电报装日例会机制和“马上办”微信平台，组建“一对一”专家服务团队，建立重点项目调度管控工作机制。

“三零”服务

- 零上门
- 零审批
- 零投资

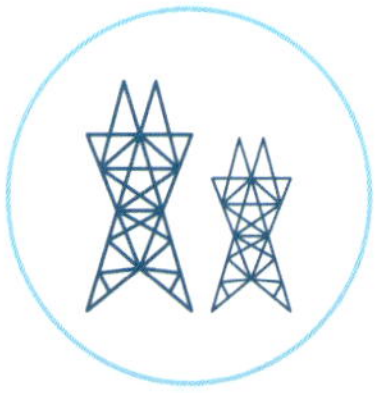

降成本优服务，实现舒心放心用电

对城市规划区内、省级及以上园区和纳入省级新旧动能转换项目库的 10 千伏企业客户由供电公司投资至客户红线，城市规划区 160 千伏安、农村地区 100 千伏安及以下小微企业实现低压接入“零投资”。全面取消临时接电费，完成六轮降价政策调整。

强电网抓管理，实现智慧可靠供电

加快济南坚强智能电网建设。按照综合年度、月度停电计划安排，综合检修，避免客户重复停电。加强配网故障停电治理，优化故障处理流程，提升抢修效率。推广“带电作业 + 零点作业”电网检修模式。

带电作业
＋
零点作业

案 例 启 迪

深入开展简化获得电力专项行动，围绕“减环节、压时限、降成本”，深化“一次办成”改革，加强政企合作和信息互联共享，推出“一链办理”“刷脸办电”等服务模式，实现“一网通办”“零证办电”。推广大中型企业“三省”（省力、省时、省钱）服务和小微企业“三零”（零上门、零审批、零投资）服务，实行客户经理、项目经理“1+1”联合作业模式，实现快捷高效办电。

郑州 优化获得电力营商环境

● 属地快速办电

网格化服务模式，应用业扩报装 App

实施城区网格化服务模式，构建供电部、供电所和客户经理的三级网格化服务体系，实现中小微企业办电业务与营业和配电网格化服务的前端融合，简化各项业务办理流程，打造“一口负责、一办到底”的属地化快速办电机制。

开发并全面应用低压移动作业 App，实现低压居民和非居民新装、增容、更名、过户等业务 App 线上办理。全面推行低压 App 一次性生成供电方案免审批，设计图纸和物料清单自动生成，低压报装物资采取“抢修领料”模式。

行政审批豁免

出台《郑州市第一批工程建设项目行政审批豁免清单》，将 10 千伏箱变或柱上变压器、环网柜、分支箱等免于办理建设工程规划许可证，150 米及以下沿市政道路或跨市政道路的 10 千伏高压电力工程免于办理建设工程规划许可证。

● 政企业务联办

与工程建设项目审批管理业务联办

制定《郑州市工程建设项目用电报装改革实施方案》。客户在办理项目立项行政审批时，电网公司提前开展办电辅导，提前获取客户用电需求，及时发起电网配套项目。客户项目规划许可、工程建设许可和施工许可信息由政府直接推送至供电公司，免去客户用电申请环节。

与企业工商注册业务联办

与市场监督管理部门建立合作机制，客户在办理企业注册时，征询客户办电需求，办电信息同步推送至供电公司。对于低压用电需求客户，客户经理在低压 App 上同步办理；高压用电需求客户，客户经理主动上门服务。

与不动产登记中心产权变更业务联办

客户在办理不动产过户时，直接提出办理电表过户需求。不动产业务服务平台将审核过的信息资料推送至电网公司业务系统，由电网公司直接办理电表过户业务。

加大电网投资

加大电网投资，满足客户就近接入

针对省级及以上园区、电动汽车充电设施、电能替代项目，配套投资建设到客户规划红线。建立 35 千伏及以下紧急业扩电网配套工程年度“项目包”，实现业扩配套项目“随需而立”。建立 10 千伏及以下配套工程全类型物资“实体储备库”，实现配套工程物资“随需随领”。

进一步扩展电网投资界面，在省内率先将低压接入容量由 50 千瓦提至 160 千瓦，实施零成本接入。400 伏零星业扩配套工程实行“低压抢修领料”模式，随时按需领用。

建立“项目包” ● 35千伏及以下 —实现→ “随需而立”

建立“实体储备库” ● 10千伏及以下 —实现→ “随需随领”

低压接入容量 ● 由50千瓦 —提至→ 160千瓦 —— 零成本接入

零星业扩 ● 400伏 —实行→ “低压抢修领料”——随时按需领用

实施“阳光业扩”，供电方案更加经济

加强内部营销、运维、调度专业协同和数据贯通，充分挖掘现有系统数据，优化完善计算规则，确保电网可开放容量信息发布的准确性和及时性。

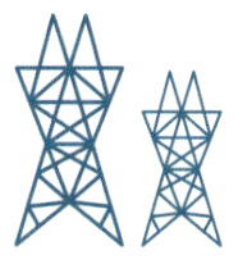

“阳光业扩”

配网精益运维

开展供电可靠性提升专项行动，从网架优化、设备运维、停电计划等六大方面深入开展工作。落实配网“网格化”规划，加强配网基础网架建设，提升配网装备水平，强化配电自动化系统建设及应用。加强隐患排查，强化巡视管理。

● 拓展服务渠道

拓展办电渠道

提供政务服务网、"郑好办"App、"网上国网"App、微信公众号等 10 种办电渠道。实行用电报装全业务同省异地办理，推行零证预约办电，客户经理上门服务、现场收资。

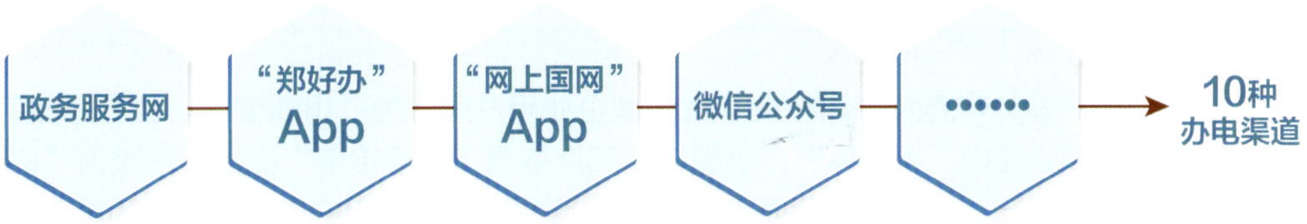

推行"零证办电"

客户办电基础资料仅需提供用电主体证明、产权证明 2 项；特殊行业办电资料平均不超过 3 项。对于在营业厅直接办电的用户，执行免填单申请制。

对接郑州市大数据管理局建立政企专用数据通道，与市场监督管理、自然资源和规划、能源监管等政府部门沟通建立信息共享机制，由供电企业直接查询，实现客户办电主体证明、产权证明免提供，即"零证办电"。

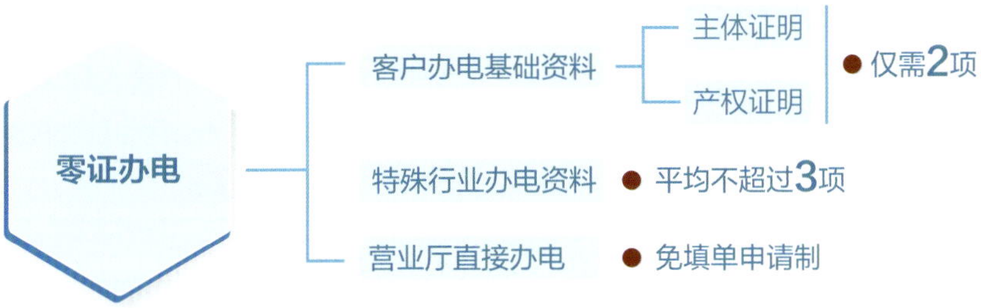

案 例 启 迪

实施网格化服务、加强政企合作，推行属地快速办电和政企业务联办。加大电网投资，扩展电网投资界面，实施"阳光业扩"，让企业办电更经济。实施配网精益运维，从网架优化、设备运维、停电计划等方面提升供电可靠性。拓展服务渠道，通过信息共享推行"零证办电"，提升办电便利度。

乌鲁木齐 聚焦“三省三零”“获得电力”提速增效

● 压缩流程环节

精简办电环节

取消普通用户设计审查和中间检查，大中型企业用户压减为“申请受理、供电方案答复、外部工程实施、装表接电”4 个环节；小微企业用户按照“抢修接电”模式，压减为“申请受理、装表接电”2 个环节。简化、取消不必要的证明和繁琐手续，用户申请资料精简至 2 种（用电人有效身份证明、用电地址权属证明），用户办理增容、变更用电时，资料尚在有效期内的无须再次提供。

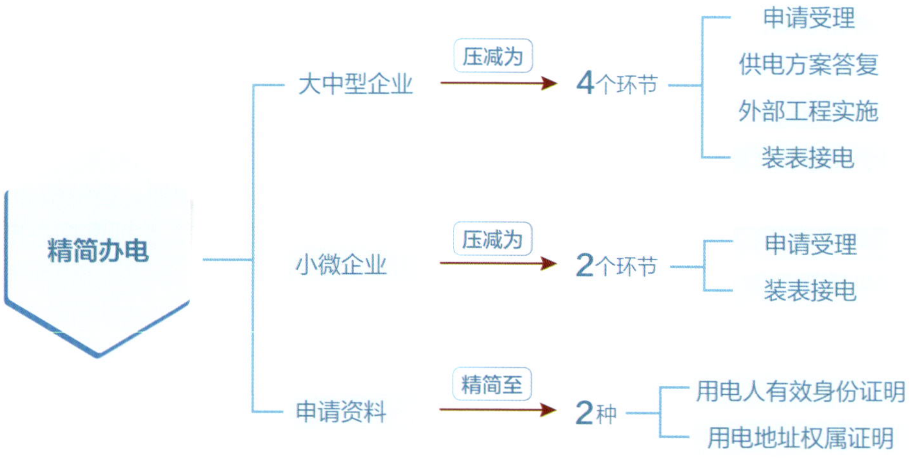

推行“互联网 + 营销服务”

实行用户线上自助提交申请资料、查询业务进程和评价服务质量，减少用户往返营业厅次数，实现复杂业务“最多跑一次”，简单业务“一次都不跑”。

组建前端服务团队

对大中型企业用户，由营销、发展、运检、调控等专业人员组成专业化服务团队，指导、协助用户全过程办理用电手续；对小微企业、居民等低压用户，组建由台区经理、项目经理组成的“1+1”服务小组，推行网格化服务，实现“一次上门、一次送电”。

● 压减接电时间

进一步压减办理时间

建立全流程监测、预警、评价机制，采取系统预警、短信催办等方式，提醒承办人按照规定时限办理业务。

深化挂牌督办

落实供电企业主体责任，跟进指导用户合理确定内部用能方式、配电设施容量、选址和布局，建立覆盖项目性质、负荷容量、电量增长等多维度挂牌督办机制，高低压平均接电时间分别压减至 31.17 天和 2.95 天。

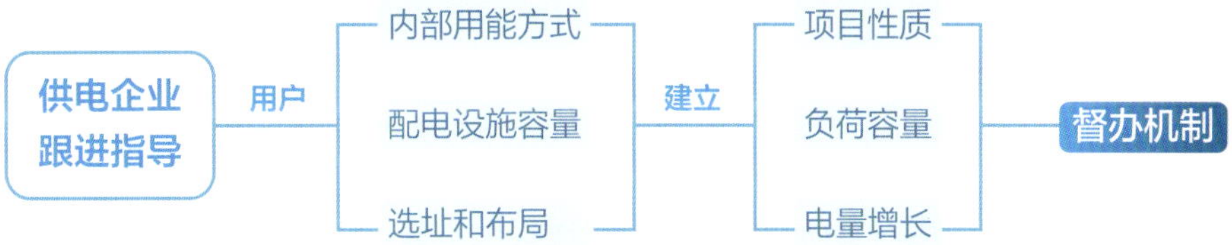

深化政企联合办公

供电企业在项目立项环节介入工作，提前掌握项目用能规划、投产安排等信息，及时修编电网规划，提前启动配套电网工程建设。

简化竣工检验内容

制定标准化验收卡，实行跨专业联合“持卡验收”，推进业扩工程验收专业化、标准化。

● 压降接电成本

推行表前“零投资”“一站式”服务

针对小微企业用户，低压接入容量提高至 160 千伏安，以低压电能计量装置为投资运维分界点，分界点电源侧供电设施（含计量装置）由供电企业投资并运维管理。

延伸电网投资界面

针对大中型企业用户，自治区级及以上园区、电能替代、电动汽车充换电设施等项目，由供电企业出资建设至用户红线，相关电网工程纳入业扩配套项目包管理。

精准对接用户需求

对 24 类典型用户负荷特性，形成合理实用系数，优化提高配网接入容量标准，确保供电方案经济合理。编制《电力工程典型设计图集》《造价咨询手册》，为用户提供技术指导和咨询服务。

总体规划电网布局

将电网规划纳入城市总体规划、区域控制性详细规划等市政规划。

引导用户参与电力市场化交易

向用户提供能效诊断、节能咨询等综合能源服务，统筹运用新能源、储能等多种技术，指导用户实施电能替代或节能改造。

● 强化服务创新

创新工程建设项目审批制度服务

在市政务服务大厅设置电力座席，实现项目建设单位线上申请，供电单位与相关审批主管部门线上同步受理、并联审批、限时办结。

- 同步受理
- 并联审批
- 限时办结

简化电力建设市政审批手续

出台《乌鲁木齐市进一步简化 10 千伏及以下电力工程建设审批流程》，220/380 伏电力工程、10 千伏 2000 千伏安及以下电力工程采取备案模式，不再办理占路掘路许可审批手续。

常态化开展回访评价

深挖业扩办电仍存在的难点、堵点、痛点、痒点，及时修订相关作业标准，持续资源整合、组织优化、流程再造，推动业扩报装提质提效。

- 资源整合
- 组织优化
- 流程再造

案 例 启 迪

聚焦大中型企业“三省”（省力、省时、省钱）、小微企业“三零”（零上门、零审批、零投资）两条服务主线，提升业扩报装工作服务水平，构建标准化服务体系，推广“互联网 + 营销服务”，不断创新服务方式、简化手续流程、加快接电速度、提高供电可靠性。

获得用水用气

获得用水用气，主要衡量参评城市的企业首次获得供水、燃气所需经历的政府审批和外部办事流程，包括办理环节、办理时间、成本费用，以及参评城市的用水用气价格情况、用水用气报装便利化水平等情况。

（一）改革要求

2017 年,《住房城乡建设部关于压缩建筑工程施工许可和水气报装时间的通知》（建法［2017］97 号）印发，要求合并办理与水气报装有关的审批事项，明确供水企业自正式受理用水报装申请后，开展现场勘查、内部给水方案审核、接水方案设计等环节的时间总计不得超过 30 个工作日（其中不包括施工、通水验收、合同签订、申请人办理行政许可等供水企业无法控制的时间），供气企业自正式受理用气报装申请后，开展现场勘查、方案审核、验收等环节的时间总计不得超过 20 个工作日（其中不包括施工、合同签订、申请人办理行政许可等供气企业无法控制的时间）。

2018 年,《国务院办公厅关于印发全国深化“放管服”改革转变政府职能电视电话会议重点任务分工方案的通知》（国办发［2018］79 号）印发，要求加快水电气暖、银行、公证等服务领域改革，引入社会竞争，强化行业监管和社会监督，解决办事手续繁、效率低问题，提高服务质量，大幅压缩办水办气时间，尽快取消申请费、手续费等收费。

2019 年,《国务院办公厅关于印发全国深化“放管服”改革优化营商环境电视电话会议重点任务分工方案的通知》（国办发［2019］39 号）印发，要求地方落实新修订的《城镇供水服务》《燃气服务导则》等国家标准，将水气设施报装提前到施工许可证核发后即可办理，2019 年底前将供水新增、扩容改装的报装时间分别压缩至 20 个、15 个工作日以内，将燃气报装时间压缩至 16 个工作日以内，大幅压减报装、安装费用。

《住房城乡建设部关于压缩建筑工程施工许可和水气报装时间的通知》

《国务院办公厅关于印发全国深化“放管服”改革转变政府职能电视电话会议重点任务分工方案的通知》

《国务院办公厅关于印发全国深化“放管服”改革优化营商环境电视电话会议重点任务分工方案的通知》

（二）延伸链接

2019年文件

2019年3月11日

关于修改燃气经营许可管理办法的通知
（建城规〔2019〕2号）

（三）最佳实践

参评城市持续深化“放管服”改革，结合实际探索创新，努力实现获得用水用气环节更简、时间更短、成本更低。

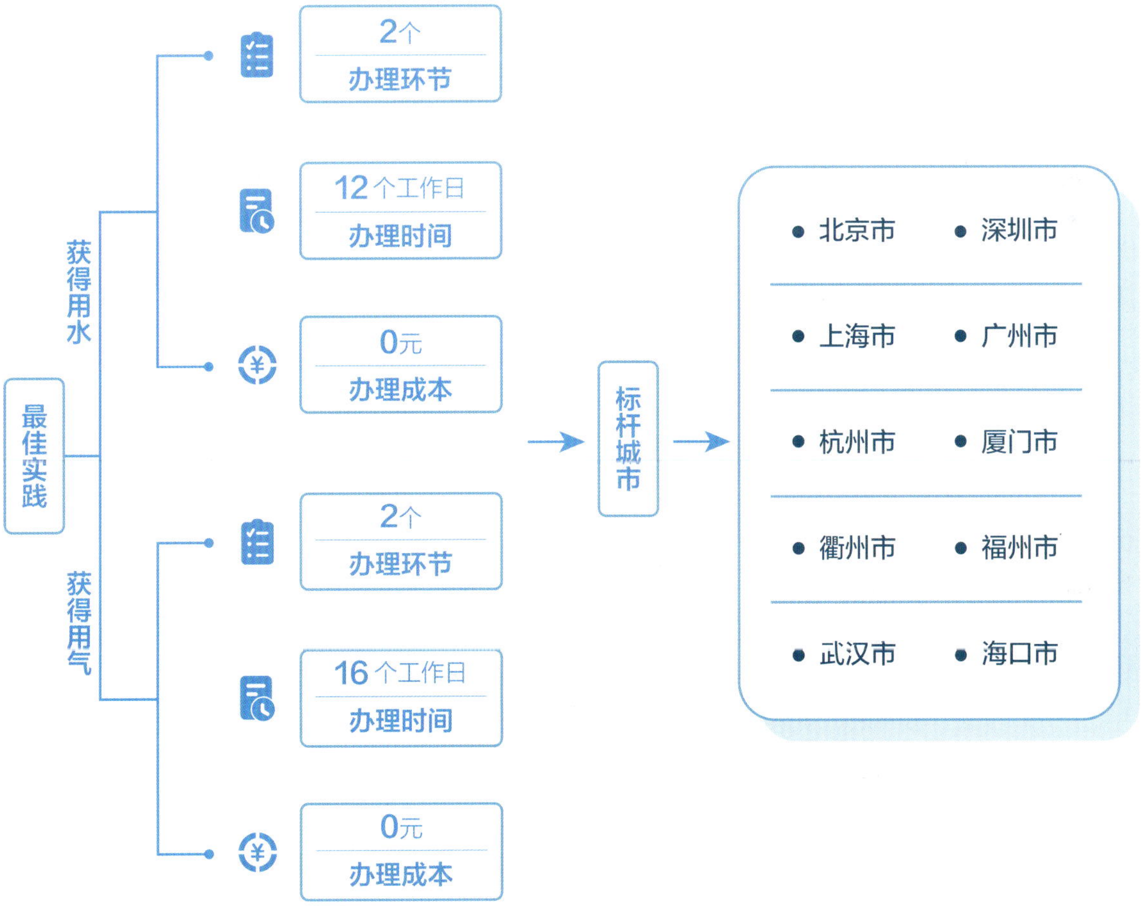

（四）创新做法及改革亮点

表 3-7　获得用水用气创新做法及改革亮点

创新做法	改革亮点
优化市政公用服务	✔ 水气电网联动报装 设立网上联动办理接口、政务大厅服务专窗，将多个部门的申请材料整合为一张申请表，各公用事业单位联合踏勘、联合施工、一并接入。 ✔ 完善市政公用配套 在做地阶段，将供水、供电、供气等市政公用管线配套至地块红线边界。 ✔ 加强前期服务 推行“提前介入、提前指导”的前置咨询服务，通过上门服务、技术咨询、现场答疑、确认条件等举措提高服务质量。 ✔ 实行容缺受理、并联审批 推出先受理后补交资料的办理模式，增加工作人员上门补收途径。依托政府联合审批政务平台，规划、园林、城管、交管等部门的行政审批事项实行并联审批。 ✔ 推出掌上服务 完善微信公众号和官方网站供水供气服务板块业务功能，打造掌上营业厅手机 App，实现线上业务咨询、投诉、报装、查询、缴费、发票下载、信息变更等业务办理。
优化用水报装流程	✔ 小型工程“三零”服务 对符合条件的社会投资小型工程建设项目，供水公司上门服务、到现场审核材料、承担供水管线设计和施工费用。 ✔ 提高供水稳定性 比对客户用水量，提醒异常用水并提供漏水检测维修服务，建立应急供水技术方案，对自来水输配水管网供“7×24”小时巡护。
优化用气报装流程	✔ 扩大“三零”服务范围 对燃气设计压力 10 千帕以下、接入管线直径不大于 10 厘米、新建管线长度不大于 200 米的用户，提供“三零”服务。 ✔ 降低用气价格 对连续 12 个月未发生拖欠缴费的企业，取消燃气预付费。推出“预付款 + 气量按揭”付款方式，小型商业用户只需先期支付部分安装费，即可实现用气。

（五）实践案例及典型经验

根据 2019 年中国营商环境评价情况，参评城市围绕提升用水用气报装便利度，全力落实相关领域改革举措，对标国内国际最佳实践，结合当地实际，推出了一批典型经验和创新做法。《中国营商环境报告2020》选取武汉、海口、南昌、拉萨4个城市典型做法，供各地方政府优化营商环境学习参考借鉴。

武汉 着眼获得用水全方位服务 提升用户获得感

● 高标准推进，全流程整合

推行“e+”服务

推动微信、支付宝、网站、服务热线、实体营业厅、市区政务服务中心等线上线下服务渠道融合，搭建“e+”服务体系，满足不同企业客户群体多元化需求，实现全渠道、全时段办理。

推行并联审批

出台《武汉市进一步优化供水接入工程审批流程的实施意见（试行）》，推行“容缺受理、并联审批、全程优化”，依托政府联合审批政务平台，规划、园林、城管、交管等部门实行并联审批。

● 高要求运作，全系统落实

一站式服务

成立“获得用水服务中心”。以用水报装为基点，整合查勘设计、现场制定施工方案、确定营业服务方式等业务，同步办理、一步到位，变“各自为政、各管一段”为全流程一站式服务。

全面推行“水管家”定点服务，与企业客户签订“零跑腿”协议，帮助企业客户协调解决获得用水中的困难和问题。

信息多跑路

构建各行政审批部门与供水企业信息共享机制，建立全过程、全时限监控和预警机制。在土地出让阶段，获得用水服务中心提前获取项目建设信息，主动对接企业客户，随即开展供水接入服务。实现用户变更户名、水费发票开取、用水价格调整等多项供水服务业务“网上办”。

客户说了算

依托武汉市网上群众工作部、城市留言板、“企业直通车”、市长专线与供水企业服务热线并号等方式，畅通诉求渠道，强化督办机制，促进问题解决；建立“双评议”服务评价体系，健全全流程监测、预警、评价机制，用户扫码一键评价满意度。

高品质提升，全周期服务

提质供水

出台并执行严苛的企业水质标准，检测指标达 117 项，浊度、色度、铁、锰等指标比肩欧美标准。

惠价利企

对中小微企业申请接入供水管线直径 100 毫米及以下的项目实施“零费用”。

0

零费用

智慧共享

出台智慧水务专项规划，综合运用云计算、物联网等技术，建立信息共享通道。向企业客户开放实时用水量监测功能，帮助企业掌握用水规律、降低用水成本。

案 例 启 迪

推动线上线下服务渠道融合，推行一站式服务。构建各行政审批部门与供水企业信息共享机制，依托政府联合审批政务平台，规划、园林、城管、交管等部门实行并联审批，破解各部门审批条件互为前置的难题。

海口 主动服务“跑”上门 供水报装流程简、提速快

● 建立健全项目责任制

供水公司实行用水报装项目负责人制以及首问责任制。用水报装项目负责人由客户服务部统筹安排，负责统筹管理供水报装项目，管控报装流转过程，协调推进报装项目实施，跟踪反馈服务用水户。

● 加强前期服务

推出用水户“最多跑一次”的服务承诺，推行“提前介入、提前指导”的前置咨询服务，实施上门服务、技术咨询，现场答疑、确认条件等举措。对不具备接水条件或报装材料不符合申请要求的用水报装项目，项目负责人向申报用水户做好解释、引导等工作。

● 精简报装申请材料，推行容缺受理制度

供水报装初步申请材料不超过 2 份，可采用先受理后补交资料的办理模式，方便项目审批快速进入后续环节。增加工作人员上门补收途径，解决用水户跑窗口送原件问题。

建设工程规划许可、企业用水地址相关产权证明等文件资料不再作为用水报装项目办理的前置程序，用水户承诺在通水后 1 个月内或其他约定时间补交相关文件资料，供水公司主动上门收取相关资料。

精简材料

● 简化供水报装流程

通过内部流程优化、建立健全规章制度，对客户供水报装各个环节进行优化简化，从 5 个环节（用户申请、勘查现场、设计预算、缴纳工程款、进行安装），减少到 3 个环节（正式受理、提交方案、施工通水）。

供水报装环节
5 个环节
↓ 减少到
3 个环节

● 缩短报装时限

供水公司办理报装时间缩短至 4 个工作日，有外线工程且需道路开挖的需适当延长时间。外线工程涉及办理道路开挖许可、绿化迁移许可等行政许可的，供水公司主动向用水户提供咨询服务。

● 推出网上供水业务办理服务

打造供水业务线上办理模式，提供多种途径办理线上业务。推出线上查询功能，对于用水户关注热点如水质公告、水费账单等，提供实时、便捷的查询服务。推出“供水业务线上办理”服务，如更名过户、缴纳水费等常规业务皆可通过微信公众号、网上营业厅等线上方式办理。

海口 报装灵活收费材料容缺受理 创新“获得用气”服务获得好评

● 减环节

将供气报装环节从 8 个减少至 4 个，即受理报装、现场踏勘设计、编制预算及签订合同、工程施工验收通气。

供气报装环节

8 个环节
↓ 减少到
4 个环节

● 减时间

推行用户台账管理系统，每个报装项目从接到报装申请起进行全面追踪，由监督部门进行及时更新汇总和追踪进度管理。办理时限由 9—44 个工作日缩短至 7—35 个工作日。

办理时限

9—44 个工作日
↓ 缩短至
7—35 个工作日

● 减费用

制定灵活缴费方式，除一次性缴清费用外，可以选择缴纳部分安装费，将其余部分款项以“气价回收”的方式分摊至日常用气的气费中缴纳。

● 提升便利度

企业用户报装时只需提供申请基本资料即可先行受理，完整的报装材料在余后环节中补齐即可。申报材料由安装申请表、用户工商营业执照、房屋产权证明、用气点图纸、用气设备技术参数表，减少为申请基本资料、用气设备技术参数表、供气场所证明。提供营业厅报装、不见面报装等多种报装方式。

● 优化施工方案

印发《关于优化用户工程施工方案及加强工程时效管理的通知》，从项目的设计、选材及工艺等方面提出具体优化实施方案及改进措施，合理降低安装取费，加强工程时效管理。

案 例 启 迪

推出“项目负责人”制度、“容缺受理”、前置咨询服务、网上业务办理等改革措施，从减环节、减时间、减费用、提升便利度、优化施工方案等方面对用水用气报装进行优化。

南昌 删繁就简提速增效 促进供水服务高质量发展

● 以“三简”自我加压

简流程

将工作流程环节由用水申报、查勘设计、工程收费、施工调度、验收通水、上册抄表 6 个环节简化为用水申报、查勘设计、验收通水 3 个环节。

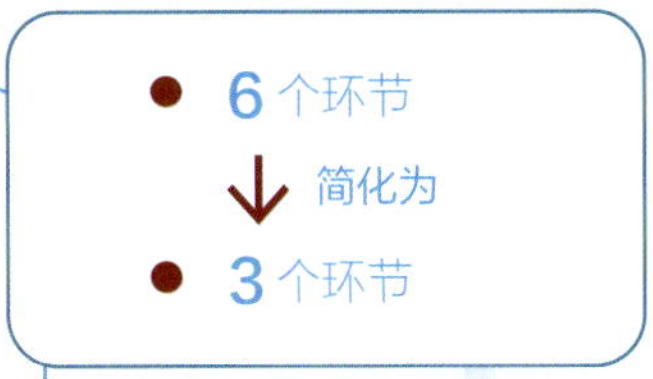

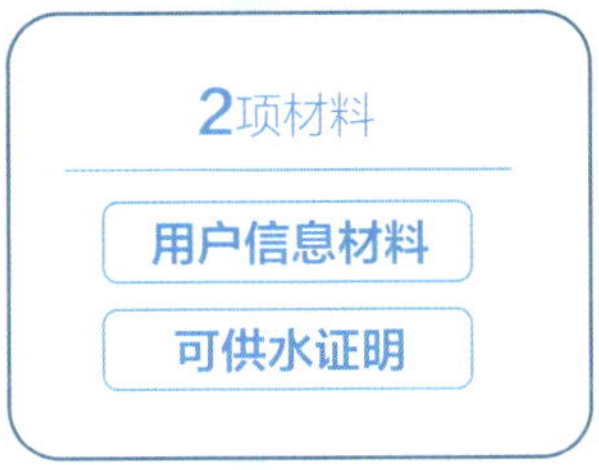

简材料

办理用水报装只需提供用户信息材料和可供水证明 2 项材料。

减时间

在用水申报、查勘设计、工程施工等环节，扩充查勘设计人员；在施工环节，成立专门的散户设计、安装施工队伍。对散户工程通水验收，施工单位与各营业部门建立微信工作群，采取手机拍照及定位方式，直接将现场水表安装图片、水表信息以及水表定位发送到微信群，营业部门确认水表安装规范、信息无误后直接上册抄收。符合接水条件的用户。

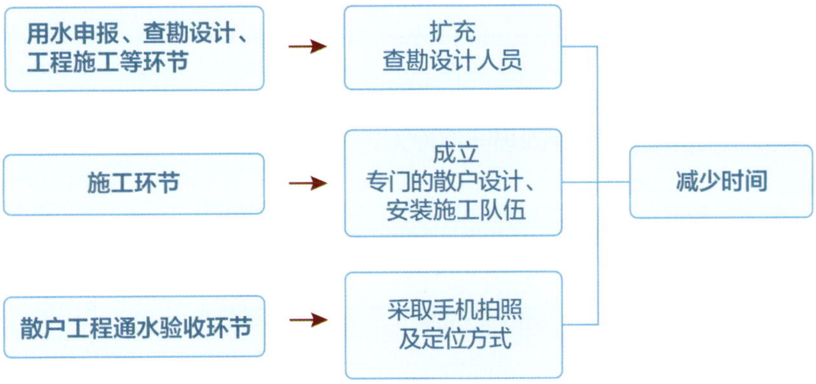

以“三提升”促进服务高质量

强化培训，提升服务意识和技能

不定期开展转作风、提效能、强担当的专题工作会。对窗口服务人员开展业务礼仪培训、业务评比，提高窗口人员综合素质，打造窗口专业服务队伍。

多措并举，提升服务水平

业务整合。实行“一站式”服务，将多部门办理供水业务整合到窗口统一办理，现场能直接办理的即时办理，不能直接办理的协调转办跟踪落实。

加强宣传。在水业企业官方网站、官方微信公众服务号上公布《用水服务指南》，开展供水服务进社区、进农村、进企业活动，按照销号管理原则解决客户提出的各个问题。

推行掌上 App 软件。完善微信公众号和官方网站供水服务板块业务功能，打造掌上营业厅手机 App，实现线上供水业务咨询、投诉，以及用水申报、水费预存、发票下载、用水信息变更等业务办理。

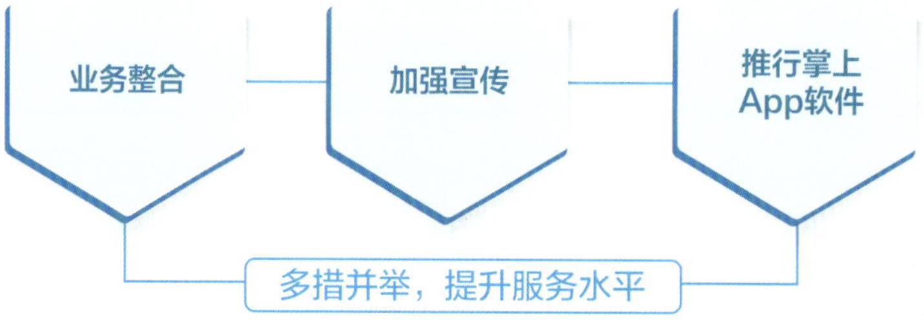

加强管理，提升服务效率

完善用水报装系统。强化投诉处理，针对用户服务投诉，要求 3 个工作日内办结，做到投诉回访率 100%，投诉办结率 100%，办结及时率 100%。

南昌 提速增效 精准服务 提升供气服务

● 减环节，优服务

报装办理由 6 个环节缩减为报装受理、工程设计、工程施工、验收通气 4 个环节。

定期了解辖区企业入驻情况及重点项目潜在用能需求，宣传天然气用气常识及用气报装流程，印制《用气报装服务指南》明确办事流程，实施片区负责制和项目经理负责制。

● 减时间，优效率

受理用户用气报装申请后，资料齐备的一般项目原则上在 9 个工作日内完成前期工作；双方签订管道燃气设施安装合同后，完成施工图设计，并严格按照合同约定的施工周期组织施工；具备点火条件后，原则上在 1 个工作日内完成点火通气。

加强对现有设计、工程人员的培训，提升设计能力和工程管理水平。建立监测预警机制，对天然气供需形势进行分析，提高重点用户监测强度。

● 减资料，优渠道

加强数据共享，避免企业重复提交申请材料。在核实客户身份信息后，燃气报装申请材料主要包括客户沟通单和项目图纸两项资料。申请材料符合要求的，当场受理，申请材料不齐全或者不符合标准要求的，一次性告知需补充或完善的材料内容。在报装受理后，为用户提供指导、全程跟踪服务。完善微信公众号和企业官方网站建设。

案 例 启 迪

从用水申报、查勘设计、施工通水等工作流程需求发力，简化工作流程、精简申报材料、缩减办理时间。实施片区负责制和项目经理负责制，定期深入了解辖区企业入驻情况及重点项目潜在用能需求，前置对接，主动服务。

拉萨 获得用水、用气经验做法

● 服务高效化

新建营业收费大厅，增加专业抢修车辆和管网测漏仪，设置客服座席，新建智慧供水调度服务平台和维修服务平台，打造市区“半小时”服务圈。推行“居家缴费”模式，安装远程智能水表的用户，已实现用户短信提示缴费。

● 流程简便化

实行资料清单制，业务受理执行一次性告知制度，避免经办人多次往返补充相关业务所需资料。精简验收、移交环节。在限定时间内进入审批或移交环节，缩短业务受理时间，提高报装工作效率。

● 监管常态化

邀请第三方机构对全市出厂水、末梢水和二次供水进行监督性抽查检测，并在全市范围内进行通报。

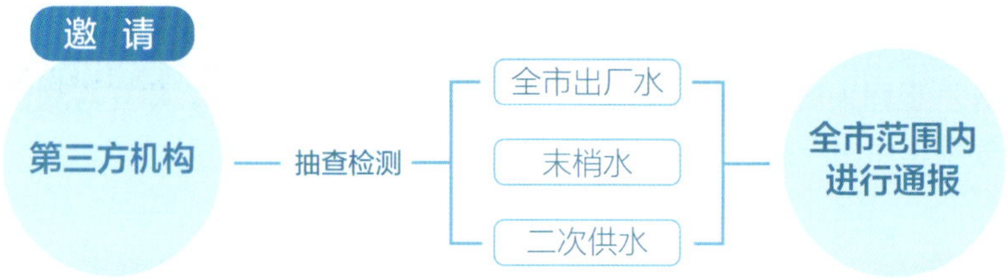

● 加强行业监管

成立燃气供热管理部门，配备专门的行业管理人员，落实行业管理资金，为燃气行业科学化、规范化管理奠定坚实基础。

规范完善燃气行业管理法规，出台《拉萨市燃气管理办法》《拉萨市供热管理办法》《拉萨市燃气安全突发事故应急处置预案》《拉萨市新建民用加气站、汽车加气站审批程序》等相关文件，制定拉萨市燃气企业安全生产检查标准及检查程序。

加强燃气行业监管执法，加大对违法开挖城市道路、野蛮施工行为查处力度，对未经审批、野蛮开挖等行为予以严厉查处，保证燃气管网安全运营。

● 提高服务质量

完善便民服务缴费措施

建设多个代收费系统，建立通信链接，启用建设银行、中国电信翼支付、微信三个平台代收费系统，拓宽缴费渠道。

改进维修报修服务

实行工单进度全程跟踪，落实首问负责制、限时办结制，优化服务流程，完善监督体制，提高一线维修抢修人员服务效率。

优化服务方式

制定完善燃气入户工作流程标准，实施工单回访满意率调查，开展“到访不遇”电话预约和区域化客户服务工作，落实燃气企业员工行为规范等举措，促进便民服务规范化、标准化、制度化和人性化。

推进智能燃气管网建设

实施燃气管线抢险抢修安全运维项目，完善和精细化燃气管网 GIS 系统数据，利用燃气管网精准定位功能，提高燃气泄漏检测精准度和应急抢险作业效率。

● 落实燃气补贴政策

城镇居民每户年用气量在 1500 立方米以内，财政补贴 2.96 元 / 立方米。困难群众（城乡低保人员、五保户、重点优抚对象）每户年用气量在 600 立方米以内，财政全额补贴。

案 例 启 迪

加强服务大厅、服务平台、管网建设、抢修设备等服务基础设施建设，提升服务能力。实行资料清单制、首问负责制、限时办结制，推动流程简便化、服务优质化。完善行业监管法规政策标准，加强对安全生产、服务质量等方面的监管。

登记财产

登记财产，主要衡量参评城市的企业转让不动产所需经历的政府审批和外部办事流程，包括办理环节、办理时间、成本费用，以及参评城市提升不动产登记便利化水平，推动构建便捷、高效、便民利民的不动产登记工作体系等情况。

（一）改革要求

2018 年，《国务院办公厅关于印发全国深化“放管服”改革转变政府职能电视电话会议重点任务分工方案的通知》（国办发［2018］79 号）、《自然资源部关于全面推进不动产登记便民利民工作的通知》（自然资发［2018］60 号）印发，要求 2018 年底前全国所有市县的不动产一般登记、抵押登记业务办理时间分别压缩至 15 个、7 个工作日以内，各省（区）至少有 2 个地市、10 个县区实施“互联网 + 不动产登记”，各省（区、市）实施“一窗受理”的市县占比超过 80%，各省（区、市）具备自助查询功能的登记大厅占比超过 50%，2019 年 6 月底前所有直辖市、副省级城市和省会城市全面实施“互联网 + 不动产登记”，2019 年底前将一般登记、抵押登记业务办理时间分别压缩至 10 个、5 个工作日以内，五年内把登记时间压缩三分之二以上、压减到 5 个工作日以内，尽快完成现势登记数据整合汇交，逐步开展历史登记数据整合汇交，全面提升日常登记和数据接入质量。

2019 年以来，《国务院办公厅关于压缩不动产登记办理时间的通知》（国办发［2019］8 号）、《自然资源部办公厅关于印发不动产登记流程优化图的通知》（自然资办发［2019］23 号）、《国务院办公厅关于印发全国深化“放管服”改革优化营商环境电视电话会议重点任务分工方案的通知》（国办发［2019］39 号）、《自然资源部 中国银保监会关于加强便民利企服务合作的通知》（自然资发［2019］42 号）、《自然资源部办公厅 国家市场监督管理总局办公厅关于推动信息共享促进不动产登记和市场主体登记便利化的通知》（自然资办发［2019］44 号）、《自然资源部 国家税务总局 中国银保监会关于协同推进“互联网 + 不动产登记”方便企业和群众办事的意见》（自然资发［2020］83 号）先后印发实施，进一步要求 2019 年底前全国所有市县一般登记、抵押登记业务办理时间分别压缩至 10 个、5 个工作日以内，在全国基本实现“一窗受理、并行办理”，东部沿海地区力争率先实现办理一般登记、抵押登记时间压缩至 5 个工作日以内，2020 年底前“互联网 + 不动产登记”在地级及以上城市全面实施，加快推进线上线下集成统一的“一窗受理”平台，办理一般登记、抵押登记时间力争全部压缩至 5 个工作日以内，力争全国所有市县实现“一窗受理、并行办理”全覆盖，合并不动产登记登簿和制证环节、缴费和领证环节，将登记场所延伸至银行网点，加快推进“互联网 + 不动产抵押登记”，申请人可以在银行现场签订抵押合同的同时提交抵押登记申请材料。

（二）延伸链接

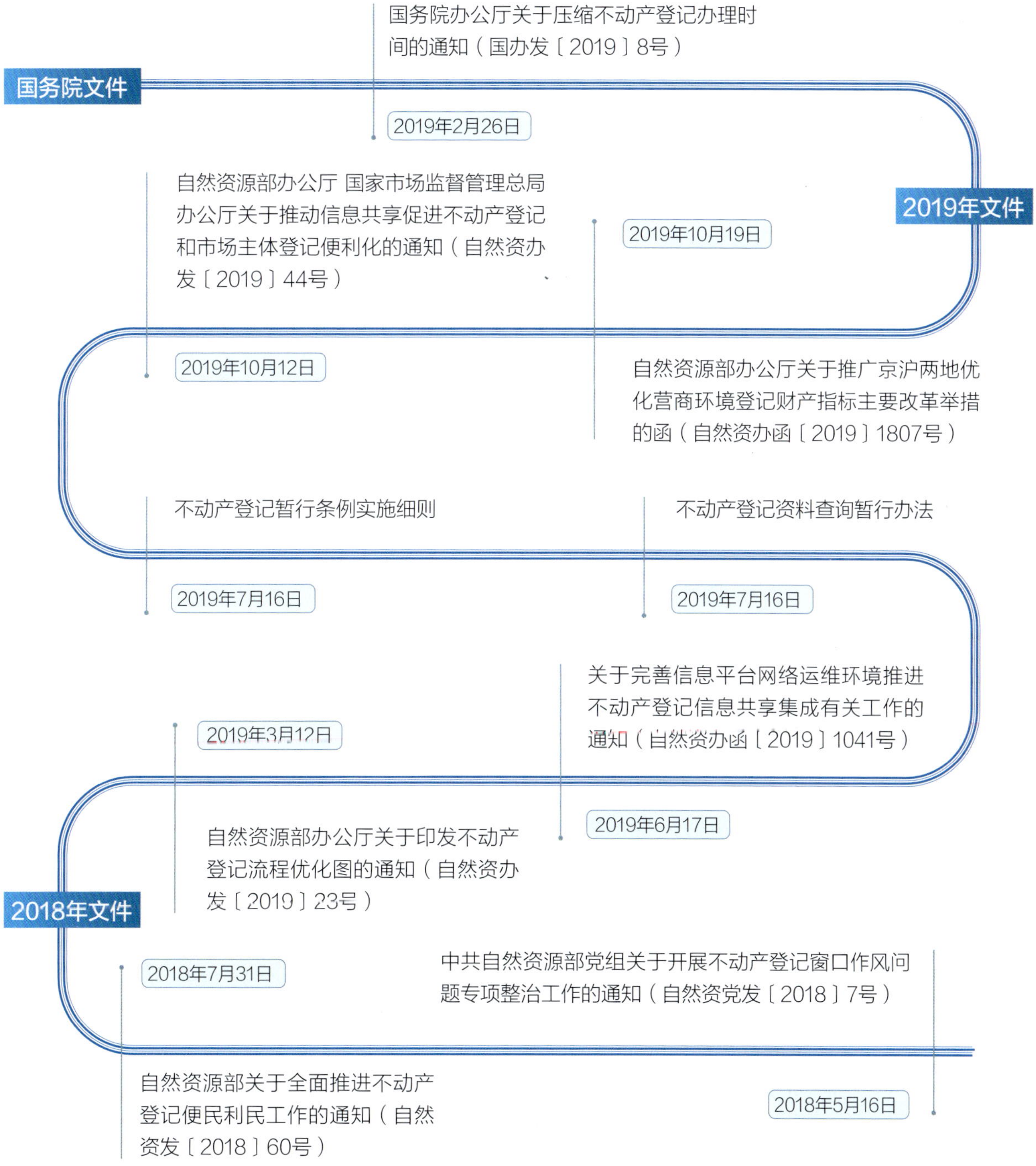

（三）最佳实践

参评城市持续深化“放管服”改革，结合实际探索创新，努力实现登记财产环节更简、时间更短、成本更低。

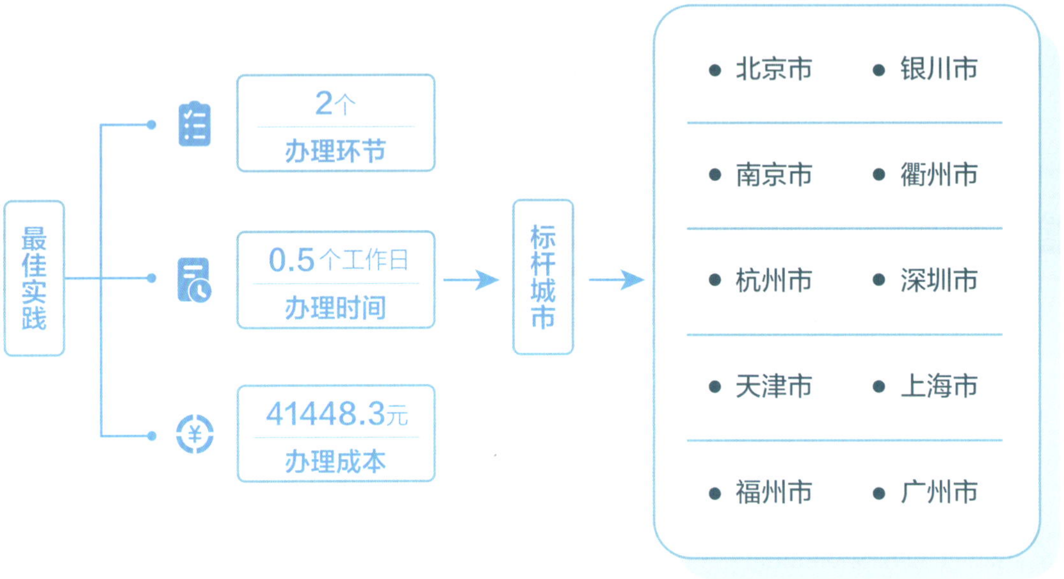

（四）创新做法及改革亮点

表 3-8　登记财产创新做法及改革亮点

创新做法	改革亮点
加快推进“互联网＋不动产登记”	✔ **建立集成统一的线上“一窗受理”平台** 加强信息共享，推进不动产登记、交易和缴税线上“一窗受理、并行办理”，一次受理、自动分发、依法衔接、一网通办，实现“不见面全程网办”，杜绝跑多站、进多网。推行网上缴纳税费、登记费，实现线上、线下“一网、一窗、一次收缴”。 ✔ **推广使用不动产登记电子证照** 推广使用电子签名、电子印章、电子合同、电子证书证明，加强部门间互通共享互认。在户籍办理、企业登记、银行贷款等领域推广应用不动产登记电子证照，切实便民利企。 ✔ **拓展登记信息网上查询服务** 加快推进网上查询服务。不动产权利人和利害关系人可通过线下窗口、自助查询设备或网上平台等多种方式快捷查询不动产登记信息。

续表

创新做法	改革亮点
加快推进信息共享集成	✔ 推进不动产登记所需相关信息共享 与税务、公安、民政、市场监管、法院等多部门建立信息共享机制，加强系统无缝衔接，通过信息化方式获取相关部门信息，实现不动产登记相关申请材料免提交。 ✔ 加强不动产登记信息共享应用 与相关部门加强登记信息互通共享，积极支撑房地产市场调控，为抵押贷款、积分落户、子女入学、市场主体注册、清理拖欠农民工工资、强制执行等提供便利。
积极推进流程集成	✔ 全面实施不动产登记、交易和缴税“一窗受理、并行办理” 以为企业和群众“办好一件事”为标准，优化办理流程，加强部门协作，取消违法违规前置和不必要环节，合并相近环节，优化流程、精简材料；设立企业专窗，取消企业间存量房网签备案，减轻企业和群众负担。 ✔ 加快向银行等延伸登记服务 通过专线、互联网等方式，积极向银行、开发企业、经纪机构延伸登记服务网点，提供预约咨询、信息查询、登记申请、领证等服务，企业和群众无须到现场即可办理相关业务，降低时间成本、减少跑腿次数。
积极推进人员集成	✔ 强化机制体制创新 地方通过职能委托等方式进行交易和登记职责整合，精简办理环节、压缩办理时间、减少申请材料，从源头上避免重复申请、重复审核。

（五）实践案例及典型经验

根据2019年中国营商环境评价情况，参评城市围绕提升登记财产便利度，全力落实相关领域改革举措，对标国内国际最佳实践，结合当地实际，推出了一批典型经验和创新做法。《中国营商环境报告2020》选取衢州、福州、南宁3个城市典型做法，供各地方政府优化营商环境学习参考借鉴。

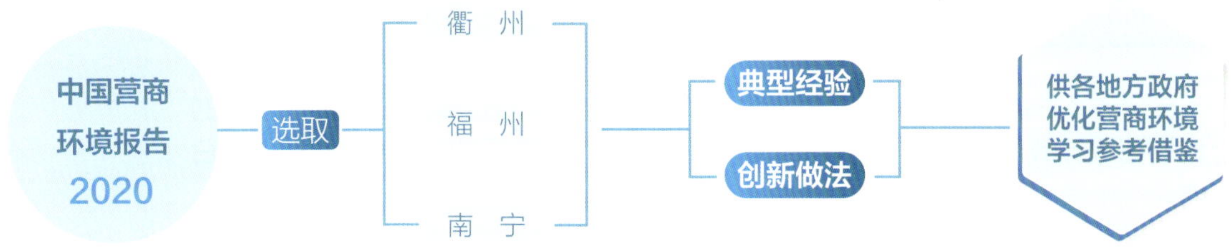

衢州 推行不动产“不见面办理” 实现登记财产“零跑腿”

● 整合部门职能

一窗受理并行办

通过交易、税务、登记窗口工作职能和人员整合，设置不动产登记综合受理窗口，将“三窗”合为“一窗”，后台审批由“串联”模式调整为“并联”模式，证书通过“邮政快递”服务送达。设置水电气综合受理窗口，通过与不动产登记窗口材料共享，联动完成水电气过户。

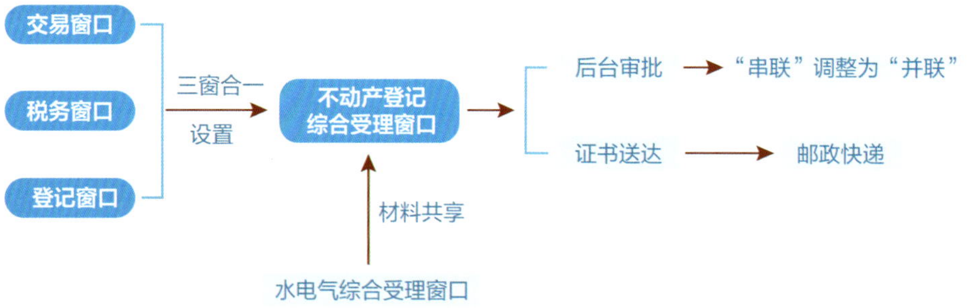

职能委托合并办

- 精减网签、交易环节
- 合并办理纳税、登记业务

印发《关于进一步精简不动产登记环节的通知》，市住建局将二手房网签备案交易、商品房交易、商品房合同网签备案等职能委托给市自然资源和规划局，精减网签、交易环节，合并办理纳税、登记业务。

拓展事项集成办

在全省率先推行企业不动产登记“一件事”改革。对企业处置不动产涉及的土地增值税计算业务，纳入企业不动产登记专窗“一窗受理”，即时办理，当日办结。

● 创新业务模式

网上申请

通过浙江政务服务网“不动产登记服务”模块，自动核验不动产登记、买卖双方身份等信息，线上完成合同签订、登记申请书、询问笔录、税收申报、水电气合同填写和电子签名，形成电子文书后即可提交过户申请。

网上审核

审核人员对申请办件进行在线审查，自动提取企业申报信息，通过数据共享交换平台调取不动产登记、人口、户籍、企业登记、门牌等数据信息并进行核验，符合不动产登记条件的，完成不动产登记审核和计税，系统自动将办理进度和缴税信息推送给企业和群众。

网上缴税

打通“一窗平台”与金税三期申报缴税、评税核价、网银支付、非税支付等系统接口，实现契税、土地增值税、印花税等税种的智能核价、智能计税、网上缴税、网上开票。企业和群众收到缴纳税费短信后，自行网上缴纳税款，下载和打印电子税票。

网上水电气过户

水电气过户与不动产登记同步签约、同步申报，一次申请，不动产登记完成审核后，业务自动流转至水电气部门实现同步办理。

● 简化申请材料

标准化减一批

对“一件事”涉及的多部门事项申请材料进行全面清理，编制《“一窗受理”事项标准化手册》，将“多重要求”规范成“一套标准”，精简公司章程、股东会决议、婚姻关系、重复测绘报告、户口本以及各类共性材料 30 项。

信息化提一批

全面推进政务数据归集、存储、分析、处理，通过打通“一窗平台”办理系统与大数据平台接口，实现相关数据和证照调用共享，简化人口、户籍、企业登记、地名、税务、不动产等材料 12 项。

电子化填一批

依托人脸识别、实名认证和电子签名（章）功能，直接在“一窗平台”上完成房屋买卖合同、水电气合同、询问笔录、申请书等材料填写，刷脸验证后调用电子签名（章），形成电子化申报材料，无须前往窗口面签，简化房屋买卖合同、水电气合同、询问笔录、申请书等材料 6 项。

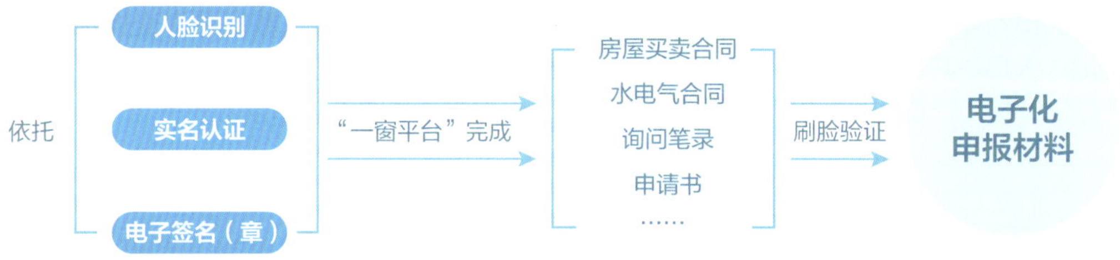

● 做实提速增效

数据支撑提升效率

推进数据整合、档案扫描工作。累计完成市区 110 多万条不动产登记数据的清理整合入库，形成电子档案 2000 多万页。

流程再造提升效率

推行“无差别受理”和“无差别审批”，减少不动产和税务业务审批环节和层级，将审批权限下放到窗口一线。

实时解答提升效率

安排专职人员线上线下跟踪指导，线上建立中介联系钉钉群，工作人员 24 小时在线，及时解决企业和群众网办过程中遇到的各类问题。线下在办事大厅增设自助申报区，安排志愿者进行全程帮办。

压实责任提升效率

每个办件根据《60分钟办结进度表》跟踪，严控内部流转时间。建立延时服务值班制度，无论线上线下业务，受理后审批不过夜，当天提交当天出证。

● 创新服务体系

“全市通办”

推行“受办分离、全市通办”的“地域无差别”模式，统一全市办事标准，构建市、县两级登记、税务、住建信息横向和纵向共享交换体系，企业和群众可在全市范围内就近就便选择任一办理点办理不动产登记业务。

“抵押协同办”

开发建设衢州市不动产银行服务平台，实现不动产信息查询、抵押登记预受理、抵押物监管等功能，推进抵押登记向金融网点延伸服务。抵押人在银行签订抵押合同时提交抵押登记申请材料，由银行工作人员进行审查，线上提交申请，实现贷款抵押“一站式办理”。

“公证延伸办”

将涉及公证的登记财产业务延伸到公证处，企业和群众在公证部门申请公证后，可在完成公证后现场申请登记。由公证人员登录“一窗受理平台”申请转移登记，电子公证书生成后，“一窗受理平台”在线调用，用于办理不动产转移登记，审核通过后在线缴纳税费，无须再到登记窗口办理。

案 例 启 迪

整合部门职能，创新审批模式，推动业务转型，实现登记财产“零跑腿、零材料、一环节、即时办”。完善“一窗受理”模式，实现从“部门专窗分头办理”到“综合窗口一环节办理”。以政务服务网为依托，融合在线签约、评税核价、缴税、登记、水电气过户等功能，建设“一窗平台”，推动“线下一窗”向“线上一窗”升级。

福州 抵押登记“不见面全程网办”
“互联网 +”助力不动产抵押登记提质提速

● 抵押登记“不见面全程网办”

一窗受理，一次办成，同城通办

企业在就近银行网点窗口申请不动产抵押贷款的同时，可一并申请抵押登记，全天 24 小时均可提交申请。

全天
24 小时

“不见面全程网办”

由银行经办人员在审批贷款的同时一并留存抵押登记所需材料，上传到不动产登记系统，通过系统连接完成抵押登记受理审核并办结，同时将登记结果回传至银行端，银行根据登记结果给予放款，无须再到市不动产登记和交易中心窗口排队等候。

不见面

全程无纸化

实现不动产登记数据与银行数据互联互通，系统可自动提取相关数据生成表单，无须反复录入。若银行提交的申请材料需补正时，银行可通过系统进行补正。

无纸化

精简申请材料

● 身份标识
作为唯一认证

信贷系统与登记系统对接，银行代办抵押登记，身份标识作为唯一认证，无须再提供委托书、银行经办人员身份证等申请材料；系统后台日志自动记录经办人员各种操作信息。

● 智能化辅助“网上秒批”

推出不动产抵押注销登记智能辅助审核实现“网上秒批”。银行经办人员登录信贷系统发起抵押注销申请，信贷系统将不动产登记证明号、不动产产权证书号、抵押备案号推送给登记系统，登记系统对上述数据及申请账户与不动产登记簿信息数据进行自动比对，向信贷系统反馈比对结果。

网上秒批

● 业务全覆盖

抵押登记“不见面全程网办”扩大覆盖至 9 大项 14 小项，抵押窗口拓展至非银行金融机构。对抵押登记“不见面全程网办”办结的不动产抵押权登记，核发加盖电子登记专用章的不动产登记证明。

案 例 启 迪

通过规划自然资源部门与金融机构合作，将抵押登记窗口延伸到基层服务网点，共建“不动产抵押登记便民服务点”，推广不动产抵押登记“不见面全程网办”，实现个人、企业、银行办理抵押登记“一趟不用跑”。

南宁 “互联网 +” 全力推动登记财产改革

● 网上全自助登记办证模式

打通数据壁垒

建立南宁市自然资源电子政务综合云平台——自然资源云平台、不动产登记综合服务平台“邕e登”平台等系统，打通自然资源、住建等10个部门的数据信息。在受理业务时，系统自动进行信息交互核验和数据智能比对，实现系统智能辅助审核。

拓宽服务广度

研发手机App，将更多办理事项纳入平台，96%的业务可通过“邕e登”平台自助申办、即时办结、同步生成电子证照，全流程无须提交纸质材料。

深挖服务潜力

在市区设置5个综合自助服务点，配备自助服务终端设备，提供24小时不间断自助登记办理服务。将不动产登记设备设施统筹部署到市辖各县。

● 推出全业务不动产登记电子证照

开展不动产登记电子证照应用

通过将纸质证书记载的内容影像化和二维码加密的方式，实现不动产电子证照信息化。

探索不动产登记电子证照的应用范围

不动产登记电子证照在全市范围内实现互认，可在办理不动产转移登记、工程规划竣工验收、划拨补办出让等关联业务、户籍办理、房屋交易、子女入学、银行抵押、企业开办等领域使用。

丰富不动产登记电子证照的内容

电子证照与登记数据库保持同步，加入不动产平面位置图、街区实景、房屋三维户型图等信息，展示不动产的地理位置空间状态。

● 延伸服务链推进业务集成办理

实行不动产登记与税费缴纳集成办理

实行不动产转移登记和税费缴纳“一窗受理、并联办理”，研发“互联网 + 不动产登记与办税系统”，实现不动产转移登记、核税、缴税全流程跨部门全自助网上办理。

加强不动产登记业务与司法业务联动

建立南宁市不动产网络司法查控平台，为法院提供不动产登记查询和查封等业务服务，实现不动产登记与司法查控业务集成办理。

不动产网络司法查控平台 →（为法院提供）→ 不动产登记查询和查封等业务服务 →（实现）→ 不动产登记与司法查控业务集成办理

● 开展农村不动产确权登记

利用无人机倾斜摄影测量技术建立实景三维模型，在实景三维模型上采集房屋数据支撑农宅发证。将“互联网 + 不动产登记”模式延伸至村，村民到村（居）委会配合采集信息，由村（居）委会通过“邕 e 登”平台统一提交不动产登记机构审核并颁证。

案 例 启 迪

推进“互联网 + 不动产登记”改革，推出网上全自助登记办证模式，实现不动产登记“马上办、网上办、零跑腿、不见面”。推广应用不动产登记电子证照，拓展电子证照应用场景。延伸不动产服务链，推动不动产业务与交易登记、税费缴纳、司法业务集成办理。

获得信贷

获得信贷，主要衡量参评城市的企业办理动产抵押相关的法律法规，以及参评城市推动构建信贷信息体系，提升企业融资便利化水平等情况。

（一）改革要求

2018 年，《国务院办公厅关于印发全国深化“放管服”改革转变政府职能电视电话会议重点任务分工方案的通知》（国办发〔2018〕79 号）、《国务院办公厅关于聚焦企业关切进一步推动优化营商环境政策落实的通知》（国办发〔2018〕104 号）印发，要求督促金融机构落实好深化小微企业金融服务政策措施，确保 2018 年小微企业贷款规模有所上升、融资成本有所下降，督促有关金融机构取消和查处各类违规手续费，除银团贷款外，不得向小微企业收取贷款承诺费、资金管理费，严格限制向小微企业收取财务顾问费、咨询费等费用，减少融资过程中的附加费用，降低融资成本。

2019 年，《国务院办公厅关于印发全国深化“放管服”改革优化营商环境电视电话会议重点任务分工方案的通知》（国办发〔2019〕39 号）印发，要求 2019 年底前开展降低融资收费专项清理行动，规范中小企业融资时强制要求办理的担保、保险、评估、公证等事项，减少融资过程中的附加费用。

《国务院办公厅关于印发全国深化“放管服”改革转变政府职能电视电话会议重点任务分工方案的通知》

《国务院办公厅关于聚焦企业关切进一步推动优化营商环境政策落实的通知》

《国务院办公厅关于印发全国深化“放管服”改革优化营商环境电视电话会议重点任务分工方案的通知》

（二）延伸链接

国务院文件

国务院办公厅关于有效发挥政府性融资担保基金作用切实支持小微企业和“三农”发展的指导意见（国办发〔2019〕6号）

2019年1月22日

2019年文件

中国银保监会关于推动银行业和保险业高质量发展的指导意见（银保监发〔2019〕52号）

2019年12月30日

2019年12月10日

中国银保监会 商务部 国家外汇管理局关于完善外贸金融服务的指导意见（银保监发〔2019〕49号）

应收账款质押登记办法（中国人民银行令〔2019〕第4号）

2019年11月22日

2019年11月15日

中国银保监会办公厅关于部分银行小微企业金融支持政策不落实典型案例的通报（银保监办发〔2019〕214号）

国家税务总局 中国银行保险监督管理委员会关于深化和规范“银税互动”工作的通知（税总发〔2019〕113号）

2019年11月1日

2019年10月18日

中国银保监会办公厅关于加强商业保理企业监督管理的通知（银保监办发〔2019〕205号）

国家发展改革委 银保监会关于深入开展“信易贷”支持中小微企业融资的通知（发改财金〔2019〕1491号）

2019年9月12日

（三）最佳实践

参评城市持续深化“放管服”改革，结合实际探索创新，努力扩宽中小微企业融资渠道、降低融资成本。

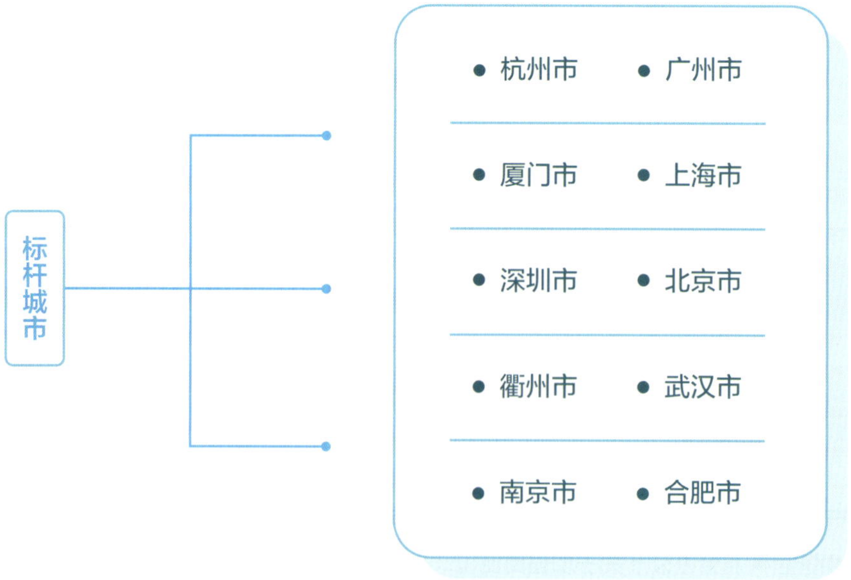

（四）创新做法及改革亮点

表 3-9 获得信贷创新做法及改革亮点

创新做法	改革亮点
简化融资流程	✔ 统一动产抵押登记系统 将市场监管部门负责的生产设备、原材料、产品的抵押登记职能委托给人民银行征信中心履行，实现企业抵押一个系统登记、一个框架监管。
扩展融资渠道	✔ 搭建综合金融服务平台 支持中小微企业在线办理债权、股权、担保、产权等融资业务，汇集税务、市场监管、社保、海关、司法等部门信息，便于金融机构快速了解、综合评价企业信用状况。 ✔ 提供多种金融产品 推进政银合作，推出“政采贷”“信用贷”“银税贷”“科技担保贷”“财保贷”“研发贷”等金融产品。结合地方实际，推出支持“三农”、支持中小微企业、支持民生、绿色金融等金融产品。
降低融资成本	✔ 完善考核机制 引导激励金融机构加大对实体经济的支持，督促银行建立并落实授信尽职免责制度，将评价考核重点放在金融机构服务实体经济，支持小微企业、民营经济、重点产业发展上。 ✔ 推广政银风险分担机制 设立贷款担保资金和风险补偿资金池，由担保机构、地方财政、合作银行等相关方按比例分别承担风险补偿，对贷款损失发放风险补偿，降低银行风险承担比例，确保对有效信贷需求的中小微企业应贷尽贷。 ✔ 提供无偿应急还贷服务 建立政府主导、国企主办、政策化运行的应急还贷资金，为临时资金周转困难、难以按时还贷的企业提供短期无偿还贷服务。

（五）实践案例及典型经验

根据 2019 年中国营商环境评价情况，参评城市围绕提升企业融资便利度，全力落实相关领域改革举措，对标国内国际最佳实践，结合当地实际，推出了一批典型经验和创新做法。《中国营商环境报告 2020》选取衢州、合肥、宁波、哈尔滨 4 个城市典型做法，供各地方政府优化营商环境学习参考借鉴。

衢州 深化金融供给侧结构性改革 致力打造最优融资环境

● 聚焦普惠金融“三金”品牌建设

实施“金伞—支农工程”

实施“阳光信贷工程”，以户为单位在农村全面开展信用评定，采取信用、担保、抵押综合授信方式提高授信额度，单个农户的最高授信额度由 30 万元提高至 50 万元。

引入保险增信机制，推出以“钢架大棚、棚下经济作物质押贷及小额保证保险贷”为主要内容的“金伞 · 家庭农场贷”系列产品，满足家庭农场等新型农业经营主体的大额资金需求。

依托覆盖行政村的银行卡助农服务点，打造集小额存取款、转账汇款、提取归还贷款等功能于一体的“金融服务便利店”，推动“基础金融服务不出村、综合金融服务不出镇”。

实施“金桥—支小工程”

实施金融支持“双四百”工程，对入选企业全部优先安排信贷规模和资金、优先试行创新信贷产品业务、给予利率优惠倾斜，保障民营小微企业融资需求。创新风险分担和补偿机制，推广小微企业资金风险池项目，破解小微企业抵押担保难题。

制定深化民营小微企业金融服务 13 条实施细则，推动财政部门将融资畅通工程涉及的指标纳入财政资金竞争性存放评价体系。开展“组团联企”“百名行长进民企”等活动，推广商标权、专利权等质押融资，推出 75 个“无缝续贷”产品。

实施“金路—支民生工程”

出台《衢州市市级创业担保贷款实施办法（试行）》，对 5 类重点人群实行财政全额贴息，其他人员按 50% 贴息。推进现金服务示范区创建。精准引导金融机构定向支持低收入农户就业。推广失地农民养老保险信用贷。

《衢州市市级创业担保贷款实施办法（试行）》

5类重点人群 → 财政全额贴息

其他人员 → 50%贴息

聚焦绿色金融改革创新试验区建设

创新绿色金融产品

出台《金融支持畜禽粪资源化利用和无害化处理助推农村养殖业绿色转型发展指导意见》，重点推进金融支持畜禽粪污处置和无害化处理试点工作。推进环境权益类和绿色资源类抵质押贷款创新。推广应用银行体系“个人碳积分”。推广“一村万树”绿色期权模式。

创新绿色融资渠道

构建绿色企业评价标准和绿色项目评价标准，并入选金融标准创新第一批省级试点项目。委托第三方专业机构开展绿色企业（项目）评价，引导金融机构对标精准投放绿色信贷。推动注册、发行绿色债务融资工具、公司债、双创债、资产支持票据。

创新政策激励机制

将绿色金融发展指标纳入宏观审慎评估管理和“双支柱”政策框架，并作为实施宏观审慎评估、办理再贷款再贴现、开展综合评价等重要参考因素。推动财政部门将绿色金融发展绩效指标纳入财政资金竞争性存放评价指标体系。

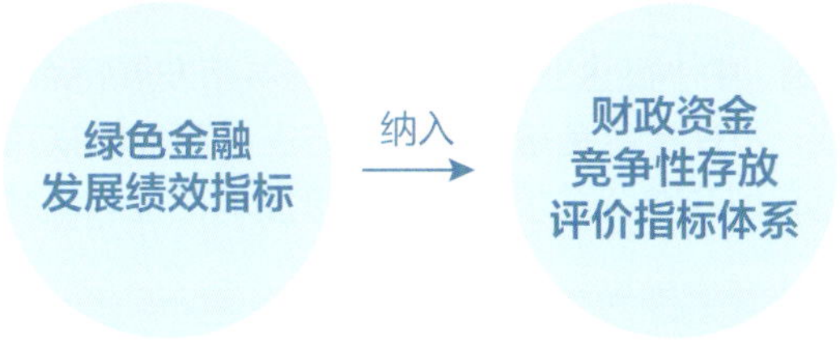

聚焦智慧金融建设

推进金融服务信用信息共享平台建设

搭建集银企融资信息对接、信用信息收集、电子证照共享、绿色标准应用、企业培育、政府政策公告、绿色金融资产交易等功能于一体的衢州市金融服务信用信息共享平台。

拓宽数据信息共享范围，依托平台及时共享、推送政府政策公告、企业商事信息、金融政策文件、区域行业金融风险信息、金融服务信息等。

推进金融领域“最多跑一次”改革

通过改造业务流程、优化权限管理、共享信息系统、融合线上线下等方式，推进金融领域“最多跑一次”改革。金融行政许可实现“网上办”，政银服务实现“联动办”，信贷业务实现“简化办”，公积金组合贷款实现“一证办”，小微企业贷款实现“即时办”。

推进智慧支付应用，改善基础金融服务设施

试点“智慧支付”模式，推动银联云闪付等移动支付方式在政务服务、经济活动、民生领域的应用。

搭建覆盖全市，加载医后付、刷脸付、聚合码支付等功能的智慧健康统一支付平台，支持多种支付方式，打通各医院患者预缴金账户，实现接入医院通存共用。

案例启迪

根据农业人口占比较高、中小微企业数量占比高的城市发展特点，大力发展普惠金融，提升融资覆盖面和普惠性。发挥绿色金融改革对地方主导产业的扶持作用，引导资金流向绿色领域，保障经济绿色转型的融资需求。推动信息技术在金融领域的广泛应用，探索发展智慧金融。

合肥 加强小微金融服务 助力营商环境再提升

构建“一套体系”

搭建政策体系

出台《合肥市聚焦企业关切进一步推动优化营商环境政策落实实施方案》《合肥市培育新动能促进产业转型升级推动经济高质量发展若干政策体系》《关于进一步降低企业成本的实施办法》。

建立政、银、担分类考核评价体系

制定《合肥市各县（市）区、开发区政府目标管理绩效考核金融安全考核办法》，将优化金融环境、提升金融服务等内容纳入市政府对各县（市）区、开发区政府目标管理绩效考核。

出台《合肥市金融机构支持地方发展考核奖励办法》，引导激励金融机构加大对实体经济的支持。督促银行建立并落实授信尽职免责制度，解除基层信贷人员放贷后顾之忧。

创新“四种机制”

创设担保行业保障机制

设立合肥市兴泰担保行业保障金运营有限公司，通过流动性管理和不良资产管理两大服务支柱，有效构筑担保行业风险屏障，间接为中小微企业融资提供增信保障。

推广政银担风险分担机制

由担保机构、省级财政、合作银行、市级财政按照“4 ∶ 3 ∶ 2 ∶ 1”比例分别承担风险补偿，将500万元以下业务全部纳入，对有效信贷需求的中小微企业应贷尽贷。

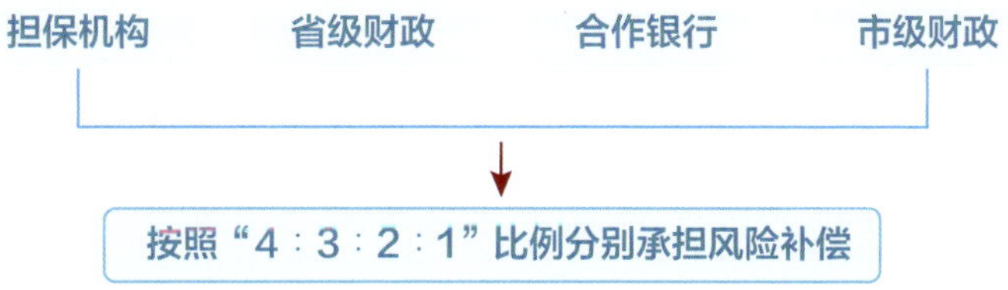

设立担保资本补充机制

整合民营经济发展专项扶持资金、市县配套专项资金，设立全市政策性融资担保机构国有资本持续补充机制，累计投入50亿元充实担保机构国有资本金。

运用信用信息共享机制

中国人民银行征信系统通过采集、整理、加工企业和个人信息等，建立放贷机构共享借款人信用信息机制。开展地方性金融机构数据质量量化考评、全国性商业银行征信系统定点监测，保证数据质量稳定。

● 深化“三大供给”

创新产品供给

实施中小企业培育工程，设立民营企业纾困发展基金。探索小微企业贷款风险补偿模式，建立财政金融杠杆联动机制，通过财政出资设立资金池进行增信、放大，设立十余种财政金融产品。

增加机构供给

引进一批具有小微金融服务优势的股份制商业银行在合肥设立省级分行。引导金融机构拓展服务、下沉网点，设立特色专营机构，建成社区、小微、科技、文化等专业支行近 150 家、科技保险机构 3 家。推动建设银行普惠金融事业部，深化农村金融综合改革，在全省率先实现农商行、村镇银行、国有政策性融资担保公司县域全覆盖，行政村基础金融服务覆盖率达 100%。

精准服务供给

针对科技、文化、农业等细分行业，分片区、分领域“点对点”开展银投企对接活动。在全市范围开展大调研、大走访，通过面对面实地走访、电话微信沟通等线上线下相结合的形式，解决 1300 余个企业融资难融资贵问题。设立“大数据应用创新实验室”，提供企业纳税、社保等政务数据服务。推出“信 e 贷”“纳税 e 贷”“经营快贷”等线上信贷产品。

案 例 启 迪

围绕组织、政策、考核等方面，构建政策和考核评价体系，整合资金、人员等资源要素，形成工作合力。设立担保行业保障机制、政银担风险分担机制、担保资本补充机制以及信用信息共享机制，提升财政金融资源配置效率。加快产品供给、机构供给、服务供给，提升小微企业金融服务的精准化水平。

宁波 多措并举 真抓实干 资源倾斜 服务升级 全力提升民营小微企业融资获得感和满意度

● 深化普惠金融改革试点

强化政策支持

出台推进 2018 年辖内银行业小微企业金融服务高质量发展的通知、银行业服务乡村振兴战略实施意见、深化民营和小微企业金融服务意见“20 条”、促进民营经济高质量发展“14 条”、金融服务民营企业落地意见“新九条”等系列金融支持政策，组织金融机构单列小微企业和涉农信贷计划。

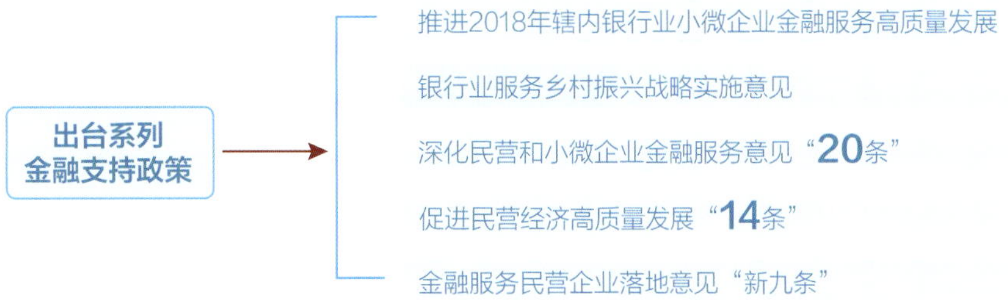

紧抓融资主线

发挥再贷款等低成本央行资金作用，法人机构用再贷款资金发放的涉农贷款和小微贷款利率，分别比其用自筹资金发放的相应贷款利率低 1.4 和 0.5 个百分点。

利用小微企业贷款利息免征增值税优惠政策，要求机构将享受免税政策所产生的红利，专项用于普惠型小微企业贷款利率定价和内部绩效考核。

建立融资担保制度体系，强化银担合作，规范融资担保专项资金和代偿基金管理，推动融资担保公司健康规范发展。

完善信用体系

搭建宁波市普惠金融信用信息平台，实现与政府相关部门的数据交换，采集 17 个政府部门、64 家金融机构的 121 类、7 亿条信息，主要包括工商基本信息、不动产抵押查封、企业纳税及金融机构贷款、授信等。

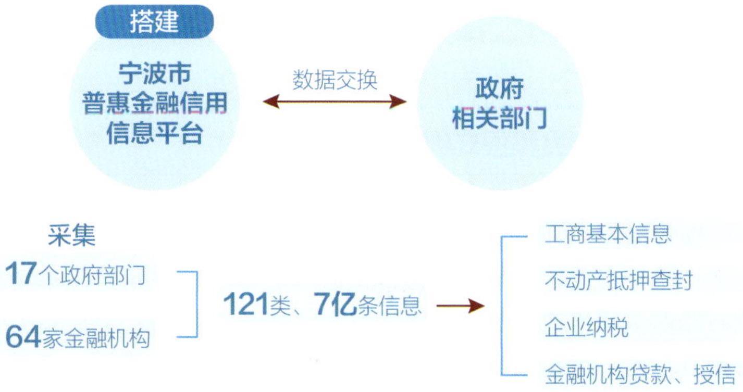

扎实有效服务实体经济

推进金融服务“最多跑一次”改革

梳理完成金融服务领域民生热点 2000 余个，推动机构试点流程再造、系统优化、政银合作、大数据运用等金融服务领域的“减时间、减材料、减环节”改革，提出建成一批探索推动金融服务“最多跑一次”的网点示范窗口、完成一批“最多跑一次”金融业务或事项、探索一批大数据运用的金融产品的“三个一”目标规划。

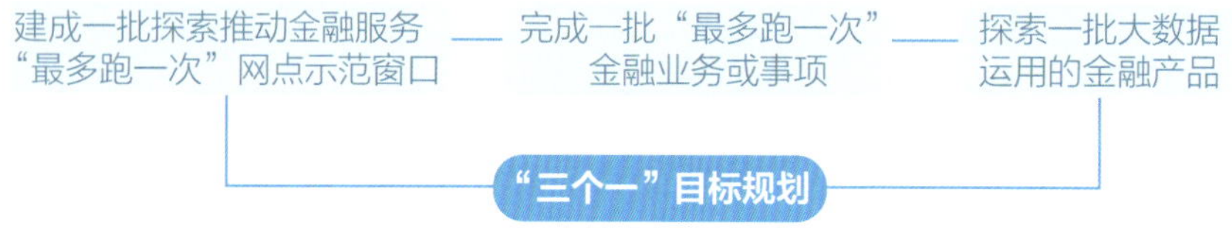

实施分层次精准对接

开展“走基层扶小微助民企”双月对接活动，推进 26 万户规模以下纳税主体的融资服务。开展“百企千户万家”系列对接和“冠军之路”助企成长活动，对接制造业项目、重点园区和企业。

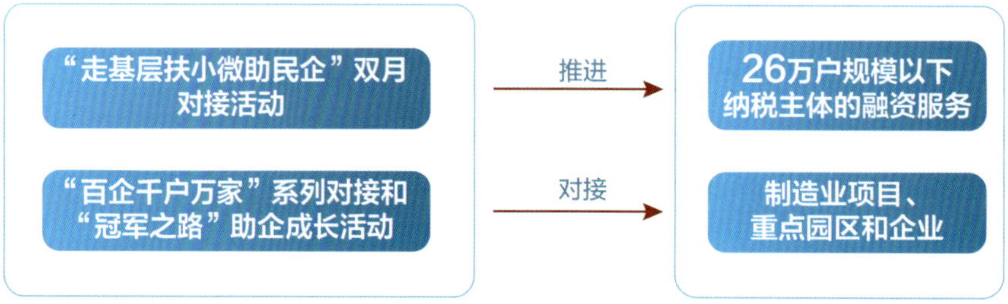

深化金融产品和模式创新

探索建立“村评议小组 + 村支农联络员 + 农信社”的批量授信模式。运用金融科技手段探索线上贷款审批操作，实现预授信额度在线审批。采用无还本续贷法、期限拉长法、额度循环法、临时额度法等方式，丰富续贷产品，提早一个月主动对接企业续贷需求。加大与互联网、大数据的融合力度，推进小微业务集约化、网络化和标准化进程，通过大数据分析为企业“量身描像”。

● 改进民营小微金融服务

规模推动不动产抵押进银行

开展金融城域网清理整合试点，将扩容后的金融城域网作为统一平台连接金融机构和市自然资源和规划局，促使企业、个人在办理抵押贷款的同时办理抵押登记相关事项。

发展银税合作

开放“银税互动”共享平台，实现有融资需求企业涉税信息“授权即达”。银行机构推出“税易贷”“税务贷”“云税贷”等23项具有宁波特色的银税合作产品。

推出小额贷款保证保险

为小微企业、城乡创业者等提供“无抵押、无担保”的信用贷款。建立“政府+银行+保险+担保”风险共担融资模式，推动辖内金融机构为国家、省级和市县（区）三级科技型中小微企业提供针对性的“全生命周期覆盖+增值服务”方案，设立“科技金融风险池”14个。

推广知识产权质押贷款

加大商标权、专利权、版权等知识产权质押融资力度，拓宽企业融资渠道，增加企业融资额度。推动商标专用权质押登记在宁波落地，企业可“足不出户”办理注册商标专用权质押登记、变更、延期和注销，受理后5个工作日内可领取相关证书。

案例启迪

强化政策支持，充分利用各类低成本政策资金，加大信贷投放力度。推进融资担保体系建设，完善信用体系，打造数字化普惠金融基础设施。推进金融服务“最多跑一次”改革，分层次精准对接融资需求，加强产品和模式创新，增强服务实体经济能力。

哈尔滨 为企业发展保驾护航 促金融环境优化提升

构建政策服务体系

服务实体经济

督促银行保险机构保持战略定力，落实监管政策要求，将金融服务资源向小微、民营企业等实体经济重点领域倾斜。出台专项政策支持银行开展不动产“第二顺位抵押”。开展民营和小微企业首贷培植行动。将小微信贷“两增两控”监管考核与小微企业贷款利息收入免征增值税挂钩。

完善考核体系

修订《哈尔滨市鼓励金融机构支持地方经济社会发展评价办法（暂行）》，将评价考核重点放在金融机构服务实体经济，支持小微企业、民营经济、重点产业发展上。制定和完善全口径普惠金融服务目标任务，按月监测分析通报。

深化科技赋能

提高贷款需求响应速度和授信审批效率

引导银行机构加强融资业务与互联网、大数据的技术融合，挖掘自身金融数据和外部征信数据资源，提高贷款需求的响应速度和授信审批效率。利用工商、税务、法院、人行征信、第三方征信数据等金融科技手段进行客户筛选，识别客户风险，缩减审批流程和压降审批时限。

发挥融资服务平台线上融资优势

发挥中征应收账款融资服务平台线上融资作用，依托供应链核心企业信用为上下游供应商融资。

创新服务“三农”金融产品和服务手段

加大农业大数据开发，引导金融机构加强数据利用，助推脱贫攻坚工作。指导涉农金融机构支持备春耕生产工作，利用互联网、大数据、云计算技术全面提高贷款投放效率。

● 丰富金融服务渠道

深化“银税互动”工作

推动银税数据直连，创新“银税互动”信贷产品，加大信用贷款投放力度。

加大小微企业融资支持力度

召开政银企融资对接会，开展“首贷培植”“金助民企小微”“百行进万企”等活动。金融服务队组成 9 个工作组分头下沉对应区县。

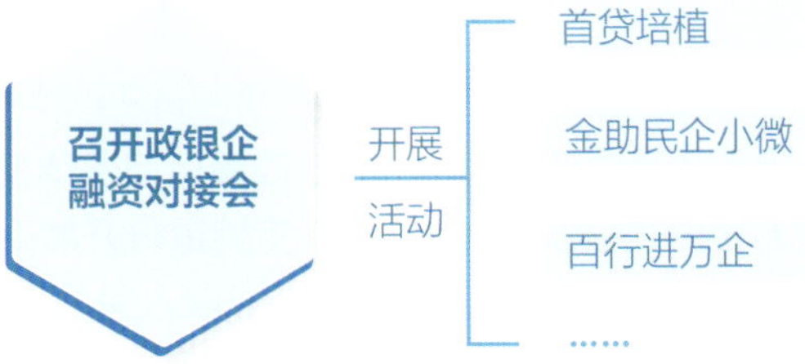

● 提升普惠金融可得性

完善政策性信贷风险分担机制

制定《哈尔滨市中小企业稳企稳岗基金担保贷款风险补偿实施办法（试行）》《哈尔滨市支持中小企业稳企稳岗融资奖励办法（试行）》，降低银行风险承担比例，对贷款损失给予发放风险补偿，同时给予银行机构资金奖励支持。

设立市科技企业贷款担保资金和风险补偿资金池，银行、融资性担保公司等为科技型中小微、民营企业提供贷款给予风险补偿。

按年度对小微企业和涉农贷款发放情况进行评价兑现奖励补贴。

构建政策性担保体系建设机制

支持哈尔滨市企业信用融资担保服务中心建设，累计注入资本金 13.4 亿元。设立政策性企业转贷周转金，累计注入省市级周转金 9 亿元。覆盖全市各区县的融资担保体系，创新服务模式和融资产品，通过与银行合作，发挥财政资金放大作用。

推动信用信息体系“全覆盖”

全市征信系统信息采集已覆盖全市金融机构，法院失信被执行人、环保处罚等公共信息、住房公积金中心缴存信息、供水供电等公用事业信息等实现持续采集。通过互联网、个人信用报告自助查询机、现场柜台服务三种渠道为信息主体提供征信查询服务。

案 例 启 迪

构建政策服务体系，完善政策性信贷风险分担、政策性担保体系、信用信息体系建设。建立鼓励金融机构支持地方经济社会发展评价办法，支持银行开展不动产“第二顺位抵押”，将小微信贷“两增两控”监管考核与小微企业贷款利息收入免征增值税相挂钩，打造金融服务“e”产品，增强服务实体经济能力。

保护中小投资者

保护中小投资者，主要衡量在利益冲突情况下参评城市的中小投资者受到保护的情况，以及在公司治理结构中的权利。

（一）改革要求

2019 年，《最高人民法院关于适用〈中华人民共和国公司法〉若干问题的规定（五）》（法释［2019］7 号）印发，明确在履行法定程序的情况下，公司可以主张控股股东等关联人承担损害赔偿责任，在关联交易合同存在无效或者可撤销情形而公司不起诉的情况下，符合条件的股东可以依法请求确认关联交易合同无效或者撤销该合同，对公司董事职务的无因解除与离职补偿进行规范，规定公司至迟应当自作出分配决议之日起一年内完成利润分配。

（二）延伸链接

2019年文件

2019年4月30日

关于修改《深圳证券交易所股票上市规则》《深圳证券交易所创业板股票上市规则》有关条款的通知（深证上〔2019〕245号）

2019年4月22日

最高人民法院关于适用《中华人民共和国公司法》若干问题的规定（五）（法释〔2019〕7号）

2018年文件

2018年12月7日

深圳证券交易所关于发布《深圳证券交易所公司债券上市规则（2018年修订）》的通知（深证上〔2018〕610号）

2018年11月16日

深圳证券交易所关于发布《深圳证券交易所股票上市规则（2018年11月修订）》《深圳证券交易所创业板股票上市规则（2018年11月修订）》《深圳证券交易所上市公司重大违法强制退市实施办法》《深圳证券交易所退市公司重新上市实施办法（2018年修订）》的通知（深证上〔2018〕556号）

2018年11月16日

上海证券交易所关于发布《上海证券交易所股票上市规则（2018年11月修订）》的通知（上证发〔2018〕97号）

2018年6月15日

上海证券交易所关于修改《上海证券交易所股票上市规则》第1.1条、第1.2条的通知（上证发〔2018〕39号）

2018年4月20日

上海证券交易所关于修改《上海证券交易所股票上市规则》若干条文的通知（上证发〔2018〕20号）

（三）最佳实践

参评城市持续深化“放管服”改革，结合实际探索创新，更好保护中小投资者的合法权益。

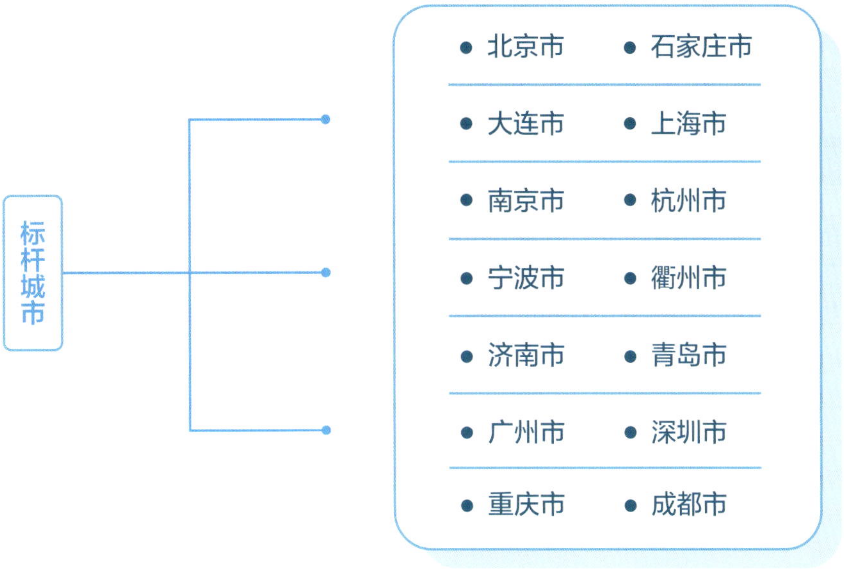

（四）创新做法及改革亮点

表 3-10　保护中小投资者创新做法及改革亮点

创新做法	改革亮点
提高纠纷处置效率	✔ 建立中小投资者服务中心 为中小投资者提供“一站式”、低成本、多渠道维权救济服务。对索赔金额在 1 万元以下的证券期货纠纷，经当事人同意，可以依法依规提出调解协议，缩短纠纷解决周期。 ✔ 多元化纠纷解决机制 建立委托调解、特约调解等切实可行的对接模式，实行 24 小时网上咨询和视频调解。 ✔ 完善第三方专业机构辅助机制和专家证人制度 委托专业机构调取与证券期货纠纷有关的证据材料，进行专业分析或损失核算等辅助工作。安排具有证券期货领域专业知识的专家证人出庭，就案件涉及的专业问题发表客观、独立的意见。

（五）实践案例及典型经验

根据 2019 年中国营商环境评价情况，参评城市围绕保护中小投资者，全力落实相关领域改革举措，对标国内国际最佳实践，结合当地实际，推出了一批典型经验和创新做法。《中国营商环境报告 2020》选取大连、济南 2 个城市典型做法，供各地方政府优化营商环境学习参考借鉴。

大连 保护中小投资者指标经验做法

● 强化投资者保护宣传

防范化解风险

成立投资者保护工作领导小组，以辖区市场风险防控机制为基础，针对辖区上市公司、新三板公司违规导致集体诉讼等风险点，及时约谈公司负责人，明确监管要求，并强化日常监管。对辖区证券期货违法行为及时采取行政监管措施、行政处罚，切实保护投资者合法权益。

加强投资者教育基地建设

辖区投教基地配备专职投教人员，投放原创投教产品，走进社区、学校、商圈开展各类投教活动。每年对投教基地服务投资者、开展投教活动等情况进行考核。

引导辖区市场主体践行工作责任

指导辖区上市公司、证券期货经营机构设立独立的投资者教育经费，配备专人开展投资者教育工作，将投资者保护工作嵌入到日常工作流程中。

畅通投资者诉求渠道

建立“大连调解工作站”。建立健全投诉处理机制，对投资者投诉事项及时核查并要求机构妥善处理纠纷，组织辖区证券期货经营机构签署投诉处理承诺书。

● 强化投资者权益司法保护

提升诉讼服务水平

对诉讼服务大厅的功能区设置和窗口安排顺序进行规划和路线设计，确保诉讼事项一站式办理。增加诉调对接和分调裁审的工作室，设立视频会议系统，开展线上司法确认、司法调解。

健全立体化诉讼渠道

加强诉讼服务网、手机移动微法院、12368 诉讼服务热线以及自助移动终端设备的建设。拓展诉讼服务大厅的智慧法院功能区，安装电子导诉设施。对诉讼服务网和 12368 诉讼服务热线进行升级改造。开通微法院，当事人手机扫描二维码即可完成网上立案、通过手机诉讼服务 App 或者微信小程序可完成案件流程信息自助查询、通过 App 移动支付可完成诉讼费用缴纳。在诉讼服务大厅设立跨域立案窗口，配备专门的人员和设备设施。

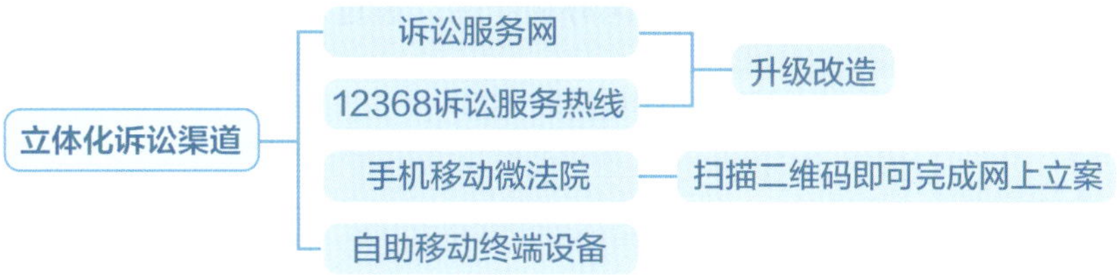

审判辅助事项集约化办理

建成全市集中送达中心，上线集中送达“云”平台，将全市法院送达工作纳入同一平台集中管理和运行。开展电子送达，建成材料收转和扫描、数据加工中心，完善电子卷宗系统。

改革审判机制

出台民商事案件“分调裁审”工作流程管理规定，对中小投资者所涉案件作出专门规定。探索集团诉讼、快速审理及要素式审判，加快中小投资者权利实现进程。对小股东诉大股东案件，在系统中做好标识、标注，合理确定举证责任分配，依当事人申请或依职权调取被大股东控制的公司内部文件等证据，适时引入第三方审计，依法查明案件事实。

探索证券类案件支持诉讼制度

引导中小投资者用足用好“代表人”制度，鼓励由证券投资者保护机构代表投资者提起诉讼，支持证券投资者保护机构出庭为投资者提供诉讼支持。

提高投资者举证能力

实施民事诉讼调查令制度，探索对拒不履行协助取证义务的单位和个人依法予以民事制裁，提高中小投资者收集证据的能力。

● 推进投资者纠纷多元化解

推进证券期货纠纷诉调对接工作机制建设，签署《大连辖区关于加强证券期货纠纷诉调衔接工作合作备忘录》，发挥服务机构和中介机构的优势和作用，通过调解快速解决纠纷。

案 例 启 迪

将投资者保护工作贯穿于 IPO 辅导验收、上市公司日常监管、证券期货基金监管、稽查执法等监管工作全过程，督导上市公司、证券期货基金经营机构等市场主体严格履行投资者保护的首要责任，推进辖区投资者保护工作。完善诉讼服务，健全工作机制，加大中小投资者权益的司法保护力度。

济南 认真研判工作 精准把握指标 切实保护中小投资者合法权益

● 健全立体化诉讼渠道

通过线下立案、网上立案、预约立案、跨域立案等相关渠道为中小投资者等提供线上线下一站式诉讼服务。

运行微信小程序、网上立案平台，在线完成诉讼缴费，降低诉讼成本，减少当事人诉累。

● 建立涉众型纠纷示范判决机制

涉众型证券期货纠纷采用示范判决机制的，选取事实认定、法律适用上具有代表性的若干个案作为示范案件，优先送达文书材料、调查取证、开庭审理，并及时判决。

● 改革审判工作机制

推行案件繁简分流，针对中小投资者所涉案件构建多元解纷、分层递进的工作模式。

将保护股东知情权、利益分配权、优先购买权等股东代表诉讼案件引入诉前调解机制中，快速审理，加快中小投资者权利实现进程，缩短诉讼案件的审结时限。

与人民调解组织、调解机构、行业协会、律师协会、政府机关开展对接工作，建设多元化解工作平台，实现网上调解、网上材料传输、网上司法确认。

实行送达事务集约化办理，送达工作统一运行，实行集中统一送达。

发布《证券期货纠纷诉调对接及技术公正合作备忘录》。

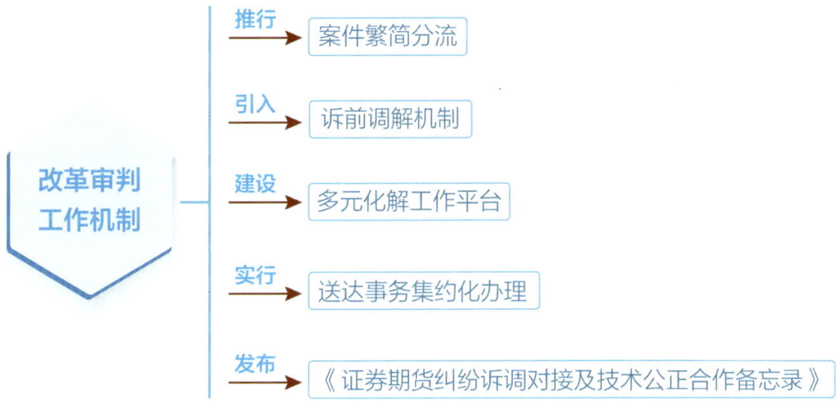

● 完善第三方专业机构辅助机制和专家证人制度

根据当事人申请或依职权委托专业机构调取与证券期货纠纷有关的证据材料，进行专业分析或损失核算等辅助工作，或者通知具有证券期货领域专业知识的专家证人出庭，就案件涉及的专业问题发表客观、独立的意见。

● 持续开展投资者保护宣传与教育工作

利用法院官方网站、微信公众号等媒介发布相关典型案例，引导中小投资者理性维权。以案说法、以案释法，向各类市场主体宣示正当的权利行使规则和违反义务的法律后果，强化市场主体的契约意识、规则意识和责任意识。引导金融产品及服务提供者切实履行投资者适当性审查义务、信息披露义务和最大损失揭示义务。

案 例 启 迪

注重、改善审判工作机制，针对中小投资者所涉案件构建多元解纷、分层递进的工作模式，引入诉前调解机制，缩短诉讼案件审结时限。注重完善第三方专业机构辅助机制和专家证人制度，确保案件审理公正客观。

知识产权创造、保护和运用

知识产权创造、保护和运用，主要衡量参评城市引导知识产权高质量发展、打击侵犯知识产权和制售假冒伪劣商品行为、提升知识产权运用效益等情况。

（一）改革要求

2018 年,《国务院办公厅关于印发全国深化“放管服”改革转变政府职能电视电话会议重点任务分工方案的通知》（国办发〔2018〕79 号）、《工商总局办公厅关于印发〈商标注册便利化改革三年攻坚计划（2018—2020 年）〉的通知》（办字〔2018〕45 号）、《“互联网 +”知识产权保护工作方案》（国知发管字〔2018〕21 号）印发，要求将“互联网 +”作为深化知识产权保护方式改革的重要手段，发挥大数据、人工智能等信息技术在知识产权侵权假冒的在线识别、实时监测、源头追溯中的作用，科学推进知识产权严保护、大保护、快保护、同保护，2018 年底前向社会公开商标数据库，将商标注册审查周期压缩至 6 个月、高价值专利审查周期压减 10% 以上，2019 年将商标注册审查周期压缩至 5 个月、消减发明专利审查积压 10 万件，高价值专利审查周期压减 30% 以上，五年内将商标注册审查周期压缩至 4 个月、发明专利审查周期压减三分之一、高价值专利审查周期压减一半。

2019 年,《关于强化知识产权保护的意见》《国务院办公厅关于印发全国深化“放管服”改革优化营商环境电视电话会议重点任务分工方案的通知》（国办发〔2019〕39 号）、《专利申请集中审查管理办法（试行）》（国知发法字〔2019〕47 号）、《规范商标申请注册行为若干规定》（国家市场监督管理总局令第 17 号）印发，明确建立重点优势产业专利申请的集中审查制度，提升审查质量和审查效率，遏制恶意申请商标注册行为，要求 2019 年底前将高价值专利审查周期压缩至 17.5 个月、商标注册平均审查周期压缩到 5 个月，消减发明专利审查积压 10 万件，2022 年侵权易发多发现象得到有效遏制，权利人维权“举证难、周期长、成本高、赔偿低”的局面明显改观，2025 年知识产权保护社会满意度达到并保持较高水平，保护能力有效提升，保护体系更加完善，尊重知识价值的营商环境更加优化，知识产权制度激励创新的基本保障作用得到更加有效发挥。

（二）延伸链接

党中央、国务院文件

2019年
关于强化知识产权保护的意见

2019年文件

2019年12月27日
国家知识产权局关于调整商标缴费流程相关事项的公告（第340号）

2019年11月27日
国家知识产权局办公室关于印发在自由贸易试验区开展专利代理机构执业许可审批告知承诺改革试点实施方案的通知（国知办发运字〔2019〕44号）

2019年11月15日
国家知识产权局关于加强查处商标违法案件中驰名商标保护相关工作的通知（国知发保函字〔2019〕229号）

2019年11月14日
国家知识产权局办公室关于开展专利侵权纠纷行政裁决示范建设工作的通知（国知办发保字〔2019〕40号）

2019年8月30日
国家知识产权局办公室关于规范知识产权管理体系贯标认证工作的通知（国知办发运字〔2019〕34号）

2019年8月30日
国家知识产权局印发关于《新形势下加快建设知识产权信息公共服务体系的若干意见》的通知（国知发服字〔2019〕46号）

2019年6月11日
关于印发2019年全国打击侵犯知识产权和制售假冒伪劣商品工作要点的通知（打假发〔2019〕1号）

2019年文件

2019年4月25日

市场监管总局 知识产权局关于印发《2019年知识产权执法“铁拳”行动方案》的通知（国市监稽〔2019〕94号）

2019年4月8日

市场监管总局 公安部 农业农村部 海关总署 版权局 知识产权局关于印发《加强网购和进出口领域知识产权执法实施办法》的通知（国市监稽〔2019〕82号）

2018年文件

2018年12月7日

国家知识产权局关于知识产权服务民营企业创新发展若干措施的通知（国知发管字〔2018〕32号）

2018年7月31日

国家知识产权局关于印发《“互联网+”知识产权保护工作方案》的通知（国知发管字〔2018〕21号）

2018年3月15日

国家知识产权局办公室关于开展知识产权仲裁调解机构能力建设工作的通知（国知办发协字〔2018〕7号）

2018年1月4日

国家发展改革委 科学技术部 公安部 国家知识产权局关于在全面创新改革试验区域深入推进知识产权保护体制机制改革的通知（发改高技〔2018〕16号）

2017年文件

2017年11月14日

工商总局关于深化商标注册便利化改革切实提高商标注册效率的意见（工商标字〔2017〕213号）

2017年9月20日

工商总局办公厅关于印发《开展打击商标侵权“溯源”专项行动方案》的通知（办字〔2017〕165号）

（三）最佳实践

参评城市持续深化“放管服”改革，结合实际探索创新，努力实现知识产权质量更高、保护更严、运用更优。

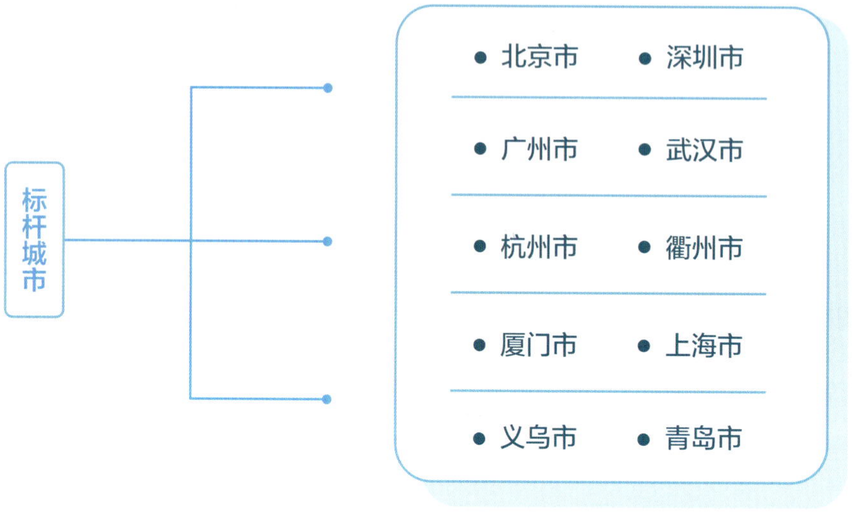

（四）创新做法及改革亮点

表 3-11　知识产权创造、保护和运用创新做法及改革亮点

创新做法	改革亮点
深化知识产权业务便利化改革	✓ 优先审查 对涉及节能环保、新一代信息技术、生物、高端装备制造、新能源等重点领域发明专利，开通专利优先审查网上绿色通道。
加大保护力度	✓ 完善机制 制定知识产权保护地方性法规，建立知识产权联席会议制度，加强行政执法与司法保护衔接。 ✓ 协同保护 设立知识产权保护中心、维权中心等，建立“全类别、全链条、多渠道、多主体”知识产权保护体系，提供快速审查、快速确权、快速维权“一站式”纠纷解决服务。 ✓ 知识产权法庭和知识产权法院 配备专门审判人员，建立技术调查官制度，跨区域审理有关专利、技术秘密、计算机软件等专业技术较强的知识产权案件。 ✓ 合规承诺 参与政府投资、采购和招标投标等活动的企业向相关部门提交知识产权合规性声明，限制有知识产权侵权行为的企业申报相关项目。

续表

创新做法	改革亮点
加大保护力度	✔ 专业支持 从全国高等院校、科研院所、企事业单位、其他社会团体、行业协会等遴选专家组建专家库，为行政、司法、仲裁等提供案件审理技术支撑，为企业提供侵权判定、纠纷调解、展会保护、专利布局、海外维权等专家咨询服务。 ✔ 电商展会保护 与网络电商平台共同建设知识产权保护平台和打假联盟，为网络电商提供快速维权通道。在展会上设立知识产权维权中心，接受知识产权事务咨询，受理知识产权侵权行为投诉和假冒专利举报。
提升运用效益	✔ 质押融资 建立知识产权融资服务平台，提供知识产权评估、确认、登记、转让全流程服务，减免企业评估、担保等融资费用。 ✔ 证券化 以民营中小科技企业专利权许可费用作为基础资产，发行纯专利知识产权证券化产品。 ✔ 转移转化 培育多元化、专业化知识产权运营服务机构，建立科技成果转移转化平台，应用区块链等现代信息技术综合评价知识产权价值，促进高等院校、科研院所、企业等的科技成果通过市场化手段转化成实际生产力。

（五）实践案例及典型经验

根据2019年中国营商环境评价情况，参评城市围绕强化知识产权创造、保护和运用，全力落实相关领域改革举措，对标国内国际最佳实践，结合当地实际，推出了一批典型经验和创新做法。《中国营商环境报告2020》选取深圳、武汉、青岛、长春4个城市典型做法，供各地方政府优化营商环境学习参考借鉴。

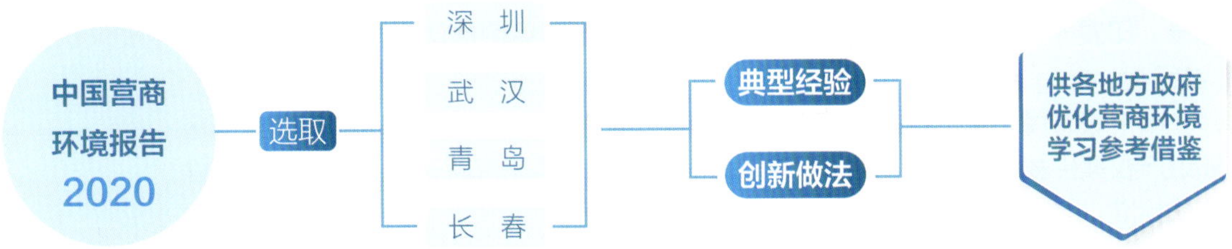

深圳 实施最严格知识产权保护

● 健全完善知识产权保护机制

深化行政执法体系改革

深化三级联动执法体系改革，设立知识产权稽查处，统筹大要案办理，查处侵权案件。

市公安机关 ● 607件 受理侵权案件

市检察机关 ● 433件 受理审查逮捕案件

两级人民法院 ● 42660件 新收知识产权案件

加大知识产权司法保护力度

市公安机关开展系列专项行动，受理侵权案件 607 件，立案 590 件，破案 518 件。市检察机关受理审查逮捕案件 433 件 830 人，受理移送审查起诉案件 394 件 739 人。两级人民法院新收知识产权案件 42660 件，同比增长 87.26%。

推进知识产权保护机制建设

完善知识产权联席会议制度，搭建深圳市知识产权“一站式”协同保护平台，全市首批 9 家知识产权保护机构集中进驻中国（深圳）知识产权保护中心。

拟定行政执法技术调查官制度建设路线，起草技术调查官遴选标准、配备方案和管理办法等配套制度。

全市 32 个部门联合签署知识产权（专利）领域严重失信主体联合惩戒合作备忘录。印发《关于办理侵犯知识产权刑事案件侵权产品价格认定相关问题的意见（试行）》。

市中级人民法院导入香港籍陪审员参与知识产权案件审理，推动粤港澳大湾区知识产权案件裁判标准一体化。设立前海知识产权检察研究院，统一知识产权案件执法标准。

● 创新开展知识产权运用

推动知识产权运营体系建设

出台知识产权质押融资、专利保险扶持举措。制定《深圳市知识产权运营基金管理办法》。推动培育近 30 个战略性新兴产业高价值专利组合，实施重点产业专利导航培育工程，开展重大经济活动知识产权分析评议工作，布局商标品牌示范基地，支持建设知识产权大数据平台。推动搭建中国（南方）知识产权运营中心企业知识产权公共服务平台。

探索知识产权金融服务创新

创新知识产权金融服务，探索知识产权证券化试点。深圳首单知识产权证券化产品在深交所挂牌，实现深圳知识产权证券化零突破。

开展知识产权展示交易

开展国际化知识产权金融业务的知识产权和科技成果产权交易中心建设。

● 提高知识产权管理和服务能力

完善知识产权政策体系建设

出台《深圳经济特区知识产权保护条例》《深圳市关于打造国家知识产权强市推动经济高质量发展的工作方案（2019—2021 年）》《关于先行发布知识产权行政禁令的规定（试行）》《电子商务行业知识产权海外维权国别指南》等系列政策。

推进知识产权管理体系建设

获批国家知识产权侵权纠纷检验鉴定技术支撑体系建设试点。修订优化企业知识产权管理规范国家标准贯彻实施体系。

优化知识产权服务体系建设

中国（深圳）知识产权保护中心具备专利申请快速预审备案资格的企事业单位 1368 家，快速授权率 91.7%。推动行业协会建设知识产权保护工作站 80 余家，成立知识产权保护工作站联盟，目前知识产权保护工作站已覆盖新兴产业、现代服务业、外商投资等领域。

● 加大知识产权宣传培训力度

开展知识产权宣传

发布 2018 年度深圳市知识产权十大事件、2018 年知识产权发展状况白皮书，举办项目成果发布会，编印《深圳经济特区 40 年知识产权经典案例汇览》，举办第八届青少年知识产权大奖赛、“知识产权法律保护进民企”系列活动，开展《展会知识产权保护办法》普法宣传。

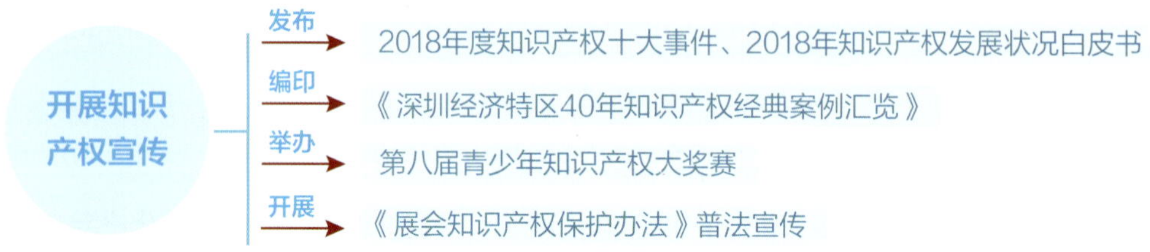

强化知识产权培训

打造“知保中心大讲堂”等培训品牌。举办版权纠纷人民调解业务培训班、知识产权保护法律风险防范及合规培训。

● 扩大知识产权对外合作交流

与世界知识产权组织合作举办专利合作条约高级巡回研讨会。组织深圳市知识产权部门参加深港知识产权交流合作培训班。与美国知识产权法律协会就知识产权执法、中美商业秘密保护等进行交流座谈。与香港国际仲裁中心（HKIAC）签署《更紧密合作协议》。

案 例 启 迪

完善知识产权联席会议制度，搭建知识产权“一站式”协同保护平台。完善知识产权政策法规体系，出台地方性法规，建立合规性承诺、行政临时禁令等重大制度。加大高价值知识产权培育和资助奖励力度，设立商标受理窗口、版权登记大厅。建成知识产权运营中心，出台知识产权质押融资、专利保险扶持政策，开展重点产业知识产权运营及知识产权证券化试点。

武汉 发挥知识产权战略性作用 促进经济社会高质量发展

●着力“严、大、快”，保护好知识产权

“严保护”

建立执法协作机制，组织开展一系列知识产权保护联合执法和综合执法行动。构建司法保护和行政执法“优势互补、有机衔接”的工作模式，检察机关在岱家山知识产权特色小镇专设企业知识产权保护工作站。

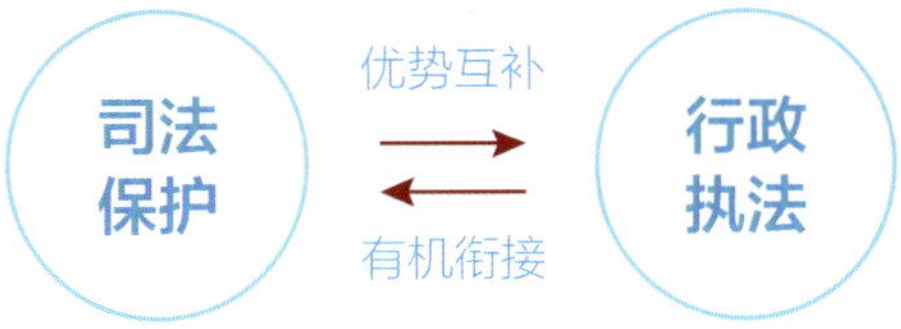

“大保护”

设立知识产权审判庭，实行民事、行政和刑事审判“三合一”。建立知识产权纠纷多元化解决机制，开展知识产权纠纷仲裁调解试点，发挥知识产权非诉纠纷解决机构作用。设立 37 家律师调解工作室，9 家基层知识产权保护工作站，印发《武汉市基层知识产权保护工作站管理办法》，为市场创新创业主体提供专业、便利、快捷、经济的知识产权保护服务。

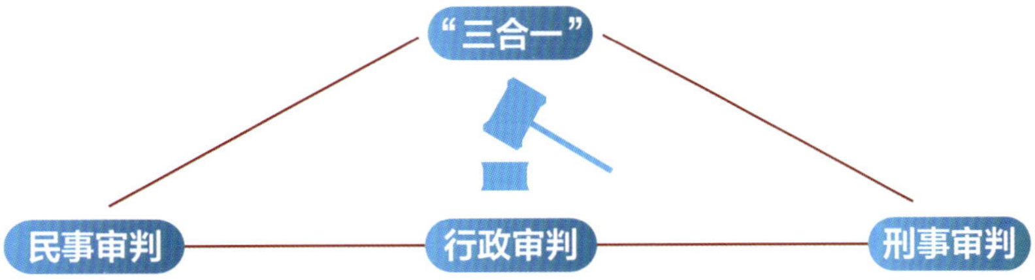

“快保护”

中国（武汉）知识产权保护中心投入运行，重点以光电子信息产业为突破口，主动对接企事业单位服务需求，提供专利预审政策咨询和工作指导。

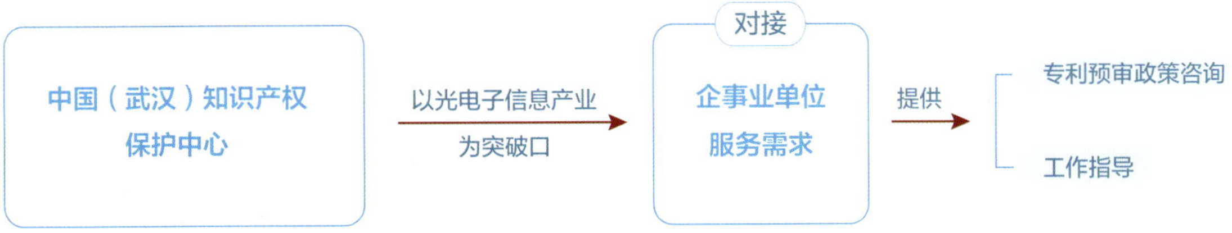

培育“高、密、优”，创造好知识产权

培育高价值专利

出台《武汉市知识产权发展资金使用管理办法》，对全市优势、特色产业领域的知识产权实施专项补贴政策。支持武汉地区企业加强技术源头创新，开展基础专利和产业技术领域核心专利前瞻性布局，形成结构优良、布局合理、对促进产业发展和提升市场竞争力具有支撑保障作用的高价值专利组合。

培育密集型产业

岱家山知识产权特色小镇通过安排知识产权服务专员、定期邀请专家上知识产权公开课等多种方式，为企业开展知识产权服务。东湖高新区建设国家知识产权服务业集聚发展示范区，推动知识产权服务向专业化和价值链高端延伸，支撑光电子信息等优势产业创新发展。

培育优势型企业

实施知识产权示范企业、优势企业培育工程。引导企业争创商标品牌、地理标志，推进制造业品牌提升、农业品牌转化、服务业品牌和商标品牌集群示范行动。跟踪一批未注册商标的隐形冠军、上市后备、纳税大户、服务业领军企业，开展商标咨询、宣传、运用指导。

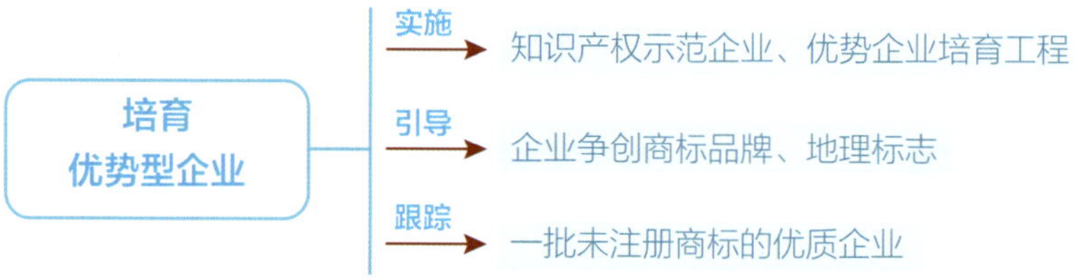

强化“建、转、扶”，运用好知识产权

强化运营服务体系建设

培育多元化专业化知识产权运营服务机构，全市数十家企业机构挂牌开展知识产权运营业务。实施高价值知识产权培育计划、知识产权运营生态建设计划、知识产权运营金融推进计划和知识产权大保护计划。成立武汉市知识产权服务协会，规范及加强全市知识产权服务行业的竞争与合作。在湖北自由贸易试验区武汉片区设立商标质权登记受理点，实现商标领域服务全覆盖。

强化专利技术成果转化

建设知识产权运营公共服务平台高校运营（武汉）试点平台，根据成果项目的不同性质、客户对象的不同需求，推进高校专利技术成果转化工作。

强化知识产权金融服务

印发《关于深入开展武汉市专利权、注册商标专用权质押贷款业务的通知》，设立 2000 万元财政风险补偿资金，对知识产权质押贷款的本息损失进行补偿，对贷款利息和保险保费进行补贴。加大专利保险产品的宣传和推广力度，引导和动员企业运用专利保险机制，防范知识产权风险。

案 例 启 迪

综合运用司法裁判、行政调解、行业自律、社会监督等各种渠道，形成知识产权“大保护”的工作局面。建设知识产权保护中心、快速维权中心、商标受理窗口等知识产权维权平台，提供“一站式”综合服务平台。实施专项补贴政策，探索产业知识产权集群管理，培育多元化专业化知识产权运营服务机构，建设高校知识产权运营平台，建立知识产权质押融资财政风险补偿机制。

青岛 实施知识产权强市战略助推高质量发展

健全完善知识产权政策制度

注重政策顶层设计

印发《青岛市知识产权战略纲要》《青岛市创建国家知识产权强市实施方案》《青岛市知识产权运营服务体系建设实施方案》等文件，统领知识产权战略实施。

注重规范性制度建立

制定出台《知识产权扶持政策实施细则》《青岛市科技型中小微企业专利权质押贷款风险补偿办法》《关于建立知识产权纠纷调解与仲裁对接机制的若干意见》《青岛市中级人民法院知识产权法庭技术调查官参与诉讼活动暂行办法》。修订《青岛海关知识产权保护工作指引》。

制定实施《青岛市专利保护规定》《青岛市专利侵权纠纷行政处理办法》《青岛市著名商标认定和保护办法》等法规规章。

注重财政资金专项收入

在市、区（县）两级设立专利专项资金，市财政设立专利运营引导资金、商标品牌建设资金、软件正版化资金、标准化资助奖励资金、中小企业国际市场开拓资金。

理顺优化知识产权体制机制

重构知识产权行政管理体系

青岛市市场监督管理局加挂市知识产权局牌子，初步实现商标、专利、地理标志等知识产权行政管理职能整合、人员融合。

搭建知识产权议事协调机制

设立知识产权工作领导小组，负责统筹推进知识产权战略实施、国家知识产权强市创建、国家知识产权示范城市建设、知识产权运营服务体系建设等工作。

建立知识产权督导考核制度

将知识产权相关指标纳入全市年度科学发展目标责任考核。实行发明专利申请、授权和 PCT（专利合作协定）国际专利申请情况定期通报制度。

提升知识产权服务质量

深化知识产权服务业集聚发展示范区建设

崂山区成立国家知识产权服务业集聚发展示范区，专利代理机构发展到58家。

建成知识产权运营公共服务平台

设置政务办事厅、运营百宝库、智财融资行、公益学知堂、公共资讯站五大功能模块，为社会提供“一站式”知识产权综合运营公共服务。

拓展商标“互联网+”服务载体功能

“青岛市商标品牌云基地”投入运行，包括线下展馆和线上软件系统，提供社会化公共服务。设立“国家知识产权局青岛商标受理窗口”，新增商标变更、转让、续展等23项全类业务。

打牢夯实知识产权基础支撑

合作培养高层次知识产权人才

发挥高校开展知识产权学历教育和社会化培训的优势，合作高校建立知识产权学院，增设知识产权本硕专业，培养知识产权专业人才。

持续抓好知识产权公益培训

面向企业、高校、科研院所、知识产权中介服务机构及各类创新主体开展常态化线上、线下等多种形式的专业培训。将中国知识产权远程教育平台青岛分站课程资源融入青岛市专业技术人员继续教育、高校选修课程及中小学社会实践课程。

拓展知识产权国际交流

举办“2019青岛国际标准化论坛”，与美国、德国、法国、澳大利亚、韩国等国知识产权服务机构建立战略合作关系。

营造良好知识产权社会氛围

发布《2019 年青岛市知识产权保护状况白皮书》。结合“4 · 26 世界知识产权日”“中国专利周”“知识产权服务万里行”等主题活动开展知识产权宣传工作。开办“云端”知识产权微课堂，建立知识产权志愿者队伍，提高全社会知识产权认知度。

● 助推知识产权运用成效

高价值专利培育效果取得新提升

评选出 22 项关键核心技术专利组合（专利池），对 15 项关键核心技术专利组合（专利池）给予资助。

评选出 22 项 专利组合 → 资助 15 项 专利组合

知识产权强企取得新成果

确定 2019 年全市 28 个企业运营类专利导航项目。发布《关于暂停青岛市市场监督管理局〈企业知识产权管理规范〉认证奖补的通知》，对贯标资助政策作出必要调整。

案 例 启 迪

健全完善知识产权政策制度，制定知识产权领域战略性文件，加强地方知识产权立法和规范性制度建设。优化知识产权行政管理体系、议事协调机制、督导考核制度等体制机制。建成知识产权运营公共服务平台，提供“一站式”知识产权综合运营公共服务。与高校合作建立知识产权学院，培养高层次知识产权人才。

长春 强化知识产权保护 努力营造良好营商环境

● 建立多元化知识产权保护、纠纷解决和维权援助机制

整合维权与举报投诉热线

深化机构改革，将维权与举报投诉热线统一并入长春市市场监督管理局“5 线合一”指挥中心，实现专利、商标、地理标志等知识产权投诉统一受理、转办。

加强综合性机构建设

成立长春知识产权法庭。2018 年 12 月，东北地区首家知识产权法庭在长春市成立。截至 2020 年 6 月底，共计受理案件 1586 件，其中涉商标权案件 463 件，占比 29.2%，涉著作权案件 801 件，占比 50.5%，涉专利权案件 250 件，占比 15.8%；共审结案件 1483 件，结案率 94.14%。

开展知识产权保护工作管理改革，成立集专利、商标等领域行政管理、行政执法和综合服务于一体的知识产权局，负责知识产权保护的全面协调工作。

成立知识产权执法稽查分局

专门负责专利与商标相关违法案件。对两个领域违法行为，摸排案源线索，掌握相关情况，开展专项整治，对相关侵权商品实施行政强制措施。

加强版权执法工作

加强版权执法体系建设，建立专项执法与常态监管相结合、行政执法与调节相结合等多种形式的监管模式。严厉打击侵权盗版行为，举办版权执法培训班。

加强部门之间协调配合，发挥知识产权保护联合行动威力

成立打击侵犯知识产权和制售假冒伪劣商品工作领导小组

成员包括市场监管、宣传、政法、法院、公安、司法等部门，定期召开知识产权保护协调会议，形成行政执法与刑事司法衔接机制。

开展知识产权保护专项行动

制定知识产权执法“铁拳”行动方案，严厉打击侵犯商标、专利、地理标志、特殊标志等违法行为。突出民生领域，以大型商场、超市、电商为重点目标，在全市开展行政执法检查。

开展“清市场、追源头、查大案”专项整治行动、打击网络侵权盗版“剑网”专项行动、打击侵犯知识产权和制售假冒伪劣商品犯罪专项行动。

加大知识产权保护力度，提升知识产权保护意识

加强维权中心建设

成立长春市知识产权维权援助中心，提供有关知识产权法律法规及纠纷处理和诉讼的咨询服务和专利信息检索及法律状态的初步查询，为当事人推荐相关知识产权代理、评估、诉讼、司法鉴定等中介服务机构。

加大国际展会、特色展会维权援助力度

实行咨询、服务、保护、调解多头并进的展会知识产权维权模式，在汽博会、农博会和东博会等展会上设立知识产权维权中心，接受知识产权事务咨询，受理知识产权侵权行为投诉和假冒专利举报，及时处理举报投诉。

实施公证“维权”活动

印发《关于加强公证服务知识产权保护工作的通知》，组织全市公证机构为企业知识产权保护提供优质服务。探索保全证据公证模式，为企业提供电子证据保全公证服务。

推进知识产权保护进校园活动

培育带动全市中小学知识产权教育工作的试点、示范学校，编辑出版《青少年知识产权教育读本》，引导中小学生树立保护知识产权意识。

案 例 启 迪

整合多条维权与举报投诉热线，实现专利、商标、地理标志等知识产权投诉统一受理、转办。加强部门协同，开展专项行动，加大对侵犯知识产权和制售假冒伪劣商品打击力度。成立知识产权维权援助中心，在展会上设立知识产权维权中心，提供更加便捷的维权服务。

跨境贸易

跨境贸易，主要衡量参评城市的企业开展进出口贸易所需经历的政府审批和外部办事流程，包括办理环节、办理时间、成本费用，以及参评城市提升跨境贸易便利化水平等情况。

（一）改革要求

2018 年，《国务院关于印发优化口岸营商环境促进跨境贸易便利化工作方案的通知》（国发［2018］37 号）、《国家口岸管理办公室关于印发〈提升跨境贸易便利化水平的措施（试行）〉的通知》（国岸发［2018］3 号）印发，要求精简进出口环节监管证件，取消海运提单换单环节，加快实现报检通关“串联”改“并联”，治理口岸经营服务企业不合理收费，深化国际贸易“单一窗口”建设，2018 年 10 月底前对外公示口岸收费目录清单，2018 年底前在进出口环节验核的监管证件数量比 2017 年减少三分之一以上，除安全保密需要等特殊情况外，全部实现联网核查，整体通关时间压缩三分之一，海关与检验检疫业务全面融合，“单一窗口”主要业务（货物、舱单、运输工具申报）应用率达到 80%，单个集装箱进出口环节合规成本比 2017 年减少 100 美元以上，2019 年底前在主要远洋航线实现海关与企业间的海运提单、提货单、装箱单等信息电子化流转，沿海及长江干线主要港口实现铁水联运信息交换和共享，2020 年底前集装箱进出口环节合规成本比 2017 年降低一半，“单一窗口”主要业务（货物、舱单、运输工具申报）应用率达到 100%，基本建成多式联运公共信息平台，2021 年底整体通关时间比 2017 年压缩一半。

2019 年，《国务院办公厅关于印发全国深化“放管服”改革优化营商环境电视电话会议重点任务分工方案的通知》（国办发［2019］39 号）、《海关总署关于全面推广“两步申报”改革的公告》（公告［2019］216 号）印发，要求进一步精简进出口环节监管证件数量，加快推行进出口“提前申报”“两步申报”通关模式和无纸化通关作业，加强国际贸易“单一窗口”与银行、保险、民航、铁路、港口等相关行业机构合作对接，做好口岸收费目录清单公示，整治港口、船公司、物流堆场、货代、船代等乱收费、不合理收费行为，2019 年底前实现主要申报业务应用率达 100%，2020 年底前将全国单个集装箱进出口环节常规收费压减至 400 美元以内。

（二）延伸链接

国务院文件

国务院关于印发优化口岸营商环境促进跨境贸易便利化工作方案的通知（国发〔2018〕37号）

2018年10月13日

2019年文件

海关总署关于推广实施进口汽车零部件产品检验监管便利化措施的公告（公告〔2019〕219号）

2019年12月30日

2019年12月26日

海关总署关于精简和规范作业手续 促进加工贸易便利化的公告（公告〔2019〕218号）

海关总署关于全面推广“两步申报”改革的公告（公告〔2019〕216号）

2019年12月26日

2019年12月16日

海关总署 交通运输部 国家移民管理局关于统一通过国际贸易“单一窗口”办理主要申报业务的公告（公告〔2019〕197号）

商务部关于切实做好外贸领域减证便民、优化服务有关工作的通知（商贸函〔2019〕626号）

2019年11月11日

2019年11月6日

海关总署关于开展进口商品样品预先归类咨询服务的公告（公告〔2019〕172号）

海关总署关于处理主动披露涉税违规行为有关事项的公告（公告〔2019〕161号）

2019年10月17日

2019年10月17日

海关总署关于调整进口大宗商品重量鉴定监管方式的公告（公告〔2019〕159号）

2019年文件

2019年10月16日
海关总署关于分段实施准入监管 加快口岸验放的公告（公告〔2019〕160号）

2019年10月16日
海关总署关于对进口汽车零部件产品推广实施采信便利化措施的公告（公告〔2019〕157号）

2019年9月23日
商务部 海关总署 中国贸促会关于实施对外贸易经营者备案和原产地企业备案“两证合一”的公告（2019年第39号）

2019年8月30日
商务部办公厅 海关总署办公厅关于二手车出口许可证申领无纸化作业有关事项的通知（商办贸函〔2019〕297号）

2019年6月28日
海关总署关于海关行政审批网上办理平台启用电子印章的公告（公告〔2019〕106号）

2019年5月27日
海关总署 国家外汇管理局关于取消报关单收、付汇证明联和海关核销联的公告（公告〔2019〕93号）

2019年5月11日
海关总署关于对免于办理强制性产品认证的进口汽车零部件试点实施“先声明后验证”便利化措施的公告（公告〔2019〕87号）

2019年4月30日
海关总署关于全面推广原产地证书自助打印的公告（公告〔2019〕77号）

2019年1月29日
海关总署关于实施综合保税区“四自一简”监管创新措施有关事项的公告（公告〔2019〕26号）

2019年文件

2019年1月2日

海关总署关于压缩“进出口商品检验鉴定业务的检验许可”审批时限的公告（公告〔2019〕6号）

2018年文件

2018年12月10日

海关总署关于全面推行转关作业无纸化的公告（公告〔2018〕193号）

2018年12月3日

海关总署关于全面开展舱单及相关电子数据变更作业无纸化（公告〔2018〕180号）

2018年10月9日

商务部 海关总署公布货物进口许可证件申领和通关无纸化作业有关事项（公告〔2018〕82号）

2018年3月5日

国家口岸管理办公室关于印发提升跨境贸易便利化水平的措施（试行）的通知（国岸发〔2018〕3号）

2018年3月1日

交通运输部办公厅关于推进通关一体化改革提升海事港口服务效率的意见（交办海〔2018〕31号）

2017年文件

2017年10月24日

质检总局关于简化检验检疫程序提高通关效率的公告（质检总局公告2017年第89号）

（三）最佳实践

参评城市持续深化“放管服”改革，结合实际探索创新，努力实现跨境贸易时间更短、成本更低。

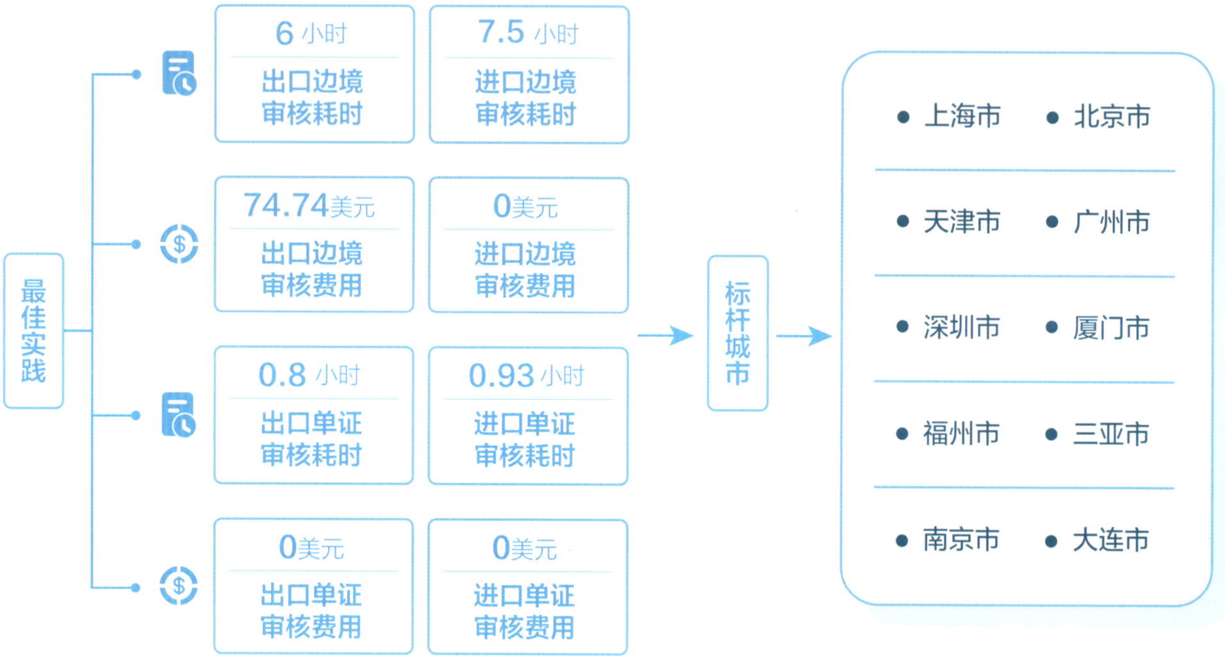

（四）创新做法及改革亮点

表 3-12　跨境贸易创新做法及改革亮点

创新做法	改革亮点
提升通关便利	✔ 国际贸易“单一窗口” 文件准备和提交通过“单一窗口”系统以电子化、无纸化方式完成，减少进出口文件提交时间。与银行、保险、民航、铁路、港口等行业机构合作对接，将出口退税申报、企业注册备案等业务纳入平台，建立具备“通关＋物流＋支付”功能的一站式服务平台。 ✔ 进口货物“提前申报”“两步申报” 将提交申报信息分为“概要申报”和“完整申报”两步，企业可以仅凭提单主要信息完成概要申报、提离货物，并在规定时间内完整申报其他项目，办理缴纳税款等。概要申报可在舱单传输后、货物抵达港区前办理。

续表

创新做法	改革亮点
提升通关便利	✓ **通关全流程电子化** 实行进口许可证件申领和通关作业无纸化，减少进出口环节验核的监管证件，全面推广电子报关委托，实现网上申报、自助打印。改造码头操作系统和设备等基础设施。便利企业办理进口集装箱放箱手续，船公司凭借提货单即可办理集装箱设备交接单发放。 ✓ **推进口岸物流作业无纸化** 实行集装箱设备交接单无纸化，实现集装箱在船公司、码头、堆场、集卡（司机）之间无纸化流转交接。 ✓ **关税征管全流程服务** 为企业提供归类先例、税收要素预裁定等服务，推广关税保证保险和企业自助打印出口原产地证书、税单等凭证。 ✓ **再造通关流程** 实施关检融合一次申报，取消报检单。将通关单电子数据联网核查从电子审单环节后移至报关单放行关节。取消汽车零部件自动进口许可证；取消出口香港的机电产品的原产地证。
优化监管流程	✓ **减少监管证件** 精简进出口环节监管证件和随附单据，对非安全保密事项的监管证件实行网上申报、联网核查。 ✓ **提高查验准备工作效率** 通过“单一窗口”、港口电子数据交换中心等信息平台向进出口企业、口岸作业场站推送查验通知。将是否布控查验信息发送前移，对已卸至海关监管场所的进口货物，海关接受申报后即通知企业是否查验，便利企业同步进行通关与物流作业。 ✓ **实行口岸分类验放** 通过“单一窗口”嵌入风险管理和评估模块，降低检查率，减少进口整体通关时间。对进口汽车零部件直接采信 CCC 认证结果，对进口矿产品先放行后检测，对鲜活农产品即到即查。 ✓ **开展大数据监管** 联网核验贸易链、供应链等全程数据，提高监管精准性。 ✓ **规范提箱提货时限标准** 完善和公开集装箱码头装卸、仓储、运输、移箱、掏箱等生产作业时限标准，公开办理提箱作业时间，进一步便利企业办理当天提箱提货。

续表

创新做法	改革亮点
降低贸易成本	**✓ 建立口岸收费目录清单** 明确收费项目和价格标准，建立价格、市场监管、商务、交通、口岸管理、查验等单位共同参加的收费监督管理协作机制。进一步完善口岸作业和处理环节收费公示，公布“一站式阳光价格”清单，提高港口收费透明度。 **✓ 统一收费平台** 建设港口统一收费管理服务平台，推动实现港口缴费和结算“一站式服务、一次性办理、一体化管理”及相关物流服务企业直接入驻平台。 **✓ 减免港口收费** 减少港口行政性收费。免除或降低港务费、港口设施保安费、港口建设费、港口作业搬移费、集装箱查验费、引航费、锚地停泊费等一批收费项目。 **✓ 降低“中欧班列”运费** 实行中欧班列“一单到底、两段结算”运费机制改革，区分国际、国内运段运费，国内运段运费不计入进口货物完税价格。 **✓ 发展多式联运** 提供物流路线优化服务，降低国际标准集装箱运输车辆的高速公路通行费用，免征内河集装箱运输船舶过闸费用。 **✓ 降低服务成本** 加大合规费用公开力度，促进服务提供商之间竞争。提高监管流程和收费透明度，鼓励服务提供商良性竞争，降低与服务相关的成本，包括码头处理费用。完善对查验没有问题的货物由政府承担查验作业费的机制和办法，减轻外贸企业负担。

（五）实践案例及典型经验

根据 2019 年中国营商环境评价情况，参评城市围绕提升跨境贸易便利度，全力落实相关领域改革举措，对标国内国际最佳实践，结合当地实际，推出了一批典型经验和创新做法。《中国营商环境报告 2020》选取上海、天津、广州、三亚 4 个城市典型做法，供各地方政府优化营商环境学习参考借鉴。

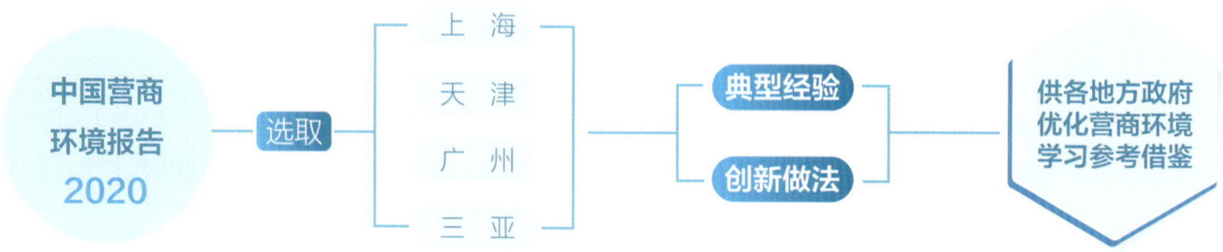

上海 推进全流程系统性改革

● 压缩边境合规时间

流程再造、串联改并联

推行提前申报、提前换单。通过单一窗口完善集装箱“通关 + 物流”跟踪查询应用系统，便利企业查询货物到港及时进行申报、查询流程办理进度。依托单一窗口将相关港航信息自动关联到申报单，企业不再需要通过换提货单获得申报所需的港航信息。便利企业同步进行通关与物流作业，将查验指令发送前移，对不查验的货物，企业支付关税时，同步安排提箱计划、运输车辆。实行船公司进口放箱手续与海关放行分离。

公布海运口岸进出口作业流程

发布《上海水运口岸集装箱货物进出口通关物流作业流程图》。

实行相关业务预约制

实行集卡提箱送箱的预约制，便利码头和集卡根据流量合理调配和均衡物流作业安排；查验业务预约。

加大先进设备运用

推进先期机检作业。开展集中审像。加大新型监管设备应用力度，提高单兵作业设备配备率。

做实做强平台功能

优化国际贸易“单一窗口”功能、加快跨境贸易大数据平台建设、丰富“港行纵横”信息集成等，推广“单一窗口”出口退税功能。

● 压缩单证合规时间

尽可能取消相关单证

取消汽车零配件进口许可证。

加快推进信息化步伐

实现集装箱设备交接单、提货单、装箱单等电子化流转。推行《海关专用缴款书》企业自主打印。实施出口原产地证书网上申报、自主打印。

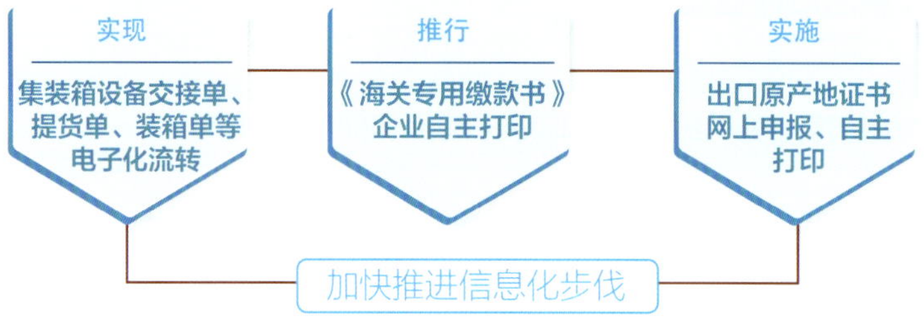

精简海关申报随附单证

企业向海关申报时全面实施电子委托。进口申报时，企业无须向海关提交装箱清单，海关审核时如需要再提交。出口申报时，企业无须向海关提交发票、装箱清单，海关审核时如需要再提交。除国际海运习惯使用的提单外，已无普遍使用的纸质单证。

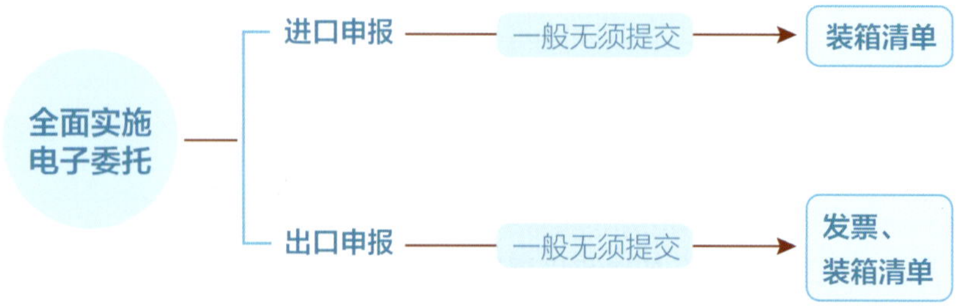

● 降低费用

增强口岸收费透明度

通过对收费主体的固定费用、偶发费用方式进行区分，请第三方对上海口岸的费用水平开展调研评估，公开《上海水运口岸集装箱货物基本费用情况表》，公布《上海水运口岸单证和费用情况表》。

调降相关费用

将码头作业包干费从 595 元降到 480 元。落实货物港务费降 15%、保安费降 20%的政策，推动港口企业进一步降低搬移费 10%。船公司将港口作业包干费降费效应传导到进出口收发货人，相应下调 THC（集装箱码头装卸作业费）和减并部分文件类附加费。

码头作业包干费
595元
↓降到
480元

货物港务费
↓降低
15%

保安费
↓降低
20%

搬移费
↓降低
10%

加大价格监督检查

由物价管理部门牵头，进一步规范港口、船公司、集装箱堆场、查验场站、中介代理等经营服务性收费行为，各类经营服务主体公开其收费目录清单，清单外一律不得收费。

案 例 启 迪

实施流程再造，建立并联作业流程，推行提前申报、提前换单。加强平台建设和信息共享，优化单一窗口功能、加快大数据平台建设、丰富信息集成，推广单一窗口出口退税功能，实现单证电子化。增强口岸收费的透明度，调降港口建设费、货物港务费和港口设施保安费，督促船公司降低 THC 和文件费，推动降低成本。

天津 优化跨境贸易营商环境工作

● 开展提升跨境贸易便利化专项行动

出台《2019 年促进京津跨境贸易便利化联合专项行动方案》，发布《关于深入优化京津口岸营商环境进一步促进跨境贸易便利化若干措施公告》。推出“一站式阳光价格”升级版，改造升级港口基础设施，推进智能港口建设。

● 压缩进出口货物整体通关时间

出台《关于深入开展港口降费提效优化环境工作促进跨境贸易便利化实施方案》。

7×24
小时

实施“全面完成压缩通关时间三分之一任务”专项行动，实施全面推行进口“提前申报”、在天津关区内实施通关一体化、深度融合关检综合业务、提高进口货物查验效率、完善进口货物通关“7×24”小时预约加班通关制度、在北疆港区实施“双优化”改革、实行通关效率通报制度等 7 项措施。

推广应用国际贸易“单一窗口”、公开口岸收费目录清单、口岸通关提前申报、向社会公布天津港口岸收费目录清单等举措，全天候陆运作业，客户服务中心、业务受理中心线上线下 24 小时开通。

● 推行“无纸化提前申报 + 岸边车船直提”疏港新模式

推进进口货物“船边直提”和出口货物“抵港直装”试点。向港口公司共享海关监管指令数据，改造港口作业系统，实现进口“船边直提”全程网上申请。

启用出口标准品货物互联网查询功能，做好出口标准品港口作业保障，推动标准品进港货物在码头发送运抵并顺势码头查验。鼓励企业在出境船舶截关前 24 小时内集港。

● 创新港口收费管理服务模式

开展港口降费提效优化环境专项行动，降费、提效、治乱“三管齐下”，取消“二次集港”。

建设天津市港口统一收费管理服务平台，推动实现港口缴费和结算“一站式服务、一次性办理、一体化管理”及设立 100 家“阳光物流”直营店和加盟店。

案例启迪

推广应用国际贸易“单一窗口”、公开口岸收费目录清单、口岸通关提前申报等改革措施。推进进口货物“船边直提”和出口货物“抵港直装”试点。建设天津市港口统一收费管理服务平台，推出“一站式阳光价格”升级版。

广州 多措并举推进优化口岸营商环境

● 推进跨境贸易便利化专项行动

提升通关效率

在广州南沙港区、黄埔新港口岸开展“船边直提”“运抵直装”试点，已根据企业个性需求推进常态化开展。

推进“提前申报”模式，完善落实容错机制，推进“两步申报”“两段准入”改革。

广州海关通过海港智能化系统、黄埔海关通过关港信息平台、莲花山口岸依托“单一窗口”等实现海关信息与港口作业系统信息双向交互。

细化并公布靠泊、装卸、场内转运、吊箱移位、掏箱、提箱等作业的时限标准。

降低口岸合规成本

对口岸收费目录清单进行重新梳理，形成广州口岸收费目录清单，按照收费低高顺序在“单一窗口”公示。推动国有中介服务机构率先降费。在“一次申报”基础上，推动整合收费项目，降低报关报检服务费用。

深化政府支付查验服务费改革，将口岸检验检疫作业没有问题的货物吊装、移位、仓储费用等纳入改革范围。

简化单证办理手续

推广电子报关委托，进口申报环节企业无须提交合同、装箱清单，出口申报环节企业无须向海关提交合同、发票、装箱清单等商业单证，海关审核确有需要时再以无纸化方式提供。

取消81种企业提交相关事项办理证明，对关区企业资质管理业务申请材料和办理流程进行统一修改完善。

依托“单一窗口”推广单证电子化，实现“单一窗口”报关单、舱单申报、运输工具申报覆盖率3个100%目标，推广《海关专用缴款书》、出口《原产地证书》自助打印、减免税等新功能模块。

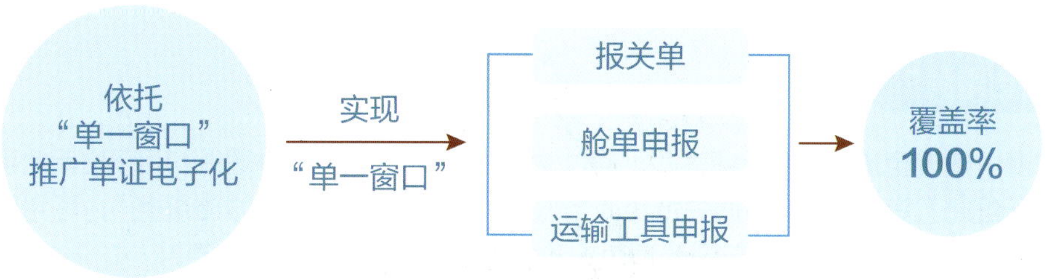

优化通关流程

优化进口汽车零部件产品检验措施，在简化进口免予 CCC 认证证明程序、推进第三方检验结果采信工作基础上，试点叠加便捷通关立体监管模式，对提离至目的地的进口汽车零部件产品实施远程检验。

制定进口车用润滑油与进口汽车零部件拼柜混装查验问题处置措施。建立查验绿色通道，对进出口标准品无特殊情况货物随到随查、当天放行。

● 推进“智慧海关”建设

推进 24 小时全天候智能通关

对接“数字广东”“智慧港口”数字资源，建立全天候智能通关系统，实现低风险货物、旅客快速 24 小时智能通关。船边分流环节，自动识别集装箱号并快速理货，已提前申报无须查验的货物可直接提离，需查验的货物移到查验区。查验环节，开发应用查验辅助机器人在海关非工作时间提前开展查验准备，进行数据采集和比对等基础性工作，机器人作业和海关查验派单并联进行，缩短查验时间。

企业可以通过“单一窗口”和“互联网 + 海关”实现 24 小时“一键通关”，在全国任一口岸申报，在机场、海港口岸“7×24”小时常态化通关。

黄埔海关深化海运口岸 24 小时智能通关改革，探索“智慧监管”，将“智能卡口”“智能地磅”“智能审像”“智能装卸”“智能视频”等智能化监管手段系统集成。对于无须查验的货物，通过智能监管设备并行协作，无须等待海关工作时间，即可实现自动验放，企业 24 小时报关，港口 24 小时通关，船舶 24 小时通航。

建设“线上海关”

广州海关建设全流程“线上海关”，通过“线上海关”可网上办理 12 项行政审批事项和“企业登记注册无纸化”等 16 项广州海关特色政务服务事项；通过微信“城市服务”，可完成“商品通关状态查询”“商品税费信息查询”等 6 项个人政务服务事项。

黄埔海关深化“互联网 + 海关”应用，扩大网上全程电子化、无纸化作业范围。

创新海关监管新模式

广州海关推行远程监管验放新模式，对于可提离至海关指定认可场所实施监管的货物，企业可通过“线上海关”申请远程监管，只需 20 分钟即可完成“在线查验”。

推行“智慧审证”模式，采集各国卫生证书、兽医官签字、动植物检疫证书、动植物签证官等信息，实现同屏比对展示，为比对审证工作提供延伸参考。

发挥智能审图优势，提高机检查验比例，提升智能审图应用，制定完善关区“智能审图”实操化的制度规程，推进“智能审图”在海运口岸 24 小时通关改革叠加应用。

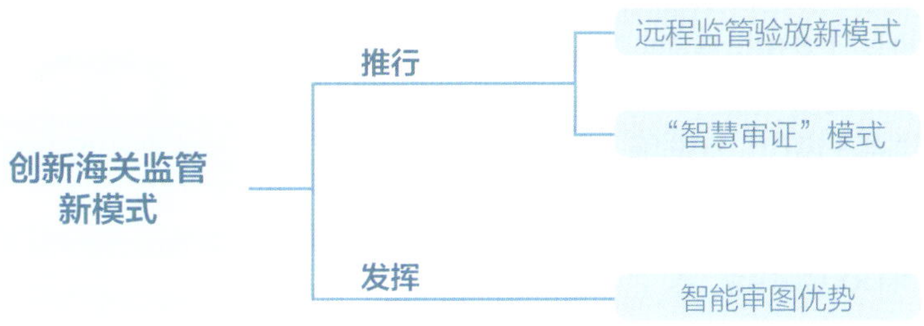

案例启迪

开展“船边直提”“运抵直装”试点，推进“提前申报”模式，推进“两步申报”“两段准入”改革。推广电子报关委托，依托“单一窗口”推广单证电子化。聚焦实货监管，运用前沿技术，建设全流程“线上海关”，推进便捷通关立体监管改革。

三亚 优化“跨境贸易”营商环境相关经验做法

● 提升通关便利化水平

开展全国通关一体化改革、通关无纸化改革、“提前申报”“两步申报”通关模式改革，不断优化通关监管流程。

创新多元化税收担保方式，进一步推广应用关税保证保险、汇总征税等便利措施。

推动“行邮税”手机移动支付全覆盖，推广实施原产地证书企业自助打印、备案两证合一等原产地签证改革，实行原产地证书无纸化申报。

推进海南国际贸易“单一窗口”标准版，国际贸易“单一窗口”海关主要申报业务应用率达 100%。

● 推动离岛免税政策效应再扩大

实行离岛免税商品检验检疫后口岸监管模式。构建实施自主检查、“自查 + 抽查”、检放分离、后口岸监管、动态监管等全过程闭环监管体系。在离岛免税业务试点实施“查检合一”改革，提供“7×24”小时预约通关等便捷通关服务。

7×24
小时

利用自主研发的海南离岛免税海关监管系统和 RFID（射频识别）仓库监管系统，结合智能报警系统和人员驻点监管等手段，实现智能监管、精准监管。

推动落实购物提货单及提货流程无纸化改革，离岛免税购物旅客全程无须留存纸质单证，仅凭身份证即可实现“秒办”提货。

● 提升邮轮游艇通关便利化水平

对进境邮轮实施电讯检疫。采取旅客名单提前申报、旅行社集中申报、提前登轮办理船舶联检手续、双通道通关等措施，提高监管效率及通关速度。

简化游艇通关流程，取消租赁游艇转实际进口、保证金核算、省外监管等 3 项内部核批和进口游艇申报前所有备案环节，实现进口游艇“直接申报”。

提前了解进境游艇进港时间，实现进出境游艇“即到即检”。

● 创新游艇担保方式

将关税保证保险制度应用于境外游艇入境关税担保领域，境外游艇企业可凭借保险公司出具的《关税保证保险单》向海关办理担保手续，实现“先放行、后缴税”。

先放行、后缴税

推出专业担保公司担保便利化海关担保方式，由海关税款担保试点公司出具的保函为企业提供担保，只需签署个人保证书和一家公司的信用保证即可。

由游艇服务公司提供第三方担保，解决进境游艇短时间内难以筹备保证金或开具保函问题，免除游艇进境时繁杂的担保手续。

支持优质农产品出口

对地方农业农村部门认定的优质农产品出口企业免予实施注册登记，对符合条件的优质农产品出口免于出具检验检疫证书和备案考核。

强化与行业协会沟通交流，及时通报境外预警及重点关注项目，提醒企业及时调整出口计划。

实施农产品出口企业分类管理，根据企业信用等级动态调整监管抽样频次，激励企业提升产品质量；推动建立“公司＋基地＋标准化”体系，督促企业不断完善质量安全体系建设。

推广主要出口商品提前申报，在水海产品省内运输途中提前办理报关手续。

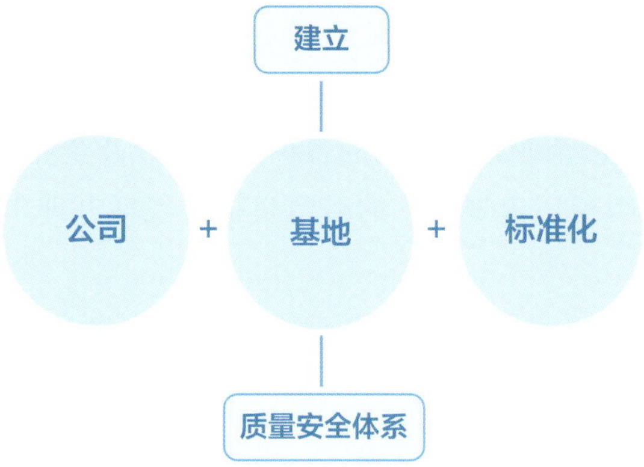

探索赛事会展业监管便利化新途径

开通“旅检快速通道”“展会物资通关专用窗口”，利用驻场监管免担保政策实现高货值货物零担保入境参展。

实施“展会＋保税”监管模式，进境参展游艇在展会结束后可存入保税仓库内以便继续洽谈国内客户，展览品转为保税货物继续实施监管。

案 例 启 迪

结合产业发展优势，在免税购物、邮轮游艇、农产品出口、赛事会展等方面探索监管创新。实行离岛免税商品检验检疫后口岸监管模式，实施“查检合一”改革。对进境邮轮实施电讯检疫，创新游艇担保方式。开通“展会物资通关专用窗口”，实施“展会＋保税”监管模式。对优质农产品出口企业免予实施注册登记，支持优质农产品出口。

纳税

纳税，主要衡量参评城市企业必须缴纳的各种税费，以及企业所需经历的政府审批和外部办事流程、因缴纳税费和进行税后合规产生的行政负担，包括办理次数、申报时间、成本费用等情况。

（一）改革要求

2018 年，《国务院办公厅关于印发全国深化“放管服”改革转变政府职能电视电话会议重点任务分工方案的通知》（国办发［2018］79 号）、《国家税务总局关于推行办税事项“最多跑一次”改革的通知》（税总发［2018］26 号）、《国家税务总局关于贯彻落实全国深化“放管服”改革转变政府职能电视电话会议精神 优化税收营商环境有关事项的通知》（税总函［2018］461 号）、《国家税务总局关于印发〈全国税务系统进一步优化税收营商环境行动方案（2018 年—2022 年）〉的通知》（税总发［2018］145 号）印发，要求 2018 年 3 月底前各地向社会公告办税事项“最多跑一次”清单；2018 年底前在全国范围建成规范统一的电子税务局，部分地区实现企业所得税、增值税网上自助更正申报并补缴相应税款，部分行业企业实现纳税申报表、财务报表联网报送，50% 以上涉税事项实现一次办结；2019 年 6 月底前纳税人申报增值税、消费税，附征的城市维护建设税、教育费附加、地方教育附加自动计算申报，纳税人一次性完成主税附加税申报缴纳；2019 年 12 月底实现税务机关网上代开增值税电子普通发票，90% 以上涉税事项在政务服务中心办理，70% 以上涉税事项实现一次办结。

2019 年，《国务院办公厅关于印发全国深化“放管服”改革优化营商环境电视电话会议重点任务分工方案的通知》（国办发［2019］39 号）、《国家税务总局关于进一步简化税务行政许可事项办理程序的公告》（国家税务总局公告 2019 年第 34 号）印发，将对纳税人延期申报的核准、增值税专用发票（增值税税控系统）最高开票限额审批、采取实际利润额预缴以外的其他企业所得税预缴方式的核定审批时限压缩至 10-15 个工作日内，将对纳税人变更纳税定额的核准审批时限压缩至 15-20 个工作日内，要求 2019 年底前建成全国统一的电子发票公共服务平台，为纳税人提供免费电子发票开具服务，加快电子发票的推广应用，将纳税人办税事项、纳税时间再压减 10%，70% 以上办税事项实现一次办结。

（二）延伸链接

2019年文件

- 2019年12月27日　国家税务总局关于进一步完善涉税专业服务监管制度有关事项的公告（国家税务总局公告2019年第43号）
- 2019年12月12日　国家税务总局关于税收征管若干事项的公告（国家税务总局公告2019年第48号）
- 2019年11月26日　财政部　工业和信息化部　海关总署　税务总局能源局关于调整重大技术装备进口税收政策有关目录的通知（财关税［2019］38号）
- 2019年11月11日　国家税务总局关于实施便利小微企业办税缴费新举措的通知（税总函［2019］336号）
- 2019年10月14日　国家税务总局关于进一步简化税务行政许可事项办理程序的公告（国家税务总局公告2019年第34号）
- 2019年10月14日　国家税务总局关于发布《非居民纳税人享受协定待遇管理办法》的公告（国家税务总局公告2019年第35号）
- 2019年9月30日　国家税务总局办公厅关于坚持组织收入原则确保减税降费政策进一步落地见效的通知（税总办发［2019］76号）
- 2019年8月31日　财政部 税务总局关于明确部分先进制造业增值税期末留抵退税政策的公告（财政部　税务总局公告2019年第84号）
- 2019年8月25日　国家税务总局关于印发《开展税务证明事项告知承诺制试点工作方案》的通知（税总函［2019］266号）
- 2019年8月13日　国家税务总局关于实施第二批便民办税缴费新举措的通知（税总函［2019］243号）

2019年文件

- 2019年7月23日：国家税务总局关于实施便民办税缴费十条新举措的通知（税总函［2019］223号）
- 2019年5月9日：国家税务总局关于深化“放管服”改革更大力度推进优化税务注销办理程序工作的通知（税总发［2019］64号）
- 2019年4月30日：国家税务总局关于办理增值税期末留抵税额退税有关事项的公告（国家税务总局公告2019年第20号）
- 2019年4月12日：国家税务总局关于进一步做好减税降费政策落实工作的通知（税总发［2019］54号）
- 2019年3月21日：国家税务总局关于调整增值税纳税申报有关事项的公告（国家税务总局公告2019年第15号）
- 2019年3月21日：国家税务总局办公厅关于印发《2019年深化增值税改革纳税服务工作方案》的通知（税总办发［2019］34号）
- 2019年3月8日：国家税务总局关于取消一批税务证明事项的决定（国家税务总局令第46号）
- 2019年3月5日：国家税务总局关于做好2019年深化增值税改革工作的通知（税总发［2019］32号）
- 2019年1月31日：国家税务总局关于2019年开展“便民办税春风行动”的意见（税总发［2019］19号）

2019年文件

国家税务总局关于建立小微企业涉税诉求和意见快速响应机制的通知（税总函［2019］40号）

2019年1月29日

2019年1月21日

国家税务总局关于深入贯彻落实减税降费政策措施的通知（税总发［2019］13号）

关于实施小微企业普惠性税收减免政策的通知（财税［2019］13号）

2019年1月17日

2018年文件

国家税务总局关于取消20项税务证明事项的公告（国家税务总局公告2018年第65号）

2018年12月28日

2018年12月17日

国家税务总局关于简化小型微利企业所得税年度纳税申报有关措施的公告（国家税务总局公告2018年第58号）

国家税务总局关于实施进一步支持和服务民营经济发展若干措施的通知（税总发［2018］174号）

2018年11月16日

2018年9月7日

国家税务总局关于印发《全国税务系统进一步优化税收营商环境行动方案（2018年—2022年）》的通知（税总发［2018］145号）

2018年9月5日

财政部 税务总局关于金融机构小微企业贷款利息收入免征增值税政策的通知（财税［2018］91号）

2018年文件

2018年8月20日

国家税务总局关于贯彻落实全国深化“放管服”改革转变政府职能电视电话会议精神　优化税收营商环境有关事项的通知（税总函［2018］461号）

2018年2月27日

国家税务总局关于推行办税事项“最多跑一次”改革的通知（税总发［2018］26号）

2018年2月23日

国家税务总局关于发布《办税事项“最多跑一次”清单》的公告（国家税务总局公告2018年第12号）

2018年2月1日

国家税务总局关于纳税信用评价有关事项的公告（国家税务总局公告2018年第8号）

2017年文件

2017年10月13日

国家税务总局关于进一步优化增值税消费税有关涉税事项办理程序的公告（国家税务总局公告2017年第36号）

2017年9月15日

国家税务总局关于进一步推进“多证合一”工商共享信息运用工作的通知（税总函［2017］402号）

2017年9月14日

国家税务总局关于进一步深化税务系统“放管服”改革优化税收环境的若干意见（税总发［2017］101号）

2017年5月23日

国家税务总局关于简化税务行政许可事项办理程序的公告（国家税务总局公告2017年第21号）

2017年4月28日

财政部　国家税务总局关于印发《压缩财税优惠办理时间改革实施方案》的通知（财法［2017］2号）

（三）最佳实践

参评城市持续深化“放管服”改革，结合实际探索创新，努力实现纳税次数更少、时间更短、费率更低。

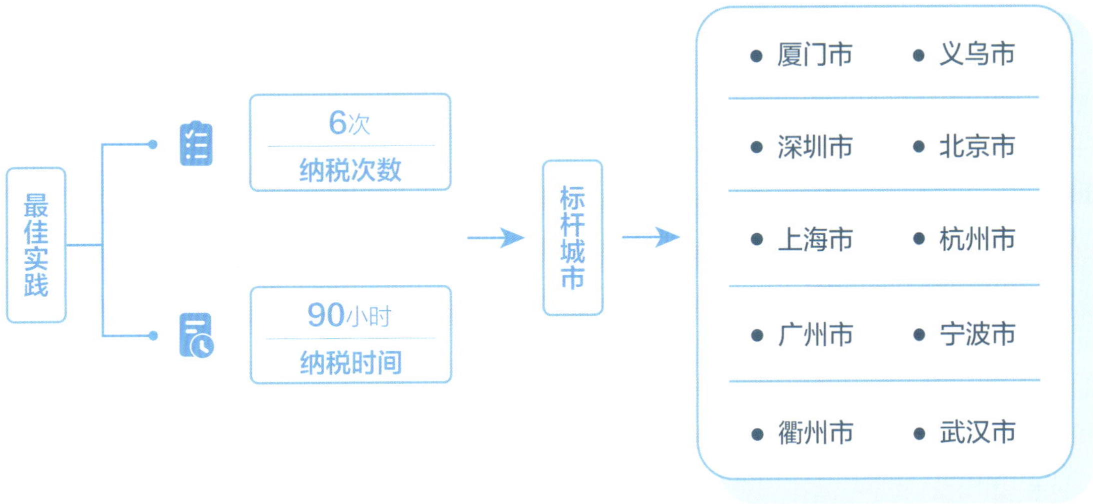

（四）创新做法及改革亮点

表 3-13　纳税创新做法及改革亮点

创新做法	改革亮点
减少纳税次数	✓ 合并申报 企业在申报增值税的同时，可同步完成城市维护建设税、教育费附加、地方教育费附加等税种申报，实现“一次填报、多税申报”。
	✓ “最多跑一次”和“全程网上办” 制定“最多跑一次”和“全程网上办”办税事项清单，发布办税指南和标准化材料清单，基本涵盖常用税种。
压缩报税时间	✓ 一键报税 打造电子税务局，建立辅助申报系统，根据企业财务报表数据和系统内企业基本信息，帮助纳税人预填电子纳税申报表，纳税人核对无误后即可在线提交。
	✓ 一表集成 横向整合各类税种的申报要求，增值税一般纳税人只需填写一张申报表、提交一套申报材料。
	✓ 套餐服务 根据企业类型，纵向整合税种核定、发票核定、信息确认等办税流程，为纳税人提供套餐式服务。

续表

创新做法	改革亮点
压缩报税时间	✔ 实时解答 梳理纳税人常见问题，提供“7×24”小时实时智能解答服务。 ✔ 预约服务 推出预约叫号、智能排号服务，自动提示纳税人需要携带的相关资料，并根据预约办税情况，合理调配窗口资源。 ✔ “税邮合作” 税务部门与邮政部门开展合作，通过邮政服务渠道实现发票申领、发票代开、发票邮寄等功能。
降低企业税费	✔ 开展线上线下辅导 通过开设网络纳税人课堂、送政策上门等方式，帮助符合条件的企业申请优惠政策、减免税费负担。 ✔ 降低缴费率 落实国家降低社会保险费政策，结合地方实际进一步降低社会保险费缴费率，减轻企业缴费负担。

（五）实践案例及典型经验

根据 2019 年中国营商环境评价情况，参评城市围绕提升纳税便利度，全力落实相关领域改革举措，对标国内国际最佳实践，结合当地实际，推出了一批典型经验和创新做法。《中国营商环境报告 2020》选取厦门、义乌、太原、呼和浩特 4 个城市典型做法，供各地方政府优化营商环境学习参考借鉴。

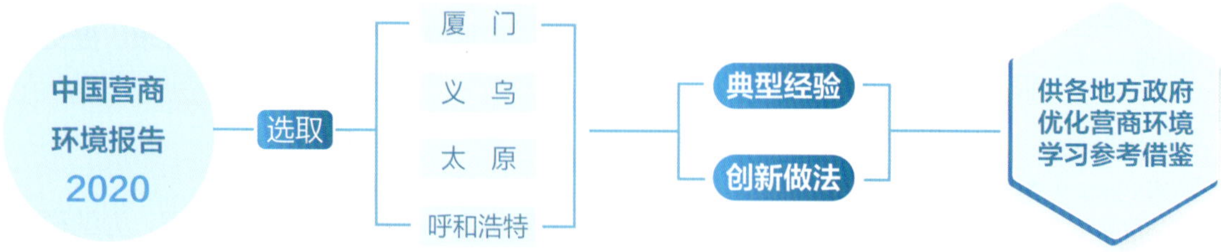

厦门 实施“一二二五”工程持续优化税收营商环境

● 便利办税“加”快速度

打造“非接触式”办税体系

加快以电子税务局、掌上办税厅为主体的便捷办税渠道建设，打造“网上办税为主，自助办税、掌上办税为辅，现场办税兜底”的纳税服务体系。目前95%的业务全程网上无纸化办理，网上申报率和缴费率均超99%。代开发票、个人参保等高频业务通过“厦门税务掌上办税厅”小程序办理。代开发票和发票申领80%已实现“非接触式”办理。推出“涉税费文书电子送达”服务。

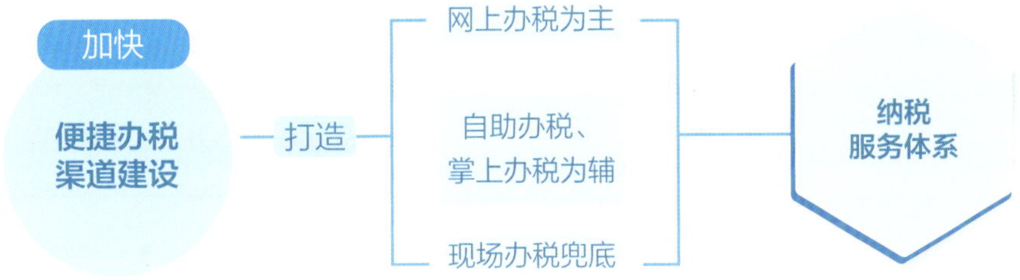

打通税费缴纳通道

企业三方协议实现全程网上签约。推出自然人三方协议缴税方式，自然人可以线上签订委托协议，由开户银行进行网上申报缴税。办税厅窗口、电子税务局、手机办税小程序、自助办税终端等场景全面支持第三方支付，纳税人办理代开发票、社保参保、房产交易等业务，可随时随地使用微信、支付宝、云闪付等方式缴纳税费。推出申报、缴纳分离功能，纳税人申报后可自主选择扣款时间。

推进业务办理聚合

分级分类管理，将标准明确、适合即时办理的19项依申请涉税事项前移到办税服务厅即时办结，74%的审批事项“即来即办”，前台受理、一站式办结。对54个流程类事项实施流程再造，将部分不需下户实地核查且业务流程清晰、标准相对明确、工作量集中的18项涉税事项，上收职能部门集中负责管理，统一业务流转流程。

● 减税降费“减”出活力

全力服务经济发展

落实减税降费政策，2019 年累计新增减税降费 180.89 亿元，减轻企业税费负担。

成立“双千亿税收服务工作室”，编印《招商引资涉税事项工作指引》，成立招商引资税收政策服务工作团队跟进和服务项目落地。加强“三高”企业（即“高技术、高成长、高附加值”企业）税收优惠政策扶持，引导资金、技术、人才等生产要素向“三高”企业聚集。

2019 年累计
新增减税降费
180.89 亿元

从申请到
贷款到账
15 分钟

助力企业融资“秒批秒贷”

建立手机微信端“银税互动”平台，企业无须在特定银行提前开户，15 分钟即可完成从申请到贷款到账全过程。

压缩退税办理时间

实施出口退税大数据智能监管，提升监管精准率三成以上，一、二类企业办理出口退税分别提速 50% 和 30%。优化增值税期末留抵退税流程，多部门联动，减少不必要流转环节，将获得退税时间压缩到 2 个工作日以内。

出口退税大数据智能监管 ›› **提升** 监管精准率**三成**以上 ›› **实现**

一类企业办理出口退税提速 **50%**

二类企业办理出口退税提速 **30%**

●智慧税务“乘”出数效

数据“税税（费）联通”申报更智能

加快增值税申报“智能归集”，完善自动预填数据、主税附加税合并申报、企业所得税一键零申报、简易申报功能。社会保险费每月自动生成应缴金额，纳税人通过电子税务局“一网通办”。住房公积金申报实现与其他税费“一网通办”，申报时只需填写 2 个数据，如无变化每年只需申报一次。推出企业所得税、增值税网上更正申报系统，纳税人二次申报、补缴税款线上完成，无须再到办税厅现场提交修改。

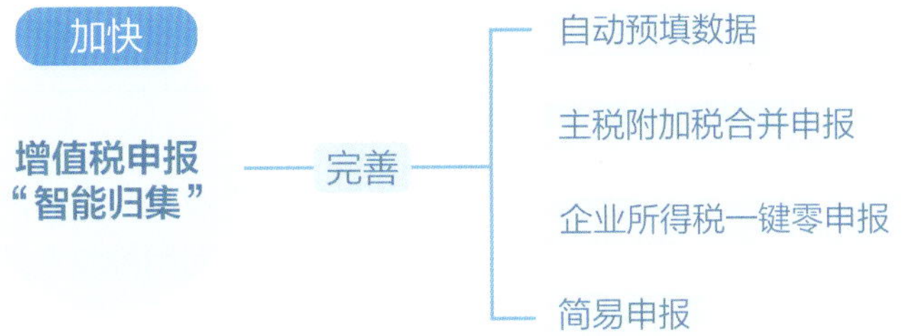

数据“内外共享”流程更精简

开发“跨境金融区块链服务平台”，实现对外支付税务备案电子化。建设“国际贸易单一窗口区块链平台”，实现海运费境内外支付全程线上办理。将企业清税信息发布到统一数据共享交换平台，相关部门直接核验企业清税信息，无须企业提交纸质清税证明。

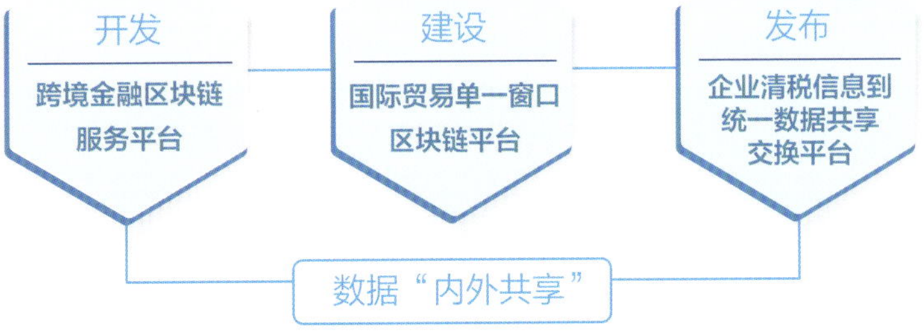

数据“开发运用”服务更精准

建立网络化、自动化、智能化和一体化的涉税咨询服务体系，上线“税小夏”智能咨询 2.0 版，通过微信公众号、官方网站提供在线智能咨询服务。完善“知识库”，12366 热线高频问题全部实现自动解答。利用“大数据 + 算法”对纳税人进行画像，实现政策精准分类推送。

● 优化执法“除”却阻滞

● 权责清单

“一项”清单约束权力

试编《权力和责任清单》，开展证明事项告知承诺制试点，在保留 6 项税务行政许可事项基础上，进一步放宽真实经营、风险可控的发票需求供应。

● “双信”管税

“双信”管税规避风险

实施信息管税、信用管税“双信”税收风险防控模式，在申报系统中嵌入风险扫描系统，利用税收大数据主动为企业开展税收体检。推进税收信用体系建设，推进纳税信用社会化应用，向市信用信息共享平台上传行政许可、行政处罚、欠税、社保欠费、非正常户等信用数据。

“三项制度”优化执法

全面推行行政执法“三项制度”，开展重大税务案件审理说明理由制度试点、健全行政处罚裁量权基准制度。推出微信端税务执法信息公示平台，实现事前、事中、事后执法信息在网站和手机端全公开。

● “三项制度”

案 例 启 迪

推行业务全程网上无纸化办理。实施流程再造，通过涉税事项前移、上收等方式，推进业务办理聚合，提高业务办理效率。加快增值税申报“智能归集”，完善自动预填数据、主税附加税合并申报、企业所得税一键零申报、简易申报功能，减少纳税人申报时间。利用大数据对纳税人进行画像，实施政策精准分类推送。

义乌 时间短次数少流程优税费低 “四个更省”打造更优税收营商环境

● “互联网 +”拓渠道，办税更省力

全部涉税事项实现“网上办”

推进电子税务局建设，所有涉税事项实现全流程网上办理和关联业务一次办结。

做优精准辅导实现线下“自助办”

成立电子税务局推广应用工作组，配备专门导税人员，推广应用电子税务局，突出“点对点”引导、“手把手”辅导，倡导纳税人网上自主办税。

“网申邮送”发票到家实现足不出户

成立发票集中配送中心，推出发票业务“网上申请，邮寄送达”服务，纳税人只需在网上提交申请，发票 3—5 小时就能免费送到纳税人手中。

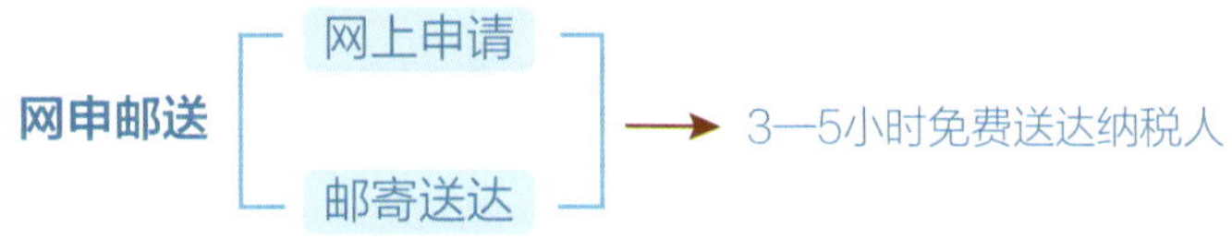

增值税电子发票推广实现分包到户

实行 1 个领导小组、1 个辅导专员、1 个技术专员的“电子发票精细化推广模式”，引导企业开具增值税电子发票，协助企业验旧存量增值税纸质普通发票。

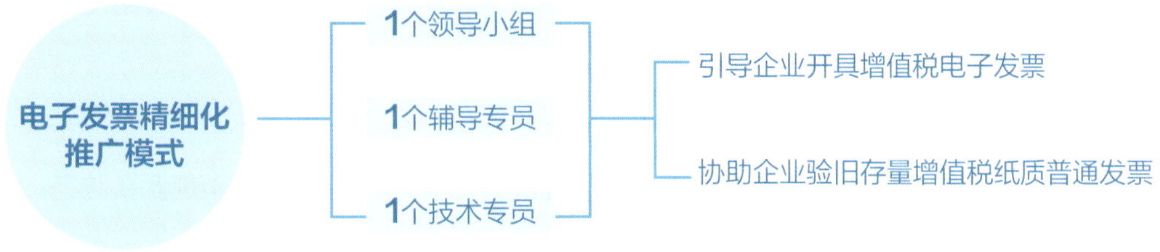

● “精简化”出效率，办税更省时

简并申报提高质效

2018 年在全国率先实现房产税和城镇土地使用税两个税种合并申报，依托“义网通办”政务平台，开发房产税、城镇土地使用税申报端口，设计操作流程和个性化表单，简化原始数据采集方式，将土地使用税税源信息采集报表、房产税税源信息采集报表以及各自的申报表集成处理。

即申即退释放红利

开展增值税留抵退税新政业务辅导，开辟绿色通道，安排专人到离企业最近的纳税服务点，帮助企业掌握退税政策，辅导纳税人通过电子税务局申请，局端加快文书流转速度，确保当天申请、当天收到退税“大礼包”。

精简事项、材料、窗口

把关联事项整合成“一件事”，系统对接、业务联办，推进企业纳税“一件事”和社会保险费补缴“一件事”网上通办。推进不动产登记“一件事”改革，取消契证，实现契税与不动产登记的“一窗受理、税证合一”，平均办理时间缩短至 2 个工作日，抵押登记、商品房转移登记、注销登记等业务实现 1 小时内办结。

通过材料电子化方式，精简各类办事资料 422 份，除发行税控盘、领取发票以外，99.5% 的办事资料实现电子化。采取“直接取消”“个人承诺”“数据共享”“部门核验”等方式取消 60 项税务证明。

精简优化办税窗口设置，全市办税服务厅窗口数量由 86 个精简到 28 个，实现业务无差别受理、同标准办理。

创新工单投诉管理办法

出台《义乌市税务局纳税咨询投诉工单处理管理办法（试行）》，做到事前源头防范、事中妥善处理、事后有效稳控，形成完整的工单处理链条。

●“拓空间”清堵点，办税更省心

常见涉税民生事项“就近办”

在 6 个税源管理单位设立 6 个电子税务局体验辅导点，成立电子税务局推广应用工作组。进驻 14 个镇街行政服务中心，实现“自然人代开发票”等 5 项常见涉税民生事项在各个镇街就近办。涉税业务进驻全市 29 个邮政网点、290 个银行网点。

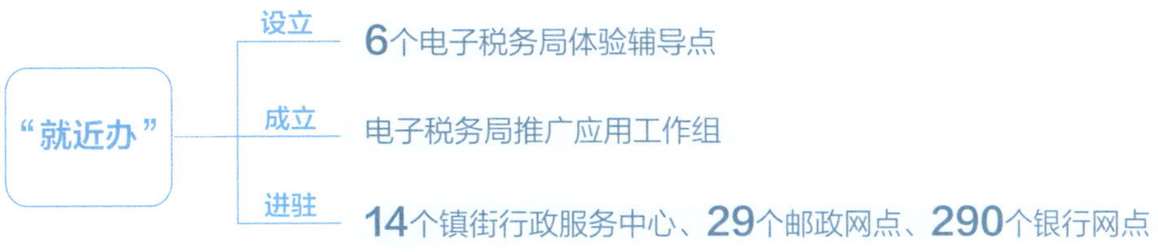

住房公积金缴存业务“智能办”

上线义乌市住房公积金综合服务平台，并与浙江政务服务 2.0 系统对接。出台《民营企业建立住房公积金制度实施办法》，帮助民营企业降低运行成本、减轻负担。上线试运行“视频聊天办事系统”，面对面、无接触全流程指导申请人公积金业务办理。业务办理延伸至 10 家金融机构，形成 8 家特色服务网点、24 家综合服务网点。

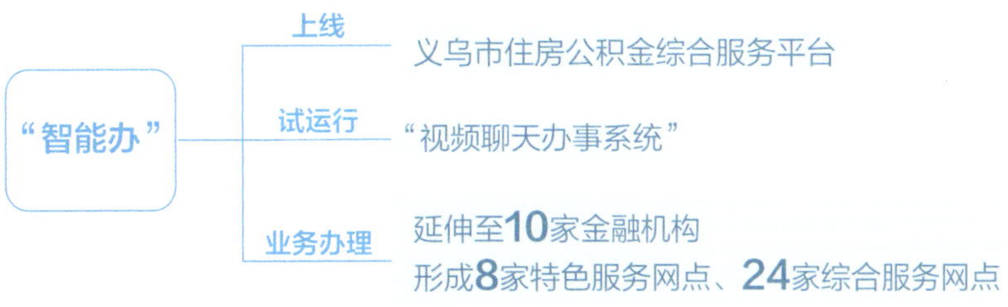

以“六个一”为抓手

通过 12345 数字城市平台，建立涉税疑问三方通话机制。建立纳税信用和社会信用有机结合机制，完善社会信用修复办法。打造“一网通服”平台，实现涉企政策在线发布、查询、推送、兑现，涉税信息在线反馈，政策奖补在线联评。

● “畅沟通”聚合力，办税更省钱

“全链式”推送减税降费政策

通过浙江省税务局征纳沟通平台、纳税人学堂直播系统等，推出即时交流、精准推送、智能咨询、云上课堂、智慧采集等五大功能，及时向纳税人、缴费人推送减税降费政策。在线上平台同步开通“助企帮扶通道”，提供 24 小时在线答疑服务。融入直播新业态，开通“税务直播课堂”。

- 24 小时在线答疑服务

“一张网”完善社会信用体系

银税互动

建成覆盖全市所有市场主体和个人的信用数据库。促进纳税信用与社会信用结合，建立常态化信息共享机制，鼓励和引导不良信息纳税人主动改正违法失信行为，消除社会不良影响。深入推进“银税互动”合作，签订“银税互动”合作框架协议，发布“税易贷”系列产品。

“分类别”实施柔性执法监管

对市级以上部分重点企业实行涉企管理“柔性服务”。通过业务培训、现场指导、教育疏导等方式，对企业生产经营过程中出现的各类涉税风险，实施提醒制管理。

- 业务培训
- 现场指导
- 教育疏导

案 例 启 迪

推进电子税务局建设，优化纳税人的体验和应用，提升纳税人网上办理率。推出发票业务“网上申请，邮寄送达”服务，推广电子发票使用。实行房产税、城镇土地使用税合并申报，优化增值税留抵退税流程。立足商贸城市特色和优势，将涉税信用应用于审批、监管、金融等多个领域，打造信用“一张网”。

太原 优化税收营商环境在行动

● “非接触式”办税

疏解堵点，让办不通的事“通起来”

在电子税务局增加“车辆购置税申报套餐”功能，从后台调取机动车统一发票信息，自动生成车架号等车辆信息，生成申报表，纳税人网上缴税后自动生成车辆购置税完税证明及二维码信息，传递给公安交管部门。

对已在市场监管部门登记注册，但未办理过涉税事宜、未进行税务信息补录的纳税人，实现网上开具清税证明功能，将数据实时传输市场监管部门。

开通“我要求助”功能，实现线上问题实时交互。纳税人在办税过程中遇到问题，可以通过该功能上传问题截图等方式实现在线咨询。

聚焦痛点，让办得慢的事“快起来”

提供“跨区经营套餐”，将增值税、城市维护建设税、教育费附加、地方教育附加、印花税、企业所得税等 6 项税费的申报表进行“一表集成”，实现跨区涉税事项预缴申报。跨区涉税事项分别减少 2 个环节、5 个操作模块、34 项填报内容，纳税人往返服务厅次数减少 3 次。

编制增值税纳税申报指引表，简化增值税小规模报表填写，减免税额自动计算，纳税人只需填写 3-5 个数据，系统自动判断是否享受减免优惠，自动生成增值税申报表。

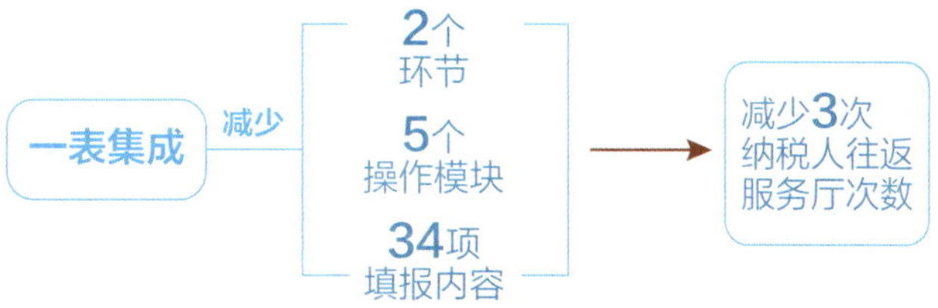

破解难点，让获得感不强的事“强起来”

整合申报数据。整合、共享、利用“金税三期”核心征管、电子底账、货运发票、出口退税、防伪税控等系统，智能化点对点推送并预填申报表数据，增值税采用“递进式”申报，自动生成 90% 以上的数据项；企业所得税采用“穿透式”填写，自动生成 85% 的数据项。

代开发票实现“一码缴税”。将代开发票需缴纳的 5 个税费种关联成一个二维码，纳税人扫一个码即可完成全部税款缴纳，实现“一码缴税”。

自助办税和“税邮合作”

办税 24 小时不打烊

建设 24 小时电子自助办税中心，全市所有县区税务局均设立 24 小时电子自助办税中心（场、所），分为电子办税、自助办税和咨询查询三大功能区，依托实名办税系统，实现电子自助办税中心实名门禁。在电子办税区，纳税人可登录山西省电子税务局模块，进行 341 项业务的在线办理；在自助办税区，纳税人随时可通过自助办税服务终端实现纳税申报认证、发票代开、发票申领、实名采集、自助发行、完税凭证打印等涉税事项自助办理；在咨询查询区，纳税人通过平板电脑和立式宣传屏可查询税收政策和办税流程等相关税务事项。

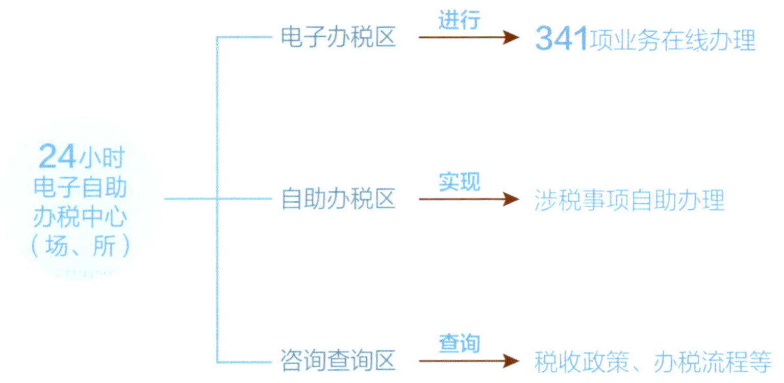

打造“税邮合作”服务

建成税邮合作服务中心，处理空白发票网上申领、代开发票网上申领邮政配送业务和全市基层单位发票配送业务。纳税人通过山西省电子税务局提交发票代开或领用申请，后台系统经过数据处理，邮政公司在 24 小时内可将发票配送上门。

打造“双代”业务服务矩阵

税邮部门合作签订委托代征业务等专门协议，开办“双代”业务，有效覆盖零散税源区域，使纳税人能够自主选择，实现就近办税。全市共有 108 个邮政营业网点开展委托代征业务。

● “税宝宝”移动办税

打造“预约、排号、提醒、缴税”全流程服务

推出预约叫号。纳税人可在办理业务当天选择就近办税服务厅，使用手机移动叫号；也可以提前 5 个工作日预约办税时间，自主选择办税服务厅和办税时段。

推出智能排号。纳税人在预约叫号时选择申报缴税等 6 大类涉税业务类型后，智能排号系统自动提示纳税人需要携带的相关资料。办税服务厅根据预约办税情况，合理调配窗口资源。

推出移动缴税。系统通过统一身份认证、数据实时共享交换，根据申报信息自动生成缴税二维码，纳税人可以随时随地通过手机实现全部税费的移动支付。

营造“更减压、更高效、更便捷、更精准”办税体验

错峰办税。纳税人通过“税宝宝”手机 App 查看各个办税服务厅预约排号情况，选择等待人数较少的办税服务厅办理业务，同时系统结合现场叫号量、等待人数等实时数据，向纳税人推送提示信息。

实时记录。办税服务厅管理岗可实时查看各窗口的业务办理情况和办理时间，把各项监控指标纳入绩效考核。

拓展渠道。税务人员通过“税宝宝”可随时和纳税人进行一对一、一对多沟通，扩宽税务机关与纳税人的沟通渠道，纳税人可全天候全时段享受“点对点、个性化”税收宣传辅导和政策咨询服务。

打造“申报、发票、微信、缴费”多维度服务

手机申报。上线针对增值税小规模纳税人、个体工商户的简便申报功能，包括纳税申报、一键申报、申报回执、申报作废、税款缴纳、银联缴税、税款回执、异常处理、申报查询、缴纳查询、刷新数据等 11 个模块。

发票办理。对接现有“税邮合作”渠道，提供发票申领、发票代开、发票邮寄等服务。

微信小程序。上线微信小程序“税宝宝在线”，纳税人通过微信即可享受预约办税和税费缴纳服务。

案 例 启 迪

优化电子税务局功能，拓展网上办税事项，简化网上办税流程，打造集“便利化办税 + 网络化服务 + 个性化推送 + 数据化管理”为一体的电子税务局。委托邮政代开发票、代征税款，建设 24 小时电子自助办税中心，推出“税宝宝”移动办税服务平台，推行“预约办税”服务，满足纳税人多元化办税需求。

呼和浩特 惠民助企税务情怀显担当

● 压缩纳税时间

推进“一网”办

完善拓展电子税务局功能，实现纳税人 90% 以上主要涉税服务事项网上办理，网报推广率 98.2%。

拓展自助办税终端功能，社会化布局自助办税终端。

推行税务文书电子送达，推广电子税务局移动端、社会保险费移动端缴纳税费业务的第三方支付功能。

推出“新办纳税人综合申请套餐”，纳税人可在登录电子税务局网址后自行勾选办理一照一码信息补录、税费种认定、增值税一般纳税人资格登记等新版企业涉税事项。

优化发票服务

上线增值税发票管理系统 2.0 版，实现发票流转状态实时记录，增值税进项凭证电子数据开放查询。

优化发票改版变量网上办理功能。

优化自然人电子发票代开系统，全面推行自然人劳务类电子发票代开，扩大自然人电子发票代开业务范围。

推开“票 e 送”服务，开展对定额发票邮寄相关流程试点，开放增值税普通发票等票种的发票邮寄业务，扩大发票领用和发票代开“网上申请、邮寄配送”的覆盖面。

允许纳税人自行查询下载本企业所取得的增值税专用发票、增值税普通发票等票种的电子数据，方便纳税人勾选抵扣、纳税申报、财务核算。

建设“网格化”服务体系

以电子税务局为基础，合理布局全市城乡 38 个办税服务场所，69 个邮政代开网点，18 个邮政自助办税网点，1 个 24 小时无人值守智慧办税服务厅。

优化申报功能

实行纳税人线上“一表申请”“一键报税”。上线“财税一体化”辅助申报系统，推进实现“财务会计报表导入电子申报”功能。

减少纳税次数

扩大网上办理合并申报业务范围

实现增值税预缴申报以及附加税费扣缴网上同时办理，增值税及附加税费实现合并申报。纳税人在电子税务局完成本属期增值税申报表填写并提交后，系统自动计算附加税费，即可完成主附税联合申报。

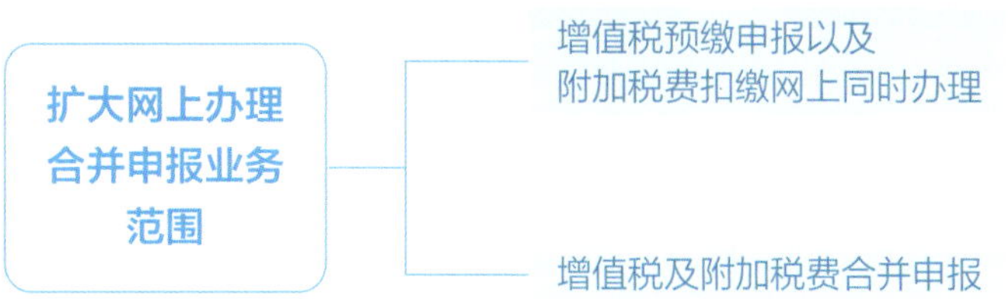

简化优化税费申报手续

整合优化非税收入申报表，统筹推进税收和非税收入一体化申报。推行车辆购置税纳税申报表免填写服务，纳税人签字确认后即可缴税。强化大企业跨区域涉税事项和重组事项协调。税务注销免办和即办比例提高到 85% 以上。

优化升级报税后流程

推行电子退税

金额全部为中央级收入或单笔退税额中央与地方共享收入在 400 万元及以下或单笔退税额全部为地方收入在 50 万元及以下的退税，以及个人所得税汇算退税、个税手续费退税实现电子退库。无纸化退税申报户数、税额占比均超过 90%。

压缩出口退税办理时间

推动扩大出口退税无纸化申报范围。推行离境退税便捷支付、“即买即退”等便利化措施。

便利非正常户管理

对纳税人、扣缴义务人、纳税担保人应缴纳的欠税及滞纳金，可以先行缴纳欠税，再依法缴纳滞纳金。对逾期未申报的纳税人，在认定非正常户时取消实地核查要求，并将未申报时间统一延长为 3 个月；对符合条件的纳税人，由税收征管信息系统自动解除非正常状态。落实破产清算期间管理人可以企业名义按规定申领开具发票或者代开发票、办理纳税申报等涉税事宜。

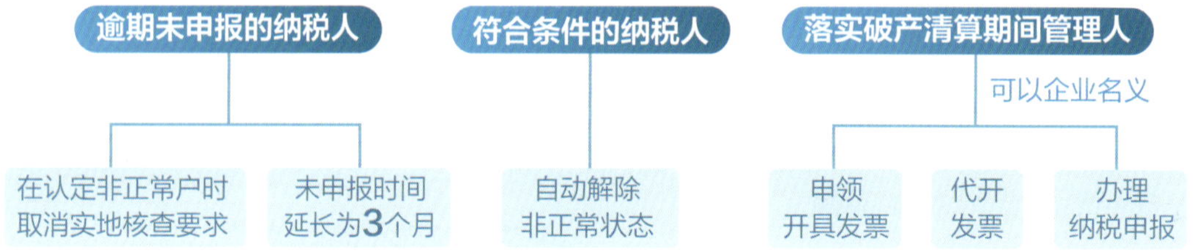

维护纳税人缴费人合法权益

优化纳税服务投诉管理，建立和完善税务机关对纳税人、缴费人咨询、投诉、举报等涉税涉费诉求的多渠道接收、快速转办、限时响应、结果回访、跟踪监督、绩效考核机制。

拓展网上申报更正业务范围

实现企业所得税预缴申报、增值税小规模纳税人申报、增值税一般纳税人申报网上撤销、更正申报。

案 例 启 迪

完善拓展电子税务局功能，扩大网上办理合并申报业务范围，推出“财税一体化”辅助申报系统和财务会计报表导入“一键申报”功能，发票实现“线上申请、线下配送”，持续压缩办税时间、减少纳税次数。

执行合同

执行合同，主要衡量参评城市的企业解决商业纠纷所需的时间和成本，以及参评城市的司法程序质量等情况。

（一）改革要求

2018 年,《最高人民法院关于人民法院通过互联网公开审判流程信息的规定》（法释[2018]7 号）、《最高人民法院关于严格规范民商事案件延长审限和延期开庭问题的规定》（法释[2018]9 号）、《最高人民法院关于人民法院立案、审判与执行工作协调运行的意见》（法发[2018]9 号）、《最高人民法院关于互联网法院审理案件若干问题的规定》（法释[2018]16 号）印发，要求各级人民法院上网公开“平均审理期限”“结案率”“单一案件审判流程”等信息，规定适用普通程序审理的第一审案件审限为 6 个月、适用简易程序审理的第一审案件审限为 3 个月、审理对判决的上诉案件审限为 3 个月、审理对裁定的上诉案件审限为 30 日，并对休庭、延期审理的次数、情形、程序、时间间隔等作出要求，明确法院内部分工协作的工作职责，促进立案、审判与执行工作的顺利衔接和高效运行，规定互联网法院集中管辖所在市的辖区内应当由基层人民法院受理的特定类型互联网案件，要求互联网法院采取在线方式审理案件，案件的受理、送达、调解、证据交换、庭前准备、庭审、宣判等诉讼环节一般应当在线上完成，实现当事人“一趟都不用跑”，避免异地往返，降低诉讼时间与成本。

2019 年,《最高人民法院关于修改〈最高人民法院关于严格规范民商事案件延长审限和延期开庭问题的规定〉的决定》（法释[2019]4 号）印发，分别规定了适用普通程序审理民商事案件、适用简易程序以及小额速裁程序审理民商事案件的延期开庭次数，并对适用简易程序作出了具体规定。

《最高人民法院关于人民法院通过互联网公开审判流程信息的规定》

《最高人民法院关于严格规范民商事案件延长审限和延期开庭问题的规定》

《最高人民法院关于人民法院立案、审判与执行工作协调运行的意见》

《最高人民法院关于互联网法院审理案件若干问题的规定》

《最高人民法院关于修改〈最高人民法院关于严格规范民商事案件延长审限和延期开庭问题的规定〉的决定》

（二）延伸链接

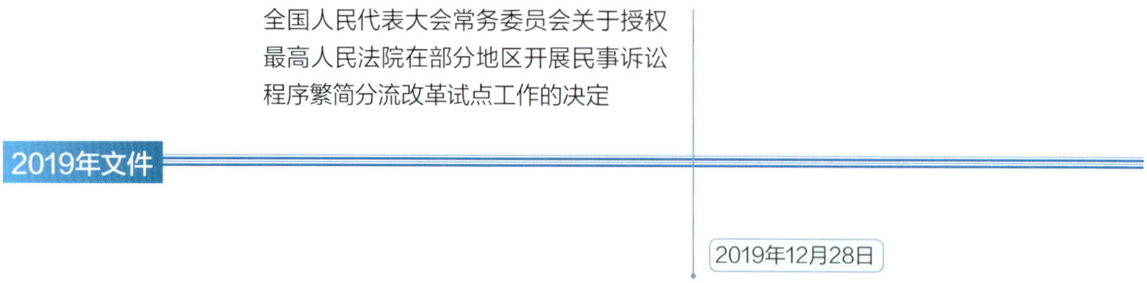

（三）最佳实践

参评城市持续深化“放管服”改革，结合实际探索创新，努力实现执行合同耗时更短、成本更低。

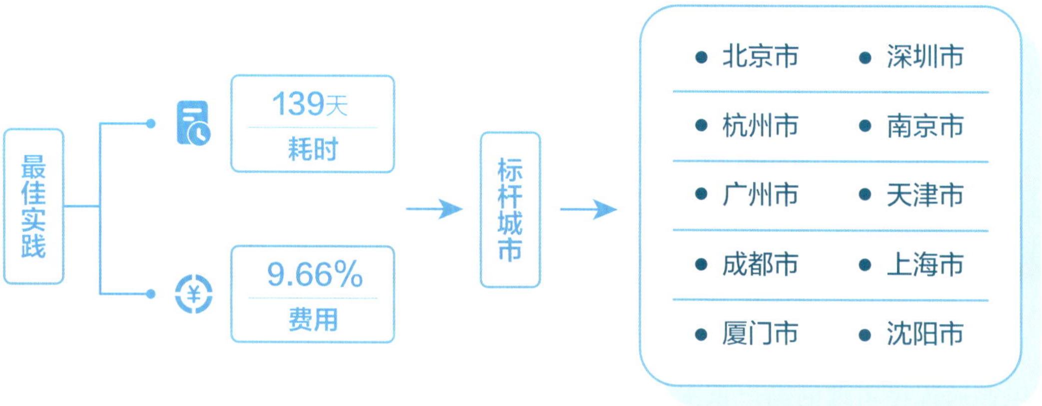

（四）创新做法及改革亮点

表 3-14　执行合同创新做法及改革亮点

创新做法	改革亮点
加强信息化建设	✔ 司法数据公开 在法院门户网站设立常态化司法公开平台，向社会动态公开法院商事案件平均审理天数、结案率等信息。 ✔ 全流程网络化办案 设立互联网法院，实现涉互联网案件立案、审判、执行全流程在线办理。建设“数字法庭”系统，实现当事人诉讼和法院审判全流程网上办理、办案信息全部自动归集和自动归档。 ✔ 诉讼服务平台 建立手机端在线诉讼平台，集合案件诉讼风险智能评估、在线立案、跨域立案、在线调解、在线提交证据材料、在线提出执行申请等功能。建立供律师使用的网上平台，提供立案流程指引、网上立案、诉讼费计算、诉讼费用缴纳、文书样式查询等服务。

续表

创新做法	改革亮点
推进“立审执”提速增效	✔ 畅通立案渠道 严格执行立案登记制，提供窗口立案、网上立案、预约立案、上门立案、假日立案、跨域立案等多种服务方式。对买卖合同、金融借款合同、委托合同等商事案件开通网上直接立案渠道，人民法院对符合条件的予以登记立案，原告无须另行提交纸质诉状。 ✔ 提高审判效率 推行诉前调解，引入智能调解室、律师调解室等平台，在征求当事人意愿前提下，委托、委派特邀调解员或特邀调解组织先行调解。推行繁简分流，扩大简易程序适用范围，推出智能繁简分案系统，对符合条件的一审民商案件实行简案速裁。 ✔ 解决执行难题 人民法院、人民检察院及发展改革、公安、司法行政、税务、市场监管、房管等单位集中签署执行联动合作协议，各单位对被执行人财产实行网络联动查控，覆盖房产、存款、车辆、证券、工商登记等财产信息。通过网络平台进行处置涉案财产，开展房产、车辆、电子产品等集中处置、集中展示活动。
优化诉讼服务	✔ 开展辅助事务集约化管理 将扫描、送达、保全、鉴定等辅助性、事务性工作集中到诉讼服务中心，将扫描、送达等具有公共性的事务实行服务外包。

（五）实践案例及典型经验

根据2019年中国营商环境评价情况，参评城市围绕提升执行合同质量和效率，全力落实相关领域改革举措，对标国内国际最佳实践，结合当地实际，推出了一批典型经验和创新做法。《中国营商环境报告2020》选取北京、南京、沈阳3个城市典型做法，供各地方政府优化营商环境学习参考借鉴。

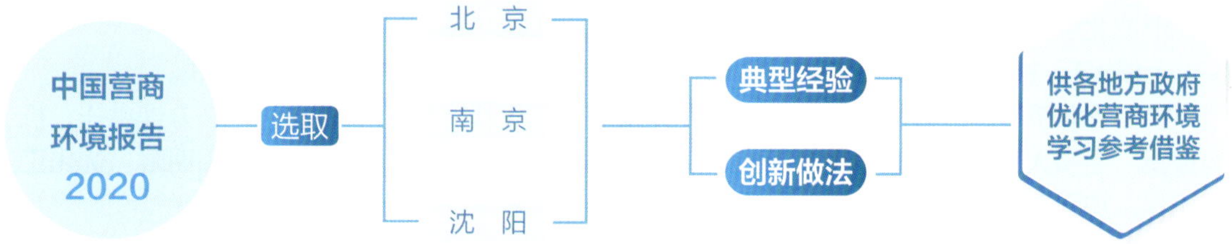

北京 以信息化建设提升审判质效

● 诉源治理，推行“多元调解 + 速裁”

推行“多元调解 + 速裁”，形成全方位立体式多元调解体系，整合法院外部调解力量与内部审判资源，实现诉讼案件分流、调解、速裁、精审程序转换对接，形成普通案件诉讼前端快调速审、疑难复杂案件后端细审精判的审判工作格局。

与 110 家行业性专业性调解组织建立诉调对接关系，覆盖房地产、金融、医疗等 20 余个专业领域，调解阶段拓展到诉前、诉中及执行全流程。

上线案件繁简分流、多元调解、速裁一体化的“北京法院分调裁一体化平台”，立案法官通过运用分调裁平台的案件繁简分流功能，准确分流速裁案件。

● 诉讼便利，加强信息化建设

推行网上立案

构建包括网上立案、微信预约立案、京津冀跨域立案、微信快速立案等四项内容的立体化线上立案系统。

印发《北京法院网上立案和微信预约立案工作办法（试行）》，实现五类商事案件网上直接立案。

发布《北京市高级人民法院关于加强商事案件全流程管理推进法治化营商环境建设的意见》，将无纸化网上直接立案的案件推广至全部商事案件。

实现网上立案 24 小时不打烊，立案材料线上提交，当事人在线提交的起诉材料，不需要线下另行提交纸质版。

推行电子送达和司法鉴定工作在线运转

多家法院成立“一站式”送达中心，探索购买社会服务，引入外包团队，收集电子送达地址，推广使用微信、传真、邮箱、网站等电子送达。

推动律师、企业填写《送达地址确认书》，设定其在北京法院长期唯一有效的电子送达地址，形成北京法院送达地址信息库，提高送达准确率和成功率。

上线运行“北京法院集约送达一体化平台”，实现法院内网与互联网互通互联。

出台《北京市高级人民法院关于对外委托鉴定评估工作的规定（试行）》，在办理委托、机构审查、当事人交费、补充或者重新提交鉴定评估材料等重点环节，设置程序和期限，优化工作流程，加强节点管控，强化审判管理和监督指导。

深化执行联动

印发《北京市高级人民法院 北京市人民检察院 北京市公安局 北京市司法局关于联动查控被执行人、打击拒执犯罪等工作的若干意见》，法院实现与各部门联动查询被执行人相关信息。

推行财产网拍，所有财产 100% 通过网络平台进行处置，开展房产、车辆、电子产品等集中处置、集中展示活动。

建设“一案一账号”执行案款发放系统，为每一个执行案件自动关联一个账号，到账信息及时提示，发款信息同步推送，逾期未发立即警示。

● 阳光司法，提高司法程序质量

集中公开司法数据

印发《北京市高级人民法院关于商事案件信息公开的规定》，在北京法院审判信息网集中公开全市法院商事案件收结案情况、结案率、平均审理天数、平均执行天数，社会公众可以随时随地了解北京法院审判动态。

优化电子案件管理系统

在诉讼服务微信公众号为律师专设“微律师”平台，律师登录后即可享受网上立案、网上交费、网上查询、网上沟通、网上辅助 5 大类 20 余项专属多元诉讼服务。

打造一站式在线诉讼平台

探索审判全流程在线办理，将北京法院审判信息网打造成北京法院在线诉讼平台，从立案到庭审、提交材料、联系法官等全部诉讼流程在网上完成。

上线“北京移动微法院”，集合案件诉讼风险智能评估、在线立案、跨域立案、在线调解、在线提交证据材料、在线提出执行申请等多项功能，打造手机端在线诉讼平台。

案 例 启 迪

推行“多元调解 + 速裁”，形成全方位立体式多元调解体系，实现诉讼案件分流、调解、速裁、精审程序高效转换对接。成立互联网法院，实现审理的全部案件全部诉讼环节网上办理、全流程依法公开。集中公开全市法院商事案件相关数据，探索审判全流程在线办理，从立案到庭审、提交材料、联系法官等全部诉讼流程可在网上完成。

南京 强化权利保障优化司法服务

● 优化流程管理，压缩解纷时间

畅通立案“绿色通道”

将涉产权案件纳入立案“绿色通道”，符合立案条件的，一律当场予以登记立案；当事人提交的诉状和材料不符合要求的，一次性书面告知在指定期限内补正；需要进一步审查的，最迟在 3 个工作日内完成。立案后，及时将案件移送审判执行部门，快速保全、送达、调解、裁判和执行。

推进案件繁简分流

完善繁简分流标准，在金融、破产等涉产权商事领域出台繁简分流工作意见，从案件类型、难易程度、审理环节等方面对案件进行多层次分流。

制定《关于进一步推进案件繁简分流工作的实施意见》，上线智能繁简分案系统，实现繁简案件智能识别、自动标识、自动分案和自动统计。

开发“宁法通”法律文书送达自助机，当事人异地也可自行打印司法文书。

建立系统化分流、标准化速裁工作模式。开展民事诉讼程序繁简分流改革试点，发布推进民事诉讼程序繁简分流改革试点系列实施细则。

改革商事审判方式

简化涉产权案件的立案受理、文书送达、庭前准备、开庭审理、文书制作等审判流程。

建立诉前调解、仲裁与诉讼程序的衔接机制，调解、仲裁过程中固定的无争议事实、争议焦点、送达方式、繁简程度识别数据，可在诉讼中运用。

在买卖合同、民间借贷等涉产权纠纷中，推进要素式审判、示范性诉讼，带动批量案件同时化解。

对民商事关联案件归并审理，通过庭前会议解决证据交换及其他程序性事项，提高庭审效率和当庭裁判比例。

推进要素式集中审理，一般民商事案件原则上开庭一次，确因审理需要二次开庭的，将两次开庭间隔限制在 1 个月内。

压缩案件审理周期

印发《关于调整民商事案件延长审限和延期开庭工作流程的通知》，依托审判流程管理系统，严格流程节点管控和审限管理。

规范司法鉴定流程，压缩鉴定时间，能够通过举证责任分配和现场勘验等方式解决对争议事实认定问题的，不轻易启动鉴定程序。

推广电子卷宗随卷同步生成系统。完善超审限案件通报、督办、追责机制。

高效兑现胜诉权益

加大涉产权案件执行力度，开展“执行工作巩固提高年”专项行动。涉产权执行案件在立案之日起 2 个工作日内移交执行指挥中心或快速执行团队。市法院与公安机关建立网络查人、控车协作机制，与不动产登记中心建立房地产查询、查封、解封、过户在线一体化办理机制。

● 优化司法服务，降低解纷成本

规范案件受理费用

对于符合条件且预交案件受理费确有困难的企业，依法进行司法救助，减交、缓交受理费。当事人自行和解申请撤诉、接受调解的，依法减半收取受理费。审理司法确认案件，不收取诉讼费用。案件审结后，于退费手续齐备 7 日内向胜诉方一次性足额退还受理费。

合理分担律师费用

在商事合同纠纷中，由败诉方承担维权成本，对于当事人有明确约定且实际发生的律师费，在法定标准范围内予以支持。

鼓励本地律师事务所与商业保险机构合作，探索律师费商业保险制度，由商业保险机构针对赔付风险控制的需要设置保险产品。

提供多元解纷渠道

主动融入网格化社会治理，将解纷关口前移，开展“一法庭一品牌”创建活动，在各乡镇街道、村（社区）设立审务工作站、法官工作室、巡回审判点 349 个。

完善调解、仲裁、诉讼有机衔接的多元化纠纷解决体系，全市法院全部设立“诉讼与非诉讼对接中心”和“非诉讼服务中心法院分中心”，在涉产权商事领域与相关行政机关、行业协会建立 18 个诉调对接机制，设立 25 个人民调解工作室、14 个律师服务工作站。推行调解前置，实现“人民调解工作室”和“律师服务工作站”全覆盖。

研发智能纠纷预诊系统，在线提供 15 种常见纠纷的诉讼风险评估并提示非诉解决方式。

压降案件执行成本

委托第三方服务机构从事司法网拍辅助工作，提高财产处置变现效率。

建立与市场主体信用信息相关的司法大数据归集共享和使用机制，在“我的南京”App 开通运行“智慧法院”平台，发布失信曝光、悬赏执行、司法拍卖等信息。

探索建立社会化服务购买机制，将财产查控、网拍辅助、案款发放、执行送达等辅助性事务适度外包。

● 优化诉讼机制，提升程序质量

升级网上诉讼服务中心

开展“智慧法院建设全面深化年”专项行动，推进智能法庭建设，实现庭审语音同步转化、诉讼证据随讲随翻、裁判文书一键生成、远程在线视频开庭。完善当场立案、网上立案、自助立案、跨域立案相结合的便民立案机制，为当事人提供一站通办、一网通办、一号通办、一次通办的诉讼服务。

制定《南京法院网上诉讼服务中心操作规程（试行）》，上线智能纠纷预诊、智能法律咨询两项服务软件，实现网上立案、证据交换、庭审环节 3 个“不见面”办理，整合裁判文书、庭审直播、执行信息、审判流程 4 大公开平台，设置当事人、律师、检察官、陪审员、社会公众 5 组诉讼事务专用通道，将诉讼服务从网上立案等事前服务向电子送达、预约法官、网上证据交换质证、互联网庭审、在线查询诉讼正卷等事中、事后服务延伸。

3个
“不见面”办理环节

4大
公开平台

5组
诉讼事务专用通道

加强商事案件专业审判

开展辅助事务集约化管理，将扫描、送达、保全、鉴定等辅助性、事务性工作集中到诉讼服务中心，将扫描、送达等具有公共性的事务实行服务外包。

完善南京知识产权法庭省内集中管辖和部分基层法院市内相对集中管辖的运行机制，打造高素质审判队伍。

建立金融审判案件专家咨询委员会，为金融审判提供咨询、提出建议。邀请金融监管系统工作人员担任人民陪审员，建立动态管理的专家陪审员名单。

持续提升案件审判质效

发挥院长、庭长监督管理职能，完善审判委员会、商事专业法官会议机制，规范法官自由裁量权，编发商事审判指导文件 10 余份。开展“审判高质量发展 321”专项行动。

全面深化司法信息公开

制定《南京市中级人民法院关于进一步深化司法公开的实施意见》。通过网站、短信、微信等多种渠道推送案件流程信息。全面推进庭审网络直播。定期公布不上网裁判文书的数量、案号和理由等“反向公开”措施，倒逼法官落实裁判文书公开。保障申请执行人能够通过服务窗口、网站、短信、微信等途径即时获取执行实施案件主要流程节点信息。完善“我的南京”App 智慧法院公开平台，增强执行信息公开和服务功能，将律师在线申请执行调查令纳入该系统。

案 例 启 迪

完善繁简分流标准，建立立案“绿色通道”，简化案件审判流程，提高胜诉权益兑现效率。通过规范案件受理费用、合理分担律师费用、提供多元解纷渠道、压降案件执行成本等方式降低解纷成本。升级网上诉讼服务中心，将网上诉讼服务从事前服务向事中、事后服务延伸。开展辅助事务集约化管理，建立金融审判案件专家咨询委员会，提高审判专业化水平。

沈阳 聚焦主业突出重点 打造一流营商法治环境

● 优化诉讼服务

打造诉讼服务大厅、诉讼服务网、诉讼服务热线、巡回审判“四位一体”的综合性诉讼服务平台，建立一次性告知、审限内办结、马上办、网上办制度，健全和施行预约立案、网上立案、上门立案、假日立案等多种立案方式，基本实现案件“当场立、自助立、网上立”。

开通民营企业合同纠纷案件快速立案绿色通道，提供从审批至办结立案流程的一站式服务，切实做到“随到即立，随立即转”，企业诉讼“1 小时”立案率达 99%。

制定《沈阳市中级人民法院关于规范网上立案工作的意见（试行）》《沈阳市中级人民法院网上立案流程指南》《关于适用互联网庭审方式开展诉讼活动的暂行规定》《沈阳市中级人民法院运用微信方式审理家事案件操作规程》等相关文件，依托辽宁诉讼服务网、辽宁移动微法院，开展网上立案、办案。

在 12368 诉讼服务热线之外，增设合同、用工、社保、执行等 4 条服务电话专线，提供法律咨询、诉讼引导、政策宣传服务。

在诉讼服务中心自助服务区安装全域送达一体机、诉讼风险评估机、全域联系法官一体机等一系列便民设备。

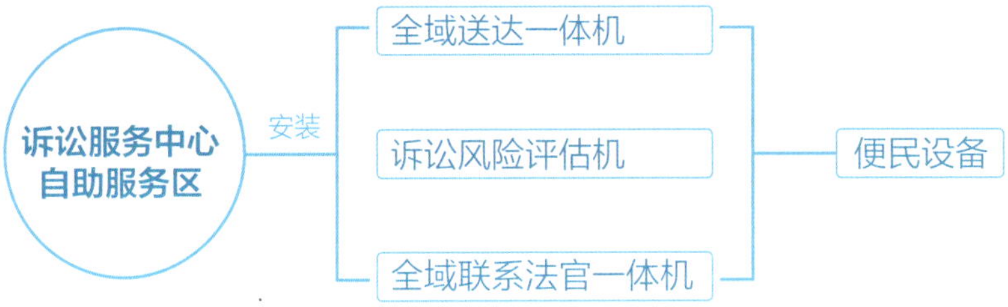

● 提供多元解纷渠道

出台《关于进一步加强诉调对接工作的实施办法》。设置旅游巡回法庭，及时就地化解旅游类矛盾纠纷。利用移动互联网技术，促进参与交通事故处理的公安机关、法院和保险公司三方联动，各职能部门数据互联互通，信息共享，在线调解，司法确认，为交通事故当事人提供在线全流程处理服务。

设立律师调解工作室、律师调解中心，成立律师调解资质管理委员会，建立律师事务所名册、律师调解员名册和设立律师调解工作室的律师事务所名册。

建立全方位、多层次民商事纠纷多元化解机制，实现诉讼与非诉讼纠纷解决方式在程序安排、效力确认、法律指导等方面有机衔接。完善婚姻家庭、医疗纠纷、涉农民工等类型化专业化调解平台。建立由法官、法官助理或调解员组成的调解团队，及时调解指导，做到能调则调、当判则判。

● 推进繁简分流

出台《关于适用小额诉讼程序审理民事案件相关问题的实施意见》，实现民事案件简案快审。制定《表格式民事裁判文书样式规范指引》，规范民事案件裁判文书制作，推进裁判文书繁简分流，实现机动车交通事故责任纠纷、物业服务合同纠纷、民间借贷纠纷、劳动争议纠纷、劳务合同纠纷、土地承包合同纠纷等案件的集约化、快速化审理。

出台民事、刑事、行政、执行四类案件“分调裁审”实施意见。市法院成立裁定类上诉案件、判决类上诉案件、诉前立案调解团队三个速裁快审团队，上线运行民事案件繁简分流办案系统。

创新工作方式方法

推进庭审方式改革，规范庭前会议操作规程，推广庭前会议制度。

出台《关于建立沈阳市企业送达信息共享机制的工作意见（试行）》，市场监管部门与人民法院共享市场主体信用信息平台数据。

出台《民事案件在沈阳市中级人民法院网站公告送达相关法律文书的实施办法》，依托沈阳市中级人民法院官网实施网络公告送达，不收取当事人公告费用。

规范执行工作

依托“金雕查控网”开展联网联动，对被执行人及其财产进行有效查控。

出台《沈阳市中级人民法院关于“基本解决执行难”实施办法》《沈阳市中级人民法院关于强力推进“基本解决执行难”工作的实施意见》《关于协助人民法院执行及推进失信被执行人信用监督、警示和惩戒机制建设的意见》，加大执行工作力度。

出台《关于规范执行行为专项整治活动实施方案》，依法规范财产保全、查封措施以及纳入失信名单、限制消费、拘留、罚款等执行强制措施。

强化审判质效

出台《落实关于在全省法院开展“审判质量、效率和司法公信力提升年”活动方案的实施意见》和《落实辽宁法院、法官（干警）“双激励”通报办法的实施细则》。

制定《关于开展依法保护民营企业健康发展司法专项督查活动的实施方案》，部署开展专项督查活动。

案例启迪

打造综合性诉讼服务平台，建立一次性告知、审限内办结、马上办、网上办制度。加强诉调对接工作，提供多元解纷渠道。出台民事、刑事、行政、执行四类案件“分调裁审”实施意见，进一步推进案件繁简分流。探索推进庭审方式改革，规范庭前会议操作规程，推广庭前会议制度。推进司法和政务数据整合共享，提高送达和执行效率。

办理破产

办理破产，主要衡量参评城市的企业办理商业破产所需经历的政府审批和外部办事流程，包括办理程序、办理时间、成本费用、收回金额，以及适用于清算和重组程序的法律框架等情况。

（一）改革要求

2019年,《最高人民法院办公厅关于强制清算与破产案件单独绩效考核的通知》（法办［2019］49号）、《最高人民法院关于适用〈中华人民共和国企业破产法〉若干问题的规定（三）》（法释［2019］3号）印发，对破产受理后借款的清偿顺序、单个债权人的知情权、债权人会议表决机制、管理人处分债务人重大财产的权限和程序等问题作出规定，明确依据企业破产案件法官工作平台的案件数量，对破产审判法官的工作绩效进行考核，注重培养专业破产法官，专门审理破产案件，鼓励条件成熟的法院通过设立破产审判庭、破产法庭的方式，不断推进破产审判专业化。

（二）延伸链接

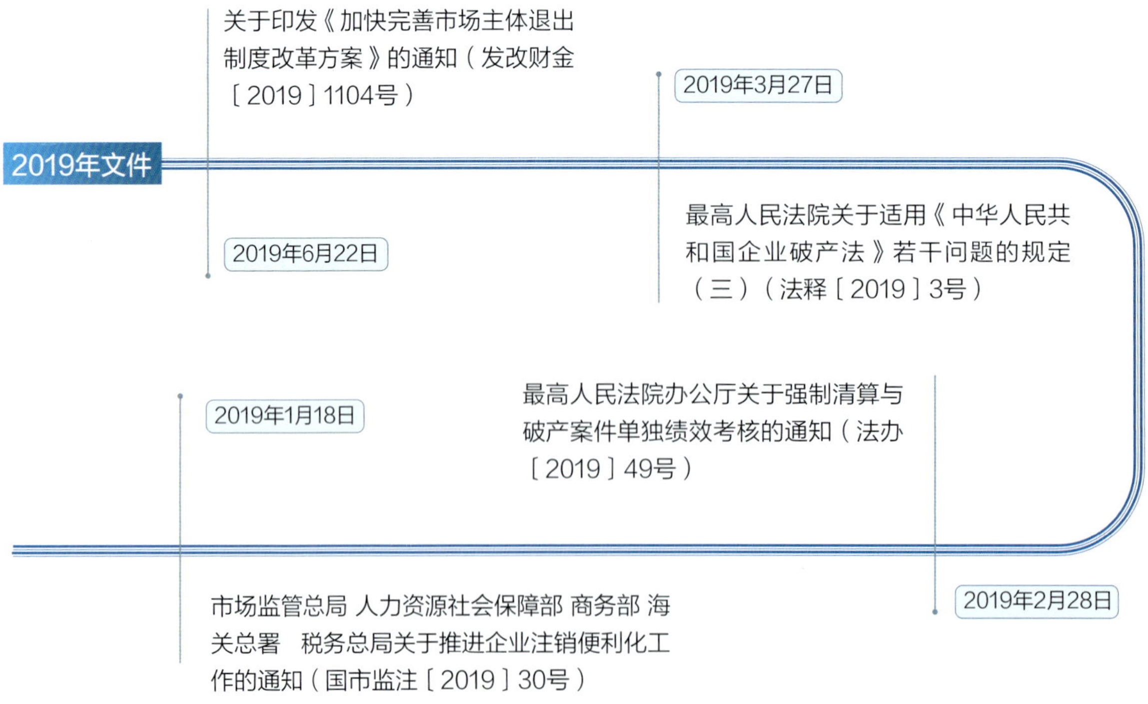

2018年文件

2018年9月18日

国家税务总局关于进一步优化办理企业税务注销程序的通知（税总发［2018］149号）

（三）最佳实践

参评城市持续深化“放管服”改革，结合实际探索创新，努力实现办理破产时间更短、成本更低、回收率更高。

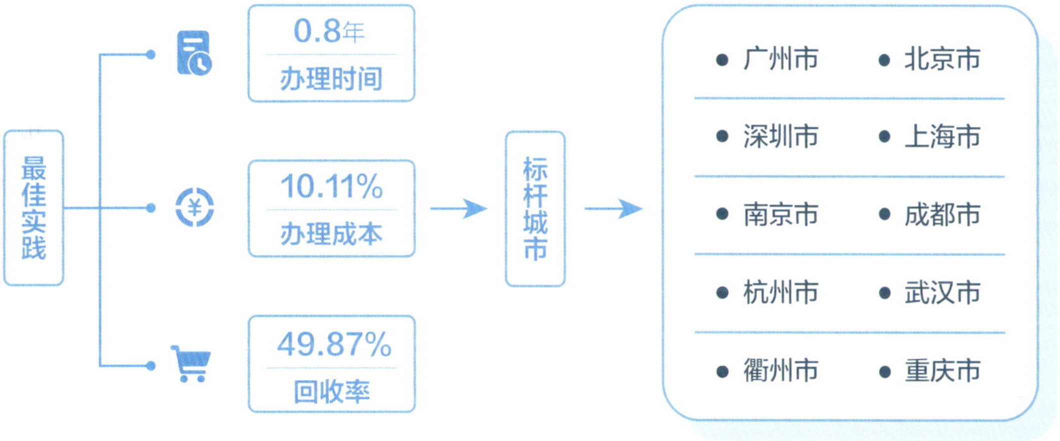

（四）创新做法及改革亮点

表 3-15　办理破产创新做法及改革亮点

创新做法	改革亮点
提升专业化水平	✔ **建立破产法庭** 成立专门破产法庭，组建专业审判团队，负责管辖强制清算和破产案件、相关衍生诉讼案件、跨境破产案件等。 ✔ **优化管理人队伍** 重新编制破产管理人名册，成立破产管理人协会，完善管理人分级管理举措和绩效考评制度，提升破产管理人职业素养及专业化能力。
压缩办理时间	✔ **推行简易程序** 合并、简化工作流程，扩大适用简化审理的案件范围。对债权债务关系明确、债务人财产状况清楚的简单破产案件，适当简化审理程序，一般在 6 个月内审结。为有价值的危困企业设立破产重整“绿色通道”。

续表

创新做法	改革亮点
压缩办理时间	✓ 优化涉税流程 在网上平台、政务大厅设立专门服务窗口，对符合条件的纳税人或破产企业管理人，简化税务信息查询、解除非正常状态、领用发票、税务注销、申报债权等事项办理环节。
提高破产案件处置效率	✓ 破产财产网络拍卖 依法通过互联网拍卖平台，以网络电子竞价方式公开处置债务人财产，拍卖过程对外公开。
	✓ 府院联动工作机制 建立企业破产处置工作联席会议机制，政府部门与人民法院共同协调解决产权瑕疵、职工安置、税收政策、逃废债等问题。
	✓ 落实破产经费保障 由财政资金给予支持，设立企业破产费用援助资金，为破产费用不足的企业提供启动资金。

（五）实践案例及典型经验

根据 2019 年中国营商环境评价情况，参评城市围绕提升办理破产质量和效率，全力落实相关领域改革举措，对标国内国际最佳实践，结合当地实际，推出了一批典型经验和创新做法。《中国营商环境报告 2020》选取广州、重庆、太原 3 个城市典型做法，供各地方政府优化营商环境学习参考借鉴。

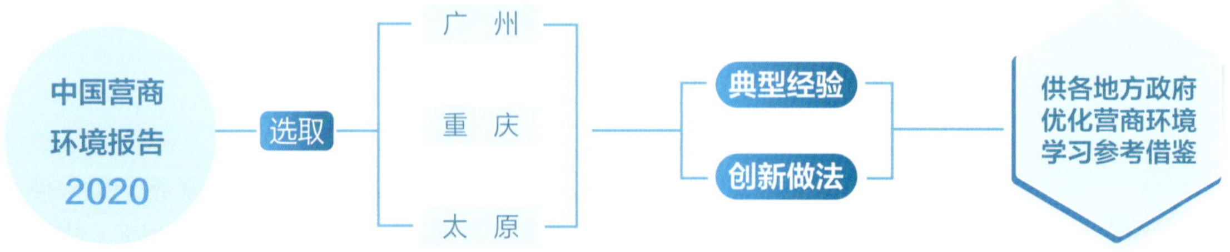

广州 以创新引领发展打造破产审判“广州模式”

● 建立快速审理机制

出台《广州市中级人民法院关于设置国有“僵尸企业”破产审判绿色通道的若干意见》，为简易破产和强制清算案件的批量受理、审理、审结提供司法依据。

出台《广州市中级人民法院关于印发〈推进破产案件快速审理的工作指引（试行）〉的通知》，优化简易破产案件识别标准，科学合理界定案件繁简程度，对债权债务关系明确、债务人财产状况清楚且符合一定条件的破产案件，通过压缩弹性周期、简化审理程序、运用信息化审理方式等措施提高破产案件审理效率，实现破产案件“繁简分流，快慢分道”。

● 建立联席会议制度

建立司法处置国有“僵尸企业”联席会议制度，制定《广州市司法处置国有“僵尸企业”工作联席会议制度》《关于协作开展司法处置国有“僵尸企业”的实施细则》。

推动建立广州市协作推进破产和强制清算工作联席会议制度，将制度适用范围扩大到所有破产及强制清算案件。

印发《关于推进破产企业退出市场工作的实施意见》《关于破产程序中涉税问题的若干处理意见（试行）》《关于进一步提升办理破产质效、合作优化营商环境的实施意见》等政策文件，推动破产工作府院协作机制常态化、规范化高效运行。

明确企业注销标准，简化企业注销手续，将司法清算企业分支机构纳入简易注销登记适用范围。将破产程序中的中小客车拍卖纳入《广州市中小客车总量调控管理办法》中的司法拍卖范畴。

● 落实破产经费保障

成立破产清算公益基金，对管理人协会会员承办的广州两级法院破产及强制清算案件，无启动经费的，由公益基金代为垫付公告费、刻章费、差旅费等除管理人报酬以外的必要费用支出。

落实国有“僵尸企业”破产及强制清算案件的启动经费。对于无财产破产企业，按照有账册 20 万元、无账册 10 万元的标准进行垫付，破产程序终结后将剩余垫付经费返还至垫付单位。

自 2019 年起，破产经费列入财政预算，解决因没有破产费用而影响启动破产程序的问题。

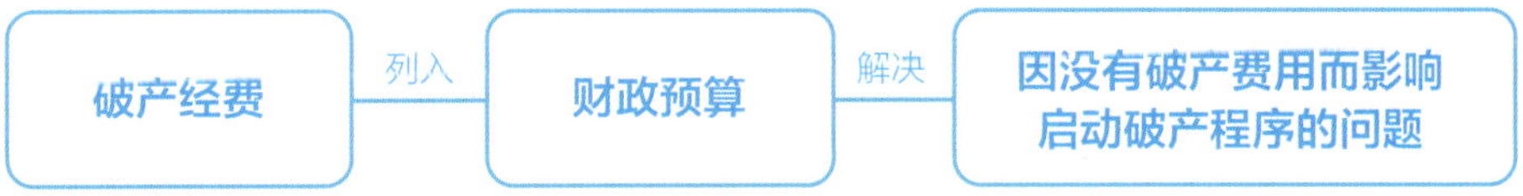

● 建立破产管理人协会

优化管理人考评机制。落实管理人分级管理制度，根据案件复杂程度选择相应等级的管理人，并根据管理人考评情况，每两年对名册内的管理人实施增补、淘汰、升降级。

出台《广州市中级人民法院企业破产案件管理人工作监督办法》，完善管理人分级管理举措，实行管理人负面清单制度，在破产案件中对管理人履职工作进行动态量化评价。

解决管理人履职身份认可问题。明确管理人凭借相关法律文书即可独立办理企业银行账户查询、资金划转、变更股权登记、税务注销、注销企业等事项。设置管理人办事绿色通道，对非关键材料实行容缺受理，限定窗口办结期限。

● 运用智慧法院建设成果

在“广州微法院”开发债权申报小程序，实现债权人网上参与破产程序。运用 5G 技术召开债权人会议，实现法院、全国各地债权人、破产管理人即时连接、信息同步。

上线破产资金管理系统，升级启用“智慧破产”系统，涵盖地方管理人智能服务平台、地方破产审判动态监管平台、债权人监督评价平台、破产审判区块链运用平台。

● 创新重整与和解机制

建立市场化重整识别机制。出台《广州市中级人民法院关于重整案件审理指引（试行）》，通过企业经营现状、资产结构、陷入危机原因等市场标准判断企业重整可行性。建立预重整制度，推动尽快达成预重整方案，实现庭外重整与庭内重整的优先衔接。赋予债务人、主要债权人、重整投资人协商选择破产管理人的权利，鼓励债务人开展自我挽救。

灵活利用和解程序优势。发挥破产和解程序简便快速清理债权债务关系的功能，引导当事人通过和解程序或自行达成和解的方式实现各方主体利益共赢。

● 上线破产信息公开平台

集中向社会发布破产案件受理公告、宣告破产公告、破产终结公告和破产案件统计数据、典型案例信息，公开破产案件审理规定、破产资金管理规定、破产管理人名册。

上线广州法院营商环境公开平台，实时更新优化营商环境工作动态、改革举措、典型案例、先进经验。

案 例 启 迪

建立快速审理机制，优化简易破产案件识别标准，提升破产审判效率。建立多部门联席会议制度，凝聚府院工作合力。建立破产清算公益基金、国资专项资金、财政专项经费“三位一体”的破产费用保障机制。成立破产管理人协会，优化管理人考评机制，推动解决管理人履职身份认可问题。启用“智慧破产”系统，上线破产信息公开平台，推动办理破产提质增效、公开透明。

重庆 完善“司法裁判、政策机制、服务保障”三位一体的破产案件办理体系

● 以高质量司法裁判有效发挥审判职能

统一法律适用

出台《破产案件相关法律适用问题的解答》《破产重整申请审查工作指引（暂行）》等规范性文件，统一法律适用尺度，提升破产审判质效。

建立破产审判简化审理机制

印发《重庆市高级人民法院关于“执转破”案件简化审理的工作规范》，合并、简化工作流程，出台《关于破产案件简化审理的工作规范》，扩大适用简化审理的案件范围。规定适用简化审理的案件一般在6个月内审结，部分类型案件在3个月内审结，压缩破产案件审理时间。

发挥典型案例示范引领作用审理机制

围绕涉及《最高人民法院关于适用〈中华人民共和国企业破产法〉若干问题的规定（三）》中破产启动后融资优先权、重整计划表决方式、单个债权人知情权、出售债务人重要资产程序等重点条款的实务适用打造典型案例。发布参考性案例，明确关联企业实质合并破产清算的具体条件。

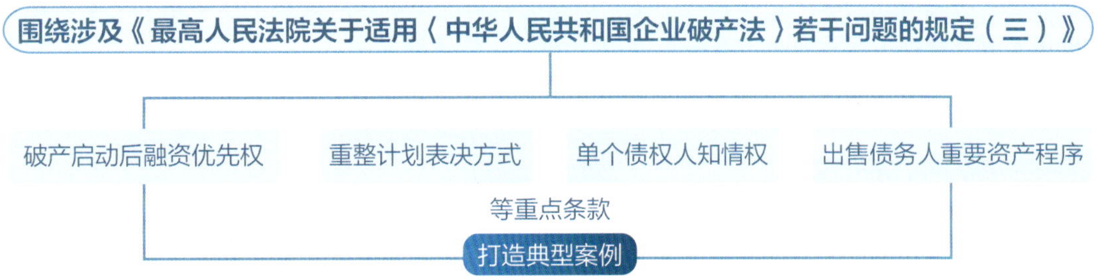

● 以高水平政策机制持续改进破产工作

构建府院协调机制

建立由常务副市长担任总召集人、重庆市高级人民法院院长任副总召集人的市级企业破产处置工作联席会议机制，19家市级单位、5家中级人民法院为成员单位。每季度首月定期召开府院协调会议。

出台“无产可破”案件费用纾解措施

出台《重庆市国资委监管的“僵尸企业”清理处置工作专题会议纪要》，明确破产费用在企业清算财产中优先清偿，不足部分在市级国有资本经营预算支出中解决。根据市政府《关于优化企业破产处置工作协调机制的纪要》等文件精神，明确民营企业破产专项资金由市财政局牵头解决。出台《重庆市高级人民法院企业破产费用援助资金使用办法》，由市财政给予支持，设立企业破产费用援助资金。

完善管理人相关制度

出台企业破产案件社会中介机构管理人名册编制、评估管理、指定机制、工作指引等规范性文件。在案件办理中注重与管理人信息共享，管理人可申请人民法院通过覆盖全国的“总对总”网络执行查控系统查询破产企业财产状况并申请财产保全，也可申请通过法院案管系统查询与破产债务人相关的诉讼案件、执行案件情况。上线运行管理人选任一体化平台系统，实现办案系统与管理人选择同步配套。

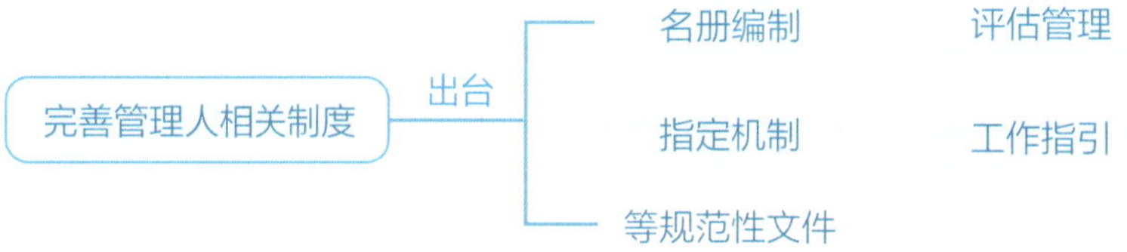

● 以高效能的保障机制促进指标优化提升

加强破产审判的组织领导

全市三级法院均成立破产工作领导小组，负责协调解决本院破产处置工作中遇到的重大疑难问题。出台《破产审判工作专项评估体系》，对破产审判工作单独考评。

完善破产审判专业化建设

设立重庆破产法庭，完善破产审判工作制度和流程，提升专业化水平。印发《破产重整申请审查工作指引（暂行）》《破产案件审理指南（试行）》等规范性文件。

创新破产财产处置方式

出台《关于破产程序中财产网络拍卖的实施办法（试行）》，确定“网络拍卖”的破产财产处置原则，除债权人会议另有决议外，原则上均应通过网络竞价方式处置破产财产。以实现财产价值最大化为原则，确立“整体处置”优先的破产财产处置模式。

健全破产配套制度

印发《关于企业破产程序涉税问题处理的实施意见》《关于支持破产重整企业重塑诚信主体的会商纪要》《关于企业注销有关问题会商纪要》。

提高智能化运用水平

有效利用破产重整案件信息平台，将法官工作平台的信息录入情况作为破产工作的考核重点，将管理人工作平台的信息录入作为管理人年度考核的重要指标。全面公开企业重整信息，有效吸引适格投资者。引导当事人运用破产重整案件信息网的预立案功能。预立案通过后，向人民法院寄送立案材料，进行登记立案。

在重庆法院审判管理系统专门增设“破产管理”智能辅助模块，上线运行破产案件关联提示系统，自动关联与破产企业相关的破产、诉讼、执行等案件信息，及时进行信息提示并通过办案系统对相关案件的重要节点进行控制。利用全国企业破产重整案件信息平台，召开网络债权人会议，降低债权人程序参与成本。

案 例 启 迪

注重总结审判经验，探索审理规则，出台规范性文件解决破产审判中的疑难问题，统一法律适用尺度。进一步合并、简化工作流程，扩大适用简化审理的案件范围，出台破产案件简化审理工作规范文件。建立企业破产处置工作联席会议机制，综合运用财政资金解决“无产可破”启动难题。建设破产重整案件信息平台，重视基础数据的采集和录入，提升破产案件处理质量和效率。

太原 办理破产经验做法

● 建章立制，规范审判方式

成立破产审判庭，制定《企业破产操作程序》《中介机构参与破产清算事务承诺书》《申请破产企业引荐管理使用办法》《破产清算管理人工作报告制度》等规章制度，制作《国有企业破产案件审理流程图》，对法官、管理人、中介机构的工作进行规范。

● 更新管理人名册，规范破产重整平台

2018 年筛选出 45 家机构，更新破产管理人名册。

将在数字法院应用系统中受理的 49 件破产清算类案件全部移转至全国企业破产重整案件法官工作平台，从 2019 年 11 月起，破产清算类案件已统一在平台立案、审理，规范案件办理程序。

● 依法监督指导，延伸司法审判服务

在案件审查阶段，结合破产企业申报材料主动提前介入，实地核查企业职工情况、资产状况，核实申报内容，帮助破产企业制定破产预案，完善健全破产申请资料。

在资产清查阶段，注重对管理人和中介机构从业务上进行指导，充分发挥其在破产清算工作中的职能作用。

在资产处置阶段，实现破产资产处置价值最大化，保护国有资产不流失，平等保护债权人和企业职工的合法权益。

● 加强司法能动性，探索破产审理新模式

探索建立预重整制度，整合庭外重组与重整优势，通过破产重整前系列工作，降低重整时间和经济成本。

树立廉洁破产理念，严格部门间分工协作，审理破产案件的法官不能自行指定管理人、审计、评估、拍卖机构，管理人、审计、评估、拍卖机构通过摇号产生。

案 例 启 迪

成立破产法庭，完善制度建设，规范法官、管理人、中介机构。更新破产管理人名册，规范案件办理程序，推动破产清算类案件统一在平台立案、审理。注重在案件审查、资产清查、资产处置等阶段抓好监督，延伸服务。探索建立预重整制度。

市场监管

市场监管，主要衡量参评城市根据法律法规和职责落实监管责任、实施“双随机、一公开”监管、加强信用体系建设、推进“互联网 + 监管”、规范涉企行政检查和处罚等情况。

（一）改革要求

2019 年 1 月，《国务院关于在市场监管领域全面推行部门联合“双随机、一公开”监管的意见》（国发［2019］5 号）印发，要求在市场监管领域全面推行部门联合“双随机、一公开”监管，2019 年底市场监管部门完成双随机抽查全流程整合，2020 年底实现市场监管领域相关部门“双随机、一公开”监管全覆盖，地方各级人民政府相关部门在市场监管领域联合“双随机、一公开”监管常态化。

2019 年 7 月，《国务院办公厅关于加快推进社会信用体系建设构建以信用为基础的新型监管机制的指导意见》（国办发［2019］35 号）印发，要求建立健全信用承诺制度，对申请人承诺符合审批条件并提交材料的有关行政许可事项应予即时办理，鼓励市场主体主动向社会作出信用承诺，全面建立市场主体信用记录，推进信用分级分类监管，健全失信联合惩戒对象认定机制，深入开展失信联合惩戒，探索建立信用修复机制，提升信用监管信息化建设水平，推进信用监管信息公开公示，引导行业组织和信用服务机构协同监管。

2019 年 9 月，《国务院关于加强和规范事中事后监管的指导意见》（国发［2019］18 号）印发，要求构建权责明确、公平公正、公开透明、简约高效的事中事后监管体系，严格按照法律法规和“三定”规定明确的监管职责和监管事项依法对市场主体进行监管，分领域制定全国统一、简明易行的监管规则和标准，明确市场主体应当执行的管理标准、技术标准、安全标准、产品标准，原则上所有日常涉企行政检查都应通过“双随机、一公开”的方式进行，对直接涉及公共安全和人民群众生命健康等特殊重点领域依法依规实行全覆盖的重点监管，深入推进“互联网 + 监管”，推行信用分级分类监管，对新兴产业实施包容审慎监管，建立健全跨部门、跨区域执法联动响应和协作机制，规范涉企行政检查和处罚，压减重复或不必要的检查事项，严格落实行政执法公示、执法全过程记录、重大执法决定法制审核制度，健全尽职免责、失职问责办法。

《国务院关于在市场监管领域全面推行部门联合“双随机、一公开”监管的意见》

《国务院办公厅关于加快推进社会信用体系建设构建以信用为基础的新型监管机制的指导意见》

《国务院关于加强和规范事中事后监管的指导意见》

（二）延伸链接

国务院文件

2019年文件

国务院关于调整工业产品生产许可证管理目录加强事中事后监管的决定（国发〔2019〕19号）

2019年9月8日

2019年9月6日

国务院关于加强和规范事中事后监管的指导意见（国发〔2019〕18号）

国务院办公厅关于加快推进社会信用体系建设构建以信用为基础的新型监管机制的指导意见（国办发〔2019〕35号）

2019年7月9日

2019年1月27日

国务院关于在市场监管领域全面推行部门联合“双随机、一公开”监管的意见（国发〔2019〕5号）

2019年12月30日

市场监管总局关于贯彻落实《优化营商环境条例》的意见（国市监注〔2019〕249号）

市场监管总局关于贯彻落实《外商投资法》做好外商投资企业登记注册工作的通知（国市监注〔2019〕247号）

2019年12月28日

国家能源局综合司关于印发《电力安全监管“双随机、一公开”执法检查实施细则》的通知（国能综通安全〔2019〕90号）

2019年12月26日

2019年12月25日

市场监管总局等四部门关于开展妨碍统一市场和公平竞争的政策措施清理工作的通知（国市监反垄断〔2019〕245号）

2019年12月16日

市场监管总局 商务部 外汇局关于做好年报“多报合一”改革有关工作的通知（国市监信〔2019〕238号）

国家发展改革委关于开展“投资法规执法检查疏解治理投资堵点”专项行动的通知（发改投资〔2019〕1847号）

2019年11月25日

2019年文件

- 2019年10月24日　国家发展改革委 商务部关于印发《市场准入负面清单（2019年版）》的通知（发改体改［2019］1685号）
- 2019年10月24日　市场监管总局关于进一步推进检验检测机构资质认定改革工作的意见（国市监检测［2019］206号）
- 2019年10月16日　市场监管总局关于调整完善强制性产品认证目录和实施要求的公告（2019年第44号）
- 2019年9月30日　市场监管总局关于贯彻落实《国务院关于调整工业产品生产许可证管理目录加强事中事后监管的决定》有关事项的通知（国市监质监［2019］188号）
- 2019年9月12日　国家发展改革委关于建立健全企业家参与涉企政策制定机制的实施意见（发改体改［2019］1494号）
- 2019年6月28日　交通运输部关于深化“双随机、一公开”监管工作的实施意见（交法发［2019］85号）
- 2019年2月26日　市场监管总局关于贯彻落实《关于深化市场监管综合行政执法改革的指导意见》的通知（国市监稽［2019］47号）
- 2019年2月25日　市场监管总局关于整合建设12315行政执法体系更好服务市场监管执法的意见（国市监网监［2019］46号）
- 2019年2月1日　市场监管总局关于全面推进“双随机、一公开”监管工作的通知（国市监信［2019］38号）

2018年文件

2018年11月7日

国家税务总局关于发布《重大税收违法失信案件信息公布办法》的公告（国家税务总局公告2018年第54号）

2018年7月24日

国家发展改革委办公厅 人民银行办公厅关于对失信主体加强信用监管的通知（发改办财金［2018］893号）

2018年3月1日

国家发展改革委办公厅关于在办理相关业务中使用统一社会信用代码的通知（发改办财金［2018］277号）

2018年2月11日

工商总局关于加强国家企业信用信息公示系统应用和管理的通知（工商企监字［2018］25号）

2018年2月2日

国家发展改革委办公厅关于充分发挥信用服务机构作用加快推进社会信用体系建设的通知（发改办财金［2018］190号）

2018年1月15日

工商总局 税务总局关于加强信息共享和联合监管的通知（工商企注字［2018］11号）

2017年文件

2017年10月31日

国家发展改革委等关于加强对外经济合作领域信用体系建设的指导意见（发改外资［2017］1893号）

2017年10月30日

国家发展改革委 人民银行关于加强和规范守信联合激励和失信联合惩戒对象名单管理工作的指导意见（发改财金规［2017］1798号）

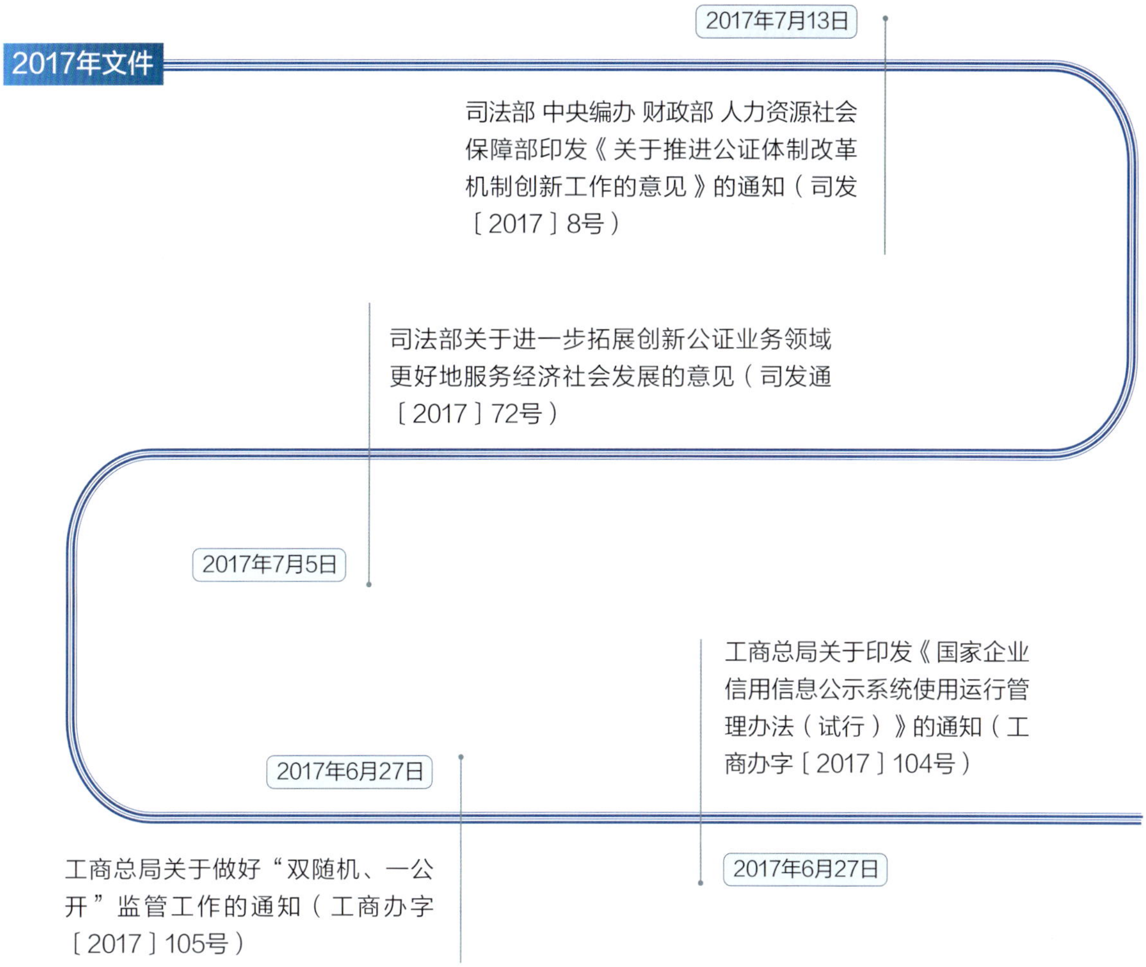

（三）最佳实践

参评城市持续深化“放管服”改革，结合实际探索创新，努力构建权责明确、公平公正、公开透明、简约高效的事中事后监管体系，切实管出公平、管出效率、管出活力。

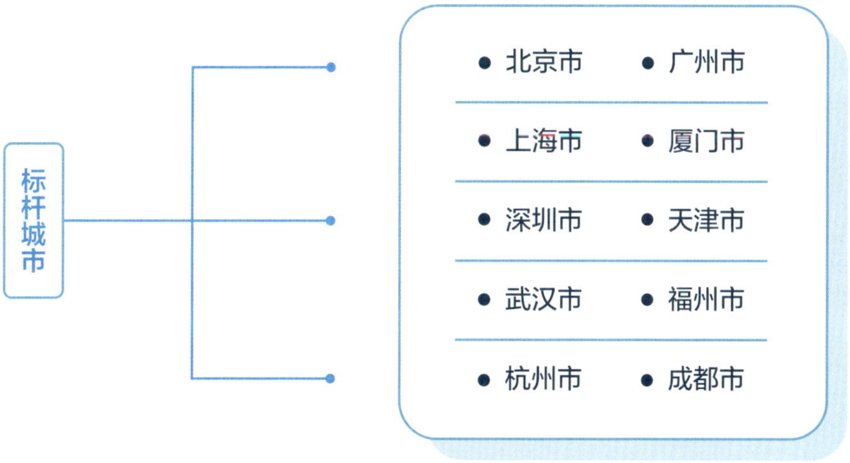

（四）创新做法及改革亮点

表 3-16　市场监管创新做法及改革亮点

创新做法	改革亮点
完善“一单两库一平台”	✔ 统一监管清单 严格按照法律法规和“三定”规定，制定职责明确、边界清晰、标准统一的监管事项清单，明确监管对象和范围、厘清监管事权。 ✔ 完善检查对象名录库和执法检查人员名录库 将市场主体全部纳入检查对象名录库，涵盖全部市场主体和监管对象。将所有相关的行政执法类公务员、具有行政执法资格的工作人员和从事日常监管工作的人员纳入名录库并开展动态管理。 ✔ 建立统一监管平台 搭建统一的部门联合“双随机、一公开”监管工作平台，为抽查检查、结果公示和综合运用提供技术支撑。
规范执法检查活动	✔ 联合检查 建立“双随机、一公开”监管联席会议制度，扩大联合抽查参与部门范围，统筹制订市、区两级年度抽查工作计划，实现“进一次门、查多项事”，抽查结果在部门间共享交换和互认互用。 ✔ 全程网上留痕 监管部门在线申请开展“双随机、一公开”监管，执法检查人员和检查对象由系统随机抽取，执法过程全程记录，检查结果录入系统、统一对外公示。 ✔ 限定自由裁量权 细化各类涉企行政检查和行政处罚的要求，在依法履职、规范执法、保障企业合法权益、开展创新监管等方面提供具体行为指引。 ✔ 综合行政执法 统筹配置行政执法职能和执法资源，整合精简执法队伍，减少执法主体和执法层级。 ✔ 非强制性执法 对违法行为情节轻微、社会危害较小的，探索不实施行政强制，推广运用说服教育、劝导示范、行政指导等方式实现行政管理和服务目标。

续表

创新做法	改革亮点
创新监管方式	✔ “互联网 + 监管” 建立汇聚各方信息的“互联网 + 监管”平台，统一归集市场主体的行政检查、行政处罚、行政强制、司法判决、违法失信、抽查抽检等信息。 ✔ 现代信息技术 建立风险监控系统，汇聚多部门公开数据和互联网数据，应用大数据、人工智能等现代信息技术，对市场主体进行综合分析，及时发现违法违规线索和潜在风险隐患。 ✔ 包容审慎监管 建立市场监管系统免罚清单，对符合条件的企业实施首次轻微违法行为免予行政处罚。除投诉举报外，原则上对 3 年内新登记的一般风险市场主体抽查不超过 1 次。 ✔ 分类监管 构建信用风险分类指标体系和监管模型，根据企业信用等级、违法记录等信息对企业信用风险状况精准识别、自动分类和自动预警，根据分类结果从监管频率、行政处罚幅度、告知承诺制等方面采取差异化监管措施。
信用体系建设	✔ 政务诚信 建立政务失信记录，准确记录部门、公务员诚信履职情况，做到司法判决、行政处罚、纪律处分、问责处理等信息全覆盖。 ✔ 信用修复 制定信用修复政策流程指引，通过线上线下等多渠道受理企业信用修复申请，对企业信用状况进行动态监测跟踪。

（五）实践案例及典型经验

根据 2019 年中国营商环境评价情况，参评城市围绕推行公平公正监管，全力落实相关领域改革举措，对标国内国际最佳实践，结合当地实际，推出了一批典型经验和创新做法。《中国营商环境报告 2020》选取北京、广州、福州、西宁 4 个城市典型做法，供各地方政府优化营商环境学习参考借鉴。

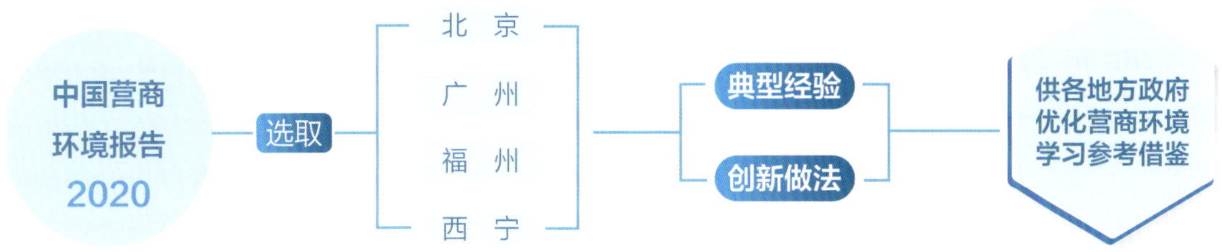

北京 健全监管规则创新监管方式 以公正监管促公平竞争

● 推进“双随机、一公开”

建立工作机制，压实工作责任

制定《关于在市场监管领域全面推行部门联合“双随机、一公开”监管的实施方案》及工作规范，明确了全面推行市场监管领域部门联合“双随机、一公开”监管的各项要求。建立由市联席办统筹推进、市级部门指导、各区政府组织实施的三级工作责任体系，逐级进行任务分解，明确任务目标、完成方式和工作时限。完善双随机工作开展绩效评估机制，围绕抽查事项和结果公开定期开展评估，及时发现问题，督促整改落实。

完善“一单两库一平台”

制定随机抽查事项清单，全面梳理市场监管领域各部门行政检查事项。2019 年，除特殊重点领域外，北京市市场监管领域各部门日常涉企行政检查已全部纳入双随机。

建立检查对象分类名录库，涉及各类检查对象 44 大类，满足各领域抽查需求。

建立执法检查人员名录库，将全市行政执法类公务员、具有行政执法资格的工作人员和从事日常监管工作的人员共计 7 万余名检查人员纳入名录库并开展动态管理。

搭建全市统一的部门联合“双随机、一公开”监管工作平台。

推动监管方式创新

研发并应用市场监管风险洞察平台，通过利用大数据技术跟踪市场主体经营活动的规律与特征，开展数据关联融合，实现主体名下归风险，将全市 164 万余户企业纳入监测范围，对 41 项重点行为、77 类重点行业开展重点监测，将监测结果运用于双随机抽查。

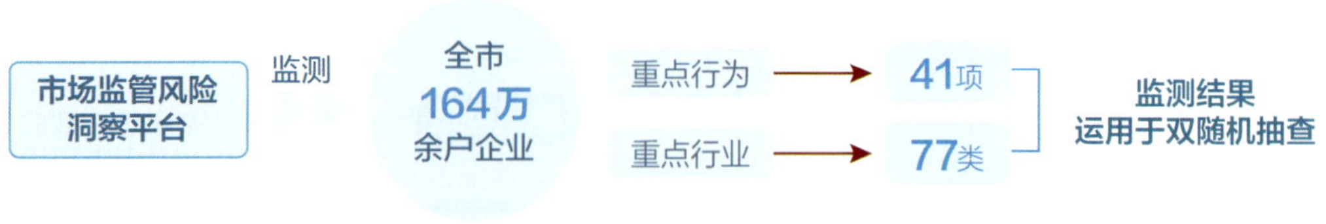

● 监管执法信息公开

● 抽查事项依法公开

“双随机、一公开”抽查事项全部依法公开

市场监管领域各部门均建立“双随机、一公开”监管工作机制。随机抽查事项清单、抽查结果等通过各部门网站、北京市企业信用信息网对外公示。将“双随机、一公开”抽查结果纳入社会信用记录，并按规定推送到信用信息共享交换平台，与相关部门实现信息共享。

● 执法事项全部公开

所有执法事项按照执法权力清单公示要求全部公开

每年 12 月底，在“首都之窗”政府门户网站公布下一年度行政权力清单。所有执法检查事项均在权力清单予以公开。

● “双公示”

行政许可和行政处罚“双公示”并按要求定期归集

建立行政许可和行政处罚“双公示”工作制度，行政许可和行政处罚等监管执法信息自决定之日起 7 个工作日内上网公示，各行政执法机关均在各自的政务网站上对行政许可、行政处罚的目录和结果进行网上公示，并归集到国家企业信用信息公示系统和信用中国网站。

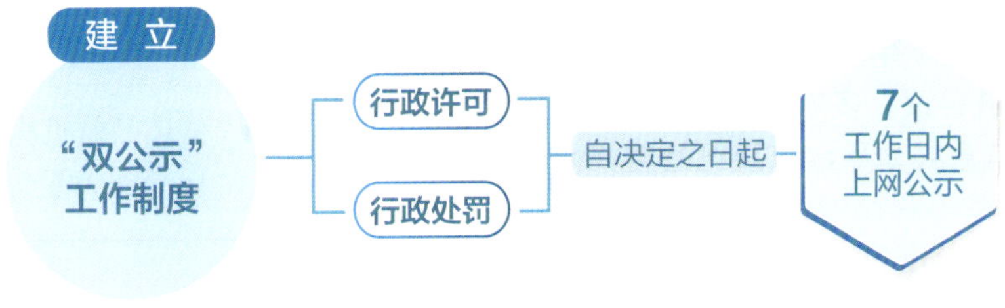

● 加强政务诚信建设

加强政务公开

推进重点领域公开“全覆盖”。制定《北京市 2019 年政务公开工作要点》，细化 22 类重点领域公开要求。

推进政策文件“大整合”。开通网上政策公开导航服务，汇总归集政府信息公开专栏、政府公报等栏目文件信息 5200 余条，建立快速便捷查询政策文件库。

推进信息查询“一网通”，规范设置“政务公开”内容板块，提炼高频搜索场景 100 余个，搜索量突破百万次。

- 22 类　重点领域
- 5200 余条　栏目文件信息
- 100 余个　高频搜索场景

推进政府采购招投标等领域政务诚信建设

印发《北京市整合建立统一规范的公共资源交易平台实施方案》，建立统一的公共资源交易市场主体信用信息库。发布北京市《关于政府采购黑名单或失信被执行人禁止参加政府采购和招投标活动的公告》。

开展政府机构失信问题专项治理

对 114 家政府机构进行专项治理，失信政府机构已全部清零。组织召开工作推进会议，多次发函督促、跟进治理进展，并在北京市公共信用信息共享平台以及纪检监察网上公开政府机构和公务员失信记录。

- 失信政府机构已全部清零

● 加强商务诚信建设

重点领域商务诚信建设实现突破

在 43 个行业和领域建立信用监管机制。推进“信易贷”工作，启动“信易贷”平台北京站，完成 13 个区级“信易贷”平台的建设。

43 个
行业和领域

13 个区级
“信易贷”平台

开展多领域市场主体诚信表彰活动

在市公共信用信息平台开设红名单专栏，公示专利示范企业信息、北京市级专利信息、北京市质量管理现金奖信息等 24 类市场主体守信红名单。制定《北京市诚信企业创建活动管理办法》，每年组织评选活动。制定《关于进一步加强北京统计信用体系建设的实施意见》，每年在全市范围内开展统计诚信示范企业评选活动。

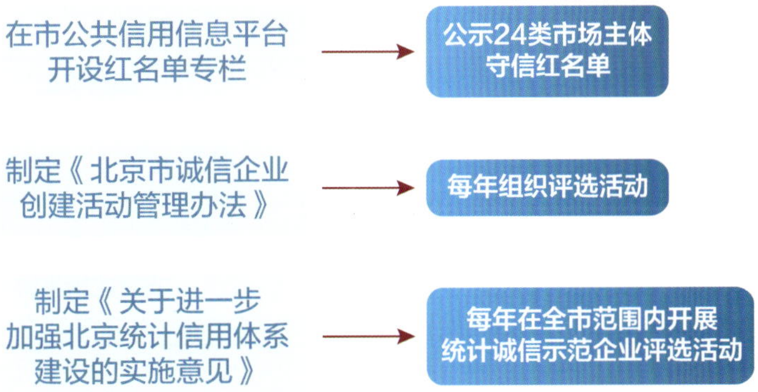

持续完善信用监测评价体系

开展区域信用监测评估，在政务、商务、社会和司法领域开展大数据舆情监测，对生物与医药、电子信息、信用服务等领域 7000 余家企业开展月度信用监测和分析。在市场监管等领域建设信用监管平台或系统模块，推进各领域监管系统与市公共信用信息平台的嵌入式对接。

● 推进“互联网 + 监管”

梳理监管事项目录清单和检查实施清单

完成 942 项监管目录清单（子项 3970 项）认领及梳理、657 项检查事项实施清单的填报工作。建设“互联网 + 监管”系统工作门户和服务门户，完成与国家“互联网 + 监管”系统对接，开展监管行为、监管对象、执法人员等数据汇聚工作，截至 2020 年 8 月下旬，已向国家“互联网 + 监管”平台汇聚 1884 万条监管行为数据、53 万条投诉举报数据、16 万条“双随机、一公开”数据、350 万条监管对象数据和 11 万条执法人员数据。

区域联动，建设“京津冀联合监管”系统

在国家“互联网 + 监管”系统支撑下，实现风险预警线索信息、行政处罚行为信息互联互通，实现企业分布地图展示、重点监管对象动态监测，推动京津冀数据互通、协同发展。截至 2020 年 8 月下旬，“京津冀联合监管”系统已可从北京市监管数据中心后台直接调取 2 万条风险预警线索、3000 条行政处罚信息等用以支撑监管系统。

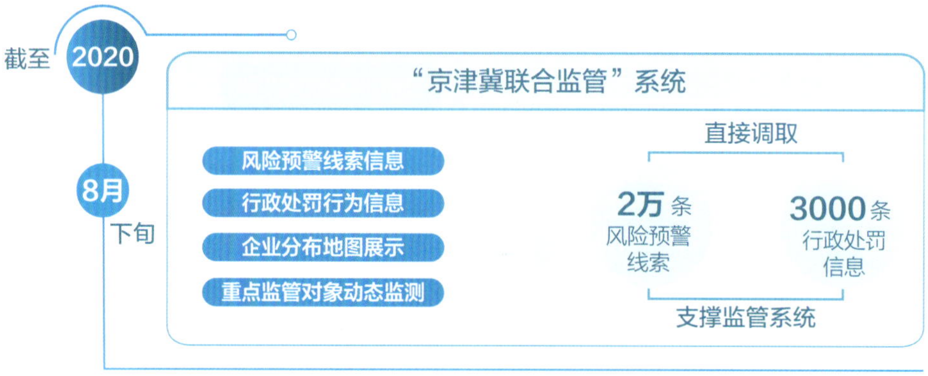

案 例 启 迪

创新监管手段，研发应用市场监管风险洞察平台，通过利用大数据技术跟踪市场主体经营活动的规律与特征，开展数据关联融合，对重点行为、重点行业开展重点监测，将监测结果运用于双随机抽查。加强商务和政务诚信建设，推进重点领域公开“全覆盖”，在重点行业和领域建立信用监管机制，开展区域信用监测评估。深化“互联网 + 监管”应用，建设“互联网 + 监管”系统工作门户和服务门户，完成与国家“互联网 + 监管”系统对接。

广州 深化市场信用建设 加快构建以信用为核心的新型市场监管机制

●强化信息归集公示

公开监管执法信息

印发《广州市行政执法公示办法》《广州市行政执法数据公开办法》，推行行政执法公示制度，通过政府门户网站、部门网站、行政执法信息公示平台向社会公示行政执法机关行政执法行为。试点“行政执法数据年报公示制度”，各级行政执法部门“统一模板、统一范围、统一平台、统一时间”公开本部门上一年度全部行政执法数据。

开展信用信息归集公示

建设“国家企业信用信息公示系统（广州节点）”，上线归集公示全市各类涉企信息。印发《广州市政府信息共享管理规定》《政府部门涉企信息统一归集公示工作实施方案》《广州市行政许可和行政处罚等信用信息公示工作方案》，优化数据归集公示工作机制。

●深化“双随机、一公开”监管

实行标准化管理

印发《广州市全面推行“双随机、一公开”监管工作实施方案》《广州市“双随机、一公开”综合监管平台工作规则》《广州市“双随机、一公开”监管工作联席会议制度》等制度文件，以标准化管理完善“一单两库”。

市级30个行政执法部门全部参加“双随机、一公开”监管，1308项随机抽查事项在市政府门户网站进行公示。

除特殊重点领域外，所有行政检查均采取双随机抽查的方式进行。“双随机、一公开”监管涵盖金融、环保、安全、教育、卫生、文化、旅游、交通运输等市场监管领域，实现监管全覆盖。

实行信息化管理

建设市“双随机、一公开”综合监管平台，全市30个市级部门、238个区级部门和185个基层所（队），统一通过综合监管平台开展本部门双随机抽查和跨部门联合抽查。

依托综合监管平台，各级各部门制订计划、分派任务、抽取名单、选派人员、下发任务、实施检查、录入结果、审核结果等全部工作流程均在综合监管平台完成。

综合监管平台实时对接国家企业信用信息公示系统和信用中国网站，全市抽查计划、抽查任务、检查结果全部统一通过国家企业信用信息公示系统、信用中国网站对社会公示。

实行规范化管理

2019 年，全市抽查计划、抽查任务、抽查结果，100% 通过市综合监管平台实时反馈、统一公示。组织开展跨部门联合抽查，依托市综合监管平台实现“名单一次性抽取、人员一次性选派、检查一次性完成、结果一次性公布”，推进抽查检查结果互认和应用。除重点事项、重点监管企业外，各部门对同一企业同一类型的检查原则上每年不超过 1 次。

● 加强全链条信用监管

实行分级分类监管

构建信用风险分类指标体系和监管模型，实现对企业信用风险状况的精准识别、自动分类和自动预警。根据分类结果，从监管频率、“双随机、一公开”、行政处罚幅度、告知承诺制等方面采取差异化监管措施。

依法认定失信企业名单

开展企业经营异常名录和严重违法失信企业名单认定工作，研究开发经营异常名录系统、严重违法失信企业名单系统。

开展失信联合惩戒

推进“嵌入式”联合惩戒模式，将信用联合惩戒措施嵌入日常行政审批业务流程，制定联合奖惩“一张单”，动态更新并向社会公开。

帮助企业修复信用

向公众开展信用法规政策宣传解读工作。增强市场主体信用意识和自我约束，推行市场主体信用承诺。建立协同联动、一网通办的违法失信企业信用修复机制。

案 例 启 迪

试点“行政执法数据年报公示制度”，主动接受社会监督。推进“双随机、一公开”监管的标准化、信息化、规范化建设，实现市场监管领域“双随机、一公开”监管全覆盖，部门联合抽查实现常态化。构建科学的信用风险分类指标体系和监管模型，实现对企业信用风险状况的精准识别、自动分类和自动预警。

福州 以打造“双随机、一公开”升级版为抓手 全面构建以信用为基础的新型监管机制

● 建立“信用 + 双随机”机制

加强标准的宣贯实施

制定监管规范地方标准，明确要求各参与单位在监管全流程均按照监管规范执行。

夯实跨部门监管基础

- 实施细则
- 抽查软件

成立市市场监管领域跨部门联合“双随机、一公开”联席会议制度。完善抽查事项清单，制定“双随机、一公开”监管工作实施细则，规范建立检查对象名录库和执法检查人员名录库，梳理年度监管任务，制定年度抽查计划清单。打造“双随机抽查软件”3.0 版，构筑统一的“抽查平台”。

强化主体“信用分类 + 抽查”

突出“信用分类 + 重点行业”监管。鼓励基层探索除重点监管企业外，对信用良好的一般企业，探索实行书面检查。“双随机”抽查结果及时通过“一张网”公示，相关业务监管部门依据抽查结果，视情形调整监管对象的信用情况，并进一步调整监管措施和手段。

- “信用分类 + 重点行业”监管
- “一张网”公示

● 建立“信用 + 信息归集”机制

加快公共信用信息平台建设

建成自然人和法人信息资源库、福州市公共信用信息平台、“信用福州”门户网站以及“掌上信用服务”“重点领域联合奖惩信用”“政务信用服务”等多个应用系统。

加强企业信息归集工作

印发《福州市国家企业信用信息公示系统（福建）信息归集工作方案》。制定涉企信息归集的途径、共享和考核方法，共享共联政务数据、规范操作流程，推进信用信息数据统一归集至“福州市公共信用信息平台”，再上传至省“数据汇聚平台”，最终推送至“一张网”向外公示，实现福州市公共信用信息全程闭环公示。

推进信用数据整合应用

拓展信用大数据分析系统，建立企业法人和自然人信用档案，生成信用报告，为社会公众、政府部门、行业协会等提供“一站式”查询信用信息服务。与 19 家单位建立信用信息共享机制，促进公共信用信息与商业信用信息共享融合。

● 建立“信用 + 联合惩戒”机制

创新事前信用监管

建立健全信用承诺制度。出台行业信用承诺制度，编制信用承诺事项清单，制定规范化信用承诺书模板。推动电子化归集信用承诺信息记录，纳入市场主体信用档案。推动在各级信用门户网站和部门门户网站开设信用承诺专栏，鼓励各类市场主体在线承诺和公示。

推广应用信用报告。印发《关于在房建和市政建设工程项目施工、监理招投标中试行使用第三方信用报告的通知》，在工程建设领域招投标中使用第三方信用报告。编制信用报告应用事项目录，推动政府采购、招标投标、行政审批、市场准入、资质审核、公共资源交易等事项中，应用第三方信用服务机构出具的信用报告。

加强事中信用监管

建立行业信用评价标准，归集应用各部门行业信用评价结果信息。在福建自由贸易试验区福州片区试点跨境电商领域信用评级。

组织相关部门研究制定行政处罚信用信息分级规范，推动部门对相关市场主体实施分级分类差异化监管。推广“茉莉分”个人信用分。全面推行“信易批”“信易行”“信易贷”“信易游”等“信易 +”项目。

完善事后信用监管

制定联合奖惩方案，建立信用信息等工作制度。优化信用联合奖惩服务系统，实现国家、省下发的联合惩戒对象名单及时共享并嵌入部门业务系统，失信联合惩戒对象名单自动比对、自动提示，实施惩戒。

● 建立“信用 + 风险预警”机制

加强组织机构建设

成立市场监测服务中心，专职承担市场监管大数据监测、采集，对归集的数据和舆情信息进行分析运用。

加强预警平台建设

开发“福州市市场监管预警平台”，将现有运行的 8 个系统数据进行归集，采集市场主体信息、“双随机”监管及日常监管信息、检验检测、行政处罚投诉举报等数据，进行大数据整合、挖掘、分析、研判，对企业进行多维度评价，生成风险预警信息。

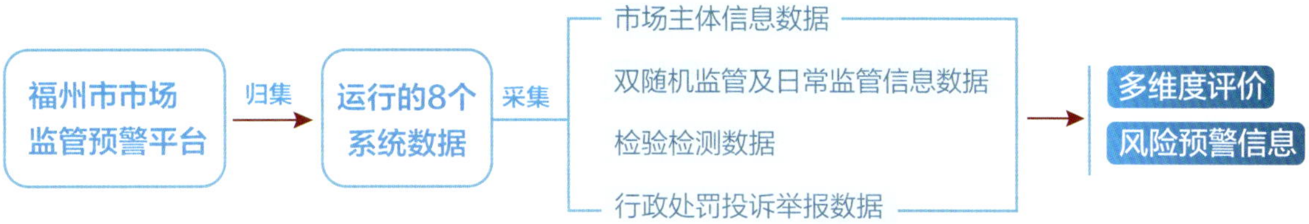

加强平台运行机制保障

印发《福州市市场监管预警平台工作方案》，监测服务中心对预警信息进行人工研判审核后，推送流转至相关市场监管局业务处室、各县（市）区市场监管局进行处置。

案 例 启 迪

通过强化提升标准规范、基础夯实、流程整合、信息归集、结果运用、运行保障等环节，打造“双随机、一公开”监管升级版，不断完善事中事后监管机制，发挥信用在创新监管机制、提高监管能力、提升监管水平等方面的基础性作用，推动构建“信用 + 监管”模式。

西宁 转变理念创新机制 不断提升事中事后监管能力

● 健全监管机制

制定加强事中事后监管实施方案和抽查工作细则

出台《西宁市“先照后证”改革后加强事中事后监管实施方案》和《西宁市“双随机、一公开”工作实施细则》，厘清市场监管职责，规范监管行为，构建事中事后监管机制，对抽查监管工作作出明确规定。

建立完善随机抽查事项清单

梳理法律法规规章规定的检查事项，认真制定随机抽查事项清单，明确监管标准、监管方式和监管措施，将 30 项事项清单调整为 26 类 64 项，并向社会公示。

健全检查对象与执法人员名录库

完善检查对象名录库和执法检查人员名录库，将全市 21 万余户市场主体全部纳入检查对象名录库，涵盖全部市场主体和监管对象，将所有相关的行政执法类公务员、具有行政执法资格的工作人员和从事日常监管工作的 117 名执法人员全部纳入执法检查人员名录库。

制作随机抽查工作指引

制定“双随机、一公开”抽查工作指引，对抽查检查工作程序、抽查事项、检查内容和方法等作出明确规定，并将涉及的 87 部法律法规的 412 条相关规定作为抽查检查的依据。

● 转变监管理念

全面推行企业年报公示制度

向社会公众广泛宣传年报公示的意义及相关操作知识。发放《企业年度报告填报操作指南》《企业办理信息公示温馨提示》，现场指导操作示范流程。

完善信用监管机制

制定《建立完善守信联合激励和失信联合惩戒制度加快推进企业信用体系建设实施方案》《深入推进诚信建设制度化工作实施方案》以及企业名单发布和惩戒措施。

强化信用信息归集共享

运用信息共享和信用约束等手段，将涉企信息全部归集于企业名下，对被列入严重违法失信企业名录库、受到行政处罚、列入经营异常名录企业，实施不予推荐申报荣誉称号和认定高知名度商标等联合惩戒措施并予以限制和禁入。

清理长期停业企业

对连续两个年度未上报年报且未进行纳税申报的企业，采取电话通知、实地走访等多种形式进行摸底调查，并由执法人员实地核查，对尚在经营的企业督促补报年报，不再经营的企业督促其及时注销。

● 改进监管手段

建立全市市场监管领域“双随机、一公开”监管工作机制

出台《关于在全市市场监管领域全面推行部门联合“双随机、一公开”监管实施方案》，建立监管联席会议制度，明确工作目标、主要任务和成员单位的主要职责及工作制度。

开展“双随机、一公开”抽查工作

获取“国家企业信用信息公示系统”摇号功能，按照3%—5%的比例，对国家市场监管总局、省局和市局自行随机抽取的企业进行检查，检查结果全部归集于企业名下予以公示。

推进跨部门联合抽查

出台《西宁市跨部门“双随机、一公开”联合抽查工作实施方案》，开展跨部门“双随机、一公开”联合抽查。各部门按照“谁审批、谁主管，谁主管、谁监管”的原则，自行认领属于监管职能范围内的企业进行检查。

● 推进数据共享

推进市场主体信息库及联动监管平台建设。完成数据可视化展示及会议工作需要的硬件设施建设，归集西宁市21万家市场主体的信息，形成统一数据标准规范的包含事中事后监管的登记信息数据和信用监管数据的市场主体信息库。完成联动监管平台搭建，实现部门间数据共享、部门协同、大数据分析等功能。初步建成传统媒体广告监测监管治理平台，对传统媒体中广告的音视频数据进行监测、识别、监管。

案 例 启 迪

制定相关工作实施方案、实施细则及配套措施，为加强事中事后监管、规范执法行为打下制度基础。稳步推进年报公示制度，加大对失信企业的信用监管，实行信用约束和联合惩戒，构建政府监管、社会监督、企业自律的社会共治格局。开展跨部门联合抽查，推动数据共享和协同监管，提升综合监管效能。

政务服务

政务服务，主要衡量参评城市推进审批服务便民化、开展“互联网＋政务服务”、推动政务信息系统整合共享、提高企业和群众办事效率等情况。

（一）改革要求

2018年，《关于深入推进审批服务便民化的指导意见》《国务院办公厅关于印发进一步深化“互联网＋政务服务”推进政务服务“一网、一门、一次”改革实施方案的通知》（国办发〔2018〕45号）印发，要求全面推行审批服务“马上办、网上办、就近办、一次办”，深入推进审批服务标准化，持续开展“减证便民”行动，大力推行审批服务集中办理，着力提升“互联网＋政务服务”水平，创新便民利企审批服务方式，深化行政审批中介服务改革，构建全国一体化网上政务服务体系，推进跨层级、跨地域、跨系统、跨部门、跨业务的协同管理和服务，推动企业和群众办事线上“一网通办”、线下“只进一扇门”、现场办理“最多跑一次”，2018年底省级政务服务事项网上可办率不低于80%，市县级政务服务事项进驻综合性实体政务大厅比例不低于70%，省市县各级30个高频事项实现“最多跑一次”，2019年底省级政务服务事项网上可办率不低于90%，政务服务事项进驻综合性实体政务大厅基本实现“应进必进”，省市县各级100个高频事项实现“最多跑一次”。

2019年，《国务院关于在线政务服务的若干规定》（国务院令第716号）、《国务院办公厅关于建立政务服务“好差评”制度提高政务服务水平的意见》（国办发〔2019〕51号）印发，要求加快建设一体化在线平台，推动实现政务服务事项全国标准统一、全流程网上办理，促进政务服务跨地区、跨部门、跨层级数据共享和业务协同，编制办事指南，明确政务服务事项的受理条件、办事材料、办理流程等信息，明确电子签名、电子印章、电子证照、电子档案的法律效力，畅通以现场服务“一次一评”和网上服务“一事一评”为主、社会各界“综合点评”和政府部门“监督查评”为补充的评价渠道，2020年底前建成全国一体化在线政务服务平台“好差评”管理体系，各级政务服务机构、各类政务服务平台全部开展“好差评”，实现政务服务事项、评价对象、服务渠道全覆盖。

《关于深入推进审批服务便民化的指导意见》
《国务院办公厅关于印发进一步深化“互联网+政务服务”推进政务服务“一网、一门、一次”改革实施方案的通知》
《国务院关于在线政务服务的若干规定》
《国务院办公厅关于建立政务服务“好差评”制度提高政务服务水平的意见》

（二）延伸链接

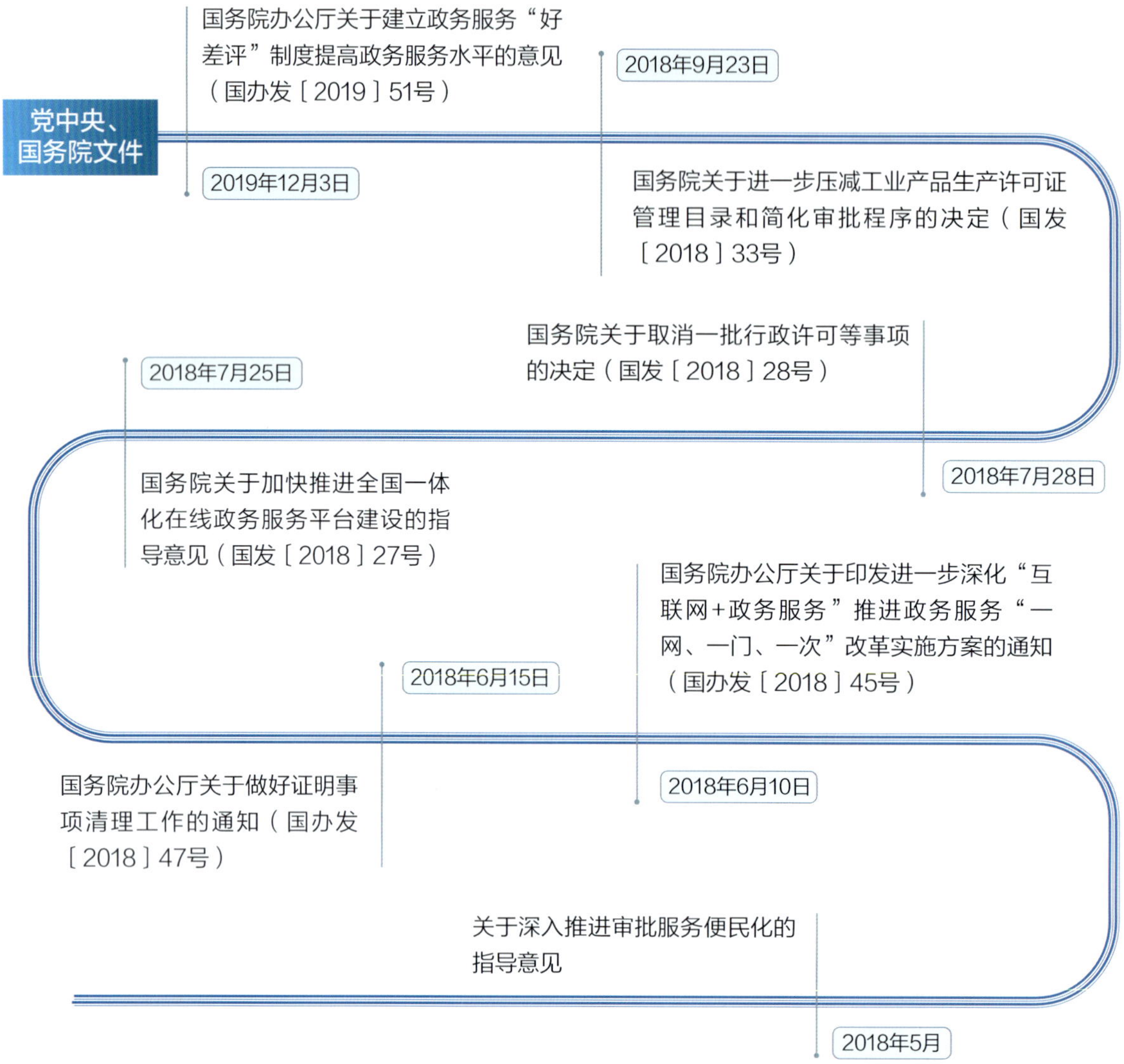

（三）最佳实践

参评城市持续深化“放管服”改革，结合实际探索创新，努力创新服务方式、提高服务效能，为企业和群众提供公平可及、优质高效的服务。

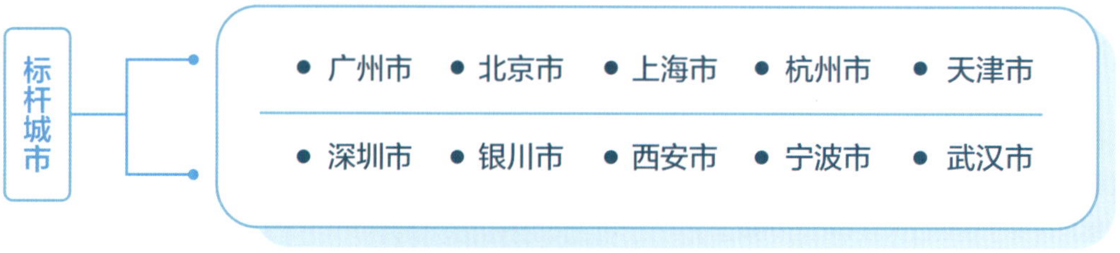

（四）创新做法及改革亮点

表 3-17　政务服务创新做法及改革亮点

创新做法	改革亮点
政务服务标准化	✔ 统一编制清单 编制并发布政务服务事项清单，制定标准化操作流程，实现市、区两级同一政务服务事项的受理条件、办理流程、申请材料、中介服务等要求一致。 ✔ 无证明办事 清理无法律法规依据的证明事项，对保留的法定证明事项通过信息共享、网上核实、告知承诺等方式予以简化。 ✔ 信息整合共享 整合归集各部门的自然人身份信息、法人单位信息，推进身份认证、电子印章、电子证照等信息在部门间共享互认。 ✔ 完善政务服务“好差评” 建立完善政务服务“好差评”制度和系统，办事企业和群众可通过线上线下渠道，对办事内容、办事流程、服务效率、服务质量、服务态度等进行评价。 ✔ 诉求“一号响应” 整合各类政务服务热线至同一号码，建立集政府服务、公共服务、社会服务为一体的便民服务专线平台，统一受理、分类交办、限时回复、统一回访、追踪落实，及时解决企业和群众诉求。
“一网通办”	✔ 高频事项全程网办 梳理与企业和群众生产生活密切相关的高频事项，实现咨询、申请、受理、审查、决定、收费等环节在线办理，办理过程公开透明，进度信息实时查询。 ✔ 简化网办事项流程 对纳入“一网通办”事项，通过数据集成共享合并精简申请材料、实行并联审批、压缩办理时限。 ✔ 移动政务服务 借助移动客户端、第三方应用平台等拓展政务服务渠道，推动应用频率高、覆盖范围广的政务服务事项实现移动端“一网通办”。 ✔ 规范中介服务事项 开设网上中介服务交易平台，为项目单位购买中介服务、中介服务机构承接项目、行业主管部门实施监管等提供“一站式”服务。 ✔ 在线申报惠企政策 全面梳理各项惠企政策，企业可在线申报惠企政策补助，通过信息自动获取、表单自动生成、材料数据共享等方式，实现政策申请“一次申报、联合审批、一键到账”。 ✔ 在线“秒批” 推出无人干预智能审批服务，整合多部门数据信息，重构审批业务流程，对裁量基准进行细化和量化，系统依据规则自动审批，实现24小时在线申报，申请人无须预约、无须排队可即时获得审批结果。

续表

创新做法	改革亮点
"只进一扇门"	✔ **线上线下深度融合** 优化提升政务服务大厅"一站式"服务功能，各类高频政务服务事项进驻综合政务服务中心集中办理。将现场咨询、事项申报、预约叫号、事项受理、结果查询、服务评价等信息实时汇入网上政务服务系统，实现线上线下功能互补、无缝衔接、全程留痕。
	✔ **综合窗口改革** 按照"前台综合受理、后台分类审批、综合窗口出件"模式推进"一窗受理、集成服务"，对企业开办、工程建设项目审批、不动产登记、交通运输、公积金办理、法律援助等跨部门办理事项，设立综合服务窗口，整合审批事项和申报材料，实现"一表申请、一口受理"。
"最多跑一次"	✔ **整合服务事项** 通过整合跨部门业务、压缩材料和环节，实行"集中收件、网络分送、多部门同步办理、统一窗口出证办结"办理模式，推出跨部门集成套餐服务，实现"一件事""一次办"。
	✔ **提供领办代办服务** 免费为企业和群众提供领办代办、项目经理、项目秘书等全流程服务。设置专人为重大项目提供业务咨询、政策指引、重大疑难问题协调等全方位全过程服务。
	✔ **无人审批超市** 建设 24 小时开放"无人审批超市"，申请人可在自助服务终端完成申报，系统自动审查，符合条件的直接出证。
	✔ **政务服务向街道社区下沉** 设立社区服务站，入驻与企业和群众生产生活密切相关的高频事项，实行同城通办、一窗受理、现场审核、一窗办结、现场发证。
	✔ **延伸服务渠道** 整合利用现有各类基层服务场所，加强与银行、邮政、物业等第三方机构合作，设置自助服务终端，拓展第三方政务服务渠道。
	✔ **24 小时信报箱** 企业和群众可在网上提交申请，按要求将申请材料提交至附近快递柜，相关事项办理完成后，申请人可在指定快递柜领取证件。

（五）实践案例及典型经验

根据 2019 年中国营商环境评价情况，参评城市围绕优化政务服务，全力落实相关领域改革举措，对标国内国际最佳实践，结合当地实际，推出了一批典型经验和创新做法。《中国营商环境报告 2020》选取天津、银川、西安、昆明、晋中 5 个城市典型做法，供各地方政府优化营商环境学习参考借鉴。

天津 深化“一制三化”改革 提升政务服务水平

● 构建服务体系，提升政务服务建设水平

建立以市政务服务中心为牵引、以 16 个区政务服务中心为主体、以 243 个街道（乡镇）政务服务中心为基础、以 3688 个社区（村）便民服务代办点为延伸的政务服务“三级中心、四级服务”体系。组织市级 847 项政务服务事项进驻市“中心”集中办理，实现“应进必进、现场审批”。

实施相对集中许可权改革，形成“市级部门政务服务处 + 区级政府行政审批局”体制机制。实行以行政执法主体为单位的分类“一窗综合受理”服务模式，优化提升“一站式”服务功能。

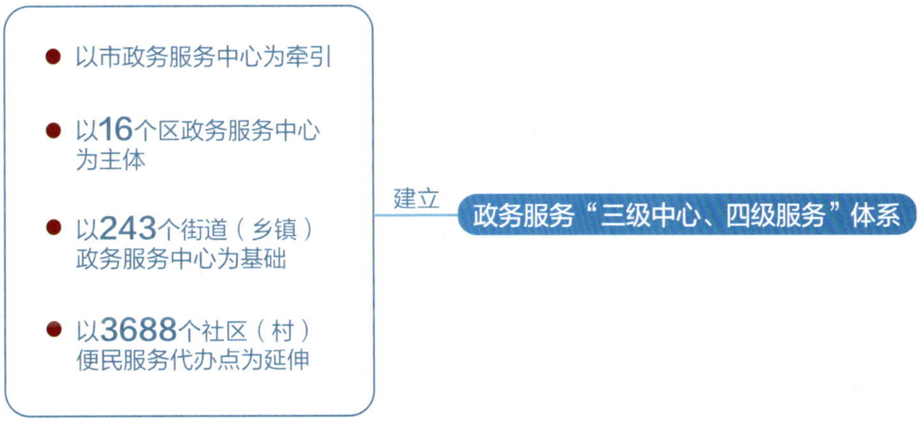

● 厘清权力边界，提高政务服务精准化水平

取消 418 个政务服务事项，市级行政许可事项由 1133 项减少到 227 项，减少 80%；取消 4796 件申请材料，取消比例达 32.1%；取消 406 个办理环节；取消 129 个证照；事项办理时限由法定平均时限 21.2 天压减至 4.2 天，减少 80.2%。

对保留的政务服务事项编制标准化操作规程 1565 个，22 个上升为地方标准。构建“好差评”制度，对政务服务全过程进行评议、回访，实现对政务服务行为的及时监督、跟踪监督和有效监督。

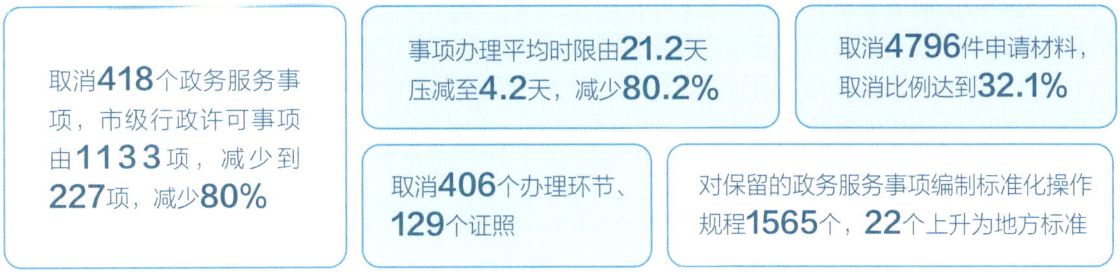

● 创新承诺审批，推进政务服务信用建设

推出 852 项实行承诺审批事项，申请人不存在失信记录的，在不能全部提交申请材料情况下，只要向行政机关作出书面承诺，行政机关即作出行政审批决定。取消 1308 项烦扰企业和群众生产生活的“奇葩”证明、循环证明、重复证明等各类无谓证明。

● 强化智能支撑，提升政务服务便利化水平

开发“政务一网通”平台，与天津市人口库、法人库、电子证照库、电子印章系统对接，实现异地可办、同城通办，网上可办率 96%，实办率 57.1%。

建成智能政务自助服务区 50 个，实现 139 项智能服务事项可在全市 258 个自助终端办理。整合 76 条政务服务热线，建成集政府服务、公共服务、社会服务为一体的便民服务专线平台。

推行“四办”便利化服务。推出 767 个“马上办”事项、750 个“就近办”事项、1482 个“网上办”事项、1488 个“一次办”事项。

案 例 启 迪

完善政务服务体系，实施相对集中许可权改革，提升“一站式”服务功能。简化服务事项办理环节和申请材料，编制标准化操作规程和地方标准，推动服务标准化。推出承诺审批事项，加快政务服务信用建设。开发“政务一网通”平台，建立便民服务专线平台，推行“四办”便利化服务。

银川 打造审批改革新高地引领政务服务风向标

开启“一枚印章管审批”

重塑流程，简政到位

建立完善审批制度。集中办理划转的 505 项审批业务，启用审批专用章，制定勘验评审办法等 80 余项工作制度。

开展商事、工程项目审批事项七轮“瘦身”。对申报材料、环节、时限等审批要素优化组合，减少申请材料 1508 个，减少环节 265 个，减少时限 731 个工作日。

合理划分审批职责。对所有审批事项明确授权，分解单个事项的审批过程，将审批权分散到各个环节的责任人，形成每个责任人均可审批的单一层级或审核双层级。

公开审批全流程。采用窗口受理、全流程公开的阳光审批模式，杜绝体外循环和暗箱操作。

研发审批系统。研发“银川市行政审批服务系统”，构建科室内部、科室之间、科室与关联部门的“小循环、大联动”。

建立可视化监察系统。对审批过程实施全方位监控监察和督查督办，及时发现和纠正问题。

精简材料，审批提效

推行“一表通”。对审批申请中需提交的各类表格、材料优化合并，减少表格、材料 291 个，剔除填写内容 3384 个，229 个具体审批业务提交“一张表格”即可办理。

实行“同城通办”。发挥审批事项集中办理优势，选取 7 大类 58 项市场准入审批事项，构建“多点受理、同城通办、信息共享、审管联动”的服务模式。

推行“视频勘验”。对现场勘验必要性不足、重要性不高的审批办件，以视频勘验替代现场勘验，申请人线上提交经营现场视频资料，审核人员线上审核、线上反馈。

实行“审批改备案”。选取受众面广、办理频次高、企业能自主决策经营的审批事项，先后分三批将医师、护士执业注册、食品经营许可证变更等 195 个审批事项进行“审批改备案”，申请人根据备案条件报送相关资料后，即可开展相关经营活动。

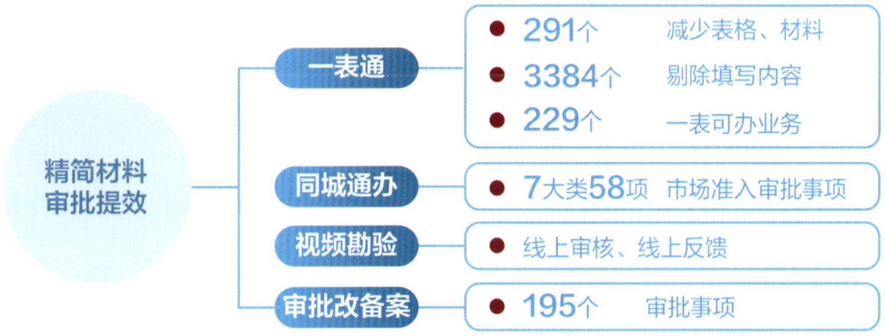

审管互动，衔接有序

审批事项集中。将 26 家部门承担的审批职责、机构编制、审批人员整建制划转至行政审批服务局，原审批部门只保留事中事后监管职责。

强化监管责任。制定《银川市人民政府关于深化行政审批制度改革加强事中事后监管实施方案》，各监管部门对照法律法规和已公布的权力清单、责任清单，制定详细的事中事后监管办法。

实现审批与监管信息互通互信互用。在行政审批服务系统中嵌入行政审批与监管信息互动平台，通过“事前征询、事中参与、审后告知、审管互动”，实现审批、监管“无缝对接”。

机制创新，服务升级

厘清部门职责。审批局加挂政务服务中心牌子，负责规范全市行政审批行为，指导、监督县（市）区政务服务中心和未划入行政审批服务局的职能部门的行政审批业务工作，办理划转的行政审批及相关联的部门管理事项。

物理整合集中。建设银川市民大厅，将分散在全市 30 多个不同地点的 69 家单位 987 项服务事项整合进驻 400 多个综合窗口。

● 深化“不见面、马上办”

“一网、两端”融合互通

开发建设宁夏政务服务网（银川站）。上线审管互动、效能监察、邮政寄送、专家库等功能，将 107 家中介服务机构纳入网上“中介超市”，将分散在 16 个部门的准营资质类审批，设计制作成 69 项准营许可“多证联办便民服务菜单”。

投放自助终端机，实现 490 项审批事项可查询、预约、申请；涉及食品、药品、互联网经营等业务的 25 项事项可直接办理。

上线“i 银川”App，提供 490 项事项手机预约、1132 项事项在线查询，《食品生产经营登记证》《药品零售企业经营许可证》核发等 52 项办理频次较高的事项可通过 App 直接办理。

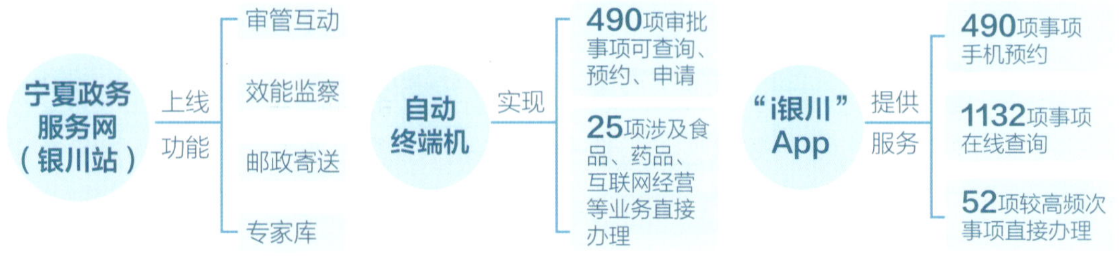

上线数据共享交换平台

银川市数据共享交换平台与国家、自治区数据共享交换平台实现对接，为“i 银川”App、银川市智慧城市运营管理指挥中心系统、银川市综合监管执法平台、银川市信用信息共享平台等多个平台提供数据支撑。

打造“掌上办事之城”

印发《关于加快推进智慧审批打造“掌上办事之城”的实施意见》，精减事项办理环节中的各类证明材料，构建“一网通办、一证通办、一码通办、全城通办”网上政务服务体系。

● 实施“五项”工程

实施“网办、掌办、自助办”+ 赋权

推出全市第一批 418 项“马上办”事项，对网上、掌上和自助终端“马上办”事项实行 5 分钟快速响应，10 分钟办结。通过宁夏政务服务网（银川站）及 14 个专网办理平台，实现 96% 的事项网上可办。对现场办理、“马上办”事项实行 15 分钟内办结，当场发放证照。向产业园区一揽子赋权商事登记、建设项目 153 项，向各县（市）区下放个体工商户、食品经营许可 15 项，将 12 项群众常办事项下沉社区。对准入准营、建设项目、不动产登记等 391 项实施“一次办”。

实施“综合窗口”，让群众办事“只跑一窗一次办好”

按照“前台综合受理、后台分类审批、综合窗口出件”模式推进“一窗受理、集成服务”，实现企业开办注销、住房公积金存取、医保社保等重点领域高频事项的跨领域、跨部门综合窗口服务模式，一窗综合受理率达到 85%。

实施“标准化”，让审批服务“同标准无差别”

印发《银川市政务服务标准化建设实施方案》，推行服务设施、服务事项、服务流程等 7 个方面的标准化。将智慧政务、“好差评”等改革成果纳入 2.0 版标准体系。

实施“政企合作”，让政、企、民“三方”共赢

在企业开办、不动产登记、项目报批、医保社保、住房公积金等领域与商业银行开展深度合作，实现政务服务事项向银行营业网点窗口的延伸。办件结果邮寄费用由政府买单。

实施政务服务，好不好让群众说了算

整合 56 条热线，打造 12345“一号通”平台，按照“统一受理、分类交办、限时回复、统一回访、追踪落实”工作机制解决群众诉求。

● 推行电子证照

建章立制保障电子证照推行

印发《银川市人民政府办公厅关于推广应用电子证照的通知》，推动纸质证照电子化、审批流程闭环化、电子证照共享复用，整合行政审批形成的各类证照信息资源，建成电子证照库和电子证照共享服务平台，统一使用证照云平台出证，做到纸质证照和电子证照同步生成、同步发放，形成“办证不出证、数据来验证”的证照电子化政务工作模式。

拓展电子证照应用场景

与自治区云电子证照综合管理系统数据共享，自动向自治区云平台归集所有行政审批电子证照结果数据。推动电子证照系统和业务系统的对接，实现政务服务行政审批系统、食品药品等业务审批系统接入证照管理系统，实现电子证照和纸质证照同步签发。

保障电子证照网上可查

证照云综合管理系统与宁夏政务服务网后台数据互联互通，在事项办理环节生成的电子证照通过宁夏政务服务网、“我的宁夏”App 可查，对法人申请通过的各类经营许可等电子证照信息，按照双公示要求实现办件结束后生成电子证照信息自动网上公示。

案 例 启 迪

聚焦权力重塑，推进审批权集中改革，设立审批服务局，建章立制、规范审批，把分散的审批权关进制度的“笼子”。聚焦数字政府建设，构建“一网、两端”政务服务格局，打造“一网通办、一证通办、一码通办、全城通办”网上政务服务体系。聚焦办事便利度，推进集中办、综合窗口、政企合作、政务服务标准化改革，推行马上办、网上办、就近办、一次办。聚焦数据共享，推广电子证照应用，实现电子证照跨地区、跨部门共享。

西安 强化“五位一体”政务服务体系建设

强化工作体系引领，下好政务服务“一盘棋”

健全工作机制

成立由市政府主要领导任组长的“最多跑一次”改革（数字化转型）工作领导小组，下设“1 办 4 组”，由市政府办公厅统筹协调。坚持一周一调度，一周一研判，持续用力推进改革目标落地见效。

强化制度保障

相继出台《西安市关于加快推进新型智慧城市建设的决定》《西安市推进“互联网 + 政务服务”深度融合打造一流营商环境的实施意见》《西安市打造城市社区“15 分钟便民服务圈”总体方案》等系列文件。

强化信息体系保障，搭好政务数据“一朵云”

引入多家知名互联网企业参与智慧城市建设。政府数字化转型“133N”体系（1 个政务云平台、3 大支撑体系、3 大保障体系和 N 个应用系统）框架搭建完成。

数据中台基本建成，包括数据资源目录、交换、治理、共享、开放 5 大模块，人口、法人、电子证照、办事材料、信用信息、宏观经济、自然资源和空间地理 7 大基础数据库，形成 13 个标准规范。开发完成二代居民身份证、营业执照、户籍信息等 364 个数据服务接口、33 类电子证照材料。

建成西安政务服务一体化在线服务平台，推出全市“一网通办”总门户和“i 西安”政务服务 App，市、区县和开发区、镇街、社区四级联通的一体化在线平台实现互联互通。全市统一标准化事项库初步建成，市级政务服务事项网上可办率达 91.9%。

● 强化应用体系支撑，用好线上线下“一张网”

推进实体大厅建设

深化相对集中行政许可权改革，在市级做实“三集中、三到位”，推动审批服务“只进一扇门”。区县、开发区关联性比较强的行政审批权“整链条”向行政审批局集中，全市累计划转事项 2322 个。推进事项标准常态化梳理，公布市级政务服务事项清单，推进“清单之外无审批”。

推广“一窗受理、集成服务”模式

依托网上审批受理系统，在市区两级政务大厅实行“前台综合受理、后台分类审批、综合窗口出件”服务改革。市政务大厅实现 180 个工程建设项目审批事项“无差别全科受理”，82.8% 的事项实现“一窗受理，集成服务”。将行政审批和技术审查事项纳入综合受理范围，实行统一受理、并联审批、实时流转、跟踪查询、信息共享、集成服务。

打造网上中介服务超市

依托西安政务服务网建设网上中介服务超市，出台《西安市网上中介服务超市暂行管理办法》，目前已入驻中介机构 370 余家，提供技术审查、评估评价、检验检测、鉴证鉴定、工程咨询、勘察设计、环评等多个领域 31 类 100 余项中介服务事项。

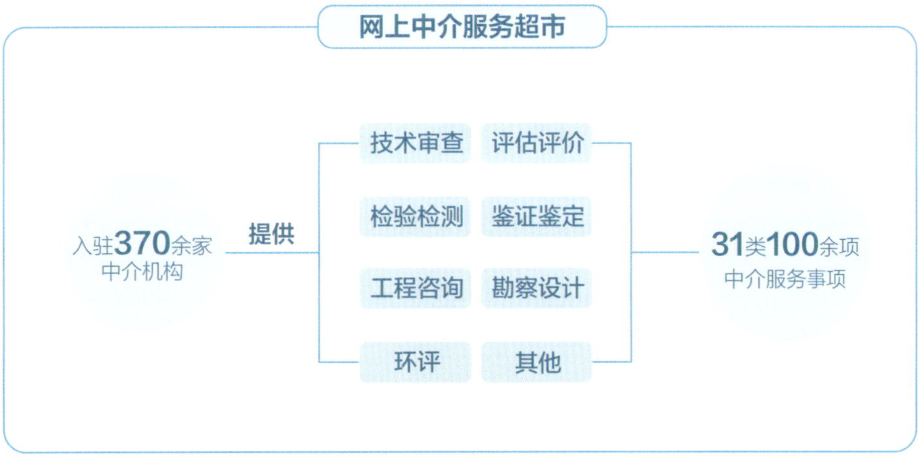

加快推进政务服务“好差评”系统建设

建立政务服务“好差评”系统，办事企业和群众可通过西安政务服务网、“i 西安”政务服务 App、办事窗口、二维码、手机短信和自助终端设备等线上线下渠道，对办事内容、办事流程、服务效率、服务质量、服务态度等进行评价。

强化服务体系拓展，建好有温度的“一座城”

完善四级政务服务体系功能

建成市、区县、镇街、社区四级政务服务网络。出台全市《公民个人办事事项清单》，梳理完成自然人和法人政务服务“生命树”模型，涉及企业开办、变更、注销 3 个阶段 45 个事项，以及个人从出生、教育入学、就业创业、结婚生育、退休养老、终老 7 个阶段 14 类专题共 200 个办事事项。

打造“15 分钟政务服务圈”

已完成 31 个镇街、34 个社区试点，全市提升改造便民中心 65 个，新建政务服务便利店 17 个，50% 的公民个人办事事项实现在镇街或有条件的社区便民服务站办理。

整合利用现有各类基层服务场所，加强与银行、邮政、物业等第三方机构合作，全市 70 个邮政网点可办理交管业务、240 个银行网点可办理公积金业务。

新建政务服务驿站，实行工商、税务、城管、卫生等 10 余个部门联合办公，提供多项政务服务。

开展重点项目帮办代办

开设重大项目建设审批“绿色通道”，对政府投资类项目重点盯、加快办，对社会投资类项目优服务、引导办，推行审前介入、联合辅导、并联审批、审查前置、定制服务等流程变革。

成立市区两级重点建设项目代办服务中心，组建市、区县、镇街、村（社区）四级 2100 余人帮办代办队伍，主动对接项目单位，提供“保姆式”帮办代办服务，构建“项目有人接、过程有人管、结果有人盯、审批有人办”的良性机制。

● 强化创新体系探索，走好政务改革“一条路”

推出“一件事一次办”主题服务

出台全市《“一件事一次办”主题服务指导意见》，开展“一件事一次办”系统集成改革试点，集成“一件事”所涉及的政务服务事项，进行整体性流程再造，实施一体化办理服务。

建立政务服务“改革体验官”制度

聘请“两代表一委员”、媒体记者、企业家代表、专家学者组成改革体验团，通过定期集体观摩座谈和平日随机体验、调研等方式，对政务服务工作“找茬”“挑刺”。组织专家学者开展政务服务围观活动。

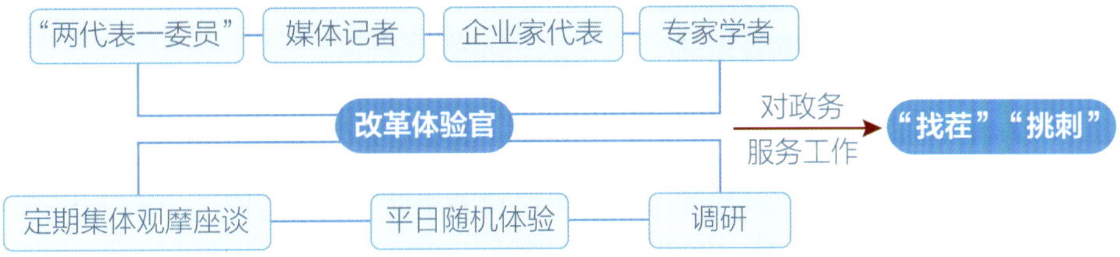

案 例 启 迪

强化信息体系保障，加强平台建设和数据共享，推出全市“一网通办”总门户和政务服务 App，市、区县和开发区、镇街、社区四级联通的一体化在线平台实现互联互通。深化相对集中行政许可权改革，打造网上中介服务超市，加快推进政务服务“好差评”系统建设。推动行政许可事项向市区集中、公共服务事项向镇街延伸、便民服务事项向社区下沉。

昆明　优化服务供给　探索政务服务新模式

● 从“+1”到“+4”，打造智慧政务新高地

五级政务服务“总门户”“一张网”

构建纵向联通省、市、县、乡、村五级的昆明政务服务“总门户”和“一张网”。全市20个市县两级政务服务中心、85个乡镇（街道）为民服务中心和854个村（居）委会为民服务站完成系统部署、综合服务窗口设置和事项进驻。

20个市县两级政务服务中心
85个乡镇（街道）为民服务中心
854个村（居）委会为民服务站
完成
系统部署
综合服务窗口设置
事项进驻

打通审批业务系统，整合平台资源

横向打通各类审批业务系统，整合公共资源、投资服务、党群服务各类平台资源。实现与省、市15个政务服务部门单位的28个审批业务系统对接，归集、关联与企业和群众相关的电子证照、申请材料、事项办理等政务服务信息数据。推动条块联动，企业开办、不动产登记、用水报装、用电报装和工程建设项目审批流程进一步优化。

印发《昆明市应用共享数据实现办事减材料提升政务服务便利度工作规程（试行）》，进一步强化政务信息跨部门、跨层级、跨区域互通和协同共享的服务系统数据支撑，推动政务服务从政府供给向群众需求转变，从“线下跑”向“网上办”、从“分头办”向“协同办”转变。

梳理公布首批通过数据共享免于提交营业执照证明材料、学历、毕业证书证明材料和户口簿证明材料的药品零售企业许可变更、餐厅开办、教师资格认定、师范类大中专毕业生报到登记、普通护照签发、就业创业证申领等413项高频事项。

● 创新“七办”服务，锻造优化营商环境新引擎

“一窗通办”所有事

市、县、乡、村四级共设置综合服务窗口1415个，9035个办事事项纳入综合受理窗口实行“前台综合受理、后台分类审批、综合窗口出件”的“受办分离”和无差别办事服务模式，变群众和企业办事找部门为找政府。

99.84%
市本级
在线可办率

“一网通办”少跑腿

全市15336项政务服务事项，配置23869个办事情形，实行在线咨询、在线填报、在线审查、在线办理服务机制。市本级在线可办率99.84%，92.11%的事项达到三级及以上网办深度，全市全程网办事项比例达79.97%。

“掌上通办”不受限

“一部手机办事通”昆明上线事项555项、主题25个，注册用户量123.99万个，办件量1485.68万件，让群众不受时间空间限制，随时随地可办事。

“一次办成”一件事

对涉及多个部门、多个事项的“一件事”，再造审批流程，推进部门业务协同，实行“申报表单一次填写”“申报材料一套提交”“批文证照一库共享”“审批进度一网查询”“审批服务一站办理”主题服务模式。上线试运行49个主题集成服务，切实解决群众多头跑的困扰。所有事项办结结果均可通过EMS快递免费送达。

“马上办好”不用等

梳理全市1845个“马上办好”事项清单，通过集中授权，将各部门“马上办好”事项的受理、办理权限，集中委托各级政务大厅综合窗口统一行使，让群众企业办事立等可取。

“就近申办”“全市能办”解烦恼

就近申办
全市能办

围绕与群众日常生产生活密切相关的领域，梳理13241项“就近申办”事项，推动全市各级政务（为民）服务中心（站）设置代办工作席，运用全市政务服务“一张网”，推动实行全市通办、跨区能办、异地可办。

● 强化评价监督，提升政务服务新效能

落实政务服务“好差评”制度要求，将所有进驻的政务服务事项全部纳入“好差评”评价范围，实现评价“事项全覆盖”。

线上为网上大厅、手机 App、微信小程序、自助终端等，线下在政务中心配置二维码、评价器，全部提供“好差评”功能，实现评价“渠道全覆盖”。

把综合窗口服务人员、导办服务人员、咨询人员以及各部门审批人员作为“好差评”评价对象，实现评价“对象全覆盖”。

“好差评”评价结果通过政务服务网上平台实行评价“结果全公开”。

建设开发政务服务效能监察系统和手机效能监察 App，除统计、分析等功能外，还实现各级党委政府、各审批职能部门和督办监察部门对各级政务服务中心、审批部门及人员事项受理、办理、绩效和对出现红、黄牌的具体事项的办理环节和人员进行实时跟踪问效，实现政务服务的“掌上效能监察”。

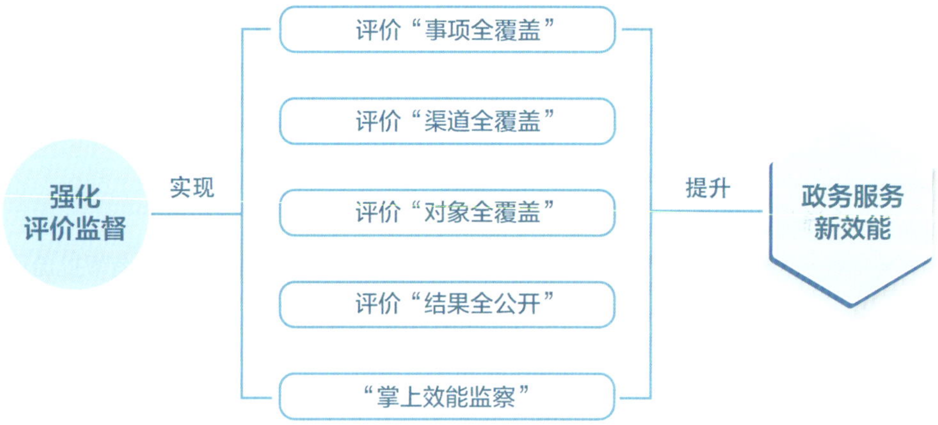

案 例 启 迪

突出信息技术运用，推动政务服务改革。运用互联网思维，创新智慧政务建设，在推动平台系统横纵向联通的同时，建设线上线下一体化政务服务平台，深层次推动系统联通、服务协同，以智慧建设支撑政务服务改革。突出数据赋能，推动政府效能提升。在运用政务信息数据服务群众的同时，探索实践政务信息数据统计、分析和政务服务效能监察。

晋中 政务服务“一网全办好” 全力打造“多快好省优”营商环境晋中品牌

●实施“一网全办好”，审批服务全面提速

材料电子化

在全省率先启动运行电子印章、电子批文、网上审管衔接系统，建立审批证照批文电子材料库，探索开发“晋中企业卡”，建立企业全生命周期电子档案，为企业提供带有签章和防伪水印的电子档案查询、拷贝服务。

审批智能化

推行全程电子化，应用人工智能检测，实现套餐式“点选”，梳理以企业设立、变更为主要内容的事项，首批推出7个“智能审批”事项。开发“智能审批”模块，实现事项从网上申报到结果推送的全流程自动化、智能化服务，企业和群众不出家门在网上填报申请表、上传附件后，系统自动审核、比对、校验，自动生成事项办理结果，实现“零材料、无人批、秒级办”。

机制集约化

推行行政许可权相对集中改革，将261个审批事项划转到行政审批局集中办理，实行系统化整合、标准化集成、协同化审批，构建市县一体化、扁平化服务体系。深化审批服务“两不两直接”改革，做到审批环节不互为前置、申请材料不重复提交，凡是有效证件可以证明的直接办理、凡是依法承诺可以兑现的直接办理。

事项清单化

编制38个要素标准化事项清单，公布“市县通办”事项114项，全部实行线上线下融合办理。梳理公布第一批“一表办”“一包办”“市县通办”事项153项，其中10个事项“零材料”一表办结。梳理行政审批惩罚性措施，建立99条行政审批罚则清单。

事项清单化

- 38个　要素标准化事项清单
- 10个　事项“零材料”一表办结
- 114项　“市县通办”事项
- 99条　行政审批罚则清单

流程标准化

编制柱状审批服务流程图，便利群众办事；编制树状审批工作流程图，规范工作人员行为。推行“申请表格制式化 + 申请材料格式化”的“标准件”审批，清除不必要的环节和时限。通过充分授权、全科服务、并联办理，服务时限总减幅达 80%。清理无依据材料，取消兜底性条件，申请材料总减幅达 60%。

服务集成化

编辑“5+X”政务服务基因，推行“一网办、一窗办、一表办、一包办、一次办”，围绕加强、保护和激发市场主体活力提供一揽子政策。

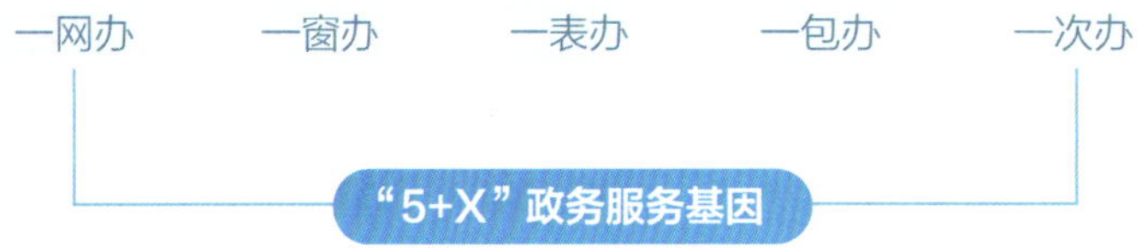

工作制度化

建立对接办理专员制度、审批会商制度、审批联动机制、权力协同下放制度、上下对接联动制度等审批协同机制，推行首问责任制、限时办结制、缺席默认制、超时默认制、“好差评”制、责任追究制等工作制约机制，健全完善审管衔接机制和业务培训机制。

管理台账化

对审批服务进行台账式管理，编印投资项目审批服务管控书，编制投资项目审批手续办理进度表和办理目标对照表，组建服务专班，实行日报告、周通报、月调度，采取主动服务、远程服务等方式以及红旗引路、黄牌警告等手段，强化对审批服务的管理。

平台系统化

依托“共享晋中 10360 政务服务网”，建设阳光政务“一网 N 平台”。

● 推进改革创新，服务能级全面提升

首编“一册通”

编制《企业全生命周期“一册通”告知书》，一次性告知办理事项、服务部门、申请材料、办理流程、办理时限、服务方式、监督电话等，实现“全方位导航一本告清、全流程简化一站服务、全天候在线一网办理”。

首试“一照行”

在“共享晋中10360政务服务网”和手机App上设立“我的证照”专栏，在营业执照上加印许可证二维码，形成营业执照与相关许可证的一体化电子展示模式。开展“证、照、税、章、户”一体化服务，通过证照联办、联席会议、网上办事、数据共享、银行代理、证照邮寄等机制和手段，工商登记、税票领取、经营许可、银行开户、公章刻制按“一件事”办理。

首开“综合办”

实施行业综合许可，以事项梳理为基础，按照行业分类设计行业综合许可证，将行业内的所有许可证信息进行梳理合并，在企业办理营业执照后，向企业发放行业综合许可证，首批推出许可事项6项，开展实施试点，实现生产、经营企业“一业一证”“多业一证”。

首出“主动办”

出台《关于试行“不见面主动办”改革实施方案》，按照“导出主体—办理提示—调度信息—逐个比对—信用查询—信息核验—审核通过—结果确认—结果送达”程序，编制“主动办”综合流程，通过提前介入、值班主任代办、证照邮寄、网上信息比对等措施，实现主动服务、不见面办理。

首运“延伸办”

行政审批系统将审批服务端口前移，在全市25个创业孵化基地建立联系人制度，提前介入、主动服务，对具备开业条件的，实行“一站式”帮办代办服务，成熟一个、办证一个。

● 强化兜底保障，服务品质全面提高

加强政务大厅标准化建设

对政务大厅管理中心、服务现场的管理主体和职责、人员服务管理、空间管理、秩序管理、物品管理、设施设备管理、文档管理、监督考核等进行明确，对服务现场人、事、物进行可视化定位、有序管理。

建立“八书治权”管控体系

编制治权“八书”（清单明责书、岗位责任书、履职授权书、工作任务书、绩效考核书、纪律保证书、风险防控书、廉政承诺书），做到一科一书、一人一书、一年一编。

发挥“一号通”兜底作用

发挥12345政府热线“一号通”作用，形成全市统一的企业解忧纾困平台。完善企业解忧纾困联席会议制度，实行“秘书长＋指挥长＋研判员”制度。重点企业、重要事项、重大问题，报告市委、市政府协调解决。完善快速处理反馈机制，电话及时联系，一般问题5个工作日办结，疑难问题10个工作日办结或说明情况。

用好“好差评”评价结果

“好差评”覆盖全部政务服务事项、全部评价对象、全部服务渠道，评价结果进行公示。对差评、一般的，启动约谈程序，并要求责任单位和责任人进行限期整改。审批服务管理部门对整改情况进行回访。

强化“双诚信”奖惩机制

推行政府部门窗口和市场主体“双诚信”，建立完善窗口工作人员诚信档案，健全守信激励和失信惩戒机制、信用权益保护和信用修复机制。建立健全社会信用信息归集共享和使用机制。

案例启迪

以政务服务网为总平台，推进政务服务和公共服务事项“一网全办好”。围绕全周期服务和全链条管理，以高效办成“一件事”为目标，创新审批方式、优化审批流程，打通便民服务“最后一公里”。健全完善体制机制，加强政务大厅标准化建设、编制治权“八书”、发挥政府热线“一号通”作用，持续巩固优化营商环境成果。

包容普惠创新

包容普惠创新，主要衡量参评城市增强创新创业创造活力、促进人才顺畅有序流动、扩大市场开放程度、提供优质基本公共服务、打造宜居宜业宜新环境等情况。

（一）改革要求

在增强创新创业创造活力方面，2018 年 9 月，《国务院关于推动创新创业高质量发展打造“双创”升级版的意见》（国发〔2018〕32 号）印发，要求深入实施创新驱动发展战略，通过打造“双创”升级版，进一步优化创新创业环境，大幅降低创新创业成本，提升创业带动就业能力，增强科技创新引领作用，提升支撑平台服务能力，推动形成线上线下结合、产学研用协同、大中小企业融合的创新创业格局，对科研人员、大学生、农民工、退役军人、归国和外籍人才等创新创业群体提出差异化的鼓励政策，对国家级新区、开发区、科创中心、双创示范基地等各类功能区明确支持政策和措施，从环境、动力、创业带动就业、科技支撑、平台服务、金融服务、资源集聚、政策落实等 8 个方面部署具体工作。

在促进人才顺畅有序流动方面，2019 年 1 月，《人力资源和社会保障部关于充分发挥市场作用促进人才顺畅有序流动的意见》（人社部发〔2019〕7 号）印发，要求围绕实施人才强国战略和创新驱动发展战略，以促进人才顺畅有序流动、激发人才创新创业创造活力为目标，以健全人才流动配置机制为重点，以充分发挥市场决定性作用和更好发挥政府作用为保障，加快建立政府宏观调控、市场公平竞争、单位自主用人、个人自主择业、人力资源服务机构诚信服务的人才流动配置新格局，从健全人才流动市场机制、畅通人才流动渠道、规范人才流动秩序、完善人才流动服务体系等方面提出有针对性的措施。

在扩大市场开放方面，2018 年 6 月至 2019 年 10 月，《外商投资准入特别管理措施（负面清单）（2018 年版）》（国家发展和改革委员会 商务部令第 18 号）、《自由贸易试验区外商投资准入特别管理措施（负面清单）（2018 年版）》（国家发展和改革委员会 商务部令第 19 号）、《市场准入负面清单（2018 年版）》（发改经体〔2018〕1892 号）、《外商投资准入特别管理措施（负面清单）（2019 年版）》（国家发展和改革委员会 商务部令第 25 号）、《自由贸易试验区外商投资准入特别管理措施（负面清单）（2019 年版）》（国家发展和改革委员会 商务部令第 26 号）、《市场准入负面清单（2019 年版）》（发改体改〔2019〕1685 号）印发，要求跟踪关注清单实施情况，健全完善与市场准入负面清单制度相适应的准入机制、审批机制、事中事后监管机制、社会信用体系和激励惩戒机制、商事登记制度等，持续推动放宽市场准入门槛，及时发现并推动破除各种形式的市场准入不合理限制和隐性壁垒。

在提升基本公共服务水平方面，2018 年 10 月,《关于建立健全基本公共服务标准体系的指导意见》印发，要求从幼有所育、学有所教、劳有所得、病有所医、老有所养、住有所居、弱有所扶以及优军服务保障、文体服务保障等 9 个方面制定国家基本公共服务质量要求，地方政府依据国家基本公共服务标准以及各行业领域标准规范，结合本地区经济发展、空间布局、人口结构和变动趋势、文化习俗等因素，经与国家基本公共服务相关规划和标准衔接并进行财政承受能力评估后，制定本地区基本公共服务具体实施标准；地方标准既要覆盖全部户籍人口，也要逐步实现常住人口全覆盖，并引导公共服务资源向广大农村和革命老区、民族地区、边疆地区、集中连片特困地区和深度贫困地区倾斜。

在保护生态环境方面，2018 年 6 月,《中共中央 国务院关于全面加强生态环境保护坚决打好污染防治攻坚战的意见》、《国务院关于印发打赢蓝天保卫战三年行动计划的通知》(国发 [2018] 22 号）印发，要求全面加强生态环境保护，打好污染防治攻坚战，到 2020 年，全国细颗粒物（PM2.5）未达标地级及以上城市浓度比 2015 年下降 18% 以上，地级及以上城市空气质量优良天数比率达到 80% 以上，全国地表水 I－Ⅲ类水体比例达到 70% 以上，劣 V 类水体比例控制在 5% 以内，受污染耕地安全利用率达到 90% 左右，污染地块安全利用率达到 90% 以上，生态保护红线面积占比达到 25% 左右，森林覆盖率达到 23.04% 以上。

在构建便捷顺畅的交通网络方面，2019 年 9 月,《交通强国建设纲要》印发，要求建设现代化高质量综合立体交通网络，构建便捷顺畅的城市（群）交通网，建设城市群一体化交通网，推进干线铁路、城际铁路、市域（郊）铁路、城市轨道交通融合发展，完善城市群快速公路网络，加强公路与城市道路衔接，推进城市公共交通设施建设，强化城市轨道交通与其他交通方式衔接，完善快速路、主次干路、支路级配和结构合理的城市道路网，打通道路微循环，提高道路通达性，完善城市步行和非机动车交通系统，提升步行、自行车等出行品质，完善无障碍设施。

《国务院关于推动创新创业高质量发展打造“双创”升级版的意见》
《人力资源和社会保障部关于充分发挥市场作用促进人才顺畅有序流动的意见》
《外商投资准入特别管理措施（负面清单）（2018年版）》
《自由贸易试验区外商投资准入特别管理措施（负面清单）（2018年版）》
《市场准入负面清单（2018年版）》
《外商投资准入特别管理措施（负面清单）（2019年版）》
《自由贸易试验区外商投资准入特别管理措施（负面清单）（2019年版）》
《市场准入负面清单（2019年版）》
《关于建立健全基本公共服务标准体系的指导意见》
《中共中央 国务院关于全面加强生态环境保护坚决打好污染防治攻坚战的意见》
《国务院关于印发打赢蓝天保卫战三年行动计划的通知》
《交通强国建设纲要》

（二）延伸链接

党中央、国务院文件

- 2019年12月4日　中共中央　国务院关于营造更好发展环境支持民营企业改革发展的意见
- 2019年11月19日　中共中央　国务院关于推进贸易高质量发展的指导意见
- 2019年10月31日　中共中央关于坚持和完善中国特色社会主义制度　推进国家治理体系和治理能力现代化若干重大问题的决定
- 2019年10月30日　国务院关于进一步做好利用外资工作的意见（国发〔2019〕23号）
- 2019年9月30日　国务院关于修改《中华人民共和国外资保险公司管理条例》和《中华人民共和国外资银行管理条例》的决定（国务院令第720号）
- 2019年8月16日　国务院办公厅关于加快发展流通促进商业消费的意见（国办发〔2019〕42号）
- 2019年8月1日　国务院办公厅关于促进平台经济规范健康发展的指导意见（国办发〔2019〕38号）
- 2019年5月18日　国务院关于推进国家级经济技术开发区创新提升打造改革开放新高地的意见（国发〔2019〕11号）
- 2019年4月21日　国务院办公厅转发交通运输部等部门关于加快道路货运行业转型升级促进高质量发展意见的通知（国办发〔2019〕16号）
- 2019年4月14日　政府投资条例（国务院令第712号）

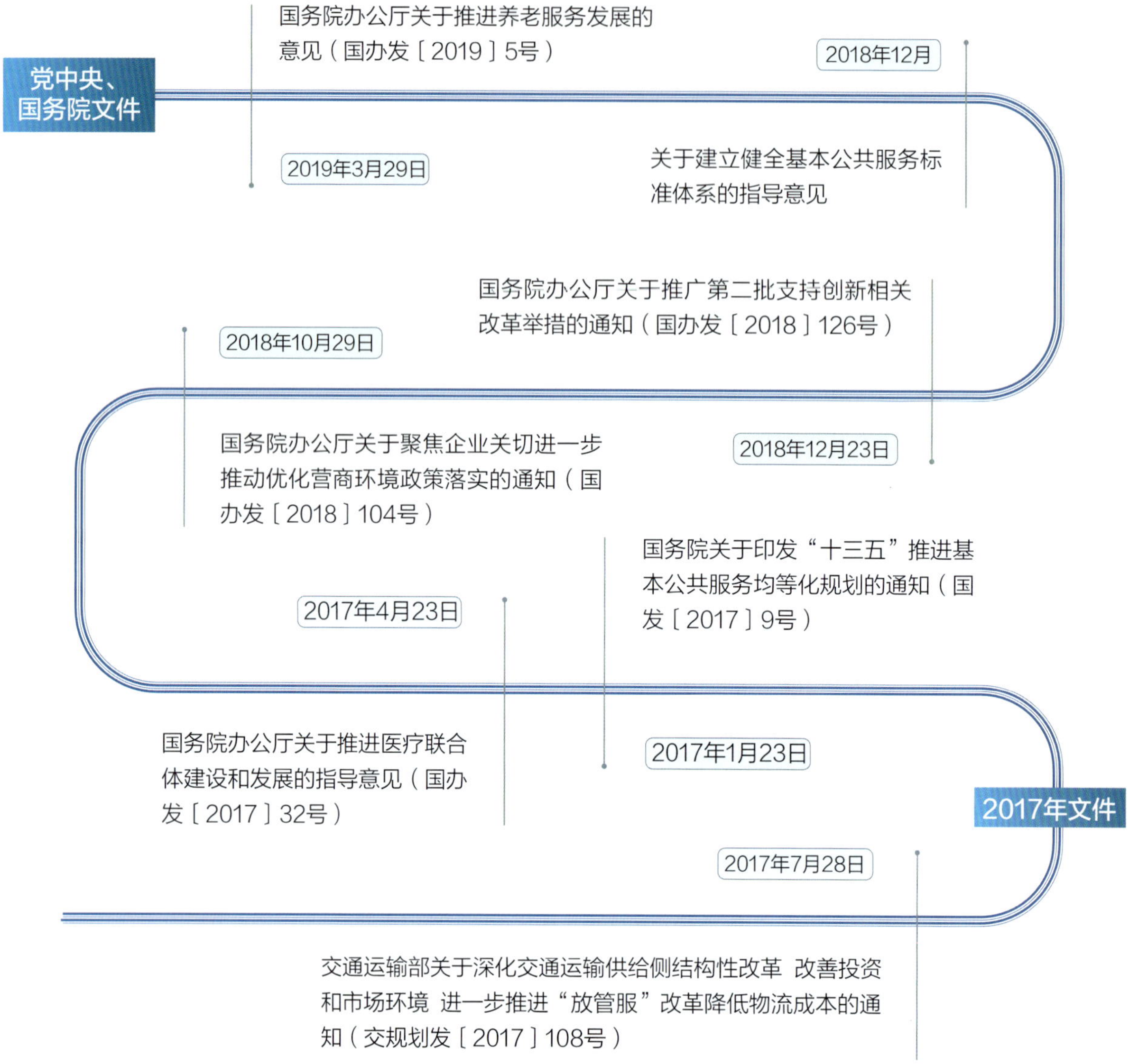

（三）最佳实践

参评城市持续深化“放管服”改革，结合实际探索创新，努力创造宜业、宜居、宜乐、宜游的良好环境。

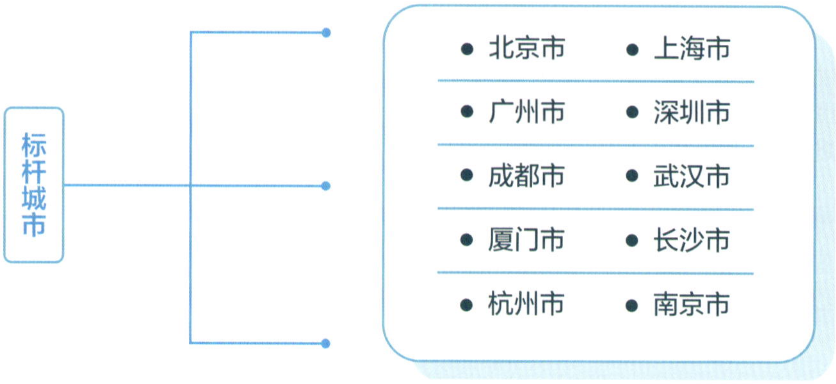

（四）创新做法及改革亮点

表 3-18 包容普惠创新创新做法及改革亮点

创新做法	改革亮点
鼓励创新创业	✔ 支持原始创新 设立科技创新基金，支持企业开展基础研究和战略性技术研发。 ✔ 提供全周期服务 充分发挥创业大街、特色小镇、专业化众创空间、留学生创业园等作用，构建涵盖“众创—孵化—加速”的全链条服务机制。
促进人才流动	✔ 提供一站式服务 建立人才一站式政府服务工作站，为各类人才办事创业、安家落户提供便利。 ✔ 吸引高校毕业生落户 对来应聘的高校毕业生，提供临时免费住宿、常态化就业指导、信息发布、人才交流等服务。对已签约的高校毕业生，放开落户限制，提供购房补贴、租房补贴、临时住宿等服务。
放宽市场准入	✔ 提高招商引资服务水平 发布产业地图，完善投资促进项目库、资源库和活动库，形成项目清单、政策清单、责任清单。建立外商投资企业投诉工作机制和重点外资企业联系制度。 ✔ 服务业扩大开放综合试点 引入外资控股证券机构、外商独资征信机构等一批新业态，形成“统一登记的动产担保融资服务模式”“支持永久居留身份外籍人才创办科技型企业”“知识产权纠纷多元化调解机制”等一批可复制推广的制度成果。
推进基本公共服务均等化	✔ 完善清单管理制度 制定基本公共服务项目清单，明确所有基本公共服务项目的服务对象、服务内容、保障标准、牵头负责单位等信息。 ✔ 鼓励社会力量参与服务供给 推进公共服务设施运营体制改革，明确准入标准、操作流程和相关监管措施，引导社会资本参与养老、教育、医疗、文化等领域的公共服务提供。 ✔ 扩大基本公共服务覆盖面 推进常住人口享有与户籍人口同等的教育、就业创业、社会保险、医疗卫生、住房保障等基本公共服务。

续表

创新做法	改革亮点
推进基本公共服务均等化	✔ 强化教育服务水平 加强高校建设，重点支持国家和地方急需的专业建设，推进校企合作，完善专业对接产业的预警、联动、培养、评价机制，引导产业链上的优质企业与职业院校合作，为企业输送技术技能型人才。 ✔ 提升医疗服务质量 开展医疗大数据和“互联网＋医疗健康”建设，缩短各类突发事件的应急处置时间，为非急症患者、慢性病患者提供在线诊疗服务。在县级以上医疗机构设立门诊、入院、检查等“一站式服务中心”，实现挂号、缴费、医保、开具证明等事项“一窗受理、一章管理”。 ✔ 丰富城市文化内涵 推进“三馆一站”（图书馆、文化馆、博物馆及文化站）建设，深入挖掘和利用区域内历史文化、红色文化等资源，扩大优质文化资源供给。
建设美丽中国	✔ 开展园区循环化改造 在工业园区内，构建绿色产业链体系，发展节能环保产业、清洁生产产业、清洁能源产业，提高节能、环保、资源循环利用等绿色产业技术装备水平。 ✔ 开展城区造绿行动 高效整合利用城市绿化用地资源，推进中心城区增绿、立体绿化建设等项目，为市民提供更多绿色休闲场所。 ✔ 开展空气污染治理 严控工业污染、防治机动车尾气、强化扬尘治理。推广使用低碳、清洁交通运输工具，建设供步行、骑行的专门道路，鼓励市民搭乘公共交通工具出行。
构建便捷顺畅的城市（群）交通网	✔ 换乘无障碍 地铁、公交、出租车等市内公共交通均可以使用同一非接触式卡片或移动 App 支付，市内公共交通与机场、火车站、长途汽车站等无缝衔接。 ✔ 道路无拥堵 建立交通数据汇聚平台，及时向市民推送路况、停车、拥堵等信息，引导合理出行、减少行车延误。应用大数据等现代信息技术，分析排查事故多发、容易拥堵路段，量身定制道路改造方案。 ✔ 监管无死角 对“两客一危”重点车辆进行动态跟踪，全程记录车辆运行轨迹，视频监控车辆内部状况。

（五）实践案例及典型经验

根据 2019 年中国营商环境评价情况，参评城市围绕建设宜居宜业环境，全力落实相关领域改革举措，对标国内国际最佳实践，结合当地实际，推出了一批典型经验和创新做法。《中国营商环境报告 2020》选取上海、成都、长沙、杭州 4 个城市典型做法，供各地方政府优化营商环境学习参考借鉴。

上海 注重市场主体感受度 着力提升包容普惠创新营商环境软实力

● 强化科技创新策源功能

培育创新主体

围绕科技企业成长全生命周期创新需求，建立完善“创业团队→小微科技企业→高新技术（含培育）企业→科技小巨人（含培育）企业”的政策扶持与服务链。

优化创新服务

建成和在建的国家重大科技基础设施 14 个。集聚国家级重点实验室、工程技术研究中心等 155 家，各类研发与转化功能型平台近 20 家，集聚高水平团队 1200 余人，产学研合作单位超过 1600 家。

深化科技资源共享服务，上海研发公共服务平台汇集全市 600 多家机构的 30 万元以上的大型科学仪器设施 13860 台（套）。

推出“3+X”系列科技信贷产品，为全市 4800 多家科技中小企业提供科技贷款。推动创新创业孵化服务提质增能，众创空间数量超过 500 家，举办国际科技合作及创新创业类活动，向海外创客或海归项目提供孵化对接服务。

布局载体空间

推进杨浦区国家创新型城区、闵行国家科技成果转移转化示范区等创新承载区建设。引导支持外资企业建立产业创新中心，推进军民技术双向转移转化。

深化科技体制机制改革

制定落实《关于进一步深化科技体制机制改革增强科技创新中心策源能力的意见》，出台扩大科研事业单位自主权、促进新型研发机构创新发展、完善科研计划专项经费管理等一系列配套政策。技术合同登记审批事项办理时限由 20 个工作日缩短至 7 个工作日，实现全程网上办理。

技术合同登记审批事项

办理时限

20 个工作日

↓ 缩短至

7 个工作日

●扩大市场开放

聚焦重点领域，开展精准招商

聚焦重点区域，抢抓自由贸易试验区临港新片区、虹桥商务区、长三角一体化发展示范区建设的机遇，推动企业集聚、产业集群、创新集成。

聚焦重点产业，着力吸引集成电路、人工智能、生物医药等先进制造业、战略性新兴产业以及高附加值服务业投资。

聚焦重点项目，紧盯世界 500 强和行业龙头，引进一批优质企业、优质项目，推动更多跨国公司地区总部和功能性机构落户。

举办首届“上海城市推介大会”，增强上海外商投资促进服务平台功能，发布上海产业地图，完善投促项目库、资源库和活动库，形成项目清单、政策清单、责任清单，并与“中国上海”“一网通办”“中小企业服务云”等重要网站共享数据平台。

坚持圆桌会议，加强政企合作

召开政企合作圆桌会议，与欧盟企业、美资企业、日资企业、德资企业、法资企业等进行专场交流，组织与市长咨询会成员单位、生物医疗、市场监管等领域企业的专题会议。

建立工作机制，服务外资企业投诉

定期召集各相关委办局联系人、各区投诉和合法权益保护机构负责人，共同推进外资企业问题的解决。制定工作流程图，规范窗口接收、登记指派、初步核实、协调办理、汇总反馈、材料归档等内部流程并规定办理时限。

多措并举服务，加大投资权益保护

建立重点外资企业联系制度，建立一对一服务联系，各区相应配备联络人。发挥外聘政府法律顾问等专业人士的作用，为涉诉企业提供专业帮助。

服务“一带一路”建设，引导合理有序对外投资

构建以信息服务、金融服务、投资促进、人才培训、风险防范为重点的“五位一体”公共服务新体系。引导以产业链、创新链、价值链为动力的对外投资合作新格局，以“一带一路”为重点方向，加强国际产能合作、共建创新网络、共筑投资价值新高地。

● 提升基本公共服务水平

以项目清单制度为基础，推进标准化，促进均等化

印发《上海市基本公共服务项目清单》，包括 9 大领域 96 个服务项目，所有基本公共服务项目均明确了服务对象、服务内容、保障标准、牵头负责单位等信息，建立清单动态调整机制，每年根据经济社会发展和财力水平，稳妥调整基本公共服务保障标准。

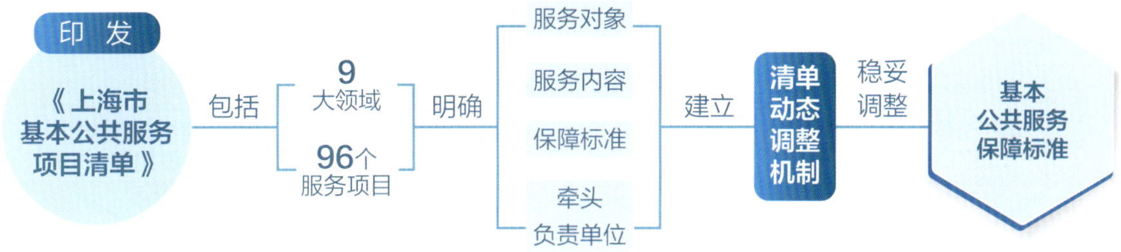

推进公共服务向社区延伸

出台《上海市 15 分钟社区生活圈规划导则（试行）》，围绕居民日常活动的衣食住行，进一步深化居住、就业、服务、出行和休闲 5 个方面的标准和导向。

鼓励社会力量参与服务供给

鼓励社会力量参与文化配送、养老服务等领域的服务供给，建立合格供应商机制，明确准入标准、操作流程和相关监管措施。

推进公共服务设施运营体制改革，在养老机构、社区文化活动中心等设施运营中，引入专业社会力量，提高场馆设施的利用效率。

促进多层次多样化服务供给，出台《关于促进本市养老产业加快发展的若干意见》《促进健康产业高质量发展行动纲要》《关于加快本市文化创意产业创新发展的若干意见》。

制定《促进和规范利用存量资源加大养老服务设施供给的工作指引》，鼓励存量资源优先保障非营利、普惠性养老服务设施，优先发展社区嵌入式养老服务。

推动“互联网 +”公共服务

建成“文化上海云”，搭建“一站式”公共数字文化服务平台。开设公共文化服务“云上直播”功能，线上线下同步开展文化活动。

● 加大污染防治力度

大气污染防治

推进实施钢铁行业超低排放改造和工业炉窖专项治理方案，控制流动源污染，油品供应实现车用柴油、普通柴油、部分船舶用油“三油并轨”，扩大扬尘在线监测范围，开展商业综合体油烟污染集约化治理试点。

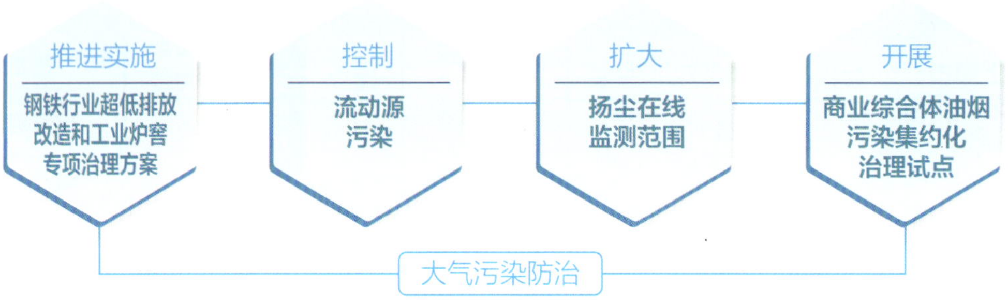

水污染防治

落实《上海市水污染防治行动计划实施方案》。深化河长制、落实湖长制，落实“清水行动”计划，打好“消黑、消劣”攻坚战。实施长江入河排污口排查整治工作，印发《上海市长江入河排污口排查整治专项工作方案》，开展长江入河排污口现场二级、三级排查工作。

土壤污染防治

建立建设用地土壤环境管理制度，印发《上海市建设用地地块土壤污染状况调查、风险评估、效果评估等报告评审规定（试行）》等文件。加强重点监管单位监管，加强对土壤污染重点监管单位土壤污染防治工作的监督指导。加强农用地土壤环境管理，落实农用地分类管理。

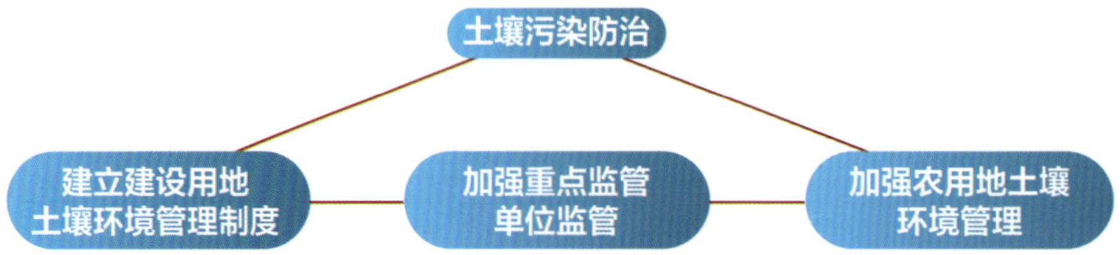

● 加快完善综合立体交通体系

加快长三角交通一体化发展

加快推进重点建设工程。制定长三角毗邻公交客运发展意见，累计开设毗邻地区公交客运14条。加快推进取消省界收费站工作。开展长三角货运车辆治超联合整治行动，建立沪苏昆交通一体化执法检查站。

加快上海国际航运中心建设

优化港口功能和集疏运体系，推动罗泾港区功能优化。扩大长江口深水航道超宽交会船型适用范围，提升高端航运服务功能。引进船级社、国际船舶代理公司入驻自由贸易试验区。完善“上海航运”指数体系，细化航运交易指数优化方案。推进浦江游览信息化建设，搭建浦江游览信息发布平台。

提升城市交通服务水平

优化客运走廊公交线网。提高道路交通运行效率，实施市政府实事项目“50处道路交通拥堵点改善”“100个出租车候客站点建设”“100个停车资源共享利用项目”。完成慢行交通改善项目8项。完善公交、出租、包车、轨道交通、停车、“进博会交通”App、道路引导标志、交通指挥体系等8个方案。

推动智慧绿色交通发展

完成258条公交线路中途站实时到站信息预报服务。推进洋山港自动驾驶集卡示范运营，初步实现示范运营线路自动驾驶功能。推进城运系统智能交通平台建设，实现机场、铁路、轨道、轮渡、邮轮等客运实时数据读取。更新新能源公交车、新能源出租汽车。建成规模以上岸电设施21台（套），覆盖28个港口泊位，发布《上海市港口岸电建设方案》。

案 例 启 迪

坚持科技创新与体制机制改革“双轮驱动”，强化创新主体、创新服务、创新载体与创新制度建设与能级提升。围绕科技企业成长全生命周期创新需求，建立完善政策扶持与服务链，探索科技金融服务创新创业模式。尊重保障企业主体作用、坚持市场化运作、不断提高开放度，聚焦重点领域开展精准招商，加大投资权益保护。创新基本公共服务供给模式，鼓励社会力量参与服务供给，推进基本公共服务体系建设制度化、标准化、均等化。

成都 切实转变观念坚持改革创新 奋力打造国际一流营商环境

● 聚焦创新引领

启动职务科技成果权属改革

全市完成 400 项职务科技成果分割确权，作价入股创办企业 60 余家，带动社会总投资 100 亿元，近 1000 项科技成果在蓉转移转化。

构建创新创业良好环境

出台《成都市创新创业载体资助管理办法》，提升“众创空间＋孵化器＋加速器＋产业园区”梯级孵化体系。新增国家级孵化器 3 家，123 场“菁蓉汇”活动服务 7459 家创业企业及团队，第五届成都全球创交会交易额达 333 亿元。

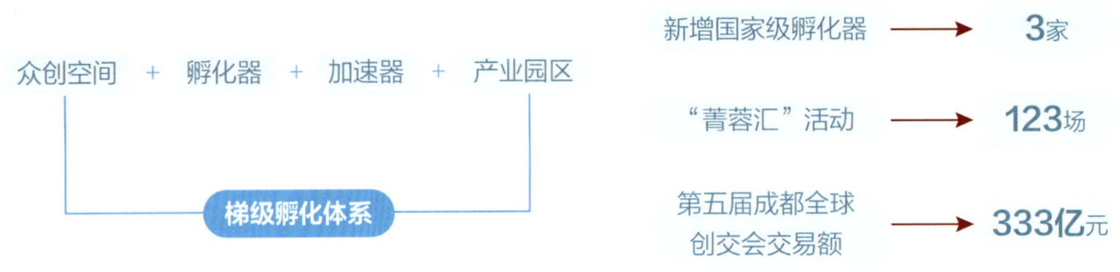

优化“人才新政”

实施“成都人才新政 12 条”，累计吸引新落户本科及以上学历青年人才超过 35 万人，建设人才公寓和产业园区配套住房 1362 万平方米。

创办“成都蓉漂人才发展学院”，以“政府主导＋市场运作＋业界共治”的办学模式，统筹整合 13 家市场优质办学机构。

深化职称制度改革，下放“评审权”，推行“网上办”，探索“网上评”，惠及全市约 186.8 万名专业技术人才。

发展新经济、培育新动能

发布“城市机会清单”，发展“城市合伙人”，涉及实体经济、乡村振兴、智慧城市、绿色低碳、公园城市等多个领域，已发布 7 批次机会清单共 2300 余条供需信息。实施应用场景供给计划，获批国家数字经济创新发展试验区。推进新经济企业梯度培育计划和“双百工程”。

●聚焦包容合作

实施企业扶持激励制度改革

探索构建政策精准、服务集中、要素集约、企业集聚、产业集群的全生命周期企业扶持激励政策体系，促进中小企业“专精特新”发展，培育更多细分行业“单打冠军”。

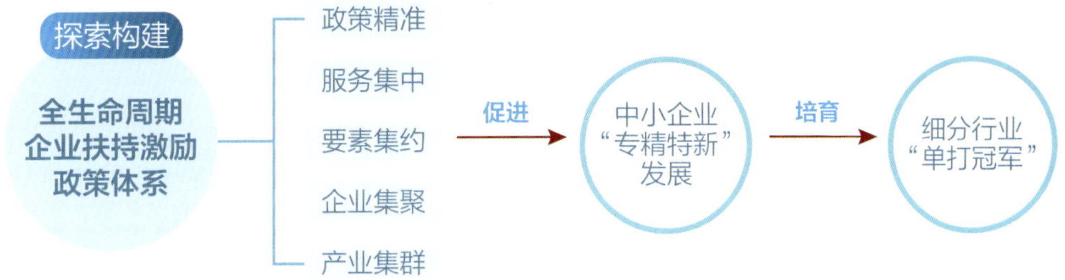

提升投资贸易便利度

全面实行外商投资负面清单管理，全面清理清单外针对外资设置的准入限制，全面取消对外商投资企业设立及变更事项的审批或备案。

搭建国际合作平台载体

规划建设 40 平方公里的欧洲产业城，建设中德、中法等 6 个国别园区，启动“中国—欧洲中心”和“一带一路”交往中心等国际化平台，提升外资载体承接能力。

举办亚蓉欧商品馆集群启幕仪式，引入法国等国家馆集群，建设“一带一路”沿线国家商品展销、体验及文化交流平台。

● 聚焦普惠利民

实施基本公共服务清单管理和动态调整制度改革

推进基本公共服务清单动态调整，增加价格补贴、疾病应急救助等基本公共服务事项，以白皮书的形式向社会公布。编制成都市高品质公共服务基础设施建设重点项目清单 100 项。

深化生态文明体制改革

加快建设 1275 平方公里城市森林公园和总长 1.69 万公里的绿道，龙泉山城市森林公园累计增绿增景 10 万亩，新增绿地面积 1904 公顷，发布城市低碳发展蓝皮书。

试点生态系统价值（GEP）核算。启动锦江水生态治理和锦江绿道建设。实施“三治一增”，铁腕治霾、重拳治水、科学治堵，全域增绿。

不断增强交通综合枢纽功能

加快形成“一市两场”的国家级国际航空枢纽格局。双向稳定运行西部陆海新通道国际铁海联运班列，推出公共班列、精品班列、定制班列三大产品服务体系，蓉欧班列通达 26 个海外城市，联通境内 15 个沿海沿边节点城市。加速推进国铁干线、市域轨道交通、城市轨道交通“三铁融合”，依托 16 条进出川高速公路通道，融入国家高速公路网；推进成都平原经济区动车公交化，加快公交都市建设，基本形成“轨道 + 公交 + 慢行”绿色低碳城市公共交通体系。

案 例 启 迪

深化职称制度改革，开展职务科技成果权属改革。出台创新创业载体资助管理办法，提升“众创空间 + 孵化器 + 加速器 + 产业园区”梯级孵化体系。发布“城市机会清单”，放宽人才落户限制，满足人才安居需求。推进基本公共服务清单动态调整，编制高品质公共服务基础设施建设重点项目清单。围绕人、城、境、业，建设美丽宜居公园城市，试点生态系统价值（GEP）核算。不断增强交通综合枢纽功能，加快公交都市建设。

长沙 打造一流营商环境 推动城市高质量发展 不断提升群众和市场主体获得感、幸福感

●搭平台，筑链条，激发创新创业活力

优化创新创业环境

出台科技创新“1+4”、工业 30 条、人才新政 22 条、知识产权 12 条，覆盖创新创业全要素，形成降成本、促创新、揽人才、强产权的创新创业政策闭环。

设立夜间经济服务中心，大力培育“夜间经济”，拉动消费升级、增加社会就业。

创设长沙经理进修学院，为企业中高层管理人员提供国家政策、行业发展、法律法规等方面的咨询、解读、培训。

打造创新创业生态

打造岳麓山大学科技城，推动 83 家国家级、574 家省级技术平台共建共享，引进美国、以色列、意大利以及国内多所高校和科研机构设立技术转移中心。

推进产业高质量发展

建立产业链全景图、现状图、客商库、项目库、资金池、人才池，瞄准关键紧缺环节，精准强链补链延链。全市财政科技资金年度投入产业发展 20 亿元以上，八大高新技术产业领域中四个成为千亿产业，高新技术产业总产值过万亿，增加值占 GDP 比重为 30.2%。

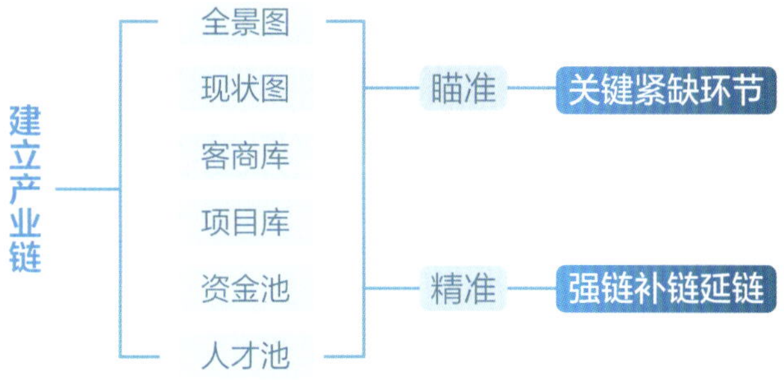

拓视野，促合作，增强对外开放动力

提升“引进来”水平

出台《长沙市进一步扩大利用外资促进经济高质量发展的若干措施（试行）》，全面清理与《外商投资法》及现行开放型政策不相符的文件，建立外企帮扶机制，推进外资企业“多报合一”改革。健全“周调度、季通报、项目观摩、履约调度、考核评价”招商工作机制。

- “多报合一”

提高“走出去”能力

- “2+4”政策文件
- “1+10”行动方案

制定开放型经济“2+4”政策文件、外贸扩规提质“1+10”行动方案。推进中国（长沙）跨境电子商务综合试验区和湖南高桥市场采购贸易方式试点，为企业走出去提供融资、法务、人才等全方位的支持。

营造“留得住”氛围

形成“1+5+27”人才政策体系，构建吸引人才、培育人才、用好人才、激励人才、服务人才的完整链条。推行领导干部直接联系服务高层次人才制度，建立人才服务窗口和人才一体化服务信息平台，建立人才购房绿色通道，加快建设人才公寓，实施长沙人才绿卡。建立人才对接平台，助推企业精准靶向引才。实施技术工人购房贷款利息补贴政策，帮助技术工人落户长沙。探索“企业办校”“引企进校”“学校办企”等六种校企合作模式，引导产业链上的优质企业与职业院校深度合作，保障技能人才满足产业链需求。

- 吸引人才
- 培育人才
- 用好人才
- 激励人才
- 服务人才

●提质量，惠民生，凝聚共建共享合力

推动教育优质发展

推进教育改革，推行公办学校教职工备案制管理改革，落实“同城同类同酬”，出台《长沙市优秀教育人才引进实施细则》，对优秀毕业生、优秀骨干教师实施人才引进政策。严禁公办中小学校择校招生，实现全市公办学校“零择校”。保障进城务工人员子女平等入学。推进学校学位扩容。深化基础教育集团化办学，打造“15分钟就学圈”。

完善医疗服务网络体系

构建城市居民步行15分钟、农村居民步行30分钟可到达最近医疗机构的就医服务圈。基层街道整合周边停车资源共享，医护人员让车位给病患，缓解就医群众停车难。创新智慧医疗项目，打造全市标准统一、互联共享的基于自主可控技术的区域智慧医疗体系。创新PPP融资模式，创新实施“健康长沙”建设PPP项目。

健全养老服务体系

出台《关于加快发展养老服务业的实施意见》《关于全面放开养老服务市场提升养老服务质量的实施意见》，降低开办养老机构门槛，鼓励社会力量参与养老服务业。

建设立体互联的综合交通体系

构建高铁、地铁、城铁、有轨电车、磁悬浮、城市公交“六位一体”的国家级综合交通枢纽。中低速磁悬浮列车实现高铁与航空的对接，构建“空铁一体，多式联运”的网络。实施“三干两轨四连线”工程，推进长株潭融城步伐。加快发展临空经济示范区建设。打造湘江—长江黄金水道进行水运基础设施建设，陆港型国家物流枢纽与中欧班列通江达海。

创建“公交都市”

长沙公共交通机动化出行分担率达54.2%，清洁能源和新能源车辆比重达到100%，纯电动公交车占比达69%。建成TOCC智慧交通大脑，逐步实现行业监管一网通达、监测应急一体联动、决策辅助一屏可视、公共信息一站服务。

打造“魅力长沙”

改造新建湖南省博物馆等一批公共文化设施。培育一批全国知名文化企业，产生多个具有较强竞争力和知名度的文化领域。打造马栏山视频文创园。打造金鹰电视艺术节、全民阅读活动和文化节庆活动。推进“一圈两场三道”（15分钟步行生活圈；停车场、农贸市场；人行道、自行车道、历史文化步道）建设，开展全民健身节活动。

● 优环境，重生态，彰显绿色发展魅力

打赢蓝天保卫战

出台“1+12”系列工作方案，实施“六控”“十个严禁”等综合措施，在严控工业污染、防治机动车尾气、强化扬尘治理等方面综合施策，实现扬尘监测智能化、监管执法全覆盖。

打好碧水保卫战

推进“河湖长制”，建立市、县、乡、村四级河湖长巡查机制，做到河湖长巡河湖常态化、制度化。提升污水处理能力，建成区实现旱季全截污，建制镇污水收集处理实现全覆盖，黑臭水体整治任务全面完成。

推进净土保卫战

编制《长沙市土壤污染治理与修复规划（2018—2020 年）》，建立《长沙市土壤污染治理与修复项目库》，通过 VIP+n 修复治理技术模式、治理式休耕、“休耕 + 春季深翻耕 + 水分管理 + 秋冬季旋耕 + 绿肥”模式、种植结构调整等方式方法，有序推进重金属污染地块治理与修复。

开展造绿行动

实施出入城口绿化提质、中心城市（街景）增绿、立体绿化建设等绿色城市十大工程，开展三年造绿大行动。加强绿心保护，工业企业全部退出，推进“千园之城”和林荫路网建设。

案 例 启 迪

实施创新引领开放崛起战略，加快打造创新创意中心，激发创新创业活力。推进开放型经济发展，积极构建全面开放新格局。提升公共服务质量和交通网络便利度，推动学有所教、病有所医、老有所养、住有所居、行有所便、活有所乐。推进污染防治，着力打造绿色长沙，推动“星城美”“城市绿”“长沙蓝”成为常态。

杭州 构建包容普惠创新生态体系　不断增强群众满意度

● 聚焦“双创”生态，培育创新发展新动能

强化政策体系优化

构建全市域“双创”生态。将“双创”工作作为实施数字经济和新制造业计划的重要抓手，在商事改革领域进行探索，支持众创空间开展工位注册。

构建链条式孵化体系。按照“创意（项目）—初创企业—科技型中小企业—高新技术企业”的成长路径，构建全生命周期成长孵化路径。

构建全市域大孵化器。打造城西科创大走廊、高新区、城东智造大走廊等平台创新发展，形成梦想小镇、海创基地等“五公里”创新创业生态圈。

强化创新要素集聚

推进创新创业协会建设。成立“杭州市科技创新创业协会”，将培育青少年创新意识、提升高校师生创新精神和创业能力、整合社会“双创”资源等工作有机融合。

打造核心增值服务体系。探索“创投基金＋特色服务”和“产业孵化＋资本助力”的“杭州模式”。构建“运营补偿为基础，风险补偿为核心”的政策构架，引导“双创”平台开展“创业投资＋”的运营模式，建设多元化、多层次、多渠道的科技投融资体系。

特色资源差异化发展。引导“双创”平台聚焦资源，打造一批具有市场敏锐性和前瞻性的“双创”平台，通过差异化发展逐步完善孵化器自我“造血”能力，提升孵化能力。

强化产业创新发展

引导“双创”专业化发展。支持企业和高校依托产业背景建设专业化孵化平台，发挥其在专业人才、设备和市场等方面的优势，建设功能定位清晰、具有产业特色的专业化双创平台，在智能制造、金融科技、图像识别、智能轨道交通等专业领域开展探索。

引导“双创”平台集聚产业资源。加快创业创新项目和产业融合，支持“双创”平台建立行业细分领域垂直化创业生态链，开拓新的业务领域，加速优质项目转化。

强化协同发展

突出国际化建设。实施“引进来”和“走出去”战略方针，建立跨境投资综合服务平台——海投联盟，推进创新创业主体与国外知名孵化器机构合作。

集聚创新资源。在杭高校众创空间联盟升级为中国高校众创空间联盟，通过创业课程和活动分项等有效集聚各地创新资源。

强化品牌建设。鼓励各平台举办创业教育、路演等各类创新创业活动，形成“杭城好项目”、有请嘉宾、大咖课堂等品牌活动。

● 聚焦人才服务，打造人才创新创业新沃土

政策兑现从“见面办”向“掌上办”升级

向符合资格的人才推送政策提醒，通过政策兑现流程再造，实现线上一键申领、信息实时比对，补贴即时到账。

事项办理从“多次跑”向“一件事”迭代

归集人才最需要的政务服务、企业综合服务等，通过加载浙里办、杭州办事通等大集成平台端口，整合 37 项“不见面”服务事项。开通“服务直通车”，通过人才码就能享受人才落户、子女教育、出入境服务等事项立即办、预约办、上门办。

双创助力从“各条线”向“全领域”覆盖

上线审批服务、众创租赁、金融服务、用地服务、法律服务、知识产权、公证服务、政策服务等 8 项双创服务，整合 163 个众创平台、6 家银行 4 大类 17 项金融服务、7 套知识产权服务系统、12 家公证机构、130 名资深律师等优质资源，免费提供服务。

8项	163个	17项	7套	12家	130名
双创服务	众创平台	金融服务	知识产权服务系统	公证机构	资深律师

人才服务从“独奏曲”向“交响乐”演变

整合全社会资源服务人才，人才通过扫码可以“一码游杭城”；省级医疗单位为人才提供优质医疗保健服务；在机场设立全国首个高层次人才贵宾室，免费提供接机、送机服务。

服务对象从“高层次”向“高素质”拓展

将服务对象由高层次人才拓展至新引进应届大学毕业生。新增大学生生活补贴和租房补贴个人申领通道。推出包含公交地铁定向券、公园旅游卡等内容的“青荷礼包”。

● 聚焦招商市域统筹，提升市场开放新高度

优化境外投资项目备案审批流程

对境外投资企业建立“一次提交、一窗受理、一日办结、一次不跑”常态化服务模式，压缩境外投资备案递交、初审、拟稿、复审、盖章、印发六个环节，实现权限内境外投资项目 1 个工作日“一次不跑”完成从提交到办结的全流程服务。

强化招商引资规划统筹

规划全市“产业一张图”，布局一批“万亩千亿”重大产业平台，培育承载高端装备制造、生物医药、数字经济等重点产业空间。

构建“一核三园多点”格局，打造高端生物医药产业基地，梳理生物医药产业全链条各个环节的目标企业清单，招引龙头企业吸引相关企业集聚，以大项目汇聚整条生物医药产业链。

深化招商引资政策统筹

制定精准化、个性化的市级重点产业“一链一策”，形成市级招商引资基本政策，向重点产业平台倾斜。完善重大招商引资项目“一事一议”制度，印发《杭州市境外投资备案服务指南》。

制定

市级重点产业“一链一策”

形成

市级招商引资基本政策

完善

重大招商引资项目“一事一议”制度

●聚焦基本公共服务，打造幸福感城市金名片

持续提升公共文化服务

开展“三分钟理论快讲”“好声音宣讲团”基层理论宣讲。全市13个区县（市）融媒体中心投入使用。杭州图书馆创新服务理念和方式，将借阅服务与个人信用相关联。

持续优化美好教育建设

完善人才子女教育服务。出台《关于做好引进高层次人才子女入学工作的通知》《关于实施支持浙商创业创新促进杭州发展教育方面配套政策的通知》等政策，设立人才子女入学（园）的服务专窗，实现人才子女教育服务十五年基础教育全覆盖。

实现随迁子女教育“同城同待遇”。搭建“一站式、多平台”流动人口随迁子女在杭就学服务体系，实施“公平透明”的居住证积分入学制度，建立随迁子女接受优质教育的保障系统。

优化高校布局。引进建设1所中外合作大学，5所国内一流大学来杭建设分校、校区或研究生院，4个非独立法人中外合作办学机构（项目），17所高水平科研院所。加强对现有市属高校、科研院所的支持。

持续提升医疗福祉

开展“出生一件事”多证联办。整合部门资源，打破区域限制，由服务对象在手机上发起，全市助产单位均可为本单位分娩的市民实现“出生一件事”多证联办的服务。

开展“城市大脑”舒心就医。引入城市信用体系，根据“钱江分”对市民授予一定的信用额度。改造结算流程，患者看病时任何一个环节都无须提前付费。

推进医养结合工作。启动医养护一体化签约服务，提升医疗服务便利性和健康管理效能，满足老年人健康养老服务需求。

持续深化养老服务

加强立法保障。推进居家养老服务立法，出台《杭州市居家养老服务条例》。

实施“互联网+养老”服务行动。搭建涵盖“业务管理、公众服务、机构运营、支付结算、数据应用”等5大平台的“互联网+养老”系统。探索将养老服务补贴打入老年人社保卡（市民卡），创设全市通用的养老电子货币“重阳币”。老年人持卡自主选择、自我管理，实现点单式服务。

探索“时间银行”。开展互动式为老志愿服务试点工作，依托信息化建立以时间币为基础的服务兑换和激励机制，鼓励社会力量、志愿组织和热心市民参与为老服务。

●聚焦公共交通治堵，打造公共自行车新模式

坚持“三公”理念，提升品质服务

坚持公共产品定位，做好出行交通“最后一公里”服务。建立“四结合一公示”选点制度，推进布点建设；运用物联网技术，实现公共自行车的“无人值守、自助操作、智能管理”；想方设法让利于民，免费使用率达 97% 以上；提高公共自行车车辆品质，让骑行者更加舒适、安全。

坚持公共管理属性，不断提升管理水平和运营效能。把公共自行车管理纳入城市公共管理的重要组成部分；充分发挥“大数据”优势，通过政府综合管理平台和公共自行车管理系统平台相结合的方式予以管理，保障车辆点位运行正常。

坚持公共服务模式，促使公益责任和市场营运“双赢”。坚持“公益性定位，市场化运作”营运模式，利用公共自行车资源优势进行商业化运作，保证公益性服务。

创新商业模式，共建共享未来

政府一次性投入，用于公共自行车系统基础建设。企业通过出让亭棚媒体资源，并对服务亭进行集约利用，通过合作、租赁等方式，增设商品出售、旅游咨询等服务内容，做到“一亭多用”，通过对外输出的公共自行车系统的“杭州模式”来实现收益。

案 例 启 迪

构建共享科技、资本、人才、服务、环境、交通的创新生态体系，切实增强企业和群众的获得感、幸福感和安全感。构建全市域“双创”生态，引导“双创”专业化发展。为人才创新创业提供数字化系统解决方案，运用信息技术整合各类社会资源推出人才码。统筹市域招商工作，强化招商引资规划统筹和政策统筹，更好服务产业链发展壮大。

一省一案例

改革集萃篇

改革越到深处，越要担当作为、蹄疾步稳、奋勇前进，不能有任何停一停、歇一歇的懈怠。

国家鼓励和支持各地区、各部门结合实际情况，在法治框架内积极探索原创性、差异化的优化营商环境具体措施。近年来，各地区认真贯彻落实党中央、国务院关于深化“放管服”改革、优化营商环境的决策部署，结合本地区实际，围绕解决体制性障碍、机制性梗阻、政策性创新，积极开展原创性、差异化改革探索，相继推出了一大批实践证明行之有效、人民群众满意、市场主体支持的改革举措，形成了具有本地区特色的优化营商环境代表性做法和创新性举措，持续加大优化营商环境改革力度。

鼓励探索，开拓创新，提供优化提升好案例。

为鼓励引导支持更多地方学习借鉴、复制推广并创新推出更有针对性、开创性的改革举措，推动各级政府部门持续开展更多原创性、差异化探索，营造各地方互学互鉴、竞相推进改革的生动局面，促进全国范围营商环境持续改善，进一步提升市场主体的获得感和满意度，本篇汇集 31 个省、自治区、直辖市及新疆生产建设兵团探索创新形成的典型经验做法，供各地区学习参考借鉴。

北京市

——打造国际一流营商环境

北京市始终把优化营商环境作为一项重要政治任务，作为政府转变职能、促进高质量发展的重要抓手和关键环节，坚持高位推动，系统谋划，狠抓落实，推动优化营商环境取得实效。

（一）为市场主体创造国际领先的发展条件

1. 深化商事制度改革

推行“承诺办”，实施企业登记告知承诺制改革，申请人承诺符合设立条件的即时审查通过。推行“免费办”，免费提供公章、免费领取税控设备UKey。推行“简易办”，简化市场主体变更登记材料和企业注销程序，市场主体申请变更股东姓名、住所、经营范围，无须再提交股东会决议、章程；对领取营业执照后未开展生产经营活动或者无债权债务的企业，以及被吊销营业执照三年以上、其股东书面承诺承担未清偿债务的企业，均可以简易程序办理注销，实现及时退出市场。

2. 开展金融服务创新

建立首贷中心和续贷中心，为企业提供可比可选的融资服务模式。实行动产担保统一登记，将生产设备、原材料等抵押登记职能委托人民银行征信中心履行，大幅提高效率。开展智能金融服务，2020年3月上线“基于区块链的企业电子身份认证信息系统”，通过政府、银行数据共享，实现企业开户、信贷业务资料自动填写、多维度信息验证。

3. 营造良好创新生态和人才环境

推进科技企业孵化器建设，建立多元化人才引进机制，新增“绿色通道”“以才荐才”方式，平均每年引进人才增长近50%。实行积分落户政策，下放工作居住证办理权限。

（二）为企业和群众提供更加优质便捷的政务服务

① 持续深化简政放权

减事项 ↓51%

减中介 ↓73%

减时限 ↓60%

减材料 ↓60%

减跑动 ↓1.2次

减事项，行政审批事项精简51%。减证明，行政机关、事业单位、公共服务企业、社会组织设定的证明已全部取消。减中介，中介服务事项精简73%。减材料，市、区两级精简办事申请材料60%。减时限，通过并联审批、新技术运用，将按照法定时限办理一件政务服务事项的平均时间由23个工作日压减至9个工作日，压减60%。减跑动，通过优化审批流程、提升网办速度，市级行政许可事项平均跑动次数从1.5次压减至0.3次以下，965个事项实现全程网办。

② 推进审批制度创新

试点推行无风险事项“非禁免批”。免除在禁止区域外的电力、燃气和供排水接入“三零服务”项目所有行政审批，小微企业低压接电时间由2019年的15天压缩至10天。实行低风险事项“简化审批”，对社会投资低风险项目审批、监管、验收、登记全封闭式管理，办理环节由23个精简为5个，办理时间由208天压缩至20天。实行一般风险事项“告知承诺”，逐项编制办理条件、办理流程、监管规则，明确线下即办，线上办理时限不超过0.5个工作日。

③ 推进“一网通办”“一窗通办”

市级部门入驻市网上政务服务大厅，政务服务事项网上可办率达97%。推广电子证照应用，身份证、户口簿、结婚证等7类电子证照线上直接调用。建立基于区块链的不动产登记系统，税务、不动产登记等13家单位数据共享，取消企业间不动产交易登记现场核验环节，实现全程网办、10分钟办结。推行“综合窗口”服务，整合优化内部审批流程，市、区政务服务事项综合窗口可办率提高到80%，推动审批单位对综合窗口人员受理授权，试点实行“最多签两次”办结。

97% 网上可办率

80% 综合窗口可办率

④ 畅通政企沟通渠道

开通全市政府网站统一互动交流平台，建立“热线+网络”沟通体系，在12345市民服务热线增设企业服务功能，一般诉求类和投诉举报类事项实行7天内办结答复。

热线+网络 沟通体系

12345 市民服务热线

（三）全面提升监管执法公平公正公开水平

1. 履职不随意，实行执法检查计划公示和行政检查单制度

在“首都之窗”公开本区、本部门年度执法检查计划。市级执法部门完成行政检查单规范工作，逐项明确检查内容、检查方法、检查标准，执法人员不得擅自增加或删减检查内容，不得擅自改变检查方式。

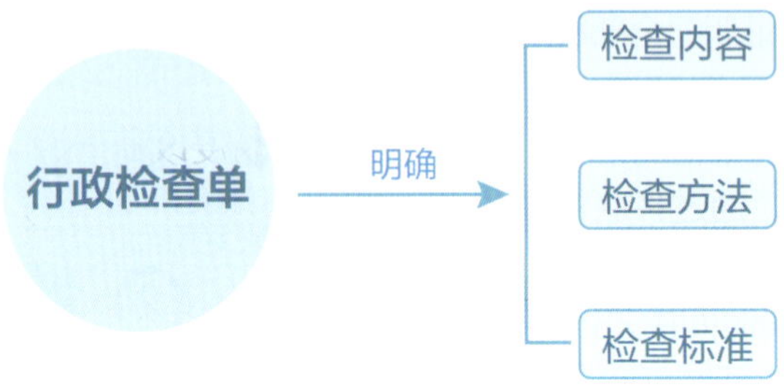

2. 监管不扰民，推行联合监管和综合执法

上线全市统一的部门联合“双随机、一公开”监管平台，市场监管领域各部门均可在平台发起部门联合抽查。探索“一支队伍管执法”，在北京经济技术开发区设立综合执法局，整合城管、安监、环保、住建等32个领域执法职能，实现统一举报受理、统一执法检查、统一案件查处。

3. 裁量不失度，完善行政处罚裁量基准制度

在市场监管领域试点推行轻微违法行为容错清单，采取批评教育、指导改正等方式，督促企业查找弥补经营中的疏忽和错漏。编制行政违法行为分类目录，对一般违法行为、严重违法行为进行分类，分别设定处罚信息公示期限。

总的看，北京市持续深化“放管服”改革，聚焦市场主体关切，优化营商环境，不断提高企业投资兴业便利度和外资企业投资吸引力，为吸引一批国内外重要机构和企业来京发展创造了前提条件。2019 年 9 月，国务院办公厅印发《关于做好优化营商环境改革举措复制推广借鉴工作的通知》，北京在企业开办、不动产登记、办理建筑许可等 7 方面的 28 项改革举措，在全国得到复制推广或借鉴。

2020 年，北京市将把优化营商环境改革作为推进政府治理体系和治理能力现代化的重要内容，坚持锐意改革、务求实效，以增加市场主体和社会公众更多的获得感为目标，以制度建设为主线，重点推进以告知承诺为基础的审批制度改革、以信用为基础的监管制度改革、以标准化为基础的政务服务制度改革、以区块链为基础的信息共享制度改革、以法治为基础的政策保障制度改革取得更大成效。

天津市

——“一制三化”改革

天津市推出承诺制、标准化、智能化、便利化审批制度改革（以下简称“一制三化”改革），制定了 15 个方面 50 项措施和 5 方面配套改革，全力打造市场化、法治化、国际化、便利化的一流营商环境。

（一）构建全覆盖的政务服务体系

1. 提升“三级中心、四级服务”建设水平

建立以市政务服务中心和16个区政务服务中心为主体、以243个街道（乡镇）政务服务中心为基础、以3688个社区（村）便民服务代办点为延伸的政务服务“三级中心、四级服务”体系。实行相对集中许可权改革，落实事项、人员、权限“三集中、三到位”要求。推行行政审批受理、审核、决定三分离改革。实行“一窗综合受理”“一站式”服务。

- 16个 区政务服务中心
- 243个 街道（乡镇）政务服务中心
- 3688个 社区（村）便民服务代办点

2. 提升政务服务“一网、一门、一次”办事水平

- 861项 进驻市政务服务中心
- 115个 “一表式”申报办理

推行集中办、现场批，市级861项政务服务事项进驻市政务服务中心。推进“一表式”审批，115个政务服务事项“一表式”申报办理。制定专家评审和现场踏勘办法，推动“进一扇门、办所有事、一次办结”落实落地。

3. 提升市、区、街道（乡镇）三级政务大厅服务水平

加强政务服务中心标准化建设，推行“7×24”小时全天候审批服务，实行无偿帮办代办服务。

7×24 小时

（二）提高政务服务精准化水平

1. 坚持简约之道，删繁就简能放必放

减事项，市级行政许可事项减少到227项。减材料，全面清理政务服务事项申请材料，取消4796件申请材料。减环节，对办理政务服务涉及的特殊规定进行规范，取消406个办理环节。减证照，在减少、合并各类事项的同时，取消129个证照。减时限，事项平均办理时限压减至4.2个工作日。

事项减少到
• 227项

取消申请材料
• 4796件

取消办理环节
• 406个

取消证照
• 129个

平均时限压减至
• 4.2个工作日

2. 坚持标准化审批，规范具体行政权力运行

推行“一套标准办审批”，按照《天津市行政许可事项操作规程总则》，逐一梳理96个要素，编制1565个标准化操作规程，将22个上升为地方标准。规范审批中介行为，将20类790家行政审批中介服务机构向社会公布，取消11个行政许可事项中的15个中介要件，中介服务效率提高40%以上。加强权力运行监督，利用“互联网+执法监督”模式，建设全市统一的行政执法监督管理应用系统。

• 96个
梳理要素

• 1565个
编制标准化操作规程

• 22个
上升为地方标准

“互联网+执法监督”模式

3. 坚持“好差评”制度，提升企业和群众满意度

实行“一事一评议”，对市、区、乡镇（街道）实施的所有政务服务事项办理全过程，按全市统一的标准作出评议。实行“一事一回访”，专人通过电话与申请人“一对一”回访交流。实行“一事一监督”，市、区、乡镇（街道）三级政务服务事项全部纳入政务一网通平台，逐项设立预警点，实行“红黄绿灯”警示制度，“6+X”日常巡查与视频监控相结合，进行现场监督。

评议
“一事一评议”

交流
“一事一回访”

监督
“一事一监督”

“红黄绿灯”警示制度
“6+X” 日常巡查与视频监控相结合

（三）提高政务服务便利化水平

1. 创新推出信用承诺审批，推进诚信社会建设

推行承诺审批制度，按照“你承诺、我审批，不兑现、就撤销”原则，推动“跑一次、当场办”，推出852项实行承诺审批事项，涉及2853件申请材料。开展减证便民改革，全面清理市政府规章和规范性文件等设定的各类证明事项，取消1308项烦扰企业和群众生产生活的各类无谓证明。强化审批与监管联动，在审批与监管部门间建立审管标准互认机制、审管联动协调员机制、审管联动年度考核机制。

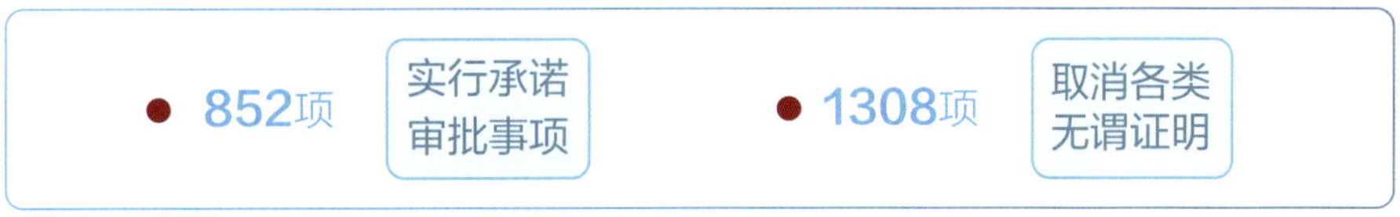

2. 创新事中事后监管模式，推进市场竞争规范有序

以天津市市场主体信用信息公示系统为载体，建立“分散录入、条线管理”的信息归集机制。在“双随机、一公开”监管全覆盖的基础上，推行跨部门双随机联合检查机制。推进跨部门联合奖惩，建成天津市行政机关联合奖惩监管系统，实现平台统一管理、信息统一归集、数据统一标准、流程统一规范。

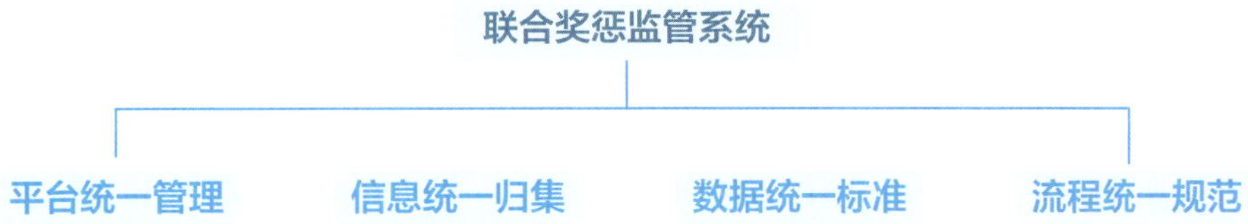

3. 创新企业开办、项目开工流程，推进行政审批整体提效

推进“证照分离”改革，公布天津市对应的321个事项、492个类型和1个地方事项。压缩企业开办时间，按照“一次提交、同步办理、信息共享、限时办结”原则，企业开办1天完成。再造投资项目联审流程，实行“一口进件、阶段办理、牵头负责、并联审批、一口出件”模式，完善“五个一”审批体系，推动“四联并进”。

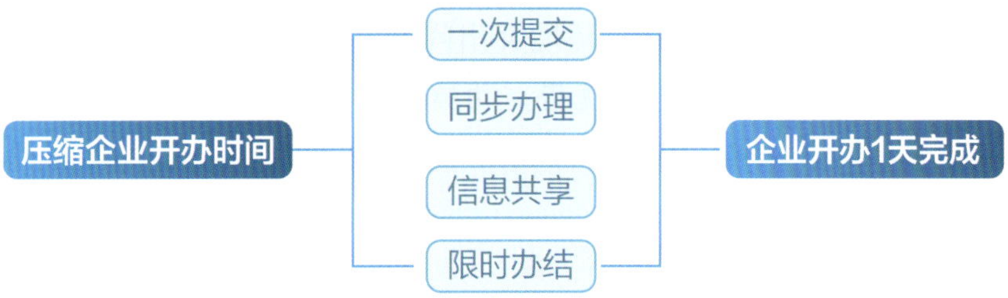

（四）打造一网通办平台，推动数据共享，提高政务服务智能化水平

1 强化智能化支撑，拓展企业和群众办事途径

开发“政务一网通”平台，累计办理事项121.9万件。建成天津网上办事大厅，向国家一体化在线政务服务平台上传数据898.2万条。发布智能服务事项139项，建成智能政务自助服务区50个，258个自助终端投入使用，与银行合作打造智慧柜员机，共建便民服务点位625个。

- 121.9万件 办理事项
- 898.2万条 上传数据
- 139项 智能服务事项
- 50个 智能政务自助服务区
- 258个 自助终端
- 625个 便民服务点位

2 强化大数据应用，破解群众办事堵点

- 327项 仅凭身份证办理事项
- 3090条 政策信息和解读
- 12类 交易纳入统一平台

推出仅凭身份证办理事项327项。建设“政策一点通”平台，归集3090条政策信息和解读。建设公共资源交易服务平台，将政府采购、建设工程招投标、土地交易、国有产权交易、医药采购、水务工程招投标、交通运输工程招投标、林权交易等12类交易纳入统一平台。

3 强化“一号响应”服务，提高政务服务效能

实行企业诉求“一号响应”，整合76条政务服务热线，年均受理群众诉求847.99万件，日均2.32万件，总体接通率达98.51%，座席评价满意率达99.32%，总办结率达96.29%。依托全国一体化在线政务服务平台，推进京津冀行政审批制度改革协同，京津冀区域58个事项实现“一网通办”。推行“四办”便利化服务，推出767个“马上办”事项、750个“就近办”事项、1482个“网上办”事项、1488个“一次办”事项。

「四办」便利化服务
- 767个 “马上办”事项
- 750个 “就近办”事项
- 1482个 “网上办”事项
- 1488个 “一次办”事项

2020年，天津市将贯彻落实《优化营商环境条例》《天津市优化营商环境条例》，对标前沿先进，找准弱项短板，重点解决营商环境突出问题，构建营商环境优化长效机制，发挥营商环境联席会议、营商环境监督员等机制优势，动员社会各界力量参与营商环境建设。

河北省

——全面推行行政执法“三项制度”

河北省把行政执法改革作为优化营商环境、建设法治政府的重要内容和有力抓手，将行政执法三项制度纳入《河北省优化营商环境条例》和《河北省行政执法监督条例》，从制度设计、责任分工、落实机制三个方面全力推进改革，在完善制度建设、狠抓制度落实、巩固落实成效上下功夫，打通行政执法“最后一公里”，成为全国在省、市、县三级行政执法部门同时推行行政执法“三项制度”的改革试点省份。

（一）画好“工程图”

构建“1+2+3+4+5”制度体系。

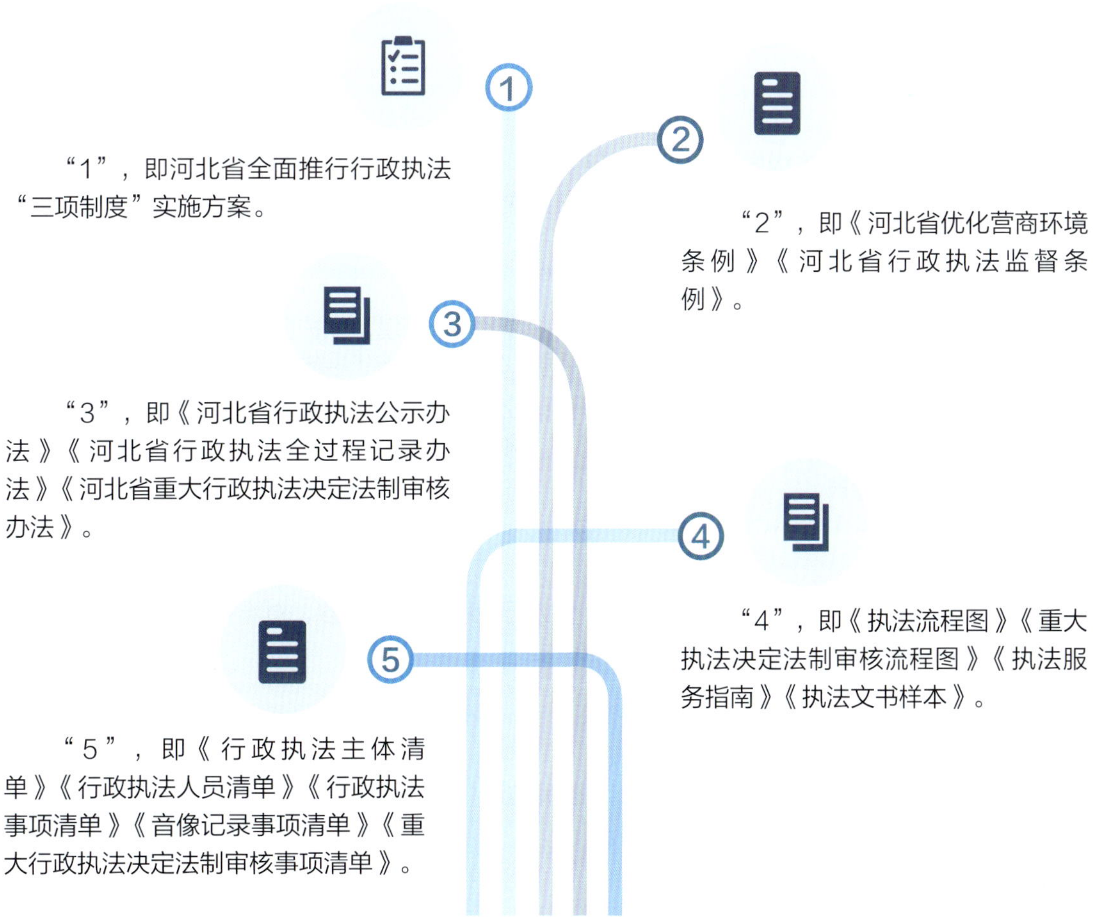

（二）拧成“一股绳”

建立“党委领导、人大监督、政府推动、部门实施”推动机制，确保各地各部门各司其职、各尽其责。

党委领导。省委书记、省长履行推进法治建设第一责任人职责，把“三项制度”改革纳入党委政府重要议事日程，审议改革方案、部署改革任务。

人大监督。在推行“三项制度”过程中，发挥人大监督作用，各地政府部门主动接受本级人大及其常委会法律监督，定期报告工作、认真听取意见建议。

政府推动。省政府成立全面推行“三项制度”工作领导小组，省长担任组长，省人大监察司法委员会以及司法行政、编办、发改、财政、人社、市场监管、政务服务等部门主要负责同志为成员。

部门实施。各地各部门履行主体责任，制定实施方案，部署安排，分解细化任务，明确时间表和路线图，倒排工期，挂图作战，打好提前量，确保落实。

党委领导 + 人大监督 + 政府推动 + 部门实施 → 拧成“一股绳”

（三）配强“督导队”

1 强化业务培训

省级层面先行举办培训班，培训业务骨干800多人，各地各部门逐级培训。全省累计培训50余万人次，整理印发各种业务资料38余万册。

2 强化督察督导

将“三项制度”改革纳入全省“营造法治化营商环境、保护民营企业发展”专项督察，将推行“三项制度”不到位列为“一问责八清理”专项行动的重点事项。每半年开展一次案卷评查。2019年评查执法案卷572卷，涉及执法单位280个，评选出100卷优秀行政执法案卷予以通报。

3 强化考核测评

将“三项制度”作为行政考核重点内容，对推行“三项制度”工作进行群众满意度测评。

4 强化宣传引导

通过“阳光热线”“网民问政”“政策访谈”等节目与网民、听众互动，开展公众号有奖竞答活动。

总的看，河北省在推行“三项制度”过程中因地制宜、更新理念、大胆实践，探索创新工作机制，搭建执法信息平台，规范音像设备标准，明确法制审核人员配备最低标准；案卷制作较为规范，能够按标准进行文字记录，需要音像记录的，能够随卷留存各类照片、录像等音像记录资料；各级行政执法部门作出重大执法决定前均进行法制审核，未经审核或者审核未通过的，不得作出决定。截至 2019 年底，全省建立执法公示专栏 4120 个，事前公开内容 56 万余项、执法结果 1625 万余项。河北省各级执法部门网站、各类办事大厅和服务窗口主动公开执法信息成为常态，各级执法人员主动出示或佩带执法证件成为习惯。

2020 年，河北省将进一步转变执法理念，创新执法方式，持续抓好《河北省行政执法公示办法》《河北省行政执法全过程记录办法》《河北省重大行政执法决定法制审核办法》贯彻执行，结合乡镇和街道综合行政执法改革，推进“三项制度”在基层落地生根，实现省市县乡四级全覆盖，以执法提质提效，促进营商环境优化。

山西省

——企业投资项目承诺制改革

山西省以试行企业投资项目承诺制改革为突破口，按照“能服务的不承诺、能承诺的不审批、能简化的不保留”的原则，对备案类企业投资项目报建阶段涉及的 30 项行政审批事项（含 2 项评估事项）分类处理，调整审批时序，再造审批流程，推动投资项目由重事前审批向重事中事后监管转变。

按照“变先批后建为先建后验，变事前审批为事中事后服务监管，变部门审批把关为企业信用约束”的总体思路，探索形成“1234”的具体做法，即聚焦“一个目标”、把握“两个关键”、推动“三方分责”、加快“四个转变”，构建以企业信用承诺为基础的投资管理新模式。

1 一个目标

确立企业投资主体地位。通过承诺制改革，把政府该管的事管好管到位，该放给市场和社会的权放足放到位，让企业自主决策、自主投资，自觉践诺。

2 两个关键

政府定标准、企业作承诺。政府明确标准要求，以清单形式告知企业，企业作出承诺，承诺即拿批复。

3 三方分责

推动政府、企业、中介三方各履其责。政府要更好履行服务监管职责，企业要履行好投资主体责任，中介机构要对设计文件和评估结论终身负责。

4 四个转变

推动传统“编报评批”管理模式向以企业信用承诺为基础的管理模式转变，变企业办为政府办，强化政府靠前服务；变审批办为承诺办，强化企业主体地位；变部门审批把关为企业信用约束，强化信用有效监管；变企业跑腿为信息跑路，强化政府办事效能。

（一）坚持省级推动和基层创新相结合，系统构建承诺制制度框架

省委、省政府高度重视，省委书记、省长把关审定改革顶层制度设计、研究总体方案、部署改革举措加快落地。省政府先后出台《山西省企业投资项目承诺制改革试点方案》《山西省深化企业投资项目承诺制改革行动方案》等系列文件，省直有关部门按照职责分工制定完善事项操作流程图及配套细则，形成了“1+10+N”制度框架。各市县在遵循省级方案基础上，结合实际探索创新，为全省制度框架持续优化完善提供基层实践基础。

（二）坚持政府服务和有效监管并重，用政府的辛苦指数换取企业的幸福指数

1. 变企业办为政府办

改革前，企业投资项目30项报建事项都要求企业逐一办理；改革后，14项政府统一服务事项由相关部门在供地前全部完成。

2. 变部门审批把关为企业信用约束

改革前，部门通过审批进行事前管理，普遍重审批轻监管，项目的管理风险仍然存在；改革后，承诺制以承诺契约倒逼企业自觉遵守相关技术标准要求，保障项目建设质量。

3. 变企业跑腿为信息跑路

改革前，企业办事需要一家一家跑；改革后，通过设立综合窗口，依托投资项目在线审批监管平台，推动企业与政府业务“键对键”办理。

（三）坚持技术审查和行政审批分离，着力强化企业信用承诺

1. 变审批办为承诺办

抓住“政府定标准、企业作承诺”两个关键，对法律法规有明确技术标准和要求、企业能够自主完成的环境影响评价、节能审查评价等8项事项，列为承诺事项，企业承诺即拿批复。

2. 图审环节逐步简化取消

2018年1月，将人防设计、气象设计并入施工图设计审查，与消防设计审核并联完成，实行“四图联审”。11月，省政府出台《关于推进施工图审查制度改革的实施意见》，将消防设计审核并入施工图设计文件审查，在全省数字化平台上实现四图合一、全程监管、限时办结。2019年6月出台的《山西省深化企业投资项目承诺制改革行动方案》，探索取消施工图设计审查，实行设计人员终身负责制。

（四）坚持精简合并和并联办理结合，着力优化保留审批流程

1. 精简审批环节

取消选址意见书1项，对用地规划、工程规划、施工许可等7项环节予以简化。

2. 变串联办为并联办

整合开工、竣工验收阶段事项，以需时最长的环境影响评价30个工作日为限，完成并联审批。

3. 实行“一费制”清单管理

在各级政务服务中心设置“一费制”综合窗口，财政部门对项目竣工前涉及行政事业性收费和基金的事项，统一公布收费项目、依据、标准。

（五）坚持改革创新和于法有据统一，严格遵守法律法规红线

1. 在现有法律法规框架内推进承诺制改革

省人大对《山西省城乡规划条例》《山西省文物保护实施办法》等地方性法规进行修订。2019年5月，省人大常委会第十一次会议表决通过《山西省企业投资项目承诺制规定》，成为保障承诺制改革的地方性法规。

山西省承诺制改革通过改变部门的审查方式、分类调整事项、优化再造流程，积极释放改革红利，企业获得感显著增强。

2. 企业自行办理事项减少

按照“能简化的不保留、能服务的不承诺、能承诺的不审批”原则，调整事项、优化流程，企业自行办理事项由原来的30项缩减为最多6项，缩减约80%。

3. 项目落地时间缩短

全省项目从立项到开工时间平均缩短一半以上。其中，14项政府统一服务事项减少了企业编制报告方案、提交部门审查、完成行政批复等环节，可节约60天左右；8项企业承诺事项并联办理，省去编报评批时间。

4. 企业办理成本下降

建立政府统一服务保障制度，将原由企业承担的14项政府统一服务事项的费用纳入同级财政预算，降低企业办理成本。

5. 信用监管服务强化

项目建设全过程纳入省投资项目在线审批监管平台，与信用信息共享平台对接，失信行为将受到联合惩戒。为确保项目建设符合技术标准，相关部门主动强化服务监管。

2020 年，山西省将以“一步领先，步步领先”的工作要求，按照“深化、拓展、提质、巩固”的总体思路，加快推进政府靠前服务全面落地，积极开展核准类项目承诺制改革试点，不断完善承诺事项流程，加大保留审批事项并联办理力度，努力实现承诺制改革再上新台阶。

内蒙古自治区

——优化用电报装营商环境

内蒙古自治区围绕简化客户用电报装手续、压缩报装时间、压减用电成本等方面，实施“三零”服务（零上门、零审批、零投资）、“三省”（省心、省力、省钱）服务举措，持续优化用电报装营商环境。

（一）推广低压小微企业“三零”服务

针对小微企业“零投资”具体实施层面，组织计划、营销、审计等专业力量，专题研究解决实现“三零”目标及配套电网工程计划核准备案、物资类和服务类采购模式、工程项目具体实施等关键问题。

编制、修订制度标准，在制度层面明确了相关问题的解决措施和具体要求。先后两次延伸投资范围，由客户投资改为电网公司投资。低压小微企业接入容量扩大到160千伏安及以下，其他低压客户100千瓦以下的实现低压接入。平均接电时长压缩到25个工作日。低压电能计量表计、采控终端全部由电网公司投资并免费安装。

利用企业网站、营业厅、“蒙电e家”手机App等渠道对外发布用电报装流程、时限规定、收费标准及电价政策等信息，宣传优化服务的改革措施。

延伸电网投资范围，针对高压客户，明确35千伏、110千伏公用变电站间隔由电力公司投资建设。下放权限到各供电单位，各供电单位提前了解客户用电需求，及时开展项目前期工作，确保与客户项目同步投运。

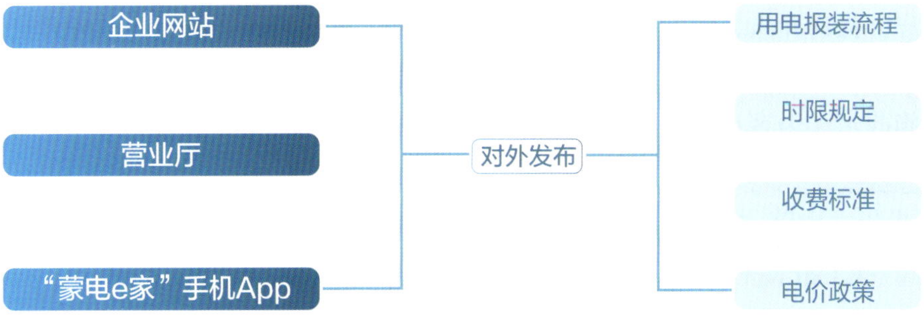

（二）复制推广客户用电线上报装

推广“零上门办电，不见面审批”线上办电业务。实施“线上报装”“一证受理”“一站服务”“同城异地受理”等便利化服务举措，实现低压居民用户办电“一次都不跑”，小微企业低压接电享受“零上门、零审批、零投资”服务，高压用户接电“省心、省力、省钱”。

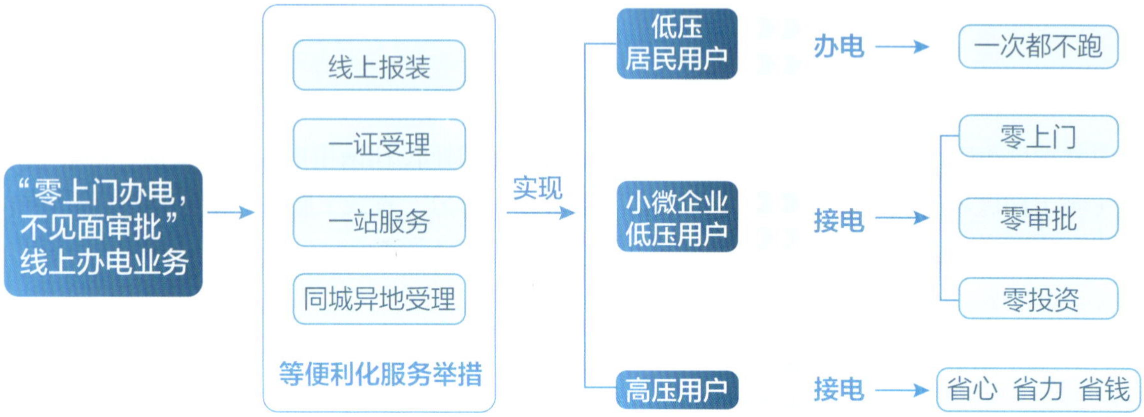

创新供电服务方式，推广“互联网 +”线上办电模式，丰富“蒙电 e 家”手机 App 线上报装平台各类功能，客户通过 App 可实现用电业务在线申请、跟踪业务办理进度和服务质量评价。应用 95598 网站、微信、“蒙电 e 家”手机 App 等电子渠道办理业扩报装、缴费、报修、咨询等业务。

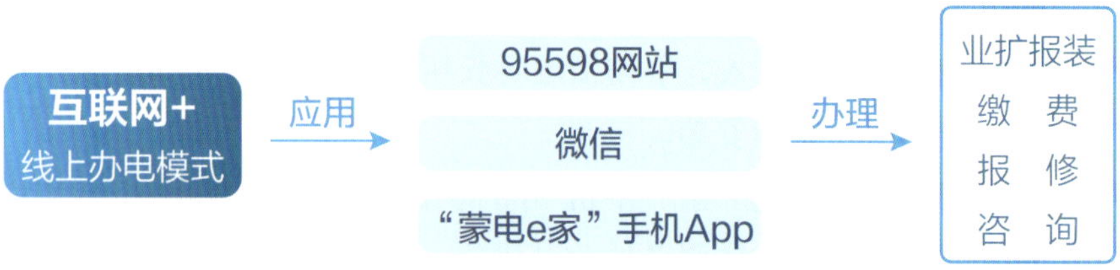

（三）推行网格化和差异化服务

结合地域特点，通过实施“网格化”服务，采取流动作业车等主动上门服务措施，帮助边远农牧区、乡村居民客户报装服务。推行“客户经理负责制”服务，实现“简单业务一次都不跑、复杂业务最多跑一次”的目标。

针对大客户，提前介入，将取得政府备案的重点工程列入项目储备库，预先开展一系列基础性工作，保证客户提前接入；针对小微企业，提前摸排，对于接入可能引起的电网改造，优先列入投资计划实施改造，为客户“早用电、用好电”提供便利条件。

2020 年上半年，内蒙古电力共受理低压用电客户 11319 户，送电 8926 户，为客户节省直接投资 5418 万元，线上报装率达到 63.84%。

2020 年，内蒙古电力将进一步优化制度流程，推进线上线下一体化，打造环节少、时限短、成本低的办电新方式。以小微企业用电需求为出发点，全面推广接电工程双经理负责制，继续深化“互联网 +”营销服务，打造统一网上服务平台，实现缴费、办电、综合能源业务“一网通办”。

辽宁省

——营商环境体制机制建设

2017 年 9 月，辽宁省成立了全国第一家省级营商环境建设机构——省营商环境建设监督局。在新一轮机构改革中，辽宁省将“营商环境建设监督局”更名为“营商环境建设局”（以下简称省营商局）。近年来，省营商局坚持“改革 + 服务 + 监督”工作理念，立足“统筹引领、参与协调、组织指导、监督检查”职能定位，推动全省营商环境建设各项工作有序开展。

（一）担当营商环境体制建设的操盘手

从法治体系、工作机制、平台建设、督查激励四个方面完成顶层设计并组织开展具体工作。

1. 建设营商环境法治体系

2017年，辽宁省出台全国首部省级优化营商环境地方性法规《辽宁省优化营商环境条例》。2019年，组织修订《辽宁省优化营商环境条例》，并推动出台《辽宁省推进“最多跑一次”规定》《辽宁省规范行政审批中介服务办法》《辽宁省人民政府关于加强诚信政府建设的决定》等配套法规规章，构建职责明确、依法行政的制度体系。

2. 建立营商环境建设工作机制

在省级层面，成立省营商环境建设领导小组，由省委书记、省长担任组长，领导小组办公室设在省营商局。同时，省营商局还承担省推进政府职能转变和“放管服”改革协调小组办公室、省“互联网+政务服务”领导小组办公室相关职能。在地方层面，全省各市、县（市）区在本轮机构改革中均成立了营商局。

3. 搭建营商环境建设工作平台

与各行业主管部门建立“群众问题我来答”社会热线服务平台；与省纪委建立行风问题投诉平台；与省直机关工委建立“党建+营商环境建设”平台；与省司法厅建立“司法行为规范”合作平台；与团省委建立“优化营商环境青年文明号”平台；在全省各级政务服务中心创建“营商环境示范岗”评比平台。

4. 建立跟踪问责和激励机制

与省委督查室、省政府督查室建立营商环境建设工作专项督查机制；与省委巡视办、省审计厅建立营商环境重点工作的巡视、审计合作机制；与省财政厅、省绩效办建立营商环境建设工作考核绩效奖励机制。

（二）担当深化改革的急先锋

以改革为突破口，全力打造深化改革的全链条、闭环式工作模式。

1. 应放尽放，“放权”放出市场活力

2019年取消、下放、调整省级行政职权事项101项，向沈抚新区行政赋权169项，编制完成《辽宁省政务服务事项目录（2019版）》。

- 101项 取消、下放、调整省级行政职权事项
- 169项 向沈抚新区行政赋权

2. 优化流程，“简政”减出政府效率

- ↓24% 材料
- ↓40% 时限
- ↓28% 跑动次数

整合“证照分离”、证明清理、“容缺受理”、并联审批等改革成果，开展流程再造。2019年全省行政审批许可事项平均减少材料24%、减少时限40%、减少跑动次数28%。

3. 数据共享，“一张网”提升治理水平

从2019年开始，通过一体化政务服务平台，所有政务服务事项全链条、封闭式运行，并全部纳入电子监察系统。省、市、县三级5016个部门的政务服务事项纳入一体化政务服务平台，网上可办率达92.3%，现有实名注册用户近1000万。

- 92.3% 网上可办率
- 近1000万 实名注册用户

4. 专项改革，化解企业和群众痛点

告知承诺　联合审查　联合审图　联合验收　多测合一　等改革措施

- 减少60%以上 审批要件材料
- 压缩50%以上 审批时限

协调省（中）直31家单位开展工程建设项目审批制度改革，在全省实行告知承诺、联合审查、联合审图、联合验收、多测合一等改革措施，项目审批实现网上办理，从立项到开工65个工作日内完成审批。目前全省共2634个工程项目按时限完成审批，审批要件材料减少60%以上，审批时限平均压缩50%以上。牵头开展不动产登记改革，全省所有市县不动产一般登记和抵押登记业务办理时间压缩至5日内办结。牵头开展企业注册登记改革，全省在3.5个工作日内办结的基础上，加入社保和银行开户环节，实现全流程3个工作日办结，市场主体登记当场办结率达80%以上。

5. 统筹推进，助力各项改革成果惠企惠民

推动落实减税降费政策，省本级基本取消全部行政性收费。推动优化纳税服务，办税事项即时办结率达90%以上。推动通关便利化改革，大连海关通关时间缩短至15分钟。推进银税互动，新增贷款增长10.2%。

- 90%以上 办税即时办结率
- 15分钟 海关通关时间
- 10.2% 新增贷款增长

（三）担当纾困解难的服务员

1. 提升政务服务质量

针对全省各级各类政务服务中心存在的管理不优、服务水平低、黑中介和黄牛屡禁不止等乱象，连续两年开展专项整治、督查检查，对政务大厅和办事窗口进行规范统一，建立完善“首问负责、容缺受理、否定备案、代办服务、绿色通道”等服务制度，出台《辽宁省各级各类政务服务中心建设与服务标准化指引（试行）》，推动“线下大厅（政务服务中心）”和“线上大厅（一体化政务服务平台）”相互补充、有机结合。

服务制度

- 首问负责
- 容缺受理
- 否定备案
- 代办服务
- 绿色通道

2. 为企业提供精准服务

- 30760个 服务企业和项目
- 15398个 解决问题

出台系列制度性文件，在全省建立“1+1+N”模式的项目、企业管家服务制度，已为30760个企业和项目提供服务，疫情防控期间共帮助企业解决问题15398个。

3. 开展突出问题专项整治

连续两年开展“营商环境突出问题专项整治”活动，聚焦与企业和群众生产生活密切相关的办事难、出行难、用电难、证明难等堵点、痛点、难点问题开展集中整治，形成制度性成果1700项。

集中整治

- 办事难
- 出行难
- 用电难
- 证明难

4. 加强诚信政府建设

- 194亿元 2018年兑现政策资金
- 193亿元 2019年兑现政策资金

以“政府拖欠、政府违约、新官不理旧账”等问题为重点，连续2年开展政府失信行为专项整治，2018年兑现政策资金194亿元，2019年兑现政策资金193亿元。

5. 解决企业投诉问题

构建营商环境投诉问题省、市、县（市）区、乡镇（街道）的四级闭环办理体系，在全省范围内建立工作站9144家，处理企业各类诉求、咨询和建议。

- 9114家 工作站

（四）担当营商环境建设的监督员

1. 评估改革结果

通过开发一体化政务服务平台的电子监察系统、工程建设项目审批的监管平台等监察系统，对各地区、各部门改革成果推进落实情况进行实时监督。

2. 发动社会监督

通过政务服务“好差评”制度、企业和群众的社情民意反馈、营商环境监督员和智库专家队伍的意见建议，以及新闻媒体的宣传报道等渠道，建立监督评价机制。

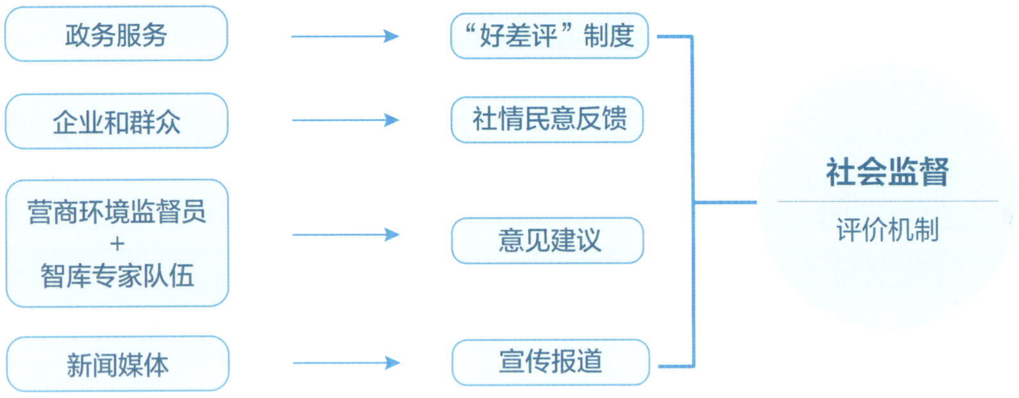

3. 曝光典型案例

建立常态化通报、曝光、约谈机制，省级层面累计通报曝光近百起破坏营商环境建设的典型案例，对涉及的部门和人员予以问责。

经过两年多的实践和探索，辽宁省形成了省、市、县三级营商局的组织架构，省营商局在推进营商环境建设工作中，发挥组织指导、统筹协调、监督检查的职能作用，有助于凝心聚力开展营商环境建设工作，推动各项重点改革全链条、闭环式管理和各项政策措施落实落地。

2020 年，辽宁省将以贯彻落实国务院《优化营商环境条例》和《辽宁省优化营商环境条例》为主线，以“放管服”改革为中心，以中国营商环境评价为抓手，加快打造市场化、法治化、国际化营商环境。

吉林省

——工程建设项目审批全过程“一码通”服务

吉林省利用信息化手段建立协同服务工作机制，为每个工程建设项目在进入审批前在线开展定制化的协同服务，生成指引全过程办理的“一单五清”告知单和“协同服务码”，实现选址意见清、审批流程清、审批事项清、建设要求清和审查要点清，为工程建设项目办理提供从生成到竣工验收全过程“一码通”服务。

（一）省级统筹、省建市用，推动改革落地落实

成立由省长任组长的省工程建设项目审批制度改革领导小组，省政务服务和数字化建设管理局作为领导小组办公室，会同自然资源、发展改革等部门创新项目策划生成思路，出台《吉林省工程建设项目生成协同服务管理办法》。

采用省统建模式建设省、市两级工程建设项目审批管理系统（以下简称工程审批系统），省统建省、市两级系统，市级系统含县、区功能，与吉林省一体化政务服务平台、事项管理系统等7大政务基础支撑平台相统一，实现数据同源；推进工程审批系统与发展改革、住房城乡建设、自然资源等省级业务系统接口对接和数据实时共享。

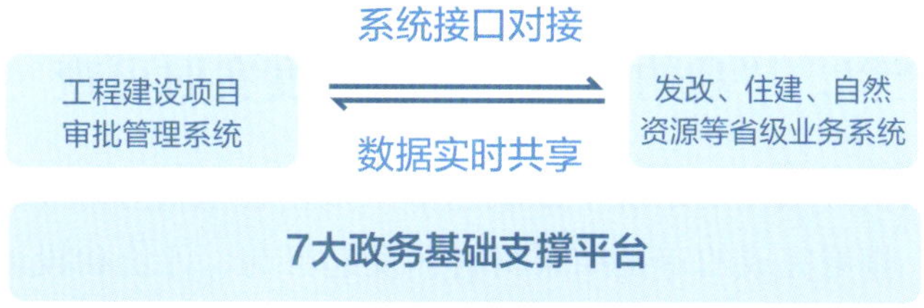

（二）“定制化”项目生成，实现“一单五清”

设立在线开展审批前“协同服务”模块，依托吉林省工程审批系统，调用国土空间信息库服务，在线开展包括选址合规性审查、勾选办理流程等在内的空间选址协调和建设条件协同服务。各部门通过“协同服务”，生成统一的“一单五清”告知单和“协同服务码”，作为建设用地规划条件的附件提供给项目单位。

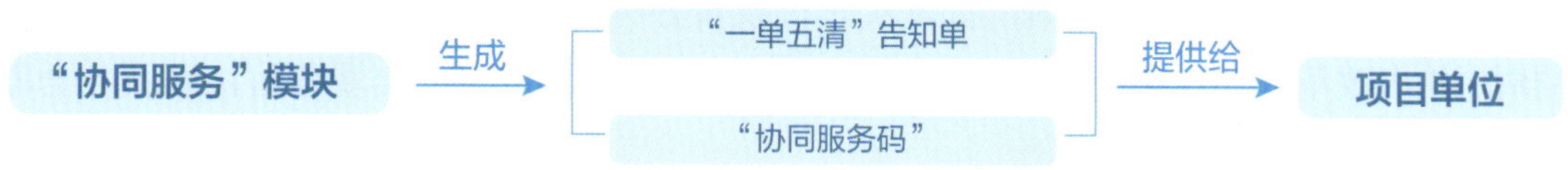

（三）记录项目生成全过程“协同服务码”，推动形成可追溯的项目“出生档案”

通过协同服务生成“协同服务码”，记载项目全部信息，包含项目生成前所有审批部门为项目单位选择的审批流程图类型，形成对项目的明确审批意见、办理事项（含特殊情形需增加的办理事项）、标准化的建设条件要求和审查要点，各部门审批意见原则上不得与协同服务阶段的意见相左。对各部门提供的前期意见和后续审批意见不一致、影响办理等情况，建立全留痕、可追溯机制。

（四）使用“协同服务码”体验“定制化”办理

项目单位在项目 4 个审批阶段申报过程中，通过使用“协同服务码”获得工程审批系统为项目单位提供的“专属定制”流程，系统自动提供各阶段全部审批办理流程、应办理的事项和时限、应提交的材料、建设要点和要求等信息，项目单位可提前准备申报材料，合理安排工期。

“专属定制”流程 ›› 审批办理流程 + 应办理的事项和时限 + 应提交的材料 + 建设要点和要求

（五）破解系统连接、多码互认难题

工程审批系统与发展改革、住房城乡建设相关系统共同制定接口规范推进对接，确定代码层级关系与阶段匹配规则，构建相应的数据结构。对存量项目数据按照对应关系和阶段规则勾连，实现增量项目和存量项目数据多码关联互认。

通过“协同服务码”复杂逻辑勾连实现“多码互认”，项目单位在办理立项至竣工验收全流程中，项目信息贯穿审批全流程的“协同服务 +4 个审批阶段”，实现数据互认共享，避免造成偏差。

（六）一码畅通全程，“我的项目”办理进度实时可查

项目单位的法人或代办人使用系统申报端和掌上端，在项目办理全过程中，可随时查询审批办理进度和办理环节，查看完成的审批结果材料，发起咨询、评价和投诉。

总的看，规范审批部门的提前服务，推动解决了“规划打架”“部门意见不一致”的难题，为项目单位提供了定制化流程和指引，提高了审批效率，为企业节约了时间和资金。采用“省级统筹、省建市用”模式，节约了建设资金，提升了系统运行效能。截至 2020 年 7 月，吉林省通过工程审批系统在线办理的项目超过 2300 个。

2020 年，吉林省将进一步强化协同服务工作深度和标准化程度，持续优化流程，完善监管体系，全过程加强市、县审批人员培训，普及实时在线督办和发起问询机制，发挥省、市两级监管功能；同时，扩大改革应用覆盖面，从现有市级层面向各县（区）延伸，实现项目协同服务全覆盖，推进改革措施惠及更广大企业和群众。

黑龙江省

——推动“办事不求人”

黑龙江省聚焦与广大市场主体和人民群众密切相关的重点领域和政务服务高频事项，以“办事不求人”为切入点，加大改革创新力度，大力优化政务服务，让“办事不求人”真正落到实处。

（一）加强制度设计，深挖问题根源

黑龙江省政府印发《关于推进“办事不求人”工作的指导意见》，提出政策知晓不求人、网上办事不求人、窗口办事不求人、投资落地不求人、公正监管不求人等15项制度安排。各市（地）和中省直部门制定并公布“办事不求人”工作实施方案，领导干部“走流程”亲身体验办事难点、堵点，确定便利化、可操作、可查核的具体措施。全省累计公布“办事不求人”易发事项“负面清单”1082项，接受社会监督。

（二）强化信息公开，推进“一网通办”

政务服务事项实行清单式、标准化管理，公开办理条件、申请材料、服务流程，取消“其他材料”“有关材料”等模糊条款，实现网上可查、电话可询。加快建设全省一体化在线政务服务平台、“全省事”App和政务信息共享交换平台，打破数据壁垒，推进“不见面审批”。

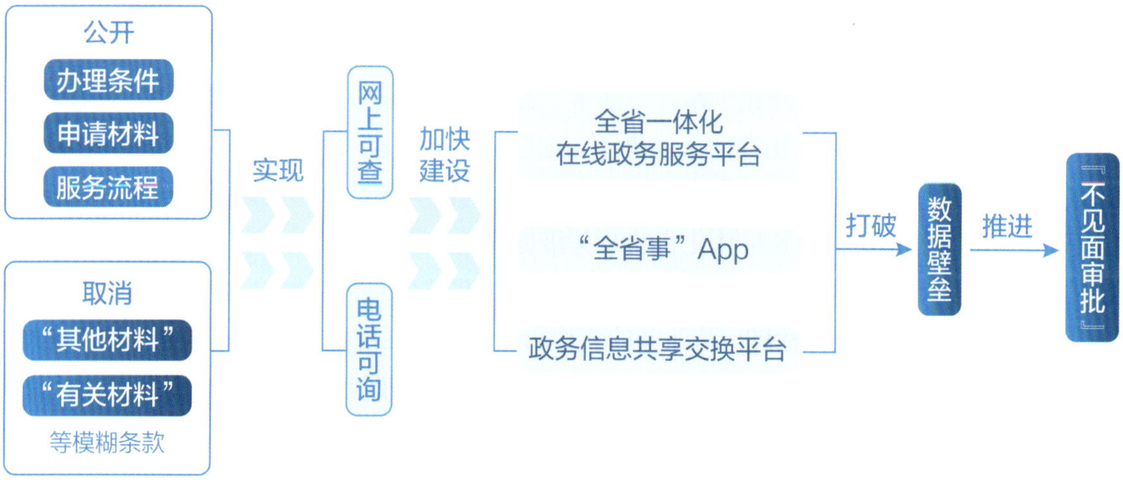

（三）增强综合施策，推广经验做法

以“办事不求人”为牵引，统筹推进“放管服”改革和优化营商环境各项工作落地见效，将推进“办事不求人”作为“不忘初心，牢记使命”主题教育重点整治内容，回应百姓呼声。总结示范单位经验做法，向全省复制推广。

黑龙江省以人民为中心优环境、以问题为导向抓整改，从企业和群众最不满意的问题改起、最受益的事情抓起，小切口、大纵深，找准缺口、全面突围，从一件件具体事项“不求人”，推动全省逐步实现整体“办事不求人”，相关工作取得阶段性成效。

1. “办证不求人”，用制度刚性换来企业的“发展指数”和群众的“幸福指数”

通过简政放权和政务服务标准化，还权于民，消除规章制度的笼统含混和办事的“随意性”。省级行政许可事项精简24.5%，哈尔滨市取消所有自设行政许可。全省出入境、交警业务窗口缴费实现电子支付，入境部门建立24小时自助服务站，实现自助签注机全覆盖；设立身份证及护照等证件直取窗口，电子居住证、身份证丢失补领等热点业务全程网上办理并设置自助服务终端，让群众体验到“办事靠自己，不用求别人”。

2. “看病不求人”，群众健康红利“触屏可及”

黑龙江省医疗机构对院务、号源、排队、价格、费用、医保、流程、服务、人员、导航等10个方面的医疗服务信息全部公开。全省二级以上医院实现网上挂号，多个医院推出网上查病历，患者通过手机就能看到检查结果和诊断；医生专家“在线”咨询问诊，通过5G远程医疗、电视医院，让患者“足不出户”问医看病。

3. 从“上学不求人”到“放学不求人”，在教育公平的基础上更让人省心放心

黑龙江省中小学校全部采取小学就近入学、初中对口升学、高中按分录取，分班电脑一键式生成，排座定期轮换，当班干和评先评优实行民主推荐等方法，践行“零择校”“零择班”“零择位”“零指定”的“四零承诺”。同时，协调、汇聚各方力量满足课后服务需求，推动化解课后托管问题。

2020年，黑龙江省将持续深化“办好一件事”改革，推进同一事项无差别受理、同标准办理，实行综合性政务服务大厅标准化管理，优化“一窗”分类受理和“一站式”功能，推进更多政务服务事项向基层延伸下沉。利用大数据、人工智能、区块链等新技术，建设智慧化政务服务体系，推进政务服务事项加快接入全省一体化在线政务服务平台和“全省事”App，在更大范围实现“一网通办”“不见面审批”和“指尖直达”。与此同时，坚持信息数据共享、服务流程再造，加快跨层级、跨地域、跨部门、跨系统、跨业务的流程再造，提供主题式、套餐式服务，线下提升“一张表、一个窗、一专区”的含金量和集成度，线上配套做好数据共享复用，全面实现“一件事”全流程“最多跑一次”，推动从单一事项“最多跑一次”向“办好一件事”转变，实现从政务服务领域到社会化公共服务领域的“办事不求人”。

上海市
——优化营商环境法治保障共同体

上海市建立“优化营商环境法治保障共同体”（以下简称共同体）组织形式，整合立法、行政、司法、学界、业界力量，打造“问题发现便捷、原因分析精准、对策供给及时、制度固化有效”的扁平化工作机制。

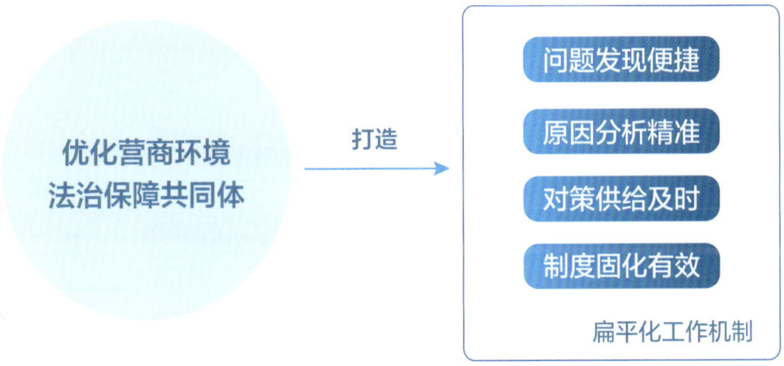

（一）建立共同体，汇聚优化营商环境法治保障合力

市委依法治市办公室、市司法局作为日常牵头单位，成员单位覆盖主要立法、执法、司法机关和相关专业机构，畅通制度设计者、制度执行者和制度规范对象之间的沟通渠道。完善联席会议、专题会议等工作机制，以扁平化方式开展工作，遇到问题及时成立工作小组或专家团队，发起共研共商并提出政策措施建议，推动问题解决。

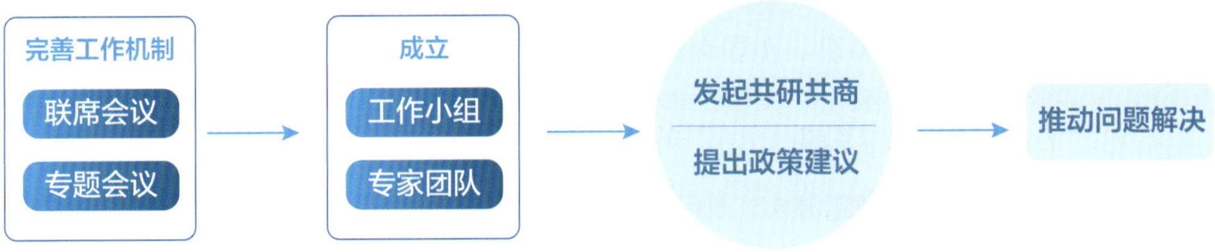

（二）聚焦企业需求，明确“违法行为轻微”具体情形

建立包容审慎监管和精细化治理理念，调研企业需求，围绕轻微违法行为的标准、范围等问题，梳理各类单行法律法规规章，对违法行为进行更精细的划分，在行政处罚法不予处罚规定的界限内细化明确“违法行为轻微”的具体情形，形成《市场轻微违法违规经营行为免罚清单》《文化市场轻微违法违规经营行为免罚清单》《生态环境轻微违法违规行为免罚清单》3 份免罚清单，覆盖市场监管、文化旅游、安全消防、生态环境等 4 个执法领域，涉及广告、食品、消防、艺术品经营、娱乐场所、出版、旅游、大气污染、固体废物污染等 20 余个类别，共计 61 项免罚事项，给予执法人员以明确指引。市法治政府建设工作领导小组办公室印发相关免罚清单实施典型案例及点评，推动免罚清单在全市范围内实施。

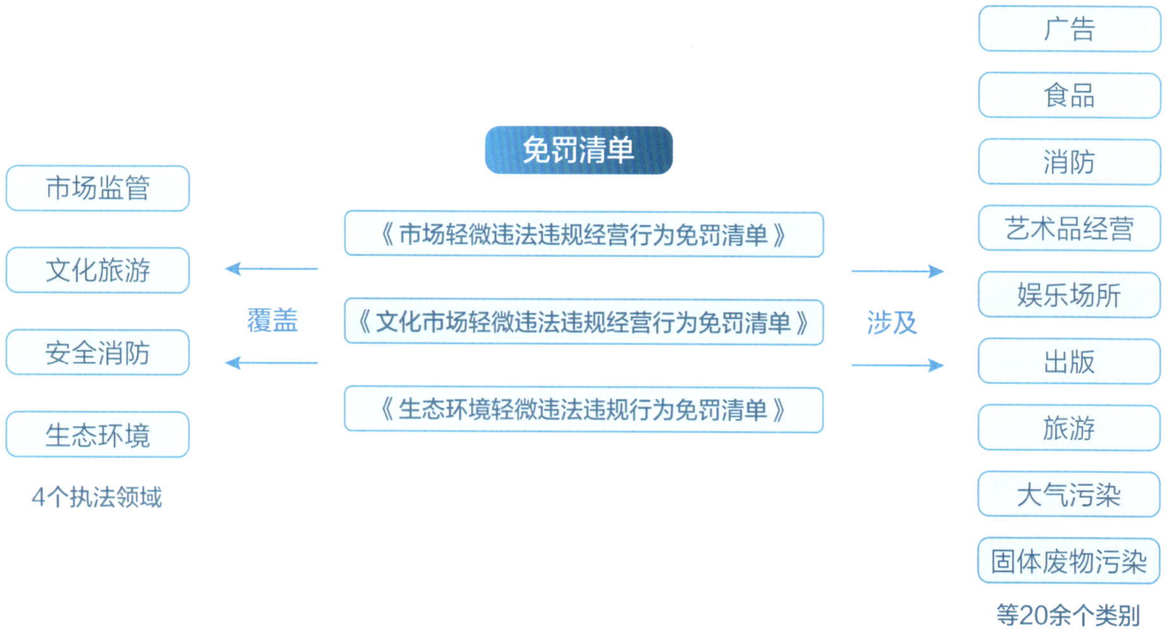

共同体成立以来，推动完善地方立法，推出免罚清单，上千家企业获益。对小微企业免罚，减轻其负担并给予成长发展所需空间；对上市公司免罚，避免负面信息披露及后续可能产生的连锁不良反应。实施免罚清单后，执法得到企业更多的理解支持，企业提升了守法合规意识，更愿意主动配合行政机关落实各项管理要求。同时，免罚清单列明了适用的具体情形，使免罚有据可查、便于操作，降低了行政机关执法成本，提高了执法效率。截至 2020 年 7 月，全市共适用免罚清单作出不予处罚决定超过 1100 件，免罚金额超过 1.5 亿元。

2020 年，上海市将进一步加强共同体工作，不断拓展免罚领域，扩充免罚事项，以更大力度降低企业负担。同时，聚焦问题源头，加强地方立法，对促进中小企业发展、公平竞争、知识产权保护、外商投资等关联营商环境的重要环节予以规范，促进制度设计向纵深延伸。

江苏省

——税务“掌上智能注销套餐”

江苏省以“不见面审批”为品牌，形成了重点突出、内容丰富、特色明显的政务服务江苏模式。注销清税涉及资格审核、发票清理、风险审查、清算申报等多个办事事项，是企业注销过程中涉及事项最多、业务最复杂的审批环节。为解决企业“注销难”，江苏税务部门以“不见面审批”为突破口，面向全省市场主体推出“掌上智能注销套餐”，通过江苏税务 App 或微信小程序，“一站式”全程在线办理注销清税事项并实现“智能审批”。“掌上智能注销套餐”综合运用技术革新，开展流程再造，将原有涉及多部门、多业务系统、多事项环节的注销清税审批进行整合，将服务从“网上”升级至“掌上”，将审批从“人工”升级到“算法”，将业务从“多项事”升级为“一件事”，打造“不见面审批”服务升级版，实现“一部手机掌上办理”。

（一）“刷脸”认证

通过手机端办理程序，企业可以通过“证件 + 人脸”的高安全性认证方式进行实名认证，通过实名认证自动获取企业登记信息、税费申报和各类经营信息。

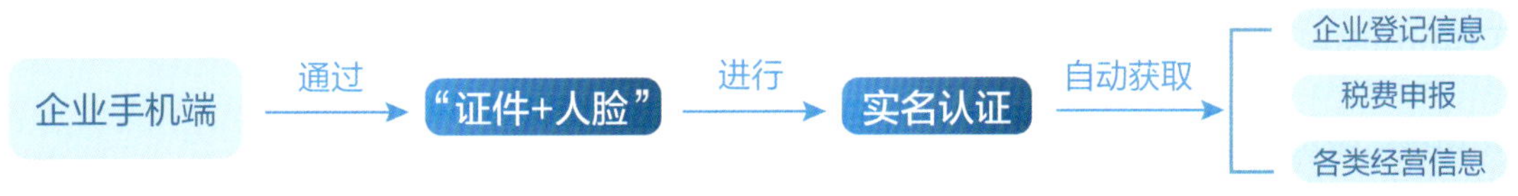

（二）智能“体检”

通过智能算法对企业涉税数据进行“体检”，检测企业是否存在未处理发票、未结清税款、未办理申报、未处理违章等涉税信息。对企业财务报表数据、发票数据、申报数据进行智能比对，针对存在未分配利润、未处理损益等事项，提示企业进行清算处理并缴纳相关税费。

（三）“一键”办理

企业可根据系统提示信息和办理方式，在线处理发票、清税、违章处理等未结事宜，如企业存有未开具的空白发票，可通过手机端“一键”确认将发票批量缴销，如企业存在未缴纳税款，可直接在线通过银联等渠道缴款。

（四）智能填报

申请注销所需资料填报均通过无纸化、免填单方式实现，企业基本信息在实名认证后自动带入，董事会决议、完税证明等资料经实名认证后均可免于报送，确需报送的申报表，均可通过系统自动填写或手机拍照上传等方式便捷填报。

（五）在线“秒办”

企业完成清税、发票缴销等程序，并在线提交注销申请后，系统后台对企业进行风险扫描，确认可注销后自动完成后台注销，并推送办理结果和电子文书。

江苏税务“掌上智能注销套餐”，使注销清税审批业务整体上实现了三方面变革：

1. 依托“大数据”和“云计算”推动服务公正透明

通过打通部门间数据“孤岛”，建立企业全生命周期的涉税行为大数据，依托政务云后台算力，保障企业注销清算期间正确履行各项申报纳税义务，同时防止出现人为审核导致执法尺度不一、审核效率不高的问题。

2. 通过“套餐式”和“全线上”压缩办理时限

通过集成多个事项为一个业务，企业在线一次填报综合表单完成办理，变信息多次采集为实名共享、多表填报为免填报，线下取件为线上一次性推送，集约办理流程和填报内容，压缩办理时限。通过涉税务大数据“体检”、电子化填报、智能化处理，将原先需往返税务机关2至3次才能办完的事项，改为通过手机App或微信小程序办理；通过一次受理、一次处理、一次出件，办理时间从法定20个工作日压缩到最快10分钟办结。

3. 创新“类型化”和“智能审”打破传统审核制度

通过对涉企数据有效分析，对申请注销的不同市场主体进行差异化分类，实施不同的办理程序。相关数据收集分析、风险识别预警、资格判断审核均通过系统自动化智能处理，推动“审批放权”。

江苏税务部门已面向全省市场主体推出包括“掌上智能注销套餐”在内的六大智能套餐服务，2020 年 1—6 月，共有 367.4 万户（次）企业享受了智能套餐服务，累计减少企业提交纸质表单及附报资料 5500 万份以上，减少企业前往实体大厅办事次数 1600 万次以上，减少企业制度性交易成本近亿元。

2020 年，江苏省将在“不见面审批”全覆盖的基础上，针对“多项事并联办、全流程掌上办、引导式智能办”等方面进一步攻坚，强化部门间合作，从市场主体的视角出发，将智能套餐服务扩大到“跨部门”“一件事”“智能办”，全面提升市场主体和社会公众的体验度和获得感。

浙江省

——“最多跑一次”改革

浙江省践行以人民为中心的发展思想，坚持问题导向，2016 年 12 月开始实施“最多跑一次”改革，从服务理念上升到治理理念，推动实现政府职能、服务方式、机关效能的整体性变革。

（一）聚焦办事事项迭代升级，推动改革系统集成

以权力清单和公共服务事项目录为基础，全面梳理规范办事事项，建立事项名称、申请材料、办事流程、办理时限等“八统一”的省、市、县三级办事事项体系，除“最多跑一次”例外事项（共 6 个主项、16 个子项）外，省、市、县三级 1925 项办事事项全部实现“最多跑一次”。

持续深化办事事项迭代升级，按照“一窗办、网上办、掌上办、一证办”要求，推进办事事项颗粒度最优化，细化最优颗粒度情形 9258 项，推进“减事项、减材料、减时间、减环节、减次数、减费用”，形成政务服务标准化零件。

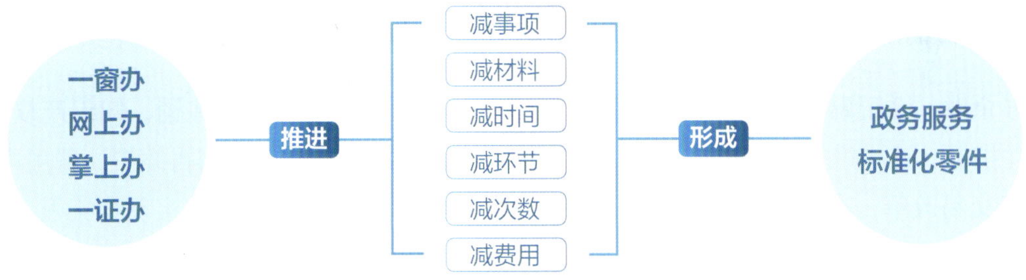

聚焦民生关切、涉企服务、人才服务等重点领域，围绕群众和企业全生命周期，将政务服务标准化零件集成总装为多部门联办“一件事”41 件，推动“一件事”全流程“最多跑一次”，实现“一套材料、一表申请、一次提交、一窗受理、一网通办、一次办结”。

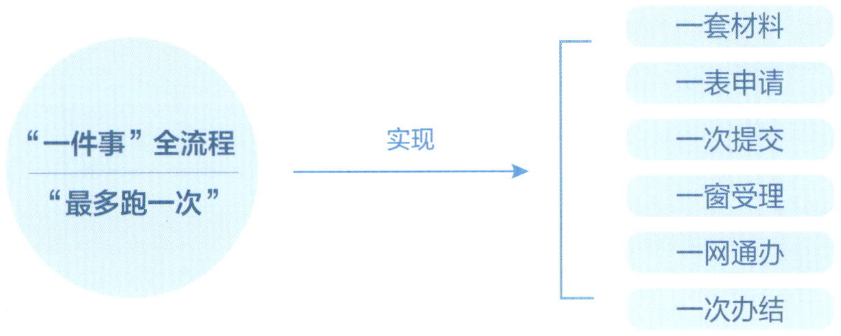

（二）聚焦"一窗通办"，推进无差别受理、同标准办理

以"一窗受理、集成服务"作为推进"最多跑一次"改革的主抓手，打造"前台综合受理、后台分类审批、综合窗口出件"的政务服务模式。

除车辆、船舶、动植物防疫等 31 项需要现场检验检测事项外，办事事项全面进驻行政服务中心，并基本实现"一窗通办"。

推进"一窗受理、集成服务"改革向乡镇（街道）、村（社区）和银行、邮政网点延伸，70% 以上的民生事项在乡镇（街道）便民服务中心可办。银行、邮政网点政务服务代办点和综合性自助终端机实现乡镇（街道）全覆盖。

集成推进长三角政务服务一体化，初步建成长三角数据共享交换子平台，58 个高频政务服务事项接入长三角"一网通办"；391 项特色便民服务实现移动端"无感漫游"，15 类高频电子证照归集并提供移动端"亮证"服务，"一网通办"线下专窗全省全覆盖。

（三）聚焦重点领域和关键环节，实施"10+N"专项行动

对开办企业、登记财产、获得信贷等营商环境便利化主要指标，企业注销、知识产权保护等 N 个支撑性指标，逐一进行流程再造，推动环节再精简、材料再压缩、时间再缩短、费用再降低。推进不动产交易改革，在全国首推水电气过户和二手房交易登记联动办理，实现全流程"最多跑一次"，平均 2 个工作日办结。全面实施"证照分离"改革，推进 518 项涉企经营许可事项落地见效；进一步压缩企业开办时间，实现企业开办全流程 1 个工作日办结；持续推进"多证合一"改革，实现"28 证合一"；深化"证照联办"改革，实现 30 个事项证照一并办理。迭代建设投资项目在线审批监管平台 3.0，基本实现新批工业用地"标准地"出让全覆盖，完善浙江省投资项目行政审批中介服务平台，实现一般企业投资项目从赋码备案到竣工验收审批"最多 90 天"。

（四）聚焦政府数字化转型，全面打造掌上办事、掌上办公、掌上执法省

推进一体化在线政务服务平台、掌上办公平台等“8+13”重大项目实现全省全贯通、市县全覆盖，网上可办、掌上可办、跑零次、民生事项“一证通办”比例分别达100%、80.5%、97.4%和91.4%。“浙里办”App集成500余项便民服务，下载量超过4195万次，日均活跃用户数达60万人次。建成人口、法人、电子证照、信用信息、空间地理等基础数据库，归集全省数据203.5亿条。建设省市两级统一管控的数据共享平台，提供共享数据45533项，累计共享调用15.5亿次。实施机关内部“最多跑一次”改革，依托“浙政钉”，建成全省协同办公平台，全省机关内部办事事项“最多跑一次”实现率达97.84%，网上办比率达89.3%，办理材料精简率达31.53%，办理时间压缩率达44.34%。建成运行全省统一行政执法监管平台，建设全省一体化信用系统，上线运行全国首个综合型“互联网+督查”平台“浙里督”，推行政务服务“好差评”系统，完善“12345”咨询投诉举报热线，实现“一网监管”“对监管的监管”。

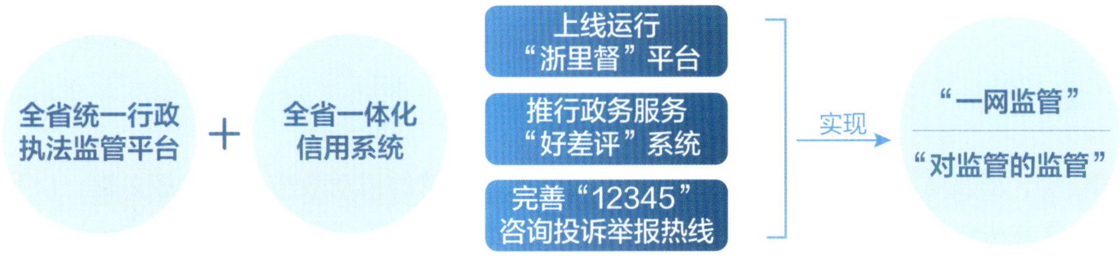

（五）聚焦延伸扩面，推动“最多跑一次”向各方面各领域延伸

在教育、医疗、民政、科技、文化、体育等领域实施民生保障“10×N”集成改革，努力解决群众牵肠挂肚的“关键小事”。深化医疗卫生服务领域“最多跑一次”改革，紧紧扭住城市医院“看病难”“看病烦”和基层医院“看病弱”等“关键小事”，先后推出“看病少排队”“付费更便捷”等20项举措，城市大医院排队平均时间从8.3分钟减少到2.6分钟。推行民政服务“码上办”，群众只需用手机扫二维码，就可办理12项民政服务。出入境服务全省通办、“一证通办”经验在全国推广。推进改革向公共场所延伸，杭州火车东站先后实施高铁至地铁免检换乘、旅客高峰时段等候时间从8分钟减少为2分钟、乘坐出租车平均等候时间减少50%等45项改革举措，打响浙江省公共场所服务大提升“当头炮”，并在全省11个地市141个公共场所开展改革试点。出台交通设施、旅游景区、文化场馆等9大类公共场所服务大提升行动方案，加快“最多跑一次”改革向各类公共场所延伸覆盖。

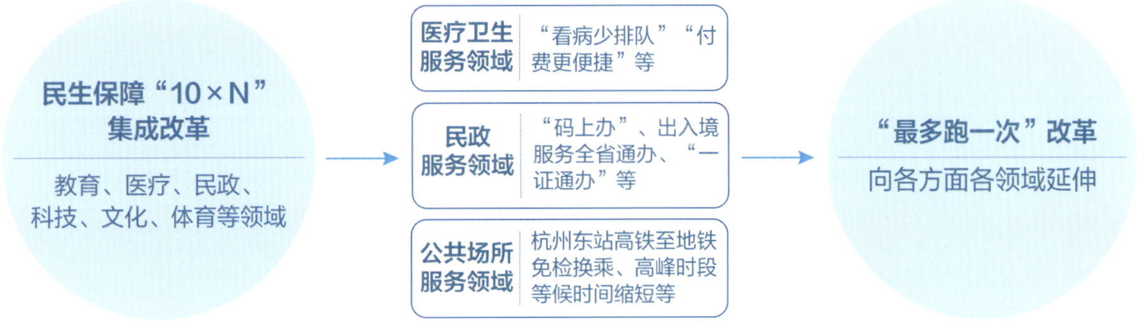

（六）聚焦规范标准，推进改革法治双轮驱动

推进法律法规与“最多跑一次”改革衔接，出台地方性法规《浙江省保障“最多跑一次”改革规定》，制定实施《浙江省深化“最多跑一次”改革推进政府职能转变和“放管服”改革行动计划（2018—2022 年）》。出台《政务办事“最多跑一次”工作规范》《“双随机、一公开”管理规范》《企业投资工业项目“标准地”管理规范》等 11 项省级地方标准和 52 项市级地方标准，推进具有浙江特色的标准体系建设。

2020 年，浙江省将围绕进一步发挥“最多跑一次”改革的撬动效应，把“最多跑一次”改革蕴含的理念方法作风运用到省域治理各方面全过程，持续把改革成果转化为制度优势、把制度优势转化为治理效能，不断提升省域治理现代化水平。

安徽省

——“四送一服”双千工程

安徽省自2017年起面向全省企业开展“四送一服”双千工程活动（即组织千名机关干部，深入千家企业，送新发展理念、送支持政策、送创新项目、送生产要素，服务实体经济），着力解决实体经济困难问题，推进中央及安徽省各项支持实体经济发展政策措施落地见效。

（一）线下组织干部进企入园服务

由省发展改革、经济和信息化、财政、税务等16个单位牵头，抽调30多个与涉企服务密切相关部门的业务骨干组成16个省工作组，每个组15人左右，分别对口联系一个省辖市，各级比照成立工作组，每年集中不少于一个月时间开展“四送一服”活动，常态化开展各类主题活动。

① 送新发展理念

通过集中宣讲会等形式深入宣讲习近平新时代中国特色社会主义思想，解读创新、协调、绿色、开放、共享的新发展理念，引导市场主体转变发展方式、提振发展信心。

新发展理念：创新、协调、绿色、开放、共享

② 送支持政策

汇编发放惠企政策清单，通过政策宣讲会、政策咨询会、中介服务及点对点上门服务等方式，帮助企业兑现政策、落实惠企红利。

③ 送创新项目

组织专家学者对接帮扶企业，通过召开科技要素对接会、推进产学研用合作等方式，促进科研成果与企业需求有效对接，帮助谋划一批有利于转型升级的新项目。

④ 送生产要素

根据企业要素需求，通过召开银企、劳动力、土地要素对接会等形式，有针对性地帮助企业解决资金、人才、土地等要素难题。

⑤ 服务实体经济

进企入园收集企业问题，现场能解决的当场解决，现场难以解决的分办交办、限期反馈。省级层面不定期现场协调、调度督办、对账销号。

（二）线上平台 24 小时不打烊服务

建设省“四送一服”双千工程综合服务平台，打通平台与省政府网站、安徽政务服务网、“皖事通”App 等对接通道，企业足不出户、动动手指即可享受线上“四送一服”服务。

1 宣传解读涉企优惠政策

平台通过微信图文消息、H5动画等形式及时发布各级支持实体经济发展政策，根据登录企业不同行业类型精准推送相关政策，用户可根据政策类型、关键词等进行精准搜索。

2 收办企业反映问题

为省、市、县、乡四级共2000余个政府部门设立专门账户，各单位明确专人负责，实时收办、在线处理，实现各类问题全省“一键通办”。各承办单位15天内反馈办理情况，逾期自动预警扣分，省、市两级开通电话回访记录功能，听取企业意见建议，审核问题办理质效。反映问题的企业可以在线查看办理情况并进行评价，企业的意见作为评价办理质量的重要参考。

3 线上对接生产要素

建成银企、基金等线上服务专栏，企业可线上下单意向对接的生产要素，平台跟踪推进。银企对接平台汇总整理100余个全省各大银行支持民营企业、中小微企业的金融产品，企业一键查询产品信息，一键提交融资需求，金融机构根据企业填报的统一社会信用代码、生产经营情况、资金需求量、融资方式等信息，及时精准对接企业。

（三）完善工作机制保障优质高效服务

建立健全评估问效、挂牌督办、联系包保等工作机制，推动“四送一服”工作常态长效、优质高效。

1. 构建评估问效机制

形成以企业满意度为核心的评价体系，通过电话回访等方式开展第三方评估，考评结果纳入省政府对各地、各有关部门年度目标管理绩效考核。

- 形成评价体系
- 开展第三方评估
- 考评结果纳入考核

2. 完善挂牌督办机制

- 挂牌督办
- 协调解决

各级每月至少召开一次专题会议，挂牌督办、协调解决企业重难点问题。

3. 健全联系包保机制

省直16个部门对口各市挂牌联系包保16个重点园区和241家重点企业，全省各级11776名领导干部联系包保20640家企业、5864个省重点项目，包保责任单位和干部常态深入企业开展帮扶。

- 对口联系
- 深入帮扶

总的看，安徽省“四送一服”双千工程创新服务实体经济方式，解决企业发展实际难题，受到市场主体普遍欢迎。

1. 推动打通政策落地“最后一米”

各级干部进企入园、线上线下联动开展政策宣传解读、辅导申报工作，将各类惠企政策汇编成册，列明申报条件、申报方式、联系电话，推进政策落地见效。全省已有企业代表、各级干部127万人次参加政策宣讲，2019年全省新增减税降费813.6亿元。

2. 推动化解要素瓶颈制约

摸排各类市场主体对资金、用人、科技等方面要素需求，线下组织银行、自然资源、科技、劳动者等“集中赶集”，定期召开要素对接会与企业面对面对接。线上搭建金融、科技、供应链等要素“超市”，企业线上“点单”、系统跟踪对接进展。已帮助对接解决融资需求398.89亿元，土地超过57865亩，科研要素签约472个，131537人与企业达成用工协议。

3. 推动解决企业实际困难

通过走访调研和开通手机、微信、网上平台等方式，畅通企业反映问题渠道，跟踪调度解决实际问题，三年帮助企业解决7.29万个问题。

4. 推动全面复工复产

新冠肺炎疫情发生后，聚焦重点企业、重点园区、重点项目、重点工程和符合基本条件的中小微企业，帮助解决防疫物资短缺、交通物流阻断、产业链协同配套、员工返岗等问题，帮助落实增岗补贴、稳定就业补贴等6.93亿元，推动全省国有企业免收3.38万户中小微企业及个体工商户租金7.6亿元。

5. 推动夯实亲清政商关系

各级干部联系包保企业，常态化开展精准服务，加深对企业的了解，增进与企业之间的联系，对转变政府职能、优化服务有了更深刻的认识。政府部门和机关干部面对面帮助企业解决发展难题，有利于提振企业家信心，稳定市场主体预期。

2020 年，安徽省将推深做实“四送一服”双千工程，常态化组织干部进企入园服务，联动开展各类涉企服务主题活动，持续优化省“四送一服”双千工程综合服务平台，为企业提供更加优质高效的服务。

福建省

——“单一窗口”4.0版、“自己‘批’网上办”审批服务模式

一、“单一窗口”4.0版

为进一步推进服务创新，稳外贸、促发展，福建省上线中国（福建）国际贸易“单一窗口”（以下简称福建“单一窗口”）4.0版，应用大数据、人工智能和区块链等新一代技术，汇聚融合进出口业务流、货物流、信息流、资金流，实现关、港、贸、税、银一体化全链条运作。

（一）通关和港口服务

上线智能报关申报系统，使用机器人进行一键智能精准制单，订单直接生成报关单。

接入码头作业数据，增加船舶班轮订舱和船期发布功能，引入无车承运业务模式，为企业提供散货及集装箱运输过程的车货匹配服务，货主可直接在平台上发布订单信息，司机通过平台自动接收订单接受调度派车，企业可及时掌握货物全流程信息，实现港口信息共享和物流服务升级。

（二）贸易服务

建立福建“单一窗口”区块链公共服务平台，整合商品通关、仓储、金融、物流等环节信息，利用区块链技术的分布式、安全域、真实性的特点，构建“单一窗口”多方参与、多方互信、不可篡改的跨境贸易信息共享环境，解决国际贸易全链条之间数据汇聚难度大的问题，形成全程数据透明的跨境商品可信数据证明。

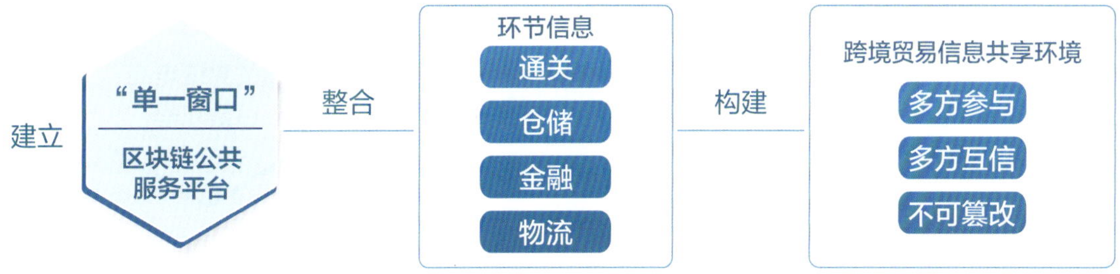

（三）税务和金融

上线税务备案系统，实现企业线上办理，全程无纸化操作。企业可在线开立税务电子备案表，在福建“单一窗口”线上向银行提交付汇申请。

上线福建“单一窗口”融资系统。银行通过“惠数通”平台，可获取企业进出口情况等真实数据，可利用大数据模型，智能测算出企业的授信额度，为银行等金融机构提供精准直观的企业生产经营信息指标参考。

实践表明，福建“单一窗口”成为通关便利化的重要依托和最有效的抓手。比如，实现依托福建“单一窗口”，实施对外贸易经营者备案登记与原产地证企业备案登记“两证合一”服务、上线船舶进出境的“一单四报”、国际贸易“单一窗口 + 出口信保”模式等服务。成效主要体现在四个方面。

1. 压缩审批流程和时间

通过税务备案系统办理业务，付汇银行通过福建“单一窗口”实时查看税务备案信息进行验核签注，无须每一笔付汇时在纸面单证上签字，业务办理时间从2—3天压缩至15分钟以内。外汇管理部门可在线指导、监管、分析备案和付汇信息，覆盖省内2019年办理5万美元以上服务贸易付汇业务的所有银行，注册网点近400家，实现对外支付600多笔，付汇金额15亿美元。通过福建“单一窗口”融资系统办理业务，银行简化申请材料，优化审批流程，压缩审批时间，及时提供金融服务支持，小微企业最快当天完成在线授信。

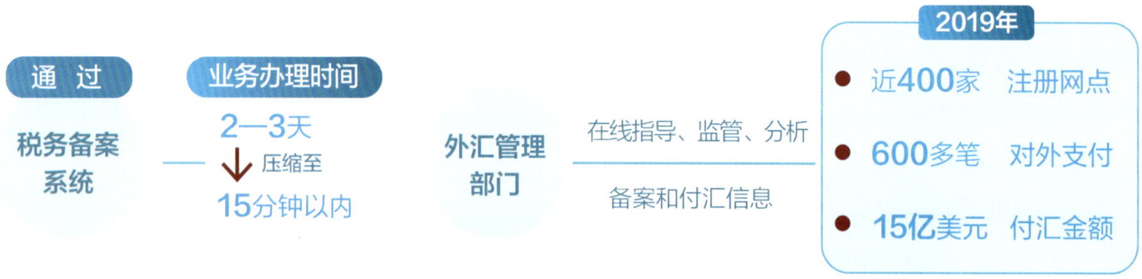

2. 实现跨境电商全流程可溯

通过福建“单一窗口”区块链公共服务平台，国内段通关数据、物流数据、航运数据、电商平台三单数据及海外段物流仓储等信息上链，形成全程数据可溯、数据互证的跨境电商可信数据证明，提升了海关跨境电商监管的效率。

3. 形成精准金融服务机制

福建“单一窗口”区块链公共服务平台完整串联了金融机构、企业、税务、海关等进出口链条，依托“惠数通”的数据分析能力，通过贸易类数据为企业融资背书，全面反映企业真实生产经营情况的风控模式，智能测算企业的授信额度，改变以往中小企业无法提供足够数据、企业商业信用难以监管、中小民营企业不被信任、银行以传统抵押担保为测算依据以及银行收集、验证、分析数据难等现象。

福建“单一窗口”融资系统业务已覆盖全省14家金融机构，成功办理用户60户，累计授信8.9亿元，发放贷款7亿元。上线出口信保“小微资信红绿灯”服务功能，为小微出口企业提供即时、标准、可视度高的移动端海外买方交易风险简易识别查询工具。

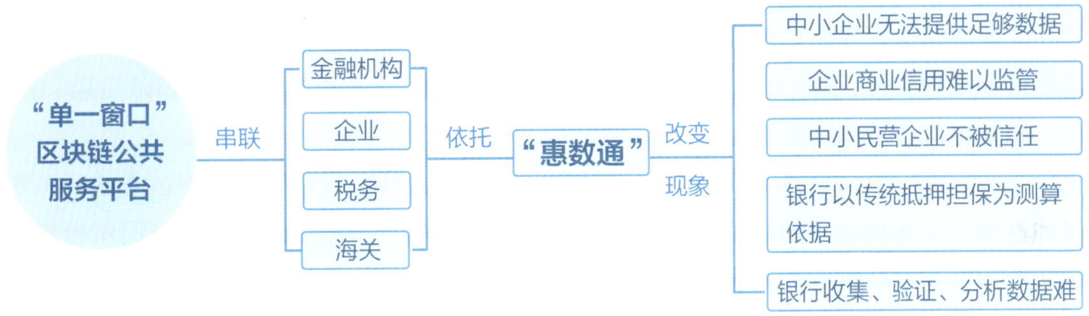

4. 助推地方治理通关堵点

福建“单一窗口”通过“一点接入、一次提交、一次查验、一键跟踪、一站办理”，解决了企业多头申报和重复申报的问题。福建“单一窗口”以系统化的方式收集所有数据，并就数据、单证和流程进行协调和简化，在海关（原检验检疫）、海事、边检等多家口岸管理单位间建立起信息共享互换机制，缩短了信息传递时间，实现通关提速。智能申报系统将企业人工报关准备的8个环节优化为1个环节，报关准备时间从通常24小时压缩至最短5分钟，申报数据准确率可达100%，每单费用降低100元以上。

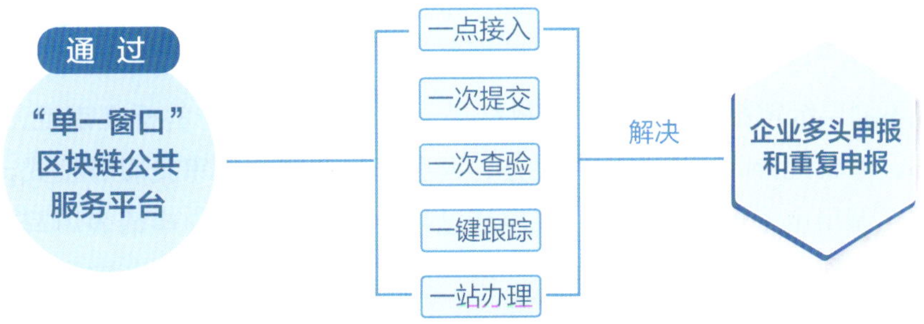

2020年，福建“单一窗口”将进一步打造丝路智慧口岸，推进贸易和通关智能化服务、与全球贸易伙伴国“单一窗口”的互联互通，实现口岸通关智能化；进一步完善全省统一的智能跨境电商综合服务系统，提升口岸通关时效；进一步拓展和优化服务功能，加强大数据、物联网、人工智能、区块链等新技术的创新应用，为进出口企业提供更方便更快捷的第三方服务；进一步加强“单一窗口”应用，扩大“单一窗口”社会影响力，实现主要业务100%在“单一窗口”办理。

二、“自己‘批’网上办”审批服务模式

福建省莆田市2019年推出“自己‘批’网上办”审批服务模式，着力打通服务企业和群众的“最后一公里”。

（一）“一张导图”告知标准答案

按照“精准、精细、精简”和“公开透明、规范统一、动态调整”原则，对全市审批服务事项开展标准化梳理，形成审批导图、审批要点。

精准，即依照法定权限，确定事项办理的材料、标准、流程和审查细则；精细，即依据法律法规将审批要点颗粒化，细化到每份申请材料“审查什么、怎么审查”；精简，即降门槛、去材料、通数据，做到审批要素和审批要点“只少不多、只减不增”。

公开透明，每份申请材料所需审查的内容全部向社会公开。规范统一，市、县（区）审批服务事项标准统一，实现在不同区域、不同层级、不同部门同一事项、同一标准，同步梳理、同时公布。动态调整，依据政策法规变化，动态调整审批导图。

（二）“一个系统”开卷自助审批

把每个审批事项的审批要点固化到系统，打造“开卷式”审批系统，针对每个审批要点，通过“是”或“否”问答判断形式，引导企业和群众按要点提交材料、与要点逐项比对，实时评判给出审查结果，将网上申报变成自己“审批”。申报材料同时流转后台审批人员，审批人员“怎么审查”与企业和群众“自己审查”的标准完全一致。

2020年，推广3.0版本“智助”应用场景，围绕自助机、手机App、网上办事大厅、线下实体大厅等功能场景，针对性打造“自助办、掌上办、网上办、大厅办”等功能应用。

实践表明，通过“自己‘批’网上办”审批系统，向全社会公开清单和导图，确保了同一事项在不同区域、不同层级审批标准一样、审批结果一样。实行一问一答标准审批，优化应用场景，办事体验更友好。“自助办、掌上办、网上办、大厅办”四位一体审批服务模式，高效利用大数据信息比对，实时调用电子证照库材料，在申请过程中的身份识别、申请表填写、申请材料提交等环节通过智能规则匹配，减少申请人操作，用户办事体验进一步优化，审批时效得到提高。截至目前，全市政务服务事项网上可办率为99.3%，电子证照应用率达93.4%。

江西省

——掌上政务服务

江西省以推进“五型”政府建设为抓手，以打造“四最”营商环境为目标，以大数据、云计算、区块链等技术为支撑，以诚信安全为前提、可追溯为手段、简化便捷公平公正公开为目标，统筹谋划、整体推进，依托国家一体化在线政务服务平台和全省移动政务服务平台“赣服通”，推动全省掌上服务架构一体化、服务功能多样化、助商惠企精准化、服务体验人性化、数据服务智能化，推出“不见面”审批、“无证办理”、政策兑现“掌上办”等一批改革举措，着力打造掌上企业服务的“小秘书”、群众生活的“小助手”、用户数据的“小管家”、智能客服的“小赣事”。

（一）数据信息“掌上查”

拓展企业身份核验和法人授权办事功能，为每位用户智能画像并创建属于用户自己的数字空间，用户认证授权即可实现用户信息授权关联、到期服务自动提醒、涉企政策自动推送、关联服务直接办理。数字空间已汇聚社保、医保、公积金、交管、市场监管等20余类个人和企业数字服务。

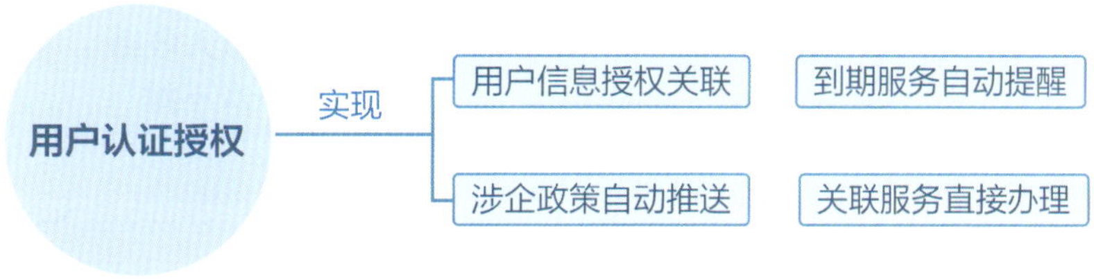

（二）高频服务“掌上办”

推行证照等政务数据共享使用，整合再造业务流程，推动审批服务掌上申请、审批进度掌上查询、审批结果掌上推送，企业注册开办等116项事项实现掌上“不见面”审批；推行“区块链+无证办理”，刷脸认证即可调取证照等相关数据，自动生成办事材料，处理为用户提供无感申报服务体验，婚育户“一链办”等56项服务实现“无证办理”。

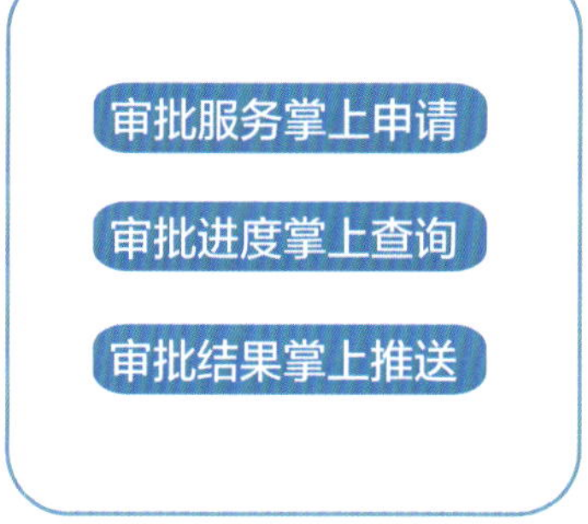

（三）证件材料“掌上用”

建成全省统一的“区块链 + 政务服务”基础平台，电子证照等材料上链运行，实现授权记录随时可查、用证记录全程可溯，做到数据信息防篡改、防抵赖。落实电子证照在具体政务服务中与纸质证照具有同等法律效力，推动电子证照由单一“亮证”向便捷“用证”升级。建立信息授权服务体系，支持面对面授权和远程授权，支持本人授权使用和授权他人使用，确保数据使用安全。

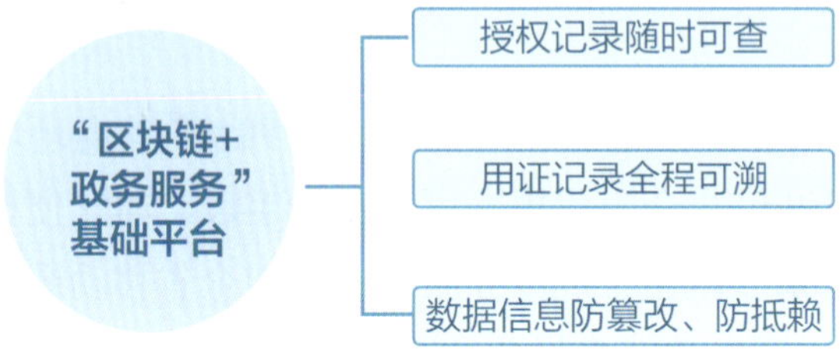

（四）常见费用“掌上缴”

依托财政非税收缴系统建设全省统一非税收缴专区，推进公安交管、教育收费、养老医疗、卫生健康等重点领域非税缴纳改革，群众通过平台缴款实时获得缴款结果和电子票据，实现非税收入收缴“一次不跑”。截至目前，仅全省公办大中小学和幼儿园教育缴费已超过 43 亿元，有效解决了过去学生报名排长队等问题。

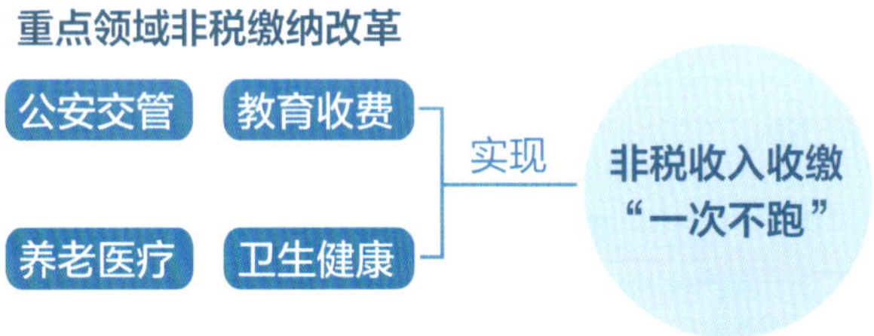

（五）涉企政策“掌上兑”

梳理建立国家、省、市、县涉企政策库，设立企业政策兑现服务专区。有办事系统的，直接对接办事系统实现“一键办理”；一些临时性政策没有办理系统的，在全省各级政务大厅设置涉企政策兑现代办窗口，通过“赣服通”政策兑现平台，推送至各级线下代办窗口，实现线上线下融合办理，打通了涉企政策兑现“最后一公里”。平台已汇聚惠企政策 638 件，惠企服务 866 项，涉企政策基本实现“掌上可查”，一批涉及税收优惠、扶持补贴、企业用工、金融支持等政策兑现“掌上可办”。

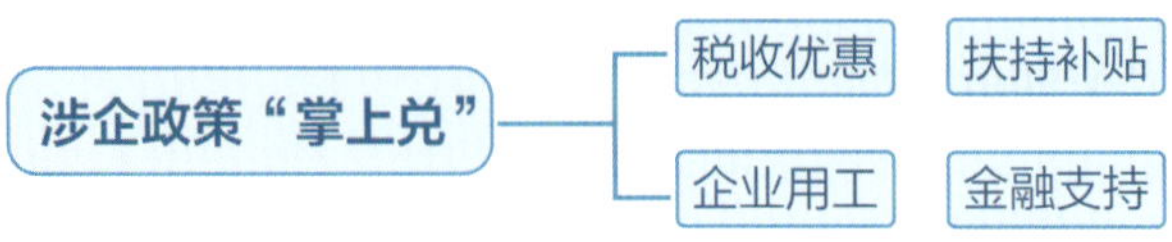

（六）线下服务“掌上约”

结合优化延时错时预约服务机制，依托“赣服通”平台设立全省统一预约服务专区，统一全省预约服务入口，统一预约服务规则，企业和群众可预约在非工作时间办理省市县三级线下政务服务。

（七）智能客服“掌上答”

基于AI智能算法主动识别用户可能关心的问题，实现常见问答智能推送。融合自然语言理解、大数据分析等技术，自动识别用户意图，在线解答常见问题。联通“江西12345”政务服务热线，疑难问题一键转接人工，打造群众身边“最有温度”的问题处理专家。

“赣服通”实现了从提供社保、公积金、公安户政等常见政务服务，到助力疫情防控和企业复工复产等数字化抗疫，再到“区块链＋政务服务”的服务升级，与江西人的工作生活正联系得越来越紧密。截至2020年8月底，平台累计上线政务服务事项6773项，电子证照148种，实名用户数达2100万，各类应用累计访问达8.6亿人次，平均日活量30万人。

“赣服通”服务数据（截至2020年8月底）

- 6773项　政务服务事项
- 148种　电子证照
- 2100万　实名用户
- 8.6亿人次　累计访问
- 30万人　平均日活量

2020年，江西省正依托“赣服通”“互联网＋监管”等数据平台，从政务领域着手，全面推进信用信息共享，构建适应高质量发展要求的社会信用体系和新型监管机制，建立科学信用评价体系，为个人和企业精准画像，采取有效激励机制在全社会倡导和弘扬诚实守信的良好风尚，降低社会交往成本、交易成本和行政成本，进一步提升政府治理能力，不断优化营商发展环境。

山东省

——“一业一证”改革、全面减权放权授权

一、“一业一证”改革

山东省针对“准入不准营”问题，以企业需求为根本，以“办好一件事”为目的，充分发挥相对集中行政许可权和“一枚印章管审批”优势，实施“一业一证”改革，将一个行业多个审批事项整合到一张载明相关许可信息的行业综合许可证，探索行政审批由“政府供给侧”向“企业需求侧”转换，增加综合性制度供给，形成手续更简、环节更少、成本更低、效率更高行业准营新模式。2020 年 4 月 30 日，印发《山东省加快流程再造推进“一业一证”改革试点实施方案》，确定全省在餐饮、药店、健身馆等 20 个与人民群众生产生活密切相关的高频行业，开展“一业一证”改革试点，通过事项整合、流程再造、信息共享，推动流程集约化、平台化。6 月 5 日，印发《关于抓好保居民就业、保基本民生、保市场主体工作的十条措施的通知》，在全省全面实施“一业一证”改革，线上线下并行办理，实现“一证准营”。

（一）在推进流程再造上下功夫

1. 精简规范流程，让审批更加高效

坚持能整则整、能减则减、能并则并，对20个试点行业逐一进行梳理，按照标准化要求，编制《山东省“一业一证”改革行业综合许可工作规范》，明确了20个试点行业综合许可的事项名称、适用范围、审批事项、实施依据、许可条件、提交材料、申请方式、办理流程、审批时限，制定发布“一单、一图、一表、一书、一证”（申请材料清单、许可流程图、许可申请表、许可承诺书、综合许可证），规范全省“一业一证”改革行业综合许可工作。

2. 集成优化流程，让办事更加便利

坚持以更大力度简政放权、流程再造，让“跑一次”为上限、“不用跑”为常态，以企业准营为目标，推行“六个一”流程再造：“一次告知”，按行业集成审批条件，形成一张告知单，由“多证多次告知”变为“一业一次告知”；“一表申请”，按照相同信息共享应用、个性信息单独填报的原则，简并申报材料，推行承诺制容缺受理，法定申请材料现场核查获取，由“多事多表申请”变为“一业一表申请”；“一窗受理”，设置“一业一证”窗口，建立会商机制，按行业实施统一帮办代办和咨询服务，由“一证一窗”变为“综合一窗”；“一同核查”，对需现场核查的事项，统筹组织，市县联动，部门联合；“一并审批”，变串联审批为并联审批，审批时限依照全流程中需现场核查最短审批事项的用时确定，限时办结；“一证准营”，统一全省“行业综合许可证”样式，加载集成有效许可信息二维码，实现行业经营许可信息一码覆盖，由“多事多证”变为“一证准营”。

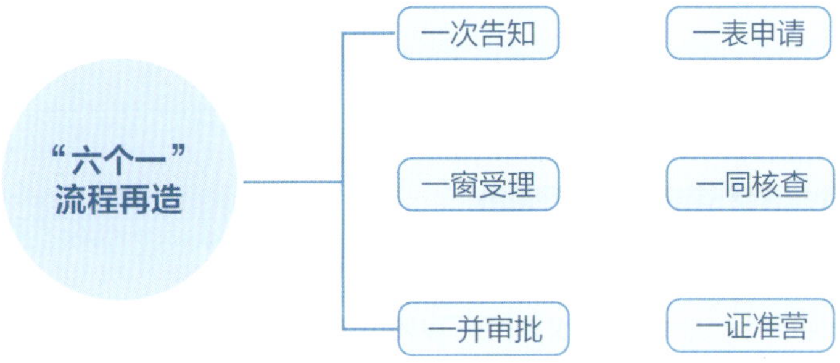

3. 平台固化流程，让服务更加智能

在山东省政务服务平台上搭建省级“一业一证”行业综合许可系统，将工作标准、办事流程嵌入信息化系统，规范整合工作流程，以市场主体统一社会信用码为索引码，推动部门间信息互联共享。申请信息实现最小颗粒化、标准化，按许可事项实行模块化组合并向审批系统推送。按行业将许可事项在系统申报端列入，由企业按需勾选，实现企业“点菜”、全程网办、超时预警，减少人为因素，保障工作标准和流程不走样。在部分市探索建设“一业一证”行业综合许可系统。

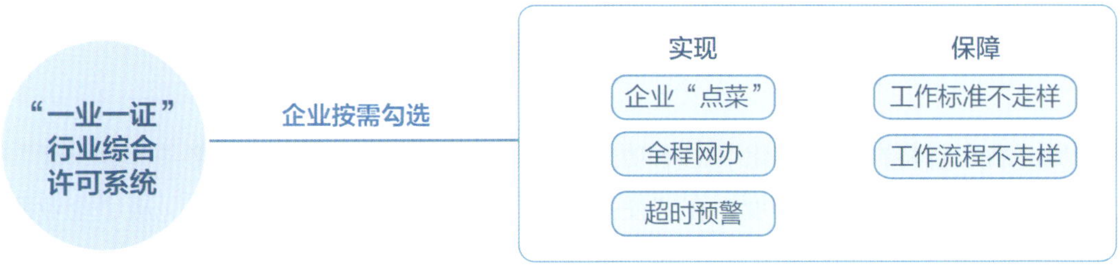

（二）在工作落地上动脑筋

1. 强化职能整合，推动工作融合

各市、县（市、区）积极推行系统集成，按行业合并同类项，实行多事一流程；优化窗口设置，设立“一业一证”综合办理区和综合窗口，开展帮办代办和咨询服务，窗口服务由“专科医生”向“全科医生”转变，实现了只进一扇门、办完所有事。

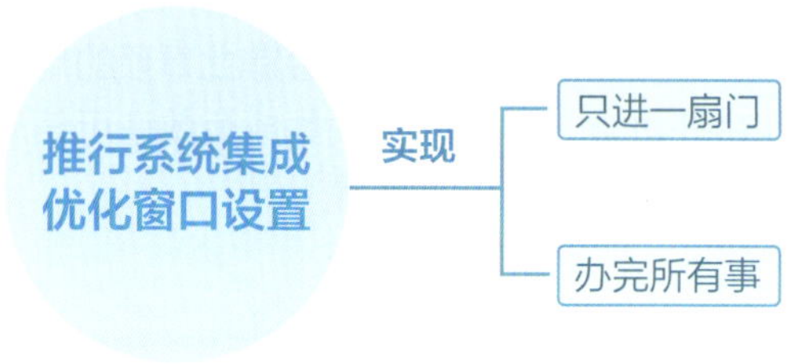

2. 广泛宣传发动，增强市场主体认可度

以市为单位，统一组织“一业一证”改革推广宣传，发挥网络媒体、微信公众号、微信小程序等作用，多角度高频次强化宣传力度和效果，形成强大的改革气场，营造良好的改革氛围。“一业一证”改革获得广泛认可，目前获证市场主体已超过7000家。

截至2020年8月底，全省16个市和170个县（市、区）及功能区已全部实行“一业一证”改革，共发放行业综合许可证7135张，覆盖20个行业，实现了平均办事环节压减71%、申请材料压减80%、审批时间压减78%，部分行业企业实现“拿证即开业”，改革效应初显。

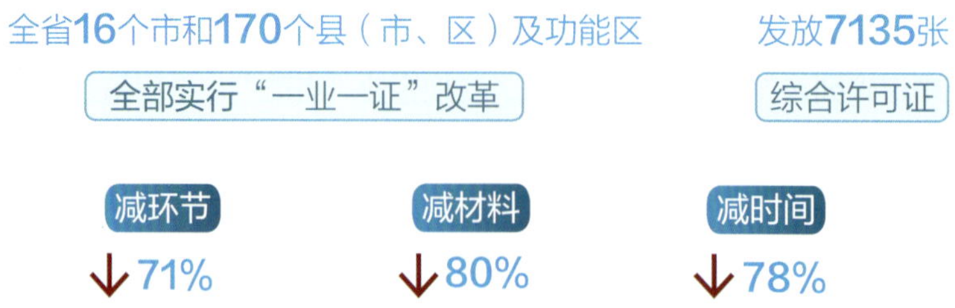

下一步，山东省将在“标准化”上下功夫，按行业建立工作规范，形成“一业一证”综合许可地方标准，提高工作规范化程度；在“便利化”上下功夫，适时总结经验，从“企业侧”考虑有效制度供给，逐步向其他行业拓展；在“智慧化”上下功夫，按照“一个平台、一张网络”建设要求，加快搭建省级统一综合许可系统，实现部门之间信息互联互通；在“法治化”上下功夫，加快“一业一证”地方立法进程，确保改革于法有据。

二、全面减权放权授权

山东省以全面“减权放权授权”为目标，大幅压减行政权力事项、充分向市县放权、实施精准定向赋权，构建省市县三级扁平化、一体化的审批管理体制，着力打造精简高效政务生态。

（一）法治思维引领，法治方式推动

1 修法保障减权措施落实

围绕涉及行政审批制度改革、商事制度改革、职业资格改革、投资体制改革和规范行政审批中介服务事项的规定，全面清理现行省政府规章。共废止省政府规章17件，宣布失效3件，修改涉及相关改革领域的28件，涵盖了“放”“管”“服”各个方面，为降低门槛、加强监管、优化服务提供了法治保障。

2 立法构建减权长效机制

颁布《山东省规章清理办法》，从立法层面加强政府规章清理工作，规定应当修改、废止和宣布失效的具体情形，建立社会公众有序参与清理的制度，将规章清理纳入制度化、规范化轨道。

（二）以需定供，按需放权

1 全面下放省级行政权力

2018年向济南、青岛、烟台下放70项行政权力；2020年向济南、青岛、烟台3市，其他13市，青岛西海岸新区和34个国家级开发区分别下放省级行政权力361项、61项、240项、103项。采取“点菜”“端菜”相结合方式，协商一致确定下放事项和下放形式，确保下放事项接得住、管得好、用得活。以省政府规章的形式公布下放事项，为委托下放事项提供法律依据。

2 扎实推进“市县同权”改革

采用直接下放、服务窗口前移和下放实质性审核权等方式，将市级行政许可事项调整由县级实施。同时，一并下放与行政许可相关联的行政权力、公共服务和收费等事项，确保关联事项能在同一层级“一链办理”，精准回应企业和群众“在一个层级、办好一件事”需求。

（三）借鉴负面清单模式，精准定向授权

向中国(山东)自由贸易试验区和中国—上海合作组织地方经贸合作示范区(以下简称“两区”)下放部分行政权力事项，赋予部分省、市管理权限。

1 建立“一次全面授权、分步分批承接”制度

山东省人大常委会颁布《关于向中国（山东）自由贸易试验区和中国—上海合作组织地方经贸合作示范区下放部分行政权力事项的决定》，明确“负面清单”的法律地位，有效解决授权的供需矛盾、提高授权效率。对法律、法规规定不能下放行使的省市级权力事项，由省和“两区”所在地市政府分别制定清单，清单之外的省市级权力事项均可下放“两区”，实现“一次全面授权”。清单公布后，实行“分步分批承接”，由“两区”根据需要、承接能力和实施条件，拟定用权需求清单，与省、市政府有关部门对接、分批承接；对未承接的事项，仍由省、市政府有关部门依法行使。

2 公布“两区”不能行使的省级权力事项清单

纳入213项行政权力事项，仅占省级权力事项总数的7.5%，清单之外的其他省级权力事项，均可授权“两区”实施。

3 强化对下放权力事项的指导和监督

对委托实施的省级权力事项，由省政府有关部门与“两区”签订委托书并给予相应的审批“二号章”；对直接下放的省级权力事项，采取随机抽查、专项评估、满意度调查等方式进行监督管理。“两区”所在地市政府履行属地管理责任，做好下放事项的承接落实。

河南省

——“三十五证合一”改革、“多证集成、一照通行”改革、“双流程”审批模式

一、“三十五证合一”改革

河南省自2017年8月1日起在全省推行“三十五证合一”改革，将信息采集、记载公示、管理备查类的涉企证照事项整合到营业执照上，以“减证”推动“简政”，着力解决企业设立时需要“部门多次跑、材料重复交、办理时间长”问题，以及创办企业过程中各类证照数量过多、“准入不准营”等问题，缩短企业从筹备开办到进入市场时间，降低创设企业的制度性成本。

（一）“二十二证合一”改革试点先行

2017年3月，河南省市场监管局在河南自由贸易试验区开封片区试点推行“二十二证合一”改革，将涉及发改、工信、住建、商务等15个部门、共22种证照统一整合到营业执照上。5月上旬，河南自由贸易试验区三个片区全部实施“二十二证合一”改革，为全省范围内推行“三十五证合一”改革提供了可复制可推广经验。

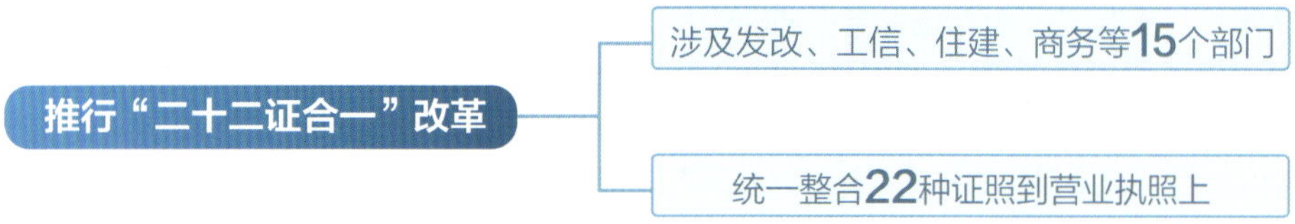

（二）“三十五证合一”改革全面实施

在试点基础上，全面梳理整合全省各类登记备案性质的涉企证照事项，在22证基础上梳理排查出13项全省适用的涉企证照事项，出台《河南省人民政府办公厅关于推进三十五证合一改革的实施意见》，自2017年8月1日起在全省范围内实施“三十五证合一”改革。

（三）科学确立整合事项

针对涉企证照事项数量繁多、性质繁杂问题，坚持依法依规原则，整合法律法规明确为信息采集、记载公示、管理备查等一般性的登记和备案类涉企证照事项，对于法律法规明确为行政审

批和许可性质的涉企证照事项，不予整合，不求多、不求全，确保改革于法有据。全面排查、认真梳理、逐项确认各项拟整合事项，对事项的名称、所属部门、法律法规依据进行认真研究比对，坚持能合尽合，破除部门藩篱，深度挖掘改革空间，最大程度提升企业和群众办事便利度。

（四）定期通报强化督导考核

河南省政府建立“三十五证合一”改革联席会议制度，以联席会议办公室名义每周通报一次省直各单位改革任务落实情况，每月一次向省政府总结呈报。同时，加大督查考核力度，跟踪工作进展，对工作积极主动、成效明显的予以通报表扬，对落实不力、进展缓慢的予以严肃问责，确保改革任务落实到位。

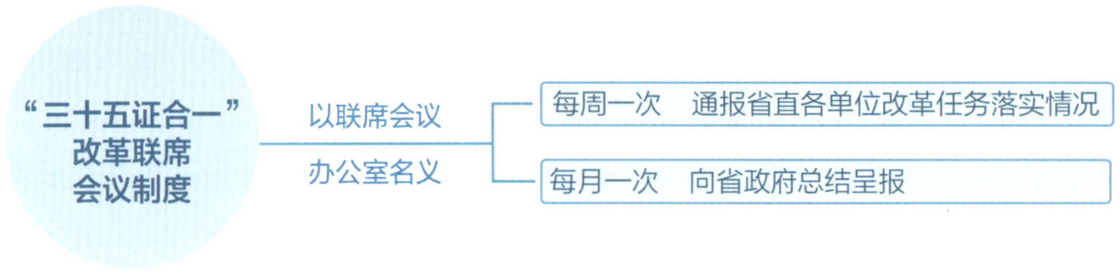

河南省“三十五证合一”改革成效明显，在全国层面具有示范性，积累了可复制可推广可借鉴的经验做法。

1. 打造“五个一”准入模式

“一窗办理”。实行“三十五证合一”改革后，开办企业只需备齐资料，到市场监管窗口提交一次申请，即可办理涵盖所需证照信息、加载统一社会信用代码的营业执照，无须再到其他相关部门或窗口办理，被整合证照不再发放。申请结果最多2个工作日反馈，大部分当场办结，全程“一个窗口进、一个窗口出”。

“一表申请”。制定印发全省统一的《河南省“三十五证合一”政府部门共享信息表》，将各部门要求企业提供的各类申报信息进行最大程度的整合删减，合并为一表，精简至总计6页，企业只需根据需要分项勾选、自主填报。与改革前相比，提交材料减少70%以上。

“一网共享”。建立完善全省“三十五证合一”信息共享交换平台，加快部门间信息数据的互联互通和共享交换。将企业登记信息、证照事项申办信息、政府部门共享信息实时、自动、定向推送给所属部门，相关部门通过平台及时接收、认领信息，并做好信息在本系统的导入、整理、分配、应用。通过从“面对面”线下办理到“键对键”线上办理的转变，全省企业登记全程电子化办理比例达到90%。

“一站公示”。通过“国家企业信用信息公示系统（河南）”网站实时公示企业申办的整合证照事项，企业和社会公众均可登录网站查询整合证照事项的办理情况，满足政府部门、企业和群众的查询需求。

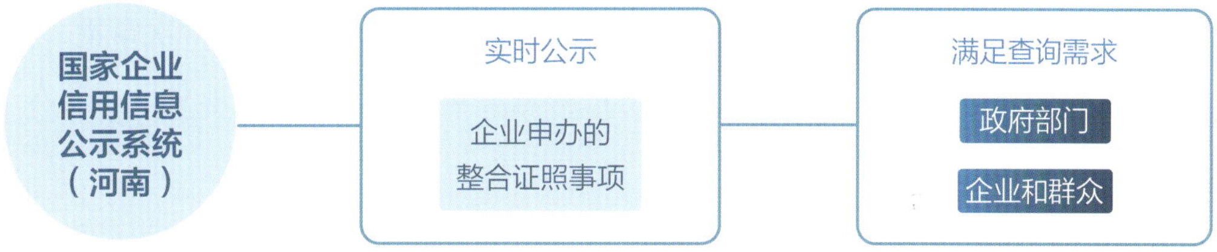

“一照应用”。各地各部门加强“多证合一、一照一码”营业执照的认可、使用、推广，不再发放被整合证照，不再要求企业提供关于整合证照事项的额外证明材料，服务企业“一照一码”走天下。

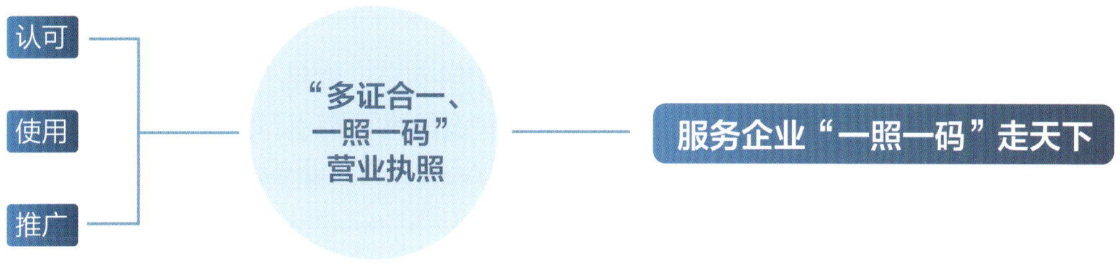

2. 打造新型监管模式

改变审批发证的传统管理方式。推进政府部门流程再造，推动建立健全现代、科学、高效的管理模式，用政府权力的减法换取市场活力的乘法。

改变重审批轻监管的传统方式。坚持便利准入与强化监管相结合，推动各部门转变监管理念和监管方式，细化监管措施，由“坐等企业上门”改为通过平台及时认领企业信息，主动规范企业经营行为，推动形成新型市场监管体制机制。

近年来，河南省落实国家层面的整合证照事项，进一步调整优化河南省“多证合一”改革，对整合证照事项实行动态更新管理，对符合整合要求的证照事项，分期分批纳入“多证合一”范畴，不断完善业务流程，强化数据共享，提升企业和群众的办事便利度，增强企业和群众获得感。

二、“多证集成、一照通行”改革

河南省洛阳市、自由贸易试验区洛阳片区推行“多证集成、一照通行”改革，针对申请材料、审批流程、事中事后监管等环节，实行“一套材料、一表登记、一窗受理、一次审批、核发一照、加载一码”工作模式，推动实现“最多跑一次”，破解企业“办照容易办证难”“准入不准营”等问题。

1 集成整合涉企经营许可事项

将市场主体需求量较大的食品生产许可证、食品经营许可证、食品小经营店登记证、食品小作坊登记证、药品经营许可证、医疗器械经营许可证、特种设备使用登记证等7类涉企经营许可事项，通过技术手段集中整合到营业执照上，除市场主体特别提出外，有关证书原则上不再另行发放。

2 推行“一表申请、同步审批”工作模式

市场主体在申请办理营业执照时，提交一次申请材料即可同步办理准入登记和许可审批。对于无须现场核查的即时办结，即时发放加载集成事项信息的营业执照；对于需要现场核查的，先行发放加载集成事项信息的营业执照，市场主体可随时通过扫码查询相关进度，核查通过后二维码后台数据自动更新为许可信息。

3 推动形成事中事后监管闭环

通过扫描营业执照上的二维码，或者登录国家企业信用信息公示系统网站，可实时查询市场主体登记信息和许可事项信息，打通登记、许可、监管各个环节的信息流，防止无证经营和超许可范围经营。

自由贸易试验区洛阳片区已办理“多证集成、一照通行”营业执照235个。“多证集成、一照通行”改革改变以往申请人多次跑腿、材料多次提交、信息多次采集的状况，推动降低时间、人力、物力成本，实现了准入即准营。以办理量最多的食品小经营店登记证为例，办理时限由最长10个工作日缩短到2个小时内办结。

三、“双流程”审批模式

河南省商丘市以“双流程”审批模式推进工程建设项目审批制度改革，施工许可证全程网办，相关事项并联审批，一套图纸联合审查，一次组织多部门联合验收，每个阶段“一个窗口、一张表单、一套材料、一份办事指南”一步申请到位，推动破解“办事慢、办事烦”问题。

1 创建“双流程”审批平台

建设市并联审批平台，所有工程项目全面上线审批。（1）对工程建设项目所有审批事项进行梳理，按不同性质划分为“主流程”和“并行推进流程”，形成“双流程”审批模式。其中，主流程包括项目立项、用地规划、建筑规划、施工许可、竣工验收备案等主要审批事项或作为前置条件的事项；并行推进流程包括非其他事项的前置条件、可跨阶段单独办理的事项。在主流程受理期间，企业可根据项目推进情况，自主申请并行推进流程上的申报事项，可单独申请，也可与主流程事项同时申请。（2）综合窗口全面受理工程建设项目审批事项，由主要业务牵头部门对企业进行指导，提高企业一次性申报成功率。

2 出台系列政策文件

建立了“1+25”政策体系，即《商丘市工程建设项目审批制度改革实施方案》1个主文件加上25个配套文件。推进联合测绘、联合勘验、联合验收、联合审图，实行并联审批；逐步推进“一张蓝图”建设、区域评估、多评合一等工作，探索建立项目策划生成机制；出台项目事中事后监管实施办法、承诺制管理办法等，加强事中事后的监管；制定“一窗受理、集成服务”实施细则，为并联审批平台运行提供支撑。

“双流程”审批模式破解了办理手续时互为设置条件、相互制约的堵点，解决了系统运行不畅、审批无法运转的难点，企业可以利用施工许可阶段及竣工验收阶段的空档期办理其他事项，气象、环评等事项可跨阶段办理。改革后，社会投资类房屋建筑工程项目审批时限全流程压减至57个工作日，比国家规定的120个工作日缩短63个工作日，比河南省规定的100个工作日缩短43个工作日；材料清单由221项精减至最少128项。

社会投资类房屋建筑工程项目审批时限全流程

↓ 压减至

57个工作日

材料清单

↓ 精减至

最少128项

湖北省

——区域性统一评价

2018 年 10 月，湖北省在全省开发区、工业园区、产业功能区开展投资项目报建审批区域性统一评价试点，入驻企业符合整体规划和功能定位、属于主导产业的投资项目可不再进行单独评价，省内各级相关审批部门互认统一评价评估报告，最大限度简化审批程序，提高审批效率。湖北省襄阳市创新“小切口”快速突破模式，建立“一体化”工作机制，紧抓“项目化”工作推进，注重“集成化”效果叠加，“一小三化”推进区域性统一评价工作取得明显成效。

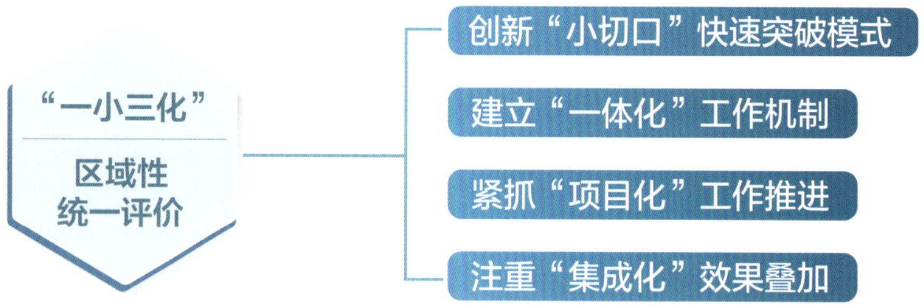

（一）“小切口”突破

考虑项目落地需求和财政承受能力，首批在 4 个开发区分别选取一小块区域作为试点推进。以园区内水土保持、洪水影响、地震安全性、环境影响评价、文物保护、地质灾害危险性、矿产压覆、气象可能性等 8 个专题涉及的市直行业主管部门为责任主体，以试点区域属地主管部门为辅助，以各行业区域整合为方式，以逐项明确时间节点和工作质量为措施，实现 30 个工作日完成 8 个专题的编制和审批。

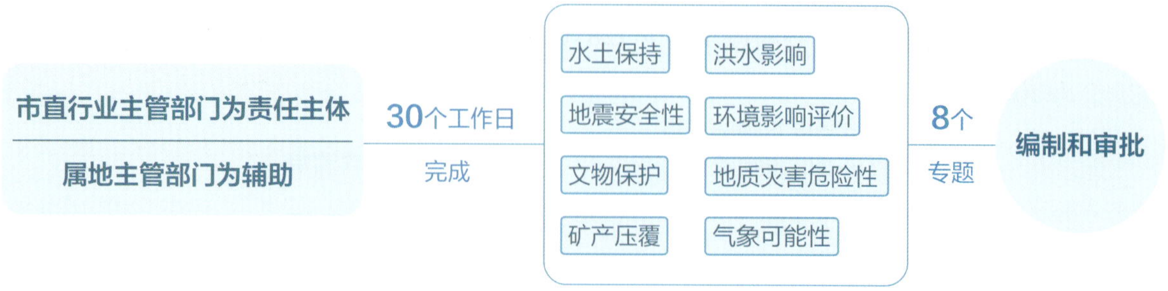

（二）“一体化”统筹

市级统一建立区域评价工作联席会议制度，以市直行业主管部门为主体，组建 8 个专班，全程服务指导各专题的中介选择、报告编制、评审批复、成果入库、费用支付等事项。以“市属国有企业承担 + 政府市场化采购”方式确定专题报告编制的中介机构。将首批 4 个区域的 8 个专题进行分类整合，统一组织编制、评审和批复。根据第一批工作经验，结合全市第二批区域评价地理范围（均不临水、不涉水）的实际情况，对气象影响、地震安全、水土保持方案、洪水影响等 4 个专题，以市级行业主管部门制定原则性支持意见样本，以属地行业主管部门出具原则性支持意见的方式推进实施，对区域性统一评价工作进一步优化整合。

（三）“项目化”实施

在第一批 4 个开发区试点区域性统一评价工作的基础上，2019 年 8 月在全市 11 个开发区、工业园区分别划定 1000—3000 亩范围进行“项目化”推进。逐项明确工作质量要求、完成时限和责任人，把试点的小片区域的 8 个专题作为具体项目的常规审批事项进行编制、评审和批复。

（四）“集成化”运用

制定《“多规合一”数据库入库通用技术要求》，将技术要求作为所有专题报告编制和评审的必备要素，保障专题成果顺利导入“多规合一”数据库平台，集成于“一张蓝图”。目前，区域性统一评价的所有专题批复成果可在“多规合一”平台中进行可视化展示，新项目在试点范围内进行选址时，无须工作人员按图纸逐一比对，即可直接在技术平台上进行专题批复结果的图层叠加，有效避让矿产压覆、文物保护区等各类管控空间，为新项目快速、精准确址落地提供了方便。同时，区域性统一评价成果在襄阳市工程建设项目联合审批系统中得到应用，支撑工程建设项目审批制度改革。

襄阳市“小切口”完成区域性统一评价专题评价编制和审批的做法在全省范围内进行了复制推广，湖北省各省直行业主管部门围绕 8 个专题出台指导意见，全省 17 个市州均制定了实施方案，建立了工作机制，100 个省级及以上开发区（包括国家级开发区 19 个、省级开发区 81 个）均已启动评价工作。具体成效如下：

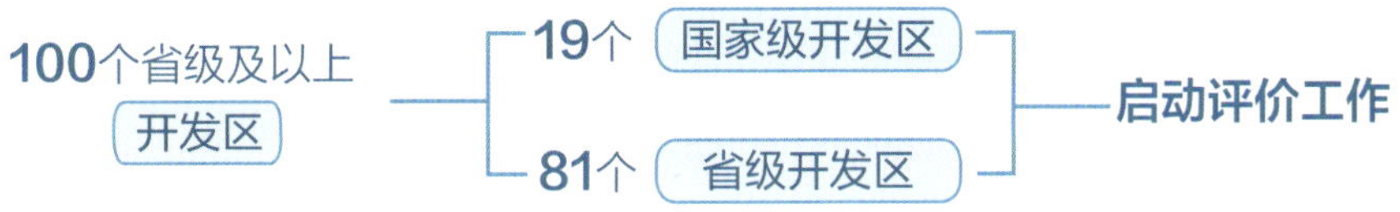

1. 变“企业跑腿审批”为“政府提前服务”

政府通过公开招标投标的方式选取中介机构，对试点区域内的水土保持、洪水影响、地震安全性、环境影响评价、文物保护、地质灾害危险性、矿产压覆、气象可能性等8个专题进行统一的文本编制，企业无须自己找中介机构，由政府提前做好服务。在已完成区域性统一评价的范围内，入驻的投资项目如符合区域整体规划和功能定位、属于主导产业的，不再要求企业对相关专题进行单独评审，直接应用区域性统一评价成果，可为投资项目开工建设节约时间2个月以上。

应用区域性统一评价 → 节约时间 2个月以上

2. 变“企业自付资金”为“政府主动买单”

通过政府购买服务的方式，对试点范围内的8个专题进行了区域性统一评价，企业可免费享受成果、直接入驻。据测算，试点范围内的8个专题评价费用，由政府开展比企业自行开展节约费用1/3左右。截至2020年8月底，全市共有53个合计总投资约289.8亿元的项目应用了区域性统一评价工作成果。

2020年重点推进两方面改革。一方面，加快推进“标准地”改革。区域性统一评价工作是“标准地”的基础，通过将区域性统一评价成果纳入“标准地”土地出让方案控制性指标和出让合同中，结合地方实际，出台新增工业用地“标准地”出让改革试点实施方案。另一方面，推动成果互认应用。对已完成区域性统一评价工作区域的拟入驻工业项目，按照“入驻区域内符合整体规划和功能定位、属于主导产业的投资可不再进行单独评价，省内各级审批部门对落户区域性统一评价试点范围内的项目，不得再要求项目单位单独办理相关审批事项，在全省范围内实行结果互认”的要求，推动评价成果直接应用。

湖南省

——“一件事一次办”改革

湖南省致力探索政务服务体系和服务能力现代化，2019 年 3 月推出“一件事一次办”改革。“一件事”是指企业和群众需办理的一个“事项”，既可以是单独的“一件事情”，也可以是需到多个部门办理或多件相关的“事”“一揽子事”，经过梳理整合、流程再造后，变成企业和群众眼中或窗口统一办理的“一件事”；“一次办”是指一次告知、一次表单、一次联办、一次办好、一次送达，线上“一次登录、一网通办”，线下“只进一扇门、只跑一次”。2019 年 4 月，省政府办公厅印发《“一件事一次办”改革工作实施方案》，公布第一批 100 件“一件事一次办”事项；2019 年 11 月，印发第二批 100 件“事”；2020 年 4 月，印发 27 件复工复产政策兑现“一件事一次办”事项。截至目前，共发布 227 件“一件事一次办”事项。

（一）梳理形成“一件事”

从企业和群众心头的事、身边的事、创业的事、最难的事入手，以“办事者”的身份，梳理改造“一件事”，统一编码。公布的 227 件“一件事一次办”事项，大多从社会公开征集而来，涵盖企业从准入到退出、公民从出生到死亡两个“全生命周期”事项体系。梳理形成出生“一件事”、创业“一件事”、退休“一件事”、身后“一件事”、工程建设项目审批“一件事”、复工复产政策兑现“一件事”等事项，以政务服务“供给侧”的变革实现对群众“需求侧”的精细服务。

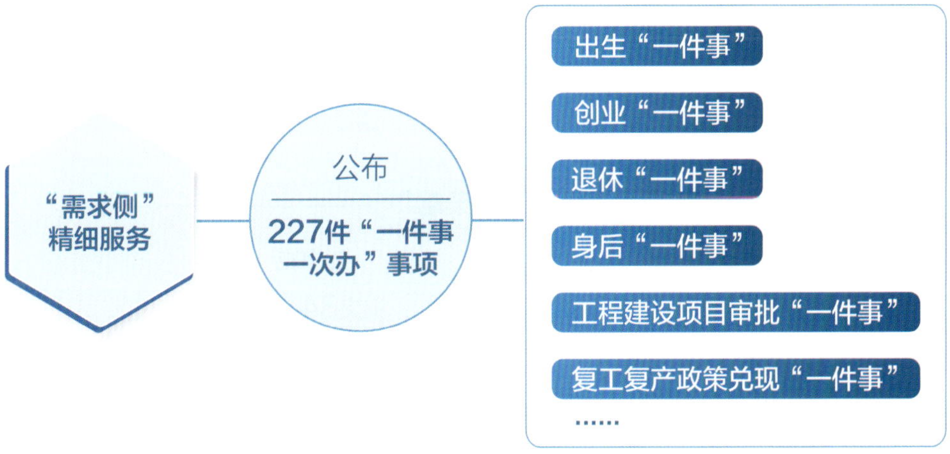

（二）科学设计“一次办”

围绕“一次办”总目标，设定“一次告知、一次表单、一次联办、一次送达”路径，构建“一次办”闭环。对“一件事”办理的依据、条件、程序、期限、办理方式、所需材料等要素以及需要补正材料的情形，集成编制办事指南，通过线上线下各种形式一次性告知；对“一件事”涉及多个部门的材料、表格，通过智能选择，进行精简、优化、合并，整理成一张清单，一次性填报；对企业和群众提交的办事材料表单，开展联合办理或并联审批、联合评审、区域评估等集成服务；对办理结果采取现场递交、邮政寄递、网上传输等方式一次性送达。

（三）精心打造“一件事一次办”专区

推行审批服务“三集中三到位”改革，推动审批服务事项进驻大厅统一办理，优化提升各级政务服务大厅“一站式”功能。在各级政务服务大厅使用统一标识，开设 786 个“一件事一次办”专窗和 137 个政策兑现窗口，并设置自助服务区和办理体验区；同时依托政务服务一体化平台建设线上“一件事一次办”窗口。

（四）再造审批服务流程

梳理“一件事”办理环节，取消、归并、压缩、优化审批环节；推行并联审批和联合评审，变过去的一环套一环、互为前置条件审批为现在的联合办理、相互容缺、同步审批；对法律法规没有明确规定的材料一律取消，对电子证照材料一律通过基础数据库调取，对共性材料实行共享复用，对缺失材料实行告知承诺、容缺受理；对简单“一件事”，实行线上“秒批”和线下“立等可取”，对复杂“一件事”，以单个审批环节最长办理时间作为整个“一件事”办理时间上限，倒逼部门优化职能配置、强化业务协同、创新审批服务。比如，“我要开水果店”，改革前需提交 77 个材料、用时 62.5 个工作日、跑 4 个部门，改革后只需提交 34 个材料、用时 12 个工作日、跑 1 次或一次登录 1 次都不用跑。

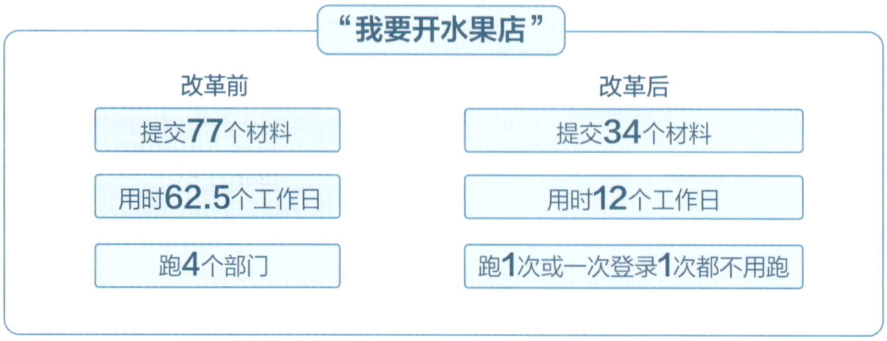

（五）制定“一件事一次办”标准规范

制定出台《“一件事一次办”服务规范》，涵盖“一件事一次办”全闭环操作流程，包括“一件事一次办”总则、“一件事”名称与编码规则、“一次告知”服务规范、“一次表单”服务规范、“一次受理”服务规范、“一次联办”服务规范、“一次送达”服务规范等15项标准内容，将改革举措上升为制度成果，将制度成果集成为制度优势，转化为治理效能。

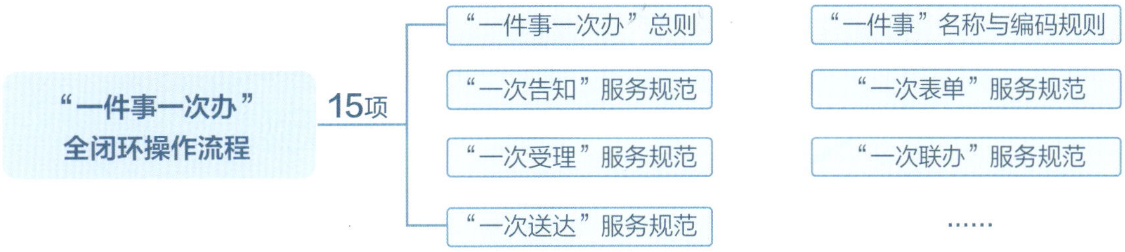

（六）推进“一件事一次办”跨域通办

从市县两级入手，对“一件事一次办”事项，按照“就近申报、异地收件、远程流转、属地办理、跨层联办”方式，逐步推行异地可办、全省通办，让企业和群众办事不再受地域和层级限制，就近办、随处办，像“网购”一样方便快捷。同时，打造“一件事一次办”掌上办App，丰富跨域通办实现方式。各市州已实现“一件事一次办”掌上办，如长沙市“我的长沙”、常德市“我的常德”、岳阳市“岳办岳好”、株洲市“诸事达”、郴州市“郴心办”等。

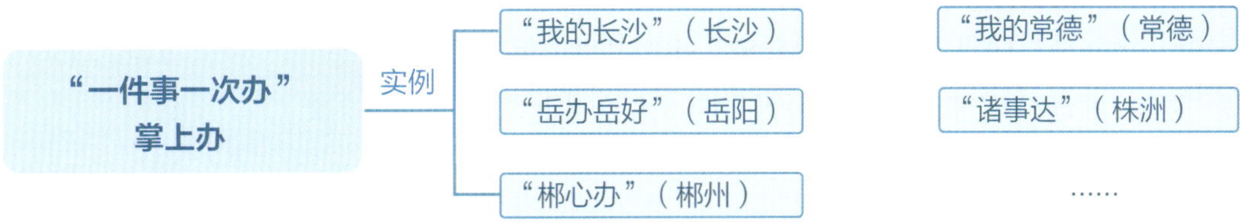

（七）推行政策兑现“一件事一次办”

对国家和省复工复产政策进行梳理，将需要企业或群众申报才能享受的政策“干货”改造成“一件事”，构建“一次告知、一次申报、一次受理、一次联办、一次兑现”的“一次办”闭环流程，在线上线下开设“一件事一次办”政策兑现综合窗口，解决政策兑现“材料多、程序繁、反复跑、不知道哪里找”等问题，实行政策兑现“直给直兑”。印发《关于推进复工复产政策兑现“一件事一次办”的通知》，同步公布27件“一件事一次办”事项，包括“我要申请减免房产税”“我要申请培训补贴”“我要享受扩产扩能技术改造补助”等。各地结合实际，梳理增加本级政策兑现“一件事一次办”事项，如长沙市发布了56件“事”、郴州市发布了37件“事”、湘潭市发布了33件“事”。

（八）发挥“一件事一次办”制度优势，做到防疫办事两手抓两不误

印发《关于做好新型冠状病毒肺炎疫情防控期间政务服务工作的紧急通知》，充分发挥“一件事一次办”制度优势，推行线上全程办、专人辅导办、预约错时办、特事秒批办、容缺承诺办、主动帮代办，避免线下集中办、反复办。

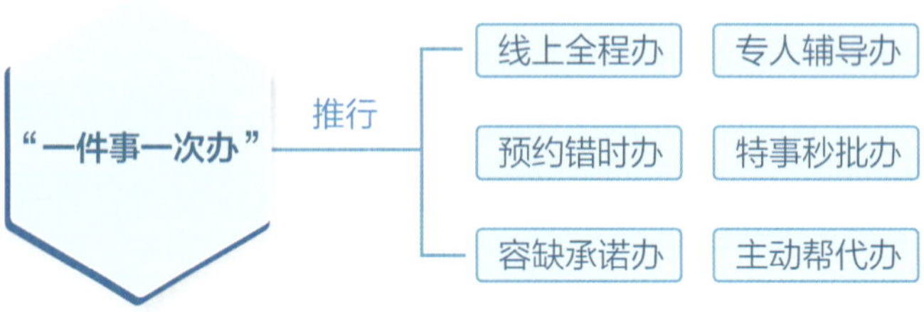

截至2020年6月30日，累计发布227件“一件事一次办”事项，总办件量超过4050万件，办理环节平均压缩70%以上、申报材料平均减少60%以上、办理时间平均缩减80%以上。“一件事一次办”框架体系基本建成，成为湖南推进“放管服”改革的总抓手，推动实现“五个方面”的转变：以企业和群众为主角，推动政府部门从逐个审批单个事项向集成办好“一件事”转变；以减少跑动次数为目标，推动企业和群众办事每个部门每个环节“跑一次”向全流程全周期“跑一次”转变；以系统互联互通为支撑，推动企业和群众“跑腿”向信息数据“跑路”转变；以业务协同为内驱力，推动部门权力从“难下放、选择放”向“主动放、精准放”转变；以“好差评”为手段，推动政府部门“自我考评”向“大众共评”转变。

2020年，湖南将深化固化“一件事一次办”改革成果，用好“一件事一次办”服务规范，开展“一件事一次办”立法，推动改革更加成熟、更加定型；持续推进“一件事一次办”跨域通办，对227件“事”推行跨县办理、跨市办理、跨层联办、全省通办，并选择部分“事”跨省办理，推动改革更加协同、更加高效；继续收集企业和群众身边事、创业事、烦心事、最难办的事，梳理纳入“一件事一次办”范围，适时推出第三批“一件事一次办”事项目录，到2020年底，实现政务服务事项“一件事一次办”全覆盖，推动改革更加便民、更加利民。

广东省

——“智能无人秒批”改革、“用地清单制”改革

一、“智能无人秒批”改革

广东省深圳市运用大数据和人工智能，探索政务服务“智能无人秒批”改革，着力实现用最简的手续、最快的速度、最低的成本，把服务企业和群众的事项办好。2018 年 5 月，为解决大学毕业生引进材料多、流程长、手续繁、排队难的问题，深圳市提出数据自动比对、无人干预自动审批的理念，在大学毕业生引进业务中实施“智能无人秒批”改革。在此基础上，逐步推广应用范围，并引入信用监管，推动改革深化细化。

（一）建立大数据库，打破信息孤岛

建设全市政务信息资源汇聚共享平台，形成全市统一的政务服务大数据库，实现政务数据共享复用。加强与国家、省以及社会第三方机构的平台对接，实现与外部信息的联通共享。深圳市政务信息资源共享平台已联通 10 个区和 68 个部门，汇聚了人口、法人、房屋、电子证照、公共信用等数据资源超过 211 亿条，形成了约 1900 万人口、360 万法人、1400 万间房屋、1689 万张电子证照的政务服务大数据库，日均数据交换量超过 2000 万条。

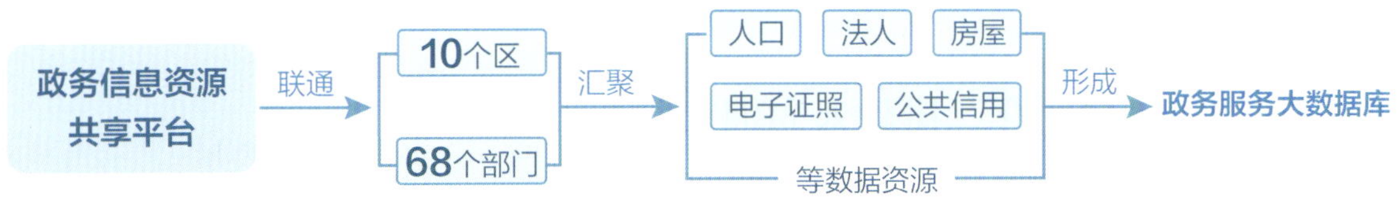

（二）出台管理办法，加强政务信息共享管理制度建设

印发《深圳市政务信息资源共享管理办法》及其配套的电子政务公共资源管理办法，确定了“共享为原则、不共享为例外”的基本原则，提出全市政务信息共享实行“负面清单”管理制度，同时强调加强基于信息共享的业务流程再造和优化、创新社会管理和服务模式。

各部门按照《深圳市政务信息资源共享管理办法》要求，积极探索制度创新，围绕砍掉无谓证明和繁琐手续，重新设计制度内容，共修订各类制度 37 项，涉及优化办事流程、减少群众现场办事次数、减少提交资料、实现网上预办理、实现网上全程办理、规范办事指南等多方面。

（三）推行事项标准化，统一审批规则

对办理事项的事项名称、事项类型、办理流程、办理时限、提交材料及表单内容等要素进行统一规范，确保各类办理事项的受理条件、申报材料形式、政策把握要点、岗位职责、表单填写示例等要素同一标准。同时，明确电子材料的效力，对“智能无人秒批”收集和产生的相关电子数据，在后续业务办理和事后审计中予以认可，实现审核规则和审批权限的标准化。

（四）普及办事网络化，突破时空限制

对外构建统一政务服务平台，申请表单网上填报，申请材料网上提交、申请事项网上办理；对内打通业务部门申办、受理、审批、结果送达等各个环节，通过电子政务资源共享平台，实现审批材料、审批数据、审批结果共享协同，实现全网络化审批。

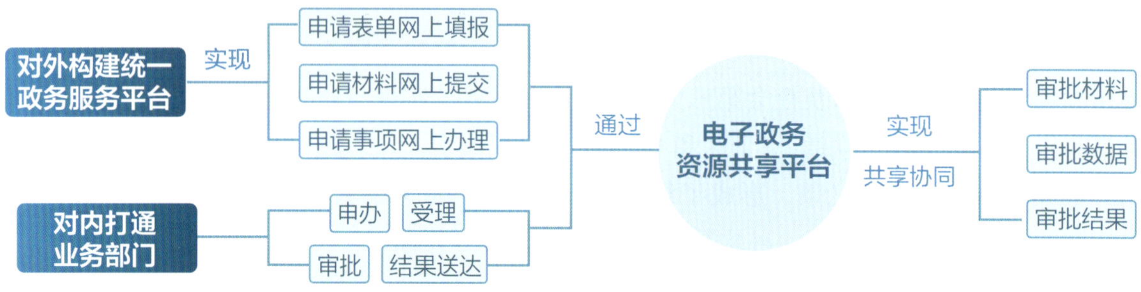

（五）实现审批自动化，排除人为因素

审批系统按照既定规则自动进行数据比对，全程实现自动办理，无人工干预。在解放人力的同时，确保行政审批的公开、公平、公正。

（六）实行监管一体化，完善信用机制

“智能无人秒批”事后监管采取系统自动检查、人工抽查、交叉检查、现场督查等多种模式，对审批结果进行实时或定时检查。同时，引入信用监管，“智能无人秒批”前查询申请人信用信息，对信用良好的申请人提供“智能无人秒批”便利服务。对信用不达标人员，不适用“智能无人秒批”，须到窗口人工审核办理。“智能无人秒批”后检查发现违规办理的，相关信息记入个人征信。

实践表明，深圳市在“一门式一网式”政务服务模式的基础上，进一步实现从计算机为辅人工为主向信息数据化、部门协同化、审批智能化、监管一体化的转变，实现基于材料审批到基于数据审批的转变，打造群众办事“零跑腿、零排队、不见面、自动批”的“互联网＋政务服务”新标准，更好地推动整体政府和服务型政府建设，提升政府治理体系和治理能力现代化水平。

促进高效不见面审批

实现“智能无人秒批”事项220个，特别是在人才引进、高龄津贴申请、网约车/出租车驾驶员证申办、社会投资项目备案、企业投资项目备案等量大高频的堵点、痛点领域实现“智能无人秒批”。

申请人通过电脑终端、手机、自助终端均能办理“智能无人秒批”事项，群众办事全程网办、零跑腿，无须再到办事大厅、跑多个部门，实现“审批不见面、办事零跑腿”，做到政府“7×24”小时不关门、政务服务不打烊。

依托“互联网+”和人工智能实现审批自动化，审批系统根据申请人填报提交的申报数据，自动根据关键词检索相应的数据库调取数据，按照既定规则进行数据比对，比对完成即予审批，即时反馈审批结果，真正做到即报即批、即批即得。

促进人才发展环境优化

截至2020年6月30日，通过“智能无人秒批”接收超18万名应届毕业生，为毕业生节约办事经济成本过亿元。2019年2月28日，正式实施在职人才、留学回国人员、博士后等3类人才引进“智能无人秒批”，方便人才来深就业创业，节约办事经济成本和精力成本。

促进社会公平正义

实现政府、企业和个人在网上与数据打交道，政府办事从“以人为主”转变为“以数据为主”，权力从人的手中“转交”给数据，消除自由裁量和暗箱操作，减少权力寻租风险。政府以数据公平为办事群众传递信任，营造公平、公正的和谐社会。

促进政府职能转变

“智能无人秒批”将关键审批要素进行结构化、格式化，对非关键要素进行梳理清理，简化了政府审批要素，破解了搭车审批、利益附加等问题。通过审批与监管的无缝衔接，并引入信用监管，从政府审查变为申请人自我管理，促进信用社会建设。通过强化事中事后抽查和监管，转变“重审批、轻监管”“以审代管”的传统政府管理模式。

二、“用地清单制”改革

广东省广州市以服务企业、需求优先为着力点，努力构建科学、便捷、高效、透明、可预期的工程建设项目审批和管理体系，推动工程建设项目审批制度改革工作，针对经营性用地推出“用地清单制”。“用地清单制”将重心放在土地软指标上，帮助企业在取得用地时即可明晰该地块相关指标参数和周边环节，有针对性进行工程设计和投资控制，而不是在后续审批过程中逐项取得指标要求，根据不同部门的意见反复修改设计，让企业承担不必要的时间成本。

（一）聚焦调整审批时序，着力变“企业跑”为“政府跑”

“用地清单制”把过去由企业拿地后办理的规划用地事项，调整为土地出让前由政府统一办理。宗地各类评估评价工作调整至土地出让前完成。市土地储备机构组织相关部门，开展压覆矿产资源、地质灾害评估、水土保持等 6 项评估工作和文物、危化品危险源、管线保护等 7 个方面现状普查，相关部门反馈评估评价和普查意见至土地储备机构，形成统一的土地资源评估结果。各行业主管部门、公共服务企业结合评估评价结果以及报建或者验收环节需遵循的管理标准，形成“清单式样”管理要求，一次性提供给建设单位。在项目后续报建或验收环节，不得擅自增加清单外的要求。

（二）聚焦精简审批事项，着力降低企业时间成本

实施净地出让。土地出让前由市土地储备机构牵头完成管线迁改、土壤污染修复等事项，基本实现企业取地后即可实施。土地交地时间由原来的土地出让合同签订之日起6—12个月缩短到1—3个月。

实施红线范围内审批事项“豁免”。用地单位取得土地后，红线范围内“豁免”供水排水工程开工、市政设施移动改建、道路挖掘、临时占用绿地、砍伐迁移（古树名木除外）修剪树木等 4 项审批手续，可节省 55 个工作日、40 个申报材料，缩短企业开工建设的时间。

（三）聚焦明确用地投资成本，着力降低企业投资风险

“用地清单制”提前将土地开发建设所涉及的相关信息告知企业，实现企业投资风险可控。明确出让地块用地信息、规划条件和建设要求等信息，增强企业投资成本的可预见性，提高企业投资可行性分析的准确性。明确告知水、电、燃气等市政设施的接驳要求，提高企业投资测算的精准性，便于企业根据实际需求合理安排工期和投资进度。

（四）聚焦平台信息共享，着力实现企业服务便利化

运用“多规合一”管理平台“经营性用地清单制”模块，实现用地清单信息网上集中反馈和发布，强化政务服务的信息化、标准化和便利化，仅需17个工作日，即可建立地块“清单式”管理各项要求。各单位在10个工作日内通过平台提交地块规划条件、宗地信息的评估评价结果后，各自的管理要求、技术设计要点、控制指标、宗地周边供水、供电、供气、通信连接点和接驳要求等管理清单，在7个工作日内通过平台统一反馈至土地储备机构。市土地储备机构已实施“用地清单制”的地块共262宗，已向82宗公开出让经营性用地的受让企业提供了用地清单资料。

（五）聚焦常态化服务机制，着力提高企业获得感

建立“用地清单制”常态化跟踪服务机制，着力查找企业的难点堵点问题，确保各项改革措施顺利落地。2020年以来，市土地储备机构多次组织土地受让企业召开专题座谈会，并采取上门走访、专门联络跟进等方式，了解企业对“用地清单制”实施效果的反馈情况。结合企业反馈需求，市规划和自然资源局、土地储备机构等相关部门进一步完善清单内容，提出更明确的公建配套设施指标和建设要求等意见，进一步提高“用地清单制”的实施质量和效果。

“用地清单制”难点在于增加管理透明度，各相关职能部门需要提前研究出让地块及周边情况，提出有指导性、针对性的标准要求，并尽早向用地企业明确，避免后续部门意见打架、企业无所适从。为此，首先需要出台相关操作细则，明确“用地清单制”具体内容、责任部门以及程序要求，并注重企业意见建议，逐步细化完善用地清单内容，为企业提供准确有用的用地清单信息。与此同时，用地清单制度需要信息化系统支撑，横向联通各相关职能部门，具备意见反馈、汇总、统计等功能。广州市利用“多规合一”管理平台的基础和数据支撑，在平台中新增用地清单模块功能，有效降低了政策落地的时间和成本，避免了系统重复开发、数据标准不一致等问题。

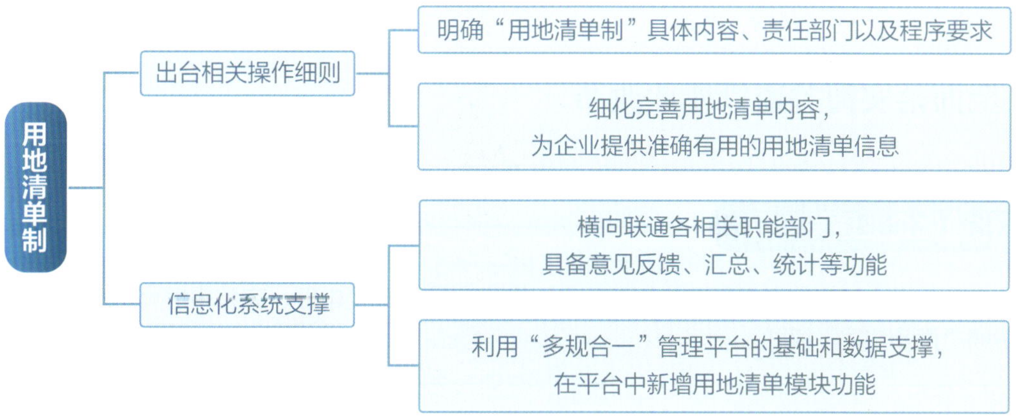

2020年，广州市将探索将更多专项规划要求、公共配套设施、市政公用服务相关指标要求纳入清单制模式管理；进一步规范各项指标要求，提高部门提供指标的深度和质量，为用地企业提供更全面、更准确、更实用的土地资源和技术评估指标。

广西壮族自治区
——推进跨境贸易降本增效、提升开办企业便利度

一、推进跨境贸易降本增效

广西壮族自治区积极构建以北部湾港为起点，面向东盟的海上、陆上运输大通道，强化北部湾港口国内外交通连接作用，成立西部陆海新通道建设指挥部办公室，加快打造畅通、便捷、高效的跨境贸易营商环境。

（一）加强制度设计与创新

印发《推进西部陆海新通道建设2020年工作要点》《北部湾港集装箱进出口环节对标提升工作方案的通知》《2020年广西优化营商环境跨境贸易专项实施方案的通知》等文件，围绕进出口边境合规及单证合规时间和费用逐项对标，提出优流程、提时效、降成本等方面措施。

（二）加快重点口岸基础设施建设

围绕西部陆海新通道建设等国家战略，进一步加强友谊关、东兴、龙邦等西部陆海新通道重要节点口岸基础设施建设。筹措口岸建设资金，实施边境口岸建设大会战三年行动计划。

（三）全面落实海关监管作业改革

1. 优化简化企业通关申报

在实施进出口货物“提前申报”基础上，推广实施以概要申报、完整申报为主要内容的进口货物“两步申报”模式。

2. 推行“先放后检”检验监管方式

优化进口矿产品检验监管方式，对进口铁矿、锰矿、铬矿、铅矿、锌矿等采取“先放后检”监管方式。

3. 优化动植物和食品监管模式

实施进境鲜活农产品分类查验改革，保障进境水果等农产品快速验放。

4. 提升海关查验效能

疫情防控期间，海关为企业提供收货人不到场查验服务；对企业生产急需的进口机器设备、原材料，提供卸货过程中查验、“门到门”查验，确保货物快速通关。实施进口大宗货物重量鉴定改革，平均装卸效率较2019年提高25%。

5. 开展进口货物“船边直提”和出口货物“抵港直装”

引导企业提前办理货物物流运输手续，实现进出口货物在工厂、码头、船边之间的全程直通，减少货物装卸、堆存等流转环节，有效提升码头流转效率。

（四）深化国际贸易“单一窗口”建设

围绕“优流程、减环节、减单证”，组织实施“单一窗口”“智慧湾”项目，建设开发舱单理货协同、引航拖轮无纸化、查验放行无纸化等 9 大应用功能，逐步实现“单一窗口”与码头、场站、港航、银行、税务等信息系统数据对接，促进支持口岸查验单位与港口货代、船代、报关行、码头、理货等服务企业的协同作业、无纸化操作，促进口岸提效降费。

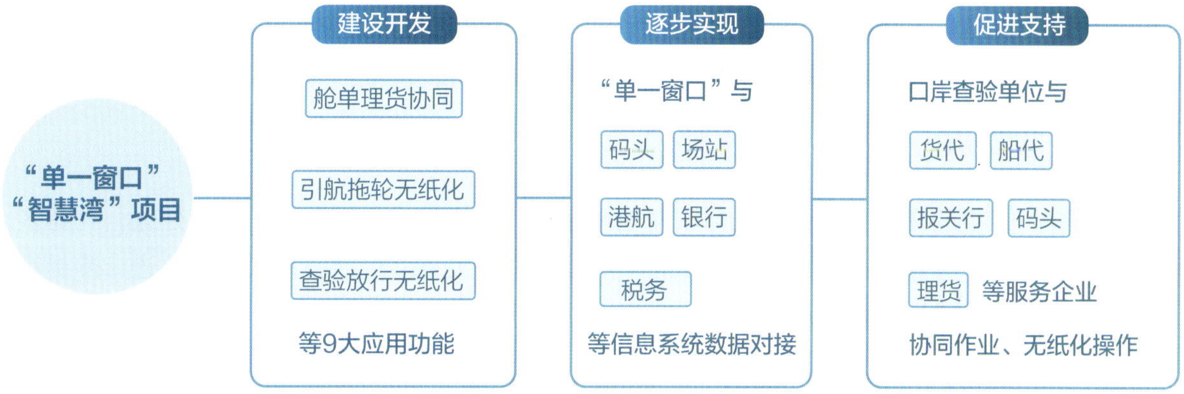

（五）精准高效推动北部湾港口降低中介服务收费

对标国内国际一流港口，运用市场化手段，切实降低北部湾港口中介服务收费。印发实施《关于推动进一步降低广西北部湾港口中介服务收费专项行动方案（2020—2021 年）》，降低理货服务费、码头操作费、集装箱交接单费等 13 项中介服务收费。

1 降价格

对已涉及的港口中介服务按照降费指导目标主动降价，带动社会中介企业降低收费，扩大船代、货代等中介服务业务，提高综合服务水平。系统梳理北部湾港中介服务收费项目，编制港口中介服务收费目录清单，明晰服务项目内容及边界，并向社会公开，明码标价。

2 减手续

依托国际贸易“单一窗口”，加快北部湾港通关作业无纸化项目建设，通过减单证、减环节、优流程，进一步压缩港口通关作业时间，推动中介服务降费。

3 聚服务

加大招商引资力度，引进国内国际有实力的港口中介服务企业，形成相对成熟的中介服务市场，通过竞争促进中介服务收费降低。扩大铁海联运主干线规模，引导更多货源向北部湾集聚。

4 优环境

设立“中介超市”，为中介服务企业提供低价租金、物业和免费互联网的价廉质优的市场环境。依法严厉打击滥用市场支配地位垄断、哄抬服务价格等违规行为。健全收费监管机制，畅通12315电话等投诉举报渠道，将严重价格失信的经营者列入信用体系并予以曝光。

推进跨境贸易降本增效，广西部分中介服务收费降低、进出口效率提高。2020 年 5 月 1 日起，通过参股船舶代理公司，降低报关报检代理费、舱单录入费、换单费等船代、货代及代收费用。自 7 月 1 日开始，进一步下调理货费，按 12 元 / 标箱执行，带动中介企业降低收费。

2020 年，广西将继续加强与沿线国家和地区合作，加快推进西部陆海新通道建设，构建多式联运体系，培育中介服务市场，形成推动北部湾港口中介服务降费措施落实合力，进一步提高通关效率，提升跨境贸易便利化水平。

二、提升开办企业便利度

广西壮族自治区打造开办企业“3.0”版，推动实现五个目标，即：环节更少，由 4 个（含银行开户）压缩到 2 个；材料更简，由多部门多份表单整合为 1 份表单；流程更优，线上“一个平台、一次填报、一网通办”，线下“前台受理、后台流转、一窗进出”；成本更低，14 个设区市全部给新设企业赠送 1 套 4 枚印章，鼓励减免企业税控盘购买费及服务费；速度更快，申请人提交材料齐全，符合法定形式，相关部门在 0.5 个工作日内完成“2 个环节、7 个事项（即：企业登记、企业员工社保登记、企业员工医保登记、住房公积金缴存开户登记、印章刻制、申领发票、银行开设基本账户）”的开办手续。

（一）线上线下，一窗整合

1 线下，整合各部门窗口

有关部门及提供相关服务的企业全部进驻各级政务中心（大厅），设立“企业开办专区”，实现“一窗受理、一套材料、一次采集、一人审核、一日办结”。

2 线上，开设“企业开办网上服务专区”

依托自治区一体化政务服务平台，整合公安、税务、人社、医保、住建等业务系统，并与商业银行业务系统信息共享，实现“一网提交、全网互认、网上审批、邮寄送达”。

（二）问题导向，打通堵点

针对开办材料较多问题，对涉及开办企业各部门申请文书进行归集删减，提交材料由 25 份减至 5 份，精简 80%，实现“一套材料办理”。

针对申请人在企业开办各环节时间需求不一现状，重新设计企业开办申请书，增加营业执照、刻制印章和申领发票分步办理选项，由申请人根据需要自行勾选。

针对企业办照需要提交的场地材料复杂、耗时长问题，实行市场主体住所申报承诺制改革，由申请人对住所（经营场所）的真实性、安全性、合法性作出承诺，即可申请办理登记注册。

针对假冒他人身份信息骗取开办企业问题，开通国家实名认证系统，为各环节提供数据支撑。

针对成本过高问题，各市、县政府出台企业刻制印章费用减免措施。

（三）流程再造，精简环节

取消名称预先核准环节，实行企业名称自主申报，与设立登记合并办理；推行全程电子化登记，增加手机办照 App 功能。

实行“审核合一、一人通办”制度，凡负面清单以外的事项，全程由同一登记人员办理。

印章刻制企业进驻各级政务服务中心，就地为新开办企业提供办照、刻章、办税“一条龙”服务。

将登记信息确认、实名信息采集与发票票种核定环节合并办理，提供申领发票“免填单”服务。

通过信息共享实现企业社保、医保和住房公积金缴存等账户与企业设立同步完成。

推动银行开户由审批改为备案，自主开发“广西企业基本账户开户预约系统”，企业凭电子营业执照即可办理银行开户，办理时间由 2—4 个工作日压缩至 2 个小时以内完成，并在开户当日即具备收付款功能。

（四）成效明显，不断突破

截至 2019 年底，全区开办企业环节由平均 4.3 个压减到“申领执照、刻制印章、申领发票”3 个，将“企业社保账户开户登记、企业医保账户开户登记、企业住房公积金缴存账户开户登记”3 个事项并入“申领执照”环节，将“企业银行基本账户预约开户”作为增值服务，办理时间由平均 7.7 天压缩到 1 天，基本实现“3 个环节、7 个事项、1 个工作日办结”目标。

截至 2020 年 6 月底，14 个设区市中有 13 个设区市本级政府服务中心实现线下“前台受理、后台审理、一窗进出”，新设企业做到“2 个环节、7 个事项、0.5 个工作日办结”；线上通过“一网通办 + 智能秒批”系统，开办企业网上办结率达 100%。

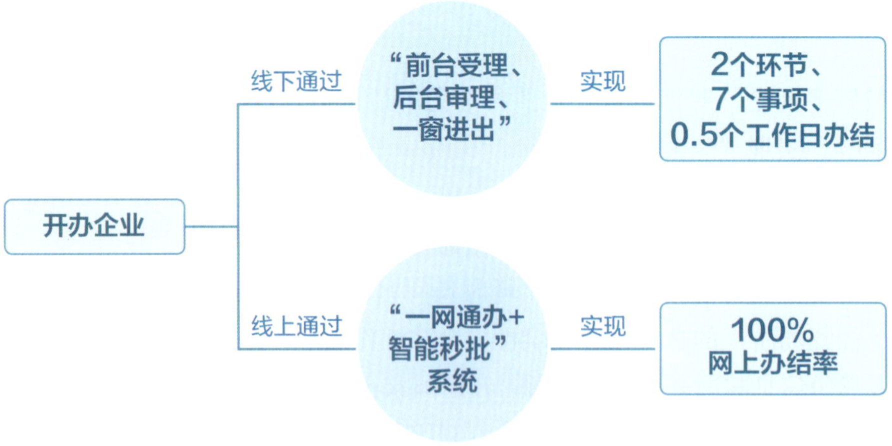

海南省

——“海南 e 登记”平台

2019 年 1 月，海南省上线海南商事主体登记平台，推进商事主体自主申报、自动审核、全省通办、电子签名、电子档案等五方面制度创新。

（一）“一网通办”助力零跑审批

将名称申报、企业登记、印章刻制、申领发票、社保登记、公积金开户登记等全部纳入“海南e登记”平台办理。借助人脸识别和电子签名，企业在线提交一次申请材料可完成上述事项的“一条龙”办结，企业开办时间压缩至 2 天。

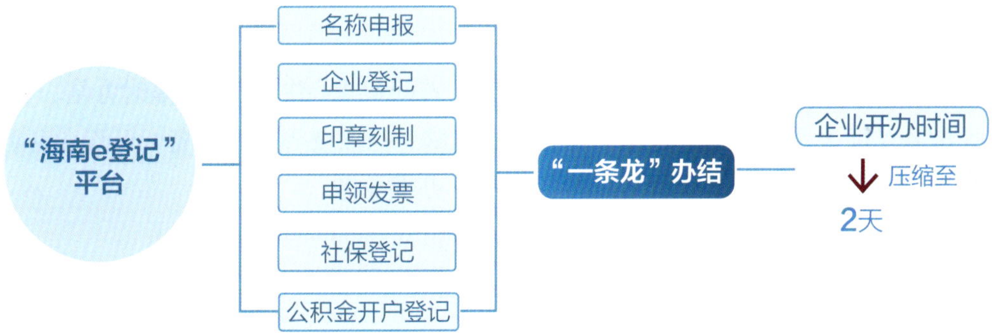

（二）“免费送章”打造低成本

集成海南省刻章店名录及付费渠道，实现投资者在线自费刻章全流程服务。在“海南 e 登记”平台海口市入口嵌入新设企业免费送章模块，海口市新设立的企业能够在线免费申领企业法定名称章、法定代表人名章和财务专用章。

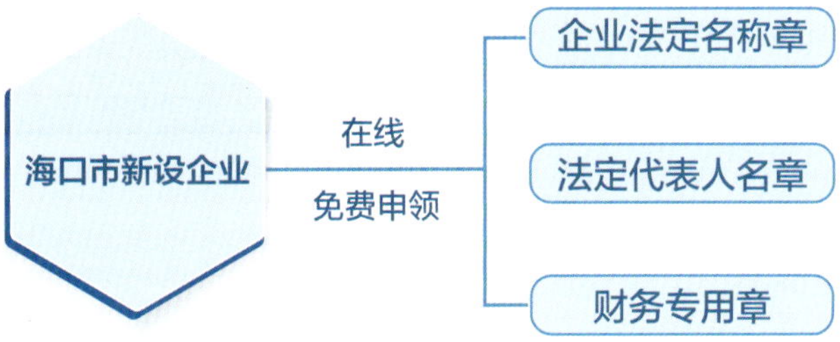

（三）“线上提质”提升服务效能

通过“海南 e 登记”平台可办理内外资有限公司、个人独资企业、合伙企业、个体户（台湾投资者除外）等的设立登记，内资有限公司、合伙企业、个人独资企业及上述商事主体分支机构、个体户（台湾投资者除外）等的名称、类型、经营范围、住所等变更登记，内外资、非上市股份有限公司、非公司企业法人、合伙企业、个人独资、农民专业合作社及上述商事主体分支机构等的简易注销登记业务。

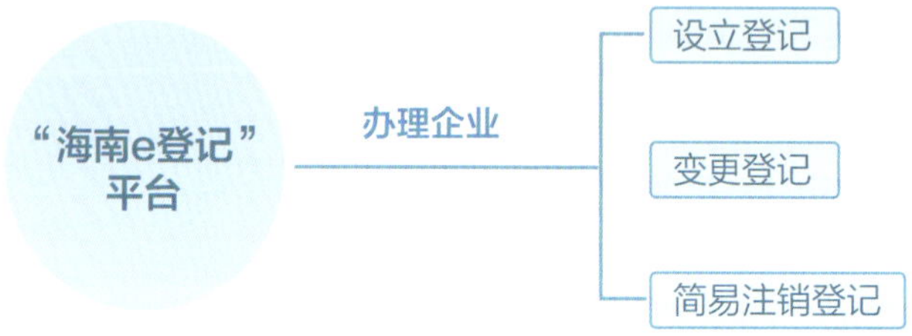

（四）“优势互补”优化服务质量

在政务服务中心开设综合窗口，推行“一窗受理、首问负责、并行办理、限时办结、一窗出件”。在政务大厅配备“商事登记全业务自助一体机”、电脑、扫描仪等办公设备，开设业务咨询专线，安排经过专业培训的导办人员，全程协助投资者线下办理业务。

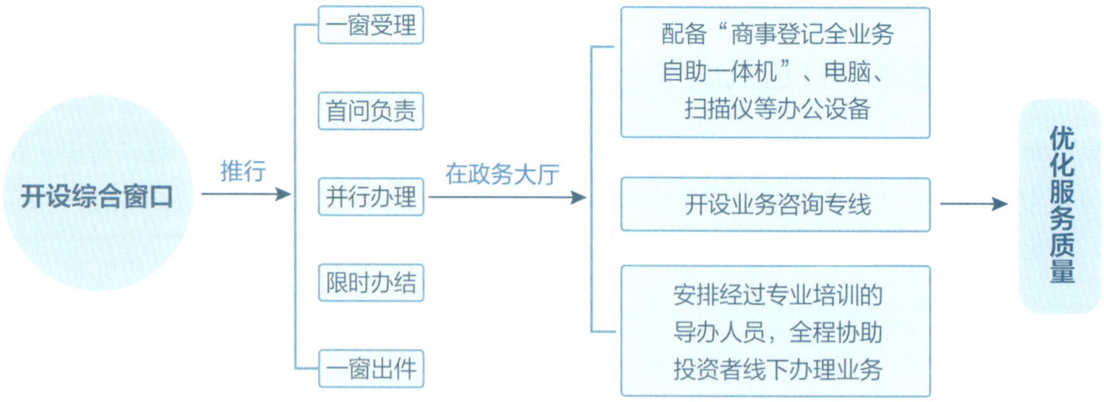

（五）“工作专班”夯实运维保障

组建常态化服务保障专班，满足“海南 e 登记”平台系统架构复杂、网络环境多元、运维要求高等技术需求。

从实践看，海南省商事主体进行企业开办网上自主申报时，只需登录“海南 e 登记”一个网站、注册一个账号、填报一套表格，一次都不用跑，可 2 天内一次性办理完成名称申报、企业登记、印章刻制、发票申领、社保登记、公积金开户登记等所有业务。截至 2020 年 6 月底，全省实有市场主体 101.1 万户，其中企业 34.6 万户。

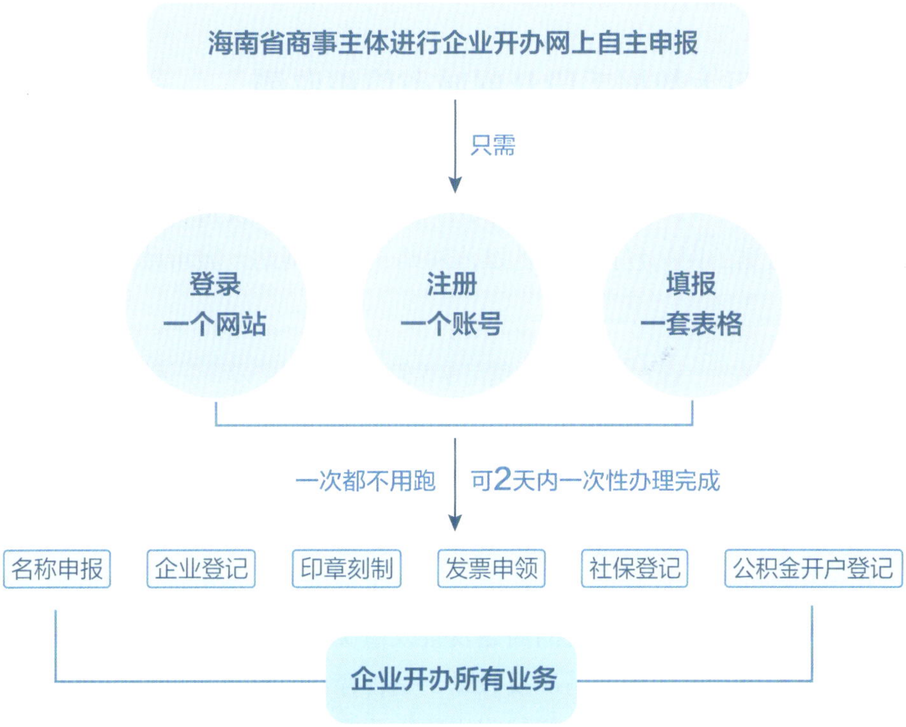

2020 年，海南省将持续推进“证照分离”改革全覆盖，更大力度推进“承诺即入制”改革落地，深化“一网通办”“一窗通办”“一件事一次办”等企业准入便利化改革，优化“海南 e 登记”平台功能，推行企业开办全程网上办。与此同时，全面实行企业注销“一网”服务，着力解决企业注销难、退出难问题。

重庆市

——开展区县城市信用监测

重庆市围绕政务诚信、商务诚信、社会诚信、司法诚信建设及信用体系建设，对全市 40 个区县（含两江新区、万盛经开区）城市信用状况进行在线监测，倒逼各区县加强诚信建设、优化营商环境。

（一）建系统，运用大数据手段开展城市信用监测

建立区县城市信用监测指标体系，依托市公共信用信息平台建成“区县城市信用监测系统”，对海量互联网信息进行“7 × 24”小时的信用事件及信用制度建设情况监测，自动形成区县城市信用监测指数。平台监测的网站包括综合性媒体网站、信用网站、城市政府网站等 6000 多个。

（二）抓重点，围绕政务诚信和司法公信优化监测指标

在政务诚信领域围绕依法行政、守信践诺、诚信体系建设三个方面开展监测，将审计对各区县落实国家重大政策措施情况跟踪发现的问题及整改情况、行政机构被处罚数量、行政审批超期办件率、失信被执行人涉政府机构的情况及数量、是否存在“好政策悬空”“新官不理旧账”的情况及数量纳入监测范畴。在司法公信领域围绕法院检察院公信、公共安全领域公信两个方面开展监测，将法院检察院失信的事件数量、司法公信领域从业人员不良记录数量等纳入监测指标。

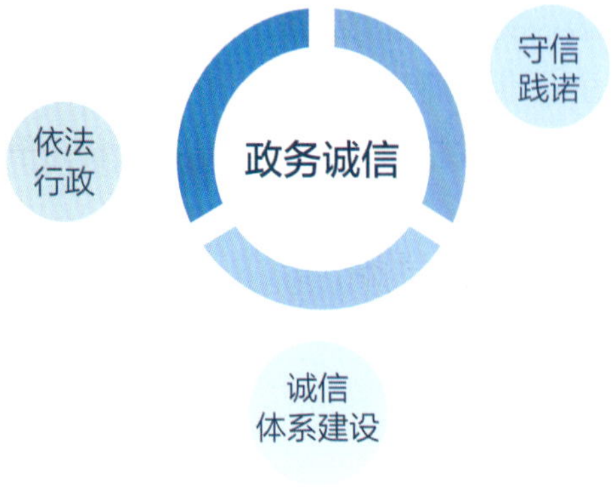

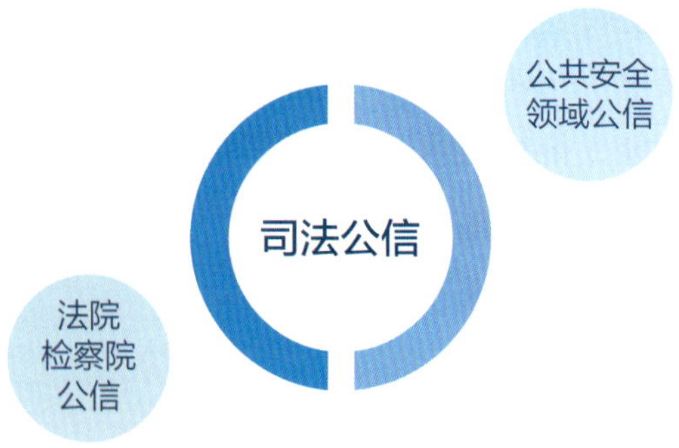

（三）亮“红灯”，倒逼区县不断改善本地信用环境

对信用监测数据开展数据分析，按月形成《重庆市城市信用状况报告》，总结排名靠前区县的优秀做法、工作经验，分析排名靠后区县存在的问题并提出改进建议。《信用状况报告》及监测排名通报区县政府，对排名靠后的区县“亮红灯”，开展约谈，指导和倒逼区县开展信用承诺、信易贷等工作，不断改善区县信用环境。

重庆市开展区县城市信用监测以来，各区县党委政府高度重视、主动作为，区县信用环境明显提升。

1. 信用环境不断改善

各区县信用信息归集共享、信用记录方案、信用目录等制度建设方面实现全覆盖，所有区县信用门户网站已建成并投入使用。

门户网站建成使用

2. 政商关系不断优化

截至2020年6月底，各区县已清偿拖欠民营企业中小企业账款2.42亿元，大渡口区、江北区等15个区县实现无分歧账款清零，500万元以下无分歧账款已全部“清零”，失信被执行人涉政府机构自2018年至今实现“清零”。

0
无分歧账款“清零”

3. 简政放权深入推进

2019年，市、区县、乡镇三级进一步取消和调整211项权力事项，新取消证明事项6项。依托统一社会信用代码推行“一企一证”，发证种类从24类减至10类。探索推进信用承诺制审批，如铜梁区对商事登记、市场准营、企业投资建设等30项事项容缺审批或者材料要件后补审批，缩短办件时限，获得施工许可最多可减少22天。

简政放权

4. 法治环境持续改善

健全“1+X”民营经济司法保护工作体系，建立法律风险提示回访、“法律风险点+典型案例”提示制度。通过“营商环境司法评估指数体系”“网上无纸化立案”“生效判决证明自动生成”等系列举措，提升执行合同效率和质量。完善商事案件诉调对接机制，实现自动随机分案，更多简易案件进入速裁程序，2019年共开展涉及民营企业纠纷案件诉调对接1万余次。依法慎用查封、扣押、冻结等强制措施，保护企业合法权益。

保护企业合法权益

5. 市民信用获得感得到提升

全市28个区县开展信用惠民便企工作，在税务、交通、旅游、政府招投标、信贷金融、住房、阅读、行政审批、市场监管等多个领域开展了“信易+”应用。截至2019年底，“银税互动”“知识价值信用贷”“商业价值信用贷款”“渝快融”等“信易贷”产品为中小企业提供融资超300亿元。

信用惠民便企工作

2020 年，重庆市将城市信用监测作为优化营商环境的重要抓手，继续对区县一级开展城市信用监测，打通优化营商环境“最后一公里”。

四川省

——“五专”企业服务机制

四川省绵阳市建立专线、专网、专窗、专班、专员的“五专”企业服务机制，畅通政企沟通渠道，为企业提供“零距离”服务，着力解决企业“准入难、落地难、融资难、用工难、退出难”问题。

（一）企业服务专线“一号响应”

拓展 12345 热线服务功能，建立企业服务专线，实行企业服务专席接听、专项受理，提供专门服务，并按照咨询、求助、投诉、建议等进行分类建档，一问题一编号，实行清单式台账管理。2019 年以来，共接听企业电话 268 个，企业诉求得到有效解决，满意度达 100%。同时，在各级政务服务中心设立企业服务电话（由 12345 热线接转），打造富有各自区域特色的企业服务专线，受理企业诉求。

（二）企业服务专网“一网通办”

搭建统一入口的企业服务云平台（网站）和城市服务平台企业专属空间（App），强化“惠企政策一网归集、可检索可订阅可推送，诉求处理线上线下多渠道运行，帮办代办做到精准服务并全程跟踪，企业协作通过政府发布更加可信高效，效能评估运用大数据分析更精准全面”等五大服务功能。通过网页版、App、微信公众号及线下等渠道，提供政策服务、帮办代办服务、企业协作服务、企业诉求处理、效能评估等五类服务，实现“千企千面”的定制服务。2019 年 8 月运行以来，平台注册企业达 15943 家，解决企业诉求 2600 余件，归集展示国家政策 5153 条、省级政策 2538 条、市级政策 91 条。

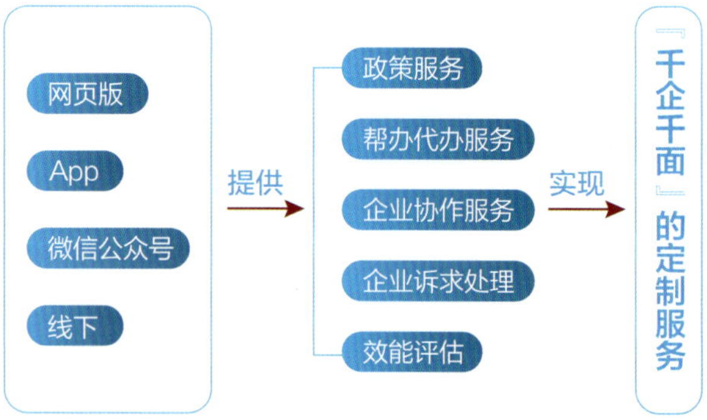

（三）企业服务专窗"一窗受理"

在全市各政务服务中心成立"企业服务中心"，设立企业服务窗口，现场受理企业诉求，为企业提供"一站式""线上+线下"以及"全流程"服务。推行"服务绿卡"制度，向重大招商项目和重点企业发放"服务绿卡"。2019年以来，共为96家持卡企业和200余名持卡人开通审批服务绿色通道293次，办理时间在承诺时间基础上再提速60%，为持卡企业职工提供就医、入学、公积金提取、出入境等生活便利680余次，处理企业诉求35次。将市政府认定的各级重点投资建设项目、"绵州英才卡"持卡人、其他需提供审批代办服务的市场主体纳入绿色通道，办理时间平均提速50%以上。

（四）企业服务专员"一对一服务"

成立企业服务专员队伍，全市54个市级部门和13个县市区、园区组建了由134人组成的企业服务专员队伍。建立投资建设项目审批代办服务制度，由企业服务专员为项目业主提供行政审批代办服务。

（五）企业服务专班打通"最后一公里"

建立各部门派驻各级政务服务中心审批服务首席代表的企业服务专班，第一时间负责企业需求的受理、转办、督办、反馈、发布、评价等工作。实行即交限时办，受理企业需求后，按照咨询、求助、投诉等类别进行分类建档，实行清单式台账管理，对于简单类能直接回复的需求事项，立即回复；一般事项原则上限时5个工作日内办结；情况复杂的需求事项或历史遗留问题的处理，最长不能超过30个工作日。办结标准以企业满意为准，强化跟踪督办，对在规定时限内未处理完结的诉求事项进行跟踪催办，并对其中的重大情况进行协调督办；通过电话回访、实地走访、系统评价等方式开展回访评价，跟踪了解企业对诉求事项处理的满意度情况，对不满意的要求承办单位作出说明；确属处理不当的，进行二次交办，重新复查处理；对于二次交办后，因承办单位推诿、敷衍、拖延等原因，导致诉求企业仍不满意的，转报市纪委监委调查处理。

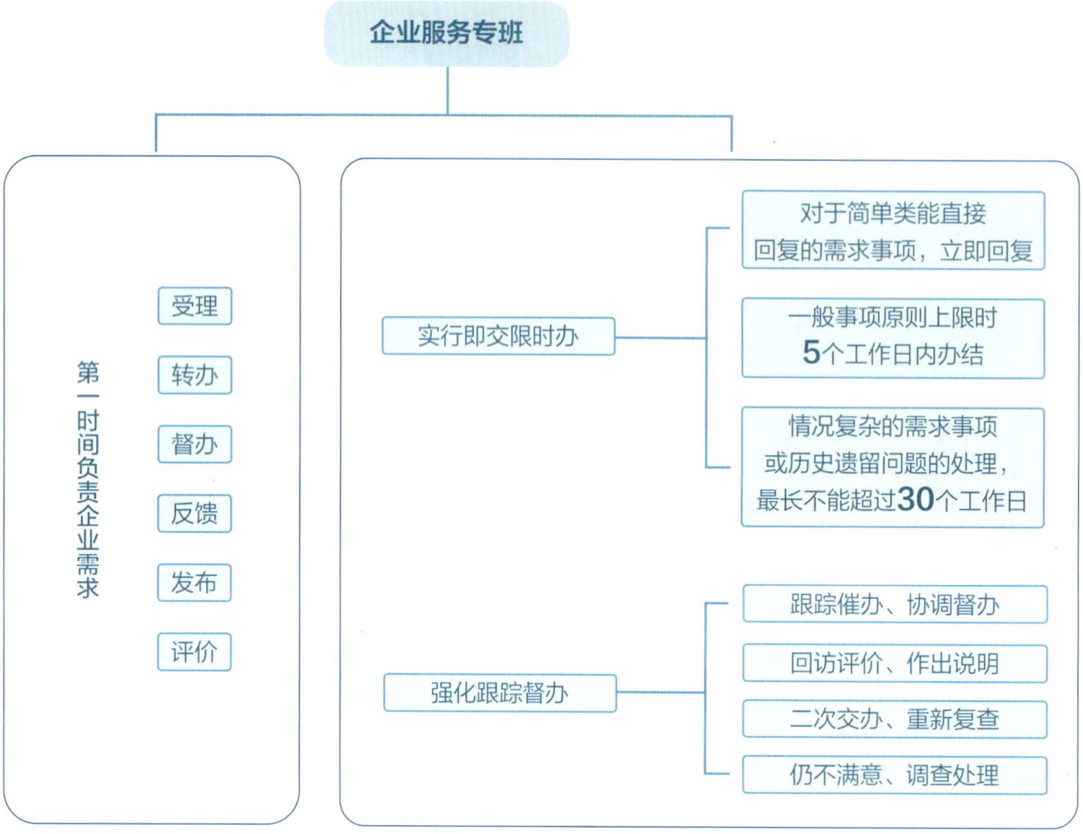

2020 年，绵阳市将进一步完善“五专”服务企业全生命周期机制，突出集成服务，通过互联互通、单点登录、数据共享等手段，汇聚各类涉企服务平台，建成企业服务线上总入口；突出重点服务，加快推动工程建设项目审批、“一证准营”、就业创业等重点领域专项服务，落实好各级财政、社保、金融等规模性纾困政策，打通企业服务“最后一公里”；突出协同服务，完善跨部门、跨层级、跨区域协同联动机制，实现企业诉求一呼百应、部门流转一目了然、服务内容靶向精准、效能评估科学到位。

贵州省

——“一件事一次办”集成套餐服务

贵州省聚焦优化政务服务，在单一事项一个窗口一次办成的基础上，以实现一件事情涉及的多个事项在一个窗口一次办成为目标，探索推行“一件事一次办”集成套餐服务。“一件事一次办”集成套餐服务主要聚焦政务服务不便捷、平台不互通、数据不共享、线上线下联通不畅等问题，以整合的网上政务平台为基础，以综合性政务大厅为载体，以部门间流程重组为手段，把办成一件事涉及的跨部门、跨层级、跨区域业务流程打包为一项集成套餐，实现一个窗口一次办成。

（一）打破办成一件事的部门壁垒

选取一批量大、面广、受益人数多的事项，通过整合跨部门业务、压缩材料和环节，实行“集中收件、网络分送、多部门同步办理、统一窗口出证办结”的办理模式。已推出小卖部开设、民爆物品购运、旅行社开办、诊所开办、房地产开发企业开办、民办学校设立等 40 种跨部门集成套餐服务，在全省 109 个实体政务大厅推行。

（二）打破办成一件事的层级壁垒

针对需要多层级审批的服务事项，依托贵州政务服务网，将办成一件事涉及的省、市、县三级业务进行整合、串联，畅通线下窗口受理和线上业务办理链接渠道，实现申请人到一个窗口即可完成一件事涉及的多层级审批事项。同时，以申请人在村级提交材料即可办结跨层级审批事项为目标，指导县（区）探索推出县、乡、村联办套餐服务，已推出跨层级集成套餐服务 75 项。

（三）打破办成一件事的区域壁垒

针对高新区、开发区、综保区等各类园区内企业、群众办理政务事项需要跨行政区域审批的问题，通过联通网络业务平台、建立联动审批机制等方式，打通园区与周边有关县（区）的行政审批联办渠道，将部分跨区域办理事项集成为一个政务服务套餐，申请人在联办区域内任一政务服务中心提交申请材料，就可实现跨区域“一件事一次办”。已在贵阳市白云区、贵阳高新区、贵阳综保区开展跨区域集成套餐服务试点。

从 2018 年试点推出“一件事一次办”集成套餐服务以来，全省共办理集成套餐业务 5.8 万件，惠及 8000 余家企业和 5 万多名群众，减少企业、群众跑腿 17 万次，节约办事成本近千万元。“一件事一次办”集成套餐服务实现了政务服务的“三个转变”。

1. 从办单一业务“最多跑一次”向办成一件事“最多跑一次”转变

房产过户办理时限
20天→1小时

办理房产过户涉及自然资源、住建、税务三项业务，推出“一件事一次办”集成套餐服务后，办理时限由20天压缩至1个小时，实现申请人办理房产过户“最多跑一次”。

2. 从办事“只进一门”向“只到一窗”转变

开办养殖畜牧
只进一门
↓
只到一窗

申请人开办养殖畜牧，原本需要在一个政务中心的9个窗口办理9项业务，推出“一件事一次办”集成套餐服务后，将多部门业务整合打包，9项业务可在同一窗口办结。

3. 从“同一材料反复提交”向“一套材料共享共用”转变

办理不动产交易
151份材料
↓
51份材料

办理不动产交易，涉及的6项行政业务需多次提交材料共151份，推出“一件事一次办”集成套餐服务后，联通相关业务数据信息，实行一套资料共享、一套表单共用，6项行政业务仅需提供51份材料。

2020 年，贵州省将进一步推动“一件事一次办”集成套餐服务，推进改革事项规范化建设，对集成套餐服务可办事项逐一编制全省统一的资料清单、业务流程、审查要点，推动“一件事一次办”集成套餐服务标准化、制度化发展。同时，聚焦社会关切的教育、医疗等民生领域和企业全生命周期政务服务事项，新增一批“一件事一次办”集成套餐服务项目。在具备条件的市（州）推进“一件事一次办”集成套餐服务可办事项在县（区）全覆盖，力争在所有园区实现跨区域集成套餐服务改革全覆盖。

云南省

——“一部手机”系列平台建设

云南省加快推进“数字云南”建设，推动实体经济与数字经济融合发展，先后开发了“一部手机游云南”“一部手机办事通”“一部手机云品荟”“一部手机云企贷”“一部手机办税费”等平台及 App，推动旅游、政务服务、农产品销售、金融服务、税费办理“掌上办、指尖办”。

（一）一部手机游云南：为“智慧旅游”赋智

“一部手机游云南”App 涵盖“吃、住、行、游、购、娱”等旅游要素，在八个方面的探索实践成为智慧旅游的标杆。

1. 提供云南旅游资讯

“游云南”App制作了16个州（市）、129个县（市区）的1分钟城市宣传片，617个景区的名片和官方旅游攻略、出行信息等。

617个
景区

2. 开展实时景区直播

1678路
景区直播视频

“游云南”App接入1678路景区直播视频，对景区当时当刻真实情景进行不间断直播，用慢直播镜头记录云南每天的美景。

3. 在线导游导览服务

全省188家A级以上景点景区全面上线“游云南”App，实现手绘地图、在线导游、语音讲解、AI智能识景等服务；平台可根据游客位置提供景点信息服务、导航路线和语音介绍；接入2.9万座厕所（其中智慧厕所952座）和992个景区停车场点位信息。全省130家景区实现线上购票、线下刷脸、扫码快速入园。

188家
A级以上景点景区
全面上线
“一部手机游云南”

4. 提供旅游服务保障

3个方面打分评价
规范指数
品质指数
体验指数

构建由政府部门、行业协会（或专业机构）、游客共同参与的诚信评价体系，对涉旅企业开展规范指数、品质指数、体验指数3个方面打分评价，目前全省已完成超过14.8万家宾馆酒店、旅行社、餐饮等涉旅企业诚信指数评价并在平台公布，为游客选择诚信旅游企业提供参考。

5. 健全旅游投诉处置体系

构建省、州（市）、县、区涉旅企业“1+16+129+X”的全域旅游投诉体系，游客可选择在线投诉、语音投诉和电话投诉等投诉渠道进行投诉，并在“一部手机游云南”上实时查看投诉办理进展情况，99%的游客投诉实现24小时内办结。

“1+16+129+X”
全域旅游投诉体系

6. 完善游客购物退货机制

30天
无理由退货

构建统一平台受理旅游购物退货机制，在全省推行“30天无理由退货”，全省各州（市）、县（市区）设立游客购物退货监理中心123个、退货中心130个，游客退货满意率达99.9%。

7. 提供交通出行服务

“游云南”App平台向游客提供16种车型的在线选车、上门取送车、自助取还车、免异地还车费等便捷实惠的租车服务，线下服务门店覆盖11个州（市）、24个取还车网点，同时上线62个电动车充电站和312个充电桩点位信息，上线194个高速公路服务区，提供游客服务区查询和导航功能，昆明地区地铁、公交线路和大理公交线路实现扫码乘车。

16种车型
租车服务

8. 运用互联网新技术

130余家景区
线上购票
线下刷脸
扫码入园

整合物联网、云计算、大数据、人工智能、区块链、人脸识别、小程序、微信支付等多项技术，实现刷脸入园、刷脸入住、AI识你所见等功能，130余家景区可实现线上购票、线下刷脸和扫码快速入园，多家酒店开展刷脸入住试点取得成功。

（二）一部手机办事通：为“互联网 + 政务服务”赋能

“一部手机办事通”采取“政银合作”方式，推动政务服务“掌上办、指尖办”，让企业和群众共享信息化办事服务便利。

① 突出顶层设计，全省一网通办

平台按照“整体设计、统一开发、集中部署、多级共用”的模式统建，实现“省、州（市）、县、乡、村”五级联通、纵向到底，全省一网通办。

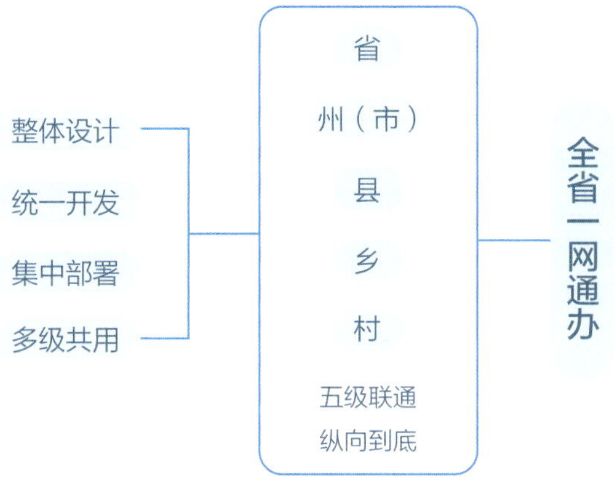

② 突出主题化办事，贴近百姓生活

将互为关联的事项串成主题，形成“我要看病、我要补办身份证、我要办社保、我要办医保、我要考资质、我要找工作、我要养老、我要法律服务、我要申请办户口、我要申请出入境、我要申领居住证、我要婚育、我要办税、我要办个体、我的公积金”等办事主题，为群众完整办成一件事提供全流程、套餐式服务。

提供全流程套餐式服务

③ 突出办事功能，简化办事流程

整合各类数据资源，把企业和群众关注的高频政务服务事项，从实体大厅、PC端搬到手机上、送到指尖端，不断推进办事移动化。聚焦“好用”目标，优化办理流程，努力减材料、减环节、减时限，让“数据多跑路、群众少跑腿”。

④ 突出创新应用，提升用户体验

推广应用人脸识别技术，让群众刷脸就能办事；应用语音办事功能，让群众开口就能办事；首创政务功能智能推荐，“千人千面”，让办事像网购一样方便；推动电子证照共享复用，让办事零材料零证明；融合大数据人工智能，让管理服务更智慧。

人脸识别

语音办事

（三）一部手机云品荟：为“绿色食品牌”赋值

云南省聚焦“绿色食品牌”8 个重点产业建设，按照“一站购买”“诚信服务”的要求，打造以品质保障为基础，以“产品库 + 公共服务 + 营销渠道”为架构的“一部手机云品荟”平台。该平台已于 2019 年 5 月正式上线。

1. 优化建设运营模式

合作企业利用大数据、物联网、供应链等方面技术优势，参与线上平台设计、线下物流体系布局和营销渠道拓展；结合服务对象及云南产业特点，开展“网红”产品打造与推介；建立电子商务服务商联盟，构建面向全省开展电商运营服务的标准体系。帮助172家企业入驻平台，主动对接产品和企业开展线上线下营销渠道拓展。

优化建设运营模式

2. 拓展营销渠道

以“新消费场景+新零售”传播模式，推广宣传云南产品，展示云南食材及特色烹饪。在昆明、广州、深圳等地设立“一部手机云品荟”实体旗舰店、展示馆，“一站式”展示展销，优先选择扶贫产品入驻展馆。

新消费场景
+
新零售

3. 运用示范体系建设成果

结合电子商务进农村综合示范项目，探索形成建立1个新平台，成立1个服务商联盟，突出“理货、建仓、开店、上网”4个关键环节的“114”发展新模式，全省105个县入选全国电子商务进农村综合示范县。

105个
全国电子商务进农村综合示范县

（四）一部手机云企贷：为“乡村振兴”赋质

2019 年 9 月正式上线的“一部手机云企贷”，是为农户农企提供快速金融服务的线上融资平台，目前在云南省蒙自市、开远市试点，并取得了显著成效。

“一部手机云企贷”平台由云信用、在线测额、智慧风控 3 大模型支撑，融合政务数据，通过大数据、人工智能等科技手段，区分客户信用，叠加强农惠农、行业优惠、表彰奖励等赋能政策，构建信贷模式，解决实体经济“融资难、融资慢、融资贵”问题。

依托信用模型实现在线测额，农户、农企在手机端可实现贷款申请、支用和进度查询；对申贷流程进行创新，大中型企业也可通过线上线下相结合申办贷款。同时，不断提高平台自动化、智能化水平，减少贷款主体办理贷款流程和资金使用成本 。

（五）一部手机办税费：为“减税降费”赋效

2019 年 9 月正式上线的“一部手机办税费”，是为加快数字税务建设、税务服务提速优质打造的移动端税务服务平台，主要为纳税人、缴费人提供税费办理服务。

平台具备移动端办理车船税、车辆购置税、社保费缴纳、增值税普通发票代开、增值税专用发票代开、一键零申报、增值税小规模纳税人申报等110余项功能，覆盖了90%以上的税费收管高频业务。专门开发缴纳城乡居民医疗保险、养老保险业务功能，让全省所有群众实现足不出户缴纳城乡居民医疗保险、养老保险，实现“一部手机、一个入口”缴纳税费。

从“只能办税”到“税费合一”

从“上门办”到“指尖办”

平台涵盖税务业务“最多跑一次”清单、“全程网上办”清单、“新办纳税人套餐式服务”等清单事项，可为实体办税服务厅约60%以上业务实现分流，办税效率提高30%左右。

2019年7月，依托“一部手机游云南”平台开出区块链电子冠名发票；12月，在旅游、零售等行业开展试点推广，通过“云南区块链发票开具助手”微信小程序实现扫码功能。截至2020年7月底，已成功开具区块链电子冠名发票20.17万张，开票总金额8648.75万元，并在全省逐步推广。

开发区块链发票管理服务系统

20.17万张
区块链电子冠名发票

8648.75万元
开票总金额

实践表明，“五个一”改革成效明显。“一部手机游云南”为游客提供服务突破 1 亿次，平台用户人数突破 600 万，小程序用户近 400 万。2019 年，全国旅游投诉平台受理对云南投诉件同比下降 25%。“一部手机办事通”上线 19 个主题 701 个事项，涵盖婚育、户籍、医疗、社保、创业就业等民生高频事项，注册用户量突破 1100 万人，业务办件突破 7500 万件，日均办件量达 13 万件。上线事项中，三分之一的事项最多跑一次，三分之二的事项一次都不用跑。“一部手机云品荟”助力“绿色食品牌”建设成效持续显现，打造云南地理标志农产品电商品牌 8 个。截至 2020 年 6 月 30 日，“一部手机云企贷”累计访问量 31.59 万次，累计下载量 3.77 万次，注册用户 24693 户，会员总数 12361 户，总授信 61.39 亿元。“一部手机办税费”平台已完成税费征收 1618.45 万笔，累计办理税费缴纳 63.56 亿元，有效降低了企业和群众纳税（费）成本。

西藏自治区

——优化税收营商环境

西藏自治区税务系统推进营商环境“护航行动”，上线“普惠金融企税银综合智能服务平台”，围绕破解纳税人缴费人办税过程中的痛点、难点、堵点，通过简化业务流程、细化服务举措、强化技术支撑、深化部门协作，建立针对小微企业、自然人的以“税”促“贷”、以“信”换“贷”的融资模式，为诚信纳税人融资提供更多更好选择，推动全社会多层面“普惠金融”，加快打造市场化、公平化、便捷化缴税环境，在压缩办税时间、简化报送资料、降低经营成本、深化银税合作等方面取得了明显成效。

（一）降低企业生产经营成本

落实深化增值税改革相关政策，落实西部大开发、高新技术企业、小型微利企业所得税优惠政策，以及研发费用加计扣除、固定资产加速折旧等优惠政策，开展宣传解读和“一对一”线上操作辅导，纳税人享受税收优惠时，除特定情形外免予向税务机关备案，改为直接申报享受方式，相关资料留存备查，精简资料报送。以调查问卷、电话沟通等方式，与制造业、建筑业等 10 个重点行业的 700 多户企业直接联系，获取复工复产数据，“点对点”对接。

（二）提升纳税便利化水平

推行“非接触式”便捷办税，在确保税务总局发布的 185 项“非接触式”网上办税事项顺利落地的同时，根据西藏实际，新增 7 项网上办理事项，实现 192 项清单事项全覆盖。电子税务局功能模块拓展优化后，累计线上申领发票 35.3 万份，送达税务电子文书 257 份，通过微信、支付宝、银联云闪付等第三方平台办理缴税业务 3845 笔，总计缴纳税款 1035.27 万元。全区电子税务局累计注册用户达 7.26 万户。2020 年上半年，电子税务局线上业务办理量占同期业务总量的 94.5%，申报入库 138.42 亿元，占全区累计申报入库数的 84.62%。

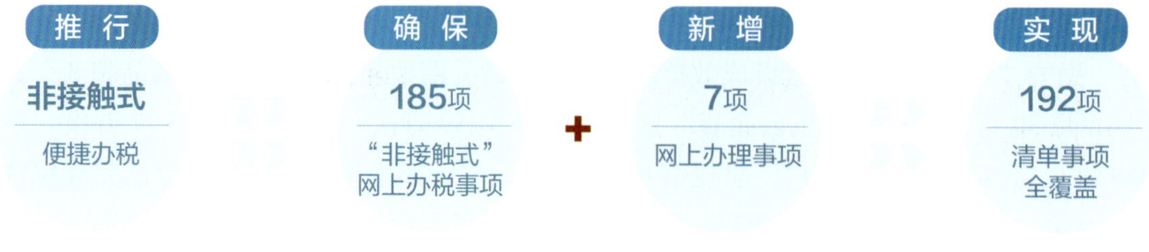

（三）规范社会保险费征缴

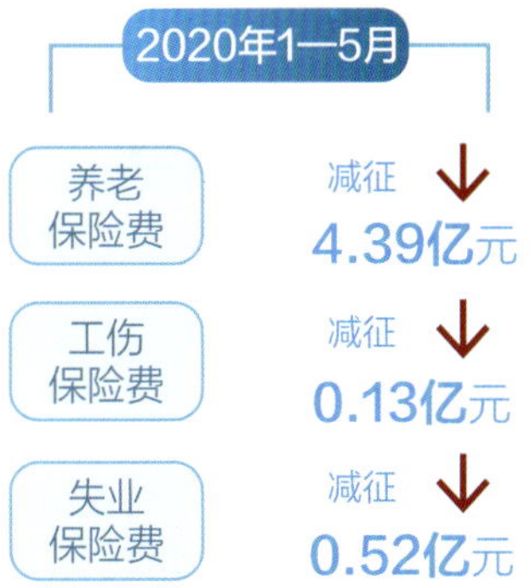

通过信息共享平台与自治区人力资源社会保障厅、医疗保障局实现自然人参保登记、征缴信息的交互共享。贯彻落实党中央、国务院关于社保费综合降率的决策部署，及时统计缴费人享受政策情况，反映政策实施效果。2020 年 1—5 月西藏自治区税务部门征收的机关事业单位基本养老保险费降率减费累计减征 4.39 亿元；工伤保险费降率减费累计减征 0.13 亿元；失业保险费降率减费累计减征 0.52 亿元。

（四）深化银税合作

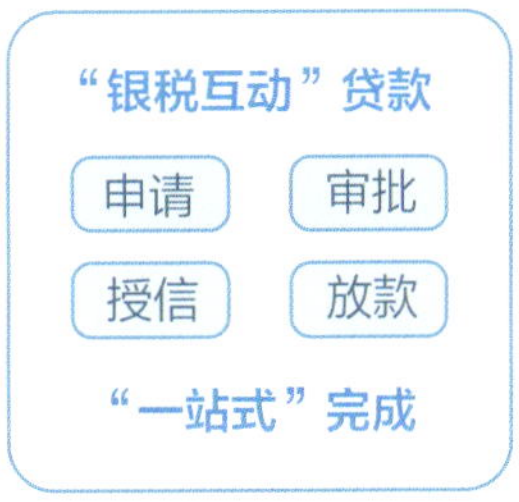

运用互联网金融技术，开发“银税合作”业务（“西藏普惠金融企税银综合智能服务平台”）。推出“云税贷”“纳税 e 贷”等 2 类线上金融服务产品，实现“银税互动”贷款的申请、审批、授信、放款“一站式”完成，提高“银税互动”运行效率；创新“银税互动”信贷产品，完善“云税贷”“纳税 e 贷”等新产品，线下线上产品同步兼顾；扩大受惠企业范围，已实现数据直连的银行逐步将申请“银税互动”贷款的受惠企业范围由纳税信用 A 级和 B 级企业扩大至 M 级企业。

总的看，西藏税务部门最大限度简化办理环节、精简申报材料、提速行政审批，为企业开办登记、注销登记提供便利，落实国家出台的税费减免政策，在政策辅导、纳税服务、税收效应分析等方面下功夫，以“银税互动”项目为依托，畅通企业资金链条，为全区疫情防控和复工复产提供了税务支持。

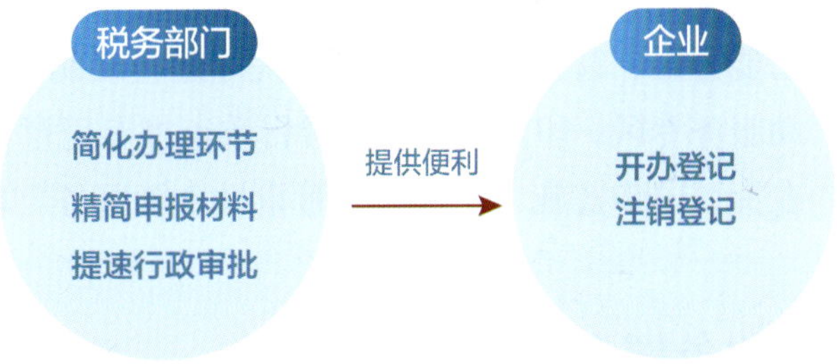

2020 年，西藏税务部门将以纳税人、缴费人的需求为导向，持续优化税收营商环境，保持减税降费力度不减、标准不降，深入推进银税互动，针对社会纳税人痛点、难点问题推动服务提质增效，着力打造共建共治共享的税收新格局。

陕西省

——“三服四化”改革

陕西省西咸新区以加强服务型党组织建设为抓手，以办好企业和群众的每一件事为基础，调整整合街镇机构设置，在街镇专门设置党群服务中心，加挂街镇“便民服务站”牌子，推行“服务群众、服务民生、服务基层”及“服务事项清单化、服务流程标准化、服务手段信息化、服务重心基层化”的“三服四化”便民服务改革。

（一）事项清单化、服务照单办

以群众常办的“高频事项”为重点，纵向将新区、新城 51 项事项下放街镇；横向将分散在市场监管所、税务所、派出所等部门办理的 197 项事项，统一集中到便民服务大厅办理，形成街镇政务服务一张清单。统一编制办事指南，明确审批流程、受理条件、申报材料等 118 个信息项，实现新区范围内同一事项“无差别受理、同标准办理”。

51项
新区、新城高频事项下放街镇

197项
便民服务大厅统一集中办理

118个信息项
无差别受理
同标准办理

（二）流程标准化、服务规范办

24小时
自助服务专区

制定街镇便民服务站建设规范和运行规范，结合街镇发展规模、人口数量、经济状况等，推行差异化建设标准，统一便民服务站标志牌匾、功能分区、窗口设置等；统一大厅运行机制、工作制度，建立 24 小时自助服务专区。印发《西咸新区行政审批专用章使用管理规定（试行）》，在街镇同步实施“一枚印章管审批、管服务”模式。

（三）手段信息化、服务网上办

提高线下实体大厅智能化水平，配备查询、抽叫号等设备。开通街镇网上政务大厅，基本形成新区“1+5+22”政务服务“一张网”；按照“凡办事必评价、凡不满必回访、凡问题必整改、凡失职必追责”的原则，将街镇政务大厅纳入“好差评”评价体系。

“1+5+22”
政务服务“一张网”

（四）重心基层化、服务就近办

将面向企业和群众的工商税务、人社民政、户籍办理等政务服务事项统一纳入街镇便民服务站窗口集中受理；将水电气等社会服务和养老、医疗等个人事项纳入村（社区）便民服务室集中受理；对于人口、产业聚集的园区、综合体等，建设“15 分钟便民服务驿站”，实现“就近可办、就近能办”。合理划分综合网格，在街镇便民服务站、村（社区）便民服务室设立党员先锋岗、党员示范岗，建立“红色代办员”队伍，推行党员预约办理、上门办理、帮办代办等服务，实现群众办事“大事不出街镇、小事不出社区（村）”。

西咸新区“三服四化”改革，充分发挥基层党建作用，创新基层社会治理体系，打造“家门口便民服务综合体”，打通服务群众“最后一公里”，取得明显成效。

降低办事难度

建立颗粒化街镇政务服务事项体系，街镇便民服务站可办理的事项从原有的20项左右扩展到394项，网上可办事项占比99.49%，逐步实现“上一张网、办所有事”。原来需要在新城、新区办理的高频事项不出镇就可办理。采用“一枚印章管审批、管服务”模式，群众办事不求人、不看脸、不进科室，推动实现“一站式服务、一门式办理”。

提高办事便捷度

构建新区、新城、街镇、村（社区）四级政务服务体系，在街镇政务大厅统一推行“前台综合受理、后台分类审批、统一大厅出件”的“综合窗口”服务模式，建立专业化前台服务队伍。各级配备工商营业制证机及发票申领、综合办税、身份证自助拍照、便民缴费等多种服务终端120台，推动“线上无休、线下无缝”政务服务。

提升服务温度

对窗口服务人员开展服务礼仪及业务培训，建立“窗口AB岗”“一次性告知”“代办服务制”“责任追究制”等12项服务制度，实现了“岗位有工作标准、办事有程序标准、服务有质量标准”的政务服务全标准体系。已为2万余名群众上门办理老年证、公交卡及社保、合疗、计生、公积金等高频服务事项。

获得群众满意度

推广“网上办”和“掌上办”，手机支付宝“扫一扫”即可实名登录政务服务网，手机拍照上传即可完成事项申报。将政务服务纳入电子监察，办事群众对审批廉洁度的满意率为100%。街镇便民服务大厅日接待群众量从30余人增加到150余人，日办件量从20余件增加到90余件，各街镇、村（社区）为群众办理各类事项已超过20294件，多类事项实现“立等可取”，群众办事满意率达99.9%。

2020 年，西咸新区将充分发挥党建引领作用，进一步完善各级党委（党工委）牵头机制，整合各类行政和服务资源，深入推动便民服务与基层党建、街镇综合改革、网格化管理、综合执法改革结合，探索基层社会治理从以行政管理为主到以提供服务为主，从单纯政府管理到政府搭建平台、社会合作共建的新模式，建设全方位便民服务综合体。按照标准引领、需求导向、依法依规、改革创新的原则，进一步完善事项清单、大厅建设及运行规范、服务流程、办理流程四个“标准化”建设。同时，针对工业园区、商业摊点密集区域等特定场所，以及老年人、残疾人等特殊群体，探索编制差异化清单，有针对性地提供更多帮办代办服务。

甘肃省

——税费优惠政策“不来即享”改革

甘肃省在推行企业办税“最多跑一次”的基础上，全面推行拓展税收优惠政策“不来即享”，按照“自主判别、自行享受、留存备查”的办理方式，事先让企业自行享受优惠政策，事后由税务机关抓好监管，实现纳税人享受税收优惠从“最多跑一次”升级为“一次也不跑”。

（一）“不来即享”从探索向常态推进

按照先易后难、循序渐进的推进方式，享受税收优惠从最初的“审批办理”到“无须审批只需备案”再到“无须备案自行留存备查”，从“需要多次跑”到“最多跑一次”再到“一次也不跑”。

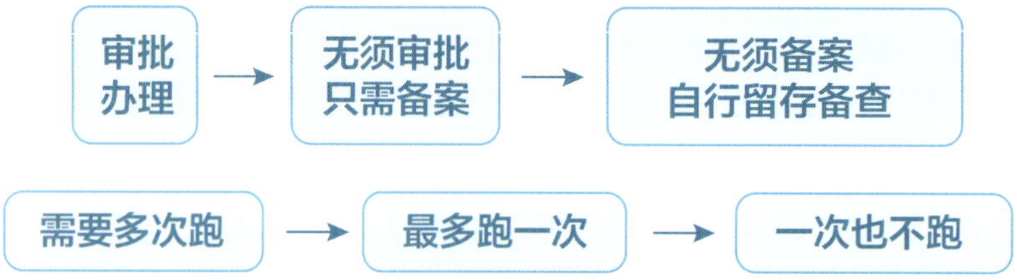

（二）“不来即享”从涉税向涉费拓展

系统梳理税收优惠“不来即享”事项清单，逐个梳理之前的“申报享受、备案办理、核准办理”三种办理方式，统一规范为“自主判别、自行享受、留存备查”的办理方式，将税收优惠事项与申报纳税人对接，实现计算机自动读入、自动校验、自动审核，纳税人无须提交资料、无须申请、无须备案、无须跑路的“三个自动、四个无须”。采取“人机结合”方式，实现政策精准推送至企业一把手、财务人员和办税人员的“三推送”。

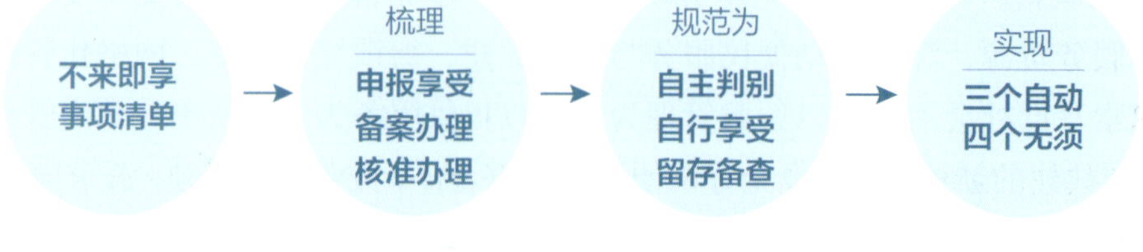

推动“不来即享”向社保费、非税收入领域拓展，对阶段性减免社保费推出“免填单、免申请”办理模式，对已缴纳的社保费，符合减免条件的，由税务机关主动批量发起退费。

（三）“不来即享”从零散向系统突破

“互联网+电子税务局”平台

建立“互联网+电子税务局”平台，依靠大数据信息技术，探索税收优惠信息化、智能化管理。电子税务局已注册覆盖全省74万多户纳税人，上线纳税人端功能423个，推出“一表集成”“一键零申报”等便捷服务，一般纳税人网上申报率超过98%。

“大数据+人机结合”

建立税收政策精准推送机制，实现政策精准“三推送”（推送至企业“一把手”、财务人员和办税人员），主动提醒纳税人享受优惠，保障纳税人自行判断、自主享受。

发票业务“不来即享”

通过网上申领、邮寄送达实现24小时全天候服务。同时，取消各类证明事项61项，公布“全程网上办”清单185项，助力“不来即享”。

（四）“不来即享”从明责向立制提升

逐项梳理完善政策落地的工作流程，从制度上厘清征纳双方责任，还权还责于纳税人，由纳税人对申报信息和相关资料的真实性、合法性承担法律责任。税务机关在后续风险判别与检查中，发现纳税人骗取优惠的严格依照税收征管法处理。

总结提升
作出制度规范

制定发布《关于深入推行税收优惠“不来即享”的公告》等系列文件，总结提升前期工作成果，对全省税收优惠“不来即享”业务范围、优惠条件、实现方式、办理流程作出制度规范，从法律责任上打消执法人员怕担风险、怕出问题的顾虑。

容错纠错机制

建立容错纠错机制，为改革创新者撑腰鼓劲；建立容缺办理机制，对符合条件的纳税人实行承诺制容缺办理；建立绩效考核机制，将“不来即享”工作纳入省、市、县三级税务机关绩效指标；推行严厉督查问责机制，加大督查考核问责力度。

信用+风险
新型管理机制

建立动态“信用+风险”新型管理机制，推行“大数据应用分析、税收风险管理应对、税收执法风险监控、纳税人信用评价”和“双随机、一公开”稽查方式的“4+1”模式强化事中事后监管，通过事前提醒、事中提示、事后响应，促进企业或个人遵从税法。

从实践成效看，甘肃省原适用的428项税收优惠、2019年以来的减税降费政策、支持疫情防控和复工复产的税收政策，全部实现“不来即享”。截至2020年上半年，全省减免税费105.86亿元。21个行业大类均有税收减免，13个行业减税规模过亿元，其中制造业、批发零售业和建筑业位列减税规模前三位，非公经济减税规模占总减税规模的70.6%。

2020 年，甘肃省将继续巩固扩大“不来即享”成果，让纳税人“不来”成为常态。

1. 巩固扩大税费事项“不来即享”改革成果

优化集成电子税务局办税业务功能模块，实现申报纳税、优惠备案、优惠核准、即征即退全程网上办理，纳税人不来也能办，第一时间让纳税人获得政策红利。探索以纳税人行业代码、房产税、土地使用税税源登记信息为要素，在纳税人电子税务局登录界面，点对点推送与行业信息、税源登记有关的税收优惠政策办事指南，主动提醒纳税人享受税收优惠。

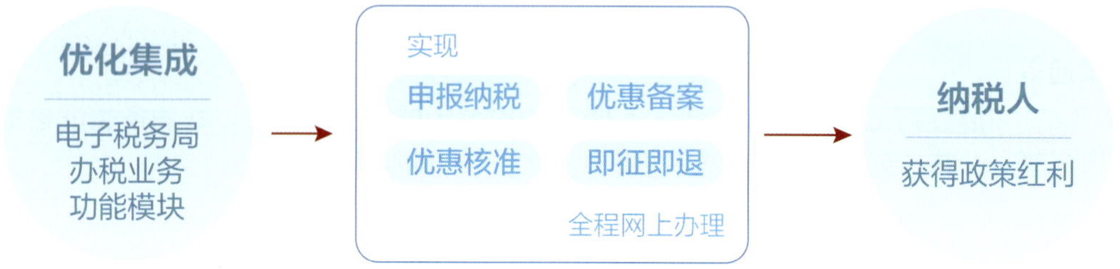

2. 加快推进大数据应用平台建设

在全省层面建立各部门之间的外部数据信息交换机制，推进税务、市场监管、不动产登记、社保、公安等部门信息的互联互通和共享。应用省税务局大数据平台，按照税收优惠项目建立数据应用分析模型，打造主动甄别优惠项目的“智慧税务”。依托税收大数据，加强对“不来即享”税收优惠的纳税人的后续监管。按照享受税收优惠的行业、项目和类别，逐项研究出台“不来即享”税收优惠项目事后监管系列工作准则和操作规范。

3. 帮助企业建立税收风险防范机制

丰富“不来即享”内涵，将纳税人享受风险提醒等个性化服务事项纳入“不来即享”的范围，对发现的涉税风险提供主动提醒服务，实现涉税风险“税企共控”，让纳税人不申请不上门就能享受到降低涉税风险提醒的增值服务和个性化服务。

青海省

——“审批破冰”工程

青海省针对当前投资项目审批中存在的不同步、碎片化、审批繁、时限长、效率低、环节多、中梗阻、不联通等问题，以提升办理建筑许可便利度为重点，实施“审批破冰”工程，建立“30+X”模式，推行“五化并举”，推动审批时限压减、服务提升、监管强化，全方位改善营商环境。

（一）以“一体化”为基础，提升平台规范化

①

依托投资项目在线审批监管平台，整合分散的各级各类投资审批系统，将投资项目审批、核准、备案事项、清单、流程全部纳入平台管理，将项目代码作为项目建设周期唯一身份标识，推动形成从立项用地规划许可、工程建设许可、施工许可到竣工验收的“全链条”工作闭环。

“全链条”工作闭环

②

制定投资项目在线审批监管平台管理办法，完善流程规范、数据管理、操作指南、工作规程、协调机制等制度规范，构建“1+N”投资审批制度体系。

“1+N”

投资审批制度体系

③

推进在线审批监管平台推广应用，建立投资项目电子图档管理信息系统，推动工程方案设计、施工图设计电子图和竣工测绘电子图等一网收集、加密传输和结构化存储，与在线平台互联互通。

推广应用

在线审批监管平台

④

建立网上交办、督办、催办制度，开发移动端手机App，实时跟踪并联审批办理情况，对审批事项进行全流程追溯，实现“随时看、随时办、随时督”。

开发移动端手机App

随时看 随时办 随时督

（二）以“五统一”为先导，推进审批标准化

推行“一份办事指南、一张申请表单、一套申报材料、完成多项审批”全口径投资审批模式。

统一审批事项，推行“一张清单”，制定投资项目审批事项清单，“清单之外无审批”。

统一审批材料，规范合并不同部门要求的同质性材料，制定统一的申报材料模板和批复文件模板，推进审批材料多部门共享，“一个项目、一套材料、一次收取”。

统一规范流程，制定投资项目全过程流程图，推动流程再造。

统一压减审批时限，对项目全生命周期审批流程进行再造重塑，推出“30+X”，压缩政府审批时限及相关强制性评估、技术审查时限。

统一实行并联审批，将工程建设项目审批管理系统、施工图联审系统，以及省级各部门其他相关业务办理系统，纳入投资项目在线审批监管平台，将项目代码作为项目建设周期唯一身份标识，基于“一项一码”实行全过程在线并联审批。

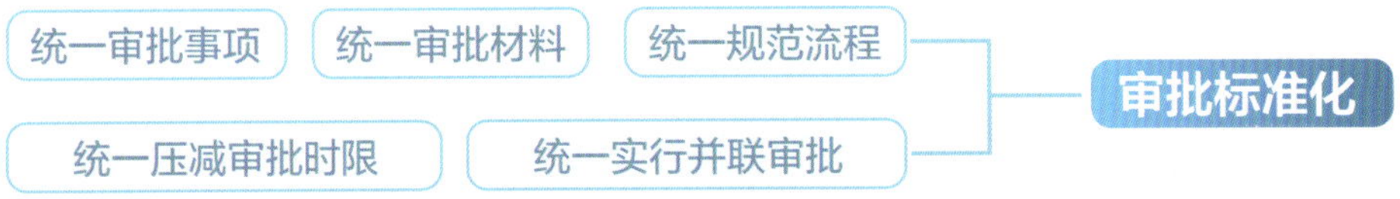

（三）以“五创新”为切入，推进报建简便化

聚焦投资审批前期协调难、报建环节多等突出问题，探索推出技术方案备案制、施工图容缺审查、先建后验、区域评价、“多评合一”等创新举措。

推行技术方案备案制，对施工图以外的技术审查项目，试行行政审批与技术审查相分离，审批部门采用审查结论并实施备案。

推行施工图容缺审查，建立房屋建筑和市政基础设施工程施工图审查必审清单和豁免清单，对重点建设项目和涉及公共利益、公众安全、社会关注度高的公共服务设施项目实行容缺受理审查，将小型工程的事前施工图审查改为以事中事后检查为主的监管方式。

推行先建后验，在各类园区开展备案类工业企业投资项目报建阶段“先建后验”试点，建立以政策性条件引导、企业信用承诺、事中事后监管有效约束、全程靠前服务为核心的管理服务模式。

推行区域评价，启动开展报建审批区域性统一评价试点，由政府统一开展建设项目环境影响评价、节能评估等评价评估，相关审批部门互认统一评价评估报告。

试点“多评合一”，按照项目建设单位和企业自愿原则，由相关部门统一组织评审项目可行性研究报告（项目申请报告）、安全评价、节能评估，合并审查消防、防雷设计等事项。

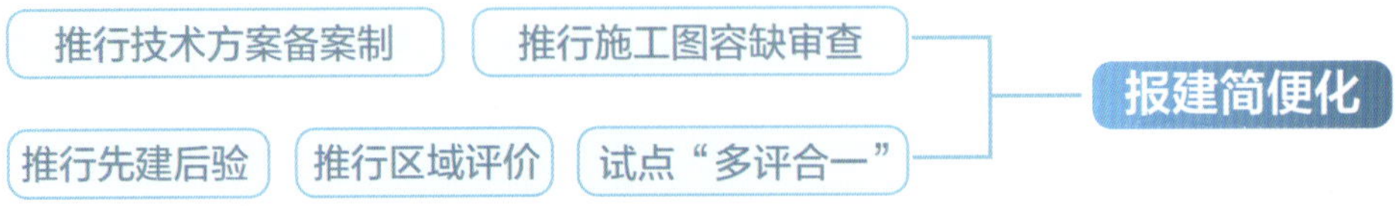

（四）以“五举措”为抓手，推进服务便民化

聚力提升项目审批效率，通过试行“告知承诺制”、推行“全程代办”等工作举措，以精准服务提高市场主体感受度。

深入实施“一窗受理、集成服务”投资审批工作机制，为企业和群众“最多跑一次”就近完成审批提供“套餐式集成服务”。

公布实行告知承诺制的审批事项清单及具体要求，对通过事中事后监管能够纠正不符合审批条件的行为、且不会产生严重后果的审批事项，实行告知承诺制，并将承诺履行情况纳入信用信息共享平台。

推行投资建设项目“全程代办”制度，建立企业联系卡制度，为企业提供接洽、联系、申请、办结等全流程的精准化服务。

优化中介服务，制定涉及投资项目的中介服务标准，解决现有投资项目审批中介服务存在的时间长、收费高、质量差等影响项目进度的问题。

加强综合协调服务，在投资项目在线审批监管平台增设在线咨询服务模块，提供企业投资项目审批监管事项的全程网上咨询服务。

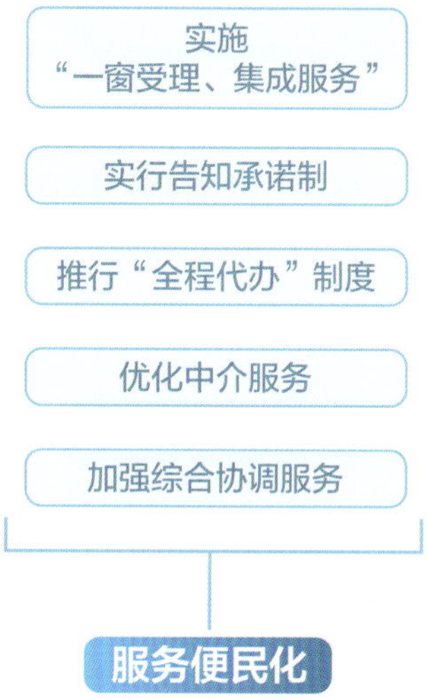

（五）以“五机制”为保障，注重监管常态化

打通联系企业“最后一公里”，推动实现从“重审批”向“严监管”转变。

压实监管责任，分类制定涉及投资项目审批事项监管的工作指南和操作规程，促进监管工作标准的具体化、公开化。

创新监管方式，运用互联网和大数据技术，强化在线监测、审计、执法检查等手段，建立全流程协同监管联动工作机制，通过投资项目在线审批监管平台实时交换项目信息，促进相关部门的审批信息、监管信息、处罚结果互联互通。

加强重点投资项目全过程、全方位监管，整合投资项目相关信息系统，将全省重大项目库、PPP项目信息监测服务平台、重点建设项目管理信息系统等各类与投资项目相关的信息系统纳入投资项目在线审批监管平台。

强化信息公开，运用信用中国（青海）网站，将信用查询、信息承诺、联合奖惩嵌入项目审批全流程，以统一社会信用代码为载体，实时记录项目审批许可信息、监管（处罚）信息、有关责任主体违反信用承诺信息等信用信息，记入主体信用档案，并定期向社会公开。

总的看，青海省依托投资项目在线审批监管平台，基于“一项一码”，建立全领域投资项目审批机制，推行全过程在线并联审批，提升了投资审批质效，提高了市场主体的获得感。

1. 投资审批提速

投资审批事项从68项精简为34项，精简50%。审批时限从平均230个工作日压缩至80个工作日（其中，政府审批环节时限压缩至30个工作日，相关强制性评估、技术审查时限压缩至50个工作日），压缩65.2%。

2. 投资堵点疏通

覆盖省、市（州）、县（区）三级518个审批单位全领域全过程的“30+X”审批模式日渐完善，投资审批标准不一、碎片化、不同步、不联通等堵点得到疏通。

2020年，青海省将坚持问题导向、目标导向和结果导向，努力打造投资审批改革升级版。一是实施“先建后验”“负面清单”“一次性补正”“区域评价”“标准地”“多评合一”“全程代办”等配套措施，完善项目审批综合监测、在线评审、大数据分析、重大项目调度、重大前期谋划等功能模块，持续优化“事项 + 标准 + 制度 + 应用”，实现企业投资项目核准备案线上“一次登录、一网通办”，线下“只进一扇门、最多跑一次”。二是推行重大项目“投资决策综合性咨询 + 并联审批制度”，以“承诺制 + 容缺审批”为突破口，进一步压减审批时限，探索“以信用托审批”“以服务代审批”，调整审批事项清单及对应材料清单，实现审批事项及申报材料编码管理，确保并联办理、“一网通办”，推动投资“审批破冰”工程不断取得新成效，助力营商环境持续改善。

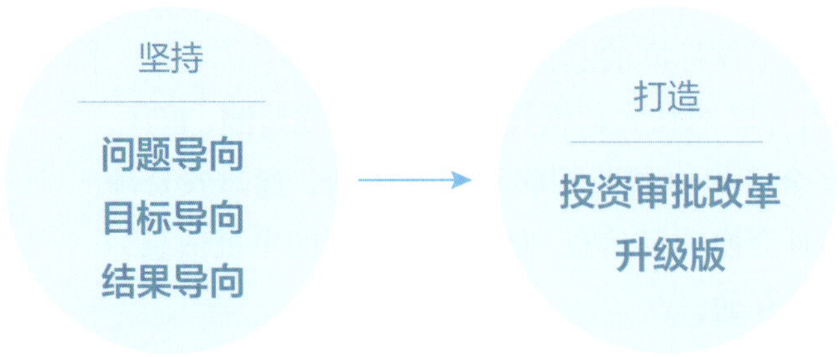

宁夏回族自治区

——“一张网、集成办”改革

宁夏回族自治区聚焦工程建设项目审批部门多、事项多、环节多和企业办事多头跑路、“耗时费力”问题，按照“全域一体、覆盖到县”要求，依托宁夏政务服务“一张网”和投资在线审批监管平台，统一数据标准，建成覆盖区、市、县三级，“主网贯通、支网联通”的综合审批管理系统，细化出台涉及工程建设项目审批事项流程、并联审批、多评合一、多图联审、联合验收、信用监管等关键环节的31项配套细则，通过“五个集成、五个一”改革，推动工程建设项目审批“一张网、集成办”，实现工程建设项目审批“一个平台办到底”，助推项目审批提速。

（一）事项集成，“一单通管”

梳理工程建设项目审批涉及的所有事项，将原有111个事项进行“减、放、并、转、调”，取消6个、下放1个、合并35个、转变管理方式8个、调整审批时序14个、实行告知承诺12个，保留77个审批事项，形成“一张清单”，内容涵盖从项目立项到竣工验收和公共设施接入全流程，覆盖行政许可、技术审查、中介服务及备案各类型，做到“一张清单管到底”“清单之外无事项”。

（二）流程集成，“一图通揽”

推动彻底改变原来的多头申报、互为前置的串联审批模式，按照“大并联”原则，重构再造审批流程，将项目审批分为立项用地规划许可、工程建设许可、施工许可、竣工验收四个阶段，将77个事项依据办理次序和内在联系分别纳入相关阶段并联审批，分别制定5种不同类型项目审批流程图，明确一般政府投资房屋建筑和市政工程项目审批时限控制在115个工作日以内、一般社会投资项目控制在75个工作日以内、带建设工程设计方案项目控制在55个工作日以内、小型社会投资项目控制在50个工作日以内，做到“一图通揽”、全程并联、时限“锁定”。

（三）服务集成，“一窗通办”

将所有涉及项目审批的部门进行物理整合，在 5 个地级市、14 个县及部分承担审批功能的园区全部规范设置工程建设项目审批综合服务区，构建“一个窗口”集成服务模式，推动水气电暖企业全部入驻综合服务区，制定“一窗受理”工作规程，统一办事流程和各类表单，开展“店小二式”“保姆式”全程代办服务，实现企业办事“进一门、到一窗、办一次”。

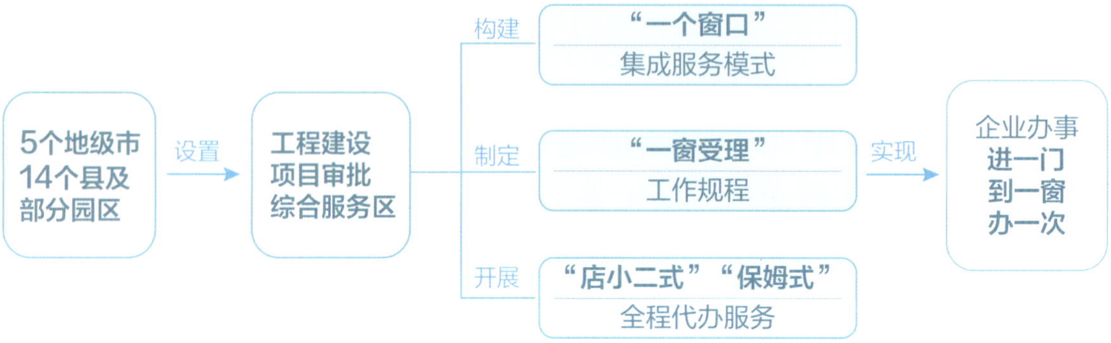

（四）平台集成，“一网通审”

依托政务服务“一张网”、投资项目在线监管平台、多规合一等系统，统一建设了覆盖区、市、县三级，具备“多规合一”业务协同、在线并联审批、数据实时共享、全程督办监管等功能的宁夏工程建设项目审批管理系统，所有审批事项“一口申报、一网通办”。依托省内通用、省外可用的“我的宁夏”政务 App，将工程建设项目审批向移动终端延伸，15 类事项和工程造价、抗震设防等审批或中介服务可“掌上”查询、“指尖”申报、动态跟踪。

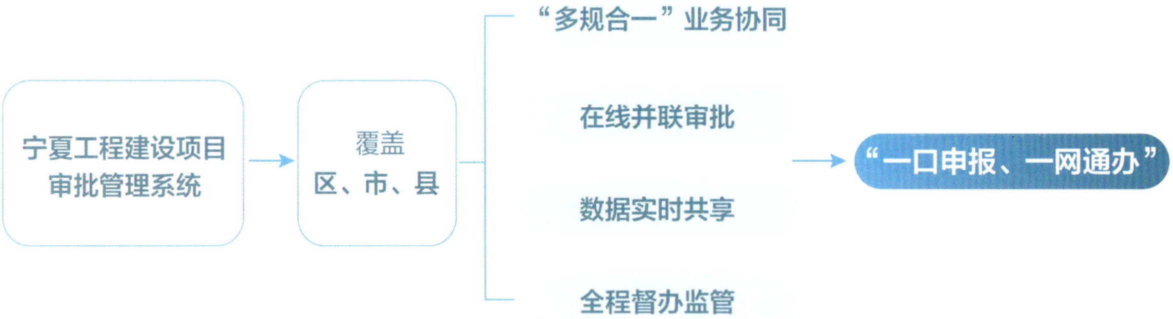

（五）监管集成，“一键通联”

在工程建设项目审批管理系统中设置审批监管和信用管理功能，与建筑市场管理、“信用宁夏”等系统“一键链接”，对申请人进行全链条信用监管，对信用状况良好主体提供“信易批”、容缺受理等便利服务，对在审批和事后施工中违法违规、不履行承诺的失信主体记入诚信档案并取消优惠申办资格。规范中介管理，制定中介服务事项清单，推行网上“中介超市”服务，凡未纳入清单的事项，一律不得再作为审批受理条件。

以“五个集成、五个一”为重点的工程建设项目审批“一张网、集成办”改革模式在全区5个地级市、14个县和宁东基地等承担审批功能的园区全面推行、一体推进，有力推动项目审批落地、加快开工，取得显著的经济和社会效益。

1. 审批时限有效压缩

所有事项100%网上办理，审批时限从约237个工作日压缩至政府投资项目平均85个工作日、社会投资项目平均60个工作日，推动施工图审查从44—132个工作日压缩至20个工作日，竣工验收从50—148个工作日压缩至20个工作日，水气暖报装分别由原来20、15、40个工作日压缩至10、10、20个工作日。

网上办理
100%

2. 并联审批加快推行

并联审批
100%

联合审图、联合验收、区域评估、多测合一等并联审批办理方式加快推进，除立项用地规划许可、工程建设许可、施工许可、竣工验收四个阶段主流程外的其他事项100%并联审批。

3. 企业办事方便快捷

降低企业办事时间和成本，新冠肺炎疫情防控期间，开展“三加两变”（“网上办+掌上办”“承诺办+容缺办”“预约办+延期办”“单独办变协同办”“现场办变远程办”）审批改革服务，助推企业复工复产提速30%以上。

复工复产提速
30%以上

2020年，从打通“堵点”、补齐“断点”、形成“闭合链条”入手，进一步优化流程设计，升级网上审批，加快数据共享，立足工程建设项目从策划生成到竣工验收、产权登记，内联外扩、再造流程，将涉及工程建设项目行政审批、技术审查、中介服务和事中事后监管的各相关环节全部纳入，重构从项目策划生成到立项用地规划许可、工程建设项目招投标、工程建设规划许可、建筑施工许可、建筑市场和施工现场监管、竣工验收、不动产登记备案的工程建设项目“全生命周期”审批管理流程，实现链条完整、衔接有序、更高水平的“一张网”审批。

新疆维吾尔自治区

——企业投资项目承诺制

新疆维吾尔自治区克拉玛依市聚焦企业和社会公众迫切希望解决的效率低、环节多、时间长等问题，在白碱滩区（克拉玛依高新区）开展投资承诺制试点，统一标准要求，强化责任落实，提高服务效能，增加透明度和可预期性，进一步降低制度性交易成本、激发大众创业万众创新活力。

（一）联办联审、流程再造，推进改革任务落地

克拉玛依市白碱滩区（克拉玛依高新区）商务局、市场监督管理局、应急管理局、住房和建设局、农林和水务局、自然资源局、消防救援大队等行政审批部门，共同研究企业投资项目行政审批事项并进行流程再造，印发《白碱滩区（克拉玛依高新区）企业投资项目承诺制试点实施办法（试行）》《白碱滩区（克拉玛依高新区）企业投资项目承诺制试点实施方案（试行）》，明确工作要求、试点范围、实施机制、办理流程、监督措施等内容。

（二）优中选优、分层管理，建立“3+1”集成式服务体系

划定两条企业申请投资项目承诺制的“基准线”：《政府核准的投资项目目录》内项目以外，不涉及国家安全、公共安全、生态安全、落后和过剩产能，以及高能耗、高污染产业等领域的工业项目；建设地点位于克拉玛依高新技术产业开发区规划范围内，同时区本级各行政审批部门具备相关行政审批权限的工业项目。

在投资项目承诺制体系中设立“3+1”服务机制，“3”为“容缺诺”“专项承诺”“零审批承诺”三种承诺机制，“1”为“代办服务”，为企业投资项目提供更优质、更全面、更精准的服务。

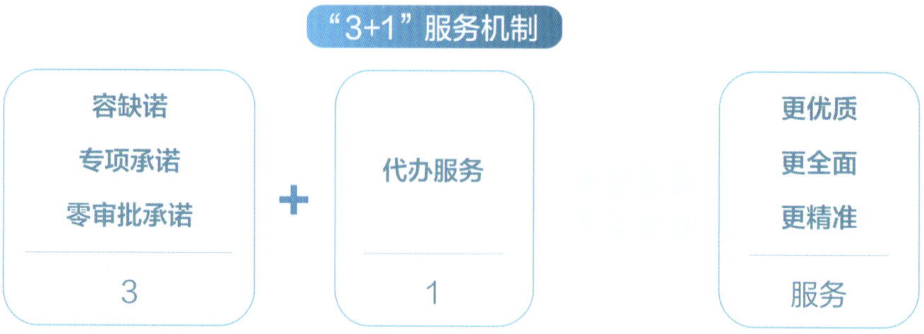

（三）创新监管、强化过程，确保企业达成承诺、项目顺利落地

克拉玛依市白碱滩区（克拉玛依高新区）完善监管体系，创新监管方式，提升监管效能，对投资项目全周期各个环节实行全过程监管，严格把控重要监管节点，对发现问题的投资项目及时进行纠偏，确保企业最终按规定、按节点完成承诺事项并合法、合规通过验收。

工程建设前，指导和服务企业按照规定和标准作出承诺，达成承诺后实行“双向告知”，即向企业下达承诺告知书的同时向区级相关审批部门下发企业投资项目达成承诺告知书，相关部门对企业基本施工条件进行核实。

工程建设中，监管部门加大检查力度，重点监管企业是否严格按照国家规范和标准施工建设；企业须按照承诺书条款及承诺告知书的提示，在工程建设的关键节点按要求向相关审批部门报验审核。代办专员实行“一个项目一人全程代办”，以“保姆式”服务理念实现全程跟踪项目进度，督促企业完成各项审批手续办理，重点监督企业是否严格遵守承诺的条款，及时提醒、协助企业在工程建设的关键节点向相关审批部门报验审核。

工程完工，代办专员组织对全部手续及承诺事项完成情况进行验收，并组织工程验收，不达标不投产。

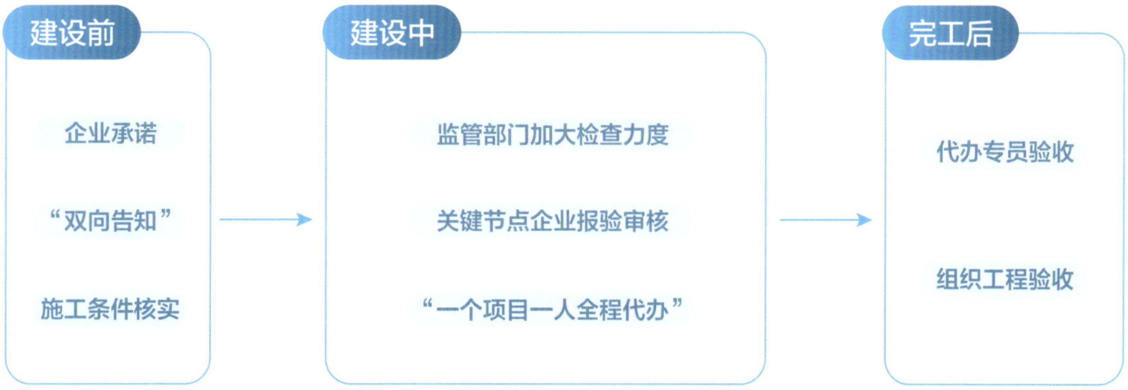

（四）优化流程、完善机制，为优化营商环境持续发力

在企业投资项目承诺制试点工作中，领导小组定期组织工作推进会议，研究重点问题、决策重点事项。通过定期召开试点项目投资企业座谈会，解答企业困惑，了解企业需求，将完善投资承诺服务机制、为企业提供最大便利作为推进“放管服”、提升营商环境的有力抓手。

2020 年，白碱滩区（克拉玛依高新区）将进一步扩大承诺制试点范围，筛选不同产业、不同规模的各类优质投资项目列为试点项目，同时，进一步细化完善相关管理办法及制度文件，建立企业投资项目承诺制改革容错免责机制，不断完善以政策引导、企业承诺、监管约束为重点的新型企业投资项目管理模式。

新疆生产建设兵团

——深化市场监管领域改革

新疆生产建设兵团第八师石河子市市场监管部门全面落实商事制度改革各项措施，积极推进企业登记全程电子化和电子营业执照办理，全面实行“多证合一”等便民举措，简化登记程序，放宽登记门槛，促进大众创业万众创新。

（一）深化商事制度改革，做好简政放权的“减法”

稳步推进“多证合一”登记制度改革

自2018年7月1日起，石河子与自治区同步实施企业、农民专业合作社和个体工商户二十六证合一的“多证合一、一照一码”登记，印发《八师石河子加快推进“多证合一”改革工作的实施方案》，让群众和企业进一家门，办一揽子事，为创业者提供更为高效、便捷的登记服务。放宽市场主体住所（经营场所）登记条件，允许“一址多照”。截至2020年6月底，共发放“二十六证合一”营业执照16339份，累计为6554名创业者放宽了住所（经营场所）登记条件。

深化“先照后证”改革

严格执行国务院决定保留的前置审批事项目录及变更、注销登记前置审批事项指导目录。主动落实“双告知”制度，对照自治区本级工商登记后置审批目录对应工商登记“关键词”表，核定经营范围，使相关许可部门通过“关键词”抓取，对企业实施有效监管。2020年1—6月，向23个监管部门推送“先照后证”市场主体信息3312条。

进一步简化市场主体退出程序

2017年3月，全面推行企业简易注销登记改革，简化注销程序、公告方式、登记材料和申请环节。取消企业向登记机关备案清算组的程序，改为企业通过国家企业信用信息公示系统自行备案公示清算组信息；将通过报纸进行债权公告的程序调整为允许企业通过国家企业信用信息公示系统免费公告。

下放企业登记机关登记管辖权限

将注册资本（金）1000万元（含1000万元）以上的企业注册登记权限调整到企业住所所在地的登记机关办理，方便企业就近办理相关注册登记。

开展收费清理改革，落实优惠政策

落实各项促发展优惠政策，对各类登记均免征注册登记费。

（二）整合共享信息资源，做好强化监管的“加法”

落实企业信息公示、企业年度报告、经营异常名录、严重违法企业名单等制度，对未按时年报的市场主体列入经营异常目录，进一步强化信息共享和信用约束。

推进“双随机、一公开”监管工作，实现市场监管由巡查制向抽查制转变，增强监管执法的公正性、公信力。

做好涉企信息归集工作。按照国务院、自治区、兵团和师市政府开展涉企信息统一归集公示工作要求，市场监管部门承担起师市政府部门企业信息归集公示工作的综合协调、培训指导、督促反馈的职责，组织做好涉企行政许可、行政处罚信息录入和“双告知”信息接收、下载工作。已录入涉企行政许可信息 3999 条、行政处罚信息 1342 条，实现信息资源共享。

（三）立足职能，做好优化服务的“乘法”

1. 进一步压缩企业开办时间

市场监管部门与税务、人社、公安、人行等部门联合印发《八师石河子市关于进一步压缩企业开办时间实施方案》《八师石河子市简化企业开办和注销程序行动方案》，将企业开办时间压缩至5个工作日。

企业开办时间
压缩至
5个
工作日

2. 推进电子营业执照的应用，推行登记全程电子化改革，实现最多跑一次

24小时 服务时间
全程网上办
最多跑一次

发挥电子营业执照等证照共享服务作用，利用电子营业执照身份认证和电子签名功能，优化服务流程，精简审批材料，推动许可事项的预约、申请、受理等全程电子化审批办理。推行名称网上自主申报和登记全程电子化改革，提供“线上线下功能互补、相辅相成”登记服务新模式，打破8小时工作日服务时间限制，延伸到24小时，从“面对面”到“键对键”“无纸化”，实现“全程网上办、最多跑一次”。

3. 强化“政银合作”

与全市8家银行签订“服务企业登记注册及开户业务合作”协议，通过银行网点柜面免费为各类市场主体提供“一站式”工商登记注册、贷款卡申请等行政金融综合服务，有效延伸登记窗口服务。

与全市8家
银行签订协议

4. 优化服务措施

- 33件 办理股权出质登记
- 38件 动产抵押

运用股权出质登记、动产抵押登记、知识产权抵押登记等方式，帮助企业破解资金周转难题。2020年1—6月，办理股权出质登记33件，为企业融资5.1846亿元；动产抵押38件，为企业融资61.706亿元。对于营业执照丢失或损坏的，由企业免费在国家企业信用信息公示系统上公示“营业执照作废声明”，企业无须在报纸上刊登作废声明。

2020 年，新疆生产建设兵团第八师石河子市将持续深化“放管服”改革，建立健全优化营商环境督查反馈机制，依法加强事中事后监管，着力提升政务服务水平，切实保护各类市场主体合法权益，逐步实现政务环境、市场环境、设施环境、要素环境、社会环境、法治环境的全面优化提升。

后记

岁月不居，时节如流。

中国营商环境评价从谋划提出，至今已经走入第三个年头。三年来，我们坚持以习近平新时代中国特色社会主义思想为指导，建立并不断完善以市场主体和社会公众满意度为导向的营商环境评价体系，构建了更加符合中国国情的评价指标和评价方法，在相关城市组织开展了多批次的营商环境试评价，通过评价查找差距、促进改革、督导落实，树立标杆、宣传典型、推广经验，形成合力、营造氛围、激发活力。三年来，全国已有超过60个城市参与到这项意义重大的改革实践中。各参评城市聚焦市场主体反映的突出问题，对标国际国内先进水平，开展了大量卓有成效的实践探索，形成了一大批典型经验做法，营商环境评价以评促改、以评促优的积极成效正在持续显现。我们欣喜地看到，中国营商环境评价的开展，进一步增强了地方政府为人民服务的宗旨意识，各地对优化营商环境工作更加重视，越来越多的惠企便民政策措施落地生根，有力推动了全国范围营商环境持续改善。三年来的实践充分表明，科学开展中国营商环境评价，既是对国家和地方层面优化营商环境改革成效的有效评估检验，也是激发改革动力、挖掘改革潜力、破解改革难题的有力之举，应当长期坚持并不断发展完善。下一步，中国营商环境评价将在更多地级及以上城市和国家级新区开展。

百舸争流，奋楫者先；千帆竞发，勇进者胜。我们有理由期待，未来，随着越来越多的城市加入到以评促改、以评促优的行列中来，一定能够进一步吹响改革的嘹亮号角，形成各地改革活力竞相迸发的生动局面。

行百里者半于九十。优化营商环境是攻坚战，更是持久战。应当看到，与打造国际一流营商环境的目标相比，与广大市场主体和人民群众的期盼相比，我们面临的改革任务依然艰巨繁重，仍需聚焦重点、接续奋斗。改革越到深处，越要付出超常规的努力，越要担当作为、蹄疾步稳、奋勇前进。本报告付梓之时，新冠肺炎疫情仍在全球范围内蔓延，对全球经济造成的负面影响仍在持续发酵，我国经济社会发展仍面临诸多困难挑战。我们始终坚信，没有一个冬天不可逾越，没有一场疫情不可战胜。我们将更加紧密地团结在以习近平同志为核心的党中央周围，切实增强“四个意识”，坚定“四个自信”，做到“两个维护”，增强责任感、使命感、紧迫感，迎难而上，锐意进取，统筹做好疫情防控和经济社会发展工作，以更大力度、更实举措推动营商环境再上新台阶，为扎实做好“六稳”

工作、全面落实“六保”任务、实现全年经济社会发展目标任务提供更有力支撑。

中国营商环境评价工作是在国务院推进政府职能转变和“放管服”改革协调小组的领导下开展的，国务院办公厅政府职能转变办公室、国务院办公厅督查室给予了精心指导。国家发展改革委牵头组织编写本报告的过程中，得到了工业和信息化部、司法部、财政部、自然资源部、生态环境部、住房城乡建设部、商务部、人民银行、海关总署、税务总局、市场监管总局、能源局、知识产权局的鼎力协助，得到了31个省、自治区、直辖市及计划单列市、副省级省会城市、新疆生产建设兵团、各参评城市有关部门、单位以及有关专业机构和专家学者的大力支持。中国地图出版集团的专业支持和严谨高效，使本报告得以高质量出版。全国范围营商环境的持续改善，离不开各地区、各部门的辛勤耕耘、敬业奉献，离不开广大市场主体、人民群众亲身参与、合力推动，离不开新闻媒体、社会各界的共同监督、建言献策。大家都是优化营商环境“中国智慧”“中国方案”的创造者、实践者和推动者。在此，向每一位致力于打造市场化、法治化、国际化、便利化的一流营商环境的奋斗者致以崇高的敬意和衷心的感谢！

国家发展改革委《中国营商环境报告》编写组

2020年9月

《中国营商环境报告 2020》编辑部

主　　任：陈　平

执行主任：卜庆华　　陈卓宁

编　　辑：陈　宇　　王　新　　周怡君　　余　凡
　　　　　陈书香　　周秀芳　　张　娴　　刘荣珍
　　　　　王秀秀　　赵　迪　　苏文师　　高红玉

特邀编辑：宁镇亚

责任编辑：王　新

复　　审：余　凡　　陈书香

终　　审：陈　宇

出版审定：陈　平

装帧设计：周怡君　　何泽茜